Herbergen der Christenheit

42/43 (2018/2019)

Beiträge zur deutschen Kirchengeschichte

Herausgegeben im Auftrag
der Arbeitsgemeinschaften für Kirchengeschichte
der Evangelischen Landeskirche Anhalts,
der Evangelischen Kirche Berlin-Brandenburg-schlesische Oberlausitz,
der Evangelisch-Lutherischen Kirche in Nordkirche (Sprengel Pommern),
der Evangelischen Kirche in Mitteldeutschland und
der Evangelisch-Lutherischen Landeskirche Sachsens.

Band 42/43

Herbergen der Christenheit

Jahrbuch für deutsche Kirchengeschichte
Band 42/43 (2018/2019)

Herausgegeben von Markus Hein
unter Mitarbeit von
Alexander Wieckowski

EVANGELISCHE VERLAGSANSTALT
Leipzig

Redaktionsbeirat

Die »Herbergen der Christenheit« erscheinen in der Reihe
»Beiträge zur deutschen Kirchengeschichte« – ursprünglich
»Beiträge zur Kirchengeschichte Deutschlands«.

Gedruckt mit Unterstützung der beteiligten Kirchen.

Bibliographische Information der Deutschen Nationalbibliothek
Die Deutsche Nationalbibliothek verzeichnet diese Publikation in der Deutschen Nationalbibliographie; detaillierte bibliographische Daten sind im Internet über http://dnb.dnb.de abrufbar.

Das Buch wurde auf alterungsbeständigem Papier gedruckt.

Cover: Zacharias Bähring, Leipzig
Layout: Institut für Kirchengeschichte der Theologischen Fakultät Leipzig
Satz: Felicia Hein
Druck und Binden: Hubert & Co., Göttingen

ISBN 978-3-374-06139-6
www.eva-leipzig.de

Inhalt

Anschriften der Mitarbeiter

Pfr. i. E. Dr. Michael *Beyer*, Schönbach, Kirchweg 14, 04680 Colditz; Prof. Dr. Veronika *Albrecht-Birkner*, Universität Siegen, Adolf-Reichwein-Str. 2, 57076 Siegen; Pfr.in Dr. Susanne *Böhm*, Dornburger Str. 4, 99510 Apolda; Dr. Matthias *Dall'Asta*, Forschungsstelle, Melanchthon-Briefwechsel, Neue Schlossstr. 9, 69117 Heidelberg; Dr. Andreas *Dietmann*, Salvador-Allende-Platz 21, 07747 Jena; Sup. i. R. Michael *Dorsch*, Herweghstraße 9, 07749 Jena; Prof. Dr. Johannes *Ehmann,* Kisselgasse 1, 69117 Heidelberg; Konstantin *Enge*, SAW zu Leipzig, Karl-Tauchnitz-Straße 1, 04107 Leipzig; Johann-Friedrich *Enke*, Wilhelm- Külz- Straße 1, 99084 Erfurt; Prof. i. R. Dr. Gerhard *Graf,* Hermundurenstr. 18, 04159 Leipzig; Pfr. Prof. Dr. Volker *Gummelt*, Alwine-Wuthenow-Ring 12, 17498 Neuenkirchen; Pfr. Dr. Markus *Hein*, Schlossweg 4, 04159 Leipzig; Prof. D. Dr. Rudolf *Keller*, Seckendorffstraße 14, 91522 Ansbach; Traugott *Keßler*, Thymianweg 10, 07745 Jena; Prof. Dr. Ernst *Koch*, Feierabendhaus, Georg-Schwarz-Str. 49, 04177 Leipzig; Propst i. R. Dr. Karl-Heinrich *Lütcke*, Walter-Linse-Str. 4, 12203 Berlin; Dr. Beate *Kusche*, SAW zu Leipzig, Karl-Tauchnitz-Straße 1, 04107 Leipzig; PD Dr. Stefan *Michel*, TU Dresden, Inst. für Evang. Theologie, 01062 Dresden; Sup. Rainer *Neumann*, Martin-Luther-Straße 9, 17489 Greifswald; Altbischof Prof. Axel Noack, Willi-Dolgner-Str.7, 06118 Halle (Saale); Tilman *Pfuch*, Elsbethstr, 32, 04155 Leipzig; Pfr. i. R. Hans-Christoph *Rothe*, Kleinolbersdorf, Zum Adelsberg 35, 09128 Chemnitz; Prof. Dr. Michael *Scholz*, Fachhochschule Potsdam, FB Informationswissenschaften, Kiepenheuerallee 5, Haus 2, 14469 Potsdam; Dr. Hans *Seehase*, Geißlerstr. 3, 39104 Magdeburg; Matthias *Sens*, Kastanienallee 4, 14471 Potsdam; Prof. Dr. Christopher *Spehr*, Fürstengraben 6, 07743 Jena; Dr. Christian *Winter*, Sommerfelder Weg 63, 04329 Leipzig; Domherr Pfr. Alexander *Wieckowski*, Domplatz 9, 04808 Wurzen.

Abkürzungsverzeichnis

ADB	Allgemeine deutsche Biographie
AGP	Arbeiten zur Geschichte des Pietismus
AKPS	Archiv der Kirchenprovinz Sachsen
AKThG	Arbeiten zur Kirchen- und Theologiegeschichte
Anm.	Anmerkung
Bd. / Bde.	Band / Bände
BK	Bekennende Kirche
Bl.	Blatt
d. Ä.	der Ältere
d. J.	der Jüngere
DC	Deutsche Christen
DDR	Deutsche Demokratische Republik
ders.	Derselbe
DWB	Deutsches Wörterbuch von Jacob und Wilhelm Grimm. 33 Bde. Leipzig 1854-1971
ebd	ebenda
EG	Evangelisches Gesangbuch
EKD	Evangelische Kirche Deutschlands
EKM	Evangelische Kirche in Mitteldeutschland
fl.	Gulden
Fol.	Folio
HCh	Herbergen der Christenheit
HStA	Hauptstaatsarchiv
i. V.	im Vogtland
JdH	Jahr des Herrn
Jes	Jesaja (Buch im Alten Testament)
Jh.	Jahrhundert
Joh	Johannes (Buch im Neuen Testament)
Kor	Korinther (Buch im Neuen Testament)
LAG	Landesarchiv Greifswald
LATh	Landesarchiv Thüringen
LBG	Lutherische Bekenntnisgemeinschaft
LKAE	Landeskirchenarchiv Eisenach
LKR	Landeskirchenrat
Mt	Matthäus (Buch im Neuen Testament)

N.F.	Neue Folge
ND	Neudruck
NDB	Neue deutsche Biographie
NS	Nationalsozialismus
NSDAP	Nationalsozialistische deutsche Arbeiterpartei
o.O.	ohne Ort
OKR	Oberkirchenrat
OLKR	Oberlandeskirchenrat
RE	Realenzyklopadie für Theologie und Kirche
Röm	Römer (Buch im Neuen Testament)
SA Rochlitz	Superintendenturarchiv Rochlitz
SAW	Sächsische Akademie der Wissenschaften zu Leipzig
SMAD	Sowjetische Militäradministration
StA	Stadtarchiv
StAG	Stadtarchiv Greifswald
ThHStA	Thüringisches Hauptstaatsarchiv
UAH	Unitätsarchiv Herrnhut
UAJ	Universitätsarchiv Jena
UF	Urfassung
VELKD	Vereinigte Evangelisch Lutherische Kirche in Deutschland
Vf.	Verfasser
Vgl.	vergleiche
WA	Luther, Martin: Werke. Kritische Gesamtausgabe (Weimarer Ausgabe)
WA Br	Luther, Martin: Werke. Kritische Gesamtausgabe (Weimarer Ausgabe). Briefwechsel
z. B.	zum Beispiel

In memoriam Karlheinz Blaschke

Von Michael Beyer

Der Nestor der sächsischen Landes- und Verfassungsgeschichte und Herausgeber von zehn Bänden der »Herbergen der Christenheit« zwischen 1973 bis 1992 ist am Vormittag des Weihnachtsfestes, am 25. Dezember 2020, im hohen Alter von 93 Jahren heimgegangen. Um den tatkräftigen Mann war es zuletzt still geworden. Von seiner Frau Renate gepflegt und betreut durfte er in seinem Haus in Friedewald bei Moritzburg friedlich einschlafen.

Karlheinz Blaschke wurde am 4. Oktober 1927 in Schönlinde (Krásná Lipa) im nordböhmischen Sudetenland geboren. Seine Kindheit und Jugend verbrachte er in Holzhausen bei Leipzig und bezog 1946 die Universität Leipzig. Bis 1950 studierte er hier Geschichte, Germanistik und Latinistik und beendete das Studium mit einer Promotion über die *Leipziger Universitätsdörfer*, die, von Rudolf Kötzschke angeregt, von Hellmut Kretzschmar und Ludwig Erich Schmidt begutachtet wurde. Nach einem Aufbaustudium der Archivwissenschaft in Potsdam war er zwischen 1951 und 1968 wissenschaftlicher Archivar am heutigen Sächsischen Hauptstaatsarchiv in Dresden; hier entstand sein, inzwischen elektronisch benutzbares *Historisches Ortsverzeichnis von Sachsen*. 1962 habilitierte er sich ebenfalls in Leipzig über die *Bevölkerungsgeschichte von Sachsen bis zur Industriellen Revolution*. Bis ins hohe Alter galt sein Interesse der Verwaltungs- und Verfassungsgeschichte, der historischen Geographie, der Bevölkerungsgeschichte Sachsens, der Agrar- und Agrarverfassungsgeschichte sowie der Gesellschaftsgeschichte der Reformationszeit.

Aufgrund seiner nach außen hin deutlichen Haltung gegenüber dem Regime der SED erhielt er keine Venia an der Universität, übernahm jedoch 1969 am damaligen Theologischen Seminar, der späteren Kirchlichen Hochschule Leipzig, das sich damals in Trägerschaft der sächsischen Landeskirche befand und nach der friedlichen Revolution zu Beginn der 90er Jahre mit der Theologischen Fakultät der Universität Leipzig fusionierte, eine Dozentur für Geschichte und Soziologie, die 1990 in eine Professur umgewandelt wurde, die er bis 1992 wahrgenommen hat. Hierdurch bekam er engen Kontakt mit einem großen Teil der sächsischen Pfarrerschaft. Ein ehemaliger Student hat seinen Lehrer folgendermaßen charakterisiert:

> »Obschon in historischen Deutungsmodellen und -paradigmen bestens zu Hause, legte er größten Wert darauf, Menschen als Individuen in den Blick zu bekommen, die als letztlich nicht voraussehbare, für Außenstehende unberechenbare Größe in den Lauf einer Geschichte eingreifen können. Allein aufgrund der Entscheidung bzw. des Auftretens, Redens und Handelns eines Einzelnen könne, so Blaschke, die Geschichte einen überra-

schend anderen Gang nehmen als den, den man – im Rückblick auf das Profil geistes- und kulturgeschichtlicher Entwicklungen – hätte erwarten können.«

Unermüdlich baute Blaschke durch kirchenhistorische Vorträge eine ganz eigene Verbindung zu den Kirchgemeinden der Landeskirche auf. Auch meine erste Begegnung mit ihm war ein solcher, gut besuchter Vortrag zur mittelalterlichen Kirchengeschichte in meiner Heimatgemeinde. In der Arbeitsgemeinschaft für Sächsische Kirchengeschichte hat er ebenfalls zu deren Tagungen, die an wechselnden Orten stattfanden, regelmäßig die Vorträge zur Ortskirchengeschichte angeboten. Es lässt sich kaum ermessen, welch großen Einfluss er auf diese Weise gerade auf kirchenhistorisch interessierte jüngere Gemeindemitglieder genommen hat.

In der Nachfolge von Franz Lau gehörte Karlheinz Blaschke seit 1972 dem Domkapitel Meißen an, stand ihm vom gleichen Jahr bis 2003 als Dechant vor und begründete dort auch einen Arbeitskreis, der sich mit grundlegenden Problemen von Kirche und Geschichte beschäftigte.

Blaschkes enges Verhältnis zum Archivwesen kam in den Jahren vor der Friedlichen Revolution auch der sächsischen Landeskirche zugute, wurde für ihn jedoch noch einmal 1991/92 zum Beruf, in dem er als Leiter das Referat für Archivwesen im Sächsischen Innenministeriums übernahm. Im Anschluss daran wirkte er von 1992 bis zu seiner Emeritierung 1998 als ordentlicher Universitätsprofessor für Sächsische Landesgeschichte an der Technischen Universität Dresden. Es gehört mit zu seinen Verdiensten, dass die sächsische Landesgeschichte nach 1990/92 grundlegend wieder neu aufgebaut werden konnte. Nicht zuletzt dafür ist er 1997 mit der Sächsischen Verfassungsmedaille und 1999 mit dem Bundesverdienstkreuz 1. Klasse geehrt worden. Seit 1991 war er ordentliches Mitglied der Philologisch-historischen Klasse der Sächsischen Akademie der Wissenschaften.

Mit Karlheinz Blaschke hat die Arbeitsgemeinschaft für Sächsische Kirchengeschichte eine Persönlichkeit verloren, die ihr auf gelehrte und arbeitswillige Weise sowie in ihrer standhaften, hilfsbereiten und zuweilen durchaus auch deutlichen Art unschätzbare Dienste erwiesen hat. Wir gedenken seiner mit großer Dankbarkeit. Requiescat in pace.

Quellen: https://de.wikipedia.org/wiki/Karlheinz_Blaschke; HCh 11 (1973/74) bis 18 (1991/92); Eine Insel im roten Meer: Erinnerungen an das Theologische Seminar Leipzig/ hrsg.von Wolfgang Ratzmann, Thomas A. Seidel. Leipzig 2017, passim, S. 86 ein Porträt, S. 87 eine Charakteristik von Wilfried Engemann.

Die verschiedenen Versionen des Holzschnitts der Himmelsleiter von Lucas Cranach d. Ä.

Ein Beitrag zur Entwicklung protestantischer Ikonographie

Von Gerlinde Strohmaier-Wiederanders

I Einleitung

In der evangelischen Kirche lutherischer Prägung gab es von Anfang an eine eigene Bildproduktion. Unter Berufung auf Luther waren Bilder zum einen sogenannte Adiaphora, d. h. neutrale, indifferente Dinge, die keinen Bekenntniswert hatten. Man kann sie haben oder auch nicht. Zum anderen hatte man – auch unter Berufung auf Luther – die Bedeutung der Bilder für die Unterweisung im rechten Glauben angesichts einer verbreiteten Lesefähigkeit von etwa 10% der Bevölkerung erkannt.[1] Bei den Eliten nahm zwar die Lesefähigkeit zu, aber nicht in den unteren sozialen Schichten. Das blieb so bis zur Einführung der allgemeinen Schulpflicht im 18./19. Jahrhundert.[2]

So ließ man häufig die Bilder in den Kirchen und entwickelte zugleich eine eigene Bildtradition bis hin zur Ausbildung einer protestantischen Ikonographie.

II Erste Schritte

Bei dem Stichwort »protestantische Ikonographie« wird als Erstes das durch die Cranachwerkstatt verbreitete Motiv »Gesetz und Evangelium« genannt.[3] Dies gilt als das protestantische Motiv schlechthin, doch kommt es eigentlich nur bis zur Mitte des 16. Jahrhunderts vor. Dann verschwindet es allmählich aus der Bildproduktion. Der Bildaufbau ist Folgender: Auf der linken Seite des Bildes – getrennt durch einen Baum von der anderen Seite – wird dem nackten Menschen das Gesetz in Gestalt der Dekalog-Tafeln vorgehalten. Da er dies nicht erfüllen kann, wird er von Tod und

1 Zu Luthers Bildverständnis vgl. u. a. Margarete STIRM: Die Bilderfrage in der Reformation. Gütersloh 1977; Thomas KAUFMANN: Die Bilderfrage im frühneuzeitlichen Luthertum. In: Macht und Ohnmacht der Bilder: reformatorischer Bildersturm im Kontext der europäischen Geschichte/ hrsg. von Peter Blickle u. a. München 2002, 407-454. Daniel GÖRRES: Der Mönch und der Maler: Luther und Cranach als Vermittler eines neuen Glaubens. In: Lucas Cranach der Ältere: Meister – Marke – Moderne (Ausstellungskatalog, Museum Kunstpalast, Düsseldorf)/ hrsg. von Gunnar Heydenreich, Daniel Görres, Beat Wismer. München 2017, 44-51.

2 Franz-Michael KONRAD: Geschichte der Schule von der Antike bis zur Gegenwart. München 2012, 61-86.

3 Der offizielle Titel ist »Sündenfall und Erlösung«, so Herbert HINTZENSTERN: Lucas Cranach d. Ä: Altararbeiten. Berlin 1972, 88.

Abb. 1: »Sündenfall und Erlösung«, Lucas Cranach d. Ä., Gothaer Typ

Teufel in den Höllenrachen getrieben. Auf der rechten Seite steht aufgerichtet das Kreuz Christi, auf das der Mensch durch Johannes den Täufer hingewiesen wird. Christus erfüllt am Kreuz für den Menschen das Gesetz und kann deshalb Tod und Teufel besiegen. Als Zeichen dafür holt er bei seiner Höllenfahrt die Ureltern Adam und Eva aus der Hölle.

Neben diesem Bildmotiv gibt es zunächst nicht viele weitere neue. Geändert wird aber im Vergleich zum Spätmittelalter das Kreuzigungsbild. Christus hängt gerade, fast unverwundet am Kreuz. Denn es geht um die Gerechtigkeit vor Gott schaffende Tat des Gottessohnes. Emotionale Nähe durch Mitleid und Erschrecken, das viele Kreuzigungsbilder des Spätmittelalters mit ihrem realistischen Ausmalen der Passion hervorrufen wollten, wird nicht mehr angestrebt. Es soll Glauben geweckt werden und nicht religiöses Gefühl.

Natürlich kam es schon vor, dass man den mittelalterlichen Altar abbaute und durch einen neuen mit reformatorischer Aussage ersetzte. Manchmal veränderte man nur die Figuren, versah z. B. weibliche Heilige mit Bärten und Überwürfen und hatte auf diese Weise männliche Apostel.[4]

Umarbeitungen verbunden mit einer Umdeutung kamen sogar sehr oft vor, wenn es sich um Druckstöcke für Holzschnitte handelte. Die durch Holzschnitte hergestellte Druckgraphik war das Medium, mit welchem die Verbreitung und Popularisierung der verschiedensten kulturellen und religiösen Themen vollzogen wurde. Für die katechetische Unterweisung in der neuen evangelischen Lehre waren seit der Zeit der Reformatoren besonders Holzschnitte ein unverzichtbares Werkzeug wegen der Vervielfältigungsmöglichkeiten.

Holzschnitte waren in allen Werkstätten reichlich vorhanden und stellten ein großes Kapital dar. Deshalb wurden sie oft wieder verwendet, auch wenn sie aus einer vergangenen Epoche stammten. Dabei versuchte man nach Möglichkeit, die Vorlagen den neuen Bedingungen und Anliegen anzupassen. Man schnitt sie auseinander und passte sie neu zusammen oder, wenn das nicht ging, veränderte man die Details, um zu neuen Aussagen zu kommen.

Wie man dabei vorging und was dabei das Ergebnis war, soll an einem Beispiel gezeigt werden.

III Cranachs Holzschnitt der Himmelsleiter von 1513

In den Sammlungen der Veste wird ein Holzschnitt von Lucas Cranach d. Ä., aufbewahrt (Inv.-Nr. I 43,58) mit der Überschrift »Ein kurtz' andechtigs himelisch Leitterlin angegeben von dem heiligen Bonaventura An welchem die Christglaubigen leichtensteige mogen den yesten hochen himel.« Zu diesem Holzschnitt gehört noch ein Unterteil mit einem Höllenbild. Es gibt in den verschiedenen Sammlungen noch

4 So z. B. auf dem Grabower Altar von Meister Bertram vom Ende des 14. Jahrhunderts, heute Hamburger Kunsthalle.

weitere Exemplare. Gottfried Seebaß listete 1985 in seinem Aufsatz zur Himmelsleiter alle bekannten Exemplare auf.[5] Da das er Exemplar das beste zu sein scheint, soll es im Folgenden im Mittelpunkt stehen. Seebaß vermutete auch, dass wegen des Formates beide Teile nicht zusammen gedruckt werden konnten. Sie gehören aber zusammen, wie aus den hinweisenden, belehrenden Texten, die beigegeben sind, zu ersehen ist.[6] Solche didaktischen Andachtsbilder waren seit 1400 verbreitet. Als Drucker und Formschneider gilt Symphorian Reinhart.[7]

1 Der Titel

Die Autorschaft Cranachs bezeugt sein Zeichen der geflügelten Schlange am linken Leiterbaum. Der Auftraggeber dieses zweifachen Holzschnitts war Kurfürst Friedrich der Weise von Sachsen, weshalb seine beiden Wappen, einmal die Kurschwerter und zum anderen der wettinische Rautenkranz in den oberen Ecken des Blattes angebracht sind.

Der Holzschnitt beruft sich in seiner Überschrift auf Bonaventura: »Ein kurtz andechtigs himelisch Leitterlin angegeben von dem heiligen Bonaventura. An welchem die Christglaubigen leichtensteige mogen den yesten hochen himel«. Mit diesen Worten ist die Aufgabe der ganzen Komposition beschrieben: Sie soll der Andacht dienen, mit welcher man in die Nähe Gottes gelangen kann. Bereits in der Mystik war das ein viel beschriebener Weg.[8] Dieser wird hier am Ende des Spätmittelalters nicht so spektakulär begangen wie im Hochmittelalter, dafür populär-praktikabel. Die Franziskaner hatten in Predigt und Seelsorge eine spezielle Art der Andachtsfrömmigkeit popularisiert und dabei für die Diffundierung mystischer Theologie gesorgt. Man berief sich zwar auf die Arbeiten großer Theologen und Mystiker wie Bonaventura, doch die eigentlichen populären literarischen Vorlagen für die religiöse Praxis sind heute nicht mehr bekannt. Bonaventura beschrieb den Wegegedanken zuerst in seiner Schrift »Itinerarium mentis in Deum« (= »Pilgerbuch der Seele zu Gott«)[9] und dann noch einmal und populärer in »De triplici via« (= »Über den

---

5 Gottfried SEEBASS: Die Himmelsleiter des hl. Bonaventura von Lukas Cranach d. Ä.: zur Reformation eines Holzschnittes (Sitzungsberichte der Heidelberger Akademie der Wissenschaften, Philosophisch-historische Klasse, Jg. 1985, Bericht 4). Heidelberg 1985, 25-28. – Zu Reinhart siehe Thomas LANG: Simprecht Reinhart: Formschneider, Maler, Drucker, Bettmeister. Spuren eines Lebens im Schatten von Lucas Cranach d. Ä. In: Das ernestinische Wittenberg: Spuren Cranachs in Schloss und Stadt (Wittenberg-Forschungen; 3)/ im Auftrag der Stiftung LEUCOREA hrsg. von Heiner Lück, Enno Bünz, Leonhard Helten, Armin Kohnle, Dorothée Sack und Hans-Georg Stephan. Petersberg 2015, 93-138.

6 Seebass: Die Himmelsleiter … (wie Anm. 5), 31 f.

7 Dieter KOEPPLIN; Tilman FALK: Lukas Cranach: Gemälde, Zeichnungen, Druckgraphik. Bd. 2. Basel; Stuttgart 1976, 459.

8 Vgl. Peter DINZELBACHER: Christliche Mystik im Abendland. Paderborn; Wien; Zürich 1994, 419-440.

9 ITINERARIUM MENTIS IN DEUM: der Pilgerweg des Menschen zu Gott/ hrsg., komm. und übersetzt von Marianne Schlosser. 2. überarb. Aufl. St. Ottilien 2010. 256 S.

dreifachen Weg«).[10] Hier entwarf er ein Aufstiegsschema in drei Schritten zur *unio mystica*, zur mystischen Einheit mit Gott (Reinigung, Erleuchtung, Vollendung). Bonaventuras Theologie ist stets christozentrisch ausgerichtet. Christus kommt als *verbum inspiratum* und *verbum incarnatum* in der Heiligen Schrift, Alten wie Neuen Testaments, vor.

Bonaventuras theologische Ausführungen wurden in der praktischen Seelsorge abgewandelt zu einzelnen meditativ-aktiven Schritten im Streben nach Erlösung und dabei mit dem bekannten Motiv der Leiter verknüpft. So beruft sich, wie aus der Überschrift ersichtlich, auch Cranachs Holzschnitt auf Bonaventura.

Kurfürst Friedrich der Weise war wahrscheinlich durch seinen franziskanischen Beichtvater Jakob Vogt[11] auf diese spezielle Frömmigkeitspraxis gekommen. Das kann ein Grund sein, dass uns hier mit der Berufung auf Bonaventura ein franziskanischer Meditationsansatz begegnet. Aber auch bei den Humanisten – z. B. bei Marsilius Ficino[12] – gab es die Vorstellung eines Aufsteigens der Seele zu Gott durch Wissen und Liebe, was sich erst im Jenseits nach dem Tod vollendet. Auch dies kann in das Konzept des Holzschnitts mit eingeflossen sein. Kurfürst Friedrich der Weise stand mit einigen Humanisten in Kontakt.[13]

Das Bild der Himmelsleiter galt bereits in der Alten Kirche – angeregt durch Jakobs Traum (Gen 28,12 f) – als Sinnbild für den christlichen Heilsweg. So ist dies auf einem Fresko aus dem 4. Jahrhundert in der Katakombe SS. Pietro e Marcellino in Rom zu sehen. Auch die Mönchsväter verstanden die Sprossen der Leiter als Weg zur Vollkommenheit.

2 Beschreibung des Bildes der Himmelsleiter

Die Mitte des Bildes bestimmt die Leiter, auf deren Sprossen die Stationen genannt sind, die zum Himmel führen. Texte benennen die Stationen. Sie entsprechen dabei zugleich auch den Vorbereitungsschritten, wie man sie aus der Ars Moriendi-Literatur[14] kennt.

Die Leiter führt zu einem doppelten Kreis, in welchem sich die Trinität im Bild des Gnadenstuhls befindet. In diesem ganzen oberen Bereich schweben Wolken und Engelputten. Letztere entfalten über der Trinität ein Schriftband, auf welchem zu

---

10 BONAVENTURA: De triplici via: über den dreifachen Weg. Lateinisch-Deutsch/ eingel., komm. und übersetzt von Marianne Schlosser (Fontes Christiani; 14). Freiburg u.a. 1993, 229 S.

11 Jakob Vogt, der Vorsteher des Oschatzer Franziskanerklosters war seit 1508 Beichtvater des Kurfürsten. Vgl. zu ihm Ingetraut LUDOLPHY: Friedrich der Weise: 1443-1525. Göttingen 1984, 360-363. 367-369.

12 So z. B. in seinem Hauptwerk »Theologiea Platonica« von 1482. Vgl. Stephan OTTO: Geometrie und Optik in der Philosophie des Marsilio Ficino: zur Entstehung der Ontologie des Funktionalismus in der Renaissance. Philosophisches Jahrbuch 98 (1991), 290-313.

13 Z. B. mit Erasmus von Rotterdam, Johannes Aventinus und Konrad Celtis.

14 Z. B. De Arte moriendi von Jean Gerson 1408, aber auch die verschiedenen anonymen Traktate und Blockbücher des 15. Jahrhunderts.

Abb. 2: Die Himmelsleiter des hl. Bonaventura von Lukas Cranach d. Ä., Holzschnitt 1513 (Sammlungen Veste)

lesen ist: »Heilig heilig heilig Hergot der vil scharen dein himele vn erde sein voll deiner gloria.« Der Lobpreis aus Jes 6,3 gibt gleichsam das Thema des Leiteraufstiegs an. Darunter erscheint dann in dem doppelten Kreis die Trinität. Im äußeren Kreis steht: »Heilig Heilig Heilig Almechtiger hergot, der do warst vnd kunfftig sein wurt.« (Apk 4,8) und im inneren Kreis: »Ich bin der anfang vnd das End Sehent das ich allein vnd kein ander got sey dan ich.« (Jes 44,6 und Dtn 32,34) – alles ebenfalls Bibelzitate. Mit Bibelzitaten geht es auch weiter. Von Gottvaters Hand kommt aus dem inneren Kreis heraus der Text: »Kumbt all zu mir/ die jr mit irdischer angst seit beladen Ich will euch widd mit himlischer speiß vnd freud laben« (Mt 11,28). Der zweite Teil dieses Spruches schwingt sich durch die Leiter hindurch. Aus den Kreisen rund um die Trinität wölben sich links und rechts jeweils zwei weitere Kreise heraus. Der linke umschließt eine Gruppe weiblicher Heiliger. Im Kreis ist zu lesen: »Die welt haben wir gelassen vnd dise leittern gestigen all«. Rechts entspricht dem eine Gruppe männlicher Heiliger, worunter sich auch ein Papst befindet. Dort liest man im Kreis: »darumb frewen wir vns ewigklich mit got in himelischen jubelschall«. Unter den Frauen hält ein Engel ein weiteres Schriftband. Dort liest man (verkehrt herum gesetzt): »Drenget euch hinein zu gehen durch die enge pfort«, entsprechend rechts (auch verkehrt gesetzt): »Kument herauff wir wollen vns frewen jn dem heren vnd jubilieren gott vnsern heyl.« Außerdem kommt noch ein Spruchband aus den Wolken. Links ist zu lesen: »O got mein herr führ gerad uber sich in deine angesicht meinen wegk«, und rechts »Hilff vns got vnser heyl.«

Die eigentliche Leiter befindet sich in der Mitte des Bildes. Sie berührt oben den Kreis um die Trinität und unten die Erde. Am linken Leiterstamm ist eingeschrieben »Messigkeit in gluckseligen dingen,« und am rechten »Gedult in widderwertigen dingen.« Unter den Leitersprossen steht auf einem Textband: »Furcht ewiger pein« Dann folgen die Sprossen:

»Verschmehung der welt«
»Sein selbs kleinmechtigung«
»Demütige lieb gotts«

Darüber schwebt wieder ein Textband:

»Lieb ewiger belonung.«

Am unteren Bildrand sind links Männer aller Stände versammelt, die von einem Teufel ermuntert werden zu sündigen. Dazu steht:

»So got kein gefallen hat jn ewern verderben/ was arbeit jr so hart in tugenden biß auff ewer sterben.«

Rechts unten steht eine Frauengruppe zusammen, ein Teufel hält eine Tafel, darauf steht (verkehrt herum gedruckt):

»Hüth dich mensch vor harten dingen, der du asch bist vnd schwacher natur/ Brauch in wollust weil du lebst gots creatur.«

Abb. 3: Höllenbild zur Himmelsleiter des hl. Bonaventura, Holzschnitt 1513 (Sammlungen Veste Coburg)

Zwischen den Leiterstämmen kniet Kurfürst Friedrich der Weise mit dem Rosenkranz in den Händen. Es handelt sich um den von Cranach geschaffenen Bildtyp von 1510 mit der das Haupthaar völlig umschließenden flachen Kappe mit Haarnetz, der ständig wiederholt wurde. Friedrich gegenüber kniet betend eine Frau, die schon Ingetraut Ludolphy[15] als seine langjährige nichtstandesgemäße Lebensgefährtin erkannt hatte, mit der er mehrere Kinder hatte.

3 Das Höllenbild

Zum Bild der Himmelsleiter gehört unter diesem noch das Bild der Hölle. Im Gegensatz zu anderen zeitgenössischen Darstellungen zu diesem Thema verzichtet Cranach auf das Ausmalen der Höllenqualen. Vielmehr zeigt er menschliche Akte in verschiedenen Haltungen und Bewegungen. Die Proportionen entsprechen dem Stil der Renaissance.

Das Höllenbild hat eine eigene Überschrift:

> »Wir haben an vnsern leben nicht wöllen dy hymlische leitter stigen/ darumb wir gefallen jn die Hell musssen bey dem teuffel ewig bleiben.«

Unter dem Holzschnitt folgt noch ein längerer Text.

> »Gleich als in einer leiplichen leittern drey oerther sein Nemlich den ober orth/ den nyd orth vnd zwen seit örthe ad leitter beume zcwischen welchen sprusset Also findestu auch drey gemelte örthe in dieser geistlichen leittern. Der vnter orth der do auff die erde fußt

15 Ludolphy: Friedrich der Weise (wie Anm. 11), 49.

bedeuth Furcht heilischer ewiger pein. Der öber orth der biß an den himel reicht/ gibt vns an lieb ader begirde himlischer ewiger belonung/ Der rechte leitterboum zeigt an Messigkeit in gluckseligen dingen/ Der lincke leitterbaum ist Gedult in widderwertigen dingen. Es hat auch diß leitterlein nicht mehr dan drey sprussen/ Der erst bedeuth Verschmehung der welt/ Der ander ist Ein demütige sein selbs gering achtung/ Der dritte ist Die demütige lieb gots/ Diß leitterleien mag sein die leitter Jacob/ die er in seinem schlaff sach/ das sie biß an den himel reichet/ vnd goth sich auff sie gelehnt herabер sach/ vnd die engel an yr auff vnd nider steigen wie da geschriben stet Genіß xxvjjj/ Das leitterlein zusteigen ist also vil. Wirstu furchten die hellische pein/ vnd liben himlische freude vnd belonung Messigkeit halten in deinem gluck/ Gedult tragen in deinem vngluck/ Die welt verschmehen/ Dich selbs gering schetzen/ Gottes lieb vor allem haben So wirstu sunder tzweiffel ken himel faren. Wu du aber solchs verachst in deinem muth So wirth dich ewig peynigen der hellen gluth.«

IV. Kommentar zum Holzschnitt von 1513

Gottfried Seebass ordnet das Himmelsleiter-Bild in die Tradition Tugend- und Vollkommenheitsleitern ein,[16] für die er mehrere mittelalterliche Autoren wie Johannes Climacus oder Herrad von Landsberg als Zeugen nennt. Der Aufstieg bedeutete dabei eine eigene menschliche Aktion.

Ein solcher Zusammenhang könnte bestehen, doch scheint das nur eine von vielen Möglichkeiten zu sein. Wichtiger sind die Anregungen aus der populären franziskanischen Seelsorgepraxis. Diese Praxis war biblisch orientiert. Ein monumentales Werk, bei dem dies eindrücklich zu sehen ist, ist der Totentanz in der Berliner Marienkirche von 1484/85. Die dazugehörigen Verse berufen sich nicht auf irgendwelche frommen Verdienste, sondern sind Hilferufe an das Erbarmen Christi angesichts des Todes. Der Totentanz insgesamt ist franziskanisch geprägt.[17] Darum sollen im Folgenden die Texte noch einmal durchgegangen und geprüft werden, wie weit es biblische Bezüge gibt und was diese aussagen.

Der obere Teil des Holzschnittes nimmt die Darstellung der himmlischen Welt ein. Über allem schwebt das Preislied der Engel über Gottes Herrlichkeit aus Jes 6. Im Zentrum thront die göttliche Dreieinigkeit in der besonderen Form des franziskanisch initiierten Andachtsbildes des Notgottes. Dabei hat Gottvater den leidenden Sohn im Arm. Dieses Motiv unterscheidet sich von der Variante des Gnadenstuhles bei dem Gottvater die Kreuzesbalken gefasst hat durch eine stärkere Emotionalität. Das wird auch durch die trauernden Gesichtszüge Gottvaters betont. Gottes Herrlichkeit wird durch diesen Text und das Motiv der Notgottes definiert als die von oben, vom Himmel kommende Zuwendung Gottes an die Menschen.

16 Seebass: Die Himmelsleiter … (wie Anm. 5), 46.

17 Vgl. Reimer Hansen: Zur Theologie des Berliner Totentanzes in St. Marien. Jahrbuch für Berlin-Brandenburgische Kirchengeschichte 67 (2009), 69-90.

Um die Dreieinigkeitsgruppe stehen in den Kreisen Texte, die die göttliche Universalität und Allmacht aussagen. Die anbetenden Frauen und Männer befinden sich im Bereich von Gottes Herrlichkeit, weil sie – wie die sie umgebenden Texte aussagen – die »Welt«, d. h. irdische Wünsche und Ansprüche hinter sich gelassen und sich für das Leben bei Gott entschieden haben. Sie sind durch die »enge Pforte« gegangen nach Mt 7,13. Während die Heiligen links und rechts vom Zentralbild die Trinität anbeten, geht von Gottvater ein Schriftband aus mit der Einladung an alle Menschen: »Kumbt all zu mir/die jr mit irdischer angst seit beladen Ich will euch widd. mit himlischer speiß vnd freud laben.« (Mt 11,28). Dieses Band schwingt sich in seiner Länge durch die Leitersprossen durch. Gottes Einladung geht also weit herunter, d. h. wir haben es hier mit einer Aktion von Gott her zu den Menschen zu tun.

Die Leiter, die in der Mitte des Bildes von unten an in den göttlichen Kreis hineinragt, bezeichnet den Weg des Menschen nach oben. Das spricht der Text unter dem Höllenbild mit dem Verweis auf die Jakobsleiter noch einmal aus. Doch kommt Gott den Menschen entgegen, nicht nur mit der Einladung von Mt 11,28, sondern es neigt sich auch der Passionschristus in den Armen des Vaters nach unten.

Außerhalb der Leiter sind links und rechts Gruppen männlicher und weiblicher Standesvertreter zu sehen, die den mühsamen Weg des Aufstiegs unter Berufung auf die menschliche Schwäche verschmähen, die das ohnehin nicht schaffen kann, wie die beigegebenen Texte erläutern. Bemerkenswert ist dabei der Text links auf der Männerseite: Weil Gott kein Gefallen am Verderben der Menschen hat, ist Anstrengung nicht nötig. Die Reformation wird später sagen, sie ist auch nicht möglich.

Gewissermaßen gegen die Position der Gleichgültigkeit steht in der Mitte die Leiter, die die Möglichkeiten zur Erreichung des himmlischen Ziels aufweist. Die Beschreibungen und Forderungen für das diesem Ziel angemessene Verhalten kommen eigentlich alle im Neuen Testament vor, nicht wortwörtlich, aber inhaltlich. Im Folgenden werden nur Fundstellen aus dem theologisch und theologiegeschichtlich so wichtigen Römerbrief des Paulus angegeben, was aber nicht heißt, dass es nicht noch andere in Frage kommende Stellen im Neuen Testament gäbe, und auch nicht, dass das Leiterbild lediglich eine Art Umsetzung des im Römerbrief empfohlenen christlichen Verhalten sein könnte.

Der linke Leiterstamm schlägt Mäßigkeit vor, nicht Askese. Das Wort »Askese« bedeutet im ursprünglichen Sinn »Übung«, wurde aber und wird als Verzicht auf alle leibliche Sinnlichkeit und insofern als Mittel zur geistig-geistlichen Vollkommenheit verstanden.[18] Deshalb gehörte Askese zu den monastischen Idealen und spielte auch in der Mystik eine große Rolle. Wenn auf dem Himmelsleiterbild nicht von Askese, sondern von Mäßigkeit gesprochen wird, dann zeigt bereits dieses Detail, dass es nicht um eine Leistung, sondern um eine Haltung geht, wie sie in 1Tim 6,9

18 Askese wird seit dem Urchristentum nicht aus Weltfeindlichkeit, sondern aus Liebe zu Gott in der Nachfolge Christi geübt. Vgl. Hans Urs VON BALTHASAR: Die großen Ordensregeln. Trier 1988, 18-23.

gefordert wird, der damals noch als echter Paulusbrief galt. Diese Haltung könnte aber vielleicht auch humanistisch konnotiert sein. Albrecht Dürer z. B. schrieb folgenden Vers auf:

»Wer Gott fürchtet ob allen Dingen,
Dem kann nimmermehr misslingen.
Wer da gnügt an dem, das er hat,
Der ist fast rein gnug und wird satt, wo er gaht.
Dem ist auch wol zu aller Frist,
Dem sein Seel und Leib gsund und unbeschwert ist.«[19]

Der rechte Leiterstamm spricht von Geduld in »widderwärtigen Dingen«. Das ist eine Haltung, die Paulus im Römerbrief preist: »[…] wir wissen, dass Trübsal Geduld bringt; Geduld ab er bringt Erfahrung […]« (Röm 5,3-4). Auch in vielen Gesangbuchliedern ist von der »Geduld in Trübsal« die Rede (z. B. EG 367).

Die drei Stufen der Leiter setzen die Ratschläge fort. Ganz unten erscheint das Schriftband »Furcht ewiger Pein«. Das ist der Anstoß, sich zu besinnen. Die nächsten Stufen fordern von dem Aufstrebenden dann »Verschmehung der Welt« und »Sein selbs kleinmechtigung«, d. h. die Zurücknahme der eigenen Person. Ein solches Verhalten fordert auch Paulus im Römerbrief als für Christen Angemessenes, Röm. 12,2 und 3: »[…] stellt euch nicht dieser Welt gleich […]. Denn ich sage durch die Gnade […] dass niemand weiter von sich halte als sich es gebührt […]«. Gleichzeitig ist dieses Verhalten ein menschlich-praktikables, also keine außerordentliche Leistung der Selbstverleugnung. Ganz oben wird von der Liebe zu Gott gesprochen. Das ist dann eine geistliche Qualität, die ihrerseits mit Liebe belohnt wird, »lieb ewiger belonung«. Das findet sich ebenfalls im Römerbrief wieder »[…] Preis und Ehre und unvergängliches Wesen denen, die mit Geduld und guten Werken trachten nach dem ewigen Leben […].« (Röm 2,6 f).

Unten und zwischen den Leiterstämmen knien nun betend Kurfürst Friedrich der Weise – mit dem Rosenkranz in den Händen – und die Frau, die wie schon erwähnt ein Hinweis auf seine Lebensgefährtin sein muss. Beide sind durch die Leiterstämme auch von der Gruppe der Gleichgültigen links und rechts deutlich separiert. Man muss deshalb das Himmelsleiterbild als Zeugnis einer ganz persönlichen Frömmigkeitshaltung verstehen. Das Höllenbild unten und vor allem sein erläuternder Text fassen die Aussagen der Leiter noch einmal mahnend zusammen.

Es stellt sich die Frage nach dem Sinn des Holzschnitts. Soll er der persönlichen Andacht dienen, soll er darüberhinaus beispielgebend für Andere sein? Holzschnitte waren für die Publikation bestimmt, man konnte sie käuflich erwerben. Deshalb sind auch heute noch in verschiedenen Sammlungen Exemplare des Himmelsleiterbildes erhalten. Sollte der kurfürstliche Auftrag an den Hofmaler Cranach damit

19 Nach der Übertragung von Hubert FAENSEN: Albrecht Dürer: schriftlicher Nachlass. Berlin 1962, 140.

etwas öffentlich kundtun? Wir wissen es nicht genau, dazu fehlen genaue Quellen. Doch könnte all das zusammen durchaus hinter dem tiefsinnigen theologischen Bildprogramm stehen.

Dazu kommt Folgendes: Um 1513 fühlte sich Kurfürst Friedrich der Weise kränkelnd und vom beginnenden Alter geplagt. Er begründete damit die Mutschierung 1513, d.h. die Aufteilung der Verwaltungspflichten der ernestinischen Lande zwischen ihm und seinem Bruder Johann.[20] Diese persönliche Situation könnte den Kurfürst bewogen haben, sich mit Leben und Seligkeit nach dem irdischen Lebenslauf intensiver zu befassen. Vielleicht wäre das auch ein hilfreicher Aspekt bei der Frage der Datierung des Holzschnittes. Darüber hinaus ist dies auch etwa die Zeit, in der sich Friedrich zumindest räumlich von der Mutter seiner Kinder trennte.

V Die nachreformatorische Version des Holzschnittes von 1560

1 Die neue Fassung: Beschreibung

Das Holzschnittpaar »Himmelsleiter« und »Hölle« hat in reformatorischer bzw. nachreformatorischer Zeit weitere Verwendung erfahren. Das ist zunächst verwunderlich, hatte sich Luther doch gegen Leiterbilder gewandt.[21] Er sah darin zu sehr menschliches Streben und Eigenmächtigkeit ausgedrückt. Trotzdem blieben Bilder des Aufstiegs zu Gott als evangelische Bilder weiterhin verbreitet. Die Heilstreppe oder der Heilsweg waren bei paränetischen Bildern ein wiederkehrendes Motiv, so bei den um 1540 entstandenen Holzschnitten von Heinrich Vogtherr d. J.[22] oder Matthias Gerung[23] im Berliner Kupferstichkabinett und anderen Sammlungen. Bei dem anticalvinistischen Leipziger Spottgemälde von 1574 wird die Himmelsleiter in Auseinandersetzung mit abweichenden Lehrmeinungen verwendet.[24]

So spricht auch für die Weiterverwendung des Cranachschen Holzschnittes eine gewisse Popularität sowohl des Themas als auch gerade dieses Bildes. Die Verwendung vertrauter Motive war durchaus üblich. Man veränderte meist nur einige Details.

Bei Cranachs Holzschnitt der Himmelsleiter, so wie er sich z. B.in den Sammlungen des Schlossmuseums Gotha befindet (Inv.-Nr. G 43,52) änderte man nur das, was technisch ging und das waren die Texte. Die Drucktypen konnte man austauschen, die geschnittenen Bilder nicht. Folgendes ist jetzt in den Schriftbändern zu lesen. Die Überschrift wurde gekürzt in: »Das himmlische Letterin S. Bonaventura«.

20 Vgl. Christian Winter: Kurfürst Friedrich der Weise und sein Bruder Herzog Johann. In: Kurfürst Friedrich der Weise von Sachsen (1464-1525)/ hrsg. von Dirk Syndram, Yvonne Fritz und Doreen Zerbe. Torgau 2014, 30.

21 Seebass: Die Himmelsleiter … (wie Anm. 5), 54.

22 Heinrich Vogtherr d. J. war Maler und Graphiker im Donauraum.

23 Matthias Gerung war Maler und Holzschneider an verschiedenen Orten in Deutschland.

24 Bei diesem von einem unbekannten Maler geschaffenen Werk erreicht Zwingli nicht den Himmel, sondern fällt von der Leiter. Leipzig, Stadtgeschichtliches Museum.

Oben stand nun zwischen den Putten:

»Heilig, Heilig ist der HErr Zebaoth / Alle Land sind seiner ehren vol Esaie 6.«

Das ist der gleiche Text wie auf der vorreformatorischen Version, nur dass jetzt die lutherische Übersetzung benutzt und die Bibelstelle angegeben wurde. Das war auf evangelischen Bildern auch sonst üblich. Genauso geht es darum auch weiter. Auf dem Kreis um die Trinität ist zu lesen:

»Heilig / Heilig / Heilig ist Gott der HErr / Der Allmechtige / der da war / vnd der da ist / vnd der da kompt / Apoca 4.«

Und im inneren Spruchband:

»Ich bin der HErr vnd ist ausser mir kein Heiland Esa XLIII. Ich bin der Erst / vnd der Letzt / Esa 44.«

Der Spruch der Engel links unter der Frauengruppe:

»Ringet darnach / das jr durch die enge Pforte eingehet, Luce 13.«

Im Band, das die Frauengruppe umschließt, stand in der früheren Version: »Die welt haben wir gelassen vnd diese leittern gestigen all«, in der späteren nach 1560 aber:

»Die welt haben wir gelassen, vnd auff Christum uns verlassen«.

Und rechts unter der Männergruppe heißt es wie zuvor:

»Kompt herzu, last vns dem HErrn frolocken / jautzen dem Hort vnsers Heils Psal. 95«.

Bei der Männergruppe selbst heißt es wie 1513:

»drumb frewen wir vns ewiglich / mit Gott in seinem himelreich.«

Links kommt aus den Wolken ein Band mit dem Text:

»Das blut Jhesu Christi reinigt uns von allen sünden« (nach 1Joh 1,7).

Parallel auf der rechten Seite liest man:

»Hilff und Gott durch Christus«.

Auf dem Band, das von Gottvater ausgeht und sich durch die Leitersprossen ringelt, steht jetzt:

»Kumpt alle zu mir, die jr mit sünden seid beladen, Ich will euch durch meinen Son laben«.

An dieser Stelle wurde die Bibelstelle Mt 11,28 paraphrasiert. Es spricht Gott und nicht wie in der Matthäusstelle Christus. Am rechten Leiterholm ist zu lesen:

»Das ist das ewige leben, das sie dich kenn, der du allein warer Gott bist vnd den du gesand hast etc Joh 17«.

Und links:

»Ich bin der weg, die warheit vnd das leben. Niemand kompt zum Vater den durch mich«.

Abb. 4: Holzschnitt der Himmelsleiter nach Lucas Cranach d. Ä., 1560 (Sammlungen des Schlossmuseums Gotha)

Unter den Leitersprossen schwebt das Textband mit:

»Furcht ewiger Pein«

Dann folgen wieder die drei Leitersprossen:

»Tauff«
»Abendmal Christi«
»Vergebung der sunde«

Darüber ein Textband:

»Ewiges leben«.

Der Text bei der Männergruppe unten lautet:

»So Gott kein gefallen hat in ewren verderben, Was arbeit jr hart in tugent bis auff ewr sterben?«

Bei der Frauengruppe unten heißt es:

»Der Teufel spricht: Hüt dich mensch / du bist schwacher natur. Brauch in wollust / weil du lebst/ Gottes creatur«.

Das an das Himmelsleiterbild sich unten anschließende Höllenbild hat 1560 eine neue Überschrift bekommen:

»Gehet hin von mir, ihr verfluchten, in das ewige feur: welches beraitet ist dem Deufel vnd seinen Engelen«.

Der kommentierende vorreformatorische Text unter dem Höllenbild wurde weggelassen.

2 Kommentar

Es soll nun genau im Folgenden untersucht werden, was sich in der neuen Fassung inhaltlich verändert hat und was dies bedeutete.

Es wird mehrere Gründe gegeben haben, weshalb die Cranachwerkstatt Mitte des 16. Jahrhunderts den Himmelsleiterholzschnitt neu herausgab. Das Thema des Aufstiegs in den Himmel war nach wie vor populär, um Christen – und d. h. jetzt evangelisch sein wollende oder auch sein sollende – eine richtige Lebensform aufzuzeigen. Deshalb gab es den schon erwähnten Heilsweg und die Heilstreppe. Bei der Himmelsleiter war der Druckstock vorhanden und zudem durch den als Schutzherrn Luthers verehrten Friedrich den Weisen besonders autorisiert. Doch musste nun deutlich werden, dass es sich um ein evangelisches Bild handelte. Deshalb wurden die meisten Texte geändert, jedoch nicht alle.

Einmal wurde die Anzahl der zitierten Bibelstellen vermehrt und es wurde nun durchweg nach Luthers Übersetzung zitiert. Die hatte in reformatorischen Gebieten normative Gültigkeit. In Kirchenordnungen wurde vorgeschrieben, dass die Pfarrer die Bibel in Luthers Übersetzung besitzen sollten. Zum Zweiten sind die Aussagen christozentrischer geworden. So hieß es z. B. bei der Frauengruppe im Himmel 1513: »Die welt haben wir gelassen vnd diese leittern gestiegen all«, 1560 aber nun »Die welt haben wir gelassen / vnd auff Christum vns verlassen.« Auf dem Band, das aus den Wolken darunter kommt, hieß es 1513 »O got mein herr für gerad vber sich in deinen angesicht meinen wegk« – also eine Bitte –, 1560 steht dagegen: »Das blut Jhesu Christi reinigt uns von allen sünden« – eine Aussage. Rechts unter der Männergruppe im Himmel heißt es 1513 »hilff got vnser heyl«, 1560 »Hilff vns Gott durch Christum«. Die theologische Aussage dominiert über das persönliche Gebet.

Um eine theologische Aussage zu betonen, kann auch mal eine Bibelstelle verändert werden: Auf dem Band, das von der Trinität ausgeht und sich nach unten bis in die Leitersprossen windet, stand 1513 der Spruch aus Mt 11,28:

> »Kumbt all zu mir / die jr mit irdischer angst seit beladen Ich will euch widd mit himlischer speiß vnd freud laben.«

Christus wendet sich liebevoll mit diesem Spruch allen zu, die Trost brauchen. 1560 lässt man dagegen Gottvater gewissermaßen wieder eine theologische Aussage machen, wenn es im zweiten Teil des Spruches heißt:

> »Ich wil euch durch meinen Son laben.«

Diese Veränderung ist Ausdruck der reformatorischen Christozentrik. Doch hier kommt hinzu, dass anders als in der Matthäusstelle nicht von der Last der Menschen gesprochen wird, die abgenommen werden soll, sondern von den Sünden, mit denen sie beladen sind. Wie auch in anderen Texten, z. B. Gesangbuchliedern (EG 82; 349,2 f; 305,12), wird im Lichte der reformatorischen Rechtfertigungslehre oft mehr von Sünden gesprochen als in der vorangegangenen Epoche.

Die Texte bei der Männer- und der Frauengruppe im unteren Bereich sind in der nachreformatorischen Fassung inhaltlich die gleichen geblieben. Bei den Männern heißt es wie in der ersten Version, dass Gott nicht das Verderben der Menschen will und deshalb irgendeine Anstrengung nicht nötig sei. Bei den Frauen wird von der Schwäche gesprochen, weshalb man sich keinen irdischen Verzicht antun soll.

Auf dem Weg zum Himmel bleibt als Grundlage die »Furcht ewiger Pein«. Dann folgen die evangelisch-lutherischen Sakramente Taufe und Abendmahl, die die Voraussetzung für die oberste Sprosse sind, die Vergebung der Sünden. Ziel und Gabe sind dann »Ewiges Leben«.

Die Textbänder ganz oben im Bild und ganz unten sind in allen Versionen die gleichen. Dazwischen gilt aber nachreformatorisch als Voraussetzung für einen Weg nicht ein bestimmtes Verhalten, sondern die Teilnahme an den Sakramenten und ihr Empfang. Sie sind eine Stiftung Christi.[25] Doch ihr Gebrauch ist eine Sache des gläubigen Menschen. Nicht umsonst schreiben evangelische Kirchenordnungen die Teilnahme am Abendmahl ebenso wie die Taufe der Kinder für die Gläubigen

25 Seebass: Die Himmelsleiter … (wie Anm. 5), 50, vgl. WA 17 I, 438, 22-25.

vor.[26] Manchmal wurden sogar die Hebammen verpflichtet, auf die Taufe der Neugeborenen zu achten.[27]

Es geht also auch in der nachreformatorischen Version des Himmelsleiterholzschnittes um einen Aufstieg in den Himmel. Der wird zwar durch Christus und sein Werk ermöglicht, wie die Texte deutlich machen, aber der Mensch, angetrieben von »Furcht ewiger Pein«, muss den Weg nach oben selbst gehen. Die Leichtfertigkeit und Unwilligkeit, die die Gruppen außerhalb der Leiter verkörpern, führen zur Hölle. Dies wird mit der neuen Überschrift über dem Höllenbild noch härter ausgedrückt als in der vorreformatorischen Fassung. Da war von Klage die Rede, hier viel härter von Verfluchung.

Bereits um 1540 wurde das Thema »Sterben und Werke der Barmherzigkeit«, das in der Ars Moriendi- Literatur des Spätmittelalters sehr verbreitet war,[28] wieder aufgegriffen. Auf einem Holzschnitt von Heinrich Vogtherr d. J.[29] befinden sich der Fromme und der Gottlose gegenüber auf dem Sterbebett. Über ihnen thront Christus als Richter auf der Weltkugel. Links geht von ihm der Lilienstab der Gnade aus, rechts das Schwert des Gerichtes. Der Fromme hat sich betend aufgerichtet, Engel umgeben ihn und dazu die Personifikationen von Glaube, Liebe, Hoffnung und Danksagung. Denen entsprechen im Himmel Werke der Barmherzigkeit.

Der Gottlose rechts windet sich auf seinem Lager, die »Welt« mit ihren weltlichen Lastern, verlässt ihn und Tod und Teufel umringen ihn. Das richtige, fromme Verhalten wird belohnt durch die Aufnahme in die Seligkeit, das falsche führt in die Hände des Teufels.

Noch deutlicher kommt der Aufstiegsgedanke bei dem Motiv der Himmelstreppe zur Geltung. Seit dem 15. Jahrhundert benutzte man oft das Bild der Treppe im Zusammenhang der Weltgerichtsthematik. Besonders schön hat Martin Schongauer den Aufstieg der Seligen zwischen 1488 und 1491 innen an der Westwand des Münsters von Breisach gemalt. Matthias Gerung hat dann die Treppe des Heils als Holzschnitt in verschiedenen Fassungen Mitte des 16. Jahrhunderts geschaffen. Drückte eine frühe Fassung eine entschieden antikatholische Polemik aus, änderte er eine spätere[30] zu einer allgemeinen Mahnung an die Christen. Innerhalb einer Art Wolkenkranz findet nun links unten eine Taufe statt, in der Mitte sitzen Gläubige

26 Vgl. z. B. die sächsischen Kirchenordnungen: Die evangelischen Kirchenordnungen des 16. Jahrhunderts/ hrsg. Emil Sehling. Bd. 1: Sachsen. Leipzig 1902, 202 oder 298. Aber auch in den Kirchenordnungen anderer Territorien findet sich Ähnliches.

27 Vgl. Ulman Weiss: Die Lebenswelten des Esajas Stiefel oder Vom Umgang mit Dissidenten. Stuttgart 2007, 157.

28 Vgl. Wolfgang Brückner: Lutherische Bekenntnisbilder des 16. bis 17. Jahrhunderts. Regensburg 2007.

29 Berlin, Staatliche Museen Stiftung Preußischer Kulturbesitz, Kupferstichkabinett Inv. –Nr. 33-1034.

30 Berlin, Staatliche Museen Stiftung Preußischer Kulturbesitz, Kupferstichkabinett Inv. - Nr. 846-100.

und hören auf einen Prediger links über ihnen in Gestalt des Paulus, und rechts wird das Abendmahl mit Brot und Wein ausgeteilt. Am Fuß der Treppe steht ein großer Altar, hinter dem Petrus mit den Schlüsseln steht. Der Figur des nach oben weisenden Paulus entspricht auf der rechten Seite die des Johannes des Täufers. Außerhalb des Wolkenkreises steht rechts Mose mit den Gesetzestafeln und dahinter ein Gruppe Menschen, die von einer Herrschergestalt mit Turban angeführt wird. Die Treppe ist von den Seiten durch Felsen eingeschlossen. Dahinter versuchen Menschen vergeblich, zu ihren Stufen zu gelangen. Die Treppe hinauf steigt, geführt von einem Engel, ein nackter Mensch mit betend erhobenen Händen. Christus steht am oberen Ende der Treppe mit der Siegesfahne der Auferstehung in Händen. Links thront Gottvater, rechts beten Selige das Lamm auf dem Paradiesberg an, während außerhalb der Treppe Engel mit Schwertern zum Gericht herabfahren und Feuer die Häuser zerstört.

Der Mensch kann nur zum Heil kommen, wenn er Taufe und Abendmahl – beide von Christus gestiftet – annimmt. Das kann man als zentrale Aussage des Bildes der Himmelstreppe von Gerung verstehen. Alles andere geht nicht. Steinwände versperren unüberwindbar den Aufstieg nach oben.

In diesen Punkten sind Heilstreppe und Himmelsleiter durchaus ähnlich: Es gibt einen Weg nach oben, aber der ist nur unter bestimmten Voraussetzungen gangbar, die in beiden Bildern aufgezeigt werden.

In Bezug auf die nachreformatorische Fassung der Himmelsleiter stellt sich aber trotzdem die Frage, mit welchem Ziel verwandte man den alten Holzschnitt wieder. Gewiss, der Druckstock war vorhanden und der Name Cranachs hatte Mitte des 16. Jahrhunderts immer noch seinen Glanz. Ein Erfolg war aus diesen Gründen zu erwarten, aber nur, wenn der Holzschnitt der neuen religiösen Situation angepasst wurde. Und das ging nur mit den Texten, nicht mit dem eigentlichen Bild. Bei den Texten konnte man neue Lettern verwenden, aber der Bildschnitt ließ sich nicht ändern. Da bleibt die alte Ordnung, und so findet sich z. B. in der oberen männlichen Gruppe der Seligen ein Papst und Mönche. Das störte offenbar nicht so sehr.

Deshalb lässt sich die nachreformatorische Fassung der Himmelsleiter eher in die innerprotestantischen und innerlutherischen theologischen Auseinandersetzungen in der zweiten Hälfte des 16. Jahrhunderts einordnen. Dazu gehörte der Streit um die Sakramente mit der calvinistisch-reformierten Konfession. Nach dem Augsburger Religionsfrieden von 1555 konnten sich die evangelischen Landeskirchen konsolidieren. Mit dem Einsatz für die wahre lutherische Lehre und ebenso für eine evangelisch-lutherisch bestimmte Lebensführung aller Bürger waren kirchliche und weltliche Obrigkeit befasst. Da konnte so ein Holzschnitt als Mahnung und Ermunterung gut Anklang finden. Zumal die Aussage unterstrichen wurde durch die Autorität Friedrichs des Weisen, der mit seiner charakteristischen Haarnetz-Kappe von 1510, die auf vielen Holzschnitten wiederholt wurde, noch gut erkennbar ist.

Die Funktion der Paränese wird gegenüber der vorreformatorischen Fassung noch entschiedener herausgestrichen durch die Überschrift über dem Höllenteil des Holzschnittes. Der verschärfte Blick auf Hölle und Verdammnis ist in der nachreformatorischen Zeit sehr verbreitet. Offenbar sollte das Ziel, die Gläubigen in der neuen Lehre zu unterweisen und zu erziehen, dadurch besser erreicht werden. Deshalb gibt es vom Höllenbild auch noch eine separate Ausgabe mit sehr drohenden Texten. Die Überschrift über dem Holzschnitt Cranachs heißt hier »Die erbarmliche Klage der Verdampten / vem jmmerwerende wehe der Hellen«. Unter dem Holzschnitt geht es dann weiter:

> »O Jamer vnd not / [...] O Elend on end / o sterben on sterben [...]. Darumb schreien wir Ach vnd Wehe / bis in ewigkeit [...].«

Dann folgt eine weitere Überschrift »In der Hellen sind mancherley Pein vnd Plage«. Das wird dann ausführlich geschildert und dann folgt die dritte Überschrift »Vermanung an alle Christen/ das sie jr leben bessern / vnd from werden.«

Damit wird der dritte große Textblock eingeleitet, der sich mit vielen Bibelzitaten hauptsächlich auf Mose beruft, um die Notwendigkeit eines frommen Verhaltens zu belegen. Erst dann kann sich die Erlösung aus Gnade durch Christus sich vollziehen:

> »Denn solchs kann nicht ehe / noch auff ein andere weise geschehen / denn Gott neme vns, mit gnadn zu sich / vnd machs ein ende mit diesem hzeitlichen leben. / Amen«.

Dass die Voraussetzung für die Seligkeit nicht Gleichgültigkeit oder Leichtfertigkeit sein kann, sondern ein bestimmtes frommes Verhalten, deckt sich also 1560 mit den Aussagen von 1513. Nur die Wortwahl ist eine andere.

Der Vergleich der vor- und der nachreformatorischen Versionen des Himmelsleiter-Holzschnitts von Lucas Cranach ergibt also wichtige Unterschiede und bemerkenswerte Gemeinsamkeiten, was der Entwicklung einer protestantischen Ikonographie im 16. Jahrhundert interessante Aspekte liefert.

Luthers Cousin Magister Johannes Lindemann

Von Hans-Christoph Rothe

Der Jahrhunderte alte Streit, ob Luthers Mutter Margarete eine geborene Ziegler oder eine geborene Lindemann war,[1] wurde 1935 endgültig von Archivar Eberhard Matthes zugunsten »Lindemann« entschieden.[2] Die frühere Ansicht, dass Luthers Mutter eine geborene Ziegler gewesen sei, geht auf eine Verwechslung Cyriacus Spangenbergs zurück:

> »Denn das ist gewis vnd war / kan auch mit gnungsamen Beweisungen dargethan werden / Das Hans Luder oder Luther / mit wissen vnd willen seines Vatern / Heine Luders / vnd seiner Mutter Margrethen / (welche der Geburt nach eine Lindemannin gewesen / vnd in hohem alter zu Mansfelt im thal gestorbe[n]) sich mit Margrethen Zieglerin in den heiligen Ehestand begeben / vnd sind beyde nach ordentlichem Kirchengebrauch / zu Möre [Möhra] im Ampt oder Gericht Altenstein / vnter den Fürsten zu Sachsen / zwischen Jsenach und Saltzungen / so Burckhart Hund / vnd nach demselben seine Söhne / jnne gehabt / öf- || fentlich vertrawet / vnd zusammen geben worden.«[3]

Nach neueren Erkenntnissen war jedoch Luthers väterliche Großmutter eine geborene Ziegler.[4] Matthes stützte seine Erkenntnis, dass Luthers Mutter eine geborene

1 Erweiterte Fassung von Hans-Christoph Rothe: Verwandte Martin Luthers in Zwickau. [Teil 1]. Cygnea: Schriftenreihe des Stadtarchivs Zwickau 7 (2009), 27-35.

2 Eberhard Matthes: Luthers mütterliche Abstammung und Verwandtschaft: Margarethe Lindemann und ihre Sippe. Archiv für Sippenforschung und verwandte Gebiete 12 (1935), 146-151. 160-184. 212-217.

3 [Cyriacus Spangenberg]: Die XV. Predigt. Von dem Getrewen Diener Jhesu Christi, Doctore Martino Luthero: Wie er auff vnsers Herrn Gottes Berge eingefaren, getrecket, vn[d] andere notwendige arbeit verrichtet; Gethan im Thal Manssfeldt, 1570. 19. Februarij. Durch M. Cyria. Spang. Erffort: Baumann, 1571, [)(5^{v}-)(6^{r}] (Vorrede); VD16 S 7686. Spangenbergs genauer Nachweis – wenn auch in Bezug auf die familiäre Herkunft seiner Mutter mit der seiner Großmutter verwechselt – hatte tiefere Bedeutung. Denn sie richtete sich gegen die altgläubige Polemik, nach der Luther der voreheliche Sohn einer Eisenacher Bademagd gewesen sein, die der Teufel geschwängert und danach deren Ehe mit Hans Luder angestiftet hätte; ebd, (4^{r} f -[)(5^{v}].

4 Vgl. Michael Fessner: Die Familie Luder in Möhra und Mansfeld. In: Fundsache Luther: Archäologen auf den Spuren des Reformators/ hrsg. von Harald Meller. Stuttgart 2008, 78 f: »Der Familienverband der Luders gehörte nach seinem Besitz zur ländlich-dörflichen Oberschicht in Möhra. Er lag mit einem Vermögen von 450 Schock Salzunger Groschen an dritter Stelle hinter der bäuerlichen Familie Barchfelt […] mit 530 und Ziegeler (Ziegler) mit 593 Schock … Zudem festigte die Familie Luder mittels Heiratsbeziehungen zu den anderen begüterten bäuerlichen Familien des Dorfes ihre hohe und angesehene soziale Position. Hans Luders Mutter stammte aus dem dortigen Geschlecht der Zieglers.« Diese väterliche Großmutter Luthers hat im Mai 1521 noch in Möhra gelebt, als Luther dort kurz

Lindemann sei – von Luther selbst erfahren wir nur ihren Vornamen »Margarita« – zuerst auf eine Einladung des Rektors der Wittenberger Universität vom 15. Juni 1558 (zwölf Jahre vor Spangenbergs Predigt!) zum Begräbnis Martin Luthers, eines Neffen des Reformators. Hier heißt es: »Mater (D. Mart. Lutheri) fuit nata in familia Lindemannorum, cognata uiri clarissimi Doctoris Laurentij Lindeman.« Danach ist also Luthers Mutter eine geborene Lindemann. Matthes betont:

> »Dieses Zeugnis ist aber von ganz besonderem Werte, geht es doch auf den damaligen Wittenberger Prorektor, den Professor Dr. jur. Johannes Schneidewein, zurück, der seit seinem 13. Lebensjahre in Luthers Hause lebte und durch seinen vertrauten Umgang mit Luther über dessen Familienverhältnisse besonders zuverlässige unterrichtet war.«[5]

Matthes nennt noch weitere Quellen, die die Herkunft von Luthers Mutter aus der Lindemann-Familie bezeugen und die für unseren Aufsatz über Magister Johannes Lindemann besonders wichtig sind: Eine »oratio« des Zwickauer Superintendenten Adam Beerwald und der Begräbniseintrag im Auer Kirchenbuch den Schulmeister Johannes Lindemann betreffend.

Erstens: Matthes zitierte nach Wilhelm Ernst Tentzel:

> »Es hat M. Adam Beerwald, weyland Pastor und Superintendens zu Zwickau, Anno 1582 seine älteste Tochter Annam, Martino Meinardo, Conrectori daselbst, verheiratet, und vor dem Brautbette nach damaliger Gewohnheit eine Oration gehalten, aus welcher M. Wolffgang Silber, Diaconus zum Hartenstein, hernach Pfarrer zu Greiffenberg und Chemnitz, der ao. 1590 gedachten M. Beerwalds andere Tochter gefreiet, folgende Worte ausgeschrieben, so noch vorhanden sind: Meines lieben Weibes Salome Vater / Johannes Lindemann gehöret in das Geschlecht D. Martini Lutheri. Ihr Großvater / welcher im Franckenlande gewohnet / hat eine Tochter und drey Söhne gehabt: Einer […] Der 2. […] Der dritte ist im Franckenlande blieben, desselben Sohn ist mein Schwäher [Schwiegervater] / Johann Lindemann. Die Tochter aber meines Schwähers Groß-Vaters hat der Vater des Lutheri zur Ehe genommen. Ist also mein Schwäher des Lutheri Verwandter und Geschwister Kind gewest.«[6]

---

einkehrte. Sie ist wahrscheinlich auch in Möhra am 21. September 1521 gestorben; siehe Matthes: Luthers mütterliche Abstammung (wie Anm. 2), 147.

5 Ebd.

6 Ebd, 148; siehe: Wilhelm Ernst TENTZEL: Historischer Bericht vom Anfang und erster Fortgang der Reformation Lutheri. Bd. 1. Leipzig 1718, 138-141. Tentzel hatte diese Nachrichten im Nachlass des Veit Ludwig von Seckendorff gefunden: »Ich finde aber unter den Seckendorffschen scripturen unterschiedene hierzu dienliche Briefe, so ihm von Görlitz communiciret worden […]« – In Zwickau ist die Verwandtschaft von Beerwalds Ehefrau mit Luther noch im 19. Jahrhundert bekannt gewesen; vgl. Traugott Wilhelm HILDEBRAND: Die Hauptkirche St. Mariä zu Zwickau: von Zeit ihrer Begründung bis auf die Gegenwart; historisch beschrieben, nebst Nachrichten über die an ihr angestellten Geistlichen, Cantoren, Organisten und Küster. Zwickau [1841], 99: »7) M. Adam Bärwalder, Sohn des hiesigen Hospitalpredigers Jacob B. und hier geboren, seit dem 7. Juny 1560 Schloßprediger zu St. Katharinä, verehelichte sich Montags nach Crucis 1561 mit Salome Lindemann, deren Vater mit Luther Geschwisterkind war. 1578 wurde er Superintendent und starb am 5. May 1585,

Zweitens: Der Bruder der Salome Beerwald geb. Lindemann, Schulmeister Johannes Lindemann, bezeugt seine Verwandtschaft mit Martin Luther in derselben Weise. Im Kirchenbuch Aue (Verstorbene) findet sich folgender Eintrag:

»1621, 36: Den 30. Octob. stirbt in meiner gegenwart, der alte fromme Und Gott liebende Mann, Johannes Lindemann, des Herrn D. Martini Lutheri Vetter. Welcher in 34 Jahr Schulmeister in der Bockau gewesen, ingleichen 7 Jahr zu Weißbach, homo antiqua fidei, seines alters 74 Jahr, und wurde gar ehrlich mit figuralgesang ab Auensibus, u. einer Christl. LeichenPredigt ex texto Hiob 19. … d. 1. 9br. am Tag aller heiligen, zur Bockau in groser frequentz begraben. Gott gnade Ihm. Genealogia ejus [seine Abstammung].

Abavus (Urgroßvater) Joh. Lintemann Zur Neustatt an der Rhene gignit [zeugte den Großvater]

Avus [der Großvater zeugte] Johannem filium [einen Sohn,] hic gignit [dieser zeugte] Pater Johannem pastorem Aurobachensem [den Vater, Pfarrer in Auerbach]

ab hoc [von diesem] Johannes defunctus [der Verstorbene abstammt]

Filiam [die Tochter] qua nupsit [welche heiratete] Hanß Luthern Zu Eißleben hac genuit (diese gebar) Doctorem Martinum Lutherum«

Beide Geschwister (Schulmeister Johannes Lindemann und Salome Beerwald) bezeugen also übereinstimmend nach verschiedenen Quellen, dass ihr Vater Magister Johannes Lindemann, Pfarrer in Auerbach i. V., ein Cousin ersten Grades von D. Martin Luther gewesen ist. Dessen interessantes Leben soll hier kurz dargestellt werden.[7] Magister Johannes Lindemann wurde 1488 zu Neustadt an der Fränkischen Saale vor der Rhön geboren. In Neustadt an der Rhön ist eine Gedenktafel folgenden

alt 85 Jahre. D. Paul Eber rühmt ihn in seinem Geschichtskalender als einen Gottseligen Prediger« – siehe auch <http://digital.slub-dresden.de/id486712966>.

7 Neben eigenen Forschungen verdanke ich Wesentliches Karl Zeitel, damals Pfarrer in Nordheim an der Rhön, der mir freundlicherweise Quellenmaterial zur Verfügung stellte. Siehe auch Karl Zeitel: Pfarrer Magister Johannes Lindemann (1488-1554): Streiflichter auf die Kirchengeschichte in Schweinfurt/ hrsg. von Johannes Strauß; Kathi Petersen. Bd. 1. Schweinfurt 1992, 39-63. Den Anstoß für mein Interesse an Magister Johannes Lindemann verdanke ich Dr. phil. Alfred Lindner, Archivar und Genealoge in Crimmitschau: Alfred Lindner: »Blutsverwandte D. Martin Luthers in unserer Gegend (Lindemann)« zur 400. Wiederkehr des Todestages von Luthers Mutter. Crimmitschauer Anzeiger und Tageblatt: Heimatblätter (1931) Nr. 10. Lindner zitiert aus: Kurzer Abriss einiger alter und neuer Nachrichten von dem Berg-Flecken Bockau beym Schneeberg/ von George Körner, Pastore Bockau. Schneeberg 1750. Diese Chronik gibt auch den Aue-Bockauer Kirchenbucheintrag (siehe oben) wieder. Lindner schenkte mir 1954 zu Weihnachten einen Stammbaum »Lindemann – Luther – Deszendenz«. Darin wies er nach, dass ich in 15. Generation ein Nachkomme Magister Johannes Lindemanns bin. Auf Linders Tafel steht über denselben

Inhalts zu sehen: »Die Mutter D. Martin Luthers Margarethe geb. Lindemann stammte aus Bad Neustadt an der Saale. Ihr Vater Johann Lindemann und einer ihrer Brüder waren Bürger unserer Stadt, in der Margarethe auch ihre Jugend verbrachte.« Magister Lindemanns Sohn, Schulmeister Johann Lindemann in Aue und Bockau, hat über seinen Vater ein »Curriculum vitae«, einen kurzen Lebenslauf, geschrieben. Dieses Curriculum ist leider heute nicht mehr aufzufinden. Simon Schoeffel hat eine Abschrift des Curriculums um 1900 noch in der Hand gehabt. Er schreibt:

> »Über Mag. Lindemanns Leben sind wir nun zum Glück fast restlos unterrichtet, nachdem es mir gelungen ist, das von Sixt[8] erwähnte und schon verloren geglaubte ›Curriculum vitae‹ in der Pfarregistratur aufzufinden, von seinem Sohn Johann, Schulmeister im Marktflecken Awe nach seiner einfalt conzipiret und aufgeschrieben worden.«[9]

Lindemann studierte 1511 an der Universität Leipzig.1512 wurde er dort Baccalaurius.[10] 1519 schrieb er sich an der Universität Wittenberg ein.[11] Hier muss er Luther und Melanchthon kennengelernt und deren Vorlesungen gehört haben.[12] Nach dem Studium ist er sehr wahrscheinlich als Lehrer an der Schule seiner Vaterstadt Neustadt tätig, und war wohl auch gelegentlich als Prediger aktiv. Jedenfalls wird er 1525 in einem Brief als ein »der Heiligen Schrift Verständiger« in der Stadt Neustadt

nur: *um 1500, von 1541-1547 Pfarrer in Auerbach i. V., vorher Schulmeister in Ohrdruf in Thüringen und angeblich auch in Schweinfurt, † 1554.

8 Johann Michael SIXT: Reformationsgeschichte der Reichsstadt Schweinfurth. Schweinfurth 1794.

9 Simon SCHÖFFEL: Pfarrbuch oder allgemeine Beschreibung des gesamten Kirchenwesens in der ev.-luth. Pfarrei Schweinfurt. (Manuskript, abgeschlossen 1920), 36. Karl Zeitel stieß bei seiner Suche nach dem »Curriculum« im Pfarrarchiv Schweinfurt auf die etwas umfangreicheren Auszüge in Schöffels Pfarrbeschreibung sowie auf einen Auszug aus dem »Curriculum«, der nach der Schrift zu schließen etwa aus der Zeit um 1800 stammen dürfte und den er »Lebenslauf« nennt. Darin heißt es: »Magister Johann Lindemann, geboren 1488 zu Neustadt an der Rhön, wo sein Vater und Großvater gleichen Nahmens wohnten.«

10 DIE MATRIKEL DER UNIVERSITÄT LEIPZIG/ bearb. von Georg Erler. Bd. 1: Die Immatrikulationen von 1409 -1559. Leipzig 1895, 510: imm. 1511 unter Bavari (d. h. Bayern) Johannes Lyndemann de Nova Civitate (Neustadt) Bacc. 1512 Joannes Lindemann de Nova Civitate.

11 ALBUM ACADEMIAE VITEBERGENSIS: ab a. Ch. MDII ad a. MCLX/ hrsg. von Karl Eduard Förstemann. Lipsiae 1841, 86: »Johannes Lindmann de neustadt dio herbipo 8 novemb.«

12 Zumindest mit Philipp Melanchthon war er näher bekannt; siehe dessen freundschaftlichen Brief an Lindemann vom 3. Februar 1547; MELANCHTHONS BRIEFWECHSEL/ hrsg. von Christine Mundhenk. Bd. T 16: Texte 45-4790 (Januar-Juni 1547)/ bearb. von Matthias Dall'Asta …, 91 f (Nr. 4579).

erwähnt.[13] Um 1526 bis 1528 ist Lindemann Schulmeister in Schleusingen.[14] Hier in Schleusingen stirbt Lindemanns erste Ehefrau, von der wir nur wissen, dass sie die Mutter seiner Kinder Philipp, Anna und Ursula war. Er geht in Schleusingen eine zweite Ehe ein, in der zwei weitere Kinder geboren werden, Margaretha und Philipp.[15]

---

13 Der Brief des Bildhäuser Haufens an den Rat der Stadt Neustadt von Dienstag nach Exaudi (30. Mai 1525) in: Lorenz Fries: Die Geschichte des Bauernkrieges in Ostfranken ca. 1550/ hrsg. von A. Schaeffer; Thomas Henner. Würzburg 1883, 417: »Cristenliche, liebe gebrudere, es ist in neulichen tagen neben unserm angenomen prediger, der ain priester ist, ain layhe, seines handwerks ain kursner, ufgestanden, die sich in irer predig etwas zwispaltig (nachdem des layen maynung, der aus Thuringen komen ist, sich ufs blutvergiessen erstreckt) erzaigen, so wir aber bericht, das ir zwen beromte, der hailigen geschrift verstendige bey euch habt, nemlich herrn Johan Lindeman und herrn Andresen euren predicatorem, bitten wir euch gar freuntlichen von der gotlichen ewangelischen warhait wegen: wollet uns dieselbigen zwen morgen frue [Mai 31] umb siben hore ufs lengst hieher zu uns abvertigen, zwischen angezaigten predicanten uf beder ongeverliche verhorung schiedliche richtung zu machen und zu erkennen; dan wir und ain ganze versamlung des haufens zu gemelter verhöre bewilligt haben, wa aber gerurte Lindeman und her Andres des scheu hetten, geben wir inen hiemit von ir gewarsame aus zu, bey und von uns bis wider in ir gewarsame unser frey, strack, sicher glait fur uns, alle unsere zugewante und christlich bruder, der wir ongeverlich mechtig sind, der zuversicht: si und ir werden uns der gotlichen warhait zu steur gunstiglich wilfaren, das wollen wir in allem gutten bedenken und geren verdienen.« Die Bildhäuser Bauern sind also die Müntzerischen Predigten, die da lehrten, man solle die Obrigkeit mit dem Schwert vertilgen, leid. Sie wollen vielmehr »evangelische Wahrheit« hören. Da waren sie bei Lindemann, der Luther verstanden hatte, gewiss an der richtigen Adresse. Ob der Wunsch der Bauern, Andresen und Lindemann zu hören, erfüllt wurde, erfahren wir nicht.

14 Zeitel: Pfarrer Magister Johannes Lindemann … (wie oben Anm. 7) bestreitet die Meinung von Matthes: Luthers mütterliche Abstammung (wie Anm. 2), 213, dass Lindemann wegen des Bauernkrieges aus Neustadt fliehen musste. Zeitel: »Er hätte dann kaum ausgerechnet an der Residenz Graf Wilhelms [von Henneberg] in Schleusingen eine Anstellung als Schulmeister gefunden, also in unmittelbarer Nähe des Mannes, der nach dem Bauernkrieg für den Fürstbischof [von Würzburg namens Konrad von Thüngen 1519-1540] den Strafzug durch das Bistum durchführte. Es war vielmehr so, daß die Ritterschaft, deren Mitglied Graf Wilhelm damals immer noch war, besonders unmittelbar nach den Erfahrungen des Bauernkrieges verständige evangelische Prediger forderte. Darin könnte auch der Grund liegen, daß Lindemann gerade an der Residenz Schleusingen eine Anstellung erhielt. Richtig dagegen ist, daß der Fürstbischof in der 2. Hälfte des Jahres 1525 gegen die evangelische Lehre und ihre Anhänger in Neustadt mit ernsthaften Drohungen einschritt. Die Tätigkeit in Schleusingen bezeugt das Curriculum in »Allgemeiner Pfarrbeschreibung« mit folgenden Worten: »Hat den Anfang seines Anfangs zu Schleusingen, als er dieses Orths Schulmeister gewesst.«

15 Schöffel: Pfarrbuch … (wie Anm. 9): »[Lindemann] hat mit dem ersten Weib, drey Kinder gezeuget, also Philippum, Annam und Ursulam, dieses erste weib ist ins Schleusingen gestorben. Nach seinem trawern hat mein lieber Vater das andere weib zu Schleusingen geeheligt und eine Tochter gezeuget, mit nahmen Margaretam. Ist bei diesem weib zu einem rectori nach Schweinfurt vociret worden.« Die Reichsstadt Schweinfurt stand damals unter der Schutzherrschaft der Hennberger. – Zu den Kindern, darunter zwei mit Namen »Philipp« siehe die Zusammenstellung am Ende des Beitrages.

Von Schleusingen ist Lindemann nach Schweinfurt berufen worden, wo er als Rektor seinen Schülern den gerade erschienenen Kleinen Katechismus Martin Luthers lehrte, was den Zorn des Fürstbischofs von Würzburg erregte. Dieser gab Befehl, Lindemann zu verhaften. Der Hauptmann verhalf ihm jedoch zur Flucht.

Das »Curriculum« erzählt den Vorgang sehr anschaulich:

»Allda [zu Schweinfurt] ist mein lieber Vater von gutherzigen leuttlein bittlichen angelanget, den Catechismus Teutzsch in der Schulen zu handeln, damit sie denselben von ihren Kindern auch lernen und verstehen köndten, welches mein lieber vater beherziget und solchen deutzch zu recitieren verordnet: Aber von den Papisten dieses Orths ist mein lieber vater bei dem Bischof zu Würtzburgk derentwegen verklagt worden, welches den Bischof zu ohren gefasset, zweyhundert mann vor die stadt geschicket, die thor beleget, und meinen lieben Vater gefenglichen wollen nach Würtzburgk haben. Darüber sein fürnehmbster Hauptmann, welcher meinen lieben Vaters Gevatter gewest bevelich überkommen [befohlen hat], solches unverzüglich zu verrichten.« »Es hat sich aber begeben«,

erzählt Lindemanns Sohn weiter,

»daß mein lieber vater die gewohnheit gehabt, sich nach seinen laboribum [seinen Arbeiten] an seinen weinbergk zu erlustigen, da hat er vor des Hauptmanns Cossament müssen vorübergehen, ist dreymal zu sinne gewest, bey ihnen einzusprechen, aber allwegen wieder zurückgekehret. Letzlichen hat er sich bewogen, und uffs Schloss gegangen, seinen lieben Gevatter zu besuchen. Allda ist der Hauptmann erschrocken, das mein vater nit gewusst, wie es wehre, und hat ihn getröstet. Alsbald hat der Hauptmann auch angefangen und gesagt, er wollte jetzt lieber einen wollfen denn ihn sehen.«

Schöffel dazu:

»Ein Wort, das natürlich den M. Lindemann sehr erschreckte. Er wollte schleunigst heim zu Weib und Kindern, aber das konnte der Hauptmann nicht gestatten. Er behielt ihn und verbarg ihn auf der Burg. Durch einen Diener ließ er aber hohe Schuhe kaufen, gab sie dem Lindemann, dazu einen halben Gulden und einen Knebelspieß, und von einem vertrauten Knecht entführt floh Lindemann.« Johann Michael Sixt fasst das Curriculum vitae des Auer Schulmeisters mit folgenden Worten zusammen: »Verschiedene gutherzige Einwohner hatten den Rektor der Schule, M. Johann Lindemann, […] dringend gebethen, er möchte ihre Kinder den teutschen Katechismus Luthers auswendig lernen lassen, damit sie ihn auch zu Hause verstehen und die Ihrigen darnach unterrichten könnten; aber kaum hatte der gegen die Wünsche seiner Mitbürger sehr gefällige Mann den Anfang damit gemacht, als schon die katholischen Geistlichen an der Hauptkirche zu Wirzburg Lärm darüber bließen. Sogleich ließ der Fürst-Bischof Conrad 200 Mann gegen Schweinfurt anrücken, um den Lutherischen Rektor aufheben und gefangen nach Wirzburg führen zu lassen: nur der hiezu befehligte Hauptmann handelte noch so gevatterlich gegen ihn, daß er seine Flucht aus dem Wirzburgischen in den Thüringer Wald durch einen vertrauten Diener schleunigst beförderte.«

Obwohl Schweinfurt eine freie Reichsstadt war, war sie dennoch abhängig von dem Würzburger Fürstbischof. Sein bischöfliches Territorium umschloss die Stadt völlig. Auch hatte er in Schweinfurt Rechte bei der Besetzung geistlicher Stellen, denn Sixt schreibt:

»Allein die Einwilligung einen eigenen Prediger anzustellen, um die bey dem Fürst-Bischof Conrad von Thüngen wiederholt nachgesucht wurde, konnte auf keinem Wege erlangt werden.«[16]

Im Thüringer Wald fand Lindemann im Sommer Unterkunft bei einem Köhler, dem er bei seiner Arbeit half. Der Winter 1529/30, in dem der Köhler keine Arbeit für ihn hatte, veranlasste ihn, sich nach Mansfeld zu den Eltern D. Martin Luthers, »seines Vaters Schwester« und ihrem Ehemann zu begeben. Von diesen freundlich aufgenommen, richtete er ihnen einen Weinberg an und war dann auf Hans Luthers Rat Hüttenschreiber. Nun hatte er wieder ein ordentliches Einkommen und konnte seine Familie nachholen. Schoeffel schreibt:

»Lindemann floh zuerst zu einem Köhler, bei dem er den ganzen Sommer verblieb, dann nach Mansfeld zu Luthers Eltern. Im Winter kam er abgezehrt dort an und bekam eine ›Partecen‹, etwas Essen und wärmte sich. Während des Essens hörte er, wie die alte Lutherin sagte: ›Wenn ich nur wüßte, wo mein Oehmann wäre‹. Sie hatte offenbar von der Frau Lindemanns eine Anfrage erhalten und war nun auch in Unruhe über sein Schicksal. Als sie nun zu Bett gingen, sagte ihr Lindemann, der noch unbekannte Reisende: Wenn sie ihn nicht verraten würde, so würde er sagen, wo der Lindemann wäre. Sie sagte dies zu und nun entfuhr es ihm: ›Base, ich binns!‹ Selbstverständlich blieb er nun im Hause des alten Luther den ganzen Winter über und der alte Luther erhielt ihn. Im Sommer baute er dem Luther einen Weinberg. Auch die Stelle eines Bergwerkschreibers erhielt er, gab sie aber wegen des gottlosen Lebens der Bergleute wieder auf.«[17]

Schöffel hat den Bericht aus dem »Curriculum« auch verkürzt wiedergegeben:

»Lindemann hielt sich zunächst bei einem Köhler im Thüringer Walde auf, um sein Brot zu verdienen, wandte sich aber dann nach Mansfeld, wo er seine Verwandten, Luthers Eltern, traf und von ihnen nach ergreifender Erkennung aufs liebevollste aufgenommen wurde; hier machte er sich zunächst dem alten Hans Luther nützlich, indem er ihm einen Weinberg anrichtete, ›welches dem alten Luther gar wohl gefallen‹; darauf nahm er auf dessen Rat den Dienst eines Hüttenschreibers an, gab ihn aber nach einem Jahre ›um der gottlosen Bergleute willen‹ wieder auf.«[18]

In Mansfeld wird Lindemanns Sohn Philipp geboren. Philipp Melanchthon hat diesen Philipp Lindemann »wie einen Sohn geliebt« und bezeichnete ihn als »Verwandten« Luthers.[19]

---

16 Schöffel: Pfarrbuch … (wie Anm. 9), zitiert nach Zeitel: Pfarrer Magister Johannes Lindemann … (wie Anm. 7).

17 Ebd.

18 Simon SCHOEFFEL: Die Kirchenhoheit der Reichsstadt Schweinfurt. Leipzig 1918, 187.

19 »Philippum Lindeman Lutheri cognatum« in Melanchthons Brief an Georg Karg in Ansbach mit dem Hinweis, dass Melanchthon den Briefüberbringer Lindemann auf Bitten Kargs als Lehrer schickt, 28. Oktober 1555; MELANCHTHONS BRIEFWECHSEL/ hrsg. von Heinz Scheible. Bd. 7: Regesten 6691–8071 (1553–1556)/ bearb. von Heinz Scheible; Walter Thüringer. Stuttgart-Bad Cannstatt, 1993, Nr. 7616; Zitat aus der Briefabschrift in: UNGEDRUCKTE BRIEFE MELANCHTHONS AN GEORG KARG/ mitgeteilt von [Ernst Ludwig]

Die nächste Station in Johannes Lindemanns bewegtem Leben ist Ohrdruf in Thüringen, wo er bis 1541 wieder als Schulmeister tätig ist. Er strebte jedoch das Pfarramt an. Am 11. Mai 1541 wird er in Wittenberg von Luthers Freund, dem dortigen Stadtpfarrer Johannes Bugenhagen, ordiniert.[20] Luther, Lindemanns Cousin, hatte ihm offenbar die Pfarrstelle zu Auerbach im Vogtland vermittelt. Im »Curriculum vitae« heißt es:

> »Er [Lindemann] wandte sich nun an Luther selbst um eine Stelle, der ihm auch eine solche verschaffte. Als nämlich der Edle von der Planitz[21] zum Evangelium übertrat, und nach Luther schickte und ihn um einen Predikanten bitten ließ, empfahl Luther seinen Vetter Lindemann. Er legte eine Probepredigt ab und wurde angenommen.«

Johann Lindemann wird im Sommer 1541 in Auerbach angekommen sein. Er bewohnte das Pfarrhaus (Pfarrgut) und arbeitete mit zwei anderen Geistlichen,[22] die jeweils Häuser bewohnten, die der Kirchgemeinde gehörten, zusammen. Zum Kirchspiel Auerbach gehörten damals außer einigen sehr kleinen Orten in der Nachbarschaft auch die Kirchdörfer Rodewisch und Rothenkirchen, die wöchentlich mehrfach von Auerbach aus geistlich zu versorgen waren.

Enders. Beiträge zur bayerischen Kirchengeschichte 9 (1903), 142; siehe: <https://archive.org/stream/beitragezurbayer09kold/beitragezurbayer09kold_djvu.txt>.

20 Wittenberger Ordiniertenbuch/ hrsg. von Georg Buchwald. Band 1. Leipzig 1894 (Nr. 293): »feria Quarta post Jubilate per D. Pomeranum: 1541, 11. Mai Joannes Lindenman von der Newstadt fur der Rhoene, Schulmeister zu Ordorff [Ohrdruf] in Doeringenn, Beruffen genn Aurbach im voigtland zum Pfarambt.«

21 Vgl. Johannes Reimers: Dr. Hans Edler von der Planitz, Ritter, Kursächsischer Rat und Amtmann zu Grimma († 1535). HCh [1] (1957), 88-116. Regine Metzler schreibt: »Hans von der Planitz hatte vermutlich schon am Anfang der zwanziger Jahre für einen lutherisch gesinnten Geistlichen der Stadt gesorgt«; siehe Nachrichten aus Auerbach anno 1525-1545: zusammengetragen aus Originalbriefen an den Zwickauer Stadtschreiber Stephan Roth und aus weiteren Quellen, geschrieben vom Auerbacher Stadtschreiber Gregor Meusel, von der Familie derer von der Planitz auf Auerbach und anderen/ hrsg. von Regine Metzler. Plauen-Jößnitz, 2007, 66. Bis 1541 gab es vier evangelische Pfarrer. Hans von der Planitz, dem 1522 vom Kaiser der Titel »Edler« verliehen worden war, starb am 10. Juli 1535; vgl. jetzt auch Regine Metzler: Planitz (zu Auerbach/Vogtland, Arnshaugk bei Neustadt/Orla, Jena und Weida), Hans von der (seit 1522 Hans Edler von der). In: Sächsische Biografie/ hrsg. vom Institut für Sächsische Geschichte und Volkskunde. Online-Ausgabe: http://saebi.isgv.de/biografie/Hans_Edler_von_der_Planitz_(1473-1535) (22.7.2019), so dass für die Anstellung Lindemanns sein Sohn Georg Edler von der Planitz (1504-1571) in Frage kommt, der 1521 die Universität Wittenberg bezog und damit gewiss auch Luther erlebte. Für drei Jahre hatte er vom Kurfürsten ein Stipendium bekommen. »Bereits 1536 war er kurfürstlicher Rat wie sein Vater. Auch er galt als einer der fähigsten Diplomaten im Dienste des Kurfürsten.«

22 Johann Strauß (Prediger seit 1535) und Matthes Gering (Kaplan) der bisher Schulmeister in Schwarzenberg gewesen war, wurde zusammen mit Lindemann am selben Tag von Bugenhagen ordiniert; siehe oben Anm. 19.

In der Türkensteuerliste von 1542 nimmt Johann Lindemann, Pfarrer, den letzten Platz 110 ein mit dem geringsten Gesamtvermögen von drei Gulden. Dazu wurde bemerkt, dass die Häuser der Geistlichen steuerfrei seien. Ein Vermögen von 3 fl. entspricht heute dem Wert einer Kuh, die Lindemann besaß. Auch der Kaplan Gering hält eine Kuh (3 fl.). Alle anderen Bürger besaßen mehr an Vermögen: zwischen 713 fl. bis 9 fl., sogar ein Hausgenosse hatte 5 fl. Vermögen:

»Bei etwas mehr als 600 Einwohnern (Auerbachs) können ungefähr 8 % als Oberschicht gelten […] Etwa 30% der Auerbacher bildeten eine Mittelschicht aus Handwerkern und Ackerbürgern, die mit Hilfe von Braurecht und sonstiger Selbstversorgung gut bis zufriedenstellend über die Runden kamen. Weitere 47% könnte man als sozial schwächere, zur Unterschicht tendierende Kleinbürger ansprechen, und etwa 14% müssen als vollkommen arm und bedürftig gelten.«[23]

In der Visitation von 1533 wurde festgelegt, was nun auch für Lindemann galt:

»Der Pfarrer Wolf Steinbach musste seinen beiden Mitarbeitern aus dem Pfarrgut, das ihm selbst zur Verfügung stand, Acker- und Wiesenflächen für 2 Kühe einräumen […] die Gottesdienste und die Feiertage sind nach der Wittenbergischen Ordnung zu halten. Zum Sakrament sollte man niemand zwingen. […]«

Die Gemeinde sollte zum regelmäßigen Besuch der Predigten

»treulich ermahnt und von der Obrigkeit mit Ernst angewiesen werden. […] Alle 3 Geistlichen wurden zum Katechismus-Unterricht für die Kinder verpflichtet. Sie sollten sich mit den Kindern freundlich unterreden und unter ihnen herumgehen und sie fragen.«[24]

In Auerbach heiratet Lindemann ein drittes Mal, wobei unklar ist, ob seine zweite Frau, von der nur der Vorname, Margaret, bekannt ist, bereits hier oder schon an einem früheren Aufenthaltsort verstorben war. In der dritten Ehe werden Lindenmann noch vier Kinder geboren: Barbara, Salome, Elisabeth und Johannes (*1547), der 1621 als Schulmeister in Bockau starb. 1546 verheiratete Lindemann seine älteste Tochter Anna mit seinem derzeitigen Schulmeister. Der Aufgebotseintrag in Zwickau St. Marien lautet:

»1546 Er magr Paulus Dolwitzer v. Kirchperk [Kirchberg] Anna filia Joannis Lindemanns pastor in Awerbach«. Lindemann hatte vielleicht gehofft hier bleiben zu können. Aber er geriet wieder in den Lauf der großen Geschichte: Im Schmalkaldischen Krieg musste er aus Auerbach fliehen.«[25]

23 Zitiert nach Nachrichten aus Auerbach … (wie Anm. 21), 63.

24 Zitiert nach Nachrichten aus Auerbach … (wie Anm. 21), 54.74-76.

25 So Nachrichten aus Auerbach anno … (wie Anm. 21), 72 f. – Über die Geschehnisse des Krieges in Auerbach sind wir leider durch den Verlust der Akten durch Stadtbrände nicht informiert. Der sächsich-albertinische Herzog Moritz von Sachsen stand auf Seiten Kaiser Karls V. und dessen Bruders, des böhmischen Königs Ferdinand, gegen den Schmalkaldischen Bund der evangelischen Reichsstände unter Führung Kurfürst Johann Friedrichs von Sachsen und Landgraf Philipps von Hessen. Ferdinands Feldhauptmann, Sebastian von der Weitmühl, eröffnete den Feldzug noch 1546 durch Überschreitung der Grenze am 30. Oktober und durch die Einnahme von Adorf, Ölsnitz und Schöneck am 1. und 2. November.

Er wandte sich zunächst nach Zwickau, ganz gewiss zu seiner Tochter Anna Dalwitzer, die sich noch 1547 in Zwickau aufhielt, wie die Geburt (Taufe) ihrer Tochter Anna beweist, obwohl ihr Ehemann schon 1546 Rektor in St. Joachimsthal geworden war.

Der Aufenthalt Lindemanns in Zwickau ist verbürgt: Im Brief des Rates der Stadt Schweinfurt vom 17. Januar 1547 an Pfarrer Sutellius heißt es: »Das uns dermaßen ein gelehrter Mann, eines Christlichen Erbarn gueten Wandels und Weisens (d. h. wohl Wesens) auch eines gueten Alters, Johann Lindemann genant, Jetzo zu Zwickau, von etlichen die ihne gehört, berühmt (d. h. gerühmt) worden ist«.[26] Zeitel zitiert Schoeffels Pfarrbeschreibung von 1834, wo es heißt: »L. kam hierauf nach Zwickau, wo selbst er als Pfarrer angestellt war«. Es ist gut möglich, dass Lindemann gelegentlich in Zwickau predigte, angestellt war er nicht. Es ist auch deshalb nicht wahrscheinlich, weil auch Zwickau im Schmalkaldischen Krieg litt. So haben 1547 die Truppen des Herzogs Moritz von Sachsen die Zwickauer Vorstädte abgebrannt.[27]

Von Zwickau reiste Johannes Lindemann nach Schulpforta zu seinem Verwandten Cyriacus Lindemann, von dem er sich offenbar Unterstützung erhoffte.

Cyriacus Lindemanns Vater war sowohl ein Cousin Luthers als auch ein Cousin Johannes Lindemanns. Cyriacus Lindemann ist 1516 in Gotha geboren worden als Sohn eines Schneiders. Der zweite Ehemann seiner Mutter, der Gothaer Bürgermeister Melchior Keuthe, sorgte für eine gute Bildung. Cyriacus Lindemann besuchte die Gothaer Schule und studierte danach in Wittenberg (14.6.1533 immatrikuliert). Melanchthon empfahl ihn dem Gothaer Reformator und Superintendenten Friedrich Mykonius. Und so wird er Lehrer an der Gothaer Schule und des Mykonius Schwiegersohn. 1539 ist er als Lehrer an der Lateinschule zu Freiberg tätig, wo der um das sächsische Schulwesen hochverdiente Johann Rivius als Rektor wirkte. 1543 finden wir ihn wieder in Wittenberg, wo er die Magisterwürde erwarb und an Luthers Tisch saß. Sein Gönner Rivius übertrug ihm, nachdem Kurfürst Moritz von Sachsen 1543 die drei Fürsten- oder Landesschulen gegründet hatte, 1544 die Organisation der Schule in Pforta bei Naumburg bis zum Antritt des Rektors Gigas, unter welchem er Konrektor war und schließlich 1545 Rektor wurde. Nach Erstarken des Katholizismus als Folge des Schmalkaldischen Krieges verließ er 1548 Schulpforta und wurde nach kurzem Aufenthalt in Jena Konrektor und schließlich 1562 Rektor in seiner Vaterstadt Gotha. Matthes: »Er brachte durch seine große Organisationsgabe

---

Der »Lebenslauf« Lindemanns berichtet summarisch vom »Einfall der Böhmen« und von Lindemanns »traurigem Schicksal«. In einem Brief Valentin Wehners heißt es: »ist jm aber ubel ergangen, das alle seine bücher jm verprennt worden«. Laut des »Lebenslaufs« ist auch das Planitzsche Schloß betroffen gewesen.

26 Sixt: Reformationsgeschichte … (wie Anm. 8), 251-253, Beilage Nr. XXXIV.

27 Vgl. Hans-Christoph Rothe: Verwandte Martin Luthers in Zwickau. Teil 2: Salome Beerwald geborene Lindemann und ihre Nachkommen: Lebenslauf eines Zwickauer Gymnasiallehrers in der 2. Hälfte des 16. Jahrhunderts. Cygnea: Schriftenreihe des Stadtarchivs Zwickau 10 (2012), 42 (betr. Martin Meinhart).

und seine hingebungsvolle, außerordentlich geschickte Lehrtätigkeit das Gothaer Gymnasiums in einen weitberühmten Ruf.« Seine Gattin Barbara Mykonius schenkte ihm eine Tochter Dorothea, die 1573 Ehefrau des Pfarrers Magister Cyriacus Schneegaß wurde, dem wir den Choral »In dir ist Freude« (EG 398) verdanken. Cyriacus Lindemann verstarb am 12. März 1568 in Gotha.

In Schulpforta erreichte Johannes Lindemann ein Brief Philipp Melanchthons, der ihm die vakant gewordene Pfarrstelle zu Schweinfurt anbot. Wie war es dazu gekommen? Die Reichsstadt Schweinfurt, die 1542 offiziell die Reformation eingeführt hatte, musste ihren Reformator Magister Johann Sutellius (Sutel) nach Hessen verabschieden und suchte nun für ihn einen Nachfolger. Nach dem Sieg ihres Oberherrn Kaiser Karl V. im Schmalkaldischen Krieg und die Gefangennahme ihres Schutzherrn Philipp von Hessen musste die Stadt vorsichtig taktieren. Der Rat suchte einen Pfarrer, der »nach rechter katholischer und apostolischer Lehre das heilige Evangelium lauter und rein vortrage«. Und so erinnerten sich die Schweinfurter Stadtväter an ihren einstigen Schulmeister Johann Lindemann. Sie baten Philipp Melanchthon auf Lindemann einzuwirken, nach Schweinfurt zu kommen.

> »Der Rat wollte keinen Riß, sondern erhoffte noch immer die »Einigung« der Konfessionen und des ReicheS. Nur an Einem wollte er nicht rütteln: Am Kerne der evangelischen Lehre sollte nichts geändert werden. Dafür spricht die Berufung des zweiten Pfarrers, des M. Johann Lindemann, eines entschiedenen Lutheraners. Keiner der Kapläne genügte für dieses Amt. Für den Rat kam nur eine wirklich bedeutende Kraft in Frage. In Lindemann glaubte man sie gefunden zu haben. Man kannte ihn. Er hatte schon lange vor Sutellius in der Reichsstadt von der Lateinschule aus das Evangelium verbreitet und den Katechismus Luthers getrieben. Manch schweres Schicksal, Flucht und Elend hatte er um das Evangelium willen ertragen. Ihm war es Ernst. Jetzt stand er in Zwickauischen Kirchendiensten. Ihn wollte man also gewinnen. Zu diesem Zwecke ließ der Rat Philipp Melanchthon, der sich damals in Zerbst aufhielt, »freundlich ersuchen und bitten, günstiglich zu fördern, hellfen und rathen, das wir mit ihm dem genannten Herrn Johann Lindemann, versehen werden möchten.«[28]

Auch an ihren früheren, hochgeschätzten Pfarrer Sutellius wandte sich der Rat am 17. Januar 1547, um ihn dazu zu bewegen, Melanchthon zu bitten, Lindemann für Schweinfurt zu gewinnen.

> »[…] derohalben wier dem Ehrwirdigen und Hochgelahrten Herrn Philippo Melanthoni Jetzo zu Zerbst (wie wir bericht) schreiben haben laßen, freundlich ersuchen und bitten, günstiglich zu fördern, helffen und rathen, daß wier mit ihme dem genannten Herrn Johann Lindemann versehen werden möchten, Damit wier aber solches desto stattlicher erlangen könten, so ist an E. Ehrw. unßer freundlich bitt, derselbigen günstigen erbieten nach, genanten Herrn Philippum (so es E. E. für gut und förderlich ansehen) derohalben auch zuschreiben und von unßertwegen mit vleiß zu pitten, […])«[29]

---

28 Schöffel: Die Kirchenhoheit … (wie Anm. 18), 271; vgl. Sixt: Reformationsgeschichte … (wie Anm. 8), 252, Beilage Nr. XXXIV.

29 Zitiert ebd, 252.

Philipp Melanchthon reagiert auf das Bittschreiben des Schweinfurter Rates und wahrscheinlich auch des Pfarrers Sutellius mit einem Brief vom 3. Februar 1547 an Lindemann, der ihn in Schulpforta erreichte:

> »Den verehrungswürdigen Mann, den in Bildung und Tugend Hervorragenden, Herrn Johann Lindemann in Pforta an der Saale, seinen Freund grüßt [Melanchthon]. Einst soll Astraea (die Göttin der Gerechtigkeit) aus den Städten vertrieben, sich auf dem Lande aufgehalten haben. Jetzt da die Fürsten in ihren Ländern die Schulen zerstören und Verwüstung anrichten, hoffe ich, dass Gott dennoch Herberge (wörtlich Gastfreundschaft) den Studien, der Lehre, den Kirchen, der Wissenschaft gewähren wird in einigen gut gesitteten Städten. Und dass er das gewährt, darum bitte ich von ganzem Herzen, damit nicht das Licht der Erkenntnis Gottes auf Erden ausgelöscht werde. Es gibt aber in Franken nahe bei Thüringen eine achtbare Stadt, deren Namen Schweinfurt ist. Ich pflege sie Troja zu nenne, wie die Einwohner selbst es wissen. Denn Troja bedeutete bei den Alten Schwein. Diese Stadt ruft Dich zur Leitung ihrer Kirche. Ich empfahl ihnen Deine gelehrte Bildung, deinen Glauben und deine anderen Tugenden in dem Brief, den ich an den Rat geschrieben und diesem Postboten gegeben habe. Ich predige Dir und ermahne Dich, dass Du diese Berufung nicht fliehst. Schreibe also an den Rat über Deinen Entschluss schon durch den Postboten, danach zeige auch mir Deine Entscheidung (deinen Willen) mit. Da kannst du nämlich den Brief nach Salina (= wahrscheinlich Halle) schicken zu Benedikt, der das Evangelium in »Halle« lehrt. Du kannst dich auf eine gute und fromme Weise um die Kirche in einer so volkreichen Stadt verdient machen und dein Rat wird von der ganzen Gegend oft gebraucht werden. Ich bitte dich, dass Du mir anzeigst, wie Du dich entscheidest. Lebe wohl und glücklich.
>
> Am Tage des Bischofs Basilius von Cäsarea unseres Kollegen, der selbst um des Evangeliums willen den Zorn des Kaisers [Valens, der in Kappadozien den Arianismus durchsetzen wollte]. Noch einmal: Lebe wohl. Am 3. Februar 1547. Philipp Melanchthon.«[30]

Melanchthon muss Lindemann als Student in Wittenberg gut kennengelernt und seine Entwicklung auch weiter verfolgt haben, sonst hätte er sich nicht so intensiv für ihn eingesetzt. Er gibt dem vom Schweinfurter Rat an ihn gesandten Boten gleich das Antwortschreiben mit, das Lindemanns Glaubenstiefe, Gelehrsamkeit und andere Tugenden rühmt.[31] Der Empfohlene aber zögert, denn aus Schweinfurt musste er schon einmal fliehen, um sein Leben zu retten. Aber kann man der Berufung durch den berühmten Melanchthon ausweichen?! Nach beruhigenden Nachrichten des Stadtrates, dass man ihn zu schützen wisse, sagt Lindemann zu, trifft 14 Tage nach Ostern 1547 in Schweinfurt ein und startet überzeugend.

Valentin Wehner, ein Schweinfurter Gemeindeglied und Freund von Pfarrer Suttelius, der sich um einen Grabstein für die kürzlich noch in Schweinfurt verstor-

30 Vgl. Melanchthons Briefwechsel: kritische und kommentierte Gesamtausgabe/ hrsg. von Christine Mundhenk. Bd. T 16: Texte 4530-4790 (Januar bis Juni 1547)/ bearb. von Matthias Dall'Asta; Heidi Hein; Christine Mundhenk. Stuttgart-Bad Cannstatt 2015, 91 f. – Übersetzung ins Deutsche mach Zeitel: Pfarrer Magister Johannes Lindemann … (wie oben Anm. 7), 52.

31 Dieser Brief Melanchthons ist nicht erhalten; vgl. Melanchthons Briefwechsel T 16 (wie Anm. 30), 91, Anm. 11.

bene Ehefrau des ehemaligen Pfarrers kümmerte und noch mal Sutellius Wirken würdigt »yhr die kirche zu Schweinfurt des Sutellii kirchen ist und heist als durch E. E. (Euer Ehren) erbaut« schreibt in dem hier zitierten Brief an Sutellius, Montag nach Quasimodogeniti 1547:

»Auch haben meine Hern an nehern (nächsten) Dornstag Fuhr nach dem neuen Predicanten alhier, die mir vorlag, M. Lindeman geschickt, den sie gantz schwerlich haben bekomen mögen und den botten 3 mahl bey D. philippo darumb gehabt unnd ist sein alhie uff Misericordias Domini (ge)wertig, Gott geb Im und uns sein götlich gnad darzu. Amen.«[32]

Im nächsten Brief von Wehner an Sutellius vom Mittwoch nach Pfingsten 1547 bestellt er Grüße vom neuen Prediger Lindemann und schreibt über ihn:

»der gleichen laßen E. E. unser newer prediger M. Lindemann, der sich Gott lob wol anlest unnd das Babstumb mit ernst zu stürmen sich unterstehet ist jm aber ubel ergangen dan (= denn) alle seine bücher jm verprennt worden, […] in sonderheit sehr grüßen.«[33]

Sehr bald hatte Lindemann sich mit dem Augsburger Interim auseinanderzusetzen, das sein geistliches Wirken behindern sollte und wahrscheinlich zeitweise auch behindert hat.

Kaiser Karl V. hatte 1548 auf dem Reichstag zu Augsburg eine neue Kirchenordnung durchgesetzt, das Augsburger Interim, das den Evangelischen fast nur die Priesterehe und den Laienkelch zugestand, aber sonst die Wiederherstellung des Katholizismus besonders in der Lehre verlangte. In den Reichsstädten hatte der Kaiser direkten Zugriff:

»[…] 200 Spanier wurden in die Stadt als Garnison gelegt, um die Durchführung des Interims zu überwachen. Alle Bitten an den Kaiser halfen nichts, die Spanier blieben in der Stadt und mußten um ein geringes Geld unterhalten werden. Wie die Spanier aber hausten, das hat in den alten Chroniken, vor allem bei Bausch bleibende Erinnerung hinterlassen. »Sie hielten sich sehr thyrannisch, sie hinderten den Gottesdienst, indem sie den Bürgern mit Faßtnachsbossen und anderen Verspottungen viel Leids anthaten, schändeten die Weiber und Kinder, treiben viele Nachtschlägerein« und tranken wohl auch viel; denn man musste ihnen ›ein Commis von Firne-Wein‹ halten. Bis zum Gründonnerstag 1550 dauerte diese Plage. Natürlich wurde durch ihre Anwesenheit auch dem katholischen Kultus wieder Eingang verschafft. Die Spanier erhielten zur Abhaltung des Gottesdienstes die St. Wolfgangskapelle. […]«

Aber der Katholizismus übte auf niemanden mehr eine Anziehungskraft aus. Man empfand ihn bereits als etwas völlig Fremdes; selbst der Druck des Kaisers brachte niemanden ihm näher. Überhaupt bereitete das Interim in Schweinfurt doch nicht zu viele Schwierigkeiten. In der Bauschischen Chronik findet sich freilich die Notiz:

»In einem geschrieben Werk stehet, Schweinfurt habe auch das Interim angenommen, derowegen fast das ganze jahr kein pfahrherr alda gewesen, daß die leutt allerweg uff die sonntag nach Sennfeld in die Kirche gehen mussten. […] Wenn die Notiz stimmt, dann

32 So bei Sixt: Reformations-Geschichte … (wie Anm. 8), 259, Beilage zu Nr. XXXVII.
33 Ebd, 262, Beilage zu Nr. XXXVII.

> ist sie nur ein Beweis dafür, dass Lindemann es nicht über sein Gewissen brachte, nach dem Interim zu predigen und zu wirken. Aber lange, länger als ein Jahr, hat dieser Zustand sicher nicht gedauert. Denn im allgemeinen und allem Anscheine nach wurde der Rat mit dem Interim unschwer fertig. Es lohnte sich jetzt, daß vor 6 Jahren Sutellius und mit ihm der Rat in weiser Besonnenheit in manchen Äußerlichkeiten konservativ geblieben waren und Messgewänder, Lichter, Marientage usw. beibehalten hatten. Das war jetzt gerade durch das Interim wieder geboten. […] in der Hauptsache, in der Predigt, änderte man selbstverständlich nichts; das bezeugt kein geringerer als Bischof Melchior von Würzburg! Ihm musste die Durchführung des Interims in Schweinfurt eine besondere Sorge sein. Aber mit Zorn berichtete er an den Kaiser im Jahre 1550 in seiner Beschwerdeschrift: »Dann die Stat Schweinfurth braucht auch noch ire Kirchenordnung, sie lassen den Canonem missa außen, und haben sich allein geendert mit verbietung des fleischverkhauffens und essens, vermög. Keys. abschiedts, Aber sunst ists die alt rustung (= Rüstung).«[34]

Zu Lindemanns Gemeinde hielt sich die italienische Humanistin Olympia Fulvia Morata, die mit ihrem Ehemann Dr. Andreas Grundler seit Ende 1550 in Schweinfurt wohnte. Sie hat sich anerkennend über Lindemann geäußert, so z. B. in einem Brief an Valentin Carchesius aus Eßleben bei Schweinfurt vom Februar 1553, in dem sie den festen Charakter ihres Pfarrers Lindemann beschrieb. Ebenso benannte sie eine Gruppe von Männern in Schweinfurt, mit denen sie im Glauben harmonierte:

> »Ich bin der Ansicht, daß ich nur Sicheres schreiben sollte. So hätte ich auch in meinem letzten Brief an Dich unseren Prediger [Lindemann] niemals gelobt, wenn ich nicht zuverlässig erfahren hätte, daß er ein bewährter Mann ist. Wie sollte ich denn zu dem Schluß gelangen, daß es sich bei ihm um einen solchen die Menschen handelt, wenn nicht durch jenen Prüfstein, mit welchem den Schriften der Propheten und Apostel zufolge die Menschen geprüft werden; das heißt ›aus den zwei Arten‹ [nämlich Unglück und Leiden], wie sie jener erduldet hat und falls es die Sachlage und die Zeit erfordert, weiterhin erdulden wird, geht es klar hervor. Er schmeichelt nämlich in diesen gefährlichen Zeiten keinem und gegen diejenigen, bei denen ihm Liebedienerei ziemlich leicht eine Vermehrung seines Besitzes eintragen würde, wettert er, wie es sich für einen Prediger ziemt. Seine Lebensführung stimmt mit seinen Worten genau überein.«

Dann fährt Olympia fort:

> »Außerdem leben hier einige andere erprobte Männer, ›wiedergeboren aus dem Samen durch das unvergängliche Wort des lebendigen Gottes‹, um derentwillen wir uns gern hier befinden und Dir jene ›Fleischtöpfe Ägyptens‹ [die Fürstenhöfe] mit dem größten Vergnügen überlassen.«[35]

---

34 Nach Schöffel: Die Kirchenhoheit … (wie Anm. 18), 273; vgl. Ratsarchiv Schweinfurth: Handschriftliche Chronik von Bausch, 56.

35 Olympia Fulvia Morata: Briefe/ Übersetzungen aus dem Lateinischen, Italienischen und Griechischen von Rainer Kößling; Gertrud Weiss-Stählin. Leipzig 1991, 80 f (die erklärenden Einfügungen stammen aus der Übersetzung bei Zeitel: Pfarrer Magister Johannes Lindemann … (wie Anm. 7), 53. – Kößling schreibt in der Einleitung zu Moratas Briefen: »In Grundlers Vaterstadt fanden die Ankömmlinge Gleichgesinnte, unter diesen den Pfarrer Lindemann, den Leiter den Lateinschule, Cremer, den Feldprediger Ruprecht.« (14).

In der letzten Phase seines Lebens musste auch Lindemann noch die Ängste und Schrecken des Markgräflerkrieges erleiden, sodass er die für die Evangelischen positive Wendung in der Konfessionsfrage durch den Sieg des neuen Kurfürsten von Sachsen Moritz über Kaiser Karl V. nicht genießen konnte. Lindemann starb am 12. Juni 1554 während der Belagerung der Reichsstadt Schweinfurt kurz vor deren völliger Zerstörung.

> »Lindemann ist in der belagerten und ein Jahr eingeschlossenen Stadt Schweinfurt im Frühjahr 1554 verzweifelt gestorben. Sterbend beschwor er den Feldkaplan des Herzogs Albrecht Alcibiades, seinen Mitbruder Wolfgangus Rupertus, er möge nach dem Kriege sein Nachfolger werden.«[36]

Dass Lindemann »verzweifelt« gestorben sei, steht dahin. In jedem Fall bewegte ihn sehr stark das weitere Ergehen seiner Gemeinde. Über Lindemanns Anliegen schreibt Wolfgang Ruprecht (Rupertus) am 12. März 1556 an den Rat Schweinfurt:

> »Auff solches E. E. F. W. christlyches anlangen unnd begern füg ich Euer E. E. F. W. jn aller untterthenigkeit zu wießenn, daß ich mich noch wol habe zuerinnern wie mich obgedachter Herr Magister Johann Lindeman heyliger unnd seliger gedechtnus für seinem christlychen abschid freuntlychen midt Creynnen und trennen jn beysein Ehrlicher unnd glaubwirdiger Personen angesprochen und gebetten Ich wolle mir seine liebe Gemeine und kyrche laßen hertzlichen und treulichen bevhollen sein welches iche dan seiner Erwirden midt mund und Hand habe dazumall versprechen und geloben müsen.«[37]

Olympia Fulvia Morata widmete Pfarrer Lindemann mit einem Epidedium einen Nachruf:

> »Unter diesem Hügel hier liegt bestattet, sieh, jener bekannte Mann /
> der mit treuem Herzen die Schafe Christi geweidet.
> Wegen ihrer nahm er tausend Gefahren des Lebens auf sich /
> harte Kämpfe mit wilden Wölfen bestreitend.
> Diesen endlich hat Gott geheißen, Ruhe zu finden unter dem Hügel /
> nachdem er schon genug vielfältige Übel auf Erden bewältigt.
> Damit er nicht sähe die Übel, die die Menschen erwarten, oder /
> die drückenden Verluste erleiden müsse.
> Es wird die Zeit Christi sein, in der er bald in Kraft wieder aufsteht /
> sobald die Stunde den letzten Tag wird beschlossen haben.«[38]

---

36 Wolfgang Liebehenschel: Curriculum vitae der Mutter Martin Luthers: die Herkunft und Familie der Mutter des Reformators Dr. Martin Luther. In: Martin Luther und der Bergbau im Mansfelder Land: Aufsätze/ hrsg. von Rosemarie Knape im Auftrag der Stiftung Luthergedenkstätten in Sachsen Anhalt. (Katalog; 7). Lutherstadt Eisleben, 2000, 160.

37 Sixt: Reformationsgeschichte … (wie Anm. 8), 275, Beilage Nr. XLIV.

38 Nach Zeitel: Pfarrer Magister Johannes Lindemann … (wie Anm. 7); der lateinische Text in: Olympiae Fulviae Moratae Orationes, Epistolae, Carmina. Basel 1562:
»Epitaphium
Conditus hoc tumulo iacet ecce vir inclitus ille /
Qui fido Christi pectore pavit oves.
Has propter vitae discrimina mille subivit /

Auch der Wittenberger Mediziner und neulateinische Dichter Josephus a Pinu aus Auerbach widmete Lindemann in seiner Sammlung von Sinnsprüchen auf berühmte Gelehrte ein Rätselgedicht:

> [Spruch des] Iohannes Lindemann, Pfarrers in der Stadt Schweinfurt 1553.
> »Diese Urne hat aufgenommen die Gebeine Lindemanns, des Freundes,
> der die heiligen Worte des Gottessohns unter das Volk brachte.«[39]

Lindemanns Witwe konnte sich im »großen Stadtverderben« retten.[40] Margaretha Lindemann ging mit ihren Kindern nach Auerbach i. V. zurück und heiratete dort Simon Sporer, Stadt- und Landrichter in Auerbach.

Magister Johannes Lindemanns Kinder

a) Aus der 1. Ehe mit N. N., gestorben in Schleusingen bis 1528

1. Philipp Lindemann, vermutlich als Säugling oder Kind verstorben
2. Anna Lindemann: vermutlich um 1525 bis 1528 geboren, wahrscheinlich in Schleusingen. Aufgewachsen ist sie in Auerbach i. V. 1546 heiratet sie den dortigen Lehrer Paulus Dalwitzer. Sie hat ihrem Mann mindestens zwölf Kinder geboren, von denen gewiss viele als Säuglinge starben (die älteren Totenbücher von Zwickau sind im 2. Weltkrieg verbrannt). 1561 starb in ihrem Hause in Zwickau ihre Halbschwester »Jungfrau Barbara Lindemann«. Anna D. überlebte ihren Ehemann: Am 20. September 1571 quittiert sie: »Ich Anna gelaßene Witfraw des Herren Magistri Pauli Dalbitzero gottseligen, […]« über 20 Gl. (Gulden) Quartalgeld empfangen zu haben »[…] mitt dieser handtschrifft […]«. Sie wird noch zweimal erwähnt, einmal 1572 als Spenderin für den Gemeinen Kasten und Jahre später als Empfängerin einer Beihilfe aus dem Kasten nach einem Brand in ihrer Wohnung. Anna Dalwitzer starb 1589.[41]

Acria cum saevis bella gerendo lupis.
Huncque Deus tandem tumulo requiescere iussit /
Defunctum variis iam sat in orbe malis.
Ne quaecumque manent homines mala cerneret, aut quae /
Damna premunt illi perpetienda forent.
Tempus erit Christi quo mox virtute resurgat /
Ut semel extremam clauserit hora diem.«

39 Iosephi a Pinu Auerbachii Eteostichorum liber. Eiusdem Aenigmatum de annis natalibus illustrium, ac clarorum aliquot virorum libellus. Vitebergae 1561, [D8r]: Iohannis Lindemanni Pastoris in urbe Suinphordia 1553. HaC Vrna eXCepIt PhILyranDri CorporIs ar=(tVs) VVlgaVIt gnatI qVI saCra Verba DeI.

40 Andreas Roga schrieb an Olympia Fulvia. Morata: »Sodann: Ewer Brief habe ich der Frau, oder besser gesagt der Witwe des Johannes Lindemann seligen Andenkens und ebenso seinem Sohn gesandt, und dies ist, wie versprochen, gern geschehen«; siehe Olympia Fulvia Morata: Briefe (wie Anm. 35), 119.

41 Ihr Ehemann Magister Paulus Talbitzscher (so unterschreibt er 1546, auch Dalwitzer, Dolwitzer, Dolbitzscher) stammt aus einer angesehenen Familie Kirchbergs. Sein Vater

3. Ursula Lindemann: Ihr Schicksal ist unbekannt.

Hans Thalwischer war dort Bäckermeister und Geschworener (Stadtverordneter). Paulus Dalwitzer studierte in Wittenberg und hörte dort gewiss auch Melanchthon und Luther. Vor 1545 (bestimmt ab 1542) finden wir ihn als Schulmeister in Auerbach i. V., wo er die Pfarrerstochter Anna Lindemann kennenlernt. Für seine weitere Karriere war die Verbindung mit dem Zwickauer Stadtschreiber, Ratsherren und vormaligen Schulrektor Mag. Stephan Roth wichtig. Die Bekanntschaft kam so zustande: Roth aß gern Forellen, die ihm Dalwitzer zu beschaffen wusste. Er erhielt dafür Bücher, die Roth von der Leipziger Messe mitbrachte. Die Bachforellen – damals üblicherweise mit der Hand gefangen – werden die Schuljungen im Auftrag ihres Lehrers gefangen haben. Die Forellengeschichte aus Regine METZLER: »Nachrichten aus Auerbach 1525 – 1545«. Die Ratsschulbibliothek Zwickau bewahrt noch einen lateinischen Brief Dalwitzers von 1542 aus Auerbach an Stephan Roth auf, in dem er Forellen in Aussicht stellt.
1545 wird Dalwitzer auf Empfehlung Stephan Roths Tertius, d. h. 3. Lehrer an der Lateinschule in Zwickau, wo zu dieser Zeit, 1535-46, der bedeutende Schulmann Petrus Plateanus Rektor war, den Dalwitzer auch einige Zeit vertrat. 1546 heiratete Dalwitzer Anna Lindemann. Im gleichen Jahr wurde er Rektor in St. Joachimsthal. Ein Jahr später kann seine Frau nach. Das schließt der Verfasser aus der Tatsache, dass Anna 1547 in Zwickau ein Kind zur Welt bringt. Ihre Tochter Salome, über die ein Großteil ihrer und Dalwitzers Nachkommenschaft weitergeht, muss dann in St. Joachimsthal geboren sein. 1549 kauft Dalwitzer in Kirchberg ein Haus. Er strebt also in die Heimat zurück. 1551 erfüllt sich sein Wunsch. Er übernimmt das Amt des Conrektors an der Zwickauer Ratsschule, an der er schon früher lehrte.
Mag. P. Dalwitzer wohnte zunächst im Conrektor-Haus, einem der sog. Priesterhäuser am Dom »1559 kauft M. P. Dalwitzer ein Haus in der Langgasse.« (StA Zwickau, Stadtbuch 1562, 187). Er musste für das Haus 340 Gulden bezahlen. Das war sehr viel Geld. Er verdiente im Jahr nur 70 Gulden, als Tertius nur 60.
Dalwitzer wurde die Ehre zuteil ins Allgemeine Gelehrten-Lexikon von Chr. Gottl. Jöcher, 1750, aufgenommen zu werden: »Dalbicius (Paul), ein Magister Philosophiä und Schulmann in Zwickau, hat eine Grammatic mit Camerarii Vorrede herausgegeben, und ist 1571, 12. Sept. gestorben.«
Die griechische Grammatik Dalwitzers (latinisiert Dalbicius) ist in der Zwickauer Ratsschulbibliothek vorhanden. Die Übersetzung des lateinischen Titels lautet: Vorschriften der Griechischen Grammatik zum Gebrauch für Studierende der griechischen Sprache gesammelt von M. Paulus Dalbicius, Lehrer der guten Wissenschaft an der Schule Zwickaus mit einem Brief des D. Camerarius an den Autor … Wittenberg Anno (im Jahre) 1569. Darin nennt Camerarius Dalbicius seinen Freund. Das freundschaftliche Verhältnis zeigt auch die Patenschaft einer Tochter des Joachim Camerarius bei einer Tochter Dalwitzers 1555.
Anna Dalwitzers Tochter Salome ist zwischen 1548 und 1550 geboren. Sie heiratete am 30. Juli 1571 den Pfarrer Christoph Thiele, einen gebürtigen Zwickauer. Der hatte 1564 die Universität Wittenberg bezogen, wurde dort Magister, 1571 Pfarrer in Lichtentanne, 1576 Diaconus an St. Marien in Zwickau und 1578 Prediger an St. Katharinen. Er stirbt am 18. September 1582 an der Pest. Seine Witwe erhält nach dem Tod ihrer Mutter (der Tochter von Magister Lindemann) das elterliche Haus in der Langgasse. Ihre Schwester Margaretha Corbianus, die nebenan wohnt, verzichtet zu Gunsten »ihrer freundlichen lieben Schwester«. Salome Thiel heiratet ein zweites Mal 1596 den Witwer Pfarrer Pfeffer in Beiersdorf bei Werdau. Nach dessen Tod heiratet sie noch ein drittes Mal am 5.12.1604 den Zwickauer Ratsherrn Wolf Brückner.

b) aus 2. Ehe mit N. N. ⚭ ca. 1528 zu Schleusingen

4. Margaretha Lindemann, heiratete nach J. C. W. Lindemann Leonhard Alberti, Bürgermeister von Grimma in Sachsen.[42]
5. Mag. Philipp Lindemann, geb. 1532/33 zu Mansfeld. Matthes schreibt: »Er bezeichnet sich selbst wiederholt als Mansfeldensis. Am 12. Oktober 1551 wurde er in Wittenberg immatrikuliert, setzte im Herbst 1552 sein Studium in Jena fort und wurde am 15. Februar 1554 in Wittenberg Magister. Hier fand er auch am 18. Oktober 1559 Aufnahme in das Collegium philosophicum.«[43]

c) aus 3. Ehe mit Margarethe N. ⚭ zu Auerbach

6. Barbara Lindemann: »Jungfrau Barbara« starb 1561 in der Wohnung ihrer Halbschwester Anna Dalwitzer.[44]

---

42 Johann Carl Wilhelm Lindemann (* 1827 in Göttingen, † 1879 in Addison [USA]), von ihm: Olympia: Lebensbild einer auserwählten Frau aus dem Zeitalter der Reformation … In: Die Abendschule: ein deutsches Familienblatt/ hrsg. von Louis Lange, St. Louis. Dresden: H. J. Naumann, 25 (1878). 26 (1879) (24 Folgen); Folge 8: Johannes Lindemann. Zeitel: Pfarrer Magister Johannes Lindemann … (wie Anm. 7), urteilt: »Die Nachrichten von J. C. W. Lindemann über Mag. Johannes Lindemann enthalten nachweislich an vielen Stellen, grobe Fehler. Außerdem gibt J. C. W. Lindemann nirgends seine Quellen an.« Margarethe Lindemanns Heirat mit L. Alberti kann nicht nachgewiesen werden, da in Grimma für die fraglichen Zeit noch keine Kirchenbücher existieren, die Stadtarchivakten erst ca. 1620 beginnen und es keine alte Chronik über Grimma gibt.

43 Matthes: Luthers mütterliche Abstammung … (wie Anm. 2), 216. – Im oben genannten Brief Melanchthons an den Ansbacher Pfarrer Georg Karg vom 27.10.1555 (siehe Anm. 19) heißt es (nach Matthes): »hunc vobis commendo Philippum Lindeman Lutheri cognatum praeclare doctum in latina et graeca lingua, doctrina Ecclesiae et philosophica et natura […] Sic eum commendo, ut quantum filio ex me nato praestare volueris, huic praestes, quem propter virtutes ipsius, ut filium diligo.« Melanchthon bezeichnet Philipp Lindemann als »Verwandten Luthers« »gelehrt in der lateinischen und griechischen Sprache, in der Kirchenlehre, der Philosophie und Naturkunde.« Und er schließt: »Ich liebe ihn wie einen Sohn«. Nach Zeitel: Pfarrer Magister Johannes Lindemann … (wie Anm. 7), stand Philipp Lindemann spätestens seit 1562 im Dienst des lutherisch gewordenen Herzogtums Pfalz-Neuburg. Leider starb der vielversprechende junge Gelehrte frühzeitig am 9.1.1563 an den Folgen eines drei Tage zuvor bei Unterstall, zwischen Neuburg und Ingolstadt an der Donau, erlittenen Reitunfalls. Matthes: Luthers mütterliche Abstammung … (wie Anm. 2): »Seine hohen Geistesgaben und seine allgemeine Wertschätzung bei Lehrern und Freunden beweisen die warm empfundenen »Carmina funebria« (Begräbnislieder), die ihm Johann Baptista Lechele, Johann Hoffer, Paul Lignarius, Johann Major und Esromus Rudinger widmeten«. Esrom Rüdinger war auch Rektor des Zwickauer Gymnasiums und steht bei einem Enkelkind Magister Johann Lindemanns 1551 Pate, Sohn seiner Tochter Anna verehelichte Dolbitzscher (Dalwitzer).

44 Diese sich offenbar Barbaras angenommen hatte. Dennoch verklagt ihr reicher Schwager Magister Adam Bernwald (Beerwald) Magister Paulus Talwitzscher (Dalwitzer), in dem er einwendet, Dalwitzers Frau sei nur die »halbe Schwester«, während seine, Beerwalders Frau Salome »vollbirtig« sei und ihr und ihren Vollgeschwistern deshalb das Erbe zustehe. Beerwald wird an die Vormünder der Barbara Lindemann verwiesen (nach Ratsprotokolle Zwickau,

7. Salome Lindemann: Sie ist ca. 1542/45 in Auerbach geboren und nach der Rückkehr ihrer verwitweten Mutter aus Schweinfurt in Auerbach mit dem Stiefvater Simon Sporer und ihren Geschwistern Barbara, Elisabeth und Johannes aufgewachsen. Wo und wie sie ihren späteren Ehemann kennengelernt hat, entzieht sich unserer Kenntnis. 1561 heiratet sie Magister Adam Beerwald (Bernwalder), der damals Prediger an der Katharinenkirche in Zwickau war. Nach Grünberg[45] ist Adam Beerwald 1528 in Zwickau geboren. Sein Vater war der evangelisch gewordene ehemalige Franziskanermönch Jakob Beerwalder, Hospitalprediger in Zwickau. Adam Beerwald studierte seit 1554 an der Universität Wittenberg und erwarb dort den Magistertitel. 1560 wird er Schlossprediger an St. Katharinen in Zwickau. 1578 wechselt er nach St. Marien und wird gleichzeitig Superintendent (mit 200 Gulden Jahreseinkommen als 1. Pfarrer und nochmals 40 Gulden »von wegen der Superattendentz«). Er war so vermögend, dass er den Rat der Stadt 300 Gulden borgen konnte. Beerwald unterschrieb 1578 die Konkordienformel. Er starb am 5. Mai 1585 (lt. Emil Herzog, Chronik). Salomes Sterbedatum ist nicht zu ermitteln, da die Begräbnisbücher Zwickaus zu den Kriegsverlusten zählen.
8. Elisabeth Lindemann, * ca. 1545, begraben in Stangengrün 6. Mai 1598 »ohngefehr in 53 Jahr, Hatte ihre Schwester gehabt H. M. Adam Beernwalder Superattendent in Zwickau«, heiratet Caspar Drommer, 1574 Bürgermeister in Auerbach i. V., 1579 – 83 Ratsgeschworener ebenda, 1596 Schulmeister in Schönheide, später bis 1611 Schulmeister in Stangengrün Kreis Zwickau, geboren um 1540,

Beschlußbuch 1502 – 63, Epiphanias 1564 Bürgermeister Grabner, Bürgermeister Mülpfort, Syndicus …): »Es ist auch M. Adam angezeigt worden, das (= daß) er von der Verstorbenen vormunden Rechnung fordern solle. Und soviel sich in Rechnung finden wird, daran soll seinem Weibe der 3. Teil zufolgen und zugestellet werden.« Der Streit zieht sich noch bis 1567 hin. Stadtbuch von Auerbach in Dresden: »1564 Erbsache Margarethe Sporer zu Auerbach (in 1. Ehe mit Pfarrer Johann Lindemann, selig, verheiratet gewesen) vergleicht sich nach dem Tode ihrer Tochter Barbara. 1. Ehe mit ihren drei andern Kindern 1. Ehe dahin, das Salome des Magisters Adam Bernwalder, Predicant zu Zwickau weib, Eliesabeth und Hans, dass letzterer, da er noch jung an Jahren und noch zur Schulen gehalten wird (er ist 1547 geboren) 5 fl. voraus erhalten soll, die übrigen 60 fl. aber unter die drei zu gleichen Teilen fallen, die Mutter jedoch auf Lebenszeit die Zinsen davon genießen soll, am 18. Juli 1564.« Blatt 87 (verkürzte Wiedergabe im heutigen Deutsch). Anscheinend ist die Mutter 1567 gestorben, denn es findet sich dann ein Eintrag über Erbstreitigkeiten – die Stiefgeschwister aus 2. Ehe mit Simon Sporer, Stadt-und Landrichter zu Auerbach – stellten vielleicht Ansprüche mit an dies Erbe: 26. Mai 1567 Irrungen zwischen den Geschwistern und Stiefgeschwistern der verstorbenen Jungfrau Barbara Lindemann wegen deren Erbteils von 65 fl. werden dahin beigelegt, dass dieses bei Magister Paulus Delwitzer in Zwickau stehende Geld den drei überlebenden Geschwistern aus erster Ehe der Mutter zustehen soll.

45 Sächsisches Pfarrerbuch: die Parochien und Pfarrer der Ev.-luth. Landeskirche Sachsens (1539-1939). Im Auftrag des Pfarrervereins für Sachsen bearb. von Reinhold Grünberg. 2. Teil. Freiberg 1940, 41.

begraben in Stangengrün 7. März 1611. Seiner Ehe mit Elisabeth Lindemann entsprossen fünf Kinder.[46]

9. Johannes Lindemann. Über ihn schreibt Matthes: der Verfasser des curriculum vitae seines Vaters (Mag. Johann), wirkte seit 1581 in Weißbach (zwischen Zwickau und Schneeberg gelegen), von 1588 bis zu seinem Tode in Bockau und Aue als Schulmeister. Seine erste Frau Magdalena, die am 1. Mai 1611 starb, hinterließ ihm eine große Nachkommenschaft. Seine zweite, 1612 geschlossene Ehe mit Dorothea, einer Tochter des Schulmeisters Johann Kunzmann aus Hirschfeld (Kreis Zwickau), blieb kinderlos. Er starb am 30. Oktober 1621. Im Kirchenbuch von Aue wird er »Martini Lutheri Vetter, ein Mann des alten Glaubens und lauteren Herzens« genannt.[47]

46 Alle Angaben aus Johannes GÜNDEL: Stangengrün: genealogische Entwicklung einer Bauerngemeinde im Kreis Zwickau/Sachsen 1460-1800 (Schriftenreihe der Stiftung Stoye der Arbeitsgemeinschaft für mitteldeutsche Familienforschung e.V.). Neustadt an d. Aisch 1988. 421 S.

47 Vgl. Matthes: Luthers mütterliche Abstammung … (wie Anm. 2), 217.

Die Leisniger Kastenordnung von 1523

Edition der Leisniger Handschrift

Von Konstantin Enge

Einführung

1 Die Leisniger Handschrift der Kastenordnung von 1523

Die Leisniger Kastenordnung – am historischen Ort heute als »ältestes Sozialpapier der Welt« beworben – ist als richtungsweisender Schritt auf dem Weg zur Entstehung evangelischer Kirchgemeinden immer wieder Gegenstand historischer Forschungen geworden, sodass sich die Einführung in die Edition des Leisniger Exemplars hier darauf beschränken kann, einige grundsätzliche Informationen zur Entstehung und Überlieferung der Ordnung anhand der zeitgenössischen Quellen zu geben.[1]

Am 25. Januar 1523 fertigte die Kirchgemeinde zu Leisnig Sebastian von Kötteritzsch und Franz Salbach mit einem Exemplar der erst kurz zuvor auf einer Gemeindeversammlung beschlossenen Kastenordnung zu Martin Luther, der die evangelische Bewegung in Leisnig bereits durch einen Besuch im September 1522 unterstützt hatte, nach Wittenberg ab.[2] In einem begleitenden Schreiben baten sie den Reformator um seine Meinung zu ihrem Vorhaben sowie um Gutachten zu Pfarramt und Gottesdienst.[3] Luther zeigte sich in seiner Antwort sehr erfreut über

1 Zur Geschichte der Leisniger Kastenordnung vgl. etwa WA 12, 1-9; sowie Heinrich Bornkamm: Martin Luther in der Mitte seines Lebens: das Jahrzehnt zwischen dem Wormser und dem Augsburger Reichstag, Göttingen 1979, 115-119; Christian Peters: Der Armut und dem Bettel wehren: städtische Beutel- und Kastenordnungen von 1521 bis 1531. In: Gute Ordnung: Ordnungsmodelle und Ordnungsvorstellungen in der Reformationszeit/ hrsg. von Irene Dingel und Armin Kohnle (LStRLO; 25). Leipzig 2015, 239-255, v. a. 243-245; und Heiko Jadatz: Gemeiner Kasten und sonntäglicher Müßiggang: die frühe Reformation in der Muldestadt Leisnig. Sächsische Heimatblätter 63 (2017), 99-103.

2 Da die Kastenordnung in allen vorhandenen Abschriften auf das Jahr 1523 datiert ist, kann sie allenfalls wenige Wochen vor dem 25. Januar entstanden sein. Die enge Anbindung, welche die Leisniger für ihr Reformationswerk an Martin Luther suchten, lässt zudem vermuten, dass sie sich bald, nachdem die Kastenordnung erarbeitet worden war, an den Reformator wandten. Da der Sonntag nach dem achten Tag der Heiligen Drei Könige in der Ordnung selbst zum Termin der jährlichen Rechnungslegung und Neuwahl der Kastenvorsteher bestimmt ist, könnte die Urkunde möglicherweise infolge einer Gemeindeversammlung am 18. Januar 1523 entstanden sein.

3 Vgl. WABr 3, 21-23 (Nr. 576).

die Kastenordnung und wünschte den Leisnigern, deren andere Anfragen er später beantworten wollte,[4] dass deren Umsetzung gelingen möge.[5]

Nach dem Placet des Reformators begann man in der Muldestadt damit, die vereinbarten Maßnahmen in die Tat umzusetzen: Am 24. Februar wählte eine Gemeindeversammlung zum ersten Mal zehn Kastenvorsteher, die sich zuerst darum zu bemühen hatten, das als Grundlage für die Handlungsfähigkeit des gemeinen Kastens notwendige Kirchengut einzuziehen.[6] Allerdings ergaben sich dabei von Anfang an Probleme, da sich der Rat weigerte, die in seinen Besitz geratenen Güter an die Kastenvorsteher zu übergeben.[7] Wie ein Streit mit den Herren von Kötteritzsch zeigt, gelang auch die Vereinnahmung der frommen Stiftungen durch den gemeinen Kasten keinesfalls problemlos.[8] Spätere Streitfälle und die Ergebnisse der Kirchenvisitationen in Leisnig legen somit den Schluss nahe, dass eine vollumfängliche Durchsetzung der Kastenordnung nie gelungen ist.[9]

Ihre bleibende und überregionale Bedeutung verdankt die Ordnung deshalb eher der Rezeption durch Martin Luther, der sich bald, nachdem er deren Text erhalten hatte, daran machte, dem bereits am 29. Januar 1523 geäußerten Wunsch, die Kastenordnung möge zu einem »guten Exempel christlichs Glaubens und Liebe« werden, Taten folgen zu lassen. Er beabsichtigte, die Ordnung in einem Druck ausgehen zu lassen und sie damit anderen Gemeinden als Vorbild zu empfehlen. Für die Druckfassung, die spätestens im Frühsommer 1523 erschienen ist,[10] verfasste Luther eine Vorrede und nahm geringfügige Änderungen am Text der Ordnung selbst vor.

Für die Beurteilung des hier zugrunde gelegten handschriftlichen Exemplars der Kastenordnung, welches sich in Leisnig befindet, ist der Vergleich mit dem Luther-Druck von großer Bedeutung. Dabei fällt zunächst auf, dass auch in der Leisniger Handschrift das Vorwort Martin Luthers enthalten ist,[11] welches doch eindeutig

4 In Reaktion auf die Anfragen aus Leisnig veröffentlichte Luther noch 1523 die Schriften »Daß ein christliche Versammlung oder Gemeine Recht und Macht habe, alle Lehre zu urtheilen und Lehrer zu berufen, ein und abzusetzen, Grund und Ursach aus der Schrift« (WA 11, [401]408-416) und »Von Ordnung Gottesdiensts in der Gemeine« (WA 12, [31]35-37).

5 Vgl. WA Br 3, 23 f (Nr. 577).

6 Vgl. ThHStA Weimar, EGA, Reg. Ii 112, fol. 2[rv] (Ausf.): Vorsteher des gemeinen Kastens zu Leisnig an Kf. Friedrich von Sachsen (Colditz, 23. März 1523).

7 Vgl. ebd; sowie einen weiteren Brief ähnlichen Inhalts ebd, fol. 3[rv] (Ausf.): Vorsteher des gemeinen Kastens zu Leisnig an Kf. Friedrich von Sachsen (Colditz, 27. März 1523).

8 Vgl. ThHStA Weimar, EGA, Reg. Ii 165, fol. 1[v]-4[r] (Ausf.): Asmus von Haubitz und Benedikt Spörner (Amtmann zu Colditz) an Kf. Johann von Sachsen [Leisnig, 1526].

9 Vgl. auch Peters: Der Armut und dem Bettel … (wie Anm. 1), 245.

10 Ordenūg eyns gemey=||nen kastens.|| Radschlag wie die gey=||stlichen gutter zu han=||deln sind.|| Martinus Luther.|| M.D.xxiij. [Wittenberg, Lukas Cranach und Christian Döring] (VD16 L 5570). Vgl. WA 12, (1)11-30. Zur Datierung vgl. ebd, 7 f.

11 Es handelt sich dabei um eine wortwörtliche Abschrift des Vorworts des Drucks vom Sommer 1523. Die einzige Ausnahme stellt eine Vertauschung zweier Wörter dar, die wohl auf einen Fehler des Schreibers zurückzuführen ist (vgl. Anm. 17).

später als der ursprüngliche Text der Kastenordnung selbst entstand. Dass es sich bei der Handschrift nicht insgesamt um eine Abschrift des Luther-Drucks handelt, zeigen allerdings stärkere Abweichungen im Text der Ordnung selbst. Weil dabei häufig im Druck an Stelle einer verkürzten oder sperrigen Formulierung eine leichter verständliche steht, kann unter Anwendung des alten textkritischen Prinzips der lectio difficilior davon ausgegangen werden, dass die Leisniger Handschrift eine ältere Form des Textes – nämlich die der Originalurkunde – konserviert hat. Dafür, dass das Leisniger Exemplar auf zwei Quellen zurückgeht spricht auch ihr doppelter Titel: Während auf der ersten Seite die Bezeichnung zu finden ist, unter der Luther seine Druckschrift ausgehen ließ, trägt der Umschlag den ursprünglichen Titel »Bruderliche voreinigunge des gemeinen kasten gantzer eingepfarten vorsamlunge zu Leisneck«, welcher auch im Text der Ordnung mehrfach aufgenommen wird.

Den obigen Befund erhärtet zudem die zweite handschriftliche Überlieferung der Kastenordnung, welche sich im Thüringischen Hauptstaatsarchiv Weimar befindet. In einer Abschrift ist hier die Korrespondenz zwischen Leisnig und Martin Luther aus dem Januar 1523 und somit auch eine Kopie des dem Reformator übergebenen Exemplars der Ordnung erhalten.[12] Trotz kleinerer Abweichungen, die wohl auf den Hersteller der Abschrift zurückgehen, entspricht diese Fassung weitgehend dem Leisniger Text. Besonders die Übereinstimmungen gegenüber den im Druck gebotenen Varianten zeigen, dass das in der Muldestadt erhaltene Exemplar auf die gleiche ältere Grundlage zurückgeht, auf der auch die Weimarer Fassung vom Januar 1523 beruht.

Fazit: Die Leisniger Handschrift der Kastenordnung entstand in ihrer heutigen Form somit nach dem Adelsschlag durch das Vorwort und die Veröffentlichung Martin Luthers. Sie bietet aus dessen Druckschrift die Vorrede, bei der Ordnung selbst aber den Text der ursprünglichen Leisniger Fassung. Da die im Text der Ordnung angekündigten Siegel sich an der Leisniger Handschrift nicht mehr eindeutig nachweisen lassen, muss offen bleiben, ob hier die Originalurkunde vom Januar 1523 nachträglich mit dem Vorwort verbunden wurde oder eine infolge des Luther-Drucks angefertigte Abschrift vorliegt. Die Tatsache, dass hier der ursprüngliche Text vor der Redaktion durch Martin Luther enthalten ist, und der Umstand, dass es sich – wie der Fundort nahelegt – dabei um das in Leisnig tatsächlich in Gebrauch gewesene Exemplar handelt, rechtfertigen es, die Leisniger Handschrift als Grundlage für den Haupttext der hier gebotenen Edition zu verwenden.

---

12 Vgl. ThHStA Weimar, EGA, Reg. Ii 114, fol. 3^r-16^r.

2 Bemerkungen zur Edition

Die folgende Edition orientiert sich bei der Wiedergabe des Textes an den Editionsrichtlinien der Arbeitsgemeinschaft historischer Forschungseinrichtungen in der Bundesrepublik Deutschland.[13] Der Text der Vorlage wird buchstabengetreu wiedergegeben, wobei u, v und w sowie i und j dem jeweiligen Lautwert angepasst wurden. Großschreibung wird ausschließlich bei Eigenamen, Satzanfängen sowie dort, wo Buchstabengestalt und sinnvolle Verwendung eindeutig erkennbar sind, verwendet. Die Interpunktion wurde zugunsten der Lesbarkeit dem modernen Gebrauch angeglichen.

Zur Veranschaulichung des oben gesagten wurde die Weimarer Überlieferung und die Erstauflage des Luther-Drucks zum Vergleich herangezogen. Unterschiedliche Textvarianten wurden dort als Fußnote angegeben, wo im Vergleich zum Leisniger Text Abweichungen im Wortbestand auftreten.

Edition

A Superintendentur Leisnig, Nr. 31, 10 Blatt, unpaginiert, querfoliert, Lederumschlag mit Kordel, Umschlagtitel: »Bruderliche voreinigunge des gemeinen kasten gantzer eingepfarten vorsamlunge zu Leisneck ~ 1523«.

B ThHStA Weimar, EGA, Reg. Ii 114, fol. 3r-16r, Abschrift ohne Vorwort.

C »Ordenūg eyns gemey=||nen kastens.|| Radschlag wie die gey=||stlichen gutter zu han=||deln sind.|| Martinus Luther.|| M.D.xxiij.«, Wittenberg, Druck durch Lukas Cranach und Christian Döring, VD16 L 5570.

13 ARBEITSKREIS »EDITIONSPROBLEME DER FRÜHEN NEUZEIT« DER ARBEITSGEMEINSCHAFT HISTORISCHER FORSCHUNGSEINRICHTUNGEN IN DER BUNDESREPUBLIK DEUTSCHLAND: Empfehlungen zur Edition frühneuzeitlicher Texte, http://www.ahf-muenchen.de/Arbeitskreise/empfehlungen.shtml (abgerufen am 9.6.2014).

Ordenung eines gemeinen kastens
Radtschlag wie die geistlichen guter zuhandeln seint
Martinus Luther
m d xxiii

Martinus Luther Ecclesiastes Allen Christenn der gemeyne
zu Leysneck, meinen lieben herrenn und brudern
Inn Christo, Gnad unnd Friede vonn got
dem vater unnd unserm heyland
Jesu Christo etc.[14]

Nachdem euch, lieben herren unnd brudere, der vater aller barmhertzigkeit sambt andern inn der gemeinschafft des Evangelii beruffen und seinen Son Jesum Christum inn euer hertz scheynen lassenn hat unnd solcher reichtumb der erkentnnis Christi bey euch so krefftigk und thettig ist, das ir ein neu ordenung gotes diensts unnd ein gemeyn gut dem exempell der Aposteln nach furgenomen habt, hab ich solch euer ordenung fur gut angesehen, das sie durch den druck ausgienge, ob got seinen gnedigen segen dazu geben wolt, das sie ein gemeyn exempell wurde, dem auch vill andere gemeynen nachfolgeten, damit wir auch von euch rhumen mochten wie sanct Paulus von den Corinthernn rhumet, das irer vleis hab vill gereitzt.[15] Wiewoll ir euch des trostlich versehen und erwegen must, das, so es aus got ist, was ir anfahet, gar redlich mußße angefochten werden, den der leydige Sathana wirt nicht rugen noch feyernn.

Weyll wir den hoffen, solch euer exempell solle geratten, das es gemeyn werde und daraus den volgen will ein grosser falh der vorigen stifften, kloster, Cappellen unnd der greulichen grundtsuppen, die sich bißher unter gotlichs diensts nahmen mit aller wellt reichtumb gefullet hat, dazu den auch geweltiglich hilfft das heilige Evangelion, das wider erfurbricht unnd solche lesterliche verdamliche gotes dienste außmalet und an tag bringet. Zu dem, das die geistlichen auch selbs also sich halten, das nichts redlichs bey inen blieben ist, noch zu ine hyneyn will unnd sich allenthalben die sache also stellet, als habe got unnd die wellt der muncherey unnd geisterey satt unnd mußße anders werden, Ist derhalben dennoch hie auff zu sehen, as solcher ledige stiffte gutter nicht inn die rappuße[16] komen unnd ein iglicher zu sich reisße, was er erhascht.

Darumb hab ich gedacht, in der zeitt fur zukomen sovill mir gebuhrt unnd zustehet mit Christlichem rath unnd vermahnung, den sintemalh ichs doch

14 C: »etc.« fehlt.

15 2. Kor 9,2.

16 Plünderung; vgl. DEUTSCHES WÖRTERBUCH VON JACOB UND WILHELM GRIMM. 33 Bde. Leipzig 1854-1971 (im Folgenden DWB), hier Bd. 14, 122 f.

muß gethan haben, wen die Closter und stifft ledig werden, Munch unnd Nonnen sich wenigern unnd alles, was dem geistlichen stanndt zu abbruch und verkleynerunge geschehen mag. So will ich auch das nicht auff mir ligenn lassen, so etliche geitzige wenste wurden solche geistliche gutere zu sich reissen und mich als denen, der ursach dazu geben hette, zum scheyn furwendenn.

Denn wiewoll ich besorge, das meinem rath wenig folgen werden, wen es so fern kombt, den der geitz ist ein ungehorsamer ungleubiger schalck, so will ich doch das meine thun und meine gewissen entledigen unnd ir gewissen beladen haben, das nymandt sagen muge, ich hette geschwigen oder zu lanngksam mich horen lassen. Es nehme nhu an oder verachte meinen treuen radt wer do will, ich bin unschuldig. Ich warne aber zuvor treulich und bitte freuntlich, das diesem meinem rathe nymandt gehorche noch volge thu, er wisse den und verstehe gruntlich woll aus dem Evangelio, das Muncherey und geisterey, wie itzt gewesen ist bey vierhundert jaren, kein nutz unnd [17]schedlich eytell[17] Irthumb und verfurerey ist, den solch gros ding muß mit gutem vhestem Christlichem gewissen angegriffen werden. Es wirt sonst ubell erger werden und wirt am todtbett gar ein boßer reulingk komen.

Auffs erste. Were woll gut, das kein felt closter, Als Benedicter, Cistercer, Celestiner und der gleichen, ye auff erden komen were. Nu sie aber da sindt, ist das beste das man sie laßße vergehen oder, wo man fuglich kann, dazu helffe, das sie rein unnd gar wegk komen. Das mag aber gescheen auff dieße zwo weiße. Die erste, das man die personen, so drynnen sindt, laßße frey von inen selbs, so sie wollen erauß gehen, wie das Evangelion verlankt. Die andere, das ein igliche Obirgkeit mit seynen clostern verschaffe, keine person mehr auffzunemen und so ir zuvill drynnen seint, anderßwo hyn schigke und die ubergen laßße aussterbenn.

Weyll aber nymandt zum glauben und Evangelio zudringen ist, soll man die ubrigen personen, so in Clostern, es sei alters, bauchs oder gewissens halben, bleyben, nicht ausstossen noch unfreuntlich mit in handeln, sondern sie ier leben lang lassen gnug haben, wie sie zuvor hetten gehabt, denn das Evangelion leret auch gutes thun den unwirdigen, wie der hymelische vater uber gute und boße lest regenen und sonne scheynen.[18] Unnd man muß hie ansehen, das solch personn aus gemeiner blindtheitt und irthumb inn solchen standt geratten seint unnd nichts gelernet, damit sie sich erneren kundenn.

Doch ist das mein rath, das die Obirgkeitt solcher closter gutere zu sich nehme unnd die ubrigen personen, so drynnen bleyben, davon versorge, biß sie aussterben, auch reichlicher und milder denn sie villeicht vorhin versorgt gewesen seint, damit man je spure, das nicht der geitz dem geistlichen gut

17 [17-17] C: »eytell schedlich«.
18 Mt 5,45.

sondern Christlicher glaube den klostereyen feyndt sey. Unnd hie ist nicht allererst Bebstliche oder Bischoffliche laube zu suchen oder bann unnd vermaledeyung zu forchten, denn ich auch diß schreybe alleyn den jhenigen, so das Evangelion verstehen unnd solchs zuthun mechtigk seint in irenn landen, steten unnd Obirgkeittenn.

Auffs ander. Die gutter solcher kloster, so die Obirgkeitt zu sich nembt, solten dreyerley weiße gehandelt werden. Die erste, das man die personen, so drynnen bleyben, versorgt, wie ytzt gesaget. Die ander, das man den personen, so außgehen, etwas redlichs mit gebe, damitt sie etwas anfahen unnd sich inn einen standt begeben kunden, ob sie schon nichts haben hineyn bracht, den sie verlassen gleich woll die narung irs leben lang, wen sie außgehen und seint betrogen, hetten, dieweyll sie im closter geweßen, etwas anders gelernet. Aber den jhenigen, so hineyn bracht haben, ist billich fur gott das man wider gibt ye eins teyls, den hie soll Christliche liebe unnd nicht menschliches recht scherffe richten unnd soll jemandt schaden oder verlust tragen, das soll uber das Closter unnd nicht uber die personen gehen, denn das closter ist ursach ires Irthumbs.

Aber die dritte weiße ist die beste, das man alles ander laßße zum gemeinen gut eins gemeinen Kastens gelangen, daraus man nach Christlicher liebe gebe unnd leyhe allen, die im lannde durfftig seint, Es sey edell oder burger, damit man auch der stiffter testament und willen erfulle, den wiewoll sie geyrret und verfuret seint, das sie es[19] zu klostern geben haben, ist dennoch ja ir meynung geweßen, gott zu ehren unnd zu dinst geben, und haben also gefeihlet. Nu ist kein grosser gotes dienst dan Christliche liebe, die den durfftigen hilfft unnd dienet, wie Christus am jungsten tage selbs wirt bekennen unnd richten, Matthei 25.[20] Daher auch vor zeitten der kirchen gutere Bona ecclesie, das ist gemeine gutter, hiessen, wie ein gemeyn kasten fur alle, die unter den Christen durfftig warenn.

Doch ist das auch billich und Christlicher liebe gemeß, das, wo der stiffter erben verarmett und nottig weren, das denselben solch stifftung wider heym falle, ye ein groß teyll unnd alles mitteinander, wo die nodt so gros were, denn freylich irer veter meynung nicht geweßen ist, auch nicht hat sollen sein, iren kindern und erben das brott aus dem maulh nehmen und anderswo hyn wenden. Und ob die meynung so gewesen were, ist sie falsch und unchristlich, den die veter seint schuldig, ire kinder fur allen dingen zuversorgen, das ist der hohest gotes dienst, den sie mit zeittlichem gut thun mugen. Wo aber die erben nicht benotiget noch durfftig seint, da solten sie solche irer veter stifftung nicht wider nehmen, sondern dem gemeinen kasten lassenn.

---

19 A: Wort nachträglich über der Zeile eingefügt.
20 Mt 25,31-48.

Mochst aber hie sagen, das loch ist zu weitt, damit wirt der gemeyne kasten wenig kriegen, den iderman wirts alles zu sich nehmen und sagen, er bedurffe sein so vill etc. Antwort, darumb hab ich gesagt, das Christliche liebe muß hie richten und handeln, mit gesetzen und artigkeln kan mans nicht fassen. Ich schreybe auch diesen rath nur nach Christlicher liebe fur die Christen. Und man muss sich des erwegen, das geitz etwa wirt mit unterlauffen, wie soll man thun?[21] Es muß darumb nicht nachbleyben. Dennoch ists ya besser, das der geitz zuvill nymbt durch ordenliche weiße, denn das ein rappuße daraus wurde, wie inn Behemer lanndt gescheen ist.[22] Ein iglicher pruffe sich selbs, was er zu seiner notturfft nehmen unnd dem gemeynen kasten lassenn soll.

Auffs dritte. Solche weiße gehoret auch auff die Bisthtumb, Stiffte unnd Capittell, die lanndt und Stete unnd ander guter unter sich haben, denn solche Bischoffe unnd stiffte seint wider Bischoffe noch stiffte. Es seint im grundt der warheit weltliche herrn mit eym geistlichen nahmen, darumb solt man sie weltliche herrn machen oder die guter den armen erben und freunden und dem gemeynen kasten austeylen. Was aber pfrunden und lehen seint, sollt man lassen bleyben den jenigen, so sie ytzt innen haben unnd nach irem tode nymandt mehr vorleyhen, sondern unter die armen erben und in gemeynen kastenn stossen.

Aufs vierde. Es stehen aber der kloster unnd stiffte guter zum teyll unnd pfrunden fast vill auff dem wucher, der sich yetzt inn aller welt nennet den widerkauff unnd hat die gantze wellt inn kurtzen jarenn verschlungen. Solche guter muste man zuvor absondern von den erbgestifften gutter wie den aussatz, denn was ich droben geratten habe, will ich von den stifftungen gesagt haben, die an widerkauff von rechten redlichen erbguttern gestifftet seint, die stifft aber auff widerkauff gestifftet, mag man woll fur wucher halten, den ich noch nye keinen rechten zinßkauff auff widerkauff gesehenn oder gehort habe. Darumb must man hie zuvor den wucher buessen unnd eym iglichen widergeben das seyne, ehe mans inn gemeynen kasten liesße komen. Den got spricht, Ich bin feindt dem opffer, das vom raube kombt.[23] Es were den, das man die nicht finden kunde, so mit dem widerkauff beschediget seint, das mocht den der gemeyne kasten zu sich nehmen.

Wie aber der widerkauff recht unnd unrecht sey, ist ytzt zulang zuertzelen. Ich habs gnugsam beschrieben im sermon von dem wucher,[24] daraus man den sich erkunden mag, wie vill von solchen pfrunden und stifften sey wider zuerstatten den zinßmennern, den on zweivell gar vill pfrunde lengst ir

21 »?« im Text von A und C enthalten.

22 Luther spielt auf den radikalen Hussitismus in Böhmen an; vgl. Franz MACHILEK: Hus/Hussiten. TRE 15 (1986), 710-735.

23 Jes 61,8.

24 WA 6, (1)3-8.

haubtgelt wider haben unnd horen doch nicht auff, zu saugen der zinßmenner schweiß unnd blutt, das diß stuck fast der nottigsten eins ist, da keyser unnd konige, fursten unnd herrn und iderman zuthun soltt.

Auffs funffte. Aus den bettell kloster inn Steten weren gute schulen fur knaben und meidlein zumachen, wie sie vor zeitten gewesen seint. Aus den ubrigen klostern aber mocht man machenn heußer, wo die stadt ir durffte, den der Bischoff weyhung soll hie zu nicht hindern, weyll gott nichts drumb weiß. Doch wo man diesen meinen Radt wurde Christlich angreiffen, wurde sichs selbs geben, schigken unnd leren, mehr denn man yetzt mit worten kann furschlagen, den die felle wurden sich manchfeltig unnd seltzam begeben, da nymandt innen woll richten kan, denn Christliche lieb.

Wen nhu got gebe, das dieser rath fort gieng, so wurde man nicht alleyn ein reichen gemeinenn kasten haben fur alle notturfft, sondern drey grosse ubell wurden abgehen unnd auffhoren. Das erste die Betteler, da durch vill schaden geschicht lannden und leuten an seell und gut. Das ander der greuliche mißbrauch mit dem bann, welcher fast nicht mehr thutt, den die leutt martert umb pfaffen unnd munche guter[25] willen. Wo nu die guter abweren, durfft man solchs bannes nicht. Das dritte der leidige zinßkauff, der grossist wucher auff erden, welcher sich bißher gerumbt hat allermeist inn geistlichen gutternn, das er doselbst recht sey.

Wer aber diesem rath nicht volgen will oder seinem geitz darinnen buessen, den laßße ich fahren, weiß woll, das wenig annehmen werden, so ist mir gnug, wen einer oder zween mir volgeten oder ydoch gerne volgen wollten. Es muß die wellt bleyben und Sathan der wellt furst. Ich hab gethan was ich kan unnd schuldig bin. Gott helff unns allen, das wir recht faren unnd bestendig bleybenn. Amen.

[26]**In dem nahmen der heiligen ungeteilten dreivaldigkeit. Amen.**[26]

Wir Erbarmanne, Rathe, viertellmeister, Eldesten unnd gemeine einwohner der stadt und dorffer eingepfarter vorsamlunge und kirchspiels zu Leysneck. Nachdem durch die gnade des allmechtigen gotes aus offenwarunge Christlicher Evangelischer schriffte wir nicht alleine ein bestendigen glauben sunder auch gruntlich wissenn entpfangen, das alle innerliche und eusserliche furmogen der Christglaubigen zu der erhe gotes unnd liebe des nechsten eben Christen menschen nach ordenunge unnd aussatzunge gotlicher warheit unnd nicht nach menschlichem gutduncken dienen und gereichen sollen, Bekennen unnd thun kunth hierumb gegenwertiglich, das wir fur unns unnd unnser nachkomen nach gehabtem zeittigen rathe der gotlichen schrifftgelerten diese nach volgennde bruderliche voreynigunge zwischen unnser gemeinsamkeitt,

25 A: Wort nachträglich über der Zeile eingefügt.
26 26-26 B: Hervorhebung fehlt.

die yetzunt ist und kunftigk sein wirdet, treulich und unvorruglich gehalden zu werden, uffgerichtet unnd beschlossen haben. Nemlich

I.[27] Bestellunge des pfarrheAmbts

Wir wollen unnd sollen zu aller zeitt unnser Christliche freyheit, sovill die bestellunge unnsers gemeinen pfarrheAmbts mit beruffunge, erwelunge, setzunge unnd entsetzunge unser selensorger alleine zuvorkundigunge des gotes wort unnd mitteylunge der sacrament belangen tuth, nicht anders, dan nach aussatzunge unnd verordenunge gotlicher Biblischer schriffte, handeln, uben und gebrauchen. Unnd inn solchem Ertzgeistlichen furnemen als die armen einfeltigen, der gotlichen schrifftgelertten bewerlichen, wollergrunten[28] underweisunge unnd radtschlage inn warer demut gehorsamglichen, durch die gnade gotes underwurffen unnd gefolgig sein, wie wir des eine klare vortzeichnis bey uns inn unser gemeinen vorwarunge haben unnd unvorandert enthalden werden sall.

[29]Wort gotes anhorenn[29]

Wir wollen unnd sollen auch ein yeder haußwirt und haußwirtyn inn unnserm kirchspiell fur sich selbst, auch seine kinder unnd haußgesinde dahin zuhalden, aus Christlicher liebe vorpflichtet sein, das heillsame, trostliche wortt gotes zu geordenten tagen unnd stunden, sovill uns got gnade vorleyhet, treulich anhoren und zur besserunge einbildenn.

Erhe und gebott gotes handthaben

Uber der ehre gotes wollen unnd sollen wir haußwirte unnd haußwirtyn, sovill wir von gote gnade haben, ein yeder inn seinem hauße fur sich selbst, kinder unnd haußgesinde festiglichen halden. Offentliche goteslesterunge, ubermessig zutrincken, hurerey, betriegliche tuppelspill[30] unnd ander sunde unnd laster, welche gotlichen gebotten gestracks und wissentlich entkegen, mit ernstem vleis vormeiden, furhuten unnd weren. Ap auch bey eynchenn unnser gemeinsamkeit hirinne vorhengknus ader unfleiß furmerckt wurde, sall alßdan eine ganntze eingepfarte vorsamlunge gut, fug unnd macht haben, sich hierumb anzunemen durch geburliche mittell, hulffe unnd zuthun der Obirgkeitt, solchs zu wirdiger straff und seliger besserung zubringenn.

---

27 Die hier in den Text gerückte Zählung der Teile erfolgt in der Vorlage am äußeren Seitenrand. In C wird der vorhergehende Abschnitt bereits mit zum ersten Kapitel gezählt.

28 B: »wolgegrunten«.

29 29-29 C: »Vom anhoren gottlichs worts.«.

30 Würfelspiel; vgl. DWB 21, 876 f.

II. Vormogen, vorrate und eynname zum gemeinen kasten

Uffdas nhun unnser Christlicher glaube, inn welchem alle guter, zeitlich und ewiglich, von dem ewigen gote durch unnsern herren unnd seligmacher Christum aus lautern gnaden und barmhertzigkeit erwurben unnd uns mittegeteilet zu eigenntlicher frucht der bruderlichen liebe unnd dieselbige liebe inn die warheit unnd wercke der milden gutigkeit komen und gefurt werden moge, haben wir erstgnante gemeine eingepfarte vorsamlunge fur uns unnd unnser nachkomen in volkomener eynmutigkeitt ein gemeinen kasten verordennt, erhoben und uffgerichtet. Verordenenn, erheben unnd uffrichten denselbigen hiermitte gegenwertiglich inn krafft dieser unnser bruderlichen voreynigunge uff meynunge, masse[31] und gestalt wiefolgett.

Zu dem furmogen unnd vorrathe inn den gemeinen kasten sollen dieße namhafftige stucke, zinße, guter, gerechtigkeiten, gelt unnd habe allennthalben zuhauffe geschlagen, eingesamlet, gebracht, als ewig vorwidembt und einvorleibt sein und bleibenn.

Eynname pfarrhe guter und gerechtigkeit

Alle guter unnd gerechtigkeit, Erblehn, erb und gatter zinße, Erbgerichte, hauß, hofe, garten, acker, wießen, vorrathe unnd farenndehabe, nichts außgeschlossenn sovill allenthalben zum pfarrhe unnd selesorgenAmbt alhier bey unns durch die anfengliche stiffter und volgennde mehrer darzu gegeben, verordent unnd uber vorwerte zeitt gehorigk und in gebrauch geweßen. Welche guter unnd gerechtigkeit allenthalb wir eingepfarte vorsamlunge, wes wir von wegen unnsers gemeinen pfarrAmbts, fugs unnd rechts daran hetten oder gehaben mochten, zuerlangen, inn allwege unbegeben furbehalten, Innhalts der handelunge unnd abschiede derhalben zwischen dem Abte zum Buch unnd uns inn Churfurstlicher Cantzelley unnsers gnedigsten her des Churfursten zu Sachssn etc. ergangen unnd in diesem unnserm gemeinen kasten furhanden seint.[32] Deßgleichen, was zur schulen und Custerey gehorig, auch inn diesenn kasten geschlagenn.

Eynname gotshauß guter und gerechtigkeitt

31 B: Wort fehlt.

32 Kurfürst Friedrich hatte offenbar einen Ausgleich zwischen der evangelischen Bewegung in Leisnig und ihrem altgläubigen Patronatsherrn, dem Abt Antonius von Kloster Buch, hergestellt. Die über diesen Vorgang Aufschluss gebenden Akten müssen allerdings bis auf weiteres als verloren gelten. Vgl. WA 12, 3-5.

Alle guter unnd gerechtigkeit, Erblehn, Erb unnd gatter zinße, Brucken zolh,[33] barschafft, silberwerck, Cleinodt, vorrathe, farendehabe unnd so allenthalben an gewissen und zufelligen dingen unnserm goteshauße zustendig, sollen ganntz und gar sambt den brievelichen urkunden, vortzeichnussen und Registern daruber sagennde, inn den gemeinen kasten miteingezogenn sein unnd bleibenn.

Eynname der vier Altarlehn und ander stifftungen guter und gerechtigkeitt

Die vier Altarlehnn inn unnserm goteshauße sollen furthin, wan die itzigen belehnnten altar priester verstorben ader die lehn sustennt vorlediget seint, nichttmehr vorlihen, sunder die vier heußer sambt den gutern, Zinßen, einkomen, Nutzungen, Cleinodten, vorrathe und Farennderhabe mit den brievelichen urkunden, vortzeichnussen und Registern darzu gehorigk, inn den gemeinen kasten gebracht werden unnd darzu alle begengnus, jaretage, Ablaßwochen ader octaven unnd ander einlitzige[34] stifftungen und almussen zum hospitall unnd anderswo, alles inn gemeinen kastenn geschlagenn.[35]

Eynname von Bruderschafftenn

Was an barem gelde, zinßkauffen, Cleinodten, silberwerck, vorrathe und farenderhabe zu den berumbten bruderschafftenn des kalenadts, Sannct Annen und der Schuknechte bißanhiehero eingesamelt unnd denselbigen zustendig ist, mit den brievelichen urkunden, vortzeichnussen unnd registern allenthalben inn diesen gemeinen kasten geschlagen unnd verordennt dabey zubleibenn.

Eynname gotsgabe von handtwercken und bauerschafften

Eynlagen, zunfftgerechtigkeiten, ansprachen,[36] bussenn, straffen unnd kohren,[37] wes sich der dinge bißanhero innerhalb der stadt bey den hanndtwergken und außwendig uffm lannde in dorffern bey den bauren inn gemeinem unsrem kirchspiell inn vorrathe, als zur[38] gotsgaben, vorsamlet unnd furthin uber jarelanng vorsamlen werden, seint und sollen allenthalb inn gemeinenenn kasten geschlagen und mit eingebracht werdenn.

---

33 Bezieht sich auf die bis 1847 in kirchlichem Besitz befindliche Muldenbrücke; vgl. WA 12, 18, Anm. 2.

34 einzelne; vgl. DWB 3, 229.

35 Abschriften der Urkunden über die in diesem Absatz verhandelten Einnahmen versammelt die Akte ThHStA Weimar, EGA, Reg. Ii 111.

36 Ansprüche; vgl. DWB 1, 467.

37 Geldstrafen; vgl. DWB 11, 1794f.

38 C: Wort fehlt.

Eynname essende speiße und gelt [39]aus den[39] Almußkisten und geltstocken

Inn unnserm goteshauße seint verordent unnd sollen allzeitt ane vorrukunge gehalden werden zwey vaß ader radtkisten, dareyn broth, keße, eyer, fleisch, ander speyße unnd vorrathe, unnd ein stock ader zwene, dareyn gelt, unnd also beiderley zu unterhaltunge des gemeinen kastens, eynzulegen. Deßgleichen sollen die almussen und milde handtreichunge, so durch zwene aus unsern verordenten allzeitt, wan unser kirchspiell im goteshauß in vorsamlunge seint, von person zu personen zu erhaltunge der armen gebeten werden, Auch inn solche stocke zustundt gelegt unnd gewandt werden. Und die stucke des vorradts, so vorterblich seint, sollen durch die verordennten nach furmoge ihres bevelhs, wie hiernachfolget, ane vortzihen zu notturfft unter die armen außgeteilet, Was aber wehrhafftigk biß uff nechstvolgenden sontagk enthalden unnd alsdan zu nutze und bequemigkeitt der armen verfuget werden.[40]

Eynname gaben bey gesunden tagen und testament am todtbette

Annder freye willige gaben bey gesunden lebetagen unnd testament am todtbette, sovill zu der ehre gotes unnd liebe des nechsten aus Christlicher andacht bescheen, Es sey an gutern, barem gelde, Cleinodten, vorrathe und farennderhabe, sollen gantz unnd gar zu disem gemeinen kasten gethan sein unnd bleiben, Auch treuliche vormahnunge durch unnser selensorger uffm predigstuehl unnd sustennt, Auch weill die menschen bey vornunfft am siechbette mit verwilligunge der anwartenden Erben, inn ordenntlichen fellen zuthun.

III. Vorwesunge des gemeinen kasten zubestellenn

Die vorwesunge des gemeinen kasten sall also bestellet unnd gethan werden. Nemlich, das alle jare jerlich uff den sonntag nach dem achten der heiligen drey konige tag, ungeverlich umb eilff hor eine gemeine eingepfarte vorsamlunge uffm Radthauße alhier erscheinen wollen und sollen Aldoselbs durch die gnade gotes inn warem Christlichen glauben eintrechtiglichen zehen vormundenn ader vorsteher zu dem gemeinen kasten, aussm gantzen hauffen ane unterschiedt die tughelichsten, erwelen, Als nemlich zwene Erbarmanne, zwene des regirenden Rads, drey aus den gemeinen burgern in der stadt unnd drey aus den bauern uffm lannde. Welche zehen also erweleten die burde dieser vorwesunge und vormundtschafft alßbaldt umb gotes und gemeines nutzs wille gutwillig uff sich nemhen unnd laden sollen, bey guten Christlichen gewissenn, unangesehen gunst, neidt, nutz, forchte ader eyncherley unzimliche ursache, nach irem besten furmogen, innhalts dieser

39 C: »in die«.
40 B: Wort fehlt.

gegenwertigen unser voreynigunge, die vorwesunge, eynnamhe und außgabe treulich und ungeverlich zu handeln, pflichthafftigk unnd vorbunden sein.

Beschliessunge mit vier besondern schlossenn

Dieser gemeiner kaste unnd beheltnus sall inn unsrem goteshauße an dem orthe, do es am sichersten, verwart sein unnd mit vier underschidlichen besundern schlossen und schlusselnn verschlossen werden. Also das die Erbarmanne einen,[41] der Radt einen, die gemeine inn der stadt einen unnd die Bauerschafft uffm lannde einen sonderlichen schlussell habenn.

Die vorsteher[42] alle sontage beysambne sein

Alle sonntage im jare, von eilff hor biß umb zwey zur vesper zeitt sollen die Zehen vorsteher in unnserm gemeinen pfarrhofe ader im Radthauße beysambne sein unnd aldo irer vormundtschafft vleissig pflegen unnd gewertig sein, Alle sembtlich radtschlagen und handeln, domitte die ehre gotes unnd die liebe des eben Christen menschen inn ganghafftiger ubunge erhaltenn unnd zubesserunge angeschigkt werden moge. Unnd sollen solche ire radtschlege inn uffrichtiger, treuer geheyme gehalten unnd unordentlicher weiße nicht geoffenbaret werden. Ap etliche aus inen nicht allzeit entgegen unnd redlicher ursache vorhindert, sollen gleichwoll der mehrer teylh zuhandeln unnd vorfaren macht habenn.

Drey bucher, darinne alle guter, gerechtigkeit und vorwesunge[43]

Drey bucher ader Register sollenn die zehen vorsteher uff die zeitt alle sontage furhanndenn habenn. Nemlich

Das heubtbuch, darinne sollen beschrieben sein und furthin werden diese unnser bruderlich voreynigunge, wie dieselbige besigelt im kasten leidt, Alle brieveliche urkunde, stifftungsbrive, vortzeichnis unnd erbregister uber alle guter unnd gerechtigkeittenn, So allennthalben in gemeynen kasten, wieobin, gewandt unnd eingebracht unnd kunfftiger zeitt dareyn gebracht unnd kommen werdenn.

Das handelbuch, dareyn sollenn alle handelung, Radtschlege, abeschiede, erkundigunge, Nachforschunge unnd beschließ, so allenthalben bey und uber der vorwesunge, eynnahme unnd außgabe des gemeinen kastenns bescheen, geubet unnd vultzogen, eigentlichen eingeschrieben unnd vortzeichent werden, daraus man sich allzeitt nodturfftiges beschieds zuerholen haben moge.

41 B: Danach gestrichen: »und«.
42 C: Danach eingefügt: »sollen«.
43 C: Danach eingefügt: »angetzeichēt.«.

Das jaerrechen Register, darein sollen beschrieben werden anfennglich ein volstendige vortzeichnus und inventarium aller stucke des vorradts, farennderhabe, Cleinodt, silberwerck unnd barschafft an gelde, ein iglichs mit rechter unterschiedt des gewichts, zcalh unnd maeß, den furgemelten zehen vorstehern, als ein eynnamhe in irem ankomen eines iglichen jares, stuckweiße ubergeantwurt unnd widerumb berechent werden sollen. Hiereyn sollen auch alle sontage wochentlich alle unnd igliche eynnahmen unnd außgaben beschrieben werden, Alles nach innhalt einer gemeinen Rechnungsforma, welcher sich eine ganntze vorsamlunge voreiniget unnd nach gelegenheit hinfurder zuvereinigen haben wirdet, davon allwege ein solch gemacht register, mit seinen notturfftigen capitteln geordennt, uff den tagk der erwelunge den nauen zehen vorstehern durch die alden gefasset unnd beschrieben, uberreicht werden sall, domitte schedliche irthum und vorseummnis furkomen. Unnd wan dieße drey bucher wieobin gebraucht wurden, sollen sie alßbaldt wiederumb inn gemeinen kasten eingeschlossenn werdenn.

Alle einkomen und schulde eynmahnen[44]

Die zehen vorsteher sollenn mit ganntzem vleis alle zinße, uffhebunge, einkomen unnd schulde, beide stanndthafftige unnd zufellige, mahnen unnd inn gemeinen kasten einbrengen, sovill immer moglich unnd ane unterdruckunge der armen bescheen kann, inn unveruglichem weßen unterhaldenn.

Ambt zweier Bauhmeister

Zwene bauhmeister sollen die zehen vorsteher unnter sich selbst verorden, welche beide mit rathe und wissenn der andern achte versorgenn sollen die gebeuhde des goteshaußes, der bruckenn, des pfarrhofes, der schulen, der Custerey, der hospitalen. Auch das dieße beide im gotshauße mit zweien secklein oder taffelnn, soufft unnser eingepfarte vorsamlunge gegenwertig, die allmußen zuerhaltunge der armen bitten unnd alßbaldt inn die beide darzu verordente geltstocke offenntlich einschutten, davon die schlussell im gemeinen kasten sollen enthalden unnd durch die zehen vorsteher sembtlich das gelt hierauß alle sonntage genomen, furder in gemeynen kastenn gelegt unnd inn das Recheennregister eigentlich beschrieben werdenn sall. Auch die Almussen an essender speiße unnd vorrathe, welche verterblich, nachdem es eines yeden sontags fur nodturfftig unnd gut angesehenn unnd durch die zehenn vorsteher sembtlich beschlossenn, teglich unnter die armen außteylenn. Was aber wehrhafftiger stucke, sollen aus den Almußkisten genomen und an bequemen orten im goteshauße allwege biß uff einen sontag verwart

44 C: »einnahmen«.

unnd also furder nach ermessunge der zehen vorsteher fur die armen außgewandt werdenn.

IIII. Fremde beschwerungen abgeleget

Nachdem wir Erbarmanne, Radt, viertellmeister, Eldestenn unnd gemeine einwohner der Stadt unnd dorffer unnsers kirchspiels fur unns unnd unnser nachkomen in crafft dieser unnßer voreynigunge, beschlossen unnd dieße mergliche beschwerungen, domitte eine gantze eingepfarte vorsamlunge uber die masße, als von den frembden, ertichten, unnotturfftigen armen unnd mussigkgengern, beladen unnd inn unnserm selbstmangell verteufft gewest, aus rathe der gotlichen schrifftgelerten abgewandt unnd uffgehoben, in maessen auch abgewandt und uffgehoben sein unnd bleibenn sollen. Nemlich

Termineyen abgeleget

Keine monnche, welchs ordenns auch die seint, sollen furt mehr inn unnserm kirchspiell, in der stadt noch dorffernn, eincherley termineyen haben, darumb inen auch die drey termineyheußer aus dem gemeinen kasten unnd dem selbigen zugute, nach zimlicher wirderunge,[45] sollen vornuget[46] werdenn.

Betteln der monche, stationirer und kirchenbitter abgethan

Keinem Monnche, keinem stationirer noch kirchenbitter soll inn unserm kirchspiell, in der stadt unnd dorffern, zu betteln ader betteln lassenn gestatet noch vorhangen werdenn.

Betteln frembder schuler abgeleget

Kein frembd schuler sall inn unnserm kirchspiell, inn der stadt noch dorffern, zu bettlen geliden werdenn. Will aber imanndt in die schule bey unns gehen, der mag ime selbst seine kost und narunge verschaffenn.

Bettler und bettelerin abgelegt

Keine betteler unnd betteleryn sollen inn unnserm kirchspiell, inn der stadt noch dorffern, geliden werden. Dan welche mit alder ader kranckheit nicht beladen, sollen arbeiten adder aus unserm kirchspiell, aus der stadt unnd dorffern, auch mit hulffe der Obrigkeitt, hinwegk getrieben werden. Die aber aus zufellen bey unns verarmen, Adder aus kranckheit unnd alder nicht arbeiten konnen, sollen durch die verordenten zehen aus unserm gemeinen kasten zimlicher weiße vorsehen werden, inn maessenn hiernachvolget.

V. Außgabe und vorsehunge aussm gemeinen kasten

45 Schätzung; vgl. DWB 30, 2093 f.
46 erstattet; vgl. DWB 25, 463-468.

Hierumb wollen unnd sollen nhu furthin wir eingepfarte vorsamlunge unnd unser nachkomen aus unnserm gemeinen kasten durch die zehen erwelte unnser vorsteher, so weitt sich unnser furmogen mit gotes gnaden erstrecken wirdet, erneren, vorsehen unnd erhalten, Unnd die außgaben wievolget nach gelegenheit thun und darlegen. Nemlich

Außgabe des pfarrheambts

Den gemeinen unnsern beruffenen erwelten seellsorger ader pfarrer zusambt einem auch unserm beruffenen prediger, so eym pfarrer, welcher doch selbst sein pfarrlich ambt mit verkundigunge des gotes wortt unnd anderm thun konnen unnd wissen sall, zuhilffe zugeordent, unnd darzu ein Cappellan, ap es die nodturfft erfurdern wurde, sollen die zehen vorsteher aus eintrechtigem beschließ der ganntzen vorsamlunge mit einer namhafftigen summa geldes unnd etlichem genyßlichem vorrathe unnd nutzunge liegennder grunde und guter alle jar jerlich, ye den vierden teylh uff eine quatempor und vierteill jaers, zu irer zimlichen nodturfft unnd uffenthaltunge vorsehen unnd aussm gemeinen kasten gegin gebhurlicher quitantz uberreichen. An welchem jaregelde, vorrathe unnd nutzunge, als einer versorgunge, sie besetiget sein sollen, mit keinerley weiße etwas mehr von den eingepfartten personen unnd menschen zu suchen noch zu[47] entpfahenn, es weren dan ungesuchte, ledige, freye erbietungen unnd gaben, sonnder sollen sich nach der[48] ordenunge und unterweisunge, mit dem und auch der vorwesunge des gemeinen selensorgen Ambts, der gotlichenn schrifftgelerten halten, welche ordenunge inn unnserm gemeinen kasten vorwart unnd durch die zehen vorsteher alle sontage vleissig sall bewogen und gefordert werdenn, damitte an dem seelsorgen ambt kein abbruch beschee.

Ausgabe fur die Custerey

Dem kurchner ader Custer, welchem von einer vorsamlunge, das goteshauß zuvorschliessen unnd die zimlichen dinste dabey zuthun, bevohlen, sall durch die zehen vorsteher aussm gemeinen kasten ein namhafftigk jaregelt unnd etlicher genyeßlicher vorrathe, auch nutzunge uff die vier viertelljaers gegeben werdenn, wie solchs durch die[49] vorsamlunge beschlossenn, unnd in[50] der schrifftlichen ordenunge des gemeinen selensorgen Ambts, wieobin, zusambtt der Custerey dienstenn mittbegriffenn.

Außgabe fur die zcucht schulen

---

47 B: Wort fehlt.
48 B: Wort nachträglich über der Zeile eingefügt.
49 A: Wort nachträglich über der Zeile eingefügt.
50 A: Wort nachträglich über der Zeile eingefügt.

Einen schulmeister fur die jungen knaben zuberuffenn, setzen unnd enntsetzen, sollen die zehen verordennte vorsteher innahmen unnser gemeinen eingepfarten vorsamlunge macht und bevelh haben, nach rathe unnd gutansehen unnsers erwelten seelsorgers unnd eins predigers und ander gotlichen schrifftgelerten, domitte ein frommer, untadlicher, wolgelerter man zu Christlicher, erlicher unnd erbarer zcucht unnd unterweisunge der jugennt, als einem hochnotigen Ambte, furgesetzt werde, welcher schulmeister inn seiner zcucht, lerhe, leben unnd regierunge nach furmogen der ordenunge unnsers gemeinen seelsorgen Ambts, wieobin, im vorrathe unnsers kastenns furhanden ligenndt, sich richten unnd unverandert zuhalten vorpflichtet sein sall, darumb aus unnserm gemeinen kasten ein namhafftigk Jargelt unnd etlichen vorrathe uff die vier virtelljares, nach beschließ einer gemeinen vorsamlunge, durch die zehen vorsteher demselbigen schullmeister sall gegeben unnd vernuget werden unnd sall daruber nichts mehr aus unnser eingepfartenn vorsamlunge, wie die inn vier unterschiedenn obinanngetzeigt, suchen noch entpfahen. Abir von frembden schulern, welche alleynn uff ire selbst eigene kost unnd nicht uff bettley alhier sollen gelidden werden, Magk der schulmeister, nach ermessunge eines pfarrers und predigers sambt der zehen vorsteher, billiche belohnunge nemen, also das auch denselbigen frembden Christliche zcucht unnd lerhe mittgeteilet werde. Uff diß schullAmbt unnd regierunge der jugennt sollen unnser seelsorger, prediger unnd zehen vorsteher ein unnachlessig treulich uffsehen haben unnd alle sontage derwegen nodturfftig bedennckεn unnd radtschlagk halten unnd mit gestracktem ernst hanndthaben. Dergleichen sall aus unnserm gemeinem kasten durch die zehen vorsteher eine ehrliche, betagte, untadliche weibspersonn mit eym jaergelde unnd etlichem vorrathe vorsehen werden, die jungen meidleyn unnder zwelff jarenn in rechter Christlicher zcucht, erhe unnd tugennt zuunterweißen unnd nach innhalt der ordenunge unnsers seelsorgen Ambts deutzsch schreiben unnd leßenn lernen, etliche namhafftige stunden bey hellem lichten sonnen scheyne unnd an eym ehrlichen unvordechtigen orthe, unnd daruber auch nichts mehr aus unnser vorsamlunge suchen noch entpfahen. Aber von frembden meidlein, ap die anderßwo anhero geschigkt inn die deutzsche schule, magk solche weibsperson, nach rathe der zehenn vorsteher, mogliche belohnunge auch nehmen unnd die zehen vorsteher sollen ye mit hohem vleiss uff die zcucht unnd regirunge dießer deutzschen schulenn unnd jungen meidlein uffsehen haben, domitte Christliche zcucht, erhe unnd tugennt unverruglich erhaldenn werde.

Außgabe fur die gebrechlichen und alden arme menschen

Die menschen, so inn unsere eingepfarten vorsamlunge unnd kirchespiell aus zufellen bey unns vorarmen, von iren freunden, ab sie etliche [51]derselbigen vormogliche[51] hetten, mit hulffe vorlassen werden, Auch welche aus kranckheitt adder alder nicht arbeiten konnen unnd notturfftig arm weren, sollen durch die zehen vorsteher wochentlich alle sontage und sustent nach gelegenheit aus unnserm gemeinen kasten erhalten und vorsehen werden, Also das sie ire leibe unnd leben, gote zu ehre unnd lobe, aus mangell notturfftiger hausunge, kleidunge, nahrunge unnd wartunge ferner zukrencken, schwechen und vorkurtzen aus Christlicher liebe vorhutet sein mogen unnd ye[52] von keinem armen unnter unnser vorsamlunge solche stucke der teglichen nodturfft offentlich geruffen, geclaget unnd gebettelt werden durffen. Darumb sollen die zehen vorsteher mit grossem stetem vleis erkundunge unnd nachforschunge furwenden unnd warhafftig gruntlich wissenn haben aller solcher armen, wieobin, inn der Stadt unnd dorffern innerhalb unnsers gantzen kirchespiels, unnd daruber alle sontage radtschlagen unnd die namhen der jhenigen armen, welche also erforschet und inen hulffe zuthun beschlossen, sollen zusambt dem beschlossenem radtschlage inn das handelbuch klerlich eingeschrieben werden, domitte das furmogen aus unnserm gemeinen kasten ordentlich außgeteilet werde.

Außgabe vorsehunge der weysen und armer kinder

Arme vorlassene weyhsen sollen mit zcucht unnd leibes notturfft, biß sie ire broth vordienen und ererbeitten konnen, durch die vorsteher aussm gemeinen kasten, innerhalb der stadt unnd dorffern unnsers ganntzen kirchespiels, nach gelegenheit vorsorget werden. Ap auch unnter solchen weyhsen ader armer unvermogennder leutte kindern junge knaben befunden, welche zu der schule woll geschigkt unnd begreifflich der freien kunste unnd schriffte sein wurden, die sollen neben den andern armen menschen durch die vorsteher aussm gemeinen kasten erneret unnd vorsehen werden unnd die andern knaben zur arbeit, hanndtwercken unnd zimlichen gewerben gefordert werden. Die jungfrauen unnter solchen verlassen weyhssen, deßgleichen armer leutte tochter, sollen auch durch die vorsteher aussm gemeinen kasten zum ehstande beraten werden mit einer zimlichen hulffe.

Außgabe vorsehunge haußarmer leutte

Hanndtwergksleutten unnd andern haußarmenleutten, die inn ehlichem ader witwen stannde inn der stadt unnd dorffern innerhalb unnsers kirchspiels wonhafftigk seint und nicht furmogen noch sustennd annderßwo hulffe haben,

---

51 51-51 B: »furmogliche derselbigen«. C: »vermogliche der selbigen«. Diese Vertauschung ist die einzige Übereinstimmung von B und C gegen den Leisniger Text. Möglicherweise stellt sie eine bereits in dem an Luther übersandten Exemplar enthaltene Abweichung von der Originalurkunde dar.

52 A: Wort nachträglich über der Zeile eingefügt.

ire hanndtwercke, burgerliche und bauers narunge redlich zutreiben unnd arbeitten, sollen die vorsteher aussm gemeinen kasten zimliche furstreckunge thun, uff mogliche tagezeitt wieder zubetzalen. Welche aber uber ire treue arbeit unnd vleis solchs nicht vormochten wider zugeben, denen sall es, als zu irer nodturfft, umb gotswille erlassen werden. Solche gelegenheit sall durch die vorsteher eigentlich erkundet werdenn.

Außgabe vorsehunge frembder einkomelinge

Frembden einkomlingen, welchs stannds sie, mannes ader weybes personen, weren unnd christliche bruderliche zuvorsicht zu unnser gemeinen vorsamlunge haben unnd, innerhalb der stadt adder dorffern inn unnsrem kirchspiell, mit irer arbeit, muhe und vleis ire narunge suchen wurdenn, sollen die zehen fursteher treuliche forderunge thun, auch aus unnserm gemeinen kasten mit leyhen unnd geben nach gelegenheit zimlichen zuhulffe komen, damitte auch die frembden nicht trostloß vorlassenn unnd fur schanden unnd offen sunden erretiget sein mogenn.

Außgabe fur enthalt und uffrichtunge der gebeuhde

Teglichenn enthalt unnd besserunge der gebeuhde, Auch naue gebeuhde, Nemlich an diesen vollgenden orten dem gemeinen kasten zustenndig, das goteshauß, die moldenbrucke, der pfarrhoff, die schule, die custerey, die hospitall, sollen die zehen vorsteher mit gutem vleis und fursichtigkeit, Auch mit rathe der bauhvorstendigen unnd bewerter bauhleutte, beradtschlagen, bestellen, thun unnd vulfuren lassenn unnd die zugehorige notturfft mit bequemigkeitt inn vorrathe vorschaffen und aussm gemeinen kasten die darlegunge thun, Auch durch die zwene bauhmeister fuhren unnd ander hanndtarbeitt, nach hergebrachter gewonheit, beyn leutten inn der stadt unnd uffm lannde, sunderlich zur bruckenn, durch bethe zuerlangenn.

Außgabe:[53] getreidekouffen in gemeinen vorrathe

Unnser eigepfarten vorsamlunge zu einem gemeinen nutze sollen die zehen vorsteher aus unnserm[54] gemeinen kastenn, neben der zulegunge eines Rads aus irer stadtkamer, Eine redliche suma unnd antzall kornns unnd erbeiß[55] uff die schuttheußer, so dem rathe unnd gemeinem kirchspiell zustenndig, inn vorrathe einkouffenn unnd vorschaffenn solchen vorrathe inn wollfeilen

53 »:« im Text von A enthalten.

54 B: Wort fehlt.

55 Erbsen; vgl. DWB 3, 713 f.

jaren unnd[56] getreidekouffen nicht angreiffen, sunder allwege mehren unnd sthercken, domitte die einwohner gemeiner eingepfarten vorsamlunge, allenthalb inn der stadt unnd dorffern, inn zeitt der anligenden notturfft im verkeuffen, leihen unnd geben, wie solchs durch die zehen vorsteher fur gelegen unnd bequeme angesehenn wurdet, zu solchem vorrathe durch die gnade gotes zuflucht unnd leibsnarunge haben mogen. Was auch an getreide von Ackerleutten inn der stadt ader bauern uffm lande gemeinem nutze zu gute aus milder hanndt gegeben ader zu testamenten bescheiden unnd uber die erhaldunge der armen leutte, wieobin, uberbleiben wurde, sall auch zu diesem gemeinen vorrathe geschlagen unnd wie gehort zur nodturfft der ganntzen eingepfarten vorsamlunge gebraucht werden.

VI. Jerliche zulage in gemeinen kasten zuthun

Wo auch die zinße, uffhebungen, gefelle unnd zugenge im furmogen unnd vorrathe unsers gemeinen kastens, wieobin stuckweiße angetzeiget, nicht gnugsam zuunterhaltunge und versorgunge unnsers pfarrAmbts, Custerey, schulen, der nodturfftigen armen und gemeiner gebeuhde, innmassen ordenntlich nacheinander außgesetzt, haben wir Erbarmanne, Radte, viertellmeister, Eldestenn unnd gemeine einwohner der stadt unnd dorffer unnsers ganntzen kirchespiels fur unns unnd unnser nachkomen in crafft dieser unnser bruderlichen voreynigunge eintrechtiglich beschlossenn unnd vorwilliget, das ein yeder Erbarman, Burger und bauer in dem kirchspiell wonhafftigk nach dem er hat unnd furmagk fur sich, sein weib unnd kinder jerlichen ein gelt zulegen solle, domitte die heubtsumma, so sich eine gemeine eingepfarte vorsamlunge inn irem bedenncken unnd radtschlage aus der jarrechnunge als fur nodturfftigk unnd gnugßam belernen und erkunden wirdet, fur folh aus zubrengen unnd zuerlangen sein moge. Hierzu sollenn auch, so weitt sich unnser kirchspiell erstreckt, Alle haußgenoßßenn, dienstgesinde, knabschafft der hanndtwergke unnd ander personenn, welche nicht heußlich besessenn unnd doch unnsere pfarrechte sich mitfrauen und gebrauchenn, Eine yede personn ein silbern groschen, Allwege uff eine quatempor unnd vierteilljares drey naue pfennige als den vierdenteill desselbigen groschenn, jerlichen zu hulffe reichen, welchs ein yeder haußwirt ader haußwirtyn vleissig einbrengen unnd furder den zehen vorstehern uff igliche quatempor uberantwurten sall. Unnd eine eingepfarte vorsamlunge wollen und sollenn sich yetzunt und kufftiglich solcher jerlichen geringen zulage unnd hulffe zu der erhe gotes unnd liebe des eben Christen menschen nicht beschweren, inn betrachtunge, das hiefur eine lange ewige zeitt beide, die wonnhafftige unnd nicht wohnhafftige, durch unnser gemeine kirchspiell

56 C: Wort fehlt.

mit ubermessiger, untreglicher beschwerunge unnd abetzuge inn mancherley weißen unnd listenn ane unterlaß durchs ganntze jare uberladen unnd außgesogen. Welche dinge nhumaln durch die gnade gotes widerumb inn warer freyheit des Christlichen geists gewandt unnd komen seint unnd eym yeden Christen mit hochstem vleis zuvorhuten, solche Christliche freyheit zu bedeckunge des schenntlichen geitzs nicht missebrauchenn.

VII. Dreymalh im jare gemeine vorsamlunge zuhalten

Dreymalh im jare, Als nemlich den Sontag nach dem achten tage der heiligen drey konige, dem sonntag nach sannct Urbanus tage und den sontag nach sanct Michaelis tage, wollen und sollen eine ganntze gemeine eingepfarte vorsamlunge umb eilff hora uffm Radthauße zuhauffe komen und zum wenigsten biß umb zwey hora nach mittage aldo beharren. Erstlich dieße unser Bruderliche voreinigunge offentlichen vorlesenn und anhoren. Aus unterricht unnser zehen verordenten vorsteher mit furlegunge irer hanndell unnd Rechenbucher unnd sustennd aus unnser aller gemeinem bedenncken die vorwesunge, eynnahme unnd außgabe unsers gemeinen kastenns unnd sustennd allenthalben die notturfft unnd bequemigkeit zuberadtschlagen auch durch die gnade gotes enntlich zubeschliessen, Domitte dieße bruderliche voreynigunge nach gelegenheit des gemeinen furmogenns unnd vorrats erhalten unnd nicht inn abnehmen kome. Ab auch yemands aus gemeinen kirchspiell uff solche drey bestimbte tage nicht gegenwertig sein kunde, wie doch ane merglich großе ursache sich nymands davon eussern, soll, nichtsweniger wieobin berurt, durch den hauffenn ordenntlich vorfaren werdenn.

Vorsteher ire vollstendige jarrechnunge zuthun

Unnser zehen vorordenten vorsteher sollen alle jare jerlich uff den sonntagk nach dem achtenn der heiligen dreyer konige unnd volgennd tage nacheinander ire gantze jarrechnunge von vorwesunge, eynname und außgabe unnsers gemeinen kastenns durch ire handell und rechenebucher unnd sustennd mit irem muntlichen bericht offenntlich inn gegenwertigkeitt unser gemeinen vorsamlunge, adder einer mergklichen anzalh unnd ausschuss von wegen und an stadt ganntzer vorsamlunge, wie es die gelegenheit geben will, thun, furwenden unnd vollfuhren. Nachdem die forma und unterricht zu solcher jarrechnunge aus gemeinem beschließ einer vorsamlunge uff den ersten tagk ihres ankomen, wieobin bemeldet, gemacht und den vorstehern ubergeanntwurt adder zugestellet wurden ist unnd wan solche Rechnunge von den vorstehern bescheen unnd angenomen wurden[57], sollen sie von einer vorsamlungewegen mit vleissiger dancksagunge derselbigen nach aller notturfft ledigk,

57 B: Wort fehlt.

quidt unnd loß gesaget werden. Unnd alßbaldt sollen sie unnsern nauErwelten zehen vorstehern einantwurttenn unnd uberreichenn den gemeinen kasten mitsambt allen brivelichen urkunden, vorzeichnissn und registern. Auch die drey bucher, das heubtbuch, das hanndelbuch, die jarrechenbucher, sovill derselbigen gemacht seint, unnd daneben lauts des innventerien alle stucke, die nach beschlossener irer rechnunge im vorrathe und Restat vorblieben, getreyhde, genyßlicher vorradtt, farenndehabe, Cleinodt, silberwerck, barschafft an gelde, allerley notturfft zu gebeuhden, alles nach rechter[58] unterschiede des gewichts, zcalh unnd masß volkomlich anweysenn unnd uberantwurten, unnd solche uberantwurtunge sall von nauem ordenntlich inn ein inventerium und vortzeichnis anderweit beschrieben unnd durch die Erbarmanne, Rathe unnd vier hanndtwergke imnamhen ganntzer vorsamlunge besigelt unnd inn gemeinen kastenn, widerumb daruff zuberechen, hindergelegt werdenn.

Die nauen vorsteher erholunge beyn alden zuhaben

So mogen[59] auch die nauen vorsteher, soufft es inen nodt sein wirdet, bey den alden erholunge haben, welchs sich die alden vorsteher umb der ehre gotes unnd gemeines Nutzs willen nicht beschweren, sunder treuen underricht unnd Rathe mitteilen sollenn.

Zu wahrer urkunde unnd uff das dieße unnser bruderliche voreynigung inn allen iren[60] obgeschriebenn Artickeln, Stucken unnd puncten nicht anders, dan alleine zu der ehre gotes unnd liebe des eben Christen menschen unnd also gemeinem nutz zu gute, durch eine eingepfarte vorsamlunge alhier zu Leysneck zu aller zeitt sall gehandelt, gebraucht unnd behanndthabt werdenn, treulich unnd ane alle gefherde, haben wir Erbarmanne mit namen Baltasar von Arras, Bastian von Kotteritzsch unnd Sigmundt von Laußk unnser angebornne ErbInnsigell unnd wir[61] der Radt unnser Stadt Secrett unnd wir geschwornne hanndtwergksmeister der vier hanndtwergke, Nemlich Tuchmacher, Becken, schuster unnd Botticher, unnsre gewonliche hanndtwergks sigille von wegenn unnd uff bitte aller unnd iglicher einwohner, inn der stadt unnd dorffern unnsers kirchespiels, mit offentlicher rechter wissentschafft fur unns und unnsere nachkomende eingepfarte vorsamlunge an diesße gegenwertige unnser beschreibunge thun angehengenn. Gescheen unnd geben zu Leysneck nach Christi unnsers lieben herren geburt Tausennt funffhundert unnd im drey unnd zwantzigstem jare.

---

58 B: Danach gestrichen: »ordenung«.

59 B: Wortteil »gen« nachträglich über der Zeile eingefügt.

60 B: Wort fehlt.

61 B: Wort fehlt.

Ringen um die Ausrichtung der Ebersdorfer Brüdergemeine

Dargestellt anhand einer Untersuchung durch den Geraer Superintendenten Johann Christoph Pfeiffer in den Jahren 1746/47*

Von Stefan Michel

Für Dietrich Meyer

Die Brüdergemeine Ebersdorf hat in der brüderischen Historiographie immer eine besondere Stellung eingenommen. Dies hängt zum einen damit zusammen, dass Zinzendorfs Frau, Erdmuthe Dorothea Gräfin Reuß, aus diesem Ort stammte,[1] so dass enge Beziehungen dahin bestanden. Weiterhin nahm diese Gemeine lange eine sehr selbständige Entwicklung, zu der auch die Ausprägung eines eigenen Frömmigkeitsprofils gehörte.[2] Schließlich lag diese Gemeine Zinzendorf selbst besonders am Herzen, der hier ein Gemeindekonzept kennenlernte, das auf die Entstehung der Herrnhuter Brüdergemeine inspirierend wirkte.[3] Bisher wurde die Geschichte der Brüdergemeine Ebersdorf fast ausschließlich auf der Grundlage brüderischer Quellen dargestellt.[4] Da es in Ebersdorf wohl um die Mitte des 18. Jahrhunderts zu einer gezielten Vernichtung von Quellen aus den 1730er und 1740er Jahren kam,[5] ist

---

* Dieser Beitrag hat eine lange Entstehungsgeschichte hinter sich: Er wurde erstmals am 27. April 2010 im Forschungskolloquium des »Interdisziplinären Zentrums für Pietismusforschung der Martin-Luther-Universität Halle-Wittenberg in Verbindung mit den Franckeschen Stiftungen zu Halle« vorgetragen. Mein Dank für Anregungen und die Diskussion des Beitrags gilt Prof. Dr. Udo Sträter, Dr. Heinz-Dieter Fiedler, Dr. Andres Straßberger, Dr. Dietrich Blaufuß und Dr. Rüdiger Otto.

1 Vgl. Wilhelm Jannasch: Erdmuthe Dorothea, Gräfin von Zinzendorf, geborene Gräfin Reuss zu Plauen: ihr Leben als Beitrag zur Geschichte des Pietismus und der Brüdergemeine dargestellt. Herrnhut 1915 (ND in: Nikolaus Ludwig von Zinzendorf: Materialien und Dokumente Reihe 2. Bd. 12/ hrsg. von Erich Beyreuther. Hildesheim 1975).

2 Vgl. Stefan Michel: Gesangbuchfrömmigkeit und regionale Identität: ihr Zusammenhang und Wandel in den reußischen Herrschaften vom 17. bis zum 20. Jahrhundert. Leipzig 2007, 185-196.

3 Vgl. Hans Schneider: »Philadelphische Brüder mit einem lutherischen Maul und mährischen Rock«: zu Zinzendorfs Kirchenverständnis. In: Neue Aspekte der Zinzendorf-Forschung/ hrsg. von Martin Brecht; Paul Peucker (AGP; 47). Göttingen 2006, (11-36) bes. 19-22.

4 Vgl. Werner Burckhardt: Aus der Geschichte der Brüdergemeine Ebersdorf. Herrnhut 1939; Frieder Vollprecht: Von der Schloßekklesiola zur Ortsgemeinde: ein Beitrag zum Entstehungsprozeß der Brüdergemeine Ebersdorf. Unitas Fratrum 39 (1996), 7-51.

5 Der Ebersdorfer Chronist Friedrich Adam Scholler vermerkt in seiner Chronik aus dem Jahr 1772 zum Jahr 1745 (Ebersdorfer Archiv der Brüdergemeine, PA II R 8,11): »Es soll Br. Steinhoffer, als er von Ebersdorf wegzog, viele Schriften verbrannt haben. Vielleicht hat aber auch David Nitschmann manches mit sich hinweggenommen; daher man sich bey David Nitschmann oder [dem Archiv der Brüdergemeine in Herrnhut, Erich von] Ranzau erkundigen müste, wenn man von der alten Ebersdorfischen Zeit und von den ersten Jahren,

die Basis zur Darstellung der Geschichte dieser Gemeine begrenzt. Als zusätzliche Quelle wurden häufig die Lebenserinnerungen des Juristen Johann Jakob Moser herangezogen, der von 1739 bis 1747 in Ebersdorf lebte und den Umbruch der Sichtungszeit in der Ebersdorfer Gemeine miterlebte.[6] Allerdings entstand diese Quelle erst, nachdem Moser mit der Ebersdorfer Gemeine gebrochen hatte.

Angesichts dieses Befundes kann die Entdeckung bisher unbekannter Quellen Auswirkungen auf die Interpretation historischer Vorgänge haben: Zwei der Forschung bisher unbekannte Akten mit einem Umfang von 99 und 113 Blatt aus dem Bestand des Konsistoriums Gera, das für die gesamte jüngere Linie der Grafen Reuß zuständig war, ermöglichen nun einen tieferen Einblick in die Geschehnisse vom Dezember 1746, als der Anschluss der Ebersdorfer Gemeine an die Brüdergemeine stattfand.[7] Diese beiden Akten wurden von dem Geraer Superintendenten Johann Christoph Pfeiffer[8] angelegt, der nicht aus brüderischer Perspektive die Vorgänge in Ebersdorf beobachtete, sondern aus der kirchenleitenden Perspektive des Konsistoriums. Erst nach Pfeiffers Tod gelangten die beiden Akten aus dessen Nachlass in den Bestand des Konsistoriums. Möglicherweise bildete die erste Akte die eigentliche Konsistorialakte, während die zweite aufgrund der vielen Briefe, die entweder Pfeiffer schrieb oder an ihn geschickt wurden, eine eher persönliche Handakte darstellt.[9] Diese Briefe dokumentieren zudem das Vorhandensein und das Funktionieren eines antizinzendorfischen Netzwerkes.

---

nach der Vereinigung mit den Brudergemeinen, etwas vollständigeres zusammentragen wolte. Ohne Zweifel ist im Archive der Br[üde]r Unitaet vieles, das zur Historie von Ebersdorf gehört, befindlich.«

6 Johann Jakob Moser: Lebensgeschichte von ihm selbst beschrieben. Zweyter Theil. 3. Aufl. Frankfurt und Leipzig 1777, 34-37. 46-65; weiterhin: ders.: Hanauische Berichte von Religionssachen. Bd. 1. o.O. 1750, 565-593; Karl Ehwald: Johann Jacob Moser in Ebersdorf. Lobenstein [1927]; Reinhard Rürup: Johann Jacob Moser: Pietismus und Reform (VIEG; 35), Wiesbaden 1965. Als Sichtungszeit wird im Anschluss an Lukas 22,31 die Phase der Geschichte der Brüdergemeine zwischen 1743 und 1749 bezeichnet, in der theologische Lehren wie die Blut- und Wundentheologie oder die Ehereligion zwischen Christus und der Gemeine, überspitzt wurden. Eine Erotisierung der Sprache ging damit einher, vgl. Craig Atwood: Interpreting and Misinterprediting the Sichtungszeit. In: Neue Aspekte der Zinzendorf-Forschung (wie Anm. 3), 174-187.

7 Landesarchiv Thüringen – Staatsarchiv Greiz (fortan: LATh – StA Greiz), Konsistorium Gera, Fach 105, Nr. 28: Consistorial-Acta die Religions-Angelegenheiten zu Ebersdorf betr. de a. 1746-1754. Die Beiakte (zu Nr. 28) trägt den Titel: Acta privata weil. Herrn Superintendent und Consistorial Assessoris D. Joh. Christoph Pfeiffers betr. die ReligionsAngelegenheiten zu Ebersdorf d.a. 1746-1748.

8 Vgl. Thüringer Pfarrerbuch. Bd. 4: Die reußischen Herrschaften/ bearb. von Paul Heller. Leipzig 2004, Nr. 941.

9 Vgl. den Vermerk des Sekretärs Johann Samuel Baumgärtel auf LATh – StA Greiz, Konsistorium Gera, Fach 105, zu Nr. 28: »Die hierinnen befindlichen Schriften und Briefe haben sich nach Absterben des obgedachten Herrn Superintendent D. Pfeifers, unter dessen Scripturen, in einem Bogen Pappier eingeschlagen, bey der mir committirten Resignation

1 Hintergründe: Die Entwicklung der Ebersdorfer Gemeine zwischen 1696 und 1746

Der Ort Ebersdorf liegt in einem kleinen Tal an der Straße zwischen Schleiz und Lobenstein im Thüringer Schiefergebirge. Erst am Ende des 17. Jahrhunderts erlangte Ebersdorf für die reußische Geschichte einige Bedeutung, als Heinrich X.[10] hier zwischen 1690 und 1693 seine Residenz errichtete.[11] 1694 heiratete er Gräfin Erdmuthe Benigna von Solms-Laubach,[12] die die typische Laubacher Frömmigkeit, zu der Andachten und Erbauungsstunden in einer von der Ortsgemeinde unabhängigen Schlossgemeinde[13] gehörten, nach Ebersdorf verpflanzte. Ihre Eltern Johann Friedrich und Benigna, geborene Gräfin von Promnitz zu Sorau, waren mit Philipp Jakob Spener bekannt,[14] so dass ihr Hof als »erster pietistischer Grafenhof« angesehen wird.[15]

Das Anfangsdatum der Entwicklung einer Ebersdorfer Frömmigkeit wird allgemein mit dem 10. Dezember 1696 angegeben. An diesem Tag soll Erdmuthe Benigna erstmals eine Erbauungsstunde im Schloss abgehalten haben, aus der – in Darstellung der brüderischen Historiographie – eine »Schloßecclesiola« im Sinne des Spenerschen Pietismus erwuchs.[16] Um die Erinnerung bewusst zu gestalten, wurde dieser Tag, der der zweite Hochzeitstag von Erdmuthe Benigna und Heinrich X. war, in den Chroniken festgehalten. Erdmuthe Benigna veranstaltete in Ebersdorf fortan regelmäßig Erbauungsstunden nach dem Laubacher Vorbild. Obwohl Ebersdorf kirchlich vom nahe gelegenen Friesau versorgt wurde, entwickelte sich aus diesen Versammlungen eine selbständige Schlossgemeinde, die von auswärtigen Geistlichen wie Peter Christoph Martini aus Zeulenroda[17] versorgte wurde. Zwi-

---

und Inventur derer zur Superintendentur und Consistorio gehörigen Scripturen gefunden, und sind sogleich von mir, mit Genehmhaltung der Erben […] mitgenommen worden.«

10 Vgl. Berthold SCHMIDT: Die Reußen: Genealogie des Gesamthauses Reuß älterer und jüngerer Linie sowie der ausgestorbenen Vogtslinien zu Weida, Gera und Plauen und der Burggrafen zu Meissen aus dem Hause Plauen. Schleiz 1903, Tafel 19,1.

11 Vgl. Johann Heinrich Gottlieb REINHOLD: Die Residenz Ebersdorf. In: Kirchengalerie der Fürstlich Reußischen Länder. 2. Abtheilung: Die Ephorien Greiz, Schleiz und Lobenstein nebst dem Inspektionsamte Saalburg. Dresden o. J. [ca. 1843], 153-159.

12 Vgl. Schmidt: Die Reußen (wie Anm. 10), Tafel 19,1.

13 Vgl. Schneider: »Philadelphische Brüder … (wie Anm. 3), 19-22.

14 Vgl. Albrecht RITSCHL: Geschichte des Pietismus. Bd. 2: Geschichte des Pietismus in der lutherischen Kirche des 17. und 18. Jahrhunderts. Bonn 1884 (ND Berlin 1966), 219. 514 f; Hans-Walter ERBE: Zinzendorf und der fromme hohe Adel seiner Zeit. Leipzig 1928 (ND Hildesheim 1975), 140-144.

15 So Johannes WALLMANN: Der Pietismus. 2. Aufl. Göttingen 2005, 93.

16 Vgl. Burckhardt: Aus der Geschichte der Brüdergemeine Ebersdorf (wie Anm. 4), 4.

17 Vgl. Thüringer Pfarrerbuch (wie Anm. 8), Nr. 776. Martini war ab 1691 Pfarrer in Zeulenroda und ab 1715 in Köstritz.

schen 1715 und 1717 war Georg Klein-Nikolai Hofprediger,[18] der vermutlich durch Vermittlung Heinrich XXIV. Reuß-Köstritz nach Ebersdorf kam, der mit August Hermann Francke freundschaftlichen Kontakt pflegte.

Aus der Ehe zwischen Heinrich X. und Erdmuthe Benigna gingen acht Kinder hervor, von denen drei die Kindheit nicht überlebten. Nach dem Tod Heinrichs X. übernahm ab 1711 Erdmuthe Benigna gemeinsam mit den beiden Vormündern Heinrich XXIV. Reuß-Köstritz und ihrem Bruder Carl Otto von Solms-Utphe[19] die Erziehung ihrer Kinder Maria Benigna, Heinrich XXIX., Erdmuthe Dorothea, Henriette Bibiane und Ernestine Eleonore.[20] Damit hatte sie zwei Parteigänger des hallischen Pietismus an ihrer Seite, die ganz in ihrem Interesse wirkten. Im gleichen Jahr vermittelte Heinrich XXIV. den Hofmeister Ulrich Bogislaus von Bonin nach Ebersdorf,[21] der neben Klein-Nikolai für die Kindererziehung zuständig war.[22] Bonin wirkte nicht nur als Erzieher, sondern auch als Liederdichter im Sinne des hallischen Pietismus prägend auf die Ebersdorfer Frömmigkeit. Er begleitete Heinrich XXIX. zum Studium nach Halle und auf seiner Kavaliersreise nach Amsterdam und Paris. Auf dieser Reise lernte der junge Reuße seinen späteren Schwager Nikolaus Ludwig von Zinzendorf kennen. Es entwickelte sich eine Freundschaft zwischen beiden, die 1721 zu einem ersten Besuch Zinzendorfs in Ebersdorf führte, wo er Heinrichs Schwester, Erdmuthe Dorothea, kennenlernte und diese 1722 heiratete. Heinrich hatte bereits im September 1721 Zinzendorfs Cousine Sophie Theodore, Gräfin von Castell-Remlingen, geheiratet.

Auf Zinzendorf machte die am Ebersdorfer Hof gepflegte Frömmigkeit mit ihren Erbauungsstunden einen tiefen Eindruck. Als er 1722 sein Gut in Berthelsdorf

---

18 Vgl. A. H. Franckes Briefe an den Grafen Heinrich XXIV. j. L. Reuss zu Köstritz und seine Gemahlin Eleonore aus den Jahren 1704 bis 1727 als Beitrag zur Geschichte des Pietismus/ hrsg. von Berthold Schmidt; Otto Meusel. Leipzig 1905, 85 Anm. 3.

19 Vgl. Erbe: Zinzendorf und der fromme hohe Adel (wie Anm. 14), 144-150; Anke Brunner: Aristokratische Lebensform und Reich Gottes: ein Lebensbild des pietistischen Grafen Heinrich XXIV. Reuß-Köstritz (Unitas Fratrum. Beiheft; 13). Herrnhut 2005, bes. 111-114.

20 Vgl. Schmidt: Die Reußen (wie Anm. 10), Tafel 19,2-9.

21 Vgl. Erbe: Zinzendorf und der fromme hohe Adel (wie Anm. 14), 158; Franckes Briefe an den Grafen Heinrich XXIV. j. L. Reuß zu Köstritz (wie Anm. 18), 41; Eduard Emil Koch: Geschichte des Kirchenlieds und Kirchengesangs der christlichen, insbesondere der deutschen evangelischen Kirche. Bd. 4. 3. Aufl. Stuttgart 1868, 478-485. Bonin hatte auch Einfluss auf Heinrichs Schwester Benigna Maria, vgl. ebd, 486-489 sowie Stefan Michel: Ulrich Bogislaus von Bonin (1682-1752). In: Lebensbilder aus der Brüdergemeine. Bd. 2/ hrsg. von Dietrich Meyer. Herrnhut 2014, 193-205.

22 Vgl. Andres Strassberger: Georg Klein-Nicolais »Ewiges Evangelium« (1700); eine Studie zur Wirkungs- und Rezeptionsgeschichte der Wiederbringungslehre des Ehepaares Petersen in Deutschland, England und Nordamerika (unveröffentlichtes Manuskript). Vgl. LATh – StA Greiz, Konsistorium Gera II Fach 48, Nr. 1: Acta den neuen Hofprediger, M. Georg Klein-Nicolai, zu Ebersdorff betr., 1716.

bezog, rief er eine ähnliche Gemeinschaft ins Leben. Noch 1747 urteilte Zinzendorf rückblickend über die Ebersdorfer Gemeine:

> »Wie meine ganze Führung artig und besonders ist, so habe ich auch das Glück gehabt, daß ich, ehe die kleine Versammlung zu Berthelsdorf ihren Anfang genommen, bin nach Ebersdorf gekommen und habe daselbst eine solche Gemeine zuerst in meinem Leben gesehen. Ich hab in Ebersdorf einen Haufen Seelen angetroffen, die ohne Unterschied der Religion, ohne Unterschied der Privatideen, die jegliches hatte, ohne Distinktion der äußeren Verfassungen sich geschlossen hatten […] Dieselben Leute alle zusammen habe ich Jahr und Tag miteinander verbunden gesehen und so verbunden, daß man keinen Unterschied unter den Leuten observierte, ob sie gleich einen ganz diversen Weg gingen und jeder auf seinem Sinn blieb und seine Art behielt.«[23]

In dieser für alle Formen evangelischer Frömmigkeit offenen Atmosphäre war Heinrich XXIX., der 1721 die Regierung in Ebersdorf antrat, aufgewachsen. Die Entwicklung seines theologischen Profils in den folgenden Jahren zu erfassen, fällt nicht leicht, da er zunächst durch seine Mutter, Erdmuthe Benigna, und Heinrich XXIV. Reuß-Köstritz mit ihren Parteigängern wie Ulrich Bogislaus von Bonin, später sowohl von Zinzendorf als auch seiner Frau Sophie Theodore stark beeinflusst war. Hans-Walter Erbe urteilte deshalb über ihn, er sei »keine ausgeprägte Persönlichkeit« gewesen.[24] Doch wäre es ein Fehler, ihn als leicht beeinflussbaren Spielball in diesem Kräftefeld darzustellen. Sicher hat sein früher Tod im Jahr 1747 zu diesem Bild beigetragen. Im Umgang mit dem Konsistorium in Gera trat er jedoch als souveräner Landesherr auf, der seine Kirchenrechte – vor allem das ihm über die Schlossgemeinde zustehende Patronatsrecht – konsequent vertrat. In seinen Tagebuchaufzeichnungen ist zudem ein Mann zu erkennen, der zwischen den verschiedenen Interessen zu vermitteln versuchte, um den offenen Ebersdorfer Frömmigkeitsstil aufrechtzuerhalten.

Zunächst blieb nach dem Ende der vormundschaftlichen Regierung im Jahr 1721 der Einfluss Heinrichs XXIV. Reuß-Köstritz und damit des hallischen Pietismus in Ebersdorf bestehen. Dafür sorgte ab 1720 Hofprediger Heinrich Schubert,[25] der zuvor Prinzenerzieher in Köstritz gewesen war. Er kannte Francke gut, der ihn 1726 als Hofprediger an die Heiliggeistkirche nach Potsdam empfahl.

Nach einem Besuch bei Zinzendorf 1730 in Herrnhut wurde Heinrichs Frau, Sophie Theodore, der Motor für die Einführung herrnhutischer Gepflogenheiten in Ebersdorf. Zu Schwierigkeiten kam es deshalb ab 1732, als Johann Peter Siegmund

---

23 Jüngerhaus-Diarium 4. Januar 1747, zitiert nach: ZINZENDORF UND DIE HERRNHUTER BRÜDER: Quellen zur Geschichte der Brüder-Unität von 1722-1760/ hrsg. von Hans-Christoph Hahn; Hellmut Reichel. Hamburg 1977, 202.

24 Erbe: Zinzendorf und der fromme hohe Adel (wie Anm. 14), 160.

25 LATh – StA Greiz, Konsistorium Gera II Fach 48, Nr. 2: Acta den neuen Gräfl. ReußPl. Hof-Diaconum, zu Ebersdorf, wozu h. Heinrich Schubert, Magdeburgensis, bißheriger SS. Theol. Studiosus v. der HochGräfl. Rpl. jungen Herrschaft zu Cöstritz Informator vociret worden betr. de A. 1720. Vgl. Franckes Briefe an den Grafen … (wie Anm. 18), 92, Anm. 4.

Winckler die Stelle des Hofpredigers erhielt,[26] der als Hallenser ein Gegner der Herrnhuter war. So konkurrierten zwei verschiedene Gemeindekonzepte am Ebersdorfer Hof, ein herrnhutisches und ein hallisches.[27] 1734 verschärfte sich die Lage durch die Berufung des aus Herrnhut als Erzieher geschickten Friedrich Christoph Steinhofer.[28] Winckler verließ bald darauf Ebersdorf, um eine neue Stelle in Stolberg anzutreten. Heinrich XXIX. band sich innerlich nach anfänglichem Zögern völlig an Steinhofer. Schnell erfolgten geistliche Neuerungen im Sinne Herrnhuts: Die Betstunden wurden zugunsten von Versammlungen mit öffentlicher Aussprache eingestellt. 1735 wurden »Banden«, kleine Seelsorgegruppen, gebildet. In diesem Jahr beginnen auch die beiden Tagebücher Heinrichs XXIX., in denen er mehr über die religiösen Geschehnisse in der Ebersdorfer Gemeinde als über andere Dinge berichtete.[29] Die Tagebücher sind nicht nur eine bisher wenig beachtete Quelle für die Geschichte der Ebersdorfer Brüdergemeine, sondern legen auch ein Zeugnis über ihren Verfasser ab.

Die Ebersdorfer Gemeine übte eine große Anziehungskraft aus, so dass sie von 1735 mit 68 Mitgliedern bis 1745 auf über 400 Mitgliedern deutlich anwuchs.[30] Die Schlosskapelle war als Versammlungsort schon lang zu klein geworden, so dass man die Zusammenkünfte im Speisesaal des Schlosses abhielt. Jedoch war dieser Zustand nicht zu halten. Eine Lösung bahnte sich allmählich an, indem Heinrich XXIX. der neu entstehenden Gemeinschaft ein eigenes Areal am Ortsrand zuwies.[31] Dort konnte sie sich entfalten und eigene Bauten errichten: Zunächst übernahm die Brüdergemeine 1736 die Betreuung des 1732 gegründeten Waisenhauses. 1739 erfolgte der Auszug aus dem Schloss in das Waisenhaus und zwei eigene Häuser. Per Dekret wurde Steinhofer zum Direktor des Waisenhauses berufen. 1740 genehmigte der Landesherr einen eigenen Gottesacker. 1742 erschien ein Ebersdorfer Gesangbuch, in

26 LATh – StA Greiz, Konsistorium Gera II Fach 48, Nr. 3: Consistorial Acta, Die Wieder-Bestellung der Hoff-Praedicatur zu Ebersdorff durch Herrn M. Johann Peter Siegmund Wincklern S.S. Theol. Studios: nachdem der vorige Hoff-Prediger, Hr. Andreas Laurentius Feiler zum Pastorat nach Zoppoten befördert worden, betreffend. de Anno 1732.

27 Die hat überzeugend Vollprecht: Von der Schloßekklesiola … (wie Anm. 4), 14-28. 35-40 dargestellt.

28 LATh – StA Greiz, Konsistorium Gera II Fach 48, Nr. 4: Consistorial Acta, Die Bestellung M. Friedrich Christoph Steinhofers, designierten Pastoris Substituti, zu Berthelsdorff, in der Ober-Laußitz, zum Gräffl. Reuß. Plaui. Hoff-Cappellan, zu Ebersdorff. de Anno 1734. Ingleichen die gnädigste denomination besagten H. M. Steinhöffers, zum Hoff-Prediger daselbsten.

29 Unitätsarchiv Herrnhut (fortan: UAH), R 9 A b, Nr. 1aa (1735-1742) und 1ab (1743-1747). Eine Biographie Heinrichs XXIX., die noch geschrieben werden muss, könnte aus diesen Diarien reiches Material ziehen, um die Persönlichkeit des Ebersdorfer Grafen genauer zu erfassen.

30 Vgl. Vollprecht: Von der Schloßekklesiola … (wie Anm. 4), 44.

31 Vgl. Jürgen Lafrenz; Dieter Overhageböck: Herrnhut & Herrnhuter Siedlungen: Moravian settlements (Deutscher Historischer Städteatlas; 3). Münster 2009, Tafel 8.2.1.

das auch Lieder aus dem Herrnhuter aufgenommen wurden.[32] Es begann nach einer Zeit der eigenständigen Entwicklung unter Steinhofer eine starke Angleichung an die von Zinzendorf geprägte Herrnhuter Gemeine, wobei die Ebersdorfer Gemeine keineswegs zu einem Abbild Herrnhuts wurde. Vielmehr setzte Steinhofer ganz bewusst eigene theologische Akzente. Dies stieß bei den Herrnhutern auf wenig Verständnis, so dass es seit 1739 zu erheblichen Verstimmungen zwischen beiden Seiten kam, die erst 1742 in Zinzendorfs Abwesenheit durch Erdmuthe Dorothea geschlichtet wurden.[33] Allerdings lehnte Zinzendorf diesen Einigungsversuch ab, da Erdmuthe Dorothea zu sehr ihre persönlichen Beziehungen eingesetzt hatte. So kam es in einer Synode in Hirschberg 1743 zu einer Zurechtweisung Steinhofers durch Zinzendorf, die dazu führte, dass die Theologie Zinzendorfs – und das heißt in diesem Fall die Ausprägungen der Sichtungszeit – sowie sein Leitungskonzept verstärkt in Ebersdorf Eingang fanden.[34] Nachdem Reuß-Obergreiz die Patronatsrechte an Heinrich XXIX. abgetreten hatte,[35] wurden am 24. August 1745 durch ein landesherrliches Dekret die Schloss- bzw. Ortsgemeinde und die Brüdergemeine voneinander getrennt. Dies bedeutete einerseits, dass nicht mehr länger der Pfarrer von Friesau für die Gemeinde Ebersdorf zuständig war, und andererseits, dass Heinrich selbst bestimmen konnte, wie er das geistliche Leben in seiner Residenz in zwei kirchlichen Gemeinden regelte.

Heinrich XXIX. bemühte sich sogleich um einen neuen Pfarrer für die Schlossgemeinde, da Steinhofer für die »Anstaltsgemeinde«, mithin das Waisenhaus mit der Brüdergemeine zuständig sein sollte. Die Wahl fiel auf Gottfried Clemens,[36] der zuvor in Lobenstein Hofprediger gewesen war. Seit 1738 amtierte er in Sorau, wohin er Henriette Eleonore Gräfin Reuß-Lobenstein nach ihrer Heirat mit Graf Erdmann II. von Promnitz begleitet hatte.[37] Jedoch konnte er sich dort nicht halten, da der Hof dem hallischen Pietismus zugeneigt war.

---

32 Vgl. Michel: Gesangbuchfrömmigkeit … (wie Anm. 2), 196-205.

33 UAH R 9.Aa. 1, Bl. 33; Jannasch: Erdmuthe Dorothea (wie Anm. 1), 204-222. 385-398.

34 Vgl. zur Theologie der Sichtungszeit Paul Peucker: »Blut' auf unsre grünen Bändchen«: die Sichtungszeit in der Herrnhuter Brüdergemeine. Unitas Fratrum 49/50 (2002), 41-94.

35 Mit der Abtretung der Patronatsrechte kam ein jahrelanger Streit zu seinem Ende: Bereits 1719 äußerten die Ebersdorfer Klagen über den seit 1705 im Amt befindlichen Friesauer Pfarrer Johann Caspar Jahn. Vgl. LATh – StA Greiz, Konsistorium Greiz (a.Rep.C), Kap II C 9, Nr. 25: Acta, die zwischen Obergreitz und Ebersdorf sich ereignete Streitigkeit wegen der Pfarre zu Friesau betr. 1719, 1721.

36 LATh – StA Greiz, Konsistorium Gera II Fach 48, Nr. 6: Consistorial-Acta betr. das von dem Hochgräfl. Hause Ober-Greitz an das Hochgräfl. Hauß Ebersdorf abgetretene Jus patronatus über die Dorf-Kirche zu Ebersdorf, und wie hierauf zu dasigem Pfarr-Amt ad interim H. Hof-Prediger, M. Christian Friedrich Steinhöfer, dann nach deßen designation, H. Hof-Prediger Gottfried Clemens gnädigst vociret worden. de. a. 1745. Vgl Erbe: Zinzendorf und der fromme hohe Adel (wie Anm. 14), 128-130; Thüringer Pfarrerbuch (wie Anm. 8), Nr. 171.

37 Vgl. Schmidt: Die Reußen (wie Anm. 10), Tafel 17, Nr. 31.

Als Versammlungsort für die angewachsene Ebersdorfer Gemeine diente der neu errichtete und am 16. Oktober 1746 eingeweihte Kirchsaal. Vom 25. November bis zum 18. Dezember 1746 weilte Graf Zinzendorf persönlich in Ebersdorf.[38] Mit ihm waren seine Frau Erdmuthe Dorothea, seine Tochter Benigna, Anna Nitschmann, Friedrich und Johannes von Watteville, David Nitschmann, Christian David und weitere Herrnhuter gekommen.[39] Zunächst feierte man am 10. Dezember das 50jährige Bestehen der Schlossgemeinde. Zinzendorf hatte für diesen Anlass ein großes »Denck- und Dank-Lied des Hauses Ebersdorf« gedichtet, in dem er die Geschichte dieser besonderen Gemeinde deutete.[40] Zu einer Vereinigung der Ebersdorfer mit der Herrnhuter Gemeine kam es erst am 15. Dezember 1746 in einem mehrstündigen Liebesmahl.[41] Bald darauf setzte eine »Herrnhutisierung« in Ebersdorf ein, die durch David Nitschmann vorangetrieben wurde. Dabei kam es zu einer klaren Trennung der Mitgliedschaften zwischen Schloss-, Orts- und Brüdergemeine in Ebersdorf, die bis dahin noch fließend gewesen waren. Viele »ältere« Ebersdorfer, zu denen Bonin gehörte, blieben der Schloss- bzw. Ortsgemeinde treu. Andere – wie der Jurist Moser – verließen den Ort.

Nachdem Heinrich XXIX. am 22. Mai 1747 gestorben war, gelangte sein Sohn Heinrich XXIV. an die Regierung. Obwohl er im Sinne der Brüdergemeine erzogen worden war, distanzierte er sich von ihr und verfügte durch ein Dekret 1751 ihre religiöse Selbständigkeit. Er war nun nicht mehr für die Entwicklung der Ebersdorfer Gemeine zuständig. Endgültig wurde 1755 die Verbindung der Gemeinden aufgelöst, als es Pfarrer Christian Jakob Erhardt verboten wurde, in den Anstalten Dienst zu tun, wenn er länger Pfarrer der lutherischen Kirche sein wolle.

---

38 Vgl. Erich BEYREUTHER: Die große Zinzendorf Trilogie. Bd. 3: Zinzendorf und die Christenheit. Marburg 1988, 293. Die Zinzendorf-Darstellung Beyreuthers erschien zwischen 1957 und 1961.

39 Vgl. Erbe: Zinzendorf und der fromme hohe Adel (wie Anm. 14), 199 f.

40 Dieses »Denck- und Dank-Lied« war nach Zeugnis des Geraer Superintendenten Johann Christoph Pfeiffer bei seinem mündlichen Vortrag länger als die unmittelbar danach erschienene Druckfassung, vgl. dazu die beiden handschriftlichen Fassungen: UAH R.9.A.a.13. Moser bemerkt dazu (Lebensgeschichte, 58 [wie Anm. 6]: »Er [Zinzendorf] fingirte ein Ebersdorfisches Jubiläum, machte ein romanesques, satyrisches, unwahrhaftes und abgeschmacktes Jubellied, und redete darüber so, daß ich durch alles dieses einen neuen und großen Abscheu vor ihm bekame.« Zum Jubellied vgl. unten Anm. 67.

41 Zur Bedeutung des Liebesmahls in der Brüdergemeine vgl. Hanns-Joachim WOLLSTADT: Geordnetes Dienen in der christlichen Gemeinde dargestellt an den Lebensformen der Herrnhuter Brüdergemeine in ihren Anfängen (APTh; 4), Göttingen 1966, 73-76.

II Der Besuch des Geraer Superintendenten Johann Christoph Pfeiffer in Ebersdorf im Dezember 1746

Aus Sicht des Geraer Konsistoriums,[42] das als oberste kirchliche Verwaltungsinstanz seit der Stiftung unter Heinrich Posthumus für alle Grafschaften der jüngeren Linie Reuß zuständig war, waren die Verhältnisse in Ebersdorf nur schwer zu durchschauen. Einerseits konnten sich die Konsistorialen fast ausschließlich nur auf oft ungenaue Berichte des Lobensteiner Superintendenten Gottfried Valentin Orlich verlassen. Andererseits waren die Rechte des Konsistoriums begrenzt, weil das Patronatsrecht über den Ort – nicht die Schlossgemeinde – Ebersdorf bei der älteren Linie Reuß lag. Gegenüber dem Landesherrn Heinrich XXIX. besaßen sie keine Einspruchsmöglichkeit, sondern waren nur für die ordnungsgemäße Prüfung der Pfarrer zuständig. In diesem Bereich ergab sich ein erster Konfliktfall, als am 19. Mai 1734 Friedrich Christoph Steinhofer durch das reußische Konsistorium in Gera examiniert werden sollte. Nach bestandener Prüfung verweigerte Steinhofer den Eid auf die Reußische Konfession von 1567,[43] der durch die reußische Landesordnung vorgeschrieben war. Steinhofer begründete seine Ablehnung damit, dass er nur zur Kindererziehung nach Ebersdorf gekommen sei. Er wollte keine Handlungen durchführen, die zum Amt eines Pfarrers gehörten. Damit gab sich das Konsistorium vorerst zufrieden.[44] 1736 übernahm Steinhofer jedoch die Stelle des Hofpredigers, nachdem er bereits seit 1734 dieses Amt gelegentlich ausgefüllt hatte, weil Winckler Ebersdorf verlassen hatte. Zwischen Heinrich XXIX. und dem Geraer Konsistorium entspann sich nun ein Streit, der nach 1737 im Sande verlief. In diesem Streit erscheint Heinrich XXIX. als beharrliches Gegenüber zum Konsistorium. Um seine landesherrlichen Rechte durchzusetzen, die auf dem Patronatsrecht über die Schlossgemeinde beruhten, schickte er kontinuierlich beglaubigte Abschriften der von ihm ausgestellten Urkunden zur Berufung von Geistlichen oder zur Privilegierung der Gemeine an das Konsistorium.[45] Im Falle Steinhofers protestierte Heinrich XXIX. gegen das Vorgehen des Konsistoriums, das sich bei dem Lobensteiner Superintendenten Orlich über die Rechtgläubigkeit des aus Württemberg stammenden Theologen erkundigt hatte. Dies sei völlig unnötig gewesen,

42 1746 gehörten neben dem Geraer Superintendenten Pfeiffer der Geraer Archidiakon Adam Friedrich Wendler (vgl. Thüringer Pfarrerbuch [wie Anm. 8] Nr. 1384) sowie die drei Juristen Friedrich Wilhelm von Raschau, Amtmann Dr. Johann Georg Reinmann und der Kanzler Johann Friedrich von Freiesleben.

43 Vgl. Stefan Michel: Das Bekenntnis zur Lehre Luthers in den reußischen Herrschaften: Wahrheit – Konfessionalisierung – Erinnerungspflege (Beiträge zur Reformationsgeschichte in Thüringen; 11), Jena 2017, bes. 40-48.

44 LATh – StA Greiz, Konsistorium Gera II, Fach 48, Nr. 4, Bl. 3.

45 Vgl. z. B. LATh – StA Greiz, Konsistorium Gera, Fach 105, Nr. 28, Bl. 17-22 (Extrakt gnädigster Begnadigungen für das Waisenhaus, 1745/46); Bl. 45-47 (Vokation Erhardts, 1747).

so Heinrich XXIX., da man 1734 Steinhofers Orthodoxie selbst festgestellt habe. Um diesem Streit zu entgehen, ließ sich Steinhofer bei einer »Brunnenkur«, die er in seiner Heimat Württemberg verbrachte, am 15. Juni 1738 in Hirschau ordinieren. Das Konsistorium gab sich einstweilen zufrieden, möglicherweise auch weil es in Gera zwischen 1736 und 1741 dreimal zum Wechsel im Amt des Superintendenten gekommen war, so dass eine kontinuierliche Kirchenaufsicht kaum möglich war.[46] Sicher wäre es sonst schon eher zu einer Visitation in Ebersdorf gekommen.

Als der neue Superintendent Johann Christoph Pfeiffer endlich im September 1741 in Gera sein Amt antrat und damit als erster Konsistorialassessor erster Geistlicher in allen reußischen Grafschaften der jüngeren Linie wurde, fand er diese verfahrene Situation vor, gegen die er nichts unternehmen konnte, weil Steinhofer bereits seit drei Jahren mit einer ordnungsgemäßen württembergischen Ordination amtierte und vor allem von seinem Landesherrn geschützt wurde.

Am 16. September 1746 schrieb der Älteste des Gesamthauses Reuß jüngerer Linie, Heinrich XXV. Reuß-Gera,[47] der der Landesherr Pfeiffers war, einen Brief an das Geraer Konsistorium, der folgenden Inhalt hatte:

> »Euch kan aus denen gedruckten Nachrichten und sonst nicht unbekannt seyn, wie weit es leyder zu Ebersdorf in Religions-Sachen gekommen. Nachdem nun hierbey allerhand üble und gefährliche Folgerungen zu besorgen, und dahero um desto mehr zu bewundern, daß von Euch dieserwegen noch nicht die mindeste Anzeige geschehen, viel weniger sonst etwas in dieser Gewissens-Sache gethan worden, Alß befehlen wir Euch hiermit gnädigst, Ihr wollet hiervon ohne Umstand genauere Erkundigung einziehen und wie etwann der Sache am füglichsten zubegegnen, an Uns Eure Pflichtmäßiges Gutachten einschicken.«[48]

Heinrich XXV. hatte 1741 für die Berufung Pfeiffers nach Gera gesorgt. Er lehnte die Herrnhuter ab und erwartete dies auch von seinem ersten Geistlichen. Aus den Akten des Konsistoriums ist zu erfahren, dass bereits 1744 über eine Generalvisitation aller Kirchen und Schulen ohne Ergebnis diskutiert wurde.[49] Auslöser für den Brief Heinrichs an Pfeiffer war das Erscheinen des zweiten Teils von Johann Philipp Fresenius »Bewährten Nachrichten von Herrnhutischen Sachen« im Jahr 1746, in dem ein Brief veröffentlicht wurde, der den Zusammenschluss der Gemeinen Ebersdorf und Herrnhut nahelegte.[50] 1746 wurde zugleich in der »Fortgesetzten Sammlung von Alten und Neuen Theologischen Sachen« über die Vorgänge in

46 Zwischen 1734 und 1741 nahm Adam Friedrich Wendler mehrfach die Aufgaben des Superintendenten wahr.

47 Vgl. Schmidt: Die Reußen (wie Anm. 10), Tafel 11, 38.

48 LATh – StA Greiz, Konsistorium Gera, Fach 105, Nr. 28, Bl. 1+10.

49 LATh – StA Greiz, Konsistorium Gera, Fach 105, Nr. 28, Bl. 7 f.

50 Johann Philipp Fresenius: Bewährte Nachrichten von Herrnhutischen Sachen, Zweyte Samlung. Frankfurt am Main 1746, 862-866. Zu Fresenius vgl. Gerhard Johannes Raisig: Theologie und Frömmigkeit bei Johann Philipp Fresenius: eine Studie zur Theorie und Lebenspraxis im Pietismus der frühen Aufklärung (Europäische Hochschulschriften; 23), Bern 1975, bes. 169-195; Martin Brecht: Zinzendorf in der Sicht seiner kirchlichen und theologischen Kritiker. In: Neue Aspekte der Zinzendorf-Forschung (wie Anm. 3), 219-222.

Ebersdorf berichtet.[51] Dadurch stand auch Heinrich XXV. im Verdacht, Heterodoxie zu zulassen oder sogar zu fördern. Diesen Verdacht konnte eine Untersuchung durch das Geraer Konsistorium ausräumen.

Pfeiffer begann zunächst Erkundigungen einzuziehen. Dabei kam heraus, dass Steinhofer nicht mehr Hofprediger war, sondern seit 1745 Prediger am Waisenhaus. In einem Brief an das Konsistorium vom 28. Oktober 1746 teilten der Lobensteiner Superintendent Orlich und der Ebersdorfer Amtmann Johann Alexander Zeller mit, dass der bisherige Nachfolger Steinhofers, Gottfried Clemens, der seit Juni 1745 für etwas mehr als ein Jahr das Amt des Hofpredigers begleitet hatte, nun zum Stellvertreter Steinhofers in der Leitung des Waisenhauses berufen worden war. Heinrich XXIX. habe deshalb an seiner statt den Titschendorfer Pfarrer Christian Jakob Erhardt[52] zum Hofprediger ernannt.[53] Dieser Bericht wurde durch einen Brief Heinrichs XXIX. vom gleichen Tag bestätigt.[54] Im Konsistorium war man sich über das weitere Vorgehen uneinig. Pfeiffer drängte auf eine Aussprache mit seinen Kollegen im Konsistorium, da nun auch ein Pfarrer für den Ort Ebersdorf berufen werden sollte, wofür der bisherige Hofkaplan Johann Heinrich Preininger vorgesehen war.[55]

Pfeiffer verfasste außerdem eine Stellungnahme über die bekannten »Religions Neuerungen« in Ebersdorf. Darin strich er heraus, dass selbst wenn die Mitteilungen von Fresenius nicht vollständig wahr wären, es genügend Fakten gäbe, die gegen die Ebersdorfer Gemeine sprächen. So habe Steinhofer 1743 an der von Zinzendorf einberufenen Synode von Hirschberg teilgenommen. In Ebersdorf gebe es ein »so genannte[s] ledige[s] BrüderHaus«,[56] weshalb eine Visitation notwendig sei.[57]

Nochmals wurde ein Bericht Orlichs angefordert, den dieser am 21. November 1746 verfasste. Auf die Frage Pfeiffers, ob das Gerücht stimme, dass es »kurtz vor Ostern« mit einer »großen Gemüths Bewegung« zu einer »Vereinigung zwischen der Ebersdorfischen und Herrnhutischen Gemeine« gekommen sei,[58] antwortete Orlich:

---

51 Vgl. FORTGESETZTE SAMMLUNG VON ALTEN UND NEUEN THEOLOGISCHEN SACHEN […], Leipzig 1746, 303 und 590-594.

52 Vgl. Thüringer Pfarrerbuch (wie Anm. 8), Nr. 227: Erhardt starb, anders als im Thüringer Pfarrerbuch angegeben, am 30.7.1797. Nebenbei sei bemerkt, dass sich die beiden Württemberger Erhardt und Steinhofer seit ihrem gemeinsamen Studium in Tübingen kannten.

53 LATh – StA Greiz, Konsistorium Gera, Fach 105, Nr. 28, Bl. 27.

54 LATh – StA Greiz, Konsistorium Gera, Fach 105, Nr. 28, Bl. 11-16.

55 Zu Preininger: Thüringer Pfarrerbuch (wie Anm. 8), Nr. 963; zu den Vorgängen: LATh – StA Greiz, Konsistorium Gera, Fach 105, Nr. 28, Bl. 29 f.

56 Der Grundstein für das Brüderhaus wurde erst am 28. Mai 1746 gelegt, vgl. MICHEL: Gesangbuchfrömmigkeit (wie Anm. 2), 194.

57 LATh – StA Greiz, Konsistorium Gera, Fach 105, Nr. 28, Bl. 7f.

58 Was genau damit gemeint ist, kann nur vermutet werden: Einerseits war es seit 1745 zu einem Zuzug zahlreicher lediger Brüder vor allem aus Herrnhaag gekommen. Zum anderen hatten Heinrich XXIX. und seine Frau Sophie Theodore im Frühjahr 1747 eine Reise nach Marienborn unternommen und sich dort länger aufgehalten.

»Es wäre an dem, daß zwischen der Gemeine zu Herrnhuth und Ebersdorf eine Verbindung nach dem Hertzen in Liebe geschehen sey, es sey aber solches nicht durch menschlichen Rath und überding verursacht worden, sondern der Heyland hätte durch seine große Gnade nach Joh XVII.21-23 selbst es in diese Wege gerichtet.«[59]

Auf seine Befragung hin sei ihm versichert worden, dass die Gemeine nichts anderes als lutherisch sei. Preininger und Erhardt gehörten seiner Meinung nach nicht zur Brüdergemeine. Er könne nichts bei ihnen entdecken, was gegen die lutherischen Grundsätze für Lehre oder Leben spreche.

Wenige Tage später schaltete sich Heinrich XXIX. als Landesherr mit zwei im Ton unterschiedlichen Briefen in das Geschehen ein. Zunächst teilte er am 4. Dezember 1746 Pfeiffer mit, dass Erdmuthe Dorothea mit ihrer Tochter und ihrem Schwiegersohn, also Henriette Benigna von Zinzendorf und Johannes von Watteville (geb. Johann Michael Langguth, 1744 von Friedrich von Wattewille adoptiert),[60] in Ebersdorf eingetroffen seien. Er möge doch nach Ebersdorf kommen und sich über die Zustände persönlich informieren. Zu diesem Zweck wolle er ihm gern eine Kutsche schicken, die ihn abholt.[61] Am 6. Dezember schrieb er jedoch empört an das Konsistorium und teilte mit, dass er zwar die Arbeit Orlichs nicht behindern wolle, er aber doch an seine verwandtschaftliche Verbindung mit Zinzendorf erinnern müsse. Es reiche völlig aus, wenn das Geraer Konsistorium die Pfarrer prüfe, so wie auch das Konsistorium in Dresden mit den Pfarrern in Herrnhut verfahre. Da man offenbar auf die Anschuldigungen durch Fresenius höre, sei darauf hinzuweisen, dass der Frankfurter Pfarrer keine zuverlässigen Quellen benutze, sondern lediglich Privatbriefe veröffentlichte, die völlig wertlos seien. Heinrich XXIX., der sich ausdrücklich auf Luther berief, werde selbst dafür Sorge tragen, dass »die mährische Brüder-Kirche« keinen Einfluss auf Ebersdorf erlange.[62]

Um sich endlich ein eigenes Bild zu machen, reiste Pfeiffer am Samstag vor dem 3. Advent, also am 10. Dezember 1746 nach Ebersdorf.[63] Von dieser Reise unterrichtete er zuvor Siegmund Jakob Baumgarten in Halle, um nicht in den Ver-

59 LATh – StA Greiz, Konsistorium Gera, Fach 105, Nr. 28, Bl. 34 f. Orlich brachte durch den Hinweis auf Joh 17,21-23 (»Damit sie alle eins seien. Wie du, Vater, in mir bist und ich in dir, so sollen auch sie in uns sein, damit die Welt glaube, dass du mich gesandt hast. Und ich habe ihnen die Herrlichkeit gegeben, die du mir gegeben hast, damit sie eins seien, wie wir eins sind, ich in ihnen und du in mir, damit sie vollkommen eins seien und die Welt erkenne, dass du mich gesandt hast und sie liebst, wie du mich liebst.«) sehr gut das Selbstverständnis der Herrnhuter zum Ausdruck, die darauf vertrauten, dass ihre Gemeinde durch Gott selbst geführt wird.

60 Vgl. Renate Böttner: Johannes von Watteville. In: Lebensbilder aus der Brüdergemeine. Bd. 1/ hrsg. von Dietrich Meyer. Herrnhut 2007, 77-87.

61 LATh – StA Greiz, Konsistorium Gera, Fach 105, zu Nr. 28, Bl. 11.

62 LATh – StA Greiz, Konsistorium Gera, Fach 105, Nr. 28, Bl. 36 f.

63 Die folgenden Ausführungen stützen sich auf Pfeiffers »Historische Nachricht, von dem was bey meiner Anwesenheit zu Ebersdorf im Dec. 1746 vorgegangen«. In: LATh – StA Greiz, Konsistorium Gera, Fach 105, zu Nr. 28, Bl. 49-58.

dacht zu geraten, mit den Herrnhutern zu sympathisieren.[64] Diese Information war sicher auch notwendig, da der Status der Reise entweder als Privatreise oder als ordentliche Visitation nicht geklärt war. Eine Visitation hätte von einer ordentlich berufenen Kommission vorgenommen werden müssen.

Zum ersten Mal sah Pfeiffer Zinzendorf am Tag der Ankunft, dem 10. Dezember, beim Mittagessen im Schloss, ohne jedoch mit ihm direkt reden zu können. Nach dem Essen, bei dem auch andere Vertreter der Brüdergemeine anwesend waren, ergab sich lediglich die Möglichkeit zu einem Gespräch mit Johannes von Watteville in der Bibliothek Heinrichs XXIX. über den 12. Anhang des Herrnhuter Gesangbuchs.[65] Watteville räumte dabei ein, dass dieser Anhang nie unter die Leute hätte kommen dürfen. Pfeiffer wies demgegenüber auf die Gefahr dieser Lieder hin, die keineswegs rechtgläubig waren. So werde die Trinitätslehre durch die Vater-Mutter-Kind-Terminologie verwischt. Das Gespräch konnte nicht zu Ende geführt werden, da Heinrich XXIX. erschien und Pfeiffer um die Predigt am Sonntag bat. Pfeiffer lehnte zunächst ab, da er Halsweh wegen des Wetters auf der Reise hatte und nicht darauf vorbereitet war. Doch Heinrich bestand darauf, dass er wenigstens eine halbe Stunde predigen sollte. Um 17 Uhr hielt Watteville im Betsaal eine Andacht über Hebr 4,5 – »Sie sollen nicht zu meiner Ruhe kommen.« –, an der Pfeiffer nichts auszusetzen hat. Auf die nochmalige Frage Heinrichs, am kommenden Sonntag zu predigen, sagte Pfeiffer nun zu. Diesen Schritt begründete er später gegenüber Fresenius und Helmershausen mit dem Argument, dass man unter »Irrgläubigen« orthodox – also rechtgläubig – predigen müsse. Nach dem Abendessen war Pfeiffer zu einem Liebesmahl eingeladen, das Zinzendorf veranstalten wollte. Pfeiffer sah aber nur durch die Tür zu, weil es sich ihm als Superintendenten verbot, an dieser ihm ungewohnten Feier teilzunehmen. Unter allen Umständen wollte er den Eindruck verhindern, dass er die Ebersdorfer Gemeine anerkennen würde. Zu diesem Liebesmahl waren mehr als 200 Personen in das Schloss gekommen. Aufmerksam beobachtete Pfeiffer die Ordnung in der Gemeine, wonach die Frauen getrennt von den Männern saßen und die typischen Trachten der Brüdergemeine trugen.[66] Ein

64 LATh – StA Greiz, Konsistorium Gera, Fach 105, zu Nr. 28, Bl. 18 (Brief an Helmershausen vom 14. Januar 1747).

65 Vgl. dazu Michel: Gesangbuchfrömmigkeit … (wie Anm. 2), 192 f.

66 Moser (Hanauische Berichte, 579 f. [wie Anm. 6]) berichtet darüber: »Man fienge an, die sämtlich eheliche und uneheliche Personen, auch Kinder weiblichen Geschlechts, theils zu disponiren, theils mit Zwang, und bey einer Art des Bannes, zu nöthigen, sich der so genannten Gemein-Hauben und Stirn-Bandes, auch, nach Unterschid des Wittwen- ehelichen- ledigen- oder Kinder-Standes, des Unterschides der Farbe in denen Bändern an denen Hauben, zu bedienen: worüber aber mir und anderen die Stelle Off. Joh. 13,16. mit grossem Nachdruck in das Gemüthe fiele und darinn unauslöschlich hafften blieb, dahero ich auch meinen Kindern, (meine Ehe-Frau unterliesse es von Selbst,) durchaus nicht gestattete, dise Mütze oder Stirnband anzunehmen, wohl aber liesse ich, um zu zeigen, daß mein Widerspruch nicht aus Hochmuth herrühre, geschehen, daß sie sich einer anderen eben so simplen Tracht bedieneten.« Moser schreibt an anderer Stelle über das Jahr 1746

»chorus musicus« begleitete ein Pfeiffer unbekanntes Lied. Es wurden Gebäck und »Caffe gefäße« mit Tee oder Kaffe herumgereicht. Danach trug Zinzendorf eine Rede bzw. ein großes Gedicht vor, das später in gekürzter Fassung unter dem Titel »Denck- und Dank-Lied des Hauses Ebersdorf« im Druck erschien.[67] Darin nahm er auf den historischen Anlass Bezug, dass vor 50 Jahren die Schlossgemeinde entstanden sei. Dieses Liebesmahl endete gegen Mitternacht.[68]

Am dritten Advent, dem 11. Dezember, meldete Hofkaplan Preiniger dem Geraer Superintendenten den Beginn des Gottesdienstes für 9 Uhr. Es kam zwischen beiden zu Unklarheiten wegen des Ablaufes, da man sich in Ebersdorf nicht an die reußische Ordnung hielt und auf das Kirchengebet zugunsten eines »freien Herzensgebets« sowie die allgemeine Beichte mit Absolution verzichtete. Nachdem Heinrich XXIX. hinzugezogen worden war, erlaubte er Pfeiffer zumindest, das Kirchengebet zu sprechen. Die Beichte und Absolution sollten hingegen unterbleiben, weil kein Abendmahl gehalten werde. Pfeiffer hielt seine Predigt über den Text Mt 11,2-10, in der er vor den falschen Christussen (Mt 24,23-26) warnte, nicht im Schloss, sondern im Kirchsaal.[69] Zinzendorf meinte danach beim Mittagessen über Pfeiffers Predigt, dass er noch nie eine so orthodoxe Predigt gehört habe. Möglicherweise spielte er damit nicht nur auf den Inhalt, sondern auch auf die Form der Predigt an, die der von Zinzendorf bevorzugten freien und dynamischen Rede entgegenstand. Heinrich XXIX. vermerkte später in seinem Tagebuch darüber: »Vormittags predigte der Gera. Superintendent im GemeinHauß, über das heutige Evangelium. Er redet gantz artig u. vile Warheiten.«[70]

Endlich konnte Pfeiffer nach dem Essen mit Zinzendorf selbst sprechen, wobei der Graf zunächst betonte, dass er der Gesprächspartner für den Geraer Superintendenten sei und nicht sein Schwiegersohn Watteville. Daraufhin wiederholte Pfeiffer

in Ebersdorf (Lebensgeschichte, 58 [wie Anm. 6]): »Die einreißende geistliche ungöttliche Herrschaft über die Gewissen, ja über den inneren und äußeren Menschen, auch Haab, Gut und Familie so vieler rechtschaffener Seelen machte, daß ich, bey Gelegenheit des Haubenzwangs, Herrn Steinhofern sagte: Ich sorge, am Ende komme aus dieser Sache das zweyte Thier Offenb. 13, nemlich ein neues, scheinbares und verführerischeres, aber auch für das Reich Jesu viel schädlicheres, und allen, die darunter stehen müsten, viel unerträglicheres Papstthum heraus, als das erste.«

67 Denck- und Dank-Lied des Hauses Ebersdorf Bey seinem am 10ten Dec. 1746 einfallenden Kirchen-Jubilaeo in einer historischen Connexion Seines Gnaden-Ganges Zum Preis der Weisheit Des Unsichtbaren Gemein-Directorii Allen guten und ehrlichen Herzen welche Jerusalem Glück wünschen zum Trost und Nachricht gemein gemacht, Ebersdorf, zu finden im Waysen-Hause [1746].

68 Zur Bedeutung solcher Erinnerungstage in der Brüdergemeine vgl. Nicole Schatull: Die Liturgie der Herrnhuter Brüdergemeine Zinzensdorfs (Mainzer Hymnologische Studien; 14). Tübingen 2005, 103-105.

69 LATh – StA Greiz, Konsistorium Gera, Fach 105, zu Nr. 28, Bl. 19 (Brief an Helmershausen vom 14. Januar 1747).

70 UAH R 9 A b, Nr. 1ab, S. 1001.

seine Frage vom Vortag nach dem Brüdergesangbuch. Zinzendorf antwortete ausweichend, dass er sich an die Heilige Schrift halte. Die Augsburger Konfession und die Apologie seien für ihn die wichtigsten Bekenntnisse, zu denen er sich bekennen würde. Eine Prüfung des Gesangbuchs lehnte er jedoch ab, da es Fehler enthalte, die ihm bekannt seien. Eine Prüfung seiner gedruckten Schriften verweigerte Zinzendorf ebenfalls. Auf die Entgegnung Pfeiffers, dass er sich drehe und wende, erwiderte Zinzendorf, dass er und die Gemeine sich an die Confessio Augustana hielten, was doch ausreiche. Darauf antwortete Pfeiffer, dass aus den öffentlich zugänglichen Schriften die Gemeine nicht als orthodox zu erkennen sei. Zinzendorf sollte sich an der Reußischen Konfession ein Beispiel nehmen, da die reußischen Pfarrer 1567 durch diesen Text den Verdacht des Flacianismus zerstreut hätten.[71] Zinzendorf gab vor, dass ihm diese Idee gefalle und er gern ein Bekenntnis abfassen werde, sobald es Zeit und Umstände erlaubten.[72] Auf die Frage nach dem Wahrheitsgehalt in den Schriften, die Fresenius herausgegeben habe, entgegnete Zinzendorf, er habe sie noch nicht recht gelesen und hielte sie auch nicht für wichtig, da sie »Verläumbdungen und Lästerungen« vorbrächten. Dann wäre es doch gut, wenn sich Zinzendorf wehren würde, sonst blieben die Beschuldigungen auf ihm sitzen, so die Position Pfeiffers. Zinzendorf hatte tatsächlich schon in Frankfurt am Main Fresenius ohne Ergebnis verklagt. Dazu meinte Pfeiffer, dass er nicht eher ruhen würde, bis seine Unschuld bewiesen wäre. Nur wenn die Vorwürfe wahr seinen, würde man sich nicht wehren. Von diesem offenen Wort zeigte sich Zinzendorf in der Beobachtung Pfeiffers beeindruckt, weil ihm das noch niemand gesagt hätte. Er würde darüber nachdenken und es in Betracht ziehen. Das Gespräch musste wieder abgebrochen werden, weil es kurz vor 17 Uhr war. Zu dieser Zeit hielt Zinzendorf im neuen Saal (vermutlich des Waisenhauses) eine Rede über Num 23,23: »Denn es gibt kein Zaubern in Jakob und kein Wahrsagen in Israel. Zu rechter Zeit wird Jakob und Israel gesagt, welche Wunder Gott tut.« Pfeiffer missfiel an dieser Rede, dass man den Vortrag nicht im Gedächtnis behalten konnte, weil der Graf frei redete. Auf diese Weise kritisierte er die freie Predigt, die der »orthodoxen« Predigtweise entgegenstand, die auf eine ordentliche Vorbereitung und einen strengen Aufbau achtete, so dass die Predigtinhalte von den Predigthörern besser memoriert werden konnten. Zinzendorf habe inhaltlich die Lehre vom Blutleiden und -sterben des Heilands – also seine Deutung der Rechtfertigungslehre – dargelegt und gesagt, dass man sie recht treiben solle, die anderen Lehren seien nicht so wichtig. Am Abend dieses Sonntags wohnte Pfeiffer um 21 Uhr noch einer Singstunde im Saal des Schlosses

71 Vgl. Michel: Das Bekenntnis zur Lehre Luthers (wie Anm. 43), bes. 27-39.

72 Tatsächlich setzte sich Zinzendorf wenig später ausführlich mit der Confessio Augustana in seiner Schrift »Ein und zwanzig Discurse über die Augsburgische Confession« auseinander, vgl. Holger Bauer: Nikolaus Ludwig von Zinzendorf und das lutherische Bekenntnis: Zinzendorf und die Augsburger Konfession von 1530 (Unitas Fratrum. Beiheft; 12). Herrnhut 2004.

bei, über die er berichtete: »Man sange einige verse aus verschiedenen Liedern, wie dem Herrn Grafen, der sie anstimmete, einfallen mochten: darauf wurde von ihm ein kurtzer Vortrag gethan, und wieder mit dergleichen versen der Beschluß gemachet.«

Am Montag, dem 12. Dezember, sah sich Pfeiffer noch in Ebersdorf um. Er besuchte die Schule und prüfte die Kinder über Luthers Kleinen Katechismus. Über eine Generalvisitation wurde auch gesprochen.[73] Der Superintendent sah jedoch nichts vom Leben in den Häusern, vor allem im Brüderhaus, vom Losgebrauch in der Gemeine[74] oder anderen dynamischen und individuellen Frömmigkeitsformen.

Am Dienstag, dem 13. Dezember, führte Pfeiffer nach dem Mittagessen ein weiteres Gespräch mit Zinzendorf in der Schlossbibliothek in Gegenwart Heinrichs XXIX. Dabei ging es um die Lehre vom Vateramt Christi, die für Pfeiffer unverständlich und anstößig war. Wie wollte Zinzendorf diese Lehre erklären und aus der Heiligen Schrift rechtfertigen? Darauf erwiderte Zinzendorf, dass er diese Lehre um der antitrinitarisch eingestellten Sozinianer willen angenommen habe, um ihnen zu zeigen, dass der Vater, den sie verehrten, Jesus Christus ist. Dies konnte Pfeiffer keineswegs überzeugen. Durch eine Verletzung der Lehre könne man die Sozinianer auch nicht überzeugen. Auf diese Weise würden der Ratschluss des Vaters, die Gottheit des Sohnes und sein Versöhnungswerk nicht recht vertreten. Darauf fuhr der Graf zu Pfeiffers Überraschung heraus: »Der Vater hat nicht die Erlösung erfunden, der Sohn hat sie erfunden.« Was wiederum den Protest Pfeiffers zur Folge hatte. Das Gespräch wurde durch Heinrich XXIX. unterbrochen, der Pfeiffer an seine Abfahrt erinnerte.

Die Ebersdorfer meinten später, Pfeiffer hätte bei seiner Abreise gesagt, dass er »in dogmatibus und praxi keine Irrthümer allhier wahrgenommen« habe.[75] Heinrich XXIX. notierte in seinem Tagebuch: »Er bezeugte, wie er nicht leugnen könte, daß Er es anders hier gefunden, als Er sichs vorgestellt«.[76]

Kaum war Pfeiffer in Gera wieder angekommen, erhielt er einen Brief von Johannes von Watteville, den dieser noch am 13. Dezember, also unmittelbar nach Pfeiffers Abreise aus Ebersdorf geschrieben hatte.[77] Darin versuchte er in aller Kürze auf die offen gebliebenen Fragen Pfeiffers zu antworten. Er berichtete von den Verstimmungen zwischen den Ebersdorfern und Herrnhutern, weil man zum einen meinte, in Ebersdorf werden heterodoxe Lehren vertreten. Doch dies sei nun

---

73 Vgl. UAH R 9 A b, Nr. 1ab, S. 1002.

74 Vgl. Peter Vogt: Die Medialität göttlicher Willenskundgebung in der Lospraxis der Herrnhuter Brüdergemeine. In: »Schrift soll leserlich seyn«: der Pietismus und die Medien. Beiträge zum IV. Internationalen Kongress für Pietismusforschung 2013/ hrsg. von Christian Soboth; Pia Schmid. Halle; Wiesbaden 2016, 465-480; Wilhelm Bettermann: Das Los in der Brüdergemeine. Zeitschrift für Volkskunde 41 (1931), 284-287.

75 LATh – StA Greiz, Konsistorium Gera, Fach 105, zu Nr. 28, Bl. 60 f. (Brief Johann Carl Bretschneiders an Pfeiffer vom 28. März 1747).

76 UAH R 9 A b, Nr. 1ab, S. 1002.

77 LATh – StA Greiz, Konsistorium Gera, Fach 105, zu Nr. 28, Bl. 12 f.

ausgeräumt. Zum anderen gab es die Befürchtungen, dass sich in Ebersdorf Böhmische Brüder niederlassen könnten, wie dies in Neudietendorf geschehen sei.[78] Es bestünde jedoch kein Anlass zur Sorge, da man sich voll zur lutherischen Lehre bekenne und damit der Landesverfassung treu bliebe. Alle Gerüchte, die im Umlauf seien, beruhten lediglich auf üblen Nachreden.

Trotz aller Beteuerungen und des guten Eindrucks, den die Ebersdorfer auf Pfeiffer gemacht zu haben glaubten, war die Untersuchung mit diesem Besuch des Superintendenten nicht beendet. Vielmehr folgte noch ein langes in Briefen ausgetragenes Nachspiel.

III Johann Christoph Pfeiffer als Teil eines antizinzendorfischen Netzwerks vom Frühjahr bis Herbst 1747

Für die Fortsetzung der Untersuchung waren für Johann Christoph Pfeiffer möglicherweise zwei Motive ausschlaggebend: Zum einen war tatsächlich trotz aller Beteuerungen Zinzendorfs und Wattevilles noch nicht abschließend geklärt, inwieweit sich die Glaubenslehren der Brüdergemeine mit der Confessio Augustana in Einklag bringen ließen. Zum anderen mochte Pfeiffer den Eindruck gewonnen haben, dass ihm nicht die volle Wahrheit gesagt worden war, zumal als sich nach dem 15. Dezember 1746, also zwei Tage nach seiner Abreise, die Nachricht vom »Ebersdorfer Liebesmahl« verbreitete, in dem es zu einem Zusammenschluss der Gemeinen Ebersdorf und Herrnhut gekommen war. Hinzu kam, dass es innerhalb der Ebersdorfer Gemeine zu einer Scheidung zwischen den Gliedern der Schloss- und der Brüdergemeine gekommen war. So wurde Johann Jakob Moser – als Vertreter der »alten« Ebersdorfer – am 17. Januar 1747 vom Abendmahl ausgeschlossen.[79] Pfeiffer brauchte demzufolge Klarheit und begann deshalb einen weitreichenden Briefwechsel mit bekannten Gegnern der Brüdergemeine.[80]

---

78 Eine Gruppe aus Gotha, die durch die Missionstätigkeit der Herrnhuter entstanden war, kaufte 1742 die Anlage Neudietendorf von Graf Gustav Adolf von Gotter und war bestrebt, dort in Selbständigkeit von der Landeskirche zu leben, vgl. Rudolf HERRMANN: Thüringische Kirchengeschichte. Bd. 2. Weimar 1947 (ND Waltrop 2000), 293-296; Dietrich MEYER: Cyprians Abwehr einer Herrnhuter Siedlung im Fürstentum Gotha. In: Ernst Salomon Cyprian (1673-1745): zwischen Orthodoxie, Pietismus und Frühaufklärung/ hrsg. von Ernst Koch; Johannes Wallmann. Gotha 1996, 136-166.

79 Moser: Lebensgeschichte (wie Anm. 6), 60: »Dann den 17 Jan. 1747 erklärte mir Herr Steinhofer: Weil es widersprechend herauskomme, daß ich, bey meinem bekannten Sinn von Gemeinsachen, doch in der Gemeinde bleiben wollte, und es denen Geschwistern zum Drang auf ihren Herzen würde, wenn sie mich beym Abendmahl, und wo sonsten die Gemeine zusammen käme, sehen müsten; so möchte ich ihrer darin schonen, zu denen allgemeinen Gelegenheiten aber könnte ich kommen«.

80 Auch in anderen Korrespondenznetzwerken verbreitete sich schnell, dass Pfeiffer gegen die Herrnhuter vorging. So schrieb sein Schwager Johann Friedrich Wilhelm Jerusalem am 25. Juni 1748 an Johann Christoph Gottsched über Pfeiffers »Sintzendorffischen Krieg«,

Unter den Briefpartnern in dieser Angelegenheit sticht eindeutig der Frankfurter Pfarrer Johann Philipp Fresenius heraus: Bereits am 9. November 1746 hatte der Geraer Superintendent an ihn geschrieben, um zu erfahren, wie glaubwürdig seine Quellen waren. Kernfrage war, ob es bereits eine Vereinigung zwischen Ebersdorf und Herrnhut gegeben hatte.[81] Bereits am 17. November antwortete ihm Fresenius.[82] Seine Informanten seien zwar geheim, aber ganz zuverlässig, da sie »aus dem dasigen Hochgräflichen Hause selbst herkommen.« Er berichtete, dass in Ebersdorf die Ämter der Brüdergemeine eingeführt worden seien,[83] und ermahnte Pfeiffer zur Vorsicht und Wachsamkeit. Es könnte leicht geschehen, dass man ihn täuschen und die geistlichen Stellen am Konsistorium vorbei mit eigenen Kandidaten besetzen werde. Nachdem Pfeiffer aus Ebersdorf nach Gera zurückgekehrt war, schrieb er am 19. Dezember sofort an Fresenius und berichtete über seine Erlebnisse. Am 30. Dezember kam die Antwort aus Frankfurt: Fresenius beglückwünschte Pfeiffer zu seiner tapferen Haltung und versprach Geheimhaltung. Über den Brief Wattevilles vom 13. Dezember, den ihm Pfeiffer zugänglich gemacht hatte, urteilte Fresenius zurückhaltend. Die Zeit werde zeigen, ob Watteville die Wahrheit gesagt habe. Es sei aber eher damit zu rechnen, dass man in Ebersdorf für kein Aufsehen sorgen wollte und deshalb Pfeiffer hingehalten habe.[84]

Parallel korrespondierte Pfeiffer auch mit dem Weimarer Juristen und Konsistorialrat Georg Friedrich Helmershausen, dem er ebenfalls am 9. November erstmals geschrieben hatte.[85] Helmershausen waren die gleichen Fragen wie Fresenius vorgelegt worden. Er antwortete ebenso warnend wie dieser. In einem weiteren Brief vom 7. Januar 1747 antwortete Helmershausen auf Pfeiffers Anfrage vom 18. Dezember, in dem Pfeiffer über sein Gespräch mit Zinzendorf berichtet hatte.[86] Darin drückte er sein Bedauern aus, dass sich Pfeiffer mit den Herrnhutern einlassen musste. Es gäbe gegenüber der lutherischen Kirche große Unterschiede in der Lehre, die nicht einfach zu nivellieren seien, so dass schließlich eine neue Spaltung im evangelischen Lager drohe.

---

vgl. Johann Christoph GOTTSCHED: Briefwechsel unter Einschluß des Briefwechsels von Luise Adelgunde Victorie Gottsched: historisch-kritische Ausgabe/ im Auftrage der Sächsischen Akademie der Wissenschaften zu Leipzig/ hrsg. von Detlef Döring (†); Manfred Rudersdorf. Bd 13: Januar 1748 bis Oktober 1748/ hrsg. und bearb. von Caroline Köhler, Franziska Menzel, Rüdiger Otto und Michael Schlott. Berlin; Boston 2019 (im Druck). Den Hinweis verdanke ich Dr. Rüdiger Otto (Leipzig). – Vgl. Brecht: Zinzendorf in der Sicht seiner kirchlichen und theologischen Kritiker (wie Anm. 50).

81 LATh – StA Greiz, Konsistorium Gera, Fach 105, zu Nr. 28, Bl. 3 f.

82 Vgl. Wollstadt: Geordnetes Dienen (wie Anm. 41), bes. 123-253; Dietrich MEYER: Zinzendorf und die Herrnhuter Brüdergemeine 1700-2000. Göttingen 2000, 52.

83 LATh – StA Greiz, Konsistorium Gera, Fach 105, zu Nr. 28, Bl. 5 f. (Original); Nr. 28, Bl. 50 f (Abschrift).

84 LATh – StA Greiz, Konsistorium Gera, Fach 105, zu Nr. 28, Bl. 14 f.

85 Ebd, Bl. 8 f.

86 Ebd, Bl. 16 f.

Anfang Februar 1747 trafen in Gera zwei Gutachten der Theologischen Fakultäten Leipzig[87] und Jena[88] ein, denen Pfeiffer zwei Fragen vorgelegt hatte: 1. »Ob die Herrnhuter für eine von der Evangelisch-Lutherischen Kirche abweichende Fanatische Secte zu halten?«; 2. »Ob die, von Ebersdorff aus, dem Gräffl. Consistorio zu Gera praesentirte Candidati, bey ihrer Vereinigung mit denen Herrnhutern, von dem Consistorio ad colloquium tentamen et ordinationem, zu admittiren seyn?«. Auf die erste Frage antworteten beide Gutachten inhaltlich ähnlich, wobei das Jenaer Gutachten, das Johann Georg Walch verfasst hatte, deutlich detailreicher ausfiel. Das Leipziger Gutachten verfasste Romanus Teller, der sich mit seinem Kollegen Baumgarten in Halle ausgetauscht hatte. Sowohl Walch als auch Teller lehnten die Lehren und den Lebenswandel der Brüdergemeine als sektiererisch ab. Mit den Lehren der lutherischen Kirche habe dies nichts zu tun. Das Konsistorium könne keinesfalls herrnhutische Kandidaten examinieren oder gar ordinieren, weil man auf diesem Weg die Herrnhuter anerkennen würde. Walch ging noch auf die Frage ein, wie ein Fürst diese Sekte von seinem Land fernhalten könne und empfahl dazu Kanzelabkündigungen, Versammlungsverbot, eine strenge Bücherzensur, Disputationen über die falschen Lehren, Erbauungsstunden mit den Lehrern sowie rechtliche Schritte gegen renitente Untertanen, die zum Landesverweis führen könnten.[89]

Pfeiffer hatte zeitgleich nochmals versucht, von Zinzendorf eine Antwort auf seine offenen Fragen zu erhalten. Am 3. Februar 1747 schrieb er ihm, dass er über die Anstalten in Ebersdorf sehr bekümmert sei, weil dort keine orthodoxe Lehre verbreitet werde. Mit der schriftlichen Erklärung Wattevilles vom 13. Dezember könne er sich nicht zufriedengeben, da die Lehren Zinzendorfs befremdlich blieben.[90]

Von all diesen Aktivitäten Pfeiffers hatte man im Januar in Ebersdorf noch nichts mitbekommen. So erhielt Pfeiffer noch am 24. Januar 1747 einen freundlichen Brief Heinrichs XXIX., mit dem zusammen er ihm das inzwischen gedruckte »Denck-

87 Ebd, Bl. 26-28.

88 Ebd, Bl. 30-35.

89 Im gleichen Jahr erschien ein Bedenken Walchs im Druck, vgl. Johann Georg Walch: Theologisches Bedencken von der Beschaffenheit der Herrnhutischen Secte, Und wie sich ein Landes-Herr in Ansehung derselbigen zu verhalten habe […]/ hrsg. von Johann Philip [!] Fresenius. Frankfurt am Main 1747. Bisher wurde angenommen, dass Walch dieses Gutachten für seinen Landesherrn Ernst August von Sachsen-Weimar aufgesetzt hatte, vgl. dazu Gerald Theodore MacDonald: Johann Georg Walchs Darstellung und Beurteilung des Grafen Nikolaus Ludwig von Zinzendorf und der Herrnhuter Brüdergemeine (Unitas Fratrum. Beihefte; 25), Herrnhut 2016, 145-153. Da die Gedanken und der Aufbau des handschriftlichen Gutachtens für das Geraer Konsistorium und die des gedruckten Gutachtens nahezu identisch sind, könnte es auch sein, dass Walch entweder sein handschriftliches Gutachten für den Druck erweitert oder für Gera sein längeres Gutachten gekürzt hat. Eine Untersuchung dieser Details steht noch aus.

90 UAH R.18.A.15.b.a: Briefwechsel Zinzendorfs mit Superintendent Pfeif[f]er in der Controverssach. 1747.

und Dank-Lied des Hauses Ebersdorf« übersandte.[91] Er bat außerdem darum, nach Ostern seinen neuen Hofprediger zu prüfen. Doch schon am 28. März 1747 erhielt Pfeiffer einen empörten Brief von Johann Carl Bretschneider,[92] dem Sekretär Heinrichs XXIX.[93] Bretschneider zeigte sich darin verwundert, weil Pfeiffer am 3. Februar 1747 brieflich mitgeteilt hatte, dass er nicht vom Gegenteil der Gerüchte über die Ebersdorfer Gemeine überzeugt sei. Dabei habe er doch bei seiner Abreise aus Ebersdorf gesagt, dass er »in dogmatibus und praxi keine Irrthümer allhier wahrgenommen« habe. Heinrich XXIX. hätte es besser gefallen, wenn Pfeiffer sofort gesagt hätte, was er zu beanstanden habe, um darüber ein offenes Gespräch zu führen. So sei es schon oft ehrlichen Leuten gegangen, die dann, nachdem sie den Ort eines Geschehen verlassen hatten, von anderen Menschen darüber belehrt worden seien, was sie tatsächlich gesehen und gehört hatten. Der Ebersdorfer Graf kenne Zinzendorf schon 30 Jahre lang und könne für ihn bürgen. Damit das Werk in Ebersdorf nicht gefährdet würde, wollte Zinzendorf nichts damit zu tun haben. Den erwähnten Brief Wattevilles kenne er nicht. In Ebersdorf werde man jedenfalls entgegen aller Gerüchte auch in Zukunft lutherisch bleiben.

In seiner Antwort an Bretschneider zeigte sich Pfeiffer sehr gekränkt.[94] Er könne sich nicht erinnern, dass er gegenüber Heinrich XXIX. gesagte habe, es gäbe in Ebersdorf keine Irrtümer, die zudem nur von den Gegnern Zinzendorfs erfunden worden seien. Im Gegenteil hätte er öfter auf die beunruhigende Verbindung mit Herrnhut hingewiesen. Es sei nicht denkbar, dass er sich von anderen Leuten vorgeben lasse, was er selbst gesehen und gehört habe. Er erinnerte nur daran, dass in den Gottesdiensten das allgemeine Kirchengebet bei Seite gelassen werde. Sehr viel mehr sei noch anzusprechen gewesen, doch er sei von Zinzendorf abgewiesen worden, der sich eine Prüfung verbat.

Am 21. April 1747 erhielt Pfeiffer unerwartete Unterstützung von Johann Lorenz von Mosheim aus Helmstedt.[95] Von seinem Verleger hatte Mosheim erfahren, dass Pfeiffer seine Sittenlehre und seine Kirchengeschichte angefordert hatte. Er wünschte ihm Weisheit beim weiteren Handeln, so dass die Sorgen um Ebersdorf nicht weiter wachsen. Sein Urteil über Zinzendorf fiel wenig günstig aus. Wahrscheinlich war Mosheim von Fresenius über die Vorgänge informiert worden. Weitere Briefe des Helmstedter Theologieprofessors folgten am 17. August 1747[96] und 10. Februar 1748.[97] Darin äußerte Mosheim seine Zustimmung zu Pfeiffers Vorgehen, ermahnte ihn aber zugleich zur Vorsicht. Die Schriften Zinzendorfs »sind mehr als zu gewiss

91 LATh – StA Greiz, Konsistorium Gera, Fach 105, zu Nr. 28, Bl. 24.
92 Zu Bretschneider vgl. Michel: Gesangbuchfrömmigkeit … (wie Anm. 2), bes. 177-183.
93 LATh – StA Greiz, Konsistorium Gera, Fach 105, zu Nr. 28, Bl. 60 f. Vgl. UAH R 9 A a 11, Bl. 1.
94 LATh – StA Greiz, Konsistorium Gera, Fach 105, zu Nr. 28, Bl. 62-64.
95 Ebd, Bl. 65 f.
96 Ebd, Bl. 83 f.
97 Ebd, Bl. 89 f.

Früchte einer unsinnigen, verstörten und recht kindischen Einbildung«. Über die Ebersdorfer Gemeine urteilte er: Wer solche Lieder singt, befördert seinen Fall.

Diese freundlichen Briefe konnten Pfeiffer wohl nur bedingt aufmuntern, denn inzwischen hatte Zinzendorf selbst an ihn geschrieben: Vermutlich antwortete Zinzendorf am 12. Mai 1747 auf Pfeiffers Brief vom Februar.[98] Darin erklärte er, dass er es gewohnt sei, dass Menschen ihre Meinung änderten, obwohl sie ihm kurz vorher etwas anderes gesagt hätten. Ebenso habe Pfeiffer seine Meinung geändert, der in Ebersdorf etwas anderes gesagt habe, als er nun verbreitete. Pfeiffer sei entweder ein »Ignorant« oder ein »Schelm«, jedenfalls unehrlich, deswegen verzichte Zinzendorf auch gern auf eine Antwort. Trotzdem antwortete Pfeiffer am 24. Mai 1747 sehr entrüstet.[99] Es sei keines ehrlichen Mannes Sitte, mit groben Antworten um sich zu werfen. Zinzendorf lasse Pfeiffer keine Gerechtigkeit widerfahren. Pfeiffer wies nochmals darauf hin, dass er nie etwas anderes gesagt und gedacht habe. Er habe auch nie die Ebersdorfer Anstalten anerkennen wollen.

Darauf antwortete Zinzendorf am 2. Juli 1747,[100] dass die Anstalten von seinem inzwischen am 22. Mai verstorbenen Schwager gegründet und anerkannt worden seien und er gar nichts damit zu tun habe: »Seind Herrnhutische Anstalten zu Ebersdorf, so weiß ichs nicht. Wer michs beschuldiget, der ist ein Lügner und Lügners sein Kind.« Pfeiffer möge keine Lügen verbreiten. Sollte er eine Schrift gegen ihn in Druck geben, so werde er ihn bei Heinrich XXIV. Reuß-Ebersdorf anzeigen. Mit dieser Argumentation hatte Zinzendorf nicht ganz unrecht, da die Anstalten nicht von ihm gegründet worden waren und formal nach wie vor dem Landesherrn unterstanden. Noch ein Jahr später vertrat er diesen Standpunkt gegenüber Heinrich XXIV.[101] In seiner Antwort an Zinzendorf vom 28. Juli 1747 machte Pfeiffer nochmals deutlich, dass der Streitpunkt zwischen ihm und Zinzendorf nicht die Katechismuslehre in Ebersdorf sei.[102] Dem Gerücht, dass in Ebersdorf den Kindern ein falscher Katechismus gelehrt werde, trete er entgegen, weil er sich selbst ein entsprechendes Bild machen konnte. Aber es sei eine Lüge, dass er gesagt haben sollte, »in dogmatibus und in praxi« sei in Ebersdorf nichts zu beanstanden. Noch-

98 Ebd, Bl. 67 f. Abschrift in: UAH R.18.A.15.b.a.

99 UAH R.18.A.15.b.a.; Konzept in: LATh – StA Greiz, Konsistorium Gera, Fach 105, zu Nr. 28, Bl. 69-71.

100 LATh – StA Greiz, Konsistorium Gera, Fach 105, zu Nr. 28, Bl. 75.

101 UAH R.9.A.a.8, Nr. 5: Brief Zinzendorfs an Heinrich XXIV. vom 17. März 1748. Zinzendorf bat um Klarheit, wie es nun mit den Anstalten und insbesondere der Anstellung des Pfarrer Erhardts weitergehen sollte. »Weil es aber darauf ankommt, ob ich noch etliche 1000 rth. in die hiesige Anstalten verwenden, oder sie lieber (als eine Sache die ich weder gestiftet, noch damit von Nahen und fernen einigen connexion habe, als die Liebes-Pflicht gegen das Andencken meines seel. Schwagers) abandonniren solle, damit hernach die Waysenhaus-Prediger desto ungehinderter ad collequium Geranum admittiret werden könnten«.

102 UAH R.18.A.15.b.a.; Konzept in: LATh – StA Greiz, Konsistorium Gera, Fach 105, zu Nr. 28, Bl. 79 f.

mals verwies er auf seinen Brief an Bretschneider. Einen letzten Brief in dieser Angelegenheit sandte Zinzendorf am 22. August 1747 nach Gera.[103] Darin äußerte er, dass ein ehrlicher Mann nicht bei seinem Wort bleiben müsse. Beispielhaft verwies er auf den Darmstädter Pfarrer Johann Winckler, der erst gegen die Pietisten eingestellt gewesen war und dann seine Meinung geändert habe.[104] Es gäbe auch andere Beispiele für Theologen, die in Bezug auf die Herrnhuter ihre Meinung geändert hatten. Zinzendorf wies Pfeiffer nochmals darauf hin, dass Ebersdorf hinsichtlich der inhaltlichen Ausrichtung eine lutherische Gemeine sei. Die Form sei freilich eine andere, die aber keine Auswirkungen auf die Lehre habe. Sollte sich Ebersdorf der »Mährischen Ephorie« unterwerfen, werde Zinzendorf der erste sein, der sich dagegen ausspräche.

In den etwa zeitgleich mit Fresenius gewechselten Briefen berichtete Pfeiffer über diese Ereignisse und teilte seinem Korrespondenzpartner auch mit, dass die Herrnhuter ein Gerücht ausgestreut hatten, »als ob ich ihnen so günstig und fast auf ihrer Seite wäre«.[105] Die Ebersdorfer hätten es zwar gern gesehen, wenn sie ihn auf ihre Seite hätten ziehen können, aber mehr als einen gemeinsamen Tee habe er mit Zinzendorf nicht eingenommen. Fresenius sprach ihm Mut zu und war skeptisch, ob der neue Landesherr in Ebersdorf, Heinrich XXIV., die Herrnhuter länger dulden werde. Seine Quellen würden auf etwas anderes hindeuten.[106] In der dritten Sammlung seiner »Bewährte[n] Nachrichten von Herrnhutischen Sachen« werde er auf diese Ereignisse eingehen.[107] Im folgenden Brief betonte Fresenius nochmals die Frechheit Zinzendorfs, dass er die Ebersdorfer Anstalten nicht zu seiner Partei rechne.[108] Die Warnung gegenüber Pfeiffer, Zinzendorf werde ihn bei seinem Landesherrn verklagen, wenn er gegen ihn eine Schrift in den Druck gebe, sei »toll«. Gern wollte er Pfeiffers Bericht in seinen »Bewährten Nachrichten« veröffentlichen. Von Mosheim sollte er grüßen. Er rate dringend von einer Anerkennung der Gemeine ab.

Indessen setzte der amtliche Briefverkehr mit dem Ebersdorfer Hof wieder ein, da die Probleme der Anerkennung des Hofpredigers Erhardt und des Waisenhauspfarrers Preininger nach wie vor nicht geklärt waren. Heinrich XXIV. bat darum, dass das

103 LATh – StA Greiz, Konsistorium Gera, Fach 105, zu Nr. 28, Bl. 85 f.

104 Vgl. Claudia Tietz: Johann Winckler (1642-1705): Anfänge eines lutherischen Pietisten (AGP; 50), Göttingen 2008.

105 LATh – StA Greiz, Konsistorium Gera, Fach 105, zu Nr. 28, Bl. 72 (Pfeiffer an Fresenius am 27. Juni 1747). Das »fast« könnte in diesem Zusammenhang »ganz« bedeuten.

106 LATh – StA Greiz, Konsistorium Gera, Fach 105, zu Nr. 28, Bl. 77 f (Fresenius an Pfeiffer am 27. Juli 1747).

107 Tatsächlich erschien – wenn ich richtig sehe – erst in der vierten Sammlung ein Beitrag zu Ebersdorf: Johann Philipp Fresenius: Bewährte Nachrichten von Herrnhutischen Sachen. Vierte Samlung. Leipzig 1748, 747-760 (»Zu der Ebersdorfischen Gemeinde«).

108 LATh – StA Greiz, Konsistorium Gera, Fach 105, zu Nr. 28, Bl. 81 f (Fresenius an Pfeiffer am 15. August 1747 unter Bezug auf einen Brief Pfeiffers vom 4. August).

Konsistorium Erhardt endlich zum Kolloquium vorladen möge.[109] Im Konsistorium musste man nun handeln, allerdings war man sich über das Vorgehen uneinig. So bat Pfeiffer seinen Lobensteiner Kollegen Orlich nochmals um eine Stellungnahme. Dieser votierte am 29. August 1747 gegenüber Pfeiffer dafür,[110] Erhardt vorzuladen, weil man dann sehen werde, welcher Lehre er verfallen sei, nämlich der herrnhutischen. Außerdem sei zu berichten, dass Heinrich XXIV. keinesfalls die Herrnhuter unterstützten werde. Pfeiffer verzögerte die Vorladung, gab dann aber dem Drängen des Ebersdorfer Grafen nach und lud Erhardt am 25. September für den 9. Oktober vor.[111] Ein Kolloquium wollte er zunächst nicht veranstalten. Dies bemängelte Erhardt, weil so seine ordentliche Berufung nicht möglich sei. Zu einem einfachen Gespräch wolle er wegen des Wetters und der Reisekosten nicht nach Gera kommen. Der Landesherr intervenierte erneut gegenüber Pfeiffer. Daraufhin überstellte das Konsistorium den Vorgang an den Superintendenten von Lobenstein, der sich gemäß der Landesinstruktion der Sache annehmen sollte.[112] Solange Erhardt sich nicht von den Lehren Zinzendorfs distanziere, werde man ihn nicht vorladen,[113] weil dies einer Anerkennung gleich käme. Ein Kolloquium sei sinnlos, weil die Herrnhuter im Lügen geübt seien. Für diese Meinung konnte sich Pfeiffer auf die Vorrede von Fresenius zu dem Bedenken Walchs berufen.[114] Es sei Vorsicht geboten, weil »Lügen und Betrügen« bei den Herrnhutern »keine Sünde« sei, »wenn es zum besten der Gemeine geschiehet«.[115] Trotz der geäußerten Bedenken des Konsistoriums wurde Erhardt 1748 Pfarrer am Waisenhaus. Über die Hintergründe dieser Entscheidung liegen keine Quellen vor. Offenbar verfolgte Pfeiffer den Fall nicht weiter. Erst 1754 wurde Erhardt durch das Konsistorium in Gera diese Tätigkeit verboten. Erhardt wechselte deshalb 1755 auf die landeskirchliche Pfarrstelle Gahma.

Durch das landesherrliche Dekret vom 24. August 1751 wurde die Herrnhuter Gemeine in Ebersdorf selbständig und gehörte fortan nicht mehr zur lutherischen Landeskirche. Der Landesherr hatte fortan nichts mehr mit den Anstalten zu tun. Den Weg zu diesem Schritt hatte die Anerkennung der Brüdergemeine als Augsburgische Konfessionsverwandte unter anderem im Kurfürstentum Sachsen (1748) ermöglicht.[116] Die Gemeine Ebersdorf war im Gegenzug für diese gewährte Freiheit

109 Brief Heinrichs XXIV. an das Konsistorium vom 8. August 1747: LATh – StA Greiz, Konsistorium Gera, Fach 105, Nr. 28, Bl. 40.

110 LATh – StA Greiz, Konsistorium Gera, Fach 105, Nr. 28, Bl. 87 f.

111 Ebd, Bl. 61 f.

112 Ebd, Bl. 77-79 (Pfeiffer an Heinrich XXIV. am 20.12.1747).

113 Ebd, Nr. 28, Bl. 71 f. (9. Dezember 1747).

114 Vgl. Walch: Theologisches Bedencken (wie Anm. 89),)(2r-[)(5]v und 177-180.

115 Pfeiffer am 11. Dezember 1747 in einem Votum; LATh – StA Greiz, Konsistorium Gera, Fach 105, Nr. 28, Bl. 74.

116 Zur Anerkennung der Brüdergemeine in England vgl. Colin Podmore: Zinzendorf und die englischen Brüdergemeinen. In: Neue Aspekte der Zinzendorf-Forschung (wie Anm. 3), (188-206) bes. 201 f.

mit einigen Steuern ausgestattet worden. Bereits 1748 hatten beide Seiten über das Waisenhaus verhandelt, in das Heinrich XXIX. erhebliche Geldsummen investiert hatte.[117]

IV Die Diskussion um die Ebersdorfer Gemeine in neuer Sicht: Ein Resümee

Die 1746 und 1747 durch den Geraer Superintendenten Johann Christoph Pfeiffer angestellte Untersuchung über den Zusammenschluss der Ebersdorfer Gemeine mit der Brüdergemeine in Herrnhut wirft gegenüber bisherigen Darstellungen ein neues Licht auf die historischen Vorgänge. Pfeiffer machte bei seiner Untersuchung Beobachtungen, die er im Austausch mit seinen Korrespondenten eingehend reflektierte. Seine Untersuchung ließ Sichtweisen und Argumentationsmuster deutlich werden, die über die theologischen, insbesondere ekklesiologischen Standpunkte sowohl Heinrichs XXIX. als auch Zinzendorfs Auskunft geben. Anhand der theologischen Position des Geraer Superintendenten, die von ihm und Zinzendorf als orthodox bezeichnet wurden, lassen sich die Positionen seiner Ebersdorfer Gegner noch deutlicher darstellen.

Die dynamische Entwicklung der Ebersdorfer Gemeinschaft seit 1743, die dazu geführt hatte, dass der Einfluss des hallischen Pietismus völlig zurückging, konnten Watteville, Zinzendorf oder Heinrich XXIX. dem Geraer Superintendenten nicht begreiflich machen, weil sich Pfeiffer eine solche Entwicklung aufgrund seines Kirchenbildes kaum vorstellen konnte. In Ebersdorf gab es bereits eine andere Ämterstruktur als in anderen lutherischen Gemeinden, in die sich die dort wirkenden Pfarrer eingliederten. Pfeiffer scheint, obwohl er von Fresenius darauf hingewiesen wurden, kaum auf diese Strukturen geachtet zu haben. Die Rolle der Ältesten oder die Bedeutung Zinzendorfs in der Gemeinschaft erwähnte er nicht. Diese Strukturen zu durchschauen, hätte sein Verständnis für die Vorgänge in Ebersdorf erleichtert. Pfeiffer kam jedoch mit seinem feststehenden Gemeinde- und Kirchenbild nach Ebersdorf, so dass ihm die dortigen Verhältnisse lediglich fremd erschienen.

Heinrich XXIX. agierte in der dargestellten Auseinandersetzung gegenüber dem Konsistorium als unbeirrbarer summus episcopus. Zu seinen Rechten als Landesherr gehörten demzufolge auch kirchenleitende Aufgaben, die er zumindest über seine Schlossgemeinde ganz unmittelbar wahrnahm. Da die Ebersdorfer Gemeine aus dieser Schlossgemeinde erwachsen war und er die Gemeinschaft finanziell erheblich unterstützte, nahm er hier ebenfalls Leitungsaufgaben wahr. Er hatte beispielsweise zu genehmigen, nach welcher Liturgie Pfeiffer bei seinem Besuch in Ebersdorf den Gottesdienst hielt. Entsprechend ließ er sich bei der Wahl seiner Geistlichen auch nicht durch das Konsistorium beirren, sondern sandte die von ihm ausgestellten Urkunden abschriftlich nach Gera, um dadurch sein rechtmäßiges Verfahren zu

117 Vgl. LATh – StA Greiz, Amt Ebersdorf Nr. 348.

dokumentieren. Dem Konsistorium kam in dieser Perspektive nur eine nachgeordnete Kontrollfunktion zu.

In der Tat konnte Pfeiffer in Ebersdorf ihm ungewohnte Formen des Gemeindelebens, wie Singstunden, das Liebesmahl oder Predigtversammlungen erleben. Doch auch die ihm bekannten Formen, wie der sonntägliche Hauptgottesdienst entsprachen nicht dem, was er sonst kannte. Es fehlten liturgische Stücke, die inzwischen durch andere, spontane Formen ersetzt worden waren. Pfeiffer markierte diesen Unterschied, indem er beispielsweise auf das Fehlen des üblichen Kirchengebets, das durch ein freies Gebet ersetzt worden war, hinwies. Auch sprachen er und Zinzendorf die unterschiedlichen Predigtweisen an. Zudem wurden unbekannte Lieder aus einem eigenen Gesangbuch gesungen. Diese Differenzen markierte er in Ebersdorf aber nur am Rande. Erst als Pfeiffer nach Gera zurückgekommen war, wurde ihm offensichtlich klar, was er erlebt hatte und was dies bedeutete. Wäre er länger und mit einer größeren Visitationsgruppe in Ebersdorf gewesen, wie dies beispielsweise bei der Untersuchung des Dresdener Konsistoriums vom 9. bis 19. Mai 1736 in Herrnhut und Berthelsdorf der Fall war,[118] wäre ihm dieser Fehler sicher nicht unterlaufen.

Pfeiffer hatte in Erfurt, Leipzig und Jena Theologie studiert. Hier wurden die ersten Bande für sein späteres Korrespondenznetzwerk geknüpft und hier hatte er auch die Theologie des Luthertums kennengelernt. Er war mit der theologischen Rolle der Obrigkeit vertraut und kannte das lutherische Kirchenrecht, wonach beispielsweise das Konsistorium für die Prüfung der Pfarrer, Eherechtsfragen oder liturgische Fragen des Gemeindelebens zuständig war. Zwar verfügten die Einzelgemeinden auch über gewisse Spielräume. Diese waren jedoch nicht so groß, wie die, die Pfeiffer in Ebersdorf wahrnahm. Ein so dynamisches Gemeindeleben mit einem eigenen Gesangbuch, einer aus der Gemeinde herauswachsenden Struktur und eigenständigen Formen des Gemeindelebens kannte er nicht. Die Stellung des Pfarrers in der Gemeinde war ebenfalls eine andere.

Der Zusammenschluss der beiden Gemeinen Ebersdorf und Herrnhut, der sich lange angebahnt hatte und der nach Pfeiffers Abreise stattfand, war so sicher nicht geplant, sondern resultierte aus einem tiefen Bedürfnis der um viele Glieder angewachsenen Ebersdorfer Gemeine. Sicher wirkte die Anwesenheit Zinzendorfs auf zahlreiche Gemeindeglieder, vor allem die Jugend, euphorisierend. Alles drängte danach, mit Herrnhut eine Gemeinschaft zu bilden. Der Schritt war auch nicht sonderlich groß, da zentrale Teile der herrnhutischen Gemeindeordnung in Ebersdorf bereits praktiziert wurden. Eine geplante »feierliche Vereinigung der in Ebersdorf entstandenen Gemeinde mit Herrnhut«[119] war es sicher nicht, sondern ein spontaner Akt. Bereits vorher bestand eine »Verbindung nach dem Hertzen in Liebe«, wie

118 Vgl. Martin GRESCHAT: Zwischen Tradition und neuem Anfang: Valentin Ernst Löscher und der Ausgang der lutherischen Orthodoxie. Witten 1971, 322-324.

119 Vollprecht: Von der Schloßekklesiola … (wie Anm. 4), 7.

Superintendent Orlich dem Konsistorium am 21. November 1746 mitgeteilt hatte.[120] Aus dem Zusammenschluss erwuchsen nun aber kirchenrechtliche Probleme.

Um diesen Problemen zu entgehen, betonte Zinzendorf zu Recht, dass er mit den Ebersdorfer Anstalten nichts zu tun hatte, da sie eine Stiftung Heinrichs XXIX. und damit sein Werk waren. Die rechtlichen Rahmenbedingungen für den Zusammenschluss, der lange abgewehrt worden war, wurden dementsprechend auch erst im Nachhinein durch Heinrich XXIV. geschaffen, der die Selbständigkeit der Gemeine verfügte.[121] Die Furcht Pfeiffers vor einer »Herrnhutisierung« der Ebersdorfer Gemeine war sicher nicht unbegründet, weil der Wunsch, auch in Ebersdorf das in Herrnhut oder Herrnhaag praktizierte Gemeindeleben einzuführen, dazu führen musste, dass das eigenständige Ebersdorfer Gemeindeprofil langsam verschwand. Eine Trennung zwischen Orts- und Brüdergemeine und ein Ausscheiden der »alten« Ebersdorfer wie Moser verdeutlichen diese Entwicklung.

Die Argumentation Zinzendorfs, man halte sich an die Augsburger Konfession, war aus seiner Sicht sicherlich richtig und spiegelt sein Ringen um die Augsburger Konfession vor allem seit den 1730er Jahren wider. Nach seiner Tropenlehre[122] war Ebersdorf eine lutherische Gemeine, die ihr lutherisches Profil pflegen sollte. Dies konnte Pfeiffer freilich nicht überzeugen, weil er bestärkt durch seine Korrespondenzpartner Fresenius, Helmershausen und Mosheim sowie die Gutachten Tellers und Walchs zu viele Unterschiede zwischen seinem »landeskirchlichen« Konzept und dem »freikirchlichen« Konzept der Brüdergemeine wahrnahm, die beide gute Gründe hatten, sich auf die Augsburger Konfession zu berufen.

Dass sich Pfeiffers Untersuchung schließlich nicht auf die laufenden Ebersdorfer Entwicklungen auswirkte, hat sicher mehrere Ursachen: Die dynamische Entwicklung innerhalb der Gemeine ließ sich durch das Konsistorium keinesfalls kontrollieren. Dazu waren die Anziehungskraft Herrnhuts, das Charisma Zinzendorfs und die persönlichen Interessen der in Ebersdorf lebenden Herrnhuter zu groß. Im Jahr 1748 fanden mehrere Ereignisse statt, die Pfeiffers Stellung schwächten: In Kursachsen wurde die Brüdergemeine als der Augsburger Konfession verwandte Gemeinschaft anerkannt. Außerdem starb Heinrich XXV. am 13. März 1748 in Gera. Schließlich schritt die Trennung der Zuständigkeiten in Ebersdorf stetig fort.

Das hier vorgestellte Quellenmaterial bietet eine teilweise neue Perspektive auf die Geschichte der Ebersdorfer Brüdergemeine. Es verdeutlicht den zähen Prozess der Klärung einer neuen rechtlichen Stellung der Ebersdorfer Gemeinde, die nicht

120 Vgl. LATh – StA Greiz, Konsistorium Gera, Fach 105, Nr. 28, Bl. 34 f.

121 Vgl. die Chronik von Scholler zum Jahr 1748 (wie Anm. 5): »In Absicht auf die kirchliche Verfassung war alles noch schwebend, weil man nicht recht wußte, ob die Bedienung durch einen lutherischen Pfarrer oder auf andere Weise würde geschehen können. Der regierende XXIVte Herr bewies indessen gegen die Brüdergemeine allen landesherrlichen Schutz und Gnade.«

122 Vgl. Meyer: Zinzendorf (wie Anm. 83), 50 f.

nur aus der Schlossgemeinde herausgewachsen war, sondern sich auch von der lutherischen Kirche getrennt hatte, um eine Brüdergemeine zu werden.

Andreas Götze, Johannes Linck und Bonifatius von Roda

Die ersten evangelischen Geistlichen in Pößneck

Von Andreas Dietmann

Die Geschichte der frühen Reformation in Pößneck ist in der lokalhistorischen Forschung und der Pößnecker Öffentlichkeit bis heute verbunden mit dem Namen des Predigers Bonifatius von Roda. Der Freund und Vertraute Karlstadts, so konstatiert ein neuerer Beitrag, sei 1524 als erster evangelischer Prediger nach Pößneck gekommen, »um hier eine feste Anstellung zu übernehmen«. Vier Jahre später, 1528, sei ihm als erster evangelischer Pfarrer Andreas Götze an die Seite getreten.[1] Diese personelle Konstellation lässt sich in der Pößnecker Forschung mindestens bis 1817 zurückverfolgen. In diesem Jahr verfasste der Schulrektor J. Georg Schmidt anlässlich des Reformationsjubiläums und der kurz zuvor erfolgten Neugestaltung der Pößnecker Moritzkirche (heute St. Bartholomäus) eine Lebensbeschreibung aller evangelischen Geistlichen dieser Kirche. Obwohl er über Andreas Götze nur wenige Worte verlor, prägte er damit das zukünftige Geschichtsbild: »Andreas Götze wurde Pastor 1528.«[2] Die Jahreszahl, die Schmidt nicht weiter erläuterte, geht zurück auf eine 1620 in ein Kirchenbuch eingetragene chronikalische Notiz, die besagt, dass Götze in diesem Jahr mit dem Stadtrat ein Gartengrundstück getauscht habe.[3] Obwohl dadurch kein Hinweis auf den Zeitpunkt seiner Amtseinführung gegeben ist, wurde von Schmidt ein entsprechender Sachverhalt konstruiert. Später fand seine These Aufnahme in eine seit 1894 verfasste und 1902 als Buch publizierte Geschichte der Stadt Pößneck, die zudem den Amtsantritt des Bonifatius von Roda, den Schmidt 1817 offen ließ,[4] bereits ins Jahr 1522 datierte.[5] Obwohl der damalige Stadtarchivar und verdiente Landeshistoriker Ernst Koch diesem Buch 1903 eine äußerst negative Rezension widmete,[6] wird es bis heute als maßgebliches Werk zur

1 Hans Walter ENKELMANN: Die Reformation in Pößneck. Pößnecker Heimatblätter 17,2 (2011), hier 18. 21, Zitat 18.

2 J. Georg SCHMIDT: Eine kurze Beschreibung des ganz neu erbauten Innern der Moritzkirche zu Pößneck nebst einer Lebensbeschreibung aller Prediger, die seit der Reformation darinnen das Evangelium gepredigt haben […]. Neustadt a. d. O. 1817, 24.

3 Paul KÖHLER: Als Pößneck evangelisch wurde. Pößneck 1925, 21.

4 Schmidt: Eine kurze Beschreibung … (wie Anm. 2), 36 f.

5 GESCHICHTE DER STADT PÖSSNECK/ hrsg. von der Redaktion der Pößnecker Zeitung und der Geschichte der Stadt Pößneck. Pößneck 1902, 163. 165.

6 Ernst KOCH: Rezension zu »Geschichte der Stadt Pößneck«. Zeitschrift des Vereins für Thüringische Geschichte und Altertumskunde 21, N. F. 13 (1903), 181-183. Koch bezeichnet das Buch unter anderem als »Frevel gegen die heimische Geschichte« und seinen Anspruch als »Faustschlag ins Antlitz der Wahrheit«.

Pößnecker Stadtgeschichte herangezogen und beeinflusst dadurch die öffentliche Wahrnehmung, die etwa im Pößnecker Stadtmuseum tradiert wird.[7]

Anhand einiger, zum Teil neuer Quellenfunde im Stadtarchiv und dem Thüringischen Hauptstaatsarchiv kann das gängige Bild der frühen Reformation in Pößneck nun widerlegt und chronologische Fehler, die der thüringischen Forschung zwar zum Teil bekannt, aber noch nicht ausdrücklich berichtigt worden sind, korrigiert werden. Dies betrifft insbesondere die Amtszeit des Pfarrers Andreas Götze, die nicht erst im Jahre 1528 ihren Anfang nahm. Bevor Götze sein Pößnecker Pfarramt antrat, wirkte er als Pfarrverweser der Pfarrei Neunhofen, die dem Saalfelder Benediktinerkloster inkorporiert und der unter anderem die Stadt Neustadt an der Orla als Filiale zugeordnet war.[8] Seine dortige Position hatte er vermutlich seit 1520 inne. Daneben versah er außerdem im benachbarten Neustadt seit 1521 die von der Schneiderzunft gestiftete und vergebene Vikarie am Marienaltar.[9] Ein am Vorabend der Reformation erkennbarer Trend der Kommunalisierung des Kirchenwesens – das heißt die Bemühung des Stadtrates, die Vikarien mit Einheimischen zu besetzen[10] – lässt eine Herkunft Götzes aus Neustadt vermuten. Zwar kann der besagte Trend bei der Vikarienvergabe letztlich nicht pauschalisiert werden, doch wird der Gedanke dadurch bestärkt, dass der Name Götze (als Gottze und Die Gottzin) in den Neustädter Geschosslisten um 1500 mehrfach vertreten ist[11] und Andreas Götze später in einen Erbschaftsstreit um

7 Zwei von dem Pößnecker Pfarrer Paul Köhler publizierte, wenn auch konfessionell stark tendentiöse Schriften zur Pößnecker Reformations- und Kirchengeschichte sowie ein kleinerer Zeitungsbeitrag von Ernst Koch über die hiesigen Pfarreiverhältnisse um 1530 fanden hingegen keinen Eingang in die Forschung (vgl. Ernst Koch: Die Pfarreiverhältnisse zu Pößneck um das Jahr 1530. Pößnecker Zeitung, Nr. 96, 23. April 1916; Paul Köhler: Die Pößnecker Diakonen seit der Reformation. Pößnck 1910; Köhler: Als Pößneck … (wie Anm. 3).

8 Zu den kirchlichen Verhältnissen Neustadts vor und während der Reformation vgl. im Folgenden die beiden jüngeren, mit einem Forschungsüberblick versehenen Beiträge von Enno Bünz: Die Reformation in Neustadt an der Orla: Voraussetzungen und Verlauf (1518-1527). In: Vor- und Frühreformation in thüringischen Städten (1470-1525/30)/ hrsg. von Joachim Emig, Volker Leppin und Uwe Schirmer (Quellen und Forschungen zu Thüringen im Zeitalter der Reformation; 1). Köln; Wien 2013, 351-375 und ders.: Die Bürger von Neustadt an der Orla und ihre Kirchen am Vorabend der Reformation. In: Der Altar von Lucas Cranach d. Ä. in Neustadt an der Orla und die Kirchenverhältnisse im Zeitalter der Reformation/ hrsg. von Werner Greiling, Uwe Schirmer und Ronny Schwalbe (Quellen und Forschungen zu Thüringen im Zeitalter der Reformation; 3). Köln; Wien 2014, 59-99.

9 Harry Wünscher: Die Einführung der Reformation in Neustadt a/O.. Zeitschrift des Vereins für Thüringische Geschichte und Altertumskunde 18; N. F. 10 (1897), hier 548; Rudolf Herrmann: Die Meßpriester in einer Thüringischen Kleinstadt vor der Reformation und ihr Verhältnis zum Bauernkrieg. Zeitschrift des Vereins für Thüringische Geschichte und Altertumskunde; 34 N. F. 26 (1926), 40. 47 mit Anm. 38, Nr. 3; Paul Burgard: Tagebuch einer Revolte: ein städtischer Aufstand während des Bauernkrieges 1525 (Historische Studien; 20). Frankfurt; New York 1998, 59 f.

10 Burgard: Tagebuch … (wie Anm. 9), 49.

11 LATh-HStA Weimar, Weimarische Ämter und Städte (Restbestand), Nr. 747, fol. 17r u. 25r (1504).

das Testament eines Neustädter Schneiders involviert werden sollte.[12] Ob Götze in Neunhofen oder Neustadt bereits mit der lutherischen Lehre in Kontakt kam, ist unsicher. Um 1522 musste er sein Amt allerdings aus unbekannten Gründen an einen neuen Pfarrverweser abtreten, der sich in der späteren reformatorischen Verwicklung in Neustadt als konsequent altgläubig erwies.[13]

Wann genau Götze nach Pößneck kam, kann höchstens anhand von Indizien festgestellt werden. Allerdings identifizierte bereits Rudolf Herrmann den nicht namentlich genannten Pößnecker Pfarrer, der im Bericht der ersten evangelischen Visitation vom 29. Juli 1527 erwähnt wird, als Andreas Götze. Herrmann bezog sich dabei auf eine in Neustadt überlieferte, auf den 10. Mai 1527 datierte Empfangsquittung über die Zinsen der dortigen Vikarie, die Götze auch nach seinem Weggang weiterhin innehatte. Sein Schreiben unterzeichnete er als Pfarrer von Pößneck.[14] Doch obwohl Herrmann seinen Amtsantritt daraufhin ins Jahr 1527 legte, spricht alles dafür, dass Götze bereits im Jahr 1522 direkt aus Neunhofen nach Pößneck zog. Die Pößnecker Stadtrechnungen des betreffenden Jahres enthalten mehrere Hinweise darauf, dass ein neuer Pfarrer ins Amt eingeführt wurde. Insbesondere weisen die Ausgaben an Botenlohn zwischen September 1521 und Dezember 1522 einen regen auswärtigen Austausch in Angelegenheiten der Pößnecker Pfarrstelle nach. Mitte Oktober 1522 ist dabei erstmals von einem »*Newen pfarrer*«[15] die Rede, während sich zugleich ein Teil des Botenverkehrs auf Neunhofen konzentrierte. Die an dieser Stelle Anfang Dezember 1522 verzeichnete Notiz »*gen Newnhofen das der pfarrer Residiren solt*« lässt vermuten, dass zunächst Verhandlungen bezüglich des Wohnsitzes des Pfarrers zugunsten der Stadt Pößneck geführt werden mussten. Obwohl der Pfarrer dabei nie namentlich genannt wird, unterliegt es keinem Zweifel, ihn mit Andreas Götze gleichzusetzen. Seine früheste bislang ermittelte namentliche Erwähnung im Pößnecker Pfarramt entstammt schließlich der Abschrift eines urkundlichen Vergleichs über die bereits erwähnte Erbschaftsangelegenheit eines Neustädter Schneiders, in die Andreas Götze persönlich verwickelt war. Die Abschrift befindet sich in einem Weimarer Kopialbuch und datiert auf Montag nach Antonius, also auf den 18. Januar des Jahres 1524.[16]

Doch auch in der Pößnecker Überlieferung tritt er zeitnah dazu in Erscheinung. Aus demselben Jahr überliefert das hiesige Stadtarchiv zwei von Andreas Götze eigenhändig verfasste Briefe, die sich als lose Beilagen zwischen den Seiten eines Stadtratprotokolls befinden. Sie sind der Forschung bislang unbekannt, dabei aber sowohl für die vorreformatorischen, insbesondere wirtschaftlichen Verhältnisse der

12 LATh-HStA Weimar, EGA, Kopialbuch A6, fol. CXX–CXXI (129r-130r).

13 Burgard: Tagebuch … (wie Anm. 9), 59 f.

14 Rudolf HERRMANN: Die Kirchenvisitationen im Ernestinischen Thüringen vor 1528, Teil 1. Beiträge zur thüringischen Kirchengeschichte 1 (1929-31), 221 Anm. 2.

15 StA Pößneck, Stadtrechnung, Mappe 21, Nr. 68 (1522/23), pag. 178.

16 LATh-HStA Weimar, EGA, Kopialbuch A6, fol. CXX-CXXI (129r-130r).

Pößnecker Pfarrei als auch für die früheste Umsetzung reformatorischer Gedanken aufschlussreich. Götzes erster Brief ist nicht näher als auf das Jahr 1524 datiert, stammt aber aus der ersten Jahreshälfte.[17] Der Pfarrer richtete ihn an den Stadtrat und schilderte diesem darin seine ersten evangelischen Maßnahmen und deren nachteilige Folgen. In erster Linie, so versicherte er, sei es sein Anliegen, dass »*dem willen[n] vnnd worttenn gott[es] nach bey vnß gelebet wirt*«. Da es im Evangelium nun aber festgelegt sei, dass alle Sakramente und Seelsorge unentgeltlich zu empfangen seien, habe Götze eigenständig den Entschluss gefasst, auf finanzielle und materielle Vergütungen seiner geistlichen Pflichten den Menschen gegenüber gänzlich zu verzichten. Indem Götze in diesem Zusammenhang eine lange Reihe an Beispielen für bislang von den Bürgern geforderte Abgaben aufzählt, zeichnete er offenbar ein realistisches Panorama der vormaligen Gepflogenheiten. Genannt werden Opfer- und Messpfennige, Beichtgeld, Geld für das Krankensakrament im Hause eines Erkrankten sowie für das Begräbnis eines Verstorbenen. Desgleichen erwähnt Götze an dieser Stelle »*außgepythe[n] gelt*«, womit er sich wahrscheinlich auf die in der vorreformatorischen Kirche florierenden Zinsgeschäfte bezog. Gerade die Jahre 1523 und 1524 waren geprägt von einer theologischen und politischen Auseinandersetzung zwischen Eisenach, Weimar und Wittenberg um die Rechtmäßigkeit des daraus resultierenden Zinswuchers, die der Eisenacher Prediger Jakob Strauß mit einem Aufruf zur Verweigerung der Zinszahlung angestoßen hatte.[18] Offenbar bietet Götze in seinem Schreiben nun einen Beleg dafür, welchen Widerhall dieselbe Thematik auch im entfernten Pößneck gefunden hatte. Neben den genannten Geldleistungen ergänzte Götze seine Aufzählung um Kerzen, Salz und Glas. An dritter Stelle standen schließlich Präsenzgelder für seine liturgischen Amtspflichten, namentlich für Jahrgedächtnisse und Kirchenbegängnisse sowie für die regelmäßige Abhaltung des Salve Regina und der Tenebrae. Seine Uneigennützigkeit im Sinne des Evangeliums und der damit verbundene Verlust seiner Einkünfte hatten nun jedoch zur Folge, dass er selbst in wirtschaftliche Bedrängnis gekommen sei und Gefahr laufe, seinen Lebensunterhalt mit Betteln bestreiten zu müssen. Dass er nachwievor die Einkünfte seiner Neustädter Vikarie, die immerhin jährlich 20 Gulden umfassten,[19] empfing, verschwieg Götze in diesem Zusammenhang bewusst. Stattdessen bezog er sich abermals auf das biblische Vorbild, dass nämlich jeder Arbeiter seines Lohnes wert sei, und forderte den Stadtrat auf, »*nicht*

17 StA Pößneck, B I 2, Nr. 4, fol. 23A. Eine Transkription des Briefes findet sich im Anhang dieses Beitrages. Die folgenden wörtlichen Zitate sind ihm entnommen.

18 Andreas Dietmann: Die Prediger Jakob Strauß und Wolfgang Stein im Bauernkrieg. In: Reformation und Bauernkrieg/ hrsg. von Werner Greiling, Thomas T. Müller und Uwe Schirmer (Quellen und Forschungen zu Thüringen im Zeitalter der Reformation; 12). Köln; Weimar; Wien 2018, 175-198.

19 LATh-ThHStA Weimar, EGA, Reg Ii 3, fol. 58r.

als alleyne anhorer des wortes, sonder[n] tether geachtet« zu werden und sich für sein geistliches Amt mit einer finanziellen Unterstützung erkenntlich zu zeigen.

Dieser erste Appell des Pfarrers blieb vom Stadtrat offenbar ungehört. Götze suchte daher am 30. Juli 1524 bei Herzog Johann in Weimar Hilfe.[20] Dieser hatte, wie Götzes Schreiben informiert, das Patronat der Pößnecker Pfarrstelle inne. Aus dem Brief geht nun hervor, dass der Pfarrer sich bereits zuvor an den Herzog gewandt hatte, von diesem aber aufgefordert worden sei, sein Anliegen dem Stadtrat vorzutragen. Der dargelegte, undatierte Brief an den Rat wird als Umsetzung der Aufforderung Johanns zu betrachten sein. Da er jedoch nicht den gewünschten Erfolg gezeigt hatte, ersuchte Götze nun abermals um herzoglichen Beistand. Eine schriftliche Reaktion des Herzogs konnte bislang nicht ermittelt werden, doch trägt das Schreiben von anderer Hand die Notiz »*Des pfarners anclag fur drey Rethe zutrag[en]*«. Zweifellos deuten diese Worte auf die Absicht einer vorzunehmenden landesherrlichen Intervention hin. Dass sich der Brief heute ebenfalls im Pößnecker Stadtarchiv befindet, bestätigt deren Umsetzung. Eine entsprechende Instruktion erhielt der Rat dabei möglicherweise persönlich, da Götze selbst in seinem Brief schreibt, der Herzog habe den Rat »*vff itzund fur ew[er] gnade[n] beschyden*«.

Dieser neuerliche Anlauf und vielleicht eine herzogliche Intervention erbrachten den gewünschten Erfolg und führten zu einer maßgeblichen Umstrukturierung des Pößnecker Kirchenwesens, die als bedeutende Maßnahme der dortigen Reformation angesehen werden kann: Der Stadtrat glich die von Götze in seinem ersten Brief beklagten Verluste durch eine Besoldung aus. Als der Rat fünf Jahre später im Vorfeld der zweiten Visitation aufgefordert wurde, über die kirchlichen Verhältnisse zu informieren, überreichte er den Visitatoren einen umfassenden Bericht, in dem er über die zurückliegende Entwicklung des Kirchenwesens Rechenschaft ablegte. Darin fasste er die Ereignisse des Jahres 1524 wie folgt zusammen: »*Als [...] das Opffer vnnd Begencknus gefallen, hat Ime [dem Pfarrer] der Rat auß gut[em] gnedigen willen xix ß Iherlich zu gelegt.*«[21] Diese anfängliche Besoldung fand ihren Niederschlag am deutlichsten in den Stadtrechnungen.[22] Sie begann Anfang Dezember 1524 und wurde dem Pfarrer in zahlreichen kleineren, in unregelmäßigen Abständen über das Jahr verteilten Einzelzahlungen gereicht. Neben den Terminen und der Höhe der einzelnen Beträge informiert die Stadtrechnung dabei auch über die Quelle des Geldes. Es handelte sich zum einen Teil um die Einkünfte des St.-Annen-Vikarielehens, das zuletzt Nikolaus Ranis innegehabt hatte. Dieser war für die »*Abstatung seins lehens*«[23] schon am 20. Juni 1524 – also bereits vor dem nochmaligen Gesuch des Pfarrers an Herzog Johann – mit der einmaligen Zahlung von 25 Schock abgefunden worden, ob freiwillig oder

---

20 StA Pößneck, B I 2, Nr. 4, fol. 27A. Die folgenden wörtlichen Zitate sind diesem Brief entnommen.

21 LATh-ThHStA Weimar, EGA, Reg Ii 3, fol. 337v.

22 StA Pößneck, Stadtrechnung, Mappe 23, Nr. 71 (1524/25), pag. 150.

23 StA Pößneck, Stadtrechnung, Mappe 22, Nr. 70 (1523/24), pag. 148.

gezwungen wird nicht deutlich. Ein weiterer Teil der neuen Pfarrbesoldung sei Götze »*der Monche halp[er]*«[24] gezahlt worden. Dabei handelt es sich entweder um einen vom Stadtrat zurückbehaltenen Klosterzins oder eine Verpflichtung der Mönche sich an der Finanzierung des evangelischen Pfarrers zu beteiligen.

Die Höhe der gesamten Besoldung belief sich in diesem Jahr auf 27 Schock 31 Groschen 1 Pfennig. In einer anfangs verzeichneten Notiz über das Vorhaben der Pfarrbesoldung, die ursprünglich lautete »*dem pfarrer gibt man xxx ß*«,[25] wurde die römische 30 nachträglich durchgestrichen, da der vorgesehene Betrag nicht gänzlich erreicht wurde. Eine nachträglich hinzugefügte Notiz ergänzt, »*so muß er dienst davon pfleg[en] [...] bis auf michaelis*«[26] – das Rechnungsjahr endet bereits Anfang September.

Parallel zu dieser neuen Besoldung wurden erstmals die Begängnisse, deren Präsenzien vormals ebenfalls vom Rat gezahlt wurden, eingestellt. Die entsprechenden Posten in der Stadtrechnung blieben erstmals leer[27] und wurden in den folgenden Rechnungen nicht mehr aufgeführt. Die Entscheidung, »*[d]ie Begencknus abzethun*«[28] ist undatiert, aber in der zweiten Junihälfte 1524 – zeitnah zu Nikolaus Ranis' Abfindung – im Ratsprotokoll verzeichnet worden. Am 24. August folgte dem die Beratung über eine Abfindung der übrigen Vikare,[29] deren Ergebnisse allerdings nicht notiert wurden. Sie bieten ausreichend Potential für eine eigenständige Untersuchung.

Bereits in der damit skizzierten Umsetzung der landesherrlichen Anweisung zeichnet sich eine grundsätzliche Haltung Herzog Johanns ab, die er im darauffolgenden Jahr in einem Brief an Martin Luther äußern sollte: Es sei die Pflicht der Gemeinden und Stadträte, ihre Geistlichen im Notfall selbst zu unterhalten, »*es wär von ihrem eign Gut oder den geistlichen Lehn, so sie zu verleihen haben*«.[30] Die Besoldung des Pfarrers und – dies sei hier nur nebenbei erwähnt – auch des Schulmeisters[31] wurde demzufolge in den nachfolgenden Stadtrechnungen als neuer fester Ausgabeposten etabliert.[32] Obwohl in Pößneck zeitnah auch ein Gemeiner Kasten begründet wurde und Johann – inzwischen Kurfürst – seine unumstößliche Haltung schließlich aufgeben musste, blieb der Gemeine Kasten entgegen des

24 StA Pößneck, Stadtrechnung, Mappe 23, Nr. 71 (1524/25), pag. 150.

25 Ebd, pag. 150.

26 Ebd, pag. 150.

27 Ebd, pag. 170 f.

28 StA Pößneck, B I 2, Nr. 4, fol. 20^{v}.

29 Ebd, fol. 23^{v}. Ein Ergebnis wurde nicht verzeichnet.

30 WA Br, 3 (1523-1525). Weimar 1933, 614.

31 Zur gleichzeitigen Entwicklung des Pößnecker Schulwesens vgl. Andreas Dietmann: Der Einfluss der Reformation auf das spätmittelalterliche Schulwesen in Thüringen (1300-1600) (Quellen und Forschungen zu Thüringen im Zeitalter der Reformation; 11). Köln; Weimar; Wien 2018, 598-601.

32 Exemplarisch StA Pößneck, Stadtrechnung, Mappe 24, Nr. 74 (1526/27), pag. 126.

üblichen Konzepts an der Besoldung unbeteiligt, womit Pößneck einen seltenen Ausnahmefall darstellt. Im gesamten 16. Jahrhundert und darüber hinaus wurde sie vom Stadtrat getragen. Die Besoldung umfasste im Falle des Pfarrers zunächst die vom Stadtrat später mit den oben zitierten Worten angegebene Höhe von 19 Schock 33 Groschen. Die ursprünglich vorgesehene Beteiligung des Klosters blieb offenbar einmalig. Bei der ersten Visitation im Jahr 1527 wurde eine Erhöhung der Besoldung angeordnet,[33] die der Stadtrat ab 1528 mit 30 Schock umsetzte.[34] Von den Visitatoren des Jahres 1529 wurde Andreas Götze schließlich für seine Gelehrsamkeit gelobt,[35] was nicht zuletzt als gutes Zeugnis für seine evangelische Gesinnung gewertet werden kann. Angesichts seiner neuen Besoldung erklärte er sich nun zudem bereit, auf einen Teil seiner Einkünfte aus der Neustädter Vikarie zugunsten des dortigen Gemeinen Kastens zu verzichten.[36]

Andreas Götze behielt das Pfarramt bis 1534 inne. Am 27. September dieses Jahres mussten abermals Boten »*Inn erkundunge des nauenn pfarres [!]*«[37] ausgesandt werden. Ziel ihres Weges war »*hailigenn*«, das als das Dorf Heilingen bei Orlamünde gedeutet werden kann. Am 12. Dezember wurde der neue Pfarrer nach Pößneck geholt.[38] Obwohl er in den Stadtrechnungen nicht namentlich erwähnt wird, kann er als Adam Utzinger identifiziert werden. Ein 1521 angelegtes Lehenbuch der Stadt verzeichnet nur ihn neben Andreas Götze als einzigen weiteren Pfarrer, sodass er während der Laufzeit des Buches als zweiter Pfarrer sein Amt antrat und über dessen Ende hinaus beibehielt. Tatsächlich empfing er nach dem dort niedergeschriebenen Verzeichnis sein erstes städtisches Lehen – einen Garten mit einer Scheune und einem Acker Land – Anfang September 1535.[39] Zuvor hatte Utzinger als Pfarrer im nur wenige Kilometer von Heilingen entfernten Neusitz gewirkt und war von den Visitatoren 1529 als »*zimlich*«[40] befunden worden. Ob er zwischenzeitlich ins Pfarramt von Heilingen berufen worden war, kann vermutet werden, doch werden die Pfarrer von Neusitz und Heilingen im Protokoll der nachfolgenden Visitation nicht namentlich genannt. Die bisherige Forschung datierte Utzingers

33 [Philipp MELANCHTHON]: Melanchthons Briefwechsel: kritische und kommentierte Gesamtausgabe. T 3/ hrsg. von Heinz Scheible, bearb. von Richard Wetzel. Stuttgart; Bad Cannstatt 2000 (im Folgenden: MBW.T 3), Nr. 567, 117.

34 LATh-ThHStA Weimar, EGA, Reg Ii 3, fol. 337v.

35 Ebd, fol. 68v.

36 Ebd, fol. 44v.58r.

37 StA Pößneck, Stadtrechnung, Mappe 27, Nr. 86 (1534/35), pag. 107.

38 Ebd, pag. 109.

39 StA Pößneck, B I 29a, Nr. 1, fol. 167v (zu Götze) u. fol. 243r (zu Utzinger).

40 LATh-ThHStA Weimar, EGA, Reg Ii 3, fol. 76r; vgl. auch Ernst LÖBE: Die Kirchenvisitation im Westkreis unseres Herzogthums im Jahre 1529. Mitteilungen des Vereins für Geschichts- und Altertumskunde zu Kahla und Roda 2 (1884), 189.

Amtszeit in Pößneck erst in die 1550er Jahre,[41] was immerhin verdeutlicht, dass er zwei Jahrzehnte oder länger das hiesige Pfarramt versehen sollte.

Der maßgebliche reformatorische Einfluss der frühen 1520er Jahre – um zum eigentlichen Thema zurückzukommen – ging somit nicht von Bonifatius von Roda, sondern von Andreas Götze aus, der seit spätestens 1523/24, wahrscheinlich aber bereits seit 1522 als Pfarrer in Pößneck wirkte und das Pößnecker Kirchenwesen gemeinsam mit dem Stadtrat und herzoglichem Rückhalt schon vor den ersten Visitationen in neue Bahnen lenkte. Pößneck bildet damit eines jener Beispiele, in denen die evangelische Lehre nicht durch reformatorische Prediger in der Stadt eingeführt wurde, sondern der Pfarrer als treibende Kraft in Erscheinung tritt.[42] Wann hingegen der erste evangelische Prediger nach Pößneck kam, kann nicht genau ermittelt werden. Zweifelsfrei kann nur das Jahr 1524 für die Übernahme einer »festen Anstellung« durch Bonifatius von Roda ausgeschlossen werden. In seinem oben dargelegten Brief an den Stadtrat erwähnte Andreas Götze in der Beschreibung seiner Amtspflichten auch die Notwendigkeit, zwei bis drei Mal in der Woche zu predigen. Dies wurde durch den Stadtrat 1529 den Visitatoren gegenüber bestätigt: Demnach habe in vor- und frühreformatorischer Zeit »*ein pfarrer [...] das predigt Ampt [...] vorsorgenn mussen*«,[43] zu welchem Zweck er sich zeitweise auf eigene Kosten einen Kaplan gehalten habe. Ob in den frühen 1520er Jahren bereits anderweitig evangelisch gepredigt wurde, kann nicht festgestellt werden, doch erfolgte dies nicht auf der Grundlage einer fest eingerichteten und bepfründeten Prädikatur. Der Stadtrat erläuterte dies in seinem Schreiben von 1529 in der Rückschau wie folgt: »*Es ist hieuor keine predicatur alhie gewest, keine behawsung, heller noch pfennig dartzu gewidempt*«.[44] Erst im Jahr 1527 sah der Stadtrat selbst sich veranlasst, einen Prediger einzustellen und gleich dem Pfarrer mit einer festen Besoldung zu versehen. Seine Amtseinführung, die der Stadtrat mit ihm feierlich beging, kann anhand der Stadtrechnung zeitlich genau auf den 16. März 1527 datiert werden.[45] Die Besoldung betrug im ersten halben Jahr – bis zum Ende des Rechnungsjahrgangs Anfang September – 16 Schock, ergänzt durch Getreide und Brennholz, und wurde abermals auf Anweisung der ersten Visitation im folgenden Jahr auf 38 Schock sowie bereits vor der folgenden Visitation durch den Rat eigenständig auf 50 Schock

41 Schmidt: Eine kurze Beschreibung … (wie Anm. 2), 24; Geschichte der Stadt Pößneck … (wie Anm. 5), 163; Enkelmann: Die Reformation … (wie Anm. 1), 21.

42 Joachim Bauer; Stefan Michel: Alternative Predigt?: Beobachtungen zur kursächsischen Predigerlandschaft neben Luther, Karlstadt und Müntzer bis 1525 (Thomas-Müntzer-Gesellschaft, Veröffentlichungen; 25). Mühlhausen 2018, 14 mit Anm. 32.

43 LATh-ThHStA Weimar, EGA, Reg Ii 3, fol. 340v.

44 Ebd, fol. 340v.

45 StA Pößneck, Stadtrechnung, Mappe 24, Nr. 74 (1526/27), pag. 120.

angehoben.[46] Wie im Falle des Pfarrers und des Schulmeisters findet sich auch seine Besoldung künftig unter den Ausgaben des Rates in der Stadtrechnung wieder.[47]

Der erste Inhaber dieser neuen Prädikatur trat bereits anlässlich seiner Amtseinführung in der Stadtrechnung und schließlich am 29. Juli 1527 im Bericht der ersten Visitation namentlich in Erscheinung.[48] Es handelte sich bei ihm jedoch nicht um Bonifatius von Roda, sondern um Johannes Linck.[49] Über Lincks Herkunft kann keine sichere Auskunft gegeben werden, doch trat der Name in den vorhergehenden Jahren in der näheren Umgebung Pößnecks bereits mehrfach in Erscheinung.[50] Schon im Jahr 1515 korrespondierte ein gleichnamiger Kaplan in schulischen Angelegenheiten mit dem Stadtrat von Saalfeld.[51] Indem er sich selbst in seinem Schreiben als Diener des Saalfelder Rates und die dortigen Ratsherren als seine Herren und Patrone bezeichnete, identifiziert er sich praktisch selbst als Saalfelder Geistlicher. Der Chronist Caspar Sagittarius, der den Briefwechsel überliefert, vermutete hinter ihm aufgrund eines zweiten Schreibens hingegen einen Kaplan aus Neustadt an der Orla.[52] Tatsächlich wirkte dort einige Jahre später ein Prediger dieses Namens, doch wurde er laut Rudolf Herrmann erst anlässlich frühreformatorischer Unruhen im Jahr 1522 hier eingesetzt.[53] Die Tatsache allerdings, dass das zweite von Sagittarius angeführte Schreiben unbekannten Inhalts offenbar nicht auf ein bestimmtes Jahr datiert war, lässt vermuten, dass es nicht aus demselben schulischen Zusammenhang stammt, sondern jüngeren Datums ist, und Johannes Linck 1522 aus Saalfeld nach Neustadt versetzt wurde. Wie bereits erwähnt wurde, war die Kirche von Neustadt vor der Reformation eine Filiale der Pfarrei Neun-hofen, welche wiederum dem Saalfelder Benediktinerkloster inkorporiert war. Der dortige Abt Georg von Thun war der Reformation gegenüber aufgeschlossen und wird daher für die Versetzung Lincks von Saalfeld nach Neustadt, um schwärmerischen Einflüssen entgegenzu-

46 LATh-ThHStA Weimar, EGA, Reg Ii 3, fol. 340v.

47 StA Pößneck, Stadtrechnung, Mappe 24, Nr. 74 (1526/27), pag. 132; für die Erhöhung seiner und des Pfarrers Besoldung von 1528/29 vgl. ebd. Mappe 24, Nr. 72 (1524-30), pag. 116.

48 MBW.T3, Nr. 567, hier 117.

49 So auch bei Koch: Die Pfarreiverhältnisse … (wie Anm. 7) sowie Köhler: Als Pößneck … (wie Anm. 3), 21.

50 Herrmann versuchte 1929, ihn mit einem Dominikanermönch in Leutenberg und späteren Pfarrer von Weida zu identfizieren, zweifelte wenig später diese Identifikation allerdings selbst wieder an, vgl. Rudolf Herrmann: Die Prediger im ausgehenden Mittelalter und ihre Bedeutung für die Einführung der Reformation im Ernestinischen Thüringen. Beiträge zur thüringischen Kirchengeschichte 1 (1929-31), 59, Anm. 4; Rudolf Herrmann: Die Kirchenvisitationen im Ernestinischen Thüringen vor 1528. Teil 2. Beiträge zur thüringischen Kirchengeschichte 3 (1933-35), 41 Anm. 97a. Im Folgenden soll eine andere Theorie geäußert werden.

51 Dietmann: Der Einfluss der Reformation … (wie Anm. 31), 72 f.

52 Caspar Sagittarius: Saalfeldische Historien. 1. Teil: Bis zur Reformation/ hrsg. von Ernst Devrient. Saalfeld 1903, 180 f.

53 Herrmann: Die Prediger … (wie Anm. 50), 59.

wirken, verantwortlich gemacht werden können.[54] Linck verließ Neustadt allerdings bereits im September 1523 wieder. Wohin er ging, ist nicht bekannt, sodass letztlich auch seine Identifizierung mit dem ersten vom Pößnecker Stadtrat eingesetzten Prediger nicht sicher belegt werden kann. Der Neustädter Prediger Johannes Linck und der spätere Pößnecker Pfarrer Andreas Götze wirkten jedoch 1522/23 für einige Monate zeitgleich in Neustadt. Der Gedanke, dass der Pößnecker Stadtrat sich bei der Gründung der Prädikatur durch seinen Pfarrer leiten ließ und Linck auf Götzes Einfluss nach Pößneck berufen wurde, liegt nahe.

Als die erste Visitation 1527 in Pößneck tagte, wurden in dem bereits zitierten Bericht beide, aber »*sunderlich*« der namentlich genannte Prediger als »*wol geschickt*« beurteilt.[55] Den Eindruck, der Prediger sei von beiden besser für das geistliche Amt qualifiziert gewesen, fand Rudolf Herrmann in der Tatsache bestätigt, dass Melanchthon nur einen Monate später nicht Götze, sondern Linck mit einem Auftrag bezüglich der Pfarrorganisation eines nahegelegenen Dorfes betraute.[56] Durch die dabei gewählte Bezeichnung *pastor ecclesiasticus* setzte Melanchthon den Prediger dem zweiten Adressaten Johannes Weber, dem ersten evangelischen Pfarrer Neustadts nach der erst kürzlich erfolgten Begründung der dortigen Pfarrei,[57] gleich. Dass Johannes Linck Götze im Pfarramt abgelöst habe, wäre in der frühen Reformationszeit zwar kein Einzelfall gewesen,[58] kann aber aufgrund des folgenden Visitationsprotokolls von 1529[59] sowie der Pößnecker Stadtrechnungen ausgeschlossen werden. In Letzteren lässt sich Johannes Linck bis ins Jahr 1531 als Inhaber der Prädikatur nachweisen. Am 29. September erhielt er seine letzte Gehaltszahlung, bevor er bald darauf verstarb. Weitere 10 Schock reichte der Stadtrat – offenbar im Voraus geplant – seiner hinterlassenen Witwe, was als Zeichen der Wertschätzung für den verstorbenen Prediger gewertet werden kann.[60]

Die Berufung eines neuen Predigers nahm einige Monate in Anspruch. Am 31. Januar 1532 erfolgte seine feierliche Amtseinführung in Johannes Lincks Haus.[61] Dieses blieb allerdings nicht als Wohnhaus des Predigers mit der Prädikatur verbunden. Es handelte sich dabei um ein einstiges Vikariehaus, das Linck auf Lebenszeit

---

54 Ebd, 59; Burgard: Tagebuch … (wie Anm. 9), 60; Bünz: Die Reformation in Neustadt … (wie Anm. 8), 368.

55 MBW.T3, Nr. 567, Zitate 117.

56 Ebd, Nr. 576, 139 f; Herrmann: Die Kirchenvisitationen … (wie Anm. 50), 41, Anm. 97a.

57 Rudolf Herrmann: Die ersten evangelischen Geistlichen Neustadts. In: Festschrift zur Gedächtnisfeier der Einführung der Reformation in Neustadt an der Orla vor 400 Jahren. Neustadt an der Orla 1927, unpag. (3 f).

58 So etwa in Saalfeld, wo 1529 der Pfarrer Johannes Plack gegen den vormalige Prediger Caspar Aquila ausgewechselt wurde, vgl. mit weiteren Literaturangaben Dietmann: Der Einfluss der Reformation … (wie Anm. 31), 446 f.

59 LATh-ThHStA Weimar, EGA, Reg Ii 3, Fol. 68^{v}.

60 StA Pößneck, Stadtrechnung, Mappe 26, Nr. 80 (1531/32), pag. 97.

61 Ebd, pag. 88.

als Wohnung übertragen worden war[62] und nun noch im Jahr seines Todes durch den Rat verkauft wurde.[63] Ein paar Wochen nach seiner Amtseinführung, am 20. Februar, wurde *»dem Nawen prediger«*[64] ein Fuder Holz geschenkt, bevor er am 20. April seine erste reguläre Besoldung empfing.[65] Die Stadtrechnung nennt ihn namentlich als Magister Bonifatius, sodass er als Bonifatius von Roda identifiziert werden kann. Um 1480 in Zörbig geboren, hatte er in Wittenberg den akademischen Magistergrad erworben. Als Mitglied des Senats der Philosophischen Fakultät nahm er an deren Reform 1514 teil und wurde im selben Jahr zu ihrem Dekan gewählt. Durch ihn wurden in Wittenberg erstmals Vorlesungen über Mathematik und Astronomie eingeführt und gehalten, bevor er 1519 als Pfarrer in das bereits erwähnte Dorf Heilingen bei Orlamünde kam. Ob die Beziehungen des Bonifatius und des drei Jahre später berufenen Pfarrers Adam Utzinger zu demselben Dorf Zufall sind oder Bonifatius mit Utzingers späterer Berufung in Zusammenhang gebracht werden kann, muss offen bleiben.

Bonifatius von Roda ist bis 1524 als Pfarrer von Heilingen nachweisbar. Volkmar Joestel, der den bislang maßgeblichen Beitrag zu dessen Biographie verfasste, legte zwar den Beginn seines Predigtamtes in Pößneck bewusst nicht fest, betonte aber, dass sein Werdegang nach 1524 für mehrere Jahre nicht bekannt sei.[66] Zweifelsfrei muss nun ergänzt werden, dass er nicht vor 1531 bzw. Anfang 1532 und somit erst nach der dortigen Durchsetzung der Reformation als Prediger nach Pößneck kam. Woher er kam, bleibt weiterhin offen, doch gibt die Stadtrechnung immerhin einen Hinweis auf seinen letzten Aufenthaltsort. Undatiert, doch vermutlich aus dem Dezember 1531 findet sich auf einem beiliegenden Zettel die Ausgabe von 3 Schock 12 Groschen *»dem Nawen Predig[er] zusteur gen Witt[en]berg geb[en]«*.[67] Über sein geistliches Wirken in Pößneck liegen keine Informationen vor. Joestel konstatiert, dass seine hiesige Zeit ruhig verlaufen sei,[68] seine frühere Freundschaft zu Andreas Bodenstein, genannt Karlstadt, spielte zu dieser Zeit offenbar bereits keine Rolle mehr. Zur Einführung und Durchsetzung der Reformation in Pößneck musste er jedenfalls keinen gewichtigen Beitrag mehr leisten. Er starb nach langjähriger Tätigkeit am 29. Januar 1560.

---

62 LATh-ThHStA Weimar, EGA, Reg Ii 2887, fol. 2v.

63 Koch: Die Pfarreiverhältnisse … (wie Anm. 7).

64 StA Pößneck, Stadtrechnung, Mappe 26, Nr. 80 (1531/32), pag. 89.

65 Ebd, pag. 97.

66 Volkmar Joestel: Magister Bonifatius von Roda: ein Wittenberger Mathematiker und Bekannter Karlstadts. In: Europa in der Frühen Neuzeit. Bd 1: Vormoderne. Festschrift für Günther Mühlpfordt/ hrsg. von Erich Donnert. Weimar; Köln; Wien 1997, hier 202-204. Die im vorliegenden Beitrag wiedergegebenen biographischen Angaben des Bonifatius sind diesem Aufsatz entnommen.

67 StA Pößneck, Stadtrechnung, Mappe 26, Nr. 80 (1531/32), pag. 134.

68 Joestel: Magister Bonifatius … (wie Anm. 66), 204.

Anhang:
Der Brief des Pfarrers Andreas Götze an den Stadtrat von Pößneck 1524[69]

Ersamenn weyssenn herr[en], was ich euch vnnd gemeiner stadt wayß zw dyne[n] bin ich meines cleine[n] vomugens williglich geneygt, Gonstige liben herrenn, weß ich mich beclaget hab nun czu czweyen malenn an vnsere gned[ige] herrenn [*Einschub:* Ein mal auch an euch] vnnd bye vff der Cantzel in euerem angehore vil mals wysset ir czu guter maß wol, Der halbenn annoth mein armut vnnd wenigenn Enthalt hyher abermals anczuczeychenn, Sonder an euch als meine herren vnnd bruder In christo meine vnt[er]tenige vleyssige bithung sein, das ir ein gonstigk einsehenn wollet fur wendenn, mittel vnnd wege suchen, das mir ewer allenn gemeine[n] dinner, annoth sey, weyttere beclagung vnnd betteln, wie wyscher [!] gescheenn czimlichenn enthalt vberkomme, do mit auch ir nicht als alleyne anhorer des wortes, sonder[n] tether geachtet werdet, Es hat ye kein grundt in der schrifft opffer zw fordernn, oder dy sacrament vmb geldes willenn czu reichenn, wan chr[ist]us ya gepothen hat das sulches vmb sunst entphangen sey[n] sol auch vmb sunst geraychet werdenn, do neben aber gesaget das ein itzlicher Erbeytter seines lonns vnnd speyß wirdig sey, Es weysths auch peydes alt vnnd new testament das dy ichenigen, den gedint wirt, mit geystlichenn guttern, als in dem wort gott[es] vnd sacramentenn, wyd[er] vmb schuldig sein von iren weltlichenn guttern, iren predigern vnnd selesorgernn auch zu dyne[n] vnnd nymantz davon sich entschuldigenn moge, nun vff das dem willen[n] vnnd worttenn gott[es] nach bey vnß gelebet wirt, hab ich gedacht fürtan von nymantz etwas czu fordern wider opffer noch meßpfennich, wider kertzenn saltz noch glaß kein beychtgelt, noch außgepythe gelt noch von dem sacrame[n]t ßo ich krankenn personnenn in den heussern rayche, It[em] nichts von dem begrebnuss sonder frey vnnd wy sy es begerenn vmb gott[es] willen alles thun, Der gleichen auch abstehe von der forderung der presentz so gegeben seindt word[en] von den Ihargedechnuss[en] vnd kirch begengnuss[en], Auch Salve gelt vnnd tenebre noch lassen, doch wil ich mit euere[m] radt das salve vnd tenebre helffen halten, darczw dy wochenn zwey ader dreymal p[re]digen ßo es euer gut duncke[n] ist, Daruber waß mein enthalt Sein sol, bey euch als meine gonstige herren gestellet hab, vnt[er]teniger czwvorsicht, euch der gepurde wol werdet wyssen czw halttenn angesehenn das sulches euch allen, arm vnnd reiche wide[r] zw gut gelanget, Ein etzlicher meyner forderung abkompt weß ich mich halte[n] ader gewertich sein sol, bithe ich demutiglich eur weysheyt gonstige antwort, dat[um] vff heutte dinstag anno d[omi]ni vnnd xxiiii Ihar

E. W. willicher dyner Andreas Götz

Den Ersamen weyssenn herrenn dreyenn Redtenn der Stadt pesenick meine gonstigenn herrenn

69 StA Pößneck, B I 2, Nr. 4, fol. 23A.

Von Annaberg bis an die Mündung des Rheines

Der Reisebericht von Superintendent D. Christian Heinrich Schumann im Jahr 1840

Von Gerhard Graf bearbeitet und herausgegeben

gewidmet Ernst Koch in herzlicher Verbundenheit

Vorbemerkung

Nach den Napoleonischen Kriegen wurde es üblich, dass neben dem Adel verstärkt das Bürgertum auf Reisen ging. Sofern vermögend genug, wollte man jetzt ebenfalls zur Kur in ein Bad fahren, anderswo Land und Leute kennen lernen und den eigenen Horizont erweitern. Bedeutendes aus Geschichte und Kultur, was bisher nur aus Abbildung und Beschreibung bekannt war, nahm man nunmehr selbst in Augenschein. Diese sich neu entfaltende Mobilität mit ihrer Lust an Kur-, Vergnügungs- und Bildungsreisen war keine deutsche Eigenart, sondern vielmehr zu jener Zeit eine internationale Erscheinung. Schon seit der Neuordnung von 1815 hatten beispielsweise die Engländer sehr rege begonnen, das kontinentale Festland für sich zu entdeckten – vor allem entwickelten sie eine Vorliebe für die Reise entlang dem Rhein und für die Alpen. Nicht geringe Werbung und Unterstützung leisteten dabei Reisehandbücher, die, wie der »Baedeker« seit 1832, immer wieder und bald in verschiedenen Sprachen aufgelegt wurden.

Ein Zeugnis dieser neuen Reisekultur begegnet auch in dem folgenden Bericht, der die 1840 unternommene Bildungsreise des Ehepaares Christian Heinrich Schumann und seiner Frau Julie Hermine geborene Hinkel beschreibt.[1] Der Bericht ist zunächst schon darin interessant, dass sich in ihm eine Häufung von inzwischen kulturgeschichtlich beachtenswerten Notizen findet. Durch ihre damals tägliche Erfassung wechselnder Gegebenheiten und Stimmungen betreffend die Landschaft, das Kunstgut und die Bewohner, eröffnet sich dem Leser nach und nach ein Zeitgemälde des Spätbiedermeier, das in seinem Facettenreichtum eher selten ist. Heute im Zeitalter des Internet kaum noch nachvollziehbar ist das mitunter große Stauenen bei der Schilderung der Lebensverhältnisse in Holland, aber auch die wirtschafts- und sozialkritischen Beobachtungen bezüglich der Rheinanwohner, die unbewusst auf den Nährboden der späteren Revolution von 1848 hindeuten.

---

1 Das Original liegt in zwei verschiedenen Fassungen vor und befindet sich im Familienarchiv, derzeit verwaltet von Gerhard Graf, Leipzig. Ein skizziertes Lebensbild findet sich bei Arnold WEIDAUER: Charakterbilder Erzgebirgischer Pastoren. Beiträge zur sächsischen Kirchengeschichte 27 (1913), 29-131, hier 41-72 und der Fortsetzung im folgenden Heft 28 (1915), 1-84, hier gelegentliche Erwähnungen.

Julie Hermine geborene Hinkel (Privatbesitz)

Zugleich erweist sich der Berichterstatter jedoch auch als engagierter Theologe und Superintendent. Er stellt oft Fragen zu Themen, die ihn zuhause beschäftigen und die jetzt die Urlaubsreise beinahe in eine Dienstreise verwandeln können. So hört er unterwegs gern Predigten, gelegentlich mit kritischer Beurteilung und einem Nachgespräch, macht sich überdies Gedanken zur jeweilig erlebten fremden Gottesdienstform und studiert die Kirchenräume samt Ausstattung. Wiederholt führt er, die unbefriedigenden Verhältnisse in seiner Annaberger Ephorie und der sächsischen Landeskirche vor Augen, gezielt Gespräche zum Schulwesen, zur Lehrerversorgung, zur Mädchenschule und zur christlichen Jugendunterweisung in den Jahren nach der Konfirmation. Ihn interessieren Gemeindestrukturen, und er verschafft sich zur Rheinisch-Westfälischen Kirchenordnung von 1835 mit ihrer umstrittenen presbyterial-synodalen Selbstbestimmung ein nüchternes Bild. Ebenso ist ihm kein Aufwand zuviel, sich die gegenwärtige kirchliche und theologische Situation von damals angesehenen Vertretern, und zwar über die lutherische Konfession hinaus, erklären zu lassen und sie zu befragen.

Nicht zuletzt diese Verknüpfung von Kultur- und Kirchengeschichte in dem Reisetagebuch sorgt dafür, dass im nachfolgenden Bericht ein recht lebensnahes Erscheinungsbild des Protestantismus um die Mitte des 19. Jahrhunderts entsteht. Nicht weniges, was einst Theologie und kirchliche Praxis prägte, wird durch das Tagebuch nochmals bewusst und erschließt bei näherem Betrachten mitunter eine überraschende Aktualität.

Bevor die Lektüre folgt, soll zu ihrem besseren Verständnis zunächst noch eine wenigstens knappe biographische Orientierung zum Verfasser vorausgeschickt werden. Notwendig ist außerdem eine Bemerkung, die die vorgenommene Bearbeitung des Textes betrifft.

Christian Heinrich Schumann (Privatbesitz)

Geboren wurde Christian Heinrich Schumann am Weihnachtstag, dem 25. Dezember 1787 in Neukirchen-Kniegasse bei Crimmitschau als Sohn eines Bauern und Zimmermanns und als erstes von dreizehn Kindern. Gefördert durch den Pfarrer sowie anscheinend auch durch den Patronatsherrn besuchte er durch mehrere Jahre bis 1807 das Friedrichgymnasium in Altenburg, wo er durch seine Sprachbegabung vor allem in der Altphilologie auffällig war. Es folgten bis 1810 das Theologiestudium in Leipzig und 1811 eine Hauslehrerstelle in Zittau. Von dort empfahl ihn der Oberhofprediger Volkmar Reinhard vor allem wegen der Leistungen in den Alten Sprachen als Kollaborator [Hilfslehrer] an die Fürstenschule St. Afra in Meißen. 1816 wurde er Konrektor am Lyzeum Annaberg. 1819 erwarb er die Titel Dr. phil. und Magister, schloss die Ehe mit Julie Dorothea Hänel und trat damit in die einflussreichen Familien Annabergs ein. Seit 1825 Diakonus, war er 1826 maßgeblich an der Gründung der Felix-Weiße-Stiftung für arme Kinder und Waisen beteiligt. 1827 wählte man ihn zum Bergprediger und damit zugleich zum Stellvertreter des Superintendenten. 1830 reiste er mit seiner Frau in die Schweiz und weiter bis nach Mailand (Tagebuch). 1833 heiratete er in zweiter Ehe Julie Hermine Hinkel, bis dahin im Haus ihrer Großmuter Hänel lebend. 1835 wurde er zum Superintendenten ernannt und regelte die Umwandlung des Annaberger Lyzeums in ein städtisches Gymnasium. 1837 reiste er mit seiner zweiten Frau und einem verwandten Ehepaar über Prag nach Tirol (Tagebuch). 1839 ehrte ihn die Universität Leipzig mit dem Titel Dr. theol. 1840 reiste er mit seiner Frau an den Rhein (das hier vorgelegte Tagebuch). 1841 wurde der erste von vier Söhnen geboren. 1842 erfolgten die Gründung des Lehrerseminars und 1843 die des Gustav-Adolf-Zweigvereins sowie wahrscheinlich die Reise nach Schweden (Tagebuch). 1848 war er als Nachfolgekandidat für die Verfassungsgebende Nationalversammlung in

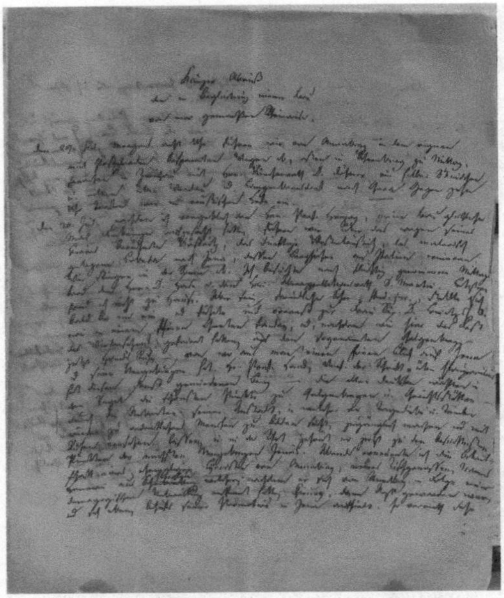

Erste Seite der Zweitfassung des Reiseberichts (Privatbesitz)

Frankfurt am Main vorgesehen. 1855 trat er hoch geehrt in den Ruhestand und verstarb am 11. Dezember 1858 in Dresden.[2] Schon 1838 war ihm aufgrund der vielerlei Verdienste im öffentlichen Leben die – übrigens erste – Ehrenbürgerschaft Annabergs verliehen worden.

Bei dem nachstehend vorgelegten Text handelt es sich nicht um die Urfassung (im Folgenden: UF) des Reisetagebuches, sondern um die bald darauf entstandene Zweitfassung. Sie besitzt insgesamt einen etwas gerafften Charakter, bietet anderseits jedoch auch Ergänzungen aus der Erinnerung. Vielleicht hatte Schumann (im folg.: Sch.) nachträglich selbst Mühe mit seinen eiligen und kritzeligen Notizen gehabt, oder er wollte einen Druck vorbereiten. Allerdings lassen sich auch in der neuen Fassung gerade Personennamen nicht immer entziffern. Desweiteren finden sich gelegentlich zwar lesbare Namen, doch deren nähere Ermittlung ließe sich, wenn überhaupt, nur mit hohem Aufwand erfolgreich durchführen. Zumindest gegenwärtig ist dazu auf zusätzliches Forschen verzichtet. Gleiches gilt für die gelegentlich auftauchenden Namen des weit verzweigten Familienverbandes.[3] Sie sind hauptsächlich als Beleg aufschlussreich, wie ausgedehnt sich der damalige Kauf- und Handelsherrenstand auf dem Weg seiner Geschäfte vom Stammsitz entfernte. Von der Diktion des Verfassers wurde möglichst viel belassen, darunter auch anspruchsvolle altphilologische Schachtelsätze sowie Spracheigentümlichkeiten. Die Rechtschreibung dagegen wurde schonend der heutigen angeglichen.

Bei der Lektüre wird empfohlen, einen Atlas zur Verfolgung der Reiseroute zu Hilfe zu nehmen.

2 Als bislang bekannte Veröffentlichungen sind wiederholt Predigten zu besonderen Anlässen vorhanden, darunter als Sammlung politische Predigten von 1848/49: Christian Heinrich SCHUMANN: Stimmen aus dem Hause des Herrn. Annaberg 1849. 68 S.; Erzählungen, dabei zwei Zukunftsgeschichten aus dem Jahr 1819, sowie Gedichte zu verschiedenem Anlass, alles gemeinsam unter DERS: Musivstücke. Annaberg 1827. 208 S.; Gedichte, z. T. als Erinnerung an die Zeit als Lehrer in St. Afra unter DERS: Carmina Graeca et Latina. Lipsiae 1833. 78 S.

3 Beispielsweise sind die im Text genannten Familien Hänel, Eisenstuck und Bach miteinander versippt und verschwägert, und die an sich schon unübersichtliche Zahl ihrer Mitglieder, z. T. mit gleichen Vornamen, erhöht sich mitunter nochmals durch eine zweite oder dritte Heirat.

Kurzer Abriß der in Begleitung meiner Frau von mir gemachten Rheinreise [1840]

Den 29. Juli morgens acht Uhr fuhren wir von Annaberg in dem eigenen mit Postpferden bespannten Wagen ab,[4] aßen in Schneeberg zu Mittag, sprachen mit Herrn Kirchenrat D. Döhner[5] ein halbes Stündchen und eilten über Werdau und Langenbernsdorf nach Gera. Gegen zehn Uhr trafen wir im Reußischen Hofe ein.

Den 30. Juli, nachdem ich vergeblich den Herrn Prof. Herzog,[6] meine Frau [dagegen] glücklicher Madame Fürbringer[7] aufgesucht hatten, fuhren wir über das wegen seines Bieres berühmte Köstritz, das dürftige Klosterlausnitz, das malerisch gelegene Lobeda nach Jena, dessen Berghöhen an Italien erinnern. Wir stiegen in der Sonne ab. Ich besuchte nach flüchtig genommenen Mittagsbrot den Herrn D. Hase[8] und den Oberappellationsrat D. Martin.[9] Letzteren fand ich nicht zu Hause. Aber sein freundlicher Sohn, stud. jur., stellte sich bald bei uns ein und führte uns vorerst zur Frau Superintendent D. Lommatzsch,[10] die wir in einem schönen Garten fanden, und, nachdem wir hier das Fest des Wiedersehens gefeiert hatten, auf den so genannten Galgenberg – jetzt Hand's Ruhe –, von wo aus man einen schönen Blick auf Jena und seine Umgebung hat. Prof. Hand, Verfasser der Schrift Über Pauperismus,[11] hat diesen sonst gemiedenen Berg – die alten Deutschen wählten in der Regel die schönsten Punkte zu Galgenbergen und Gerichtsstätten – durch die Arbeiter seiner Anstalt, in welcher er Tagediebe und Trinker wieder zu ordentlichen Menschen zu bilden sucht, zugänglich machen und mit Stufen versehen zu lassen, und in der Tat gehört er jetzt zu den besuchtesten Punkten der nächsten Umgebungen

---

4 Gestellt wurde mit den Pferden auch der Postillion in gelber Uniform mit Hut und Horn.

5 Gotthelf Ferdinand Döhner (1790-1866), 1813 Archidiakonus Zwickau St. Marien, 1835 Kirchen- und Schulrat, 1839 wie Sch. in Leipzig Dr. theol.; LUTHERS KLEINER KATECHISMUS: mit Rücksicht auf seinen großen Katechismus erklärt und zur Erbauung der Jugend bearbeitet/ hrsg. von Gotthelf Ferdinand Döhner. 2. Aufl. Zwickau 1818.

6 Christian Gottlob Herzog (1790-1866), Studienkollege von Sch. in Leipzig, ab 1813 Gymnasium Gera, 1827 Professor dort, ab 1840 Direktor; einer der großen deutschen Pädagogen und Philologen seiner Zeit; er schrieb und sprach (gleich Sch.) Latein wie seine Muttersprache.

7 Vermutlich die Ehefrau von Robert Fürbringer (1806-1865), späterem Bürgermeister.

8 Karl August (von) Hase (1800-1890), Gymnasium Altenburg, Burschenschafter, Kirchengeschichtler, 1836 ord. Prof. in Jena. Vgl. zu ihm Magdalena HERBST: Karl von Hase als Kirchenhistoriker. Tübingen 2012. 534 S.

9 Christoph Reinhard Dietrich Martin (1772-1857), Rechtsgelehrter, 1808 ord. Prof. in Göttingen, seit 1816 in Jena, in vielen juristischen Funktionen tätig.

10 Karl Heinrich Gottfried Lommatzsch (1772-1834), 1809 Diakonus in Zittau (von daher Freundschaft mit Sch.), seit 1817 Superintendent im Annaberg, 1827 ordiniert er Sch. zum Bergprediger (Predigt vorh.); durch Sch.s 2.Ehe entsteht eine entfernte Verwandtschaft.

11 Ferdinand HAND: Das Arbeitshaus als das vorzüglichste Hülfsmittel in der Verwaltung des Armenwesens. Jena 1839. 58 S.; Ferdinand Gotthelf Hand (1786-1851) war seit 1817 in Jena Prof. für Klassische Philologie; das Unternehmen arbeitete in Anlehnung an die Arbeit von Johannes Falk (†1826) in Weimar.

Jenas. Abends erneuerte ich die Bekanntschaft eines ehemaligen Lyceisten[12] von Annaberg, meines Tischgenossen, [eines Schülers] namens Hermann aus Elterlein, welcher, nachdem er sich von Annaberg infolge einer demagogischen Übereilung entfernt hatte, Chirurg, dann Arzt geworden war, und sich eben, behufs seiner Promotion in Jena aufhielt. Er verriet sehr Bildung und Besonnenheit und rechtfertigte die Erwartung, die ich schon damals von seinen guten Anlagen hatte.

Den 31. Juli früh sieben Uhr begaben wir uns, erhaltener Einladung gemäß in den so genannten Prinzess[in]garten, wo wir die Frau D. Lommatzsch mit ihren Kindern auf uns wartend fanden. Wir tranken im Angesicht von Jena und den schönsten Umgebungen der Stadt in der herrlichsten Morgenbeleuchtung Kaffee, machten dann einen Spaziergang durch die schönen Anlagen, besuchten das ehemals Griesbachsche Haus und gingen gegen zehn Uhr in die Stadt zurück. Ich hörte Herrn D. Hase über das Leben Jesu. Er behandelte gerade den Vorfall in Nazareth und gab der Relation des Lukas den Vorzug [Kap. 4, 16-30]. Sein Vortrag, klar, geordnet, minder lebendig, als ich geglaubt hatte, war sehr geistvoll, war ansprechend. Dass das Leben Jesu auf den Universitäten behandelt wird, ist entschieden sein Verdienst.

Nachdem ich mit ihm gefrühstückt hatte, ging ich zu D. Schwarz,[13] in welchem ich einen sehr lebendigen Mann kennen lernte.[14]

Zu Mittag speisten wir bei dem Herrn Amtsgerichtsrat D. Martin,[15] wo wir das Glück hatten, dessen zahlreiche Familie kennen zu lernen. Der feine, edle Mann machte uns den Aufenthalt in seinem geselligen Kreise sehr angenehm. Um fünf Uhr fuhren wir ab nach Weimar. Unfern Jena verliert die Gegend ihr Anziehendes, und wir fuhren durch die Haferfelder einer sandigern Hochebene nach dem von den schönsten Geistern Deutschlands in wenigen Dezennien verherrlichten Weimar.

Den 1. August besuchte ich, nachdem ich einen Blick in den Park getan hatte, den Herrn D. Röhr[16] und die Frau Rätin Meisel.[17] Letztere empfing mich mit ihrer gewohnten Freundlichkeit und Lebendigkeit. Schade, dass ich nicht länger bleiben konnte. Wir fuhren über Erfurt nach Gotha, wo ich, nachdem wir zu Mittag gegessen hatten, zunächst den Park besuchte, in welchem der letzten Herzöge Gebeine ruhen, veranlasst durch die Erinnerung an ein Gedicht, das ich einst als Altenburger Gymnasiast gemacht hatte, und das begann:

---

12 Schüler des Lyzeums in Annaberg, seit 1835 städtisches Gymnasium.

13 Johann Karl Eduard Schwarz (1802-1870), 1829-1865 Superintendent in Jena, gesuchter Prediger, 1844 Prof. für Prakt. Theologie.

14 UF: Vorher verfehlte er Ludwig Friedrich Otto Baumgarten-Crusius (1788-1843), in Jena seit 1817, zuletzt Erster Prof. d. Theol.; Sch. war mit ihm schon bekannt seit der Leipziger Zeit.

15 Vgl. Anm. 9.

16 Johann Friedrich Röhr (1777-1848), Generalsuperintendent und Oberhofprediger in Weimar, rationalistischer Theologe, Antipode von Karl Hase.

17 Vermutlich Eleonore Meisel, geb. Heynemann, Witwe des Großherzoglichen Rates Johann Gottlieb Meisel (1762-1828), der auch bekannt war durch seine christliche Liebestätigkeit.

Ernestus sibi celsa strui monumenta negavit,
Caespite sub viridi molliter ossa cubant.[18]

Ich fand die Stelle und weilte dankbar und sinnend an dem Grabe des Fürsten, der Bürger auf dem Thron und Wohltäter seines Volkes gewesen war.[19] Hierauf besuchte ich den Herrn D. Bretschneider,[20] der für den folgenden Tag mich zu Tische lud, und den Herrn Hofrat Jacobs.[21]

Den 2. August ging ich in die Kirche, um den Herrn Archidiakonus Hey[22] zu hören. Die Liturgie fand ich, wie bei uns, einfach. Ein Kanzelvers wird nicht gesungen. Der Prediger verliest, nach kurzem Gebete, den Text und knüpft an denselben erbauliche Betrachtungen. Die Abkündigungen werden nach verlesenem Evangelium vorgenommen. D. Bretschneider sagte mir, dass er mit Zustimmung der zuständigen Behörde und der Gemeinde diese Form angeordnet habe. Hey behandelte die Frage: Woher nehmen wir Brot? Er beantwortete sie dahin: von Gott, dessen Allmacht es uns gibt; von unseren Mitmenschen, deren Hilfe wir nicht entbehren können. Die Predigt war gut gearbeitet, hatte aber keinen Geist und verlor durch die mit dünner Stimme gehaltenen Vortrag. Der Schlossprediger Heyder,[23] den ich hierauf hörte, behandelte die Frage: Was haben wir zu beherzigen, wenn wir auf gottgefällige Art wohltätig sein wollen? Wir müssen der Regung des Mitleids folgen; mehr das Bedürfnis als die Würdigkeit ins Auge fassen; einer Anstrengung uns nicht versagen; vertrauen. Auch diese Predigt war gut ausgearbeitet. Nur der letzte Teil ließ zu wünschen übrig. Außerdem beklagte der Prediger zur Unzeit, dass er aus Mangel an Mitteln nicht so wohltätig sein könnte, als er wünschte. Hier war die Liturgie noch einfacher, indem das Glaubenslied fehlte. Der Vortrag des Predigers war lebendiger.

Zu Mittag aßen wir bei dem Herrn D. Bretschneider. Wir trafen bei ihm seine Familie, soweit sie in Gotha war, einen Sohn, einen Schwiegersohn, Jacobs, zwei Töchter und eine Schwiegertochter. Nach einem kurzen, aber durch heitere Gespräche und vielfache Reminiszenzen belebten Mittagsmahle, fuhren wir nach

18 »Ernst hat nicht gewünscht, dass hochragende Denkmäler ihm würden errichtet, Unter grünem Rasen ruhen daher sanft seine Gebeine.«

19 Gemeint ist Ernst Ludwig, Herzog von Sachsen-Gotha und Altenburg, genannt Ernst II. (1745-1804).

20 Karl Gottlieb Bretschneider (1776-1848), 1808-1816 Superintendent in Annaberg (daher bekannt mit Sch.), seither Generalsuperintendent und Oberhofprediger in Gotha, rationaler Supranaturalist; Arbeitsgebiete Dogmatik, Biblische Philologie, Melanchthon. – Dass die zahlreichen Besuche für Sch. mehr als ein gesellschaftliches oder akademisches Ritual waren, zeigt am Beispiel Bretschneider die UF des Tagebuchs. Hier findet sich eine lange Notiz zum Gespräch mit Bretschneider, der auf dem Hintergrund seiner Annaberger Ephoralerfahrungen das jetzt für ihn bessere im Herzogtum verwendete Visitationsmodell ausführlich, und auch den Schulbetrieb betreffend, beschreibt und beides zugleich mit Sch. diskutiert.

21 Friedrich Jacobs (1764-1847), Philologe, Gym. Prof., Oberbibliothekar; vor allem Publikationen der griechischen Antike und Elementarbücher.

22 Friedrich Wilhelm Carl Hey (1784-1864), seit 1827 Archidiakonus, 1855 Kirchenrat.

23 Gustav Heyder (1808-1842), seit 1834 in Gotha, 1841 Pfarrer in Elgersburg.

Reinhardsbrunn, dem Lieblingsplatz des Herzogs.[24] Es liegt zwei Stunden unterhalb des Inselberges in einem sehr schönen Tale des Thüringer Waldes. Man passiert Schnepfenthal. Wir trafen viel Gesellschaft, darunter den Kanzler Brückner[25] und den Senator Arnoldi,[26] deren Bekanntschaft uns ebenso durch ihre persönliche Liebenswürdigkeit erheiterte, als durch ihren öffentlichen Charakter ehrte. Erst spät und vielfach belohnt kehrten wir nach Gotha zurück.

Den 3. August fuhren wir nach Eisenach, von wo wir bei abermals schönster Witterung die Wartburg bestiegen. Ein hessischer Prediger, ziemlich klein von Geist, leistete uns Gesellschaft. Wir betraten die durch geschichtliche Erinnerungen hoch merkwürdigen Räume. Hier wohnten die Landgrafen Thüringens. Hier waltete die heilige Elisabeth. Hier ward Friedrich von der schmerzlich scheidenden Mutter in die Wange gebissen.[27] Hier ward der Sängerstreit gehalten. Hier ward Luther geborgen. Hier arbeitete er rüstig an der Übersetzung der Bibel. Hier stärkten deutsche Jünglinge im Jahr 1817 sich zu deutschem Sinn und deutschem Streben. Wir sahen zuerst Luthers Arbeitszimmer, das durch Inschriften aller Art in höchstem Grade verunstaltet ist. Hier steht sein Fußschemel, ein großer Mammutsknochen, und sein Arbeitstisch, groß und massiv. Dann sahen wir die Restauration [Restaurierung], in welcher durch die Sorgfalt des jetzigen Erbgroßherzogs[28] der byzantinische [romanische] Stil wieder hervorkommt, die Kapelle, die im gleichen Stil erbaut ist, und die mit Rüstungen und sonstigen Denkmälern reich ausgestattete Rüstkammer. Ein intelligenter und freundlicher Kastellan führte uns herum. Von dem Wartturm aus beherrscht das Auge eine weite Landschaft, schön bewaldet im Süden und mit Gärten und Feldern gesegnet im Norden, Osten und Westen. Zu Füßen liegt das hübsche Eisenach.

Nachdem wir nach Eisenach zurückgekehrt waren, fuhren wir an diesem Tage bis Buttlar, meist schön mit Laubholz bestandene Höhen überschreitend.

Den 4. August früh fünf Uhr fuhren wir aus und eilten über alle Stationen ungegessen nach Frankfurt, wo wir abends acht Uhr im Schwan eintrafen. Buttlar und Umgebungen, katholisch, haben ehemals zu Fulda gehört und sollen noch jetzt jene Zeit, wo sie viel Frieden und wenig Abgaben hatten, zurückwünschen. Bei Gelnhausen traten wir hinaus in die weite Mainebene. Es ist herrlich gelegen. Rechts die Weinberge, in welchen alle Arten von Südfrüchten gedeihen, und links

24 Ernst I., Herzog von Sachsen-Coburg und Gotha (1784, 1806-1844).

25 Georg Wilhelm Karl Brückner (1768-1841), auch Präsident des Justizkollegiums.

26 Ernst-Wilhelm Arnoldi (1778-1841), Kaufmann, Ratsherr, u. a. »Vater des deutschen Versicherungswesens«.

27 Friedrich der Freidige (1257-1323), auch »Friedrich der Gebissene«, Markgraf von Meißen und Landgraf von Thüringen soll der Sage nach von seiner Mutter Margaretha von Staufen (1237-1270) als sie 1270 von der Wartburg vor ihrem Mann fliehen musste, zum Abschied gebissen worden sein.

28 Karl Alexander August Johann, Großherzog von Sachsen-Weimar-Eisenach (1818, 1853-1901).

die fruchtbare Ebene. Die Stadt selbst mit ihrem berühmten Turme, der oben in vier Türme sich spaltet, die die vier Zacken der Kaiserkrone bilden, macht keinen unangenehmen Eindruck.

Den 5. August früh besuchten wir, von einem Lohnbedienten geführt, das Senkkenbergsche Gestift,[29] in welchem die Rüppellschen Sammlungen aufgenommen worden sind, und sahen den Konservator, Herrn Rüppell,[30] selbst. Dann sahen wir das Städelsche Kabinett [Museum] und Danneckers Ariadne.[31] Das Senckenbergsche Gestift enthält einen ausgezeichneten Reichtum interessanter Tiere, Vegetabilien und Mineralien, in schönen Räumen gut geordnet und glücklich aufgestellt. Das Städelsche Museum hat nicht üble Niederländer. Besonders anerkennenswert ist der patriotische Sinn, in welchem die edlen Frankfurter diese Stiftungen und noch manche andere gemacht haben. Auf das Großzügigste ist für die Naturwissenschaften, die Kunst und die leidende Menschheit gesorgt: Lediglich durch milde Stiftungen besteht das Waisenhaus, das 400 Kinder hat und die Mädchen bis zum 18. Jahre und die Knaben, bis sie in einem Berufe einheimisch geworden sind, führt.[32]

Nach Tische kam Fräulein Häßner, die Tochter des mit Bruder Emil[33] und dadurch mit uns befreundeten Bankiers, um mit uns auszufahren. Wir besuchten den Friedhof, der an den Seiten Familienbegräbnisse, zum Teil mit schönen Statuen, hat, in der Mitte dann die Gemeindeglieder, wie sie sterben, nach der Reihe aufnimmt. Fast jedes Grab ist mit einem einfachen Kreuze bezeichnet. Ich kann es nicht missbilligen, dass die Gemeinde, wie sie im Leben beisammen gewesen ist, im Tode beisammen sei, obschon das menschliche Gefühl verlangt, dass weniger die Gemeinde-, als die Familienglieder beisammen schlafen. Der Gottesacker machte übrigens durch seinen Ernst einen würdigen Eindruck.[34] Nachdem wir noch ein Stück auf der Darmstädter Straße gefahren waren, besahen wir, zurückkehrend, den Dom, im welchem uns besonders das Standbild des hier begrabenen Günther von Schwarzburg, der sieben

29 Die Anfänge der heute viele institutionelle Zweige umfassenden Stiftung gehen zurück auf die 1763 erfolgte Gründung durch den Arzt und Forscher Johann Christian Senckenberg (1707-1772).

30 Eduard Rüppell (1794-1884), Naturwissenschaftler und Afrikaforscher; u. a. erregten damals seine gezeigten Präparationen fremder Tiere Aufsehen.

31 Ariadne auf dem Panter reitend, Marmorplastik, Höhe 146 cm, seit 1816 in Frankfurt in eigener Ausstellung, von Johann Heinrich Dannecker (1758-1841), seinerzeit Wallfahrtsziel von Kunstfreunden aus ganz Europa.

32 An der Gründung des Waisenhauses war Philipp Jakob Spener (1635-1705) maßgeblich beteiligt.

33 Emil Hänel (1804-1867), Bruder von Schumanns erster Frau, Teilhaber der Firma Eisenstuck & Co. in Annaberg.

34 Diese Friedhofsordnung galt ähnlich in Sachsen bereits 1792, war in der Umsetzung aber auch 1840 noch ein Thema mit Handlungsbedarf, vgl. CODEX DES IM KÖNIGREICHE SACHSEN GELTENDEN KIRCHEN- UND SCHUL-RECHTS. Leipzig 1840, 179 f.

Monate Kaiser war,[35] interessierte. Abends gingen wir in das Konzert von [Franz] Liszt. Der Mann trug seine Stücke mit seltener Fertigkeit, Präzision und Kraft vor und erntete allgemeinsten Beifall. Er wurde aber auch herrlich von den Sängern P… und Mittler unterstützt, die namentlich [das Lied] Die letzten Zehn vom 4. Regiment[36] mit dem größten Applaus sangen. Merkwürdig war, dass in der Loge neben uns befindliche Juden, scheinbar gebildete und reiche Leute, die sonst gut zu applaudieren verstanden, bei dem Polenliede kein Glied rührten.

Den 6. August früh ging ich in die Paulskirche, eine gut gebaute Rotunde. Der Vortrag soll Schwierigkeiten haben, weshalb auch Pfarrer Friedrich seiner alten Kirche treu geblieben ist. die Orgel, von einem Ludwigsburger erbaut, ist ein Meisterwerk. Die Stände werden verkauft und gehören den Aquiranten [Erwerbern] als Eigentum. Von da aus ging ich in den Römer, das alte Rathaus. Hier sahen wir das Wahlzimmer und den Kaisersaal, in welchem letzteren die Bildnisse der Kaiser, angeblich nach Münzen gemalt, in Nischen stehen. Die neuesten Kaiserbilder sind nach dem Leben entworfen. Es wird als Seltenheit bemerkt, dass Kaiser Franz die letzte Nische ausfüllt. Man darf jedoch nicht vergessen, dass die Kaiserreihe nicht vollständig ist. So fehlt zum Beispiel Graf Günther von Schwarzburg. Sodann sahen wir die Goldene Bulle, jenes deutsche Staatsgrundgesetz, welchem gemäß die Kaiserwahl auf sieben Fürsten reduziert wurde. Noch sahen wir den Gerichtssaal, neben dessen Eingang die Worte stehen:

Eines mans rede ist halbe rede
Man sol sie billich verhören bede.

Von dem Weinhändler Herrn Burk[37] begab ich mich auf die benachbarte Bibliothek. Nachmittags fuhren wir auf dem Dampfwagen,[38] der jedoch nicht schnell läuft, nach Wiesbaden, wo wir im Allensaal Unterkommen fanden.

Den 7. August besuchten wir zunächst den Brunnen, welcher getrunken wird, sodann Neros Tal [Parkanlage] und am Gottesacker die Überreste einer alten Römermauer. Hierauf promenierten wir durch den Kursaal, der allerdings mit den ihn umschließenden Galerien grandios ist.

An der Mittagstafel lernte ich den ehemaligen nassauischen Deputierten Herrn Adamy[39] kennen, einen intelligenten und freimütigen Mann, der sich besonders für die angemessene Trennung des Hausgutes und des Staatsgutes ausgesprochen hatte. Er war noch immer der Meinung, dass aus den nassauischen Zuständen nichts

35 Günther, Graf von Schwarzburg-Blankenburg (1304-1349), als Gegenkönig 1349 und von Karl IV. (1316-1378) besiegt, danach an der Pest oder Gift in Frankfurt verstorben.

36 Das Lied, Beispiel der damaligen Schwärmerei für Polen, verfasst von Julius Mosen (1803-1867), bezieht sich auf die polnische Niederlage von Ostrolenka im Befreiungskampf gegen die Russen 1831; angeblich wurde es sogar mehrfach vertont.

37 Diese Handlung lieferte Sch. zumeist seinen Wein nach Annaberg.

38 Die Bahnverbindung Frankfurt-Wiesbaden (42 km) war gerade erst Mai 1840 voll in Betrieb genommen worden.

39 Joseph Adamy (1778-1849), röm.-kath., Grubenbesitzer, 1828-1832 Mitglied des Landtags.

Rechtes werden könne, so lange der Herzog[40] keine Rechnung von den Überschüssen der Domänen und Regalien ablege, sondern diese zum Hausgut gehörig betrachte. Von D. Friedemann[41] urteilte er, dass die Regierung, als sie ihn berief, sich vergriffen habe, dass sie das einsehe und ihn, als unbrauchbar, in Idstein Griechisch und Latein traktieren lasse.

Nach Tisch fuhren wir nach Mainz zu dem großen Militärkonzert auf der Neuen Anlage. Es findet alle Freitage statt, und die Österreicher und die Preußen wechseln.[42] Heute waren die Österreicher daran. Die Musik war schön, die Gesellschaft äußerst zahlreich und elegant, das Leben aber nicht eminent. Man sagt den Rheinländern überhaupt und den Mainzern besonders nach, sie seien munter und jovial. Ich fand das nicht. An mehreren Tischen war es so still wie anderwärts. Die Österreicher und die Preußen schieden sich sichtbar, und die Vorliebe der Mainzer für die Österreicher war nicht zu verkennen. Auch gestand Herr Adamy, mit welchem wir waren, dies zu. Wir fuhren spät nach Wiesbaden zurück, und ich machte noch die interessante Bekanntschaft eines waldeckschen Regierungsrates, eines ältlichen, aber sehr unterrichteten und lebhaften Mannes, von Heim.

Den 8. August fuhren wir, Herrn Adamys Rat gemäß, der die Reise durch das Nassauische nach Ems widerriet, nach Schwalbach und Schlangenbad. Unterwegs trafen wir den Herzog, der seine Artillerie musterte. Der Anblick war interessant. In voller Karriere rasselten die Artilleristen mit ihren Pulverkarren dahin. Der Herzog soll ein großer Freund der Jagd und der Kriegsübungen sein. Bald kamen wir in den schön bestandenen Wald und hatten bisweilen herrliche Blicke in das Rheintal. Schwalbach ist schön gelegen und hat Wohlstand verkündende Häuser. Die Anlagen sind nicht übel. Wir frühstückten und fuhren nach Schlangenbad, das noch romantischer zwischen hohen Waldgebirgen liegt. Ich forderte Bier, man kannte es nicht. Nur Wein und Selterswasser konnte ich bekommen. Über Hattersheim, das trotz seines guten Weins, bald zerfällt, und Biebrich, das am Rhein herrlich gelegene Lustschloss des Herzogs mit seinem großen und schönen Garten, kehrten wir wieder nach Wiesbaden zurück. Heute erst machte Wiesbaden mit seinen herrlichen öffentlichen und Privatgebäuden einen imposanten Eindruck auf uns. Die neuen öffentlichen Gebäude werden im byzantinischen Stil ausgeführt. Schwalbach ist gegen Nervenschwäche, Schlangenbad gegen die Gicht gerichtet.

Den 9. August früh kamen wir nach Mainz und logierten im Rheinischen Hofe. Wir hatten eine prächtige Aussicht auf den Strom. Wir nahmen einen Lohnbedienten,

40 Adolf, Herzog von Hessen-Nassau (1817-1866), vor Regierungsbeginn 1839 österreichischer Militärdienst.

41 Friedrich Traugott Friedemann (1793-1853), geb. in Stolpen, 1813 Konrektor Gymnasium Zwickau; schulische und politische Karriere, u. a. 1840 Direktor des nassauischen Zentralarchivs in Idstein; zahlreiches altphilologisches Schrifttum, wohl auch daher Sch.s Nachfrage.

42 Mainz war seit 1817 als Festung des Deutschen Bundes in gleichem Anteil mit österreichischen und preußischen Truppen belegt. Die Festung wurde beständig weiter ausgebaut.

um die vornehmsten Sehenswürdigkeiten in Augenschein zu nehmen. Wir sahen den Dom, dessen Turm wir bestiegen, das – unbedeutende – Museum, die Gutenbergsche Statue[43] und die protestantische Kirche. In der letzten hörte ich den preußischen Garnisonprediger, Herrn K.[44] Auch hörte ich zum ersten Mal die preußische Liturgie, die mir gefiel. Sie imponierte durch den schönen Männergesang. Der Prediger gefiel mir weniger. Er blieb sehr im Allgemeinen, versicherte nur, der Meineid sei strafbar und werde gewiss zeitlich und ewig gestraft werden, obschon er, warum er strafbar sei und worin die Strafen bestehen, nicht angab. Er brachte Christum so oft, dass man bald seine theologische Farbe erkannte und ihm hätte zurufen mögen: Du sollst den Namen deines Herrn nicht unnützlich im Munde führen. Gleichwohl suchte ich die Gelegenheit auf, seine Bekanntschaft zu machen, und fand eine freundlichen unterrichteten Mann. Er war längere Zeit Schulmann gewesen und hoffte, Superintendent zu werden. Er verhehlte nicht, dass er hier allein gegen die Anhänger der Darmstädter Kirchenzeitung[45] predige, und bekannte sich mit Dank zu Schenkels Schule.[46] Er hatte über die Authentie des Buches Josua geschrieben. Für den Abend lud er uns zu Tische.

Beim Mittagessen machten wir die Bekanntschaft eines jungen österreichischen Militärs, des Grafen von B. …, der unsere Verwandten Bach in Ungarn gut kannte.

Nachmittags fuhren wir aus, um die Umgebung von Mainz zu sehen. Wir passierten die Reste der alten römischen Wasserleitung, sahen die Grabsteine mehrerer Römer, besonders Valerier,[47] tranken Tee auf der Neuen Anlage und gingen, als wir zurückkamen, zu unserem Herrn Pfarrer K. zum Abendessen. Er war recht gut eingerichtet. Seine Frau ist irr und befindet sich seit drei Jahren in einer Heilanstalt. Seine Haushälterin ist ungeeignet, Gäste zu bedienen. Der gute Mann musste erst seine drei zwar hübschen, aber etwas unartigen Kinder befriedigen, ehe er an uns denken konnte, und hatte von seiner Gefälligkeit mehr Plage als wir Freude.

Den 10. August fuhren wir auf dem Dampfboot ab. Ich hatte eine Personalkarte bis Köln genommen und konnte nach Belieben aus- und einsteigen. Die Karte lautete hin und zurück. Sie kostete 14 Taler. Wir fuhren bei Biebrich, Ingelheim, Johannesberg, Rüdesheim, Bingen, Assmannshausen, St. Goar, Neuwied, Koblenz, Bonn vorbei und kamen etwa vier Uhr nach Köln. Der Tag war köstlich. Die malerischen Rheinufer mit ihren grotesken Bergformen, ihren grünen Weingärten, ihren schönen Laubwäldern, ihren zerbrochenen Burgen, ihren zum Teil schönen Städten und Dörfern flogen an uns vorüber. Wir bekamen einen ausgezeichneten Totaleindruck.

43 Gutenbergdenkmal, nach Plänen von Bertel Thorwaldsen (1770-1844) seit 1837.
44 Hier fehlt bei Sch. absichtlich der volle Name (UF: Küster).
45 Darmstadt war als landeskirchliches Zentrum Ausgangsort einer regionalen Zeitung.
46 Daniel Schenkel (1813-1885), 1838 Priv.-Doz. Basel.
47 3. Jh., unter Bezug auf den Soldatenkaiser Valerian 253-260.

In Köln angekommen, suchte ich Herrn Brünigshaus auf, fand ihn aber leider nicht. Ich betrachtete noch einiges alte Mauerwerk der bejahrten Colonia Agrippina und den Dom von außen und ging in den Mainzer Hof, unser Hotel, zurück.

Den 11. August gingen wir mit Herrn Pastor Kellner aus Holstein, dessen Bekanntschaft wir auf dem Dampfboote gemacht hatten, aus, um Kölns Merkwürdigkeiten zu besehen. Wir besahen zunächst die Ausstellung älterer Kunstwerke im Rathause, wo wir ausgezeichnet schöne Sachen fanden, dann die Ausstellung moderner Kunstwerke, die ebenfalls vorzügliche Sachen enthielt. Dann besuchten wir den großartigsten aller Dome, den es gibt, sowie die Ursulakirche, die seltsamste aller Reliquiensammlungen, indem an den Wänden und sonst die Gebeine von nicht weniger als 11 000 Jungfrauen angebracht sind. Was ist wahr an der Sache? Ist es möglich, die Gemeinde so grob zu täuschen, dass man sie mit Märchen und Gebeinen überschüttet? Die Sache bleibt mir ein Rätsel. Die Erfindung mit der UndecimMa virgo ist eine Erfindung.[48] Ein Vorgang muss zu der Sage von der heiligen Ursula Veranlassung gegeben haben.

Noch besuchten wir die Mädchenschule, wo Frauen den Unterricht erteilen. Am ganzen Rhein besteht die Einrichtung, dass, wo die Geschlechter geschieden sind, die Mädchen von Lehrerinnen unterrichtet werden. Die Lehrerinnen werden systematisch ausgebildet, auskultieren [hospitieren], wirken als Hilfslehrerinnen und treten dann als ordentliche Lehrerinnen ein. Sie besorgen den ganzen Unterricht, den Religionsunterricht in den Oberklassen ausgenommen, den Geistliche geben. Doch haben sie biblische Geschichte und Bibelerklärung. Wo ich Laien oder Geistliche sprach, fand ich sie mit dieser Einrichtung zufrieden. In protestantischen Schulen beginnt aus diesem Grunde der Konfirmandenunterricht früher und dauert in der Regel zwei Jahre. Während dieser Zeit kann das konfessionelle Christentum in die jungen Herzen gepflanzt werden. Nach dem Austritt aus der Schule treten die Kinder in die Sonntagsschule ein, die sie bis zum erfüllten 18 Jahre besuchen müssen. Mit der Sonntagsschule ist die Verpflichtung zum Besuch des Nachmittagsgottesdienstes, wo Katechisation gehalten wird, verbunden. Der Besuch des Nachmittagsgottesdienstes und der Kirchenlehre dauert bis zum 21. Jahre. Eine höchst wohltätige Einrichtung, die die Pflege des religiösen Sinnes in den gefährlichsten und bedenklichsten Jugendjahren festhält.[49]

---

48 Die Ableitung der Ursula- bzw. Elftausend Jungfrauenlegende geht angeblich auf die rätselhafte Inschrift: XI. M. V. zurück. Sie soll 11 martyres virgines bedeuten, wurde fälschlich aber als 11 milia virgines gelesen. Diese wie andere Interpretationen (undecim: elf, Ma: tausend, virgo: Jungfrau) sind für Sch. sämtlich Erfindung.

49 Die ganze hier angesprochene Thematik von Schule und christlicher Unterweisung der Kinder und Jugendlichen beiderlei Geschlechts, hinzu kommt noch die angemessene wirtschaftliche Versorgung der Lehrer, wird von Sch. auch bei anderen Gelegenheiten der Reise aufgegriffen und geht nicht zuletzt auf die an sich umfängliche sächsische Schulordnung von 1835 zurück. Ihre Umsetzung hatte Sch. als Superintendent zu beaufsichtigen, doch traf sie, obwohl für Sch. längst anstehend, im Hinblick auf Lehrerinnen und Mädchenschulen

Den Nachmittag betraten wir das Dampfboot und fuhren nach Düsseldorf.

Den 12. August morgens acht Uhr fuhren wir von Düsseldorf ab über Wesel nach Arnheim. Die Ufer waren flach. Wir sahen wenig. Der Sonnenuntergang war herrlich.

Den 13. August fuhren wir von Arnheim nach Rotterdam. Alles um uns sprach holländisch oder französisch. Ich machte die angenehme Bekanntschaft eines holländischen Predigers, namens Ott, der fertig latein [!] sprach und sehr unterrichtet war. Er kannte unsere besten Exegeten und Dogmatiker, hatte Notiz von unseren rationalistischen und supranaturalistischen Streitigkeiten genommen, war mit dem »Leben Jesu« von Strauß[50] genau bekannt und schien überhaupt ein besonnener, vorurteilsfreier und fleißiger Mann zu sein. Er gestand zu, dass in Holland, wie bei uns, die rationalistischen Interessen vorherrschen würden, rühmte dann, dass es im Ganzen noch viel Kirchlichkeit gäbe. Dass die Schule von der Kirche losgerissen sei, bedauerte er. Der Geistliche kann nur dann sich um die Schule kümmern, wenn er zum Schulvorstand gewählt wird. Damit das religiöse Element in den Kindern gepflegt werde, bekommen die Geistlichen sie zwei Jahre vor der Konfirmation und noch früher zum Unterricht. Der Unterricht ist freigegeben. Wer die Bestätigung dazu nachweist, Mann oder Frau, kann ein Institut eröffnen. Die Konfirmation wird oft sehr verschoben.

In Rotterdam war gerade Kirmes. Wir konnten in drei Gasthöfen kein Unterkommen finden und gingen daher mit dem Eilwagen noch bis [Den] Haag. Es war interessant, die Menschenmassen auf den Straßen wogen zu sehen und lärmen zu hören. Ein junger Batavier,[51] der mit uns fuhr, versicherte, dass gewiss 6 000 Menschen auf- und abwogten. Im Hafen imponierte der mächtige Wald von Masten.

In Haag fanden wir im Schweinskopf eine trostloses Unterkommen. Der Batavier, welcher mit uns reiste, wollte im September wieder in seine Heimat zurückkehren. Er hatte in Holland und Deutschland seine Studien gemacht, namentlich in Heidelberg Thibaut[52] gehört, in Dresden einige Zeit sich aufgehalten und eine sehr gute Vorstellung von Deutschland und namentlich Sachsen weggetragen. Er sprach leidlich deutsch und gut lateinisch, auch, wie sich von selbst versteht, französisch. Er war in Rotterdam gewesen, um sein Schiff, das ihn in die Heimat bringen soll, zu sehen. Er rühmte es und war mit der Mannschaft zufrieden. Er musste sehr reich sein. In seiner Unterhaltung hatte er etwas Feines und Bescheidenes.

---

keinerlei genügende Anordnungen, ausgenommen höchst bescheidene Schritte zur Eigeninitiative vor Ort, vgl. Codex …(wie Anm. 32), 395-446, hier bes. 435 f, die Wartefrau der Warteschule (der damals beginnenden Kinderbewahranstalt), bzw. Frauen und erwachsene Töchter gebildeter und wohlgesinnter Ortsbewohner, in Reihenfolge sich abwechselnd.

50 David Friedrich Strauss (1808-1874), Theologe, freier Schriftsteller; sein Buch: Das Leben Jesu, kritisch bearbeitet. Tübingen 1835, war damals bahnbrechend für die theologische Diskussion.

51 Herkunftsland Batavia bzw. ostindische Kolonien; das heutige Indonesien.

52 Anton Friedrich Justus Thibaut (1772-1840), Jurist, zuletzt seit 1806 Prof. in Heidelberg.

Den 14. August früh fuhren wir, nachdem wir einen Spaziergang durch Haag gemacht hatten, nach Scheveningen, um das dortige Seebad zu sehen. Es regnete, während wir fuhren. Als wir ankamen, hörte es auf, und wir hatten volle Muße, des großartigen Anblicks der offenen See uns zu freuen. Sie ebbte. Wir stiegen hinab an den Strand, und ich ließ das Meer an meine Sohlen spielen. Wir lasen Seemuscheln auf, besahen uns die in das Meer hinausfahrenden Badewagen[53] und fuhren, nachdem wir einige Deutsche gesprochen und eine Erfrischung zu uns genommen hatten, mit der Überzeugung, dass ein längerer Aufenthalt hier zum Tode langweilig sein müsse, zurück. Die Umgebungen von Haag, übrigens gleich Hain, sind sehr schön und machen dem Namen der alten Stadt Ehre. Heute Nachmittag sollten die Beratungen über die Modifikationen des Grundgesetzes im der Ständeversammlung beginnen, und der Batavier hatte mich darauf als eine hochwichtige Sache, die mit der größten Teilnahme werde behandelt werden, aufmerksam gemacht. Ich konnte leider nicht bleiben. Auch hätte ich die im Holländischen geführten Verhandlungen nicht verstanden.

Zwölf Uhr mittags fuhren wir im Eilwagen über Leiden nach Harlem ab. Das Wetter war schön geworden. Die Sonne blickte durch der Zweige Grün. Zu beiden Seiten des Weges war Park. Wunderschöne Baumgruppen, von Schattengängen durchschritten, Gartenhäuser, Blumenbeete, Brücken wechselten ab. Wir kamen kaum aus den Anlagen heraus. Es ist interessant, sich vorzustellen, dass auf dem Boden weniger Geviert[Quadrat-]meilen, der großenteils Park ist und kaum ein Körnchen Getreide hervorbringt, sich die Städte Rotterdam mit 80 000 , Delft mit 40 000, Haag mit 60 000, Leiden mit 30 000, Harlem mit 40 000 und Amsterdam mit 210 000 Einwohnern, die Dörfer ungerechnet, befinden. Wie lebhaft muss der Handel sein, der diese Städte erhält! Wie groß muss der Wohlstand sein, der diese Bevölkerung unterstützt!

In Harlem stiegen wir aus, um auf der Eisenbahn nach Amsterdam zu gehen. Als wir im Posthause unsere Angelegenheiten ordnen wollten, nahm ein junger Mann sich unser an, der es wohl merkte, dass wir mit dem Holländischen nicht gut umzuspringen wussten. Als ich ihn fragte, ob er ein Deutscher wäre, bejahte er es und nannte mich bei meinem Namen Schumann. Es war Herr Klusmann, als Kaufmann in Amsterdam etabliert. Er war einige Jahre in Herrn Gerhards Hause in Annaberg[54] kaufmännischer Angestellter gewesen und hatte dort mich kennen gelernt. Mit zuvorkommender Güte nahm er sich unser an, und in seiner Gesellschaft fuhren wir beide nach Amsterdam, um, wider seinen Willen, da er uns ein besseres Gasthaus zugedacht hatte, in dem von Superintendent Schwarz in Jena[55] und dem auf dem Dampfboot uns bekannt gewordenen Frankfurter Kaufmann Metlage [so?]

53 Badewagen oder -karren, hinausgeschoben ins Meer zumeist für weibliche Badende, zugleich ein Sichtschutz vom Ufer aus.

54 Die Handlung Gerhard war damals eine erste Adresse in der Stadt.

55 Vgl. Anm. 13.

empfohlenen Bethanienhaus[56] in Amsterdam einzukehren. Herr Metlage, der tags zuvor hier hatte eintreffen wollen, kam diesen Abend und trank mit uns sehr heiter eine Tasse Tee. Wir wohnten nicht übel.

Den 15. August gingen wir an der Seite unseres Führers aus und besuchten, vom Regen inkommodiert [belästigt], zuerst das Museum, wo wir höchst ausgezeichnete Bilder der niederländischen Schule fanden, darunter eine Abendschule, deren Lichtreflex nicht zu wünschen übrig lässt,[57] sodann die alte Kathedralkirche [Oude Kerk] mit ihren Glasmalereien, dann Harrys Museum [?], dann den Hafen, dann die neue Kirche [Nieuwe Kerk] mit Ruyters, Speijks und Kinsbergens Grabmälern.[58] An Ruyters Grabmal, auf welchem der alte Seeheld, die linke Hand auf dem Herzen, liegt, ist die Aufschrift schön. Sie gedenkt der vielen Siege des durch sich selbst edel gewordenen Mannes, ohne die Feinde zu beschämen, und [auch] die Abkömmlinge der besiegten Feldherren können ohne Erröten die Aufschrift lesen. Nach Tische besuchten wir unter Herrn Klusmanns, der sich uns widmete, Leitung das Palais oder ehemalige Rathaus, dessen großartige Räume uns mit Achtung vor der ehemaligen Obrigkeit von Amsterdam erfüllten.

Hierauf schifften wir über den Meerbusen Y [IJ], ausgesprochen Ei, nach Nordholland und fuhren zu Lande nach dem wegen seiner Reinlichkeit und des Reichtums seiner Bauern berühmten nordholländischen Dorfe Broek [op Langedijk], gesprochen Bruck. Wir sahen zu beiden Seiten der Straße die weiten Ebenen, auf welchen Tag und Nacht die Rinder bleiben, die den weitverführten [!] Käse von Edam etc. liefern. Als wir in Broek ankamen, fanden wir, wie schon anderwärts, zierlich gepflasterte Straßen. Besonders waren vor den Häusern im Pflaster, zu welchem oft kleine verschiedenfarbige Steine verwendet werden, Arabesken ausgedrückt. Wir durchgingen das Dorf, und eine fast peinliche Reinlichkeit trat uns überall entgegen. Die Häuser, zum Teil klein, aber zierlich gebaut, hatten den neuesten Anstrich. Sie waren meist von Backsteinen. Die Fenster, deren Unterteil beim Öffnen in die Höhe geschoben wird, hatten grüne Jalousien. Unter anderem kamen wir an den Vanderbachschen Garten. Da wir ihn geöffnet fanden, traten wir über die Kanalbrücke hinein und fanden einen in seinen Gängen und Brücken, in seinen Gewächshäusern und Blumenbosketten, in seinen Laubpartien und Felsenanlagen sehr interessanten Platz. Der Gärtner führte uns herum und zeigte uns die prächtigen Exemplare von Oleandern, Balsaminen, Geranien, Georginen etc. Auch hingen unter Glasfenstern mächtige Trauben. Selbst an niedlichen Spielereien fehlte es nicht. Wir traten in eine Bauernhütte, in welcher nach losgelassenem Mechanismus eine Bäuerin spann,

56 Ursprünglich eine Klosteranlage.

57 Vermutlich ist die von Rembrandt van Rijn (1606-1669) im Hell-Dunkel-Kontrast 1642 gemalte Nachtwache gemeint, damals 1837 frisch restauriert.

58 Michiel Adriaanszoonde de Ruyter (1607-1676), Admiralleutnant-General; Jan van Speijk (1802-1831), Marineleutnant, sprengt sich mir seinem Kanonenboot im Kampf gegen die Feinde in die Luft; Jan Hendrik van Kinsbergen (1735-1819), Admiral.

ein Bauer weißte und ein Hund bellte, ein lebendiges niederländisches Gemälde. Freilich ist alles, was man sieht, Kunst. Sobald man ins Freie blickt, sieht man die Rinder Alkmaars [Ort] auf öden Heiden in trägen Gruppen beisammen. Erst spät kehrten wir zurück und fuhren im Mondschein im Angesicht der tausend Lichter von Amsterdam über den ruhigen Spiegel des Y. In Amsterdam selbst durchwandelten wir noch den Neuen Dyk und die Waterstrat, die belebtesten und schönsten Straßen von Amsterdam, wo abends bis gegen Mitternacht die schöne Welt durch die von dem hellsten Gaslicht beleuchteten prunkvollen Kaufmannsläden zu beiden Seiten lustwandelt und sieht und sich sehen lässt.

Den 16. August ging ich aus, um den Pfarrer Lenz an der deutsch-lutherischen Kirche, den beliebtesten Prediger, zu hören. Die Kirche, eine schöne Rotunde [Ronde Lutherse Kerk], war sehr voll. Der Kirchendiener wies mir bei Eintritt einen Platz an und gab mir ein Gesangbuch. Das Gesangbuch war holländisch. Neben mir saßen Männer, die dasselbe Lied aus deutschen Gesangbüchern sangen. Ein Morgenlied und ein Hauptlied wurden gesungen. Unter dem letzten Verse des Hauptliedes trat der Prediger Mynheer Lenz, vor kurzem aus Emden berufen, auf und begann seine Predigt mit einem Gebete, das sich auf den Inhalt seiner Predigt bezog. Seine Stimme, ein guter Tenor, war stark, volltönend und deutlich. Seine Gestalt schlank. Sein Gesicht jugendlich kräftig und ausdrucksvoll. Er glich unserem D. Döhner.[59] Nach dem Gebete verbreitete er sich im Eingange über den Glauben an den Einen Gott, den angeblich alle Völker haben, der aber in der Tat sich verschieden gestalte und auch beim Teufel sei, und dennoch bei den Christen sehr eigentümlich sich aussprechen müsste, wenn er [der Glaube] Gott gefallen solle. Hierauf verlas er Psalm 146,10 und zog nach einem zweckmäßigem Übergange aus dem Text den Satz: Der christliche Glaube an und vor Gott: Gott der König; er ist, o Zion, dein Gott; ihm gebührt Halleluja. Die Begriffe wurden nicht genau bestimmt; die Beweisführung ließ zu wünschen übrig; indessen hatte die Predigt schöne Stellen, lebhafte Naturschilderungen, und machte, durch den Vortrag unterstützt, einen angenehmen Eindruck. Nach der Predigt kam das Kirchengebet, in das er Fürbitten – für die Reisenden, für Kranke etc. – und Danksagungen – für Zurückgekehrte, Entbundene etc. – sofort mit einschloss. Hierauf wurde ein Vers gesungen, nach welchem er den Segen von der Kanzel sprach. Ein Vers schloss.

Ich begab mich zu ihm in die Sakristei, die hinter der Kanzel auf gleicher Höhe mit ihr ist. Ich fand einen angehenden Dreißiger, der, im Hofrocke, kurzen Beinkleidern, Schuhen und Strümpfen, welches die Amtstracht der holländischen Geistlichen ist, Kaffee trank. Er nahm mich freundlich auf. Ich musste mit ihm Kaffee trinken. Die lutherische Gemeinde Amsterdam deutscher Zunge besteht aus etwa 20 000 Seelen. Sie ist getrennt in die alte, welche während der Revolution den früheren Formen treu geblieben ist, und in die Hervormde – d. i. neu organisierte –,

59 Vgl. Anm. 5.

welche, nachdem sie in der Revolution teils neugläubig, teils ungläubig geworden ist, sich wieder geordnet und die geläuterte Glaubensform und Liturgie angenommen hat. Er bedauerte, dass die Schule unabhängig von der Kirche sei, indem der Geistliche, wenn er nicht glücklicherweise in den Kirchenvorstand gewählt werde, keinen Einfluss auf den Unterricht und die Erziehung ausübe. Der Unterricht in der Religion wird von dem Geistlichen besorgt, wenn die Kinder ihm zur Konfirmation übergeben werden, was oft erst im 16. oder 17. Jahr geschieht. Der Konfirmandenunterricht dauert zwei Jahre. Ob früher Religionsunterricht erteilt werde, hängt gänzlich von der Willkür der Lehrer und des Schulvorstandes ab. Gewöhnlich ist er ausgeschlossen oder besteht in biblischer Geschichte. Die Lehrer und Lehrerinnen müssen dem Staate ihre Befähigung nachweisen. Ist das geschehen, so werden sie lizenziert. Er ließ dem deutschen Schulwesen vor dem holländischen vollkommene Gerechtigkeit widerfahren.

Noch muss ich erwähnen, dass die gegen Mittag [Süden] gehenden Fenster der Kirche mit grünen Vorhängen versehen waren, dass ein Klingelbeutel nicht umging, aber an den Ausgängen Älteste mit Büchsen standen.

Zu Mittag aßen wir mit Herrn Klusmann und lernten die berühmte Schildkrötensuppe kennen. Nach Tische fuhren wir, von unserem neuen Freunde zur Post begleitet, der uns die Plätze im Kabriolet gesichert hatte, ab, passierten Dörfer und Städte, wo die Holländer in ihrem Sonntagsstaate, Tabak rauchend, sich amüsierten, und kamen in drei Stunden nach Utrecht. Reizende Landhäuser, von den niedlichsten Gärten umgeben, lachten uns überall entgegen.

Den 17. August nahmen wir Utrecht und seine Umgebungen in Augenschein. Der Spaziergang durch die berühmte Maliebaan, eine achtfache Baumreihe, zog uns besonders an. Der Sinkelsche Laden präsentierte sich höchst grandios. Es ist dies der Laden eines Mannes,[60] der mit nichts angefangen hat, aber durch Geschick, Tätigkeit und Glück sich dergestalt emporgearbeitet hat, dass er in den vornehmsten Städten Hollands und Belgiens die ersten Geschäfte in offenen Läden macht und mindestens hundert Kommis [Angestellte] und Ladenjungfern beschäftigt. In Amsterdam ist sein Laden der prachtvollste der Kalverstraat. Da mir Zeit übrig blieb, so besuchte ich noch den Pastor Zimmermann, den Vorstand der lutherischen Kirche in Holland, einen angehenden Fünfziger, einen freundlichen Mann. Er tat sich bald auf und teilte mir entsprechende Notizen über die deutsch-lutherische Kirche in Holland mit.

Um elf Uhr fuhren wir von Utrecht ab. Bei Wageningen schieden sich die Posten [Postrouten], und wir gingen mit Herrn [Leonhard] Hissel, einem Fabrikanten aus Barmen, und seiner Tochter nach Nijmegen. Herr Hissel gehörte zum Barmer Kirchenrate. Er war ein einfacher, gerader Mann. Seine Tochter schien eine höhere Bildung erhalten zu haben. Beide waren religiös. Herr Hissel ließ Krummachers

60 Michael Anton Sinkel (1785-1848), geb. in Cloppenburg/Herzogtum Oldenburg.

Predigttalent[61] große Gerechtigkeit widerfahren. Es sei merkwürdig [bemerkenswert], wie glücklich er die Bibel erkläre und wie vielseitig er sie anwende. In den scheinbar unfruchtbarsten Stellen wisse er mit seiner herrlichen Kombinationsgabe den größten Reichtum evangelischer Wahrheiten springen zu lassen. Überdies besitze er eine tiefe Menschenkenntnis, eine merkwürdige Gewalt über die Sprache, eine ganz entschiedene Glaubensansicht und imponiere durch diese Eigenschaften so, dass er unwiderstehlich erscheine. Ob Krummacher sittlich fest sei, stellte er in Zweifel. Dem einfachen Manne wollte nicht in den Kopf, dass Krummacher dem Kirchenvorstande von Barmen das gegebene Wort, er werde seine geliebte Gemeinde nicht verlassen, bei der zweiten Berufung nach Elberfeld gebrochen habe. Er entschuldigte ihn zwar mit der Zahl der Kinder, die er zu erziehen habe, mochte ihn aber nicht für gerechtfertigt erklären. Meine Bemerkung, dass, wer die Kraft habe, in größerem Kreis zu wirken, auch, wenn er sich ihm öffne, die Pflicht dazu habe, wollte er nicht gelten lassen. Er bemerkte übrigens, dass bei ihnen die Geistlichen hoch geachtet würden. Die Tochter konnte nicht vergessen, dass sie von Krummacher getraut worden war. Wir schieden in Nijmegen, wo sie blieben, mit Rührung voneinander, und fast wären sie mit uns weiter gereist, gleich dem holsteinschen Pfarrer Kellner, den wir auf der Fahrt nach Köln kennen lernten, und der, uns zu Liebe, von Köln nach Düsseldorf ging, und in Düsseldorf, nachdem er uns an's Dampfboot begleitet hatte, noch zurückeilte, um seine Effekten [Gepäck] zur Weiterbegleitung zu holen, und selbst in Wesel, wo er ausstieg, noch mit Tränen im Auge zögerte, und den Gedanken, uns zu begleiten, nicht aufgab. Schöne Erinnerungen flüchtiger, aber unvergesslicher Bekanntschaften.

Den 18. August. Wir waren die Nacht nach Kleve und Xanten gefahren und kamen früh sechs Uhr durch Krefeld.[62] An der preußischen Grenze wurden, wie bei dem Eintritte ins Holländische geschehen war, unsere Effekten visitiert, aber, da offenbar war, dass sie bloße Reisenotwendigkeiten enthielten, flüchtig und mit Artigkeit. Gern wären wir in Kleve geblieben, um unseren Freund Oppenfast, Sohn des dortigen Präsidenten, einen sehr instruierten und uns lieb gewordenen jungen Mann, dessen Bekanntschaft wir auf dem Dampfboot gemacht hatten, zu besuchen. Der Eilwagen zögerte nicht. Gern auch hätten wir Xanten, das alte Castra Vetera, wo römische Ausgrabungen gemacht werden und Siegfried spielt [Nibelungensage], beaugenscheinigt. Gern hätten wir in Krefeld Freund Hänel [Verwandtschaft], der dort etabliert ist, besucht. Alles umsonst. Der Eilwagen flog rastlos nach Köln, wo wir mittags ein Uhr ankamen. Unsere Gefährten waren ein Apotheker aus Wesel und dessen Tochter, in deren Umgang die Zeit uns schnell und angenehm verging.

In Köln aßen wir zu Mittage, einen Herrn Ter Meer aus Krefeld, der Herrn Hänel gut kannte, treffend, im Mainzer Hofe sehr angenehm. Hier benutzte ich wieder

61 Friedrich Wilhelm Krummacher (1796-1868), ref. Erweckungstheologe; Wechsel nach Elberfeld 1834, 1847 Berlin Dreifaltigkeitskirche, 1853 Hofprediger in Potsdam.

62 Die Eilwagen fuhren sehr häufig nachts.

meine Personalkarte, und wir bestiegen ein rückwärts gehendes Dampfboot, auf welchem wir neun Uhr in Bonn ankamen. Wir stiegen im Stein [so?] ab.

Der Herr Apotheker Schmithals, den ich erwähnt habe, erzählte mir, dass die rheinländischen und westfälischen Geistlichen sich gut an den Chorrock [hier: Talar] gewöhnt haben. Anfangs haben sie ihn entschieden zurückgewiesen. Der Sanskülottismus [!] der Franzosenzeit sei so weit gegangen gewesen, dass einzelne Geistliche in der Jacke gepredigt haben. Die Regierung hat das den Geistlichen früher bestimmt gewesene Mäntelchen den Küstern angewiesen. Darauf hatten sich die Geistlichen bereit finden lassen, den Chorrock anzulegen, und urteilen nun, dass die Regierung besser als sie für ihre Würde gesorgt hat. Jede Gemeinde hat einen Kirchenvorstand, in welchem der Geistliche den Vorsitz führt. Die Geistlichen bilden Synoden, zu denen die Hälfte Laien gezogen wird. Bei der von Zeit zu Zeit gehaltenen Generalsynode führt der Bischof Roß,[63] ein ehemaliger rheinländischer Pfarrer den Vorsitz. Er ist am Rhein sehr begütert, hat die Regierung unterstützt und ist jetzt zum Grafen erhoben. Die Anträge der Synoden sind von der Regierung wenig berücksichtigt worden. Die Regierung fürchtet hierarchische Tendenzen, die auch, da die Geistlichen leicht ihr Wohl mit dem Interesse der Kirche verwechseln, sehr nahe liegen.

Den 19. August früh gingen wir aus, Bonn zu besuchen. Bonn liegt reizend am Rhein. Man hat eine herrliche Aussicht auf das Siebengebirge. Wir gingen in das akademische Gebäude, das ehemalige kurfürstliche Schloss, und ließen uns die schönen Bilder in der Aula[64] zeigen. Die Geschichte der vier Fakultäten ist, angeblich unter Cornelius' Leitung, von Götzenberger herrlich gemalt.[65] Bei der Religion steht die Offenbarung im Hintergrund, in überirdischem Glanze. Von ihr aus gehen rechts die Glaubenden, links die Forschenden. Unter den Forschenden stehen Wiclif, Huß, Luther, Zwingli. Unter den Glaubenden mehrere römische Theologen. Unten nähern sie sich, und ein Glaubender forscht und ein Forschender – Schleiermacher – glaubt. Bei der Rechtskunde steht [Göttin] Themis im Hintergrunde und die Parteien scheiden sich abermals in Gründer des göttlichen und Gründer des menschlichen Rechts. Rechts stehen Lykurg, Solon etc., und links Moses etc. Bei der Medizin tritt Jesus aus tiefem Dunkel hervor. Naturforscher und Ärzte gruppieren sich, viele in Porträtähnlichkeit, zu beiden Seiten. Bei der Philosophie thront die Wahrheit auf der Höhe. Rechts sind die Forscher, Sokrates, Plato etc. bis auf den großartig unten sitzenden Goethe. Links sind die praktischen Leute, die Maler, Bildhauer, Musiker etc., unter ihnen Raphael, Michel Angelo.

63 Wilhelm Roß (1772-1854), Generalsuperintendent und Bischof (Ehrentitel) der Kirchenprovinz Rheinland und Westfalen 1836-1846 (Rücktritt), Graf seit 1830.

64 Ausmalung 1823-1836; damals häufiges Reiseziel, inzwischen Verlust.

65 Peter (von) Cornelius (1783-1867); Jakob Götzenberger (1802-1866).

Auch besuchte ich die Bibliothek, die ein ausgezeichnetes Lokal hat. Gegen Mittag ging ich zu Nitzsch,[66] der als Dogmatiker am Rhein glänzt. Er hatte sich noch nicht ganz mit Bonn ausgesöhnt, rühmte aber das treue Zusammenhalten der kleinen norddeutschen Gemeinde. Klees[67] Weggang und Tod bedauerte er sehr. Klee wäre offen und zuverlässig gewesen. Augusti,[68] den ich hierauf besuchte, ein sehr munterer Greis, erging sich scherzend über die Bestrebungen, die Kirche vom Staate zu trennen. Er glaubte, eine trostlosere Zukunft der Kirche nicht versprechen zu können, als wenn sie nach dem Beispiel der ersten drei Jahrhunderte ihre Autonomie zurückerhielte. Man solle überzeugt sein, dass die Regierung in der Regel aus den unterrichtetsten, vorzüglichsten, urteilsfähigsten und für das allgemeine Beste interessiertesten Männern bestünde, während die kleinen Kirchenvorstände aus unwissenden, befangenen, parteisüchtigen, leidenschaftlichen und beschränkten Köpfen bestehen. Er habe dies hier am Rhein sattsam gesehen. Er sei selbst Mitglied des Bonner Kirchenvorstandes und wisse, wie es zugehe.

Nach Tisch fuhren wir auf den Godesberg, eine etwa zwei Stunden von Bonn entfernte höchst malerisch auf einem Berge gelegene Burg, die in Folge der vom Erzbischof von Köln Hermann von Truchseß vorgenommenen Religionsveränderung erobert und geschleift wurde. Hermann hatte sich mit seiner schönen Agnes bis zum Hungertode gehalten. Was wäre geworden, wenn Hermann über die starren Domherren gesiegt hätte? Der ganze Rhein wäre evangelisch.[69]

Von hier gingen wir hinunter auf den Drachenfels. Wir ritten hinauf! Welch' ein Punkt. Soweit das Auge reicht, malerische Bergformen. Unten der majestätische Rhein! In demselben die Insel Nonnenwerth mit der Klosterruine. Gegenüber Rolandseck mit seiner zerbrochenen Burg. Insel und Burg, umschwebt von den Schatten des Toggenburgers und seiner Geliebten![70] Überall Weinberge und Laubhölzer! Auf dem Rheine ein fröhliches Leben von auf- und abwärts eilenden Dampfschiffen. Der Drachenfels ist einer der schönsten Punkte am Rhein. Ungern trennten wir uns von der schönen Ruine. Wir plätscherten über den Rhein zurück, bestiegen unseren Wagen und waren acht Uhr in Bonn, hoch beglückt durch einen genussreichen Tag.

---

66 Karl Immanuel Nitzsch (1787-1868), seit 1822 in Bonn Prof. für Syst. u. Prakt. Theologie, Universitätsprediger.

67 Heinrich Klee (1800-1840), Prof. für Exegese und Kirchengeschichte an der Kath. Fakultät, 1839 Theol. Fakultät München.

68 Johann Christian Wilhelm Augusti (1772-1841), 1819 Bonn Prof. primarius.

69 Dieser romanhafte Bericht verwechselt den ebenfalls dem Protestantismus zugewendeten Erzbischof von Köln Hermann V. von Wied (1477-1552) mit dem Erzbischof von Köln Gebhard I. Truchseß von Waldburg (1547-1601), der wegen der Heirat mit Agnes von Mansfeld sein Amt aufgab und evangelisch wurde; während der Belagerung der Godesburg 1583 gelang beider Flucht.

70 Die topographische Situation von Nonnenkloster gegenüber der Burg weckte die elegische Erinnerung an die damals vielfach zitierte unerfüllte schmachtende Liebe des Ritter Toggenburg hinein bis in den Tod, Ballade von Friedrich Schiller, 1797.

Den 20. August. Um acht Uhr begaben wir uns auf's Dampfboot. Katharine Bensen aus Wesel und die beiden Schwestern von Hans aus Barmen wurden interessante Begleiterinnen von meiner Frau. Ich aber machte die Bekanntschaft eines Rostocker Geistlichen, namens Koch, und eines zweiten Geistlichen, namens Vroom. Vroom war nicht so gut unterrichtet wie sein Amtsbruder Ott, den ich auf dem Wege nach Rotterdam kennen lernte und der im geläufigen Latein sich über unsere Exegeten und Dogmatiker mit tiefer Sachkenntnis aussprach, aber [er war] ein schöner und dabei geselllig fein gebildeter Mann. Mit ihm und seiner Frau bestiegen wir, als wir in Koblenz im Riesen angekommen waren, bald latein, bald französisch sprechend, die mächtige Festung Ehrenbreitstein und erfreuten uns der herrlichen Aussicht. Gegen Sonnenuntergang eilte ich noch auf die im 14. Jahrhundert mit Ablass aus Lava erbaute Moselbrücke.[71] Ich sah in scharfen Umrissen den Ehrenbreitstein, sah den glühenden Sonnenstrahl in die Mosel sich tauchen, sah die trierischen Berge, hörte die schöne Militärmusik vom Petersberge herüber und wartete, bis sanft das Dunkel auf die Stadt sich senkte.

Den 21. August benutzten wir dazu, vorerst uns mit Koblenz genauer bekannt zu machen. Wir durchwanderten die vornehmsten Straßen, besahen uns das Schloss, jetzt eine weitläufige Kaserne, und bestiegen, nach genommenen Frühstück, den nach Ems gehenden Eilwagen, um dort teils das Bad zu sehen, teils einen Landsmann, Herrn Bergmeister Oelschlägel, für den ich ein Paar Stiefel aus Frankfurt mitgenommen hatte, die freilich den Umweg über Holland gemacht hatten, aufzusuchen. Der Weg war heiß und langweilig. Wir fanden Ems in Absicht auf seine Lage Karlsbad überaus ähnlich. Es liegt zwischen sehr hohen, steilen, in geognostischer Hinsicht merkwürdigen Bergen. Wir kosteten die Quellen. Wir sahen den Kursaal und die hinter Wiesbaden weit zurückstehende Kolonnade. Der Besuch war nicht zahlreich. Die Gesellschaft hatte sich geteilt und schien sich zu langweilen. Freund Oelschlägel fanden wir nicht zu Hause, konnten ihm aber durch den Postsekretär, bei dem er wohnte, die Stiefel zukommen lassen. Gegen fünf Uhr setzten wir uns in den Eilwagen, um nach Koblenz zurückzukehren. Unsere Gesellschaft, zwei Brüder aus Trier, Arzt und Kaufmann, deren letzterer die Handlung Eisenstuck & Companie [in Annaberg] und ihren Reisenden, Herrn Franke, gut kannte, war sehr angenehm und verkürzte den Weg.

Den 22. August früh sechs Uhr stiegen wir in das Dampfboot Viktoria, das zu Ehren der Königin von Württemberg,[72] die aus Holland kam und ihre Reise weiter fortsetzte, festlich geschmückt war. Die Fahrt war reizend. Der Himmel von ausgezeichneter Schönheit. Wir sahen die hergestellten Burgen Stolzenfels an der Lahn und Rheinstein, die Trümmer der Burgen Marksburg, Sternberg, Liebenstein, Gutenfels, Schönburg, Falkenberg, die malerisch gelegenen Städte Rhens, Boppard, St. Goar,

71 Balduinbrücke, vierzehnbogig, aus Basaltlava, wegen der Pilger seitens des Papstes mehrfach mit Ablässen gefördert.

72 Pauline, Königin von Württemberg (1800-1873).

Oberwesel, Kaub, Bacherach und Lorch. Die Städte hatten großenteils ein sehr dürftiges Ansehen. Sachverständige versicherten, dass sie durch die Dampfschiffahrt zu Grunde gerichtet würden. Der Weinbau rentiere nur selten und sei dergestalt, namentlich im Nassauischen, mit Abgaben belastet, dass er den Weinbauern wenig Kräfte gebe. Die Schiffahrt habe aufgehört, indem die Dampfboote alles besorgen. Gartenbau, Feldbau und Viehzucht sei wenig vorhanden. Fabriken sehe man gar nicht. Das Glück der Rheinanwohner sei keineswegs so groß, als es scheine, und nur noch in den Hauptstationen Köln, Bonn, Koblenz und Mainz zu Hause. Übrigens gereiche den nassauischen Untertanen zum Nachteil, dass fast ihr ganzes Land in den Händen weniger großer Grundstücksbesitzer, namentlich des Herzogs,[73] sei und sie vom Tagelohn, Holzmachen etc. leben müssten.

Zu Mittag trafen wir in Bingen ein. Wir aßen und eilten, nachdem wir abgegessen hatten, den Rheinstein [Burg] zu besuchen. Er erhebt sich malerisch unterhalb des Binger Lochs, Assmannshausen gegenüber, zwischen Gebüsch und Felsen empor. Wir schwammen nun [hinüber] nach Assmannshauen und setzten uns dort auf die gemieteten Esel, um auf den Niederwald zu reiten. Wir kamen endlich an der Rossel [Aussichtspunkt] an und schauten hinab auf den Rhein, auf Bingen, auf die malerischen Ufer. Sodann ritten wir durch den prächtigen Buchenwald und entschlossen uns, da es uns mit Rheinfels fehlgeschlagen war, nach Johannisberg zu reiten. Der Führer billigte es sehr, der Schelm wusste wohl, dass, wir mochten etwas sehen oder nicht, er die doppelte Gebühr erhalten musste. Der Weg führte durch Hochwald und Niederwald, durch mageres Feld und öde Heide, und brachte uns, als es dämmerte, nach Johannisberg. Wir mussten rasten, da Menschen und Tiere müde und hungrig waren. Das Schloss konnten wir nicht mehr sehen. Nur gewöhnlichen Johannisberger konnten wir in dem elenden Gasthof kosten. Im Finstern zogen wir hinunter nach Geisenheim. Hier lohnte ich Esel und Führer ab, mietete mir, da es Nacht war, für die doppelte Gebühr ein Schiff und schwamm auf dem kühlen Rhein durch die dunkle Nacht in einsamer Stille, wo man nichts als den monotonen Ruderschlag hörte, dem zwei Stunden tiefer unten liegenden Bingen zu. Für etwa 9 Taler Aufwand hatte ich Strapazen gehabt und nichts gesehen, die Rossel ausgenommen, die in einer halben Stunde erstiegen werden konnte.

In Bingen trafen wir einen Frankfurter Liederkranz, der trefflich sang. Von meinem Führer vernahm ich unterwegs, dass trotz der schönen Waldungen das Holz teuer sei und eine [!] Klafter hartes Holz 22 Fl. [Gulden] koste, dass in den Privatwaldungen kein Lesetag, in den herzoglichen Waldungen wöchentlich ein Lesetag, jedoch ohne Astreißen, gestattet werde, dass die Steuern bedeutend seien und auch der Ärmste auf den Termin 5 dr. [Pfennige], was jährlich vier bis fünf Mal wiederkehre, zahlen müsse, dass der Wein verzehntet werde, dass Schulpflichtigkeit der Kinder stattfinde und für ein Kind jährlich mindestens 1 Gulden

73 Vgl. Anm. 38.

Schulgeld gezahlt werde, dass der Schulbesuch streng kontrolliert werde, und dass für die erste unentschuldbare Versäumnis 5 Pfennige und im Wiederholungsfall 10 Pfennige gezahlt werde, dass Schulgeld und Kleidung notorisch armen Kindern aus der Gemeindekasse geleistet werde, dass die Pfarrer streng angewiesen wären, kein Kind ohne Befähigung zu konfirmieren, dass der Lehrer jährlich mindestens 80 Gulden Fixum und außerdem einen Garten und einen Weinberg habe, dass, wo die Geschlechter geschieden seien, für die Mädchen Lehrerinnen angestellt seien.

Den 23. August früh bestieg ich den Berg, auf welchem die Rochuskapelle bei Bingen liegt. Er hat eine ausgezeichnet schöne Lage und beherrscht den ganzen Oberrhein. Der untere Teil des Berges ist mit Reben bepflanzt, welche den berühmten Scharlachberger bringen. Der obere Teil ist größtenteils mit Laubholz bestanden, durch welches sehr hübsche Gänge führen. Es war eine Wallfahrt, und Scharen geschmückter Frauen und Mädchen, an der Seite eleganter Herren, zogen hinauf. In der Kapelle wurde Gottesdienst gehalten. Sie war überfüllt, und einen großen Teil der Wallfahrer sah man rings um die Kapelle knien. Andere wandelten. Noch andere hielten Früchte und Gebackenes feil. Die Sonne glänzte hell auf die festliche Schar und gab der ganzen Szene etwas Malerisches, Südliches, Griechisches. So sind die Griechen auf das Vorgebirge Sunium[74] gezogen.

Zu Mittag betraten wir wieder das Dampfboot und fuhren bei Johannisberg, Biebrich, Mainz, Weisenau und Worms vorbei. Abends neun Uhr kamen wir in Mannheim an. Ein junger Rheinpreuße, der, Jurist, nach München ging, um seinen Onkel Boisserée[75] zu besuchen, war unser erlesenster Gefährte. Er war dem trefflich unterrichteten Oppenfast aus Kleve [18. August] nicht unähnlich, und ich bedaure, dass ich seinen Namen nicht erfragt habe.

Den 24. August durchwanderten wir einen Teil von Mannheim, das bekanntlich höchst regelmäßig gebaut ist und ergötzten uns besonders an der Fruchtbarkeit eines größeren, aber nicht durchaus wohl erhaltenen Gartens. Um zehn Uhr fuhren wir mit der Post nach Heidelberg ab. Herr Verry aus Birkenfeld war unser Begleiter. Er versicherte, dass die Birkenfelder mit der Oldenburger Verwaltung höchst zufrieden seien.[76] Auch hier ist die Schulpflichtigkeit durchgängig eingeführt. Der Lehrer hat 80 bis 300 Gulden Fixum, außerdem 2 Morgen Ackerland, 2 Morgen Wiesenland und 10 Ruten Garten. Für das Kind wird jährlich mindestens 1 Gulden Schulgeld bezahlt. Man geht damit um, wie im benachbarten Preußischen, für Mädchenschulen Lehrerinnen anzustellen. In jeder Gemeinde besteht ein Schulvorstand, dessen

74 Überregionales Poseidonheiligtum an der Südspitze von Attika.

75 Sulpiz Boisserée (1783-1854), Architekt, Mitbegründer des Dombau-Vereins Köln, verkaufte seine Sammlung mittelalterlicher Tafelmalerei nach München; dort zeitweilig in verschiedenen Funktionen tätig.

76 Das Territorium des damaligen kleinen Fürstentum Birkenfeld, 1817 dem Herzog von Oldenburg unterstellt, liegt heute zumeist südwestlich in Rheinland-Pfalz.

Vorsitzender der Prediger ist. Der Prediger muss zweimal wöchentlich in der Schule Religionsunterricht erteilen.

Nach Tische fuhren wir nach dem zwei Stunden entfernten Schwetzingen, dessen Garten für den ersten Garten Deutschlands gilt. Wir traten durch das Schlosstor ein und sahen im Garten fünf Fontänen, die ihre Wasserstrahlen schleierartig fallen ließen. Hierauf nahmen uns Baumgänge auf, die uns zu einem Tempel der Minerva, zu einer Moschee, zu einem Tempel des Apollo, zu einem See, zu den Trümmern einer römischen Wasserleitung, zu einem Badehause und sonst führten. Ein merkwürdiges Gemisch von Deutschem und Fremdem, Antikem und Modernem, Heiligem und Unheiligem tritt dem Besucher in diesem Garten entgegen, beschäftigt aber angenehm, zumal da die Natur überall mit ihrer unerschöpften Jugendkraft ihre Pflanzen und Bäume mit dem schönsten Laubschmuck und Blütenreize überkleidet. Während wir die Merkwürdigkeiten beschauten, trat uns Madame Maurer [geb. Hänel] mit ihrem Mann und ihren Schwestern entgegen. Sie war erst kürzlich vermählt und machte mit Ihrem Manne eine Rheinreise. Zu den schönsten Sprüchen, die dem Koran entnommen, in der Moschee über den Eingängen stehen, gehören:

Wegen der Rose begießt man die Dornen.
Einsamkeit ist besser als böse Gesellschaft.
Reden ist Silber, Schweigen ist Gold.
Ein Laster des Weisen gilt für tausend.
Reichtum und die Welt vergehen,
Gute Handlungen bleiben ewig.
Der Tor hat das Herz im Munde,
Der Weise die Zung' im Herzen.
Ohne Hoffnung gelingt kein Werk.

Den 25. August bestiegen wir die Schlossruine. Sie ist die schönste, die man sehen kann, und Heidelberg würde viel verlieren, wenn man jemals daran dächte, das Schloss wieder herzustellen. Auch ritten wir hinauf den Königsstuhl, den mit einem schönen Turme versehenen höchsten Berg der Umgebungen. Wir wurden nicht belohnt. Der Horizont war trüb und hinderte die Umsicht.

Nach Tische besuchte ich den Herrn D. Paulus,[77] den Veteran der protestantischen Theologie. Kaum fand ich ihn. Der achtzigjährige Greis wird in Heidelberg fast vergessen. Er war munter. Er versicherte, trotz dass er seine Ansichten nicht ändern könnte, sehr duldsam zu sein, jede einigermaßen begründete Ansicht zu ehren, aber ein abgesagter Feind aller Unwissenschaftlichkeit, Gedankenträgheit, Kopfhängerei, Scheinheiligkeit und fauler Niederträchtigkeit zu sein. Über Professor Rothe,[78] den

77 Heinrich Eberhard Gottlob Paulus (1761-1851), 1811-1844 Prof. Universität Heidelberg; galt als Haupt eines bibelkritischen Rationalismus.

78 Richard Rothe (1799-1867), 1837 in Heidelberg Prof. für Neues Testament, Dogmatik und Praktische Theologie; anregend war seine These, die Kirche solle in einem sittlichen Kulturstaat aufgehen.

ich hatte besuchen wollen, hielt er sein Urteil zurück, ließ aber seiner Gelehrsamkeit und seinem Scharfsinn viele Gerechtigkeit widerfahren. Er bedauerte, dass unter dem fürstlichen Schutze der aus Württemberg herübergekommenen Erbgroßherzogin der Pietismus Platz greift, hoffte aber, dass die Erscheinung, unfähig, Wurzel zu greifen, bald vorübergehen würde. Das Theologische Seminar[79] zählt etwa neun bis zehn Zöglinge. Er hielt es für eine sehr glückliche Schöpfung und urteilte, dass die evangelischen Kandidaten durchaus besser als bisher für ihren wichtigen Beruf vorbereitet werden müssten. Gern hätte ich die Herren Dittenberger[80] und Rothe, Direktoren des Homiletischen Seminars, gesprochen. Ich traf keinen von ihnen zu Hause, traf sie auch nicht im Museum, in das ich mich begab. Nicht ohne Verdruss, den Nachmittag großenteils verloren zu haben, begab ich mich nach Hause.

Den 26. August früh halb sechs fuhren wir mit einem Händler, einem gescheiten und munteren Burschen, nach Frankfurt ab. Wir fuhren durch Nauheim [südlich Rüsselsheim], wo ich das Haus sah, in welchem man Luther Worms gezeigt und vermahnt, aber die Antwort empfangen hatte, dass er hingehen würde, wenn so viel Teufel in Worms als Ziegel auf den Dächern wären, und verfolgten die Bergstraße durch Weinheim und Heppenheim, am Melibokus [517 m] und den anderen schönen Bergspitzen des Odenwalds vorüber. Es ist ein reizender Winkel Erde. Rechts steigen schöne Weinberge, oben mit Laubholz bestanden, empor, links sind fruchtbare Gärten und Felder. Die Obstbäume, vielfach gestützt, brachen unter ihrer süßen Last. In den Weinbergen trugen Mandelbäume, süße Kastanien, Pfirsiche ihre edlen Früchte. An der Straße standen Walnussbäume. Hier hätten wir bleiben mögen. Hier gefiel es uns besser als am Rhein. Schöne Natur, üppige Fruchtbarkeit, glücklich verteilter Wohlstand trat uns überall entgegen. Über Darmstadt, wo wir zu Mittag speisten und mit dem Züricher Kaufmann Herrn Bodmer zusammentrafen, fuhren wir nach Frankfurt, wo wir, weil wir im Schwan kein Unterkommen fanden, im Römischen Kaiser abstiegen.

Den 27. August besuchte ich zunächst Bruder Emil, den ich gesund und wohl in seinem Geschäfte antraf. Es war mir erquickend, nach längerer Abwesenheit, während Hunderte von Gesichtern an mir vorübergegangen waren, mich wieder an Emils, des treuen Bruders, Anblick ergötzen zu können. Hierauf suchte ich Herrn Ziegler, Herrn Lessing, die Herren Höhner und P… auf. Auch ließ ich meinen Wagen, den Herr Burk [der Weinhändler] in Verwahrung genommen hatte, zurückbringen. Zu Mittag aßen wir bei dem Herrn Geheimrat D. Lejeune,[81] Emils ehemaligem Hauswirt, und befanden uns in der ungezwungenen Gesellschaft des

79 Es handelt sich um das 1838 von Rothe gegründete Predigerseminar, dessen Vorbild er aus Wittenberg, dort als Ephorus, mitbrachte.

80 Theophor Dittenberger (1807-1871), in Heidelberg ab 1832 als Stadtpfarrer und akademischer Lehrer; liberaler Theologe, 1852 Oberhofprediger in Weimar.

81 Franz Adam Lejeune (1765-1854), Dr. med., erfolgreich praktizierender Arzt, Pestalozzi-Anhänger.

heiteren Familienkreises sehr wohl. Nachmittags fuhren wir mit Herrn Lessing auf die Mainlust[82], wo wir in der Tat uns belustigten, und sahen abends im Theater Norma. Allerdings hatte das Stück etwas Monströses, weil wegen einer italienischen Sängerin, die die Norma gab, die Rollen der Norma, der Adalgisa und des Sever italienisch gesungen wurden, es gefiel aber dennoch wegen des herrlichen Gesanges der Italienerin Monnard und des glücklichen Zusammenspiels.[83] Wir aßen zur Nacht im Schwan, wo ich die Bekanntschaft Herrn V… aus Hohenstein, eines von mir längst hoch geachteten Mannes, machte, und Herrn Ziegler, Herrn P… und den Schweizer, Herrn Bodmer, traf.

28. August früh schrieb ich nach Hause, Herr Lejeune besuchte uns. Hierauf machte ich teils Besuche, teils Einkäufe. Bruder Emil aß mit uns Mittag. Nach Tische fuhren wir mit Herrn Lessing nach dem Forsthaus, einer vorzüglich schönen Waldpartie. Abends aßen wir wieder im Schwan. Herr V…, Herr Ziegler, Herr P…, einige andere, zum Teil Elberfelder Kaufleute, waren Mitglieder der Gesellschaft. Wir waren sehr vergnügt, und ich hatte Gelegenheit, zu sehen, wie wohl der selige Vater sich in diesem ebenso gebildeten als gemütlichen Kreis von Männern hätte befinden müssen.

Den 29. August früh acht Uhr fuhren wir von Frankfurt über Offenbach, Seligenstadt, wo die Gebeine Eginhards und Emmas liegen,[84] und Obernburg nach Wertheim. Offenbach ist schön, Seligenstadt alt, Obernburg elend, Wertheim herrlich gelegen, Miltenberg, die letzte Station vor Wertheim, liegt ebenfalls sehr schön, ist aber inwendig hässlich, manchem Menschen vergleichbar, der ein schönes Äußere hat, in seinem Herzen aber schmutzige, enge, von elenden Krämergesinnungen bewohnte Gassen. In Wertheim schmollt der Graf über die verlorene Reichsunmittelbarkeit.[85] Der Wein ist köstlich und vermag ihn zu trösten.

Den 30. August fuhren wir im Nebel von Wertheim ab und gelangten gegen Mittag nach Würzburg. Wir besuchten die Wachtparade, den Dom, das Schloss und den Hofgarten. Unser Führer zeigte uns die Krypta, wo der Punkt ist, an welchem der selige Kilian in der Nähe eines Brunnen ermordet ward.[86] Das Schloss ist von ausgezeichneter Regelmäßigkeit, die Schlosskirche schön, reich, überladen. Im Hofgarten war Militärmusik, und schön geschmückte Frauen lustwandelten in großer Zahl mit feinen Herren. Wir sahen das Haus des ehemaligen Bürgermeisters

82 Vergnügungsanlage auf der kleinen Insel im Main.

83 Die Arien der anderen Rollen wurden in deutscher Sprache gesungen.

84 Einhard (um 770 - 840), Vertreter der Karolingischen Renaissance, u. a. Verf. der Vita Karoli Magni; Laienabt des Klosters im späteren Seligenstadt, Emma vermutlich seine Ehefrau; die Gebeine beider aus dem ihnen zugeschriebenen Sarkophag in der Einhard-Basilika sind offenbar original (2005).

85 Georg zu Löwenstein-Wertheim-Freudenberg (1775-1855), seit Tod des Vaters 1816 Fürst.

86 Kilian (um 640 - um 689), irischer Missionsbischof und Märtyrer.

D. Behr[87] und dessen Gattin am Fenster. Um zwei Uhr fuhren wir wieder fort und eilten durch flache Gegenden bis Burgwindheim, wo wir übernachteten. Vorher sahen wir noch die neue Kirche von Kloster Ebrach.[88]

Den 31. August früh fuhren wir von Burgwindheim ab und kamen etwa zehn Uhr nach Bamberg. Wir frühstückten, besahen uns den Dom, der durch die Restauration allerdings sehr gewonnen hat,[89] und den Michelsberg, von welchem aus man eine herrliche Aussicht auf die Stadt und Umgegend hat. Auf dem Michelwege ist das ehemals fürstbischöfliche Schloss, jetzt Stadtarmenhaus. In der Kapelle ist in Gemälden das Leben des Bamberger Heiligen Otto dargestellt,[90] dessen Grabmal auch oben ist.[91] Er ist bekanntlich der Apostel der Pommern und hat unvergängliche Verdienste um ihre Bekehrung. Nachdem wir gegessen hatten, fuhren wir nach Coburg ab.

Es ist noch anzumerken, dass es in Bamberg, wie in Prag, Englische Fräuleins[92] gibt, die sich der Erziehung der Kinder widmen. Sie haben vier verschiedene Schulen [Bildungszweige], in welchen Mädchen ohne Unterschied der Konfession aufgenommen werden. Den Religionsunterricht erhalten die Kinder von den betreffenden Geistlichen. Die katholischen Kinder besuchen die Schule mindestens bis zum 12. Jahre. Von da aus müssen sie noch die Sonntagsschule bis zum 18. Jahr besuchen, mit welcher kirchliche Examina verbunden sind. Als Schulgeld wird jährlich 1 1/4 Gulden bezahlt. Hat das Kind die Schule verlassen, so gibt es für die Feiertagsschule die Hälfte. Die Pfarrer in Franken müssen mindestens zweimal in der Schule wöchentlich erscheinen und den Religionsunterricht erteilen. Gewissenhafte Pfarrer erscheinen täglich.

Der Wirt im Deutschen Hause, ein Protestant, rühmte den Bischof von Bamberg[93] als hell denkend, billig und human, im Gegensatz des Bischofs von Würzburg,[94] der

87 Wilhelm Joseph Behr (1775-1851), Staatsrechtslehrer, 1821-1832 Bürgermeister, abgesetzt und politische Haft und Verfolgung.

88 Zisterzienserkloster, 1803 säkularisiert. Neu bezieht sich wohl vor allem auf die opulenten Baumaßnamen in Barock und Frühklassik.

89 Gemeint ist die Maßnahme der so genannten Purifikation 1828-1837, bei der besonders innen die ursprüngliche Gestalt zurück gewonnen werden sollte.

90 Vermutlich die Gemälde, die sich jetzt auf der Orgelempore von St. Michael befinden.

91 Bischof Otto von Bamberg (nach 1060-1136), 1102 Bischof, 1124/25 und 1128 in Pommern, 1189 heilig gesprochen.

92 Jesuitischer Frauenorden (Congregatio Jesu), gegründet von der Engländerin Mary Ward (1585-1645), endgültige päpstliche Zulassung 1703; in Bamberg heute das Maria-Ward-Gymnasium. – Sch. hatte am 2. August 1837 diesem Orden bereits in Prag einen ausführlichen Besuch abgestattet (Tagebuch der Reise nach Tirol).

93 Joseph Maria von und zu Fraunberg (1768-1842), Erzbischof von Bamberg 1824-1842, vorher Bischof von Augsburg 1819-24.

94 Georg Anton von Stahl (1805-1870), 1840-70 Bischof von Würzburg, vorher Prof. für Dogmatik in Würzburg und Gießen.

die Herausgabe des Katholiken, einer die Protestanten schmähenden Zeitschrift,[95] erlaubt hatte, und schrieb seiner Vorsicht und Gerechtigkeit das ungetrübte Verhältnis der Katholiken und Protestanten in Bamberg zu. Er erwartete wenig Segen von den neu erweckten Prozessionen und Wallfahrten und versicherte, dass der Bibliothekar Jaeck,[96] nach welchem ich fragte, ein ehemaliger Klostergeistlicher, die gleiche Ansicht habe.

Zu Mittag aß D. Schönlein,[97] ein geborener Bamberger, mit uns. Ich musste leider scheiden und die Unterhaltung, die sehr anziehend war, aufgeben.

Noch muss ich erwähnen, dass fast durch ganz Franken die Kinder grüßten und selbst die Erwachsenen großenteils ihre Hüte zogen, eine dem Fremden sehr wohltuende Erscheinung. Um acht Uhr abends trafen wir in Coburg ein, nachdem wir fast die ganze Fahrt in dem schönen Itzgrunde [Landschaft] gemacht hatten.

Den 1. September früh gingen wir aus, um Coburg zu besehen. Es liegt sehr angenehm in dem Itzgrund, der schon am vorigen Tage uns sehr gefallen hatte. Wir sahen das Schloss, das der baulustige Herzog[98] vervollständigt hat, das Theater, das den 17. dieses Monats eingeweiht werden sollte, und den Park, der erweitert wird. Überall Spuren der Tätigkeit des Fürsten, der jedenfalls Coburg der zweiten Residenz Gotha vorzieht.

Um acht Uhr fuhren wir ab und passierten Neustadt, das im vorigen Jahre abgebrannt war, und Sonneberg, dessen schönster Teil am Donnerstag in Asche gelegt worden war. Im ersteren Orte lag die Kirche noch um Schutte. Im letzteren Orte waren Kirche, Schule, Rathaus ein Raub der Flammen geworden. Sonneberg liegt im Eingang des Thüringer Waldes. Ein tiefes Tal nimmt den Wanderer auf. Sonneberg selbst nährt sich von sinniger Fabrikation hölzerner Waren, die den Nürnberger Waren den Vorrang ablaufen, und die stehenden Gebäude verkündigen großen Wohlstand.[99] Wir senkten uns nun tiefer in den Thüringer Wald. Herrliche Waldschluchten nahmen uns auf. Endlich gewannen wir die Höhe Neuhaus [am Rennweg], wo wir den Thüringer Wald überschritten. Wir stiegen herab nach dem romantisch gelegenen schwarzburgischen Orte Wallendorf, wo wir zu Mittag aßen, und fuhren durch ein wunderschönes Tal in den Tiergarten von Schwarzburg, das wir gegen fünf Uhr nachmittags erreichten.

Diesen Abend noch besahen wir das altertümliche Schloss und ließen uns von dem geschwätzigen Kastellan die Waffenkammer aufschließen. Als wir nach Hause

95 Der Katholik: eine Zeitschrift zur Belehrung und Warnung, 1821 ff, griff damals u. a. die Mischehenfrage auf.

96 Heinrich Joachim Jaeck (1777-1847), ehemaliger Zisterzienser, Königliche Bibliothek Bamberg, dort als Sammler und Publizist mit vielfältigsten Kontakten zur gelehrten Welt.

97 Johann Lukas Schönlein (1793-1864), Mediziner, Prof. in Würzburg, 1832 amtsenthoben aus politischem Grund, 1839 Ordinarius in Berlin, 1840 Leibarzt von Friedrich Wilhelm IV.

98 Vgl. Anm. 23.

99 Besonders durch die Einführung des Papiermaches zur Herstellung von weltweit gefragtem Spielzeug.

kamen, war der Mond aufgegangen. Die Hirsche und Rehe weideten am Waldrand auf der Wiese. Der Duft stieg empor. Es war wunderschön. In der Rüstkammer hatten wir angeblich das Koller Gustav Adolfs gesehen.[100]

Den 2. September fuhren wir nach Paulinzella, um die Ruinen zu sehen. Der Weg ist schlecht, die Ruinen werden vernachlässigt, sind aber als byzantinische Bauart in hohem Grade sehenswert. Der Justizbeamte Schumann führte uns herum. Als wir zurückkehrten, fuhren wir über die Fasanerie, einen schönen Garten, zu der Höhe, von welcher man herab in das Schwarzatal und auf Schwarzburg sieht. In der Tat hatten wir in Thüringen die zufriedenstellendste Natur auf der ganzen Reise gesehen. Schöne Bergwälder, üppige Täler, friedliche Dörfer, heitere Bewohner, ein schöner Menschenschlag traten uns überall entgegen. Müsste ich wählen, so wählte ich zuerst Thüringen, dann die Bergstraße, zuletzt den Rhein.

Nach Tische fuhren wir durch das romantische Schwarzatal nach Blankenburg und Rudolstadt, wo gerade – sehr laut – Vogelschießen, aber auch Pharaospiel war,[101] sahen Schillers Haus in Volkstedt,[102] Louis' Denkmal in Wöhlsdorf[103] und übernachteten, nachdem wir Saalfeld passiert hatten, in Pößneck.

Auch im Coburgischen müssen die Kinder, nachdem sie die Schule verlassen haben, noch die Sonntagsschule besuchen bis zum 18. Lebensjahre, Mädchen wie Knaben. Wo Mädchenschulen sind, gibt es Lehrerinnen, die ihren Kursus gemacht haben und ihre Prüfungen bestehen müssen.

Den 3. September früh brachen wir auf und eilten über Gera, Zwickau und Schneeberg nach Hause. Nachts zwölf Uhr kamen wir glücklich in Annaberg an.[104] An diesem Tage war die Hitze drückend. Vor dem Buchholzer Tore ereilte uns der Regen.

Eine weite Reise hatten wir gemacht, viel hatten wir gesehen, viele Bekanntschaften angeknüpft, viel Erfreuliches erlebt. Mit Dank gegen Gott, der uns geschützt, und mit Freude, dass wir wieder zu Hause wären, traten wir in die bekannten Räume ein. Das Angenehme, das wir erlebt haben, wird uns manchmal in der Erinnerung ergötzen und das Lehrreiche, das wir gesehenen haben, wird, so Gott will, Frucht bringen.

100 Jüngst restauriert, ist der Harnischkragen [so heute] von Gustav II. Adolf in der dortigen Sammlung noch vorhanden und dem Schwedenkönig zweifelsfrei zuzuweisen.

101 Rudolstädter Vogelschießen, buntes Volksfest jährlich seit 1722; Pharaospiel, Karten-Glücksspiel aus Frankreich.

102 1788 wohnte Schiller im Vorgängerbau des heutigen Pfarrhauses (Tafel).

103 Prinz Louis Ferdinand von Preußen (1772-1806), gefallen 10.10.1806 als Kommandeur der preußischen Vorhut im Gefecht bei Saalfeld; zwei Denkmäler, davon hier wohl das seit 1821 an der Fernstraße befindliche gemeint.

104 Die Entfernung betrug etwa 140 [!] km; die Zahl der Pferdewechsel und der Postillione auf dieser langen Strecke ist nicht bekannt.

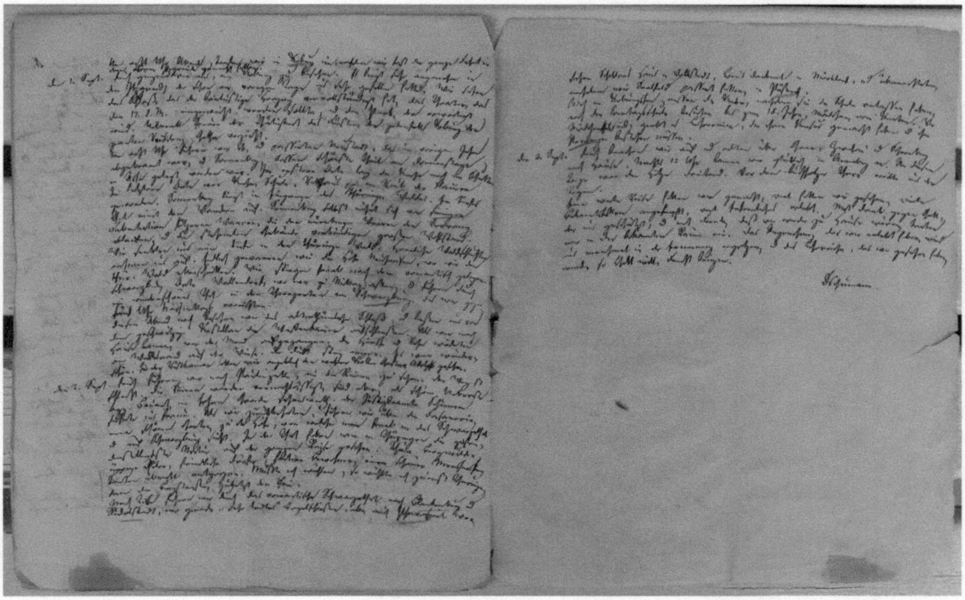

letzte Seiten der Zweitfassung des Reiseberichtes

Der Jenaer Theologe Johann Karl Eduard Schwarz (1802-1870)

Ein Beitrag zur Geschichte der Praktischen Theologie

Traugott Keßler

Fast vierzig Jahre wirkte der Theologieprofessor, Oberpfarrer, Superintendent und erste Ehrenbürger Johann Karl Eduard Schwarz in Jena. Er prägte in dieser Zeit maßgeblich die praktisch-theologische Theologenausbildung an der Salana. Seinem Leben und seinem Wirken soll im folgenden Beitrag nachgegangen werden.[1]

I Suche nach Erinnerungsorten an Eduard Schwarz in Jena

An das Wirken von Eduard Schwarz in Jena erinnert heute nur noch sehr wenig. Das Schwarzsche Familiengrab mit dem wuchtigen Grabstein aus Serpentin auf dem Johannisfriedhof in Jena ist ohne Zweifel der authentische Erinnerungsort an den ehemaligen Pfarrer und Theologieprofessor. Darüber hinaus sind die beiden Häuser, in denen die Familie Schwarz in Jena wohnte, noch erhalten, ohne dass dort eine Gedenktafel daran erinnern würde. Die Häuser befanden sich nach damaliger Verortung in der Jenergasse: Nach Ankunft in Jena 1830 wohnten Schwarz und seine Frau zur Miete im Haus des Kaufmanns Koch. In diesem großen Haus hinter dem Karl-von-Hase-Denkmal, heute Fürstengraben 13, befindet sich jetzt das Historische Institut der Universität. 1856 erwarb Schwarz das Haus Jenergasse Nr. 9 als Eigentum, wo die Familie bis zum Jahre 1898 wohnte. Dieses Haus gehörte ursprünglich Heinrich August Schott. Nach seinen Tod 1836 ging es in das Eigentum von dessen Witwe Dorothea Julie Schott, geb. Caspari, über. 1853 erbten es deren fünf Kinder und drei Jahre später konnte es Schwarz von diesen kaufen.

Das Haus Jenergasse 9 wurde in letzter Zeit prächtig saniert. Seit April 2018 ist dort das Institut für Altertumswissenschaft im oberen Teil untergebracht. In das Erd- und Kellergeschoss ist seit November 2018 das Archäologische Museum der Universität eingezogen. Die Adresse des Hauses ist nicht mehr Jenergasse 9, sondern Fürstengraben 28. An der Hauswand zur Jenergasse findet man Gedenktafeln für fünf Persönlichkeiten. Der bekannteste ist wohl der Dichter Friedrich Rückert, der

1 Der Aufsatz basiert auf einem Vortrag, der im Rahmen der Veranstaltung »Der schöne Ort« der Evangelischen Erwachsenenbildung Thüringen am 26. Mai 2018 auf dem Johannisfriedhof in Jena gehalten wurde. Für vielfältige Unterstützungen bei den Recherchen danke ich herzlich Frau Cosima Essigke vom Jenaer Stadtkirchenamt, den Mitarbeitern des Stadtarchivs Jena, besonders Frau Constanze Mann, Frau Birgitt Hellmann vom Stadtmuseum »Göhre« Jena und Frau Margit Hartleb und Herrn Prof. Dr. Joachim Bauer vom Archiv der Friedrich-Schiller-Universität Jena. Bei der Drucklegung unterstützte mich PD Dr. Stefan Michel (Leipzig).

hier 1811 als Privatdozent für Orientalistik wohnte. Dazu kommen noch Gedenktafeln für den Professor der Medizin Ludwig Friedrich von Froriep, den Professor für orientalische Sprachen Johann Gottfried Eichhorn, den jüdischen Religionshistoriker Gershon Scholem sowie den Aufklärungsphilosophen Anton Wilhelm Amo aus Ghana. Bislang sucht man eine Gedenktafel für Eduard Schwarz hier vergeblich.

An der dem Fürstengraben zugewandten Hausseite sind seit Kurzem sechs Gedenktafel angebracht worden. Es sind Tafeln für den Dichter der Frühromantik Georg Philipp Friedrich von Hardenberg, genannt Novalis, für den Nationalökonomen und Pionier des Eisenbahnrechts Friedrich List, für Ernst Abbe, der hier von 1875-1877 wohnte, für den Professor für Alte Geschichte Heinrich Walther Judeich, für den Professor der Poesie und Beredsamkeit Heinrich Karl Abraham Eichstädt sowie für den Professor der klassischen Philologie und ersten Rektor der Universität nach dem 2. Weltkrieg Friedrich Zucker.

II Herkunft und akademischer Werdegang von Eduard Schwarz

Johann Karl Eduard Schwarz wurde am 20. Juni 1802 in Halle a. d. Saale geboren.[2] Sein Vater Georg Martin Schwarz war ein Strumpffabrikant, der die Erwartung hegte, dass sein Sohn in seine Fußstapfen treten und die Strumpffabrik weiterführen würde. Anstatt als Lehrling in den väterlichen Betrieb einzusteigen, zog es der Junge vor, an den Franckeschen Stiftungen zunächst die weiterführende Realschule und danach die lateinische Hauptschule zu besuchen. Seine Lehrer bestärkten ihn darin, dass er für die Welt der Bildung geeigneter sei als für die Welt des Handels und des Gewerbes.

Nach bestandenem Abitur schrieb sich der 19-jährige zu Michaelis 1821 an der Universität seiner Heimatstadt für das Studium der evangelischen Theologie und der Philologie ein. Halle hatte in der ersten Hälfte des 19. Jahrhunderts die größte Theologische Fakultät in ganz Preußen, und sie war das akademische Zentrum des Spätrationalismus. Die beiden weit über Halle hinaus bekannten Ordinarien in der Theologie waren zu jener Zeit Wilhelm Gesenius und Julius August Ludwig Wegscheider. Beide beeinflussten die Entwicklung des jungen Eduard Schwarz stark. Im Verlaufe seines Studiums kam er darüber hinaus auch immer mehr unter den Einfluss von Friedrich Daniel Ernst Schleiermacher, der in Berlin lehrte. Gerne hätte Schwarz Schleiermacher selbst gehört, denn er kannte ihn nur aus seinen Büchern

2 Zur Biographie vgl. Konrad MARWINSKI: Schwarz, Johann Carl Eduard. In: Thüringer Biographisches Lexikon: Lebenswege in Thüringen. Bd. 1. Weimar 2000, 172-174; Friedrich Wilhelm GRAF: Schwarz, Johann Karl Eduard. In: Biographisch-Bibliographisches Kirchenlexikon 9 (1995), Sp. 1162-1174; Carl PETER: Schwarz, Johann Karl Eduard: RE^3 18 (1906), 4 f; Paul TSCHACKERT: Schwarz, Johann Karl Eduard: ADB 33 (1891), 232 f; Johannes GÜNTHER: Lebensskizzen der Professoren der Universität Jena seit 1558 bis 1858: Festgabe zur 300jährigen Säkularfeier der Universität am 15., 16. und 17. August 1858. Jena 1858 (ND Aalen 1979), 34 f.

sowie aus Vorlesungsmitschriften von Studenten, mit denen Schwarz verkehrte. Da die väterliche Strumpffabrik in den 1820er Jahren jedoch nicht florierte, kam ein Studienortwechsel nach Berlin nicht in Frage. Im Gegenteil Eduard musste mit Privatunterricht sein Studium weitgehend selbst finanzieren. Nach vier Studienjahren legte er zu Ostern 1825 das Kandidatenexamen ab und schon am Ende des Sommersemesters 1825 wurde er in Halle zum Doktor der Philosophie promoviert. Das Thema seiner Doktorarbeit ist leider nicht mehr zu ermitteln.

Seine erste Stelle trat Schwarz im Spätsommer 1825 in Magdeburg als Lehrer am Pädagogium des ehemaligen Klosters »Unser lieben Frauen« an. Das Pädagogium war eine Internatsschule mit hohem Bildungsanspruch, in dem Jungen aufgenommen wurden, und das heute noch als Domgymnasium besteht.

Bereits nach einem Jahr am Pädagogium wechselte Schwarz vom Lehrerberuf in den Pfarrerberuf. Er war nun Pfarradjunkt, also Pfarrgehilfe, in Altenweddingen, einem Dorf in der Magdeburger Börde nahe Magdeburg. Über Altenweddingen hatte das Kloster »Unser lieben Frauen« das Patronatsrecht, also das Recht, über die Besetzung der Pfarrstelle zu bestimmen. Es kann davon ausgegangen werden, dass seine Entsendung dorthin mit diesem Patronatsrecht zu tun hatte.

Nach drei Jahren in der Stille und Einsamkeit des Dorflebens, die Schwarz zu Bibelstudium und zur Beschäftigung mit der Theologie Schleiermachers nutzte, erreichte ihn 1829 der Ruf nach Jena.[3] Aus dem einfachen Hilfspfarrer von Altenweddingen wurde nun der Oberpfarrer und Superintendent an der Stadtkirche St. Michael der Saalestadt.

III Die Berufung nach Jena

Auf den ersten Blick überrascht ein derartiger Aufstieg,[4] besonders da Schwarz bis dahin und auch später nicht durch wegweisende Publikationen aufgefallen ist. Voraus ging ihm bestenfalls der Ruf eines sehr guten Predigers.[5] Hinzu kam, dass er neben der Theologie auch Philologie, d.h. Sprach- und Literaturwissenschaft, studiert hatte, wichtige Fächer für den Lehrerberuf. In Jena war es zu jener Zeit durchaus üblich,

3 Die Angaben im Pfarrerbuch der Kirchenprovinz Sachsen. Bd. 8. Leipzig 2008, 163, sind entsprechend zu korrigieren und zu ergänzen.

4 Zu ähnlichen Karrierewegen praktischer Theologen im 19. Jahrhundert, vgl. Johannes Wischmeyer: Theologiae Facultas: Rahmenbedingungen, Akteure und Wissenschaftsorganisation protestantischer Universitätstheologie in Tübingen, Jena, Erlangen und Berlin 1850-1870 (AKG; 108). Berlin; New York 2008, 179.

5 In Ludwig Stiebritz: Zur Geschichte der Predigt in der evangelischen Kirche von Mosheim bis auf die Gegenwart, mit besonderer Berücksichtigung der Zeit von Schleiermachers Tode an. Gotha 1875, 308 urteilte der Autor über ihn: »Die Vorzüge dieser Predigten bestehen in meisterhafter Verbindung sinniger Dialektik und warmer, oft von wahrhaft dichterischer Weihe getragener Gemüthsanregung.«

dass der Superintendent zugleich auch an der Theologischen Fakultät Studenten in Homiletik, später auch in Katechetik ausbildete.

Nachdem der Jenaer Oberpfarrer und Superintendent Johann Gottlob Marezoll mit 66 Jahren verstorben war, sollte seine Stelle rasch mit einem erfahrenen Mann besetzt werden. Marezoll war 1803 auf Vermittlung von Johann Gottfried Herder als Oberpfarrer und Superintendent nach Jena berufen worden. Wie üblich, sollte auch er nach dem Willen der Weimarer Regierung als Honorarprofessor die homiletische und katechetische Ausbildung der Theologiestudenten an der Universität übernehmen. Diesem Auftrag ist Marezoll anscheinend gar nicht oder nur kurzzeitig nachgekommen: So soll Marezoll nur im ersten Jahr ein Semester Homiletik gelesen haben, danach wegen seiner Amtsgeschäfte als Superintendent und infolge von Kränklichkeiten vom Universitätsamt zurückgetreten sein.[6] Dagegen führt Karl Heussi in seiner »Geschichte der Theologischen Fakultät zu Jena« aus, dass Marezoll überhaupt niemals in die Theologenausbildung eingestiegen sei.[7] Ihm sei wohl am 5. Juni 1804 eine ordentliche Honorarprofessur von der Weimarer Regierung »conferiert« worden, für die er sich auch am 13. September 1804 beim Herzog Carl August bedankt habe. Mehr als zwei Jahre später, wohl im Winterhalbjahr 1806/07, fragte der Prorektor bei Marezoll nach, warum er die 1804 übertragene Professur noch nicht angetreten habe. Seine Erwiderung vom 19. März 1807 verwundert sehr, denn »es sei das erste offizielle Wort, dass er in dieser Sache« erfahre. Außerdem soll Marezoll erklärt haben, er »befinde sich in der Notwendigkeit, eine Professur ohne Gehalt unterthänigst gehorsamst verbitten zu müssen, sie sei in seiner Lage mehr schädlich als nützlich: er habe kaum 700 Rth. und die Hoffnung auf eine einträglichere Stellung vermindere sich, wenn er die unbesoldete Professur annehme.« Heussi fand dieses Nützlichkeitsdenken peinlich, da das Wirken an einer deutschen Universität »in erster Linie eine ideale Seite habe«.[8] Gleichgültig, ob nun Marezoll ein Semester Homiletik gelesen hat oder nicht, fest steht, dass an der Salana über 25 Jahre keine praktische Unterstützung in der Theologenausbildung durch den Jenaer Superintendenten stattfand.

Der Tod Marezolls brachte für die Kirchenleitung also Handlungsbedarf, um die Stelle des Oberpfarrers und Superintendenten neu zu besetzen. An der Universität hoffte man sehr, mit einem neuen Superintendenten auch wieder einen geeigneten Praktiker für die homiletische Ausbildung der Studenten gewinnen zu können. Dass Eduard Schwarz hier in den Blick kam, der Theologe und Philologe war und dazu ein guter Prediger, verwundert demzufolge wenig. In den Universitätsakten findet man die Berufungsempfehlung des Großherzogs Carl Friedrich vom 7. April 1829, in der es heißt:

---

6 Vgl. Heinrich Döring: Die deutschen Kanzelredner des 18. und 19. Jahrhunderts. Neustadt a. d. Orla 1830, 228.

7 Vgl. Karl Heussi: Geschichte der Theologischen Fakultät zu Jena. Weimar 1954, 218.

8 Ebd, 218 Anm. 420.

»Bei der Wiederbesetzung des durch den Tod des Superintendenten Dr. Marezoll zu Jena erledigten Stelle haben Wir besonders auch darauf Rücksicht nehmen lassen, daß in dem Nachfolger zugleich ein Mann erlangt werden möchte, welcher den Mitgliedern der theologischen Fakultät bei ihren nützlichen, Uns zu besonderem Wohlgefallen genüchenden Bemühungen in den Seminaren Unterstützungen und Erleichterungen gewähren kann. Ein solcher hat sich in dem zum Superintendenten und Oberpfarrer in Jena berufenen zeitherigen Pfarrer Dr. phil. Schwarz zu Altenweddingen bei Magdeburg gefunden und Wir haben denselben [...] hiermit zum ordentlichen Honorarprofessor ernennen wollen, indem Wir zugleich Unsere Akademie anweisen, das Nöthige deshalb zu besorgen.«[9]

Der damalige Prorektor Karl Wilhelm Walch informierte die Senatsmitglieder und dann am 18. April 1829 Schwarz in Altenweddingen von der Berufung. Am 6. Mai bedankte sich Schwarz beim Prorektor und dem Senat für die Berufung:

»[...] wie ich mich glücklich schätze, von Ihnen des so ehrenvollen Vertrauens gewürdigt zu werden, nach welchem Sie mir vergönnen werden, in Ihrer Mitte meine geringen Kräfte der Wissenschaft zu widmen. Mein eifrigstes Bestreben soll es sein, mich desselben nicht ganz unwerth zu zeigen. Ganz ergebenst Dr. Schwarz, Pastor.«[10]

Offensichtlich nahm Schwarz die Berufung zum ordentlichen Honorarprofessor gern an. Es bedeutete für ihn, dass er mit Amtsantritt 1830 neben Heinrich August Schott, Professor für praktische Theologie und Geheimer Kirchenrat, in die Leitung des homiletischen Seminars einrückte. Schott hatte 1812 dieses Seminar für die praktische Ausbildung der Theologen im Fach Homiletik gegründet.[11] Als Schott 1836 mit 56 Jahren starb, wurde Schwarz der alleinige Leiter des Seminars. In den Universitätsakten findet sich auch die Bitte von Schwarz, ihm die Antrittsrede in lateinischer Sprache wegen seiner vielen Aufgaben zu erlassen. Diesem Antrag wurde entsprochen.

Schwarz erhielt eine Reihe von Berufungen auf andere Stellen. Eine davon ist in den Universitätsakten gut dokumentiert: 1833 bekam Schwarz den Ruf auf die Stelle des Generalsuperintendenten im Herzogtum Oldenburg. Er bat im Schreiben von 6. Dezember 1833 den Prorektor und den Senat, ihn wegen dieser Berufung von allen seinen Aufgaben in der theologischen Fakultät zu entbinden, da er den Ruf annehmen wolle. Dieser Bitte wurde aber seitens der Universität nicht entsprochen. Daraufhin verzichtete Schwarz auf seinen Abgang nach Oldenburg, was er am 9. März 1834 dem Prorektor und Senat mitteilte. Weitere Berufungen von Schwarz findet man u. a. in der Dokumentation von Friedrich Stier über die Professoren der Universität Jena. Hier werden außer der nach Oldenburg noch folgende weitere Berufungen

9 Universitätsarchiv Jena (künftig: UAJ), Bestand A, Nr. 480: Acta Academica: Die Ernennung des zum Superintendenten und Oberpfarrer für hier berufenen Herrn Dr. phil. Schwarz zu Altenweddingen zum ordentlichen Honorarprofessor betr.

10 Ebd.

11 Vgl. Heussi: Geschichte ... (wie Anm. 7), 226.

aufgeführt: nach Hamburg 1835, 1851 und 1855, nach Bremen 1836, nach Leipzig 1837, nach St. Petersburg 1839, nach Heidelberg 1846 und nach Breslau 1856.[12]

Schwarz lehnte alle diese Angebote ab. Mit den ersten abgewiesenen Abwerbungsversuchen steht wahrscheinlich die Verleihung der Ehrenbürgerschaft an Eduard Schwarz durch die Stadt Jena am 1. Februar 1837 in direkter Verbindung. Dadurch wurde er zum ersten Jenaer Ehrenbürger. Der Text der Urkunde lautet auszugsweise:

> »Aus freudiger Anerkennung des segensreichen Wirkens des Herrn Kirchenrats, Superintendenten Professors Dr. Eduard Schwarz, hier in unserer Stadt und im Gefühle des Dankes dafür, dass derselbe durch ehrenvolle Rufe in das Ausland diesem Wirken sich nicht hat entfremden lassen, hat der Gesammt-Stadtrath Jena in heutiger […] Rathsversammlung beschlossen, genannten Herrn Kirchenrath, Oberpfarrer, Superintendenten Professor Dr. Eduard Schwarz das Ortsbürgerrecht hiesiger Stadt als Ehrenbürger zu ertheilen, um denselben hierdurch dem Vereine der Bürger Jenas nur noch inniger zu verbinden.«[13]

Schwarz wirkte offenbar erfolgreich an der Theologischen Fakultät: Im Wintersemester 1837/38 wurde er mit der provisorischen Leitung auch noch des katechetischen Seminars beauftragt, verbunden mit einer Gehaltserhöhung um 50 Taler. Die Gründung des katechetischen Seminars im Sommersemester 1815 geht auf den Theologen und Orientalisten Johann Traugott Leberecht Danz zurück. Das Anliegen der Seminargründung war, »den Studierenden eine praktische Anweisung zur Ertheilung des ersten Unterrichts in der Religion, mit besonderer Berücksichtigung der katechetischen Form« zu vermitteln.[14] Bereits damals wurde alljährlich eine Preisaufgabe gestellt und ausgelobt, in der sich die Studenten in einer katechetischen Übungssituation beweisen konnten.

Über 20 Jahre stand Danz diesem katechetischen Seminar als Leiter vor, bis er im Sommersemester 1837 von diesem Amt zurücktreten musste. Grund dafür war, dass eine außereheliche Affäre »mit der jungen Frau des Polizeischreibers Stolz« bekannt wurde,[15] die für Aufsehen sorgte und ihn zwang, alle seine öffentlichen Ämter niederzulegen. Deshalb wurde Schwarz mit der Leitung des katechetischen Seminars beauftragt.

Schwarz erhielt noch weitere Ehrungen: Die Theologische Fakultät verlieh ihm den theologischen Doktortitel und berief ihn 1836 zum außerordentlichen Mitglied

12 Vgl. Friedrich Stier: Lebensskizzen der Dozenten und Professoren an der Universität Jena. Manuskript. Jena 1960 (UAJ, Bestand I, Nr. 1/4).

13 Ronald Beyer; Constanze Mann: Die Ehrenbürger der Stadt Jena. Jena 2007, 13.

14 David Käbisch; Johannes Wischmeyer: Die Praxis akademischer Religionslehrerbildung: Katechetik und Pädagogik an der Universität Jena 1817 bis 1918 mit einem Forschungsausblick von Michael Wermke (Praktische Theologie in Geschichte udn Gegenwart; 5). Tübingen 2008, 59.

15 Vgl. Wischmeyer: Theologiae Facultas … (wie Anm. 4), 194 Anm. 186.

der Theologischen Fakultät. Der Großherzog Carl Friedrich von Sachsen-Weimar zeichnete ihn mit dem Titel »Kirchenrat« aus.

Mit dem 1. Januar 1844 rückte Schwarz auf die dritte ordentliche Professorenstelle in der Theologischen Fakultät auf. Sein Jahresgehalt wurde auf 500 Taler erhöht. Weitere Einkünfte flossen ihm aus seinem Amt als Oberpfarrer und Superintendent zu. Aufgrund der Doppelbelastung durch das Superintendenten- und das Professorenamt war er von der Übernahme von Leitungsämtern an der Universität wie z. B. dem Amt des Prorektors oder Dekans befreit. Auch war er von der Teilnahme an Senatssitzungen freigestellt.

1847 verlieh ihm Großherzog Carl Friedrich von Sachsen-Weimar den Titel eines »Geheimen Kirchenrates«. 1849 berief er ihn zum ersten geistlichen Mitglied des neugebildeten höchsten geistlichen Leitungsorgans im Großherzogtum Sachsen-Weimar-Eisenach, in den »Weimarischen Kirchenrat«. Diesem Gremium gehörte Schwarz bis 1867 an. An der Überarbeitung des Evangelischen Kirchenbuchs in den Jahren zwischen 1860 bis 1863, der Agende, hat Schwarz maßgebend mitgearbeitet. 1860 erschien der 1. Teil des Evangelischen Kirchenbuchs »Intonationen, Collecten und Gebete« im Weimarer Verlag Hermann Böhlau. 1863 kam im gleichen Verlag der 2. Teil heraus, betitelt »Die heiligen Handlungen«. Dieser Band wurde weitgehend von Schwarz allein erarbeitet.

Schwarz setzte sich auch für eine Vereinheitlichung der liturgischen Handlungen in allen thüringischen Herrschaftsbereichen ein, d. h. im Großherzogtum und in den übrigen Herzogtümern ein. Ihm schwebte die Errichtung einer Landeskirche in Thüringen vor.[16] Dazu kam es aber zu seinen Lebenszeiten nicht. Dass er über die engen Landesgrenzen hinaus gedacht hat, dafür spricht auch, dass er 1852 zu den Mitbegründern des »Vereins für thüringische Geschichte und Altertumskunde« gehörte.[17]

IV Schwarz als Superintendent in Jena

Als Schwarz 1830 das Amt des Superintendenten in Jena antrat, übernahm er ein kirchliches Verwaltungsamt, zu dem die Aufsicht über 15 Parochien mit 32 Kirchen und 20 Pfarrern sowie 33 Schullehrern gehörte.[18] Entsprechend regelmäßig musste er Konvente leiten und Aufsichtsmaßnahmen durchführen. Als Superintendent war er regelmäßig in Weimar, um an Sitzungen des Konsistoriums – seit 1849 als Kirchenrat bezeichnet, bestehend aus sechs Mitgliedern[19] – teilzunehmen. In

16 Vgl. Rudolf HERRMANN: Thüringische Kirchengeschichte. Bd. 2. Weimar 1947 (ND Waltrop 2000), 490.

17 Vgl. Konrad MARWINSKI: Die Gründer des gesamtthüringischen Geschichtsvereins von 1852. In: 150 Jahre Verein für Thüringische Geschichte. Jena 2004, 39-50.

18 Wischmeyer: Theologiae Facultas … (wie Anm. 4), 249.

19 Ebd, 252 f.

seiner Jenaer Gemeinde übte er die Seelsorge aus und trat als Konfirmator auf. Insofern verwundert es wenig, dass Schwarz Zeit seines Lebens kaum durch seine Veröffentlichungen in Erscheinung trat. In seiner Doppelfunktion als Superintendent und Theologieprofessor wurde er durch Hilfsgeistliche entlastet.[20] Auch das Predigtamt versah er regelmäßig, wovon verschiedene gedruckte Predigten zeugen. Als Superintendenten oblag es ihm, an hohen kirchlichen Festen wie dem Jubiläum der Confessio Augustana von 1830 zu predigen.[21] Hier muss auch die Predigt »Die Stimme des Geistes an Martin Luthers Grabe«, gehalten anlässlich seiner Totenfeier in der Stadtkirche Jena 1846, erwähnt werden. [22]

Beerdigungspredigten im Zeitraum von 1830 bis 1843 sind für folgende Persönlichkeiten erhalten: Johanna Charlotte Frommann, geb. Wesselhöft (vom 11. September 1830),[23] Friedrich Wilhelm Ludwig Wahl (aus dem Jahre 1831),[24] Geheime Kirchenrätin Friederike Griesbach, geb. Schütz (am 3. Juli 1831),[25] Carl Ludwig von Knebel (aus dem Jahre 1834),[26] Theodor Günther (vom 13. Dezember 1834),[27] Buchhändler Carl Friedrich Ernst Frommann (vom 15. Juni 1837),[28] Mediziner Johann Christian Stark d. J. (vom 2. Weihnachtstag 1837),[29] Wilhelmine Auguste Walch (vom 11. November 1841)[30] Anton Freiherr von Ziegesar (vom 9. November 1843 in der Kirche in Drackendorf).[31]

Gedruckt wurden auch drei thematische Predigten zu den Reformationsfesten 1844, 1845 und 1855.[32] Zudem veröffentlichte Schwarz zwei Konfirmationspredigten

---

20 Ebd, 193 Anm. 180.

21 Vgl. Johannes HUND: Das Augustana-Jubiläum von 1830 im Kontext von Kirchenpolitik, Theologie und kirchlichem Leben (Veröffentlichungen des Instituts für Europäische Geschichte Mainz; 242). Göttingen 2016, 71 f.

22 Eduard SCHWARZ: Die Stimme des Geistes an Martin Luthers Grabe, gehalten zur Totenfeier 1846 in der Stadtkirche Jena. Jena 1846.

23 DERS.: Worte am Grabe der Frau Johanna Charlotte Frommann, geb. Wesselhöft, am elften September gesprochen. Jena 1830.

24 DERS.: Zum Andenken an Friedrich Wilhelm Ludwig Wahl. Jena 1831.

25 DERS.:, Rede am Grabe der Frau Geheime Kirchenrätin Friederike Griesbach, geb. Schütz, den 3. Juli 1831 gehalten. Jena 1831.

26 DERS.: Zur Erinnerung an Carl Ludwig von Knebel: Rede an seinem Grabe. Jena 1834.

27 DERS.: Am Grabe des Ant. Hermann Theodor Günther, am sechszehnten Dezember 1834. Jena 1834.

28 DERS.: Worte am Grabe des Herrn Carl Friedrich Ernst Frommann am 15. Junius. Jena 1837.

29 DERS.: Worte am Sarge des J. C. Stark am zweiten Weihnachtstage 1837. Jena 1837.

30 DERS.: Worte am Grabe der Wilhelmine Auguste Walch am 11. November gesprochen. Jena 1841

31 DERS.: Worte zur Erinnerung nach der Bestattung Sr. Excellenz Freiherr von Ziegesar am Morgen des 9. November 1843 in der Kirche zu Drackendorf. Jena 1844.

32 DERS.: Die Einheit unserer evangelischen Kirche: Predigt am Reformations-Feste in der Stadtkirche zu Jena. Jena 1844; ders.: Die Kirchenverbesserung der Gegenwart: Predigt am Reformations-Feste in der Stadtkirche zu Jena. Jena 1845; ders.: Das Grundbekenntniß unserer evangelischen Kirche: Predigt am Reformationsfest in der Stadtkirche zu Jena. Jena 1855.

aus den Jahren 1833 und 1836 in der Stadtkirche sowie die Predigt »zum Gedächtnis der Erfindung der Buchdruckerkunst« aus dem Jahre 1840.[33] Die Predigt »Seid fleißig zu halten die Einigkeit im Geiste durch das Band des Friedens« aus dem Jahre 1831 galt der Erinnerung an den 18. Oktober 1806, des Tags der Schlacht von Jena und Auerstedt.[34] Aus Anlass der feierlichen Wiedereröffnung der Gottesackerkirche predigte er 1835 in der heutigen Friedenskirche über Hebr 13, 14: »Wir haben hier keine bleibende Stadt, sondern die zukünftige suchen wir.«[35]

Schwarz beteiligte sich überdurchschnittlich an den akademischen Feierlichkeiten zum 300. Jubiläum der Universität Jena und zollte somit der historischen Entwicklung der Universität seinen Tribut. So hielt er die Festpredigt in der Stadtkirche, in der er auf den Zusammenhang von protestantischer Frömmigkeit und Wahrheitsstreben einging.[36] Seit 1852 engagierte er sich als Mitglied des Organisationskomitees für die Errichtung eines Denkmals für den ehemaligen Kurfürsten Johann Friedrich von Sachsen auf dem Marktplatz.[37] Zum 300. Universitätsjubiläum 1858 konnte dieses Denkmal eingeweiht werden. Außerdem verfasste er für die Universitätsfeiern des Jahres 1858 die gründlich recherchierte Studie »Das erste Jahrzehnd der Universität Jena«,[38] die er dem »Rector Magnificentissimus« Großherzog Carl Alexander von Sachsen-Weimar-Eisenach widmete. Diese Darstellung blieb lange maßgeblich für die Frühgeschichte der Universität Jena. Unvollendet blieb hingegen seine reformationsgeschichtliche Studie über Nicolaus von Amsdorf, einen Weggenossen von Martin Luther.

Neben den erwähnten Predigten gab Schwarz noch eine Sammlung von insgesamt 15 Predigten für Sonntage in der Passionszeit, zu Ostern, zum Himmelfahrtsfest, zu Pfingsten, zum Trinitatisfest und für Sonntage in der Trinitatiszeit heraus.[39] Alle Predigten wurden in Jena bei Friedrich Frommann gedruckt.

---

33 Eduard SCHWARZ: Confirmationsrede am 2. heiligen Pfingsttage. Jena 1833; DERS.: Predigt und Confirmationsrede gehalten am 2. Pfingsttage in der Stadtkirche zu Jena. Jena 1836; DERS.: Zum Gedächtnis der Erfindung der Buchdruckerkunst: aAm ersten Sonntag nach Trinitatis in der Stadtkirche zu Jena. Jena 1840.

34 DERS.: Seid fleißig zu halten die Einigkeit im Geiste durch das Band des Friedens: sam zwanzigsten Sonntage nach Trinitatis zur Feier des achtzehnten October. Jena 1831.

35 DERS.: Wir haben hier keine bleibende Stadt, sondern die zukünftige suchen wir: Predigt bei der feierlichen Wiedereröffnung der Gottesackerkirche am 3. Sonntage nach Trinitatis. Jena 1835.

36 DERS.: Predigt zur 3. Säkularfeier der Universität Jena am 11. Sonntage nach Trinitatis, 15. August. Jena 1858.

37 Vgl. Birgitt HELLMANN: Die Errichtung des Denkmals für »Johann Friedrich den Großmütigen« in Jena. In: Verlust und Gewinn: Johann Friedrich I., Kurfürst von Sachsen/ hrsg. von Joachim Bauer; Birgitt Hellmann. Weimar; Jena 2003, 108.

38 Eduard SCHWARZ: Das Erste Jahrzehnd der Universität Jena: Denkschrift zu ihrer dritten Säkular-Feier. Jena 1858.

39 DERS.: Predigten und kleinere geistliche Amtsreden. Jena 1837/39.

Schwarz trat auch als Herausgeber hervor. So war er bis zum Erlöschen der »Allgemeinen Jenaische Literaturzeitung« 1848 der verantwortliche Redakteur für die theologischen Beiträge. 1854 war er Mitgründer der »Protestantischen Kirchenzeitung für das evangelische Deutschland«. Aus der Redaktion dieser Zeitung zog er sich aber zurück, da er sich nicht mit den dort vorherrschenden Ansichten zum Verhältnis zwischen Staat und Kirche identifizieren konnte. 1859 gründet er das in Weimar erschienene »Kirchen- und Schulblatt« mit. Mit eigenen Artikeln war er regelmäßig an den genannten Zeitungen vertreten.[40]

Schwarz war Gleichgesinnten gegenüber ein aufgeschlossener Gesprächspartner. So ist überliefert, dass er geistiger Mittelpunkt eines philosophischen Kränzchens war, an dem sich u. a. auch der Philosoph, Mathematiker und Naturwissenschaftler Jakob Friedrich Fries beteiligte. In späteren Jahren lud er wöchentlich Kollegen zu lateinischen Abenden in sein Haus ein.

V Eduard Schwarz an der Theologischen Fakultät

Ab Sommersemester 1830, also unmittelbar nach seiner Übersiedlung nach Jena, ist Eduard Schwarz regelmäßig mit Lehrangeboten in den Vorlesungsverzeichnissen der Theologischen Fakultät zu finden: Von Sommersemester 1830 bis Wintersemester 1832/33 hielt er je Semester eine Vorlesung. Die Themen in diesen ersten Jahren sind »Praktische Theologie«, »Christliche Moral«, »Praktische Erklärung der Parabeln Christi« und »Homiletik«. Im Sommersemester 1833 kam zur Vorlesung »Homiletik und Liturgik« noch ein Seminar »Die Übungen des homiletischen Seminars« hinzu. Von diesem Zeitpunkt an gehörten homiletische und ab Sommersemester 1838 auch katechetische Seminare zum regelmäßigen Lehrangebot von Schwarz.[41]

Erstmals ab Wintersemester 1839/40 bot er neben den homiletischen und katechetischen Seminaren auch zwei Vorlesungen an: »Christliche Ethik« und »Pastoraltheologie«. Dieses Angebot von zwei Vorlesungen blieb allerdings die Ausnahme. Im allgemeinen hielt Schwarz je Semester eine Vorlesung und je ein Seminar in Homiletik und Katechetik. Ab den Wintersemester 1845/46 las Schwarz auch über »Geschichte der Kanzelberedsamkeit«. Diese Vorlesung bot er in seinem Leben insgesamt achtmal an.

Die Seminare waren immer mit einer Wochenstunde angesetzt: »Homiletisches Seminar mit liturgischen Übungen« stets am Mittwoch von »12 bis 1 Uhr«, das »katechetische Seminar« am Sonnabend von »11 bis 12 Uhr«. Bei den Vorlesungen ergibt sich ein differenzierteres Bild: Die Vorlesungen zur »Christlichen Ethik« und zur »Homiletik und Liturgik« bot er fünfmal pro Woche mit je einer Stunde an. Die »Katechetik« und die »Pastoraltheologie« las er dreistündig und die »Praktische Aus-

40 Vgl. Wischmeyer: Theologiae Facultas … (wie Anm. 4), 233.

41 Neben den Vorlesungsverzeichnissen lassen sich die Lehrangebote von Schwarz aus den Rechnungsmanualen der akademischen Quästur im Universitätsarchiv Jena ermitteln.

legungen epistologischer Perikopen« zweistündig. In den letzten fünf Lebensjahren, in denen er das Nachlassen seiner Kräfte verspürte, absolvierte Schwarz hingegen zwischen vier und sieben Stunden Lehre pro Woche. Insgesamt ist festzuhalten, dass ihm die akademische Lehre wohl sehr viel Zeit und Kraft abverlangten, wenn man davon ausgeht, dass er wöchentlich bis zu vierzehn Stunden lehrte.[42]

Alle Lehrveranstaltungen waren konsequent auf die praktische Ausbildung angehender Pfarrer und Religionslehrer ausgerichtet. »Er verstand seine katechetische Lehrtätigkeit als theoretische und praktische Vorbereitung der Theologiestudenten für den Religionsunterricht, den sie als Lehrer oder Pfarrer Kindern und Jugendlichen jeder Altersstufe erteilen würden.« Schwarz vertrat dabei ein liberales, stark ethisch bestimmtes Luthertum, »in dem Glaube und Bildung, Herzensfrömmigkeit und Wissenschaft harmonisch verschmolzen waren.«[43]

Wie im einzelnen die Seminararbeit ablief, ist den seit 1837 überlieferten Sitzungsprotokollen der Seminare zu entnehmen: Danach hatte der Student, der eine Probekatechese zu halten hatte, beim Seminardirektor seinen Entwurf für die Katechetikstunde einzureichen. Der von Schwarz korrigierte Entwurf musste dem Protokollanten vorab zur Kenntnis gegeben werden. Negativ wurde bewertet, wenn der Katechet zu häufig sein »Conzept« benutzen musste. Es war also notwendig, dass der Katechet gründlich vorbereitet in die Übungsstunde ging und auch in der Lage war, auf Zwischenfragen richtig zu reagieren. Es passierte aber auch, dass der Student in »Verwirrung« kam und die Unterrichtsstunde abbrechen musste.

Die Lehrstunden im Religionsunterricht des Seminars liefen so ab, dass vier bis sechs Schüler aus einer Jenaer Elementarschule von einem Theologiestudenten im Beisein des Seminarleiters sowie von meist etwa 20 Studenten unterrichtet wurden. Vom Ablauf des Seminars musste der »Senior« ein Protokoll anfertigen, in dem die didaktische und pädagogische Leistung des Kandidaten bewertet wurden. Beim »Senior« handelte es sich um einen fortgeschrittenen Studenten, der von seinen Seminarkollegen für ein Semester zum Protokollanten gewählt wurde.

Jährlich wurde eine katechetische Preisaufgabe zu einem speziellen Bibeltext gestellt. Immer wieder wird die zu geringe Beteiligung der Seminaristen an diesem Wettbewerb beklagt, was angesichts des geforderten Aufwands verständlich ist. So wurden Beiträge von vorn herein vom Wettbewerb ausgeschlossen, wenn sie unvollständig waren, d. h. wenn sie nicht den gesamten didaktischen Ablauf der Unterrichtsstunde abbildeten, ebenso wie die Fragen des Katecheten an die Kinder und deren mögliche Antworten beinhalteten. Der als Bester auserwählte Katechet erhielt ein Preisgeld, aber erst dann, wenn er auch die öffentliche »Schau-Katechese« erfolgreich absolviert hatte.

Die katechetische Ausbildung unter Eduard Schwarz war also anspruchsvoll und gründlich gemäß den Prämissen, die Schwarz an die Katechetik stellte. Er definiert

42 Vgl. Wischmeyer: Theologiae Facultas … (wie Anm. 4), 231.
43 Käbisch; Wischmeyer: Die Praxis … (wie Anm. 14), 59.

sie wie folgt: »Die Katechetik als organisches Glied der praktischen Theologie ist die Anweisung, die noch unmündigen Theile der christlichen Gemeinde durch den geordneten Dienst am Worte zu führen zur christlichen Mündigkeit.«[44]

Neben der Lehre war Schwarz bis 1869 regelmäßig durch Prüfungen der zukünftigen Geistlichen im ersten und im zweiten theologischen Examen beansprucht. Er zählte zu einem von zwei vom Landesherrn bestellten Prüfern.[45] Dabei drang Schwarz offensichtlich auf die wissenschaftliche Selbständigkeit der angehenden Geistlichen.[46]

VI Die Familie Schwarz

Eduard Schwarz war zweimal verheiratet, in erster Ehe mit Louise Eberhardine, geborene Lange aus Braunschweig. Sie ist am 4. Juni 1834 in Jena mit 27 Jahren, zehn Monaten an Halsröhrenschwindsucht gestorben. Aus dieser Ehe gingen offenbar keine Kinder hervor.[47]

In zweiter Ehe war er mit Charlotte Sophie Louise, geborene Gesenius aus Halle verheiratet. Dies war die Tochter von Wilhelm Gesenius, seines verehrten Lehrers an der Universität Halle. Die Ehe wurde am 6. September 1836 mit hoher Wahrscheinlichkeit in Halle geschlossen.

Aus dieser Ehe gingen fünf Kinder hervor, eine Tochter und vier Söhne. Alle Kinder wurden in Jena geboren und mit Ausnahme eines totgeborenen Jungen jeweils »im Hause«, d. h. in der Wohnung der Eltern getauft. Familienmitglieder aber auch Universitätskollegen sind unter den Paten der Kinder zu finden: Am 22. Juni 1837 wurde das erste Kind, die Tochter Marie Louise Caroline, geboren. Die beiden ersten Paten von insgesamt fünf waren die beiden Großväter, der »Consistorialrat Professor Gesenius aus Halle« und der »Herr Fabrikant Schwarz aus Halle, derzeit allhier«.

Am 23. April 1839 kam ein totgeborener Sohn zur Welt. Ihm folgte der Sohn Georg Wilhelm Eduard, der am 13. April 1841 geboren wurde. Er starb in Jena am 17. März 1878 mit knapp 37 Jahren. Unter den sechs Paten befinden sich Professor Ludwig Friedrich Otto Baumgarten-Crusius, ein Kollege von Schwarz in der Theologischen Fakultät.

Nach weiteren sieben Jahren wird dem Ehepaar am 21. Februar 1848 der Sohn Johann Hermann Richard geschenkt. Der Prominenteste unter den sieben Paten ist wohl der Geheime Kirchenrat Professor Karl Hase, Kirchenhistoriker und Kollege von Schwarz. Auch Friederike Sophie Frommann, die Ehefrau des Jenaer Buch-

44 Ebd, 59.
45 Vgl. Wischmeyer: Theologiae Facultas … (wie Anm. 4), 238.
46 1870 bemängelte er: »Wenn das unter unseren jungen Theologen so weitergeht, so weiß ich nicht wohin es führen soll; wir bekommen dann, mit Herder zu reden, ›geistliche Handwerksburschen‹«. Zitiert nach: Wischmeyer: Theologiae Facultas … (wie Anm. 4), 352.
47 Stadtkirchenarchiv Jena, Totenbuch Kirchgemeinde Jena, Totennachrichten vom Jahr 1834, lfd. Nr. 76.

händlers Friedrich Frommann, gehört zu den Paten. Der Sohn Richard blieb offenbar nicht in Jena, denn es findet sich kein weiterer Kirchenbucheintrag über ihn.

Als letztes Kind wurde am 1. Weihnachtsfeiertag 1854 der Sohn Ernst Christoph geboren, bei dem neben fünf anderen Personen der Geheime Hofrat Professor Schulze Pate stand. Es handelt sich offenbar um Friedrich Gottlob Schulze, dem es zu verdanken ist, dass in Deutschland Agrarwissenschaft als Hochschulstudium anerkannt wurde. Unter den Taufpaten befindet sich auch die ältere Schwester des Täuflings, die damals 17-jährige Marie Schwarz.[48] Auch vom Sohn Ernst Christoph findet man keine weiteren Einträge in den Jenaer Kirchenbüchern. Es ist daher wahrscheinlich, dass auch er Jena verlassen hat.

Später holte Schwarz wohl auch seinen Vater und dessen zweite Frau aus Halle nach Jena, denn es finden sich deren Sterbeeinträge in den Jenaer Kirchenbüchern: Am 27. Juni 1834, d. h. 23 Tage nach dem Tod seiner eigenen ersten Ehefrau Louise Eberhardine starb Frau Dorothea Auguste Schwarz, geb. Sievers, die Frau seines Vaters Georg Martin Schwarz mit 55 Jahren an Kopfrose. Sie hinterließ ihren Mann als Witwer und den »Stiefsohn«. Georg Martin Schwarz starb fast 13 Jahre später am 11. Februar 1847 hochbetagt mit 85 Jahren und 9 Monaten an Altersschwäche. Er wurde ebenfalls auf dem Johannisfriedhof begraben. Es spricht für den Familiensinn von Eduard Schwarz, dass er seinen Vater und seine Stiefmutter im Alter nach Jena geholt hat.

Louise Schwarz und die Tochter Marie wohnten bis zu ihrem Tode in ihrem großen Haus in der Jenergasse 9. Marie Schwarz starb am 26. September 1895, reichlich zwei Jahre vor ihrer Mutter. Louise Schwarz starb am 15. November 1897 hochbetagt mit 80 Jahren. Sie überlebte ihren Mann um 27 Jahre und 6 Monate.

Die Erbangelegenheiten in der Familie Schwarz waren vorbildlich geregelt worden. Eduard Schwarz hinterließ das Haus in der Jenergasse 9 laut Erbschein vom 8. Dezember 1870 seiner Frau Charlotte Sophie Louise Schwarz und seinen vier Kindern. Nach dem Tod von Louise Schwarz ist das Haus gemäß Erbschein vom 25. März 1898 »an die Großherzogliche und Herzogliche Sächsische Gesamt-Universität in Jena, jetzt Thüringische Landesuniversität übergegangen«.

Am 29. September 1899 bat der Oberbürgermeister Heinrich Singer im Auftrag der Schulgemeinde Jena den Universitäts-Curator Dr. Heinrich Eggeling darum, das Schwarzsche Haus »für provisorische Schulzwecke« für vier Jahre anmieten zu dürfen.[49] Am 19. Oktober antwortete der Kurator und bot einen Mietvertrag ab 1. April 1900 mit einer Laufzeit von zwei Jahren bei einem »Mietpreis von 600 Mark jährlich« an. Der Mietvertrag wurde am 13. Dezember 1899 geschlossen und regelte die Zahlung der Miete in zwei Raten. Es wurde zudem festgelegt, dass nicht benötigte Räume unentgeltlich durch die Universität als Auditorien genutzt werden können. Bis zum Ablauf des Mietvertrags waren im Schwarzschen Haus fünf Klassen

48 Stadtkirchenarchiv Jena, Taufbuch Kirchgemeinde Jena.
49 StA Jena, Mietung von Räumen zu Schulzwecken, 1899-1923.

der II. Jenaer Bürgerschule untergebracht. Am 18. September 1902 kündigte der Schulvorstand das Mietverhältnis mit der Universität zum 1. April 1903. Die fünf Klassen wurden in die »Alte Bürgerschule«, die sich hinter der Stadtkirche befand, verlegt. Das Haus Jenergasse 9 blieb seit 1898 im Eigentum der Universität.

VII Alter und Tod von Eduard Schwarz

Bei der Doppelbelastung, die fast vier Jahrzehnte das geistliche und das akademische Amt an Schwarz stellte, war das Nachlassen seiner Kräfte eine zu erwartende Folge. In der Literatur wird ein schmerzhaftes Nervenleiden dafür verantwortlich gemacht, dass Schwarz im Mai 1865 das geistliche Amt des Oberpfarrers und Superintendenten niederlegte. Seine Aufgaben bei der Studentenausbildung an der Universität führte er jedoch über das Jahr 1865 bis zum Sommersemester 1870 weiter. Allerdings verschlechterte sich sein Gesundheitszustand in den letzten fünf Lebensjahren zusehends. So erlitt er im Spätsommer 1869 einen Schlaganfall, der ihn zusätzlich einschränkte. Krankheitsbedingt legte er Ende November 1868 zeitweilig die Leitung der Seminare nieder. Anfang Januar 1869 übernahm sein Fakultätskollege Ludwig Diestel,[50] ein Alttestamentler, kommissarisch das Katechetikseminar. Mit dem Wintersemester 1869/70 kehrte Schwarz wieder als Leiter zurück, musste jedoch mit Beginn des Sommersemester 1870 die Leitung erneut an Diestel abgeben, der das begonnene Seminar zu Ende führte.

Schwarz suchte Anfang 1869 beim Großherzoglich-Sächsischen Staatsministerium um endgültige Pensionierung nach. Im Protokoll des Kirchgemeinde-Vorstandes vom 11. März 1869 ist zu lesen: »Archidiakon Dr. Klopfleisch beglückwünschte den Vorsitzenden Dr. Schwarz, daß derselbe nach langer Unterbrechung wieder erscheinen konnte […] Herr Vorsitzende teilte mit, daß er in Weimar seine Pensionierung beantragt habe.« Nach dieser Erklärung von Schwarz konnte seitens des Kirchgemeindevorstandes mit den Formalitäten zur Wiederbesetzung der Oberpfarrer- und Superintendentenstelle begonnen werden. Aus den 14 Bewerbungen wählte der Kirchgemeindevorstand nach den Probepredigten den vierten Stadtpfarrer von Heilbronn Dr. Otto Pfleiderer aus, der am 16. Januar 1870 in der Stadtkirche in sein neues Amt eingeführt wurde.[51]

Nach langem Leiden starb Eduard Schwarz am 18. Mai 1870 »abends, neun und einhalb Uhr« in seinem Haus. Am 21. Mai 1870, früh um 8 Uhr wurde er im Familiengrab beigesetzt. Die Versorgung der Witwe erfolgte in üblicher Weise, wie im Protokollbuch des Kirchgemeindevorstandes vom 22. September 1870 zu lesen ist: »In der heutigen Sitzung des Kirchgemeindevorstandes wurde beschlossen, daß der

50 Vgl. zu ihm Heussi: Geschichte … (wie Anm. 7), 289 f und 305 f.

51 Stadtkirchenarchiv Jena, B II, 1 betreffend »Die Pensionierung des Oberpfarrers Herrn Geheimen Kirchenrat Dr. Schwarz und die Wiederbesetzung der Oberpfarramtsstelle (1869-1870)«.

verwittweten Frau Geheime Kirchenräthin Schwarz allhier das Gnaden-Halbjahr der Pension ihres seligen Mannes aus dem hiesigen Gotteskasten gezahlt werden soll.«[52]

Für die anstehende Wiederbesetzung der Professur liefen die Formalitäten ebenfalls in gewohnter Weise: Am 27. Mai 1870 wurde die Universität vom Großherzoglich-Sächsischen Staatsministerium aufgefordert, »wegen Wiederbesetzung der erledigten Professur in Gemäßheit des Universitäts-Statuts das Weitere wahrzunehmen.«[53] Am 10. Juni unterbreitete die theologische Fakultät fünf Personalvorschläge. An erster Stelle stand der »gegenwärtige Superintendent und Oberpfarrer der hiesigen Gemeinde, der Doktor der Philosophie Otto Pfleiderer«. »Eingedenk der mannigfachen Vorzüge, welche aus der Verbindung der Professur der praktischen Theologie mit pfarramtlichen und seelsorgerlichen Tätigkeiten notwendig hervorgehen«, wurde zur Begründung angeführt.[54] Am 29. August 1870 erfolgte die großherzogliche Zustimmung für die Berufung Pfleiderers zum ordentlichen Professor sowie zum Universitätsprediger. Gleichzeitig damit wurde er zum Kirchenrat ernannt. Im Gegensatz zu Schwarz, der sowohl Superintendent als auch Theologieprofessor war, bat Pfleiderer noch im August 1870 darum, das Amt des Superintendenten niederlegen zu dürfen, weil er nur Professor sein wollte. 1874 folgte er einem Ruf als Professor für Exegese und Praktische Theologie an die Universität Berlin. Die Doppelbelastung durch zwei Ämter, die Schwarz getragen hatte, wollte er nicht auf sich nehmen.

Auch wenn es Schwarz aufgrund seiner vielen Amtsverpflichtungen nicht vergönnt war, das von ihm als Resümee seiner akademischen Arbeit geplante Lehrbuch der Homiletik zu vollenden, prägte er durch seine homiletischen und katechetischen Seminare die praktisch-theologische Ausbildung angehender Pfarrer an der Universität Jena nachhaltig. Er hatte sich einen Zyklus von Vorlesungen erarbeitet, zu dem neben Homiletik, Liturgik und Katechetik, auch Pastoraltheologie, Kirchenrecht, Geschichte der Kanzelberedsamkeit und sogar die Ethik gehörten. Dazu bot er praktische Auslegungen biblischer Abschnitte an, die als Hilfestellung für die Erarbeitung von Predigten gedacht waren. In homiletischen und katechetischen Seminaren wandte er dieses Wissen an. Damit war die Theologenausbildung in Jena auf der Höhe der Zeit.

---

52 Stadtkirchenarchiv Jena, Protokoll der Kirchgemeinde-Vorstandes vom 22. September 1870.

53 UAJ, Acta academica betr. Die Anstellung ordentlicher Professoren, ordentlicher Honorar- und ao. Professoren der Theologie 1856-1873, Bestand BA 407: Wiederbesetzungsantrag vom 27. Mai 1870.

54 UAJ, Acta academica, Bestand BA 407: Personalvorschlagsliste der Theologischen Fakultät vom 10. Juni 1870 zugunsten O. Pfleiderers.

»Auch die Glocken der hiesigen Kirchen werden diesen Weg gehen, den der Krieg ihnen aufgezwungen hat«

Die Abgabe von Orgelprospektpfeifen und Glocken in Greifswald im Jahr 1917

Von Rainer Neumann

Zur Jahreswende 1916/17 schickte Kaiser Wilhelm II. aus dem Großen Hauptquartier der Kaiserin, die sich im Neuen Palais in Potsdam aufhielt, ein Telegramm. Es schloss mit den Worten:

> »Dankbar gegen Gott und stolz auf Deutschlands Kraft blicke ich auf die rückliegende Kriegszeit sowie vertrauensvoll in das kommende Jahr, auch weiteren Kämpfen und mit Gottes Hilfe neuen Siegen entgegen. Wir halten durch!«[1]

»Wir halten durch« war die Parole, doch wurde ihre Umsetzung im Verlauf des Krieges zunehmend schwieriger. Der schnelle Vormarsch mit der Umsetzung des Schlieffen-Planes war gescheitert. Ein zäher Stellungskrieg mit Materialschlachten wurde Tagesalltag. Deutschland war vom Rohstoffimport durch eine Seeblockade abgeschnitten und der Mangel trat immer deutlicher zutage.

Das gerade begonnene Jahr 1917 war das Jahr des 400-jährigen Gedenkens an den Beginn der Reformation. Schwerpunkt der Feiern bildete die Zeit um den Reformationstag am 31. Oktober herum. Jedoch bestimmte die langfristige Wirkung der Beschlagnahme von Orgelprospektpfeifen und Glocken seit Jahresbeginn den mentalen Alltag der Kirchengemeinden mehr als das Reformationsjubiläum im Herbst.[2]

Zunehmend kam es zur Abgabe oder Beschlagnahme von Rohstoffen, also nicht nur von Bronze, was die Glocken, und Zinn, was die Orgeln betraf. Requirierungen galten ebenso für Aluminium und Schuhleder – daher wurde Barfußlaufen empfohlen – aber auch Gummibereifungen für Fahrräder mussten abgeliefert werden.[3] Ebenso wurden Blitzableiter aus Kupfer eingezogen, auch Platin war betroffen, dazu Bierglasdeckel, Gardinenstangen und sogar Garderobehaken. Sicherlich zur Freude der Schulkinder war die Weisung des Oberpräsidenten der Provinz Pommern, die Schulferien »zwecks Schonung der Kohlenvorräte« bis zum 15. Januar 1917 zu verlängern.[4]

1 Greifswalder Zeitung, 3.1.1917.

2 Rainer NEUMANN: Luther der deutsche Volksmann: das Reformationsjubiläum in Greifswald. HCh 40/41 (2016/2017 ersch. 2018), 140-181.

3 Dazu eine Meldung im Greifswalder Tageblatt am 25.9.1917.

4 Greifswalder Zeitung, 4.1.1917.

I Die Kriegsrohstoff-Abteilung im preußischen Kriegsministerium

Die handelnde Stelle auf staatlicher Seite für die Abgabe von Orgelpfeifen und Glocken war die Kriegsrohstoff-Abteilung im preußischen Kriegsministerium. Unmittelbar nach Kriegsbeginn wurde dort die Frage der Rohstoffbewirtschaftung beraten. Dabei verließ man sich auf Verträge mit Waffen- und Munitionsfirmen, denn »eine amtliche Rohstoffbewirtschaftung würde schwere Unruhe in die ganze Bevölkerung tragen und für die Kriegsstimmung gefährlich werden,«[5] erinnerte sich im Jahre 1936 der Professor der wirtschaftlichen Staatswissenschaften Kurt Wiedenfeld, der von 1916 bis 1918 in der Kriegsrohstoff-Abteilung tätig gewesen war. Er wies auf die bisher geltende Auffassung hin, nach der im Grunde noch die Anschauung von Friedrich dem Großen gestanden habe,

> »daß der Bürger von den Kriegen seines Königs überhaupt nichts bemerken solle; die Kriegführung sei ausschließlich eine Sache der Heere, und das Ganze des Krieges allenfalls eine Störung der gewohnten Wirtschaftsbeziehungen, aber nicht etwas grundsätzlich anderes wie die Friedenswirtschaft.«[6]

Das sollte sich im Ersten Weltkrieg grundlegend ändern. Wiedenfeld beschrieb, dass der Begriff »Weltmarktwirtschaft« noch nicht im Kriegsministerium angekommen sei und dass dieses erst durch die Seeblockade kurz nach Kriegsbeginn 1914 die Ganzheit der Wirtschaftsbeziehungen realisiert habe.[7] Es habe dann doch ein grundlegender Wandel von einer Friedens- zur Kriegswirtschaft stattgefunden, da »keine Militär- und keine Zivilbehörde auch nur die leiseste Vorsorge getroffen [hatte], etwaigen Schwierigkeiten der Rohstoffversorgung zu begegnen.«[8] Im Frühjahr 1915 wurde die Bewirtschaftung der Kriegsrohstoffe »straff auf eine ewige Dauer des Krieges, auf dauerndes Gleichhalten also von Vorrat und Bedarf umgestellt und deshalb auf alle Faktoren ausgedehnt […]«[9] Man hatte zwar viele Pläne für die Mobilisierung im militärischen Bereich erarbeitet, aber nicht auf der Ebene der Rohstoffversorgung und daher entstand das, was Wiedenfeld »Improvisation« nannte:

> »Die entscheidende Improvisation ist sogleich nach dem Ausbruch des Krieges eingetreten: Die Errichtung der Kriegsrohstoff-Abteilung beim preußischen Kriegsministerium, der vielgeschmähten und doch aus der Kriegswirtschaft nicht wegzudenkenden KRA.«[10]

Dies bedeutete, mit der Zuständigkeit des preußischen Kriegsministeriums, einen neuartigen Eingriff in das Wirtschaftsleben. Mit Zustimmung der nichtpreußischen Staaten wurde das preußische Kriegsministerium für das ganze Deutsche Reich

5 Kurt Wiedenfeld: Die Organisation der Kriegsrohstoff-Bewirtschaftung im Weltkriege (Schriften zur kriegswirtschaftlichen Forschung und Schulung). Hamburg 1936, 7.

6 Ebd, 7.

7 Ebd, 10.

8 Ebd, 34.

9 Ebd, 28.

10 Ebd, 35.

hierfür zuständig und damit praktisch zum Reichs-Kriegsministerium. Im Herbst 1916 wurde das »Kriegsamt« eingerichtet, analog zum englischen »Munitionsministerium«, und die Kriegsrohstoff-Abteilung dort eingegliedert. Wiedenfeld wies auch auf die enorme Bürokratie für diese Maßnahmen hin: »Es waren schließlich mehr als 20.000 Menschen, die im Gesamtbereich der KRA zu arbeiten hatten« und dies »in 25 Sektionen und weit mehr als 100 Referenten«.[11]

Die Bewirtschaftung von Rohstoffen durch die am 13. August 1914 durch Walther Rathenau eingerichtete Kriegsrohstoff-Abteilung ging bei solchen Aktionen in einem Viererschritt vor: Beschlagnahme – Erfassung – Enteignung und am Ende stand die Ablieferung.

Beschlagnahme bedeutete noch nicht die Abgabe, wohl aber das Verbot von Verkauf oder Weiterverarbeitung. Wie später bei den Glocken, so war auch dieser Vorgang bei den Prospektpfeifen Bürokratie in höchster Vollendung.

> »Massen von bedrucktem und beschriebenen Papier, oft in schwierigem Juristendeutsch, bewegen sich zwischen ungewohnten Handlungsebenen; an allen Ecken und Enden wird mit Strafandrohungen gearbeitet. Offenbar nur mit solchem (im doppelten Sinne:) Druckeinsatz konnte das Reich sich jetzt noch der Entnahme der Sparmetalle sicher sein.«[12]

II Beschlagnahme, Bestandserhebung und Enteignung von Orgelpfeifen

Der Zugriff auf Orgelpfeifen hatte eine lange Tradition:

> »Im Jahre 1676 wurden von den Franzosen die Orgelpfeifen im westfälischen Kirchderne als Kriegskontribution beschlagnahmt. Ein Gleiches geschah in den 1790er-Jahren durch das französische Revolutionsheer und 1809 durch bayerische Soldaten; denn nicht zuletzt wegen ihres niedrigen Schmelzpunktes boten sich damals Orgelpfeifen zur Gewinnung von Gewehrkugeln durch Umschmelzung geradezu an.«[13]

Schon seit dem Frühjahr 1916 war die Beschlagnahme von Orgelprospektpfeifen ein Thema bei den Militärs.[14] Dazu wandte man sich mangels Detailkenntnissen an die Orgelbauer. Im Dezember 1916 drängte dann die Zeit; weitere Prüfungen waren nicht mehr möglich und bis zum Veröffentlichungsdatum galt Geheimhaltung.

Dass beide Beschlagnahmungsaktionen parallel gesehen wurden, zeigt sich in Greifswalder Aktenbeständen, denn dort finden sich öfters Vorgänge der Orgelpfeifenabgabe bei den Glockenbeschlagnahmungen und umgekehrt.

---

11 Ebd, 43. 57.

12 Max Reinhard JAEHN: Orgelpfeifen für den Sieg!: Kriegs-Bürokratie in Norddeutschland 1917 und 1944. Acta Organologica 32 (2011), 320.

13 Alfred REICHLING; Matthias REICHLING: Die Requirierung der Orgel-Prospektpfeifen in Deutschland während des Ersten Weltkrieges. Acta Organologica 36 (2019), 222. Ich danke Reichlings sehr für die vorzeitige Zurverfügungstellung des Manuskriptes.

14 Ebd.

Am 10. Januar 1917 veröffentlichten die Zeitungen eine »Bekanntmachung betreffend Beschlagnahme, Bestandserhebung und Enteignung von Prospektpfeifen aus Zinn von Orgeln und freiwillige Ablieferung von anderen Zinnpfeifen, -schalleitern usw. von Orgeln und sonstigen Musikinstrumenten«.[15] Betroffen waren »sämtliche aus Zinn bestehenden stummen und sprechenden Prospektpfeifen.« Ausgenommen waren nicht vollständig aus Zinn bestehende Pfeifen, so die Verordnung. Der Übernahmepreis betrug 6,30 M für jedes Kilogramm Zinn zuzüglich 35 M für jede Orgel. Zuständig war – wie wenig später bei den Glocken – die lokale Behörde. Der Grund, warum gerade Prospektpfeifen in den staatlichen Zugriff gerieten, lag daran, »dass sie in der Regel aus höherprozentiger Zinnlegierung gefertigt wurden und verhältnismäßig leicht erreichbar waren, ohne dass das Orgelinnere tangiert wurde; andererseits garantierten die verbliebenen Innenregister, dass die Orgel weiterhin spielbar war, womit man die Bevölkerung beruhigen konnte.«[16]

Wie später bei der Glockenabgabe, waren auch für Orgeln Ausnahmemöglichkeiten gegeben:

> »Solche beschlagnahmten Gegenstände, für welche ein besonderer kunstgewerblicher oder kunstgeschichtlicher Wert durch anerkannte Sachverständige festgestellt wird, die von der Landeszentralbehörde bestimmt und den Betroffenen durch die beauftragten Behörden namhaft gemacht werden, sind durch die beauftragten Behörden auf Antrag von der Beschlagnahme, Enteignung und Ablieferung zu befreien. Andenkenwert entbindet nicht von der Beschlagnahme, Enteignung und Ablieferung.«[17]

Zur Begutachtung und Entscheidung teilte der Bromberger Orgelbauer Paul Voelkner dem Provinzialkonservator am 8. März 1917 mit:

> »Ueber die Prospektpfeifen von Gehäusen mit kunsthistorischem Wert möchte ich ergebenst bemerken, dass dieselben nicht immer das gleiche Alter haben wie das Gehäuse.«[18]

Und weiter argumentierte er sehr deutlich: »Wenn also nicht gerade nachgewiesen werden kann, dass die Pfeifen ein Alter von über einhundert Jahren haben, könnten sie meines Erachtens auf Kunst- und Altertumswert keinen Anspruch haben, zumal die Herstellung keine Kunstfertigkeit erfordert, sondern sehr mechanisch vor sich geht.« Voelkner gab aber auch zu bedenken, dass bei einem umfangreichen Ausbau »später die guten Orgelzinnprospektpfeifen eines ganzen Jahrhunderts« fehlen würden. Von der Beantragung auf Ausnahmemöglichkeiten wurde in Greifswald kein Gebrauch gemacht.

15 Archiv St. Nikolai Greifswald, XX,4. Es wurde schon am 1.12.1916 eine entsprechende Bekanntmachung erlassen, so Orgelbauer Stutz aus Stralsund an Superintendent Pfeiffer vom 15.3.1917. Ebd.
16 Reichling; Reichling: Die Requirierung … (wie Anm. 13), 229.
17 Archiv St. Marien Greifwald, Lagernummer 10, Blatt 141 Rückseite.
18 LAG, Rep. 55 Nr. 616, Blatt 7 und Rückseite.

III Die Abgabe von Prospektpfeifen in Greifswald

Die Ausführungsbestimmungen hatten – nach Berliner Vorlagen – die kommunalen Ebenen anzupassen. In Greifswald war der Magistrat bei der Orgel- und Glockenabgabe die ausführende Ebene. Ablieferungsort für die Orgelpfeifen war die Sammelstelle im städtischen Gaswerk in der Marienstraße.

St. Jacobi ist die kleinste der drei großen evangelischen Innenstadtkirchen. Die nach den napoleonischen Zerstörungen gebaute, 1822 eingeweihte Buchholz-Orgel war 1873 durch die Stettiner Firma Grüneberg umfangreich erweitert worden.

Über die Abgabe der Prospektpfeifen berichtete Pastor Gottlob Meyer im Greifswalder Kirchenblatt:

> »Vor dem 1. Juli werden auch aus unserer Kirchenorgel die Pfeifen für den Kriegsbedarf entfernt werden; aber so schmerzlich es uns berühren wird, das schöne Instrument nicht mehr in seiner ganzen vollen Tongewalt zu uns reden zu hören: so stolz sind wir, das Opfer für das Vaterland zu bringen.«[19]

Diese Haltung Meyers zur bereitwilligen Abgabe ist auch bei den Glocken zu verzeichnen gewesen.

In den 1920er Jahren wurden, vermutlich durch die ausbauende Stettiner Firma Grüneberg, die fehlenden Prospektpfeifen durch Zinkpfeifen ersetzt.[20]

In St. Nikolai wurde am 30. Juli 1832 das von Orgelbauer Carl August Buchholz erbaute Werk abgenommen und 1906 durch Barnim Grüneberg erweitert.[21]

Nach den Veröffentlichungen in den Zeitungen ging der Gemeinde St. Nikolai am 15. Februar 1917 eine »Anordnung, betr. Eigentumsübertragung auf den Reichsmilitärfiskus« zu, wonach ab Zugang dieses Schreibens das Eigentum auf den Staat übergegangen sei und die Pfeifen zwischen dem 1. März und 1. Juli 1917 bei der Sammelstelle im städtischen Gaswerk in der Marienstraße abzugeben seien. Superintendent Johannes Pfeiffer notierte auf der Anordnung seinen Antrag auf Zurückstellung bis zum 1. August 1917 zur »Beschaffung von Ersatzstücken«. Dieses sei nun nicht so einfach, schrieb dann Orgelbauer Grüneberg aus Stettin-Finkenwalde am 21. März 1917 an den Nikolaiorganisten und Musikdirektor Rudolf Ewald Zingel: man habe zwar in den vergangenen acht Jahren Zinkpfeifen mit Aluminiumüberzug für neue Orgeln hergestellt, »die sich in jeder Beziehung außerordentlich gut bewährt haben«.[22] Allerdings habe das Kriegsamt gerade verfügt, dass Ersatzpfeifen nicht hergestellt werden dürften, da das ganze Personal für die Herausnahme der beschlagnahmten Pfeifen verwendet werden müsse. Er bot nun an, dass der Ausbau durch seine Firma gemacht werden könne, die dabei

19 Greifswalder Kirchenblatt, Juli 1917, 28.

20 Markus T. Funck: Die Orgeln der Hansestadt Greifswald. Schwerin, 2009, 95. Gemeindeakten liegen hierzu nicht mehr vor.

21 Funck: Orgeln … (wie Anm. 20), 160 f.

22 Archiv St. Nikolai Greifswald, XX,4.

das Aufmaß für die bestellten Zinkpfeifen nehmen könne. Grüneberg würde diese Arbeiten dann gleichzeitig mit dem Ausbau aus den Orgeln von St. Marien und dem städtischen Gymnasium erfolgen lassen.[23] Im Endeffekt hatte die Stettiner Firma für alle Greifswalder Orgeln den Ausbauauftrag erhalten. Mehrere Orgelbauer hatten sich in Greifswald und beim Stettiner Konsistorium für den Stadtauftrag beworben und günstige Preise ohne Reisekosten angeboten, so etwa Orgelbauer Paul Voelkner aus Bromberg, wenn mindestens zehn Orgeln in Auftrag gegeben würden.[24]

Am 15. Juni 1917 fand in St. Nikolai ein Abschiedskonzert statt, wozu in Anzeigen in den Tageszeitungen eingeladen wurde.[25] Von den anderen Kirchen sind besondere Konzerte nicht nachweisbar. Zum Konzert konnte man danach im Greifswalder Kirchenblatt lesen:

> »Der 15. Juni brachte uns ein Kirchenkonzert wehmütiger Art. Vor der Herausnahme der Prospektpfeifen unserer schönen Orgel veranstaltete Musikdirektor Zingel ein Abschiedskonzert. Neben Darbietungen seines Frauenterzetts, einer Konzertsängerin und eines Violoncellisten waren es vor allem Orgelvorträge, die dem Gedanken des Abends Inhalt gaben. Besonders der Eingang mit dem Bachschen packenden großen Präludium (Es-dur) und zum Schluß das Nachspiel zu dem Choral ›Ein feste Burg ist unser Gott‹ zeigten die tongewaltige Schönheit unserer Orgel, von der nun ein Teil dem Vaterlande dienen soll. Aber wir klagen nicht in weichlichem Schmerz. Die Not erfordert Blut und Leben, sollte da die Schönheit, wie sie in der Flut der Töne zu dem andächtigen Herzen spricht, sich ausschließen? Es war doch gewiß ein Ausdruck dieses ernsten Glaubensbewußtseins, als zum Schluß des Nachspiels die andächtigen Zuhörer stehend den ersten Vers des Lutherliedes sangen, umbraust von der Fülle der Königin aller Instrumente.«[26]

Der Ausbau der Prospektpfeifen fand in St. Nikolai erst am 28. Juli 1917 durch die Firma Grüneberg aus Stettin statt. Sie fertigte auch die nicht mehr in der Akte befindlichen Zeichnungen an, nach denen 1922 die Wiederherstellung erfolgte. Die abgenommenen Pfeifen hatten ein Gewicht von 622 kg, was einen Erlös von 3.950 M ergab.[27] Superintendent Pfeiffer berichtete im Greifswalder Kirchenblatt im Oktober 1917:

> »Die Orgel ist übrigens trotz der Herausnahme so vieler Pfeifen noch spielbar geblieben, da auch mit den verbliebenen Holzpfeifen sehr wirksame musikalische Wirkungen zu erzielen sind. Wenn nicht das leere Prospektgehäuse das Geschehene verriete, würden die meisten Kirchenbesucher bei dem meisterhaften Spiel unseres Organisten das Fehlen der Pfeifen kaum bemerkt haben.«[28]

---

23 Archiv St. Nikolai Greifswald, XX,4.

24 So im Schreiben des Konsistoriums vom 8.5.1917. In: Archiv St. Nikolai Greifswald, XX,4.

25 Greifswalder Zeitung, 13.6.1917.

26 Greifswalder Kirchenblatt, Juli 1917, 27.

27 Greifswalder Kirchenblatt, Oktober 1917, 39.

28 Greifswalder Kirchenblatt, Oktober 1917. Das war falsch: Nur Prospektpfeifen wurden entfernt, nicht aber die Pfeifen im inneren Orgelgehäuse. Die Orgelwiederherstellung begann mit einem Spendenaufruf 1921. Die Orgel konnte am Ostersonntag 1922 wieder voll erklingen. Greifswalder Zeitung, 16.4.1922 und Archiv St. Nikolai XXII, 13.

Hier irrte der Superintendent, denn natürlich waren viele Metallpfeifen im Orgelgehäuse verblieben.

St. Marien ist die dritte große Innenstadtkirche und besitzt bis heute das größte noch erhaltene Instrument des Stralsunder Orgelbauers Friedrich Albert Mehmel, das am 4. Advent 1866 eingeweiht worden war. Anhand des Protokollbuches von St. Marien kann die Abgabe der Orgelpfeifen im Hinblick auf die Beschlüsse des Gemeindekirchenrates gezeigt werden.[29] Nach der Zeitungsveröffentlichung der Beschlagnahme am 10. Januar 1917 wurde in der ersten Sitzung des Jahres, die am gleichen Tag stattfand, nüchtern protokolliert:

> »Endlich nimmt G[emeinde]Kirchen]R[at] Kenntnis von der in den Zeitungen veröffentlichten Beschlagnahme der Prospektiv-Orgelpfeifen aus Zinn. Die Ausführungsbestimmungen bleiben abzuwarten.«[30]

In der dritten Sitzung, am 23. Februar, ging es im Gemeindekirchenrat weiter:

> »Die Zuschrift des Magistrats vom 15. d. Mts. betr. Ablieferung der Prospektivpfeifen der Orgel verlesen und beschlossen sie nach Pfingsten[31] zu besorgen. Vorher soll festgestellt werden, ob sie ablieferungspflichtig sind; auch soll mit Grüneberg-Stettin wegen Ersatz derselben verhandelt werden.«[32]

Es gab allerdings keine Möglichkeit gegen diese Verfügung zu protestieren, da es sich zu dieser Zeit bei der Mehmel-Orgel noch um kein historisches Instrument handelte.[33] Die vierte Sitzung fand am 11. Mai 1917 statt:

> »Beschlossen, die Firma Grüneberg-Stettin mit der Herausnahme der Orgelpfeifen nach Pfingsten zu betrauen. Von einer Ausfüllung der Pfeifenfächer mit Leinwandstoff soll abgesehen werden. Ein Beschluß zum Ersatz der Pfeifen durch Zinnpfeifen wird noch verschoben.«

Grüneberg hatte die Abdeckung der offenen Orgel vorgeschlagen, »um das Innere der Orgel den Augen zu entziehen und um es vor Staub zu schützen.«[34] Die fünfte Sitzung am 2. Juli 1917 beschäftigte sich mit der Entschädigungssumme:

> »Der Vorsitzende teilt mit, daß die beschlagnahmten Orgelpfeifen abgeliefert und dafür 2084,20 M. vereinnahmt seien, welche bei der Stadtsparkasse zinsbar angelegt sind. Für Herausnahme hat die Firma Grüneberg-Stettin 42,50 M liquidiert. Da der entsandte Orgelbauer dazu nur einen Tag dazu gebraucht hatte, sollte mit der Firma wegen Herabset-

---

29 Archiv St. Marien, Greifswald: Protokollbuch über die Verhandlungen der Kirchlichen Körperschaften von St. Marien – Greifswald 1917 bis 1924. Daraus auch die weiteren Protokollbuchzitate.

30 Archiv St. Marien, Greifswald: Protokollbuch ... (wie Anm. 29). Ursprünglich stand hier »Zink«, was aber korrigiert wurde.

31 Der Pfingstsonntag fiel auf den 28. Mai.

32 Ebd.

33 Funck: Die Orgeln … (wie Anm. 20), 60.

34 Funck: Die Orgeln … (wie Anm. 20), 61.

zung des Preises verhandelt werden. Dazu sollte sie auch ersucht werden, die aufgesetzte Abmessungstabelle der Pfeifen dem Gemeindekirchenrat zu übergeben.«

Am 6. September 1917 wurde dem Gemeindekirchenrat schließlich mitgeteilt, dass Grüneberg eine Reduzierung der Rechnung abgelehnt, aber das Aufmaß übergeben habe.

So nüchtern und still der Ton im Protokollbuch von St. Marien war, so laut und national war er im Greifswalder Gemeindeblatt. Im Juni 1917 berichtete Marienpastor Eduard Heyn recht martialisch zustimmend über die Pfeifenabgabe:

»Die bisher der Erbauung dienten, Gottes Lob verkündigen halfen und ernste wie dankesfrohe Stimmungen der Gemeinde weckten und begleiteten, die müssen nun, in Geschütze und Geschosse umgeschmolzen, unter Dröhnen in die Reihen der unversöhnlichen Feinde Tod und Gericht tragen. Auch das ist im letzten Grunde ein Gottesdienst, und ein Liebesdienst für die Heimatgemeinde und die Heimatkirche zu ihrem Schutz und ihrer Freiheit, aber ein tiefernster und erschütternder.«[35]

Bei dieser Zustimmung zur Orgelpfeifenabgabe war Widerstand oder aufschiebendes Verhalten nicht zu erwarten. Danach beschrieb Heyn die Geschichte der Orgeln in St. Marien und teilte beiläufig auch mit, dass die Gemeinde die Orgel noch immer jährlich mit 500 M abbezahle.

Mit dem Ausbau hatten die Orgelbauer auch im Pflichtenheft stehen, eine Skizze der Prospekte mit Mensuraufnahme zu erstellen, damit sollte die Wiederbeschaffung der jetzt ausgebauten Pfeifen leichter möglich sein. In Greifswald ist nur für St. Marien diese Skizze in den Akten vorhanden, die bei der Wiederherstellung enorm wichtig wurde. Auch über die Ablieferung berichtete Pastor Heyn im Juli 1917 im Kirchenblatt:

»Die der Beschlagnahme anheimgefallenen Orgelpfeifen unserer Kirche sind nun inzwischen abgeliefert worden. Es war für die Gemeinde auch ein Ereignis von kirchengeschichtlicher Bedeutung, als am letzten Pfingstfest das volle Werk zum letzten Male durch die weiten Hallen der Kirche brauste. Darnach bleibt es uns ein Trost, daß seine Vollkraft durch die Ablieferung nicht allzusehr gelitten hat. Mancher wird nur an der leeren Stätte merken, daß sie fehlen.«[36]

Es hat offensichtlich, anders als für St. Nikolai, kein besonderes Abschiedskonzert gegeben sondern im Pfingstgottesdienst hörte man zum letzten Mal das volle Werk.

Die Wiederherstellung begann 1924 mit einem Angebot von Grüneberg, das vom Barther Orgelbauer Beyer unterboten wurde, woraufhin dieser den Zuschlag bekam.[37]

Auch das Greifswalder Gymnasium besaß in der Aula eine Mehmel-Orgel mit elf Registern, die mit dem Neubau zusammen 1870 eingeweiht wurde. Die Firma Grüneberg war auch hier mit dem Ausbau der Prospektpfeifen beauftragt worden.

35 Greifswalder Kirchenblatt, Juni 1917, 24.
36 Greifswalder Kirchenblatt, Juli 1917, 28.
37 Funck: Die Orgeln … (wie Anm. 20), 62.

»Die leeren Pfeifenfelder bespannte man anschließend mit Stoff, was sich bis zum Abriss der Orgel nicht änderte.« Der Abriss geschah erst im Jahre 1956. [38]

Ebenso besaß die 1871 erbaute katholische Kirche St. Joseph seit der Einweihung ein Instrument des Orgelbauers Mehmel.[39] Die Prospektpfeifenabgabe begann am 5. Februar 1917 mit der »Anordnung, betr. Eigentumsübertragung auf den Reichsmilitärfiskus«.[40] Der Ausbau der Prospektpfeifen wurde von der Firma Grüneberg vorgenommen.[41] Die Gemeinde erhielt für die abgelieferten Pfeifen am 8. August 1917 von der Stadtkasse Greifswald den Betrag von 677,60 M.[42] Wenn man vom Übernahmepreis 35 M für die Orgel abzieht, kommt man nach der Restsumme auf 102 kg abgeliefertes Orgelzinn. Neue Prospektpfeifen konnten erst 1925 angeschafft werden.[43]

Eine vierte Mehmel-Orgel stand in der Kirche Wieck. Sie wurde nach dem Bau der Kirche im Jahre 1883 in Gebrauch genommen. 1917 wurden ebenfalls die Prospektpfeifen entfernt und in den 20er Jahren durch Orgelbauer Strutz aus Stralsund durch Zinkpfeifen ersetzt.[44]

Im Abschlussbericht des Magistrates an den Provinzialkonservator vom 30. Dezember 1917 hieß es: »Es sind aus den Kirchen nur die nicht sprechenden Zinnpfeifen abgeliefert worden. Die sprechenden Pfeifen hat keine der hiesigen Kirchen eingebüßt.«[45] Doch das entsprach nicht den Tatsachen, denn allein an der Mehmel-Orgel in St. Marien bestand der ganze Orgelprospekt aus klingenden Pfeifen. In den Akten von St. Marien ist dies durch den Orgelbauer Grünewald festgehalten, der beim Ausbau eine Zeichnung der Prospektpfeifen mit den entsprechenden Maßen angefertigt hatte, um für den späteren Ersatz eine Grundlage zu haben.[46]

IV Überprüfung der abgegebenen Metallmengen für Orgeln und Glocken

Die Maßstäbe der Befreiung von Orgeln und Glocken wichen im Deutschen Reich stark voneinander ab.[47] Das Berliner Kriegsamt lud zum 22. Januar 1918 die Sachverständigen zu einer Nachprüfungsberatung ein, »um einheitliche Richtlinien für

38 Funck: Die Orgeln … (wie Anm. 20), 194.
39 Funck: Die Orgeln … (wie Anm. 20), 197.
40 Kath. Propsteigemeinde St. Joseph Greifswald. I, 39 I, 391 Orgel Glocken. Pfarrkircheninventar Orgel Glocken etc.
41 Funck: Die Orgeln … (wie Anm. 20), 198. 268.
42 Archiv Kath. Propsteigemeinde St. Joseph Greifswald. I, 39 I, 391 Orgel Glocken.
43 Ende Juni wurde die von Orgelbauer Beyer aus Zingst restaurierte Orgel wieder in Gebrauch genommen werden. Kath. Gemeinde St. Joseph: Chronik 1871-1929.
44 Funck: Die Orgeln … (wie Anm. 20), 216.
45 StAG, Rep. 5,1056.
46 Archiv St. Marien, Greifswald. Instandhaltung und Benutzung der Orgeln in der Kirche St. Marien sowie in der Annenkapelle 1912 – 1967. Lagernummer 10.
47 Reichling; Reichling: Die Requirierung … (wie Anm. 13), 318.

die Durchprüfung zu schaffen«.[48] Die Sitzungsunterlage befasste sich mit neuen »Richtlinien für die Begutachtung von Bronzeglocken« und »Richtlinien für die Befreiung der Prospektpfeifen von Orgeln«. Es sei vorerst nicht beabsichtigt auch Glocken der Gruppe B einzuziehen. Geplant war, dass »eine Aussonderung aus Gruppe B und C nach Gruppe A bezw. B erfolgen« sollte.[49] Als Zielvorgabe wurde angegeben: »Es ist anzustreben, dass Gruppe C in ihrer Gesamtheit eine möglichst vollständige Übersicht über den deutschen Glockenguss aller Zeiten noch gewährt.«

In der Sitzungsvorlage wurde auch auf die Befreiung von Orgeln für eine Abgabe eingegangen. Eine Befreiung sei nur zulässig wenn es sich handele um:

»a) Solche von bemerkenswerter schmucklicher Ausbildung (Verzierung durch Treibarbeit, Bemalung, Umhüllung der einzelnen Pfeife durch Schnitzwerk und dergleichen. […] b) Musikgeschichtlich (nicht lediglich musikalisch) bemerkenswerte aus der Zeit vor 1800.«[50]

Es wurden also recht strenge Maßstäbe angelegt.

Aufschlussreich sind die bis zum 15. Januar 1918 abgegebenen Metallmengen für Prospektpfeifen aus Orgeln: In Preußen wurden 15.275 Orgeln mit insgesamt 1.081.591 kg Metall gemeldet. Davon wurden nur 266 Orgeln befreit, das sind 1,74%. In Pommern waren es 911 gemeldete Orgeln und es wurden nur sieben befreit, also 0,77%.[51] Der Durchschnitt im Deutschen Reich war eine Befreiung von 1,75% wobei allerdings Bayern die höchste Quote von Befreiungen mit 15% aufwies.[52]

Reichlings weisen allerdings in ihrer äußerst umfangreichen Untersuchung auch darauf hin, dass diese Statistik »unvollständig und in Teilen falsch« gewesen sei und folgern:

»Die Nachprüfung 1918 hätte eine zweite Welle von Ablieferungen hervorbringen sollen; diese wurde jedoch durch das Kriegsende glücklicherweise gestoppt.«[53]

V Die Beschlagnahme von Glocken in Greifswald

Glocken riefen während des Krieges nicht nur zum Gottesdienst, sondern läuteten auch zur Bekanntgabe von militärischen Siegen:

»Im Flaggenschmuck prangten gestern nachmittag und heute anläßlich der Einnahme von Czernowitz alle öffentlichen Gebäude und viele Privathäuser der Stadt. Auch läuteten

48 Reichling; Reichling: Die Requirierung … (wie Anm. 13), 318 f.
49 LAG, Rep. 55 Nr. 618, Bll. 27-30 und Reichling; Reichling: Die Requirierung … (wie Anm. 13), 319.
50 Ebd.
51 Reichling; Reichling: Die Requirierung … (wie Anm. 13), 284. St. Marien in Stralsund gehörte dazu.
52 LAG, Rep. 55 Nr. 618, Bll. 27-30.
53 Reichling; Reichling: Die Requirierung … (wie Anm. 13), 385.

von 8 bis ½ 9 Uhr gestern abend die Glocken der Kirchtürme zur feierlichen Begrüßung des neuesten Sieges der deutschen Waffen.«[54]

Da die Rohstoffknappheit weiter zunahm, hatte das Kriegsministerium schon im Oktober 1915 nach nicht benutzten Glocken zur freiwilligen Abgabe angefragt:

»Nach hierher gelangten Mitteilungen sollen auf Staats-, Schloss- und Kirchentürmen, in Kirchen, Sakristeien usw. vielfach alte Glocken lagern, die nicht mehr in Gebrauch sind und nur noch Altmaterialwert haben. Das in diesen Glocken enthaltene Metall ist für die Heeresverwaltung von grossem Wert.«[55]

Aus Greifswald kam von St. Marien und St. Jacobi[56] jeweils die Meldung, dass nichts vorhanden sei und die Metall-Mobilmachungsstelle bestätigte der Gemeinde St. Nikolai am 9. März 1916, dass sie zwei Glocken aus Messing mit etwa 30 kg sowie einen Kupferkessel mit 40 kg zur Verfügung gestellt habe.[57] Der Kupferkessel befand sich im Turm und war vermutlich zur Vorratshaltung von Löschwasser im Falle eines Brandes bestimmt.

Da die freiwillige Abgabe von Rohstoffen nicht den gewünschten Erfolg zeitigte, wurden Zwangsmaßnahmen ergriffen. Sieben Wochen nach der Beschlagnahmebekanntmachung für die Orgelprospektpfeifen erschienen am Donnerstag, dem 1. März 1917 gleich sechs Verordnungen: Die »Bekanntmachung betreffend Bestandserhebung und Beschlagnahme von Korkholz, Korkabfällen und den daraus hergestellten Halb. und Fertigfabrikaten«, die »Bekanntmachung betreffend Beschlagnahme, Bestandserhebung und Enteignung von fertigen, gebrauchten und ungebrauchten Gegenständen aus Aluminium«, die Nachtragsbekanntmachung »betreffend Bestandserhebung von tierischen und pflanzlichen Spinnstoffen (Wolle, Baumwolle, Flachs, Ramie, Hanf, Jute, Seide) und daraus hergestellten Garnen und Seilfäden«. Damit nicht genug, denn darauf folgte noch die »Bekanntmachung der Reichsbekleidungsstelle über die Bestandsaufnahme von Schuhwaren«, die »Nachtragsbekanntmachung […] betr. Höchstpreise für Baumwollspinnstoffe und Baumwollgespinste«.

Am gravierendsten war die Veröffentlichung einer Bekanntmachung, die die Zeitungen Mitte Februar 1917 erhalten hatten, und die bis zur Veröffentlichung geheim zu halten war:

»Anbei wird eine Bekanntmachung Nr. M. 1/1.17. Käa vom 1. März 1917 betreffend ›Beschlagnahme, Bestandserhebung und Enteignung sowie freiwillige Ablieferung von Glocken aus Bronze‹ zur gefälligen Kenntnisnahme und mit dem ergebenen Ersuchen übersandt, sie am 1. März 1917 in den amtlichen Zeitungen und in denjenigen Blättern, welche sich zum kostenfreien Abdruck bereiterklären, in vollständiger Wiedergabe sowie durch Anschlag an möglichst vielen Stellen und in anderer zweckmäßig erscheinender

54 Greifswalder Tageblatt, 4.8.1917.
55 StAG, Rep. 5 Nr. 1056, Blatt 63.
56 StAG, Rep. 5 Nr. 1056, Blatt 64 Rückseite und 66, Meldungen vom 29.10. und 8.11.1915.
57 Archiv St. Nikolai Greifswald, XX,4 und StAG, Rep. 5 Nr. 1056, Blatt 65.

Weise veröffentlichen zu wollen, damit sie in allen Teilen des Deutschen Reiches gleichzeitig und allgemein bekannt wird.« [58]

Für die Bronzeglocken wurden darin in elf Paragraphen vier Phasen beschrieben: sofortige Beschlagnahme, Bestandserhebung, Enteignung und schließlich die Ablieferung. In der Bekanntmachung wurde auch der Übernahmepreis genannt und – bei Zuwiderhandlungen – auch gleich die Strafandrohung mit Verweis auf das Reichsgesetzblatt:

»Mit Gefängnis bis zu einem Jahre oder mit Geldstrafe bis zu zehntausend Mark wird, sofern nicht nach allgemeinen Strafgesetzen höhere Strafen verwirkt sind, bestraft: 1. Wer der Verpflichtung, die enteigneten Gegenstände herauszugeben oder sie auf Verlangen des Erwerbers zu überbringen oder zu übersenden, zuwiderhandelt; 2. Wer unbefugt einen beschlagnahmten Gegenstand beiseite schafft, beschädigt oder zerstört, verwendet, verkauft oder kauft, oder ein anderes Veräußerungs- oder Erwerbsgeschäft über ihn abschließt; […].«[59]

Fast kurios wirkt die Regelung der Zuständigkeit für die Durchführung der Aktion: der einzige fettgedruckte Teil betraf die Zuständigkeit, denn es wurde auf eine Bekanntmachung vom 1. Oktober 1916 verwiesen: »Beschlagnahme, Bestandserhebung und Enteignung von Bierglasdeckeln, Bierkrugdeckeln aus Zinn und freiwillige Ablieferung von anderen Zinngegenständen«, die die jeweiligen Kommunalverbände als zuständige Ebene durchzuführen hatten.[60] Diese Bierglasdeckelverordnung zeigte, wie verzweifelt die Rohstofflage geworden war oder wie illusionär die Vorstellungen der Bürokratie waren, diese Mengen noch rechtzeitig der Rüstungsproduktion zuführen zu können.

In der Glockenbekanntmachung wurden auch die Entschädigungszahlungen festgesetzt:

»Bei Geläuten mit einem Gesamtgewicht über 665 kg auf 2,00 M für das Kilogramm, zuzüglich einer festen Grundgebühr von 1000 M für das Geläut; bei kleinen Geläuten bis zu 665 kg auf 3,50 M für das Kilogramm ohne jede weitere Grundgebühr«.[61]

Gleichzeitig wurde mit großem Aufwand ein Formularwesen entwickelt, das alle Beschlagnahmungsaktionen begleitete und deren Blankovordrucke, teilweise heute noch den Akten des Greifswalder Stadtarchivs beiliegen.

Mit der Bekanntmachung wurde den Gemeinden das Verfügungsrecht über die Glocken entzogen und die Bestandserhebung begründet. Alle Gutachten, die früher angefertigt worden waren, sollten zur Begutachtung keine Gültigkeit haben, hieß es, in der Bekanntmachung. Maßgebend für eine Befreiung war der besondere geschichtliche, wissenschaftliche oder Kunstwert.

58 Greifswalder Tageblatt, 1.3.1917 und StAG, Rep. 5 Nr. 1056, Blatt 1.
59 Greifswalder Tageblatt, 1.3.1917.
60 StAG, Rep. 5 Nr. 1056, Blatt 3.
61 Ebd.

Nach Abgabe der Meldung zur Bestandsaufnahme begann ein sich über viele Monate hinziehendes Begutachtungsverfahren. Dazu wurden nach den Ausführungsbestimmungen vom 24. März 1917 die Glocken in die Kategorien A, B und C eingeteilt:

»Die Meldung der Bronzeglocken hat in nachstehende drei Gruppen zu erfolgen:

Gruppe A: Hier sind diejenigen Bronzeglocken zu melden, für die eine vorläufige Zurückstellung von der Enteignung und Ablieferung aus nachstehend angeführten Gründen nicht in Frage kommt.

Gruppe B: Hier sind diejenigen Bronzeglocken zu melden für die eine vorläufige Zurückstellung von der Enteignung und Ablieferung aus nachstehend angeführten Gründen zulässig ist und zwar:

1. Wenn kein besonderer, sondern nur ein mäßiger wissenschaftlicher oder Kunstwert vorliegt, oder solche Bronzeglocken noch nicht oder nicht endgültig beurteilt worden sind (Zu belegen durch Gutachten anerkannter Sachverständiger.) Kennwort: ›Kunstwert‹.

2. Wenn eine Glocke für die Bedürfnisse des Gottesdienstes in einem Geläute erhalten bleiben soll, für das die unter 1 und 3 angeführten Befreiungsgründe keine Anwendung finden können. (Zu belegen durch Gutachten der zuständigen Aufsichtsbehörde.) Kennwort: ›Läuteglocke‹.

3. Wenn die Kosten des Einbaues der Ersatzglocken ausschließlich des Wertes derselben den Uebernahmepreis für das ausgebaute Bronzegewicht überschreiten würden. (Zu belegen durch Gutachten der zuständigen Kirchenbaubehörde bezw. herangezogener Glockengießer u. a. m.) Kennwort: ›Hohe Einbaukosten‹.

Gruppe C: Hier sind diejenigen Bronzeglocken zu melden, für die ein besonderer wissenschaftlicher, geschichtlicher oder Kunstwert von den zuständigen Sachverständigen bescheinigt worden ist.

Bronzeglocken von wissenschaftlichem, geschichtlichem oder Kunstwert, über die ein endgültiges Gutachten der zuständigen Sachverständigen zum Abgabetermin noch nicht vorliegt, sind von den Betroffenen unter Gruppe B zu melden.

Die Gründe für die beantragte vorläufige Zurückstellung, Name, Wohnort, Sitz der herangezogenen Sachverständigen oder der Behörde, welche die Begründung bescheinigt haben, sind in den Meldeschein einzutragen.«[62]

Die Kategorien zur Eingruppierung waren auf den ersten Blick nicht eindeutig und die vielen Möglichkeiten der Beurteilung durch Sachverständige gaben einem Hinausschieben der endgültigen Feststellung viel Raum. Sehr früh, schon am 12. März 1917, schaltete sich der Stettiner Provinzialkonservator ein, denn er bat, die im Ministerialerlass angegebene Altersgrenze des Jahres 1400 für die Kategorie C für Pommern um mindestens 50 Jahre zu erhöhen, da das Christentum erst spät nach Pommern gekommen sei.[63]

Zur Abgabe sollten vorerst nur die Glocken der Kategorie A gelangen und die Aktion am 30. Juni 1917 beendet sein.[64] Außerdem gab es eine Anweisung, dass die »zur Vernichtung kommenden Glocken« zu dokumentieren seien. Es sollten Maße,

62 Archiv St. Nikolai Greifswald, XX,4. Aus dem Meldebogen zur Einschätzung der Glocken.
63 StAG, Rep. 5 Nr. 1056, Blatt 24.
64 StAG, Rep. 5 Nr. 1056, Blatt 44

Formen, Inschriften, Wappen, Friese, Reliefbilder etc. durch Zeichnungen, Durchreibungen und Abformungen[65] festgehalten werden, damit der Verlust wenigstens dokumentiert sei. Die Glockenfirma Voss in Stettin machte in ihrem Angebot vom 22. Oktober 1917 für den Glockenausbau an St. Nikolai darauf aufmerksam, dass Durchreibungen Zeitverschwendung seien, »da alle Schriften und Verzierungen hier im Original vorhanden sind.«[66] Auch der Verein für Volkskunde sammelte die Spruchinschriften der Glocken. »Andenken« durften nicht genommen werden, denn das ganze Glockengewicht sei enteignet und daher abzuliefern.[67]

Bald nach Bekanntmachung kam noch ein weiteres Beurteilungskriterium hinzu, das allerdings nicht in den schon gedruckten Fragebögen auftauchte. Der stellvertretende Direktor des Königlichen Institutes für Kirchenmusik, Professor Carl Thiel, hatte am 23. März 1917 in einem Schreiben an den Minister für die geistlichen und Unterrichtsangelegenheiten die Frage nach einem weiteren Beurteilungskriterium gestellt, und das sei der musikalische Wert der Glocken. Dazu führte er Glocken in Danzig, Erfurt und Merseburg an, um diese Frage positiv zu beantworten. Thiel bot seine Mitarbeit als Gutachter an und hat als solcher vielen Glocken diesen musikalischen Wert bescheinigt und sie so vor der Vernichtung bewahrt.[68] Das Unterrichtsministerium fügte durch einen Erlass vom 3. April 1917 dies als weiteres Entscheidungskriterium offiziell hinzu.[69] Sollte eine Glocke diesen besonderen musikalischen Wert zuerkannt bekommen, so konnte sie in die Kategorie B eingeordnet werden[70] und war damit vorerst nicht ablieferungspflichtig.

Der Stettiner Provinzialkonservator begrüßte am 10. April 1917 diese neue Beurteilungskategorie und so beantragte der Greifswalder Magistrat eine entsprechende Begutachtung, was auch eine Verschiebung der Glockenabgabe zur Folge hatte.[71] Diese ergab sich auch durch die Umsetzung, denn erst am 23. Mai 1917 teilte der Minister der geistlichen und Unterrichtsangelegenheiten in Berlin mit, dass eine Kommission zu berufen sei, die aus »einem Kunstgelehrten, einem Musiksachverständigen und einem Denkmalpfleger« zu bestehen habe und berief den Direktor der Sammlungen des Königlichen Kunstgewerbemuseums, Professor Dr. Otto Ritter von Falke, Professor Thiel vom Institut für Kirchenmusik sowie den Provinzialkonservator Robert Hiecke aus Halle.

Bei der Frage der Meldung von Glocken für Kriegszwecke hatten es die Greifswalder Eigentümer nicht so eilig, denn am 4. April 1917 mahnte der Magistrat den Greifswalder Superintendenten Johannes Pfeiffer, dass von den Kirchengemeinden

65 StAG, Rep. 5 Nr. 1056, Blatt 52.
66 Archiv St. Nikolai Greifswald, XX,4.
67 StAG, Rep. 5 Nr. 1056, Blatt 107.
68 StAG, Rep. 5 Nr. 1056, Blatt 27-28.
69 StAG, Rep. 5 Nr. 1056, Blatt 44 Rückseite.
70 StAG, Rep. 5 Nr. 1056, Blatt 49.
71 StAG, Rep. 5 Nr. 1056, Blatt 59.

noch keine Meldung erfolgt sei, obwohl die Meldefrist am 11. April 1917 auslaufe.[72] Zusätzlich erschien am 6. April 1917 ein mahnender Hinweis im Greifswalder Tageblatt:

> »Die Meldefrist für Bronzeglocken läuft am 11. April d. Jrs. ab. Da bisher noch keine Meldungen gemacht worden sind wird in einer Bekanntmachung im heutigen Blatte nochmals darauf hingewiesen, daß außer den in öffentlichen Gebäuden (Kirchen usw.) vorhandenen Glocken, auch Glocken in Fabriken, Schulen usw., wenn sie über 20 Kg. wiegen, der Beschlagnahme unterliegen.«

Auch die katholische Gemeinde hatte sich Zeit gelassen, denn sie gab am 4. April 1917 den Meldebogen ab. Alle Angaben müssen dann doch beim Magistrat fristgerecht vorgelegen haben, denn die Stadt füllte am 12. April 1917 das entsprechende graue Formular aus mit insgesamt 17 kirchlichen Glocken, den drei Kategorien nach: 6 / 6 / 5, mit insgesamt 17.476 kg Gewicht. Glocken aus anderen Bereichen befanden sich nicht auf der Liste.[73]

VI Zum Hintergrund der Glockenbeschlagnahme

Auf deutlichen Widerstand aus katholischen kirchlichen Kreisen in Köln weist ein siebenseitiges gemeinsames Schreiben des Kriegsministeriums und des Unterrichtsministers an den Kölner Erzbischof Felix Kardinal von Hartmann von Mai bzw. Juni 1917 hin. Es soll hier ausführlicher behandelt werden, denn es gab über die Hintergründe der Aktion weitere Auskunft.

Der Brief, der vertraulich durch die Amtsblätter den Geistlichen zur Kenntnis gebracht werden sollte – wie das vertraulich gehen sollte, bleibt ein Rätsel – wurde auch an alle deutschen Bischöfe und Zentralbehörden der evangelischen Kirche versandt. Der Brief gab »Aufklärung« über »den erheblichen Bedarf an Sparmetall«, wie es im Schreiben hieß.[74] Schon seit längerer Zeit vollziehe sich eine »Herausnahme« von Kupfer, Bronze und Messing aus Haushaltungen und der Industrie. Dort könne es aber »mit Rücksicht auf die Herstellung von Kriegsbedarf oder aus volkswirtschaftlichen Gründen (Ernährung)«[75] nur in beschränktem Umfang geschehen, außerdem sei der Ersatz schwierig. Sodann wurde auf den Grund der Glockenabgabe

72 Archiv St. Nikolai Greifswald, XX,4.

73 StAG, Rep. 5 Nr. 1056, Blatt 32.

74 StAG, Rep. 5 Nr. 1056, Blätter 88 ff. Das Wort »Aufklärung« ist unterstrichen. Schreiben vom 19.5.1917 (Kriegsministerium) bzw. 11.6.1917 (Unterrichtsminister). Sparmetalle waren: »Kupfer, Messing, Rotguss, Bronze, Neusilber, Zinn, Lötzinn, Hartblei, Weichblei, Zink, Nickel, Antimon, Aluminium, Weissmetall, Späne von Sparmetallen, Rückstände, Aschen und Krätzen und sonstige Legierungen von Sparmetallen«. Verordnung vom 6.3.1917 betreffend: Beschlagnahme, Bestandsaufnahme und Einziehung von Sparmetallen aus gewerblichen Anlagen, Handelsbetrieben und öffentlichen Instituten im Gebiet der 4. Armee. https://www2.landesarchiv-bw.de/ofs21/bild_zoom/zoom.php (Zugriff am 30.3.2019).

75 StAG, Rep. 5 Nr. 1056, Blatt 88.

hingewiesen, denn es sei für diese Aktion maßgebend, »daß die in den Glocken enthaltenen Bronzemengen ganz erheblich sind und daß ein unmittelbarer Ersatz der Glocken nicht unbedingt erforderlich ist.«[76] Ein Ersatz durch Stahlglocken sei nicht möglich, denn Stahl werde für den dringenden Heeresbedarf benötigt.

Nächster Erklärungspunkt war die Ermittlung des Übernahmepreises. Dieser sei durch Gutachten von Glockengießerfirmen ermittelt worden und decke »im allgemeinen den Betrag, der für die Glocken seinerzeit im Frieden gezahlt worden sei sowie die Kosten des Abbaus und des Abtransportes.«[77] Die Absender gingen sogar auf eine in der Presse diskutierte Frage ein, warum denn für große Glocken der Übernahmepreis geringer sei als für kleine Glocken. Man erklärte dies mit dem Herstellungsverfahren und den Arbeitsvorgängen. Dabei wurde sogar eine nächste Beschlagnahmeaktion angekündigt, und zwar für Messingstangen, Messinggeländer und Garderobehaken. Hier werde der Metallwert höher als bei den Glocken sein, da die Herstellung der kleinen Teile aufwendiger sei. »Auf diesen Umstand gestattet sich das Kriegsamt besonders hinzuweisen, weil Laien leicht geneigt sind, den Metallgewichtspreis ganz verschiedener Gegenstände ohne weiteres mit einander zu vergleichen.«[78] Was muss es für Kopfschütteln hervorgerufen haben, dass für den Sieg sogar die Abgabe von Garderobehaken erforderlich sein sollte!

Den hinhaltenden Widerstand versuchte der Staat nun durch eine Prämie für bis zum 30. Juli 1917 abgegebene Glockenbronze zu mindern, denn bis dahin sollte eine Mark pro Kilo als Prämie zusätzlich gezahlt werden. Hier unterlief den Schreibern allerdings ein Terminfehler, denn laut einer Berichtigung der Geheimen Kanzlei des Ministeriums der geistlichen und Unterrichts-Angelegenheiten war der Stichtag der 30. Juni![79]

Als zweiter, lockender Teil wurde die vermutliche Preissituation für Bronze »in den ersten Friedensjahren« erläutert. Da dann vermutlich viele Gemeinden Bronzeglocken gießen lassen wollen, hat das

> »Reichsschatzamt die Zusage gemacht, daß sie, soweit und solange ihr Metall zur Verfügung steht, dieses den Gemeinden zu einem solchen Preis überlassen wird, daß der jetzt gezahlte Übernahmepreis zur Beschaffung des Bronzegeläutes ausreicht.«[80]

Als nächstes wurde der Konfliktfall erläutert, dass bei strittiger Einordnung eine Berufung an das Reichsschiedsgericht angestrengt werde. Hier solle zu den Verhandlungen »ein Mitglied aus dem geistlichen Stande« hinzugezogen werden.[81]

Erstmalig wurde in diesem Schreiben die Entstehung der Beschlagnahmeanordnung vom 1. März 1917 erläutert. Im Vorfeld hatte das Kriegsamt »mit den

76 StAG, Rep. 5 Nr. 1056, Blatt 88 Rückseite. Zitat unterstrichen.
77 StAG, Rep. 5 Nr. 1056, Blatt 88.
78 StAG, Rep. 5 Nr. 1056, Blatt 89.
79 StAG, Rep. 5 Nr. 1056, Blatt 93.
80 StAG, Rep. 5 Nr. 1056, Blatt 89 Rückseite.
81 StAG, Rep. 5 Nr. 1056, Blatt 90.

Kultusministerien der größeren Bundesländer, insbesondere mit dem bayerischen Kultusministerium« beraten und »hat deren Wünsche bei der Ausarbeitung der Bekanntmachung ausnahmslos berücksichtigt.«[82] Dann folgten die bekannten Eingruppierungen in A, B und C, wobei vorläufig nur die A-Glocken zur Ablieferung kommen sollten, die C-Glocken für die Aktion gänzlich außer Betracht blieben.

Nächster Punkt des ausführlichen Schreibens war die lokale Zuständigkeit, denn das sollten die Kommunalverbände sein, die schließlich die Enteignungsanordnungen zu erlassen und durchzusetzen hatten. Dabei wurden auch die Konsequenzen bei nicht fristgerechter Abgabe aufgeführt: die Gemeinden hätten dann die Kosten zu tragen und der Übernahmepreis werde gekürzt.

Da die Zahl der Glockengießerfirmen begrenzt, aber die Zahl der auszubauenden Glocken groß war, wurden sogar »militärische Ausbaukolonnen eingerichtet«.[83] Sollte hiervon Gebrauch gemacht werden und es nicht vor dem Pflichttermin zum Ausbau kommen, sollte als Ausbautermin der Zeitpunkt der Zurverfügungstellung des Ausbaukommandos gelten. In Greifswald kamen diese nicht zum Einsatz.

Durchaus widersprüchlich waren in verschiedenen Schreiben die Hinweise auf Zerschlagung der Glocken. In dem Schreiben an den Kölner Erzbischof wurde ausgeführt, dass die Glocken in der Regel nicht auf dem Turm »zerkleinert« werden sollten. Sie sollten herabgelassen und zunächst erhalten bleiben.[84] Ein Grund wurde nicht angegeben, vielleicht war es die Lautstärke der Zerschlagungsaktion auf dem Turm. Die Anweisungen vor Ort lauteten jedoch anders: möglichst in Einzelteilen abliefern. Im Schreiben an die Bischöfe wurde aber eine ganz andere Linie verfolgt. Danach sollten die ganzen Glocken beschriftet und in Pfarr-, Neben- oder Filialkirchen eingeteilt werden:

> »Die Glocken aus Pfarrkirchen werden, soweit angängig, erst zuletzt eingeschmolzen werden. Die nicht eingeschmolzenen Glocken werden den Gemeinden zurückgegeben werden.«[85]

Nach diesen erläuternden Teilen des Schreibens folgte ein Appell am Ende:

> »Insbesondere bittet das Kriegsamt Eure Eminenz nunmehr alle Bedenken bezüglich der Glockeninanspruchnahme zerstreuen zu wollen und mit allem Nachdruck dahin zu wirken, daß die Ablieferung derselben mit größter Beschleunigung erfolgt und daß mit Rücksicht auf das Ausland die Erörterung der Angelegenheit in der Presse möglichst unterbleibt.«[86]

82 StAG, Rep. 5 Nr. 1056, Blatt 90.
83 StAG, Rep. 5 Nr. 1056, Blatt 90 Rückseite.
84 StAG, Rep. 5 Nr. 1056, Blatt 91.
85 StAG, Rep. 5 Nr. 1056, Blatt 91.
86 StAG, Rep. 5 Nr. 1056, Blatt 91.

VII Glockenablieferung der Greifswalder Kirchen

Der Prozeß der Glockenabgabe zog sich in Greifswald vom Veröffentlichungsdatum am 1. März bis zum 5. November 1917 hin, als auch St. Nikolai die Glockenbronze ablieferte.

Bei Einteilung der Greifswalder Kirchenglocken wurden Unklarheiten bei der Beschlagnahmungsverfügung und vor allem der Ausführungsbestimmungen deutlich. Am 20. April 1917 berichtete der Greifswalder Magistrat über einen grundsätzlichen Konfliktfall – und der betraf St. Jacobi: St. Jacobi hatte Glocken unter Gruppe A gemeldet, die aber

> »nach dem Gutachten des von der Landeszentralbehörde zum Sachverständigen bestellten Provinzial-Konservators für die Provinz Pommern nach Gruppe C gehören, also der Enteignung nicht unterliegen. Umgekehrt sind Glocken für Gruppe C gemeldet worden, die nach dem Sachverständigen-Gutachten nach Gruppe A gehören.«

Die Anfrage an die Kriegsrohstoff-Abteilung ging nun dahin, ob man sich nur an das Gutachten halten und die Glocken abgeben solle oder ob dieses nur bei Einverständnis aller Beteiligten gehen würde. Auch fragte man an, ob grundsätzlich alle Glocken ein Gutachten erhalten sollten und wer Initiator dafür sei.[87] Bei dieser Grundsätzlichkeit kann leicht der Eindruck aufkommen, dass es sich auch um eine städtische Hinhalte- bzw. Verzögerungstaktik gehandelt haben könnte. Die Kriegsrohstoff-Abteilung antwortete dem Greifswalder Magistrat am 11. Mai 1917 dahingehend, dass die gutachterliche Äußerung maßgeblich, aber in Zweifelsfällen die Metall-Mobilmachungsstelle zu kontaktieren sei. Kosten seien vom Eigentümer zu tragen und der musikalische Wert käme wohl nur bei ca. 20 Glocken in Betracht.[88]

Der Metall-Mobilmachungsstelle ging die Ablieferung generell nicht schnell genug, daher erließ man am 23. Mai 1917 eine gedruckte dringende Anordnung, wonach die Abgabe zu beschleunigen sei. Auch kündigte man – wie bei den Prospektpfeifen – an, dass für bis zum 30. Juni 1917 abgelieferte Glockenbronze eine Prämie von einer Mark pro Kilogramm gezahlt werde; sollte dies »trotz aller ernstlichen Bemühungen« nicht möglich sein, auch für die bis zum 31. Juli 1917 eingelieferte Glockenbronze.[89]

Öffentliche Nachhilfe wurde Ende Mai 1917 in der Greifswalder Zeitung gegeben, denn die Kategorisierung der Glocken in die Rubriken A, B und C wurde noch einmal erklärt und im Schreiben des Ministeriums hieß es am Ende: »Uebrigens wird noch darauf aufmerksam gemacht, daß bei der Abnahme der beschlagnahmten Kirchenglocken aus den Turmräumen die dort nistenden, für die Landwirtschaft sehr nützlichen Raubvögel, Eulen, Turmfalken in ihrem Brutgeschäft oder durch

87 StAG, Rep. 5 Nr. 1056, Blatt 44
88 StAG, Rep. 5 Nr. 1056, Blatt 46.
89 StAG, Rep. 5 Nr. 1056, Blatt 49.

Wegnahme von Jungen nicht gestört werden.«[90] Man fragt sich, ob die Aktion damit beschleunigt werden konnte.

VIII Die Umsetzung der Bekanntmachung

Das Glockenthema beschäftigte zunehmend auch die Öffentlichkeit. Die Greifswalder Zeitungen brachten am 25. Mai 1917 eine ausführliche Beschreibung der Kirchenglocken in der Stadt.[91] Gleich zu Anfang wurde offensichtlich eine Diskussion aufgenommen, dass es Drückebergerei sei, die noch nicht zur Glockenabnahme geführt habe: »Von ›Drückebergerei‹ kann wohl kaum gesprochen werden, denn die Untersuchungen vollziehen sich auf das genaueste«.[92] Einen ganz anderen Ton schlug die Einleitung im Greifswalder Tageblatt an, denn der Artikel begann:

> »Die bronzenen Kirchenglocken, die jetzt dem Vaterlande geopfert werden müssen, werden bald ihre luftige Höhe verlassen, um in die Schmelztiegel der Munitions- und Geschoßfabriken, der Geschütz- und Waffengießereien zu wandern. Auch die Glocken der hiesigen Kirchen werden diesen Weg gehen, den der Krieg ihnen aufgezwungen hat.«[93]

Zu diesem Artikel ist noch zu bemerken, dass das Greifswalder Tageblatt nur die Glocken der drei evangelischen Stadtkirchen genau beschrieben hat, nicht aber die Bronzeglocken der 1871 eingeweihten katholischen St. Joseph-Kirche. Diese wurden im Artikel der Greifswalder Zeitung pauschal erwähnt, aber mit einem falschen Material angegeben, da sie als Stahlglocken bezeichnet wurden und daher nicht der Beschlagnahme unterlägen.

War die Einordnung der Glocken in die Kategorie A vollzogen, wurde dem Eigentümer die Anordnung zur Enteignung und der Übergang des Eigentums an den Reichsmilitärfiskus zugestellt. Mit der Quittierung der Zustellung wurde die Enteignung rechtskräftig. Darin stand auch der Termin bis zu dem die Glocken abgegeben werden mußten.[94]

Auch für die Methode der Zerschlagung der Glocken gab es wiederholte Anweisungen, wie die wohl Letzte vom Greifswalder Magistrat am 9. Oktober 1917 an St. Nikolai. Der Magistrat setzte damit Vorlagen aus Berlin um. Danach sollten die Glocken nun doch in der Regel in Bruchstücken abgeliefert werden. Sammelstelle in Greifswald war das Arbeitshaus in der Wollweberstraße 19/20. Nur in Ausnahmefällen durften Glocken am Stück angeliefert werden und dann sollten sie mit haltbarer Farbe so beschriftet werden, dass eine spätere Zuordnung erfolgen könnte,

90 Greifswalder Zeitung, 27.5.1917.

91 Da Wieck-Eldena erst 1939 nach Greifswald eingemeindet wurde, fehlen diese Glocken in der Aufstellung der Zeitungen.

92 Greifswalder Zeitung, 25.5.1917.

93 Greifswalder Zeitung, 25.5.1917. Am gleichen Tage ähnlich auch im Greifswalder Tageblatt erschienen.

94 StAG, Rep. 5 Nr. 1056, Blatt 79, Ausführungsbestimmungen II.

wenn sie nach einem Sieg noch nicht eingeschmolzen waren. Die Glocken sollten mit Winden abgeseilt werden – und nun erfolgt ein kaum glaubhafter Vorschlag: – »oder (auf einen Reisighaufen) heruntergeworfen werden. Erfahrungsgemäß bleiben auch bei letzterem Verfahren die Glocken unversehrt.«[95] Dazu wurde eine Liste mit 40 Firmen versandt, die den Glockenausbau vornehmen könnten. Die Zerschlagung wurde aber als bevorzugte Methode beschrieben, denn dadurch würde die sehr knappe Eisenbahntransportkapazität gespart.[96]

Zerschlagungen in der Glockenstube wurden in St. Nikolai und St. Joseph vorgenommen. Auch dazu gab es eine technische Anleitung:

> »Erfahrene Glockengießer zertrümmern unter Umständen die Glocken auf dem Turme selbst mit Vorschlaghämmern und zwar durch ununterbrochenes Schlagen auf die Klöppelanschlagstelle in der Innenseite der umgelegten Glocke.«[97]

Eine solche Zerschlagung muss äußerst mühevoll gewesen sein, denn Pastor Carl Täge aus Anklam schrieb am 22. Oktober 1917 an den Greifswalder Stadtsuperintendenten Johannes Pfeiffer, über die vier Glocken von St. Marien, Anklam:

> »Lieber Herr Superintendent! Ich habe die 4 Glocken der St. Marienkirche ausbauen lassen von dem hiesigen Zimmermeister Schleyer. Seine Leute haben von außen Balken pp. hinaufgetragen, die Glocken ausgehoben, auf dicke Unterlagen gelegt und in 1 1/2 Wochen die Glocken mit großen Hämmern zerschlagen, was bei der größten fast 8 Tage dauerte. Die Kosten haben 999 M betragen, sodaß die vom Fiskus gezahlte Pauschalsumme von 1000 M mit draufgegangen ist. Die Glocken von St. Nikolai [Anklam] sind wegen ihres Alters (aus 1431) und Kunstwertes freigestellt.«[98]

Ein Zeichen eines Rettungsversuches in letzter Minute zeigt ein Telegramm von Freitag, 27. Juli 1917 aus Wolgast an den Provinzialkonservator Lemcke: »können unsere glocken auf grund zugegangenen briefes erhalten bleiben bitte um bescheid bis morgen vormittag, da montag abnahme. schlüter.« Handschriftlich wurde dann in der Behörde notiert: »Konservator machtlos. (um 17.00 [Uhr])«.[99] Am gleichen Tage hatte Superintendent Schlüter an den »Verehrten Herrn Geheimrat!« geschrieben und um Lemckes »maßgebendes Urteil« zum Erhalt des Geläutes gebeten. In diesem Fall war sogar der Provinzialkonservator machtlos.[100]

Sich mit den Folgen der Glockenablieferung abzufinden, bereitete vielen Gemeinden ernste Probleme und so wurde verschiedentlich nach Ersatzmöglichkeiten gesucht, wie ein Zeitungsartikel im Juni 1917 unter der Überschrift: »Kirchenglocken aus Bronze-Surrogaten« zeigt. Er begann: »Wir leben in einer Zeit der Surrogate. Wohin man blickt, Ersatzstoffe.« Der Verfasser beschrieb den vielfachen Ersatz von

---

95 StAG, Rep. 5 Nr. 1056, Blatt 49 Rückseite.
96 StAG, Rep. 5 Nr. 1056, ohne Numerierung, nach Blatt 85.
97 StAG, Rep. 5 Nr. 1056, Blatt 36.
98 Archiv St. Nikolai Greifswald, XX,4.
99 LAG, Rep 55 Nr. 616, Blatt 123.
100 LAG, Rep 55 Nr. 616, Blatt 124 und Rückseite.

nicht mehr vorhandenen Originalstoffen und kam dann auch zu den Glocken und warnte vor der Geschäftstüchtigkeit der Industrieangebote.

> »Selbstverständlich werden bei ihrem Guß für die Bronze allerlei Surrogate verwendet werden. Da möchten wir die Kirchengemeinden dringend warnen, sich mit dem Erwerb von Kirchenglocken aus noch nicht völlig erprobtem Material zu übereilen.«[101]

Eine zweite Ersatzmöglichkeit für Bronzeglocken war die findige Idee, mit einer bestimmten Art von Eisenbahnschienen einen glockenähnlichen Ton zu erzeugen. Darüber berichtet die Greifswalder Zeitung im Oktober 1917 und zugleich von einem Erlass des Fürstbischöflichen Generalvikariats von Breslau, wozu auch die katholische Gemeinde Greifswald gehörte, dass Stahlglocken kein vollwertiger Ersatz für Bronzeglocken seien, ihnen »fehle der weiche, feierliche Ton, auch rosteten sie leicht«.[102]

IX Bewertung der Glocken der Greifswalder Kirchen

Die Glocken von St. Jacobi – kursiv die abgegebenen Glocken:[103]

1. Eine Glocke mit 1,14 m Höhe und 1,13 m Durchmesser, die »als das älteste Denkmal der Stadt« bezeichnet wurde, eine Majuskelinschrift, aber keine Jahreszahl trägt. Pyl ordnete sie »der frühgotischen Periode« zu und schätzte, dass sie zur gleichen Zeit wie der Turm entstand. – Gewicht: 2.200 kg. Diese Glocke zersprang beim Turmbrand 1954 und heute läutet als einzige Glocke eine 1964 von Schilling gegossene Kopie.
2. Die *Betglocke aus dem Jahre 1494* mit 1,36 m Höhe und 1,56 m Durchmesser. Sie trug ein Relief von Maria und Johannes mit einem Kruzifix und Jakobus mit dem Pilgerstab. – *Gewicht 850 kg.*
3. Eine *Glocke aus dem Jahre 1579*, umgegossen 1856. – *Gewicht 168 kg.*
4. Eine *Glocke, die keine Inschrift trug. – Gewicht 69 kg.*

Der Gemeindekirchenrat von St. Jacobi entschied am 26. März 1917: »Es wird beschlossen, die drei kleineren Glocken auf Grund der staatlichen Anordnung für Kriegszwecke zur Verfügung zu stellen.«[104] Diese Vaterlandsliebe ging der Stadt nun doch zu weit, denn ein Aktenvermerk unter dem Jacobibeschluss besagt: »Der Be-

---

101 Greifswalder Tageblatt, 9.6.1917.

102 Greifswalder Zeitung, 24.10.1917.

103 Theodor PYL: Geschichte der Greifswalder Kirchen und Klöster, sowie ihrer Denkmäler. Theil 1: Vom Ursprung der Stadt Greifswald, Geschichte der Nikolai-, Marien- u. Jakobi-Kirche, und ihrer Denkmäler, nam. der Epitaphien u. Grabsteine. Greifswald 1885, 623 f und Greifswalder Tageblatt, 25.5.1917. Die Gewichte der Glocken werden mit kleinen Schwankungen in den Akten angegeben.

104 StAG, Rep. 5 Nr. 1056, Blatt 59a.

schluß ist gegenstandslos, das Schreiben des Besitzers für die Inanspruchnahme der Glocken nicht maßgebend.«[105] In einem Zeitungsartikel vom 25. Mai 1917 hieß es:

> »Interessant ist, daß die Jakobigemeinde schon vor der Beschlagnahmeanordnung diese [die vierte Glocke] dem Vaterlande freiwillig zur Verfügung gestellt hatte, daß aber vom Konservator der hohe geschichtliche Wert dieser Glocken anerkannt wurde und daher eine Beschlagnahme nicht erfolgen wird.«[106]

Die drei größeren Glocken gehörten laut Gutachten des Provinzialkonservators zur Gruppe C, waren also außerhalb aller Abgabeverpflichtungen.[107] Daher wurde laut Aktenvermerk vom 31. Juli 1917 der Gemeinde St. Jacobi nur die Enteignungsanordnung für die kleinste Glocke, die dem Volksmund nach benannte »Kindtaufglocke«, von ca. 69 kg Gewicht zugestellt mit Ablieferungsfrist zum 1. September 1917. Laut Bescheinigung waren damit drei Glocken mit 2.200 kg, 850 kg und 168 kg von der Abgabe befreit.[108]

Der Gemeindekirchenrat von St. Jacobi wollte aber mehr für die Verteidigung des Vaterlandes tun und brachte daher am 17. August 1917 eine weitere Glocke »ohne Namen« von 834 kg[109] freiwillig zur Ablieferungsstelle.

Im Gemeindeblatt berichtete Pastor Gottlob Mayer kurz und knapp: »Zwei Kirchenglocken sind nun für Kriegszwecke abgeliefert worden.«[110] Die Gemeinde wollte zusätzlich auch eine kleinere Glocke mit einem Sprung abgeben, aber diese »soll wegen ihres Altertumswertes unersetzlich sein.«[111]

Aber auch diese Glocke wanderte schließlich in den Schmelzofen, denn am 7. Mai 1918 gab das Stellvertretende Generalkommando des II. Armeekorps in Stettin ein Rundschreiben heraus, demzufolge »nicht unerhebliche Metallmengen dem Zugriffe der Heeresverwaltung dadurch entzogen worden sind, »dass die Beurteilungen nach abweichenden Grundsätzen erfolgt seien, nicht die kleinste, sondern eine größere Glocke als Läuteglocke zurückbehalten wurde und dass hohe Einbaukosten als Zurückstellungsgrund benannt worden seien. Daher wurde eine »sofortige Nachprüfung aller zur Gruppe B 3 gehörenden Fälle« verlangt.[112] Ein Vermerk des Magistrats besagte: »Es ist nichts zu veranlassen.«[113] Jedoch meldete

105 StAG, Rep. 5 Nr. 1056, Blatt 59a
106 Greifswalder Tageblatt, 25.5.1917
107 StAG, Rep. 5 Nr. 1056, Blatt 98. Im Blatt 141 vom 30.12.1917 werden alle aus Greifswald abgegebenen Glocken aufgeführt.
108 StAG, Rep. 5 Nr. 1056, Blatt 100.
109 Das Gewicht wurde auch mit 850 kg angegeben. Es ist vermutlich die Betglocke.
110 Greifswalder Kirchenblatt, September 1917, S. 36.
111 Greifswalder Kirchenblatt, Juli 1917, S. 28. Gegen die Abgabe hatte das Konsistorium wegen des Alters Einspruch erhoben. Greifswalder Zeitung, 25.5.1917.
112 StAG, Rep. 5, 1056, Blatt 174.
113 StAG, Rep. 5, 1056, Blatt 176.

die Stadt am 30. September 1918, dass in einer hiesigen Kirche Glocken wegen des musikalischen Wertes von der Ablieferung zurückgestellt worden seien.[114]

Als Folge musste St. Jakobi noch die Glocke mit 174 kg abgeben, was erst am 12. September 1918 geschah.[115] Vermutlich gab die Gemeinde Glocken unzerstört ab, da sie später einen Rückkauf ablehnte und aus musikalischen Gründen neue Glocken bestellen wollte. St. Jacobi erhielt insgesamt 3.106 Mark an Entschädigung.[116]

Für St. Nikolai gab es zur Glockenabgabe des Jahres 1917 einen Vorlauf: Nikolaipastor Robert Lühder am 16. März 1916: »Die 2 Glocken und 1 Kupferkessel sind schon vor mehreren Monaten an die hiesige Sammelstelle abgeliefert.«[117]

St. Nikolai hatte bis 1917 die folgenden Glocken – kursiv die abgegebenen Glocken:

1. Die 1440 gegossene Bet- und Professorenglocke mit 4.000 kg, mit dem Hauptton c,
2. die *Nikolausglocke von 1568*, die zweimal, zuletzt 1863, umgegossen wurde mit 3.227 kg, mit dem Ton d,
3. die Rufglocke von ca. 1440, ebenfalls 1863 umgegossen, mit einem Gewicht von 860 kg und dem Hauptton e,
4. die *Oktavglocke mit 385 kg, die ebenfalls 1863 umgegossen wurde*, Hauptton G,
5. die Kindtaufglocke, 1615 von Dinnies Droyse gegossen, mit 200 kg. Mit Hauptton hohes g. Diese Glocke wurde nicht mehr benutzt, da ihr Ton nicht mehr zum Geläut passte,[118]
6. die Feueralarm- und Stundenglocke, die frühere Glocke aus dem ehemaligen Franziskanerkloster, mit 175 kg – vermutlich die älteste Glocke Greifswalds – trägt keine Inschrift,
7. *eine Glocke ohne Gussjahr mit 143 kg*.

Für St. Nikolai fertigte Superintendent Johannes Pfeiffer erst am letzten Tag der Meldepflicht, am 11. April 1917, den Vordruck mit der Liste der Glocken aus.[119] In die Kategorie A fiel nur Nr. 7 und in die Gruppe B fiel nur Nr. 4. Unter C wurden Nr. 1, 2, 3, 5 und 6 eingetragen. Damit sollte die Gemeinde aber nicht durchkommen.

114 StAG, Rep. 5, 1056, Blatt 177.

115 StAG, Rep. 5, 1056, Blatt 179.

116 StAG, Rep. 5, 1056, Blatt 191 und Rückseite.

117 Archiv St. Nikolai Greifswald, XX,4.

118 Archiv St. Nikolai Greifswald, XX,4. Handschriftliche Übersicht über die Glocken. Diese Glocke musste 1942 abgegeben werden, wurde aber nicht eingeschmolzen und kehrte erst 2006 nach Greifswald zurück.

119 In der Akte Archiv St. Nikolai Greifswald, XX,4 befindet sich eine handschriftliche Läuteordnung, die das »Siegesgeläut 1/2 Stunde, volles Geläut (15 M)« beschreibt. »Zu Kriegsgebetsstunden kein Geläut, nur bei den Gedächtnisfeiern alle 1-2 Monate von 1/2 8 - 8 Uhr die beiden großen Glocken (10,50 M).«

Der Gemeindekirchenrat begann schon im Juni 1917 die Suche nach Ersatzglocken und fragte das hiesige Eisenbahnbetriebsamt am 15. Juni 1917 an, ob im Direktionsbezirk Stettin eine Glocke zur Verfügung stünde, was aber verneint wurde.[120]

Dann begann die Prüfung der abgegebenen Liste nach künstlerischem, historischem und musikalischem Wert. Ein Gutachten durch Professor Thiel, der auch in Stralsund und Barth als Gutachter arbeitete, besagte, dass unbedingt die große Glocke von 1440 und die dritte Glocke mit dem Ton e als Hauptton erhalten werden sollten. Seine Begutachtung des Greifswalder Geläutes fand am 22. Juli 1917 statt.[121] Ein Aktenvermerk informierte über das Ergebnis, das nun eine neue Lage herstellte:

> »Nach telephonischer Mitteilung des Herrn Pastor Robert Lühder hat sich der musikalische Sachverständige dahin geäussert, daß das Geläute der Nikolaikirche wegen seines musikalischen Wertes erhalten werden müsse. Es wird deshalb nichts übrig bleiben, als die Enteignung der Glocken hinauszuschieben.«[122]

Offensichtlich war die Beurteilung des Geläutes von St. Nikolai schwierig, denn eine Verfügung der Stadt Greifswald vom 31. Juli 1917 besagte, dass der Mobilmachungsstelle mitgeteilt werden solle, dass noch nicht entschieden sei, welche Glocken zu erhalten seien, »weil das Gutachten des musikalischen Sachverständigen darüber erhebliche Zweifel läßt. Die Mobilmachungsstelle ist deshalb gleichzeitig um Entscheidung angegangen worden, welche der Glocken der St. Nicolaikirche enteignet werden sollen.«[123] Die Zweifel waren begründet, denn Thiels Gutachten bestimmte die »Professorenglocke« von 1440 eindeutig in Gruppe C, war aber bei anderen Glocken nicht eindeutig: »Trotz des Hervorstechens der zweiten Glocke bleibt das Geläute ein gutes, so daß man dessen Erhaltung wohl wünschen kann.«[124] Ein eindeutiges Votum klingt anders.

Die Metall-Mobilmachungsstellte teilte erst mit Datum vom 28. September 1917 ihre Entscheidung mit. Am Beispiel von St. Nikolai nun der Wortlaut einer Beschlagnahmungsverfügung der Metall-Mobilmachungsstelle:

> »Die unter 1.) gemeldete Glocke (4 000 kg) wird wegen ihres historischen und musikalischen Wertes der Gruppe C zugeteilt und von der Ablieferung befreit; desgleichen die unter 3.) aufgeführte Glocke von 860 kg wegen ihres musikalischen Wertes. Die unter 5.) genannte Glocke gehört wegen ihres historischen Wertes zur Gruppe B. Zur Gruppe A gehören und sind deshalb sofort abzuliefern, die Glocken Nr. 2 (3227 kg), Nr. 4, 385 kg) und Nr. 6 oder 7, das heisst die <u>nicht</u> elektrisch betriebene Feueralarmglocke, welche durch das diesseitige Schreiben vom 23. April ds. Js. vorläufig von der Ablieferung zurückgestellt ist.«[125]

---

120 Archiv St. Nikolai Greifswald, XX,4.
121 StAG, Rep. 5 Nr. 1056, Blatt 118,
122 StAG, Rep. 5 Nr. 1056, Blatt 120.
123 StAG, Rep. 5 Nr. 1056, Blatt 102.
124 StAG, Rep. 5 Nr. 1056, Blatt 124 Rückseite.
125 Archiv St. Nikolai Greifswald, XXII/16 bzw. 689. StAG, Rep. 5 Nr. 1056, Blatt 127

Die nun erforderliche Enteignungsverfügung an die Gemeinde St. Nikolai quittierte am 10. Oktober 1917 die Frau des Superintendenten, Gertrud Pfeiffer – damit ging das Eigentum an den Glocken an den Reichsfiskus über. Gut sieben Monate nach der Bekanntmachung der Glockenbeschlagnahme war auch für die größte Kirche in Greifswald die Entscheidung getroffen.

Am 22. Oktober 1917 konnte vor der Kriegsgebetsstunde von 19 bis 20 Uhr ein letztes Mal das volle Geläut gehört werden, wie Superintendent Pfeiffer in seinem Jahresbericht im Kirchenblatt mitteilte: »Voller als sonst war die Kirche, und ein wehmütiges Empfinden ging wohl durch aller Herzen […]«. Dann listete er die Glockenverluste auf: die St. Nikolausglocke mit 3.225 kg, die Oktavenglocke mit 387 kg und die Viertelstundenglocke mit 137,5 kg.[126]

Das Zerschlagen der größten abzugebenden Glocke oben auf dem Turm war eine langwierige Aktion, die in der ganzen Stadt gehört werden konnte und die Zeitung berichtete:

> »In mühsamer und nicht ungefährlicher Arbeit von fast 14 Tagen mußte die größte derselben auf dem Turme selbst nach Unterbau eines festen Gerüstes mit schweren Hämmern durch Eintreiben von eisernen Bolzen und Keilen in eingebohrte Löcher zerschlagen werden. Die beiden kleineren Glocken wurden ganz heruntergelassen und in der Turmhalle zerschlagen.«

Pfeiffer berichtet auch über einen Zwischenfall:

> »Sehr betrübend war es, daß eine Anzahl von Schülern in sträflichem Leichtsinn, als die Arbeiter sich kurze Zeit entfernt hatten, größere und kleinere Stücke des Glockenmetalls ›als Andenken‹ entwendeten, ohne zu bedenken, daß sie sich damit des Kirchenraubes schuldig machten.«[127]

Dieser Vorfall fand auch Eingang in die Zeitungen:

> »Da mehrere von ihnen erkannt wurden, so gelang es den größten Teil des entwendeten Gutes zurückzuschaffen. Doch fehlen von den 6 Engelköpfen, die an der kleineren Glocke an Verzierung angebracht waren noch zwei, sowie verschiedene Metallstücke. Es wird hoffentlich nur dieses Hinweises bedürfen, um die Rückgabe zu veranlassen und polizeiliche Maßnahmen zu vermeiden.«[128]

Die drei zerschlagenen Glocken wurden, wenige Tage nach dem Höhepunkt des Reformationsjubiläums, am 5. November 1917 im Greifswalder Arbeitshaus abgeliefert.[129] Eine Aktennotiz von Superintendent Pfeiffer besagte, »dass man wegen der Eile der Sache die Glocken von hiesigen Handwerkern hat abnehmen bzw. zer-

---

126 Umrechnungswerte von den angegebenen Zentnern. In den Schreiben schwanken die Gewichtsangaben, aber die Glocken sind dennoch erkennbar.

127 Greifswalder Kirchenblatt 1918, Nr. 1, S. 3.

128 Greifswalder Tageblatt, 13.11.1917.

129 StAG, Rep. 5 Nr. 1056, das Blatt liegt der Akte lose bei.

schlagen lassen.«[130] Die Gemeinde erhielt danach die angekündigte Entschädigung von 7.270,40 M zuzüglich 1.000 M Grundgebühr für das Geläut.[131]

Am 17. Mai 1930 bestellte die Gemeinde bei der Firma Gebr. Ulrich in Apolda drei Bronzeglocken mit 1.650 / 1745 kg[132] (Ton: es), 1.150 / 1.192 kg (Ton: f) und 670 / 727 kg (Ton: as) für 7.981 Mark. Um die Inschrift der Gedenkglocke gab es ein hin und her,[133] sogar die Glockenfirma machte Vorschläge. Der Vorschlag des Greifswalder Konrektors i.R. Friedrich Hollnagel wurde schließlich für die Heldengedenkglocke genommen: »Aus Himmelshöhn die Glocke spricht, / vergiß die treuen Toten nicht / durch Nacht zum Licht.«[134] Bei der Einweihung der Glocken am 28. September 1930 komponierte Musikdirektor Zingel eine Motette für gemischten Chor nach dem Text der Glockeninschriften.[135]

Der Glockenbestand in St. Marien hatte sich nach dem Verlust der großen Glocke im Jahre 1657 bis in die 1960er Jahre nicht mehr verändert.[136] Die Gemeinde besaß 1917 drei Glocken: Die Betglocke von 1418, die 1569 gegossene Wächterglocke sowie die kleine Glocke von 1614. Marienpastor Eduard Heyn berichtete im Juli 1917 im Greifswalder Kirchenblatt:

> »Eine ganz besondere Freude ist es uns aber, mitteilen zu können, daß – vorläufig wenigstens – unsere Kirchenglocken wegen ihres hohen geschichtlichen und künstlerischen Wertes uns erhalten bleiben. Die große auf jeden Fall. Die Ablieferung der beiden anderen ist hinausgeschoben. Hoffentlich kommt inzwischen der heißersehnte Frieden, und dann kann ihr Dreiklang über Stadt und Gemeinde den Dankes- und Freudenton erklingen lassen.«[137]

Danach folgte eine Beschreibung der Glocken mit ihren Inschriften.

St. Marien war die einzige Kirchengemeinde in Greifswald, die im 1. Weltkrieg keine Glockenverluste zu beklagen hatte:

> »Der Kirchengemeinde St. Marien ist Bescheinigung über die dauernde bezw. einstweilige Befreiung der Glocken der St. Marienkirche von der Ablieferung, nach vorgeschriebenem Formular zuzustellen, da die sämtlichen 3 Glocken nach dem Gutachten des Provinzialkonservators zur Klasse C bezw. B gehören und deshalb einstweilen nicht abgeliefert werden brauchen,«

so ein Aktenvermerk der Stadt.[138]

---

130 Archiv St. Nikolai Greifswald, XX,4.
131 StAG, Rep. 5, 1056, Blatt 170.
132 Die zweite Zahlenangabe laut Fragebogen von ca. 1936. Archiv St. Nikolai Greifswald, XX,4.
133 Ebd, Zitat nach Auszug aus dem Protokollbuch in der Akte.
134 Aus der Heimat. Stadt- und Landnachrichten der Greifswalder Zeitung, 15.6.1935.
135 Archiv St. Nikolai Greifswald, Schriftverkehr Glocken 1927 – 1950. XXII/16 bzw. 689.
136 Mitteilung von C. Peter, Glockensachverständiger des Landeskonservators der ev. Kirche von Westfalen am 8.5.2015.
137 Greifswalder Kirchenblatt, Juli 1917, S. 38.
138 StAG, Rep. 5 Nr. 1056, Blatt 95 und 97. Vermerk der Stadtverwaltung vom 31.7.1917.

Seit der Einweihung der katholischen St. Joseph-Kirche am 15. November 1871 gab es dort drei Bronzeglocken: Die Pius-Glocke mit 750 kg, die Joseph-Glocke mit 350 kg und die Marienglocke mit 250 kg.[139] Im April 1917 verließ der bisherige Pfarrer Dr. Paul Jüttner die Gemeinde und am 5. August 1917 wurde Pfarrer Robert Grelich in sein Amt eingeführt.[140] Die Abgabe der Glocken von St. Joseph geschah in dieser Übergangszeit und verlief recht schnell, denn sie waren noch nicht so alt und daher galten keine Denkmalwerte.

Die Gemeinde hatte am 4. April 1917 ihre Meldung unterschrieben. Die größte und die mittlere Glocke wurden in die Kategorie A und nur die kleinste Glocke als Läuteglocke unter B eingetragen. Doch dann erschien am 25. Mai 1917 in einer Zeitungsübersicht, welche Bronzeglocken in Greifswald abgegeben werden müssten, eine Falschmeldung: »Die Glocken der Katholischen Kirche fallen der Beschlagnahme nicht anheim, weil sie aus Stahl bestehen.«[141] Daraufhin fragte Bürgermeister Willy Gerding nach, und der Kirchenvorstand verneinte die Richtigkeit der Meldung, teilte dagegen mit, dass alle drei Glocken aus Bronze gegossen und meldepflichtig seien.[142]

Am 9. Juni 1917 wurde amtlich die Zurückstellung der Glocke mit 210 kg Gewicht und dem Ton C[143] für Zwecke des Gottesdienstes bescheinigt, die beiden anderen Glocken, die große Piusglocke und die mittlere Josephsglocke, waren zur Ablieferung bestimmt. Aber noch war es nicht soweit, denn Bürgermeister Gerding machte der Gemeinde ebenfalls am 9. Juni1917 den Vorschlag, die Glocken von der gleichen Firma abnehmen zu lassen wie die von St. Nikolai. Da die Begutachtung dort aber länger dauern würden, sollten auch die Glocken von St. Joseph erst später abgenommen werden. Dieser Vorschlag wurde zwar nicht realisiert, war aber sehr wohlwollend gemeint.

Dann gab es Streit um den Ablieferungspreis, denn die Gemeinde wollte die Prämie von 1 M pro kg erhalten, was aber nur möglich gewesen wäre, wenn die Ablieferung bis zum 30. Juni 1917 erfolgt wäre. Die spätere Ablieferung wurde von der Gemeinde damit begründet, dass wegen der Pfarrvakanz sich niemand befugt fühlte, die Abgabe anzuordnen. Dies wurde aber von der Metall-Mobilmachungsstelle nicht

139 Matthias BRÜHE: 125 Jahre St.-Joseph-Kirche Greifswald 1871-1996. Greifswald 1996, 16. Die Gewichtsangaben schwanken bei weiteren Belegen in geringem Maße.

140 Chronik der kath. Pfarrei Greifswald. Band 2: 1871-1929, 201. In den mehrseitigen Einträgen für 1917 wird die Glocken- und Orgelpfeifenabgabe nicht erwähnt.

141 Greifswalder Zeitung, 25.5.1917.

142 Kath. Propsteigemeinde St. Joseph Greifswald. I, 39 I, 391 Orgel Glocken. Pfarrkircheninventar Orgel Glocken etc. Alle nachfolgenden Zitate in diesem Abschnitt, wenn nicht anders angegeben, aus dieser Akte.

143 Gewicht laut Bescheinigung der Zurückstellung vom 9.6.1917. In: StAG, Rep. 5 Nr. 1056, Blatt 85.

als Grund anerkannt und die Prämie wurde nicht gezahlt.[144] Die Glocken wurden am 27. Juli 1917 ausgebaut:

> »Von den Glocken der hiesigen Kirchtürme werden die der katholischen Kirche die ersten sein, die Greifswald verlassen. Gestern wurden sie vom Turm herabgenommen. Während die größere zerschlagen werden mußte, konnte die kleine so herabgeschafft werden.«[145]

Am 30. Juli 1917 wurde die Glockenbronze abgeliefert. Sie stammte von den beiden 369 kg und 770 kg schweren Glocken. Die Gemeinde erhielt dafür 2.236 Mark an Entschädigung und wenig später die Grundgebühr für ein Geläut von über 665 kg, also noch einmal 1.000 Mark.[146]

Durch den Pfarrstellenwechsel war der neue katholische Pfarrer offensichtlich nicht über die genauen Umstände der Glockenablieferung informiert, denn er bat den Magistrat am 15. Januar 1919, nach dem Verbleib der Glocken zu forschen und ob sie eventuell zurückgegeben werden könnten. Der Magistrat teilte wenig später der Gemeinde mit, dass der Erinnerung nach, beide Glocken zerschlagen abgeliefert worden seien und dass die Metall-Mobilmachungsstelle Erhebungen über nicht eingeschmolzene Glocken von sich aus anstellen würde.

Solche Anfragen müssen sich gehäuft haben, denn ein gedrucktes Rundschreiben des Kriegsministeriums vom 10. September 1919 besagte:

> »Durch irreführende Nachrichten in der Presse wird immer wieder von neuem das Gerücht aufgebracht, daß noch zahlreiche Glocken vorhanden seien. Demgegenüber stellt die Metall-Mobilmachungsstelle fest, daß trotz ihres sofortigen Eingreifens bei Eintritt des Waffenstillstandes von den insgesamt zur Ablieferung gekommenen etwa 22.000 t Glocken nur noch 600 t Glocken erhalten werden konnten.«[147]

Am 26. November 1920 verschickte der Regierungspräsident in Stralsund eine zweite Glockenliste mit insgesamt 365 Glocken, die darin beschrieben wurden und noch nicht zugeordnet werden konnten. Aus Greifswald ist keine Glocke dabei.[148]

Die neue »St. Josefsglocke«, mit dem Ton A mit 430 kg gegossen, läutete erstmals am 1. April 1927.[149] Ein Jahr später erklang im Herbst die neue 850 kg schwere neue »Piusglocke« mit dem Ton F. Die Anschaffung der Glocken wurde aus dem Kulturfonds des Reichsinnenministeriums mit 700 RM gefördert.

Die heutigen Stadtteile Wieck und Eldena gehörten 1917 noch nicht zu Greifswald und wurden erst am 1. April 1939 zusammen mit Ladebow nach Greifswald eingemeindet. Im Archiv der Gemeinde ist für die Glockenabgabe 1917, anders als

144 StAG, Rep. 5, 1056, Blatt 132.
145 Greifswalder Tageblatt, 29.7.1917. Es ist der 27. Juli, da die Berichte immer am Vortag datiert waren.
146 StAG, Rep. 5, 1056, Blatt 159 f.
147 StAG, Rep. 5, 1056, Blatt 189.
148 StAG, Rep. 5, 1056, Liste nach Blatt 192.
149 Chronik der kath. Pfarrei Greifswald. Band 2: 1871-1929.

für die Glockenbeschlagnahme 1941/42, kein Beleg vorhanden, denn diese Jahre fehlen in der Glockenakte.

Auch die Johanna-Odebrecht-Stiftung in der Gützkower Landstraße erhielt den Meldungsbogen zur Glockenerfassung und Pastor Karl Jahn gab am 29. März 1917 eine 1903 gegossene Bronzeglocke mit 96 kg Gewicht zur Abgabe an.[150] Da die Stiftung mit dem Übernahmepreis nicht einverstanden war und das Reichsschiedsgericht anrief, sollte die Glocke als Ganze abgegeben und mit Farbe gekennzeichnet werden.[151] Diese Anrufung hatte aber keine aufschiebende Wirkung. Die Glocke des Mädchenheims wurde daher am 28. Juni 1917 abgeliefert und mit 100 kg Gewicht berechnet, was 350 M an Entschädigung und 100 M an Prämie für rechtzeitige Ablieferung brachte; diese Summe wurde fünf Tage nach der Ablieferung aus der Stadthauptkasse gezahlt.[152] Ob diese Glocke vollständig oder zerschlagen abgeliefert wurde, ist aus den städtischen Unterlagen nicht erkennbar.[153]

Die Administration des St. Spiritus-Hospitals schrieb, einen Tag vor Ende der Meldefrist am 11. April 1917, an die Stadt und meldete eine »Kirchenglocke aus Bronze« an, die im Hospitalhof vorhanden sei. Sie sei im Jahre 1623 gegossen worden[154] und 29 cm hoch. Auf Nachfrage erklärte der Administrator, der Kolonialwaren und Delikatessenhändler Wilhelm Gaude, weitere Angaben nicht machen zu können und beantragte eine Besichtigung durch den Bauhof. Daher nahm am 12. April 1917 Stadtbaumeister Friedrich Haas die Glocke in Augenschein und fertigte einen Vermerk an:

> »Die Glocke hat nur einen Durchmesser von 0,335 m. Das Gewicht für solche Glocken ist in der Tabelle nicht angegeben. Anzunehmen ist hierdurch, daß die Glocke unter 20 kg wiegt und daher nach § 3 der Bekanntmachung von der Meldepflicht ausgenommen ist.«

In der Tabelle zur Glockengewichtsbestimmung wurde der kleinste Durchmesser mit 0,46 m angegeben und ein Gewicht von 58 kg angenommen. So blieb also die Glocke von St. Spiritus bis heute erhalten und ist im Hof zu besichtigen.[155]

Es gab in Greifswald weitere zwei Glocken, die über 20 kg wogen und dennoch nicht abgegeben werden mussten: Das war die 30 kg schwere Feueralarmglocke auf dem Rathaus und die dem gleichen Zweck dienende Stundenglocke mit 175 kg auf dem Turm von St. Nikolai. Diese stammte aus dem ehemaligen Franziskanerkloster und kam nach dem Abbruch 1789 zu St. Nikolai.

---

150 StAG, Rep. 5 Nr. 1056, Meldebogen liegt lose bei.

151 StAG, Rep. 5 Nr. 1056, ohne Numerierung, vor Blatt 87.

152 StAG, Rep. 5 Nr. 1056, Blatt 191 Rückseite.

153 Der Vorsteher der Odebrecht-Stiftung, Pfr. Martin Wilhelm, teilte dem Verfasser am 27.1.2017 mit, dass es zur Glockenabgabe in der Stiftung keine Unterlagen mehr gäbe.

154 Archiv St. Nikolai Greifswald, XX,4. Handschriftliche Übersicht über die Greifswalder Glocken.

155 StAG, Rep. 5, 1056.

Die Greifswalder Polizeidirektion wandte sich am 21. März 1917 an den Magistrat und bat um Befreiung der beiden Glocken, da sie für die Alarmierung unbedingt notwendig seien. Das Schreiben wirft auch ein bezeichnendes Licht auf die Personalnot im städtischen Brandschutz. Viele Mannschaften der Feuerwehr seien an der Front, hieß es darin, und die Mitglieder des Vaterländischen Hilfsdienstes könnten diese nicht ersetzen. Daher ergebe sich die Notwendigkeit, »für den Stadtkreis die allgemeine Feuerwehrdienstpflicht für die männlichen Einwohner von 17. bis 65. Lebensjahren einzuführen.« Der Antrag auf Zurückstellung wurde von der Metall-Mobilmachungsstelle am 23. April 1917 genehmigt.[156]

Für die Feueralarmglocke auf dem Rathaus gab ein Aktenvermerk der Verwaltung vom 4. Juni 1917 die vorläufige Rückstellung an und bezog sich auf eine entsprechende Genehmigung.[157]

Eine weitere Glocke wurde freiwillig abgeliefert, wie die Abgabelisten ausweisen. Schlossermeister Friedrich Bohl aus der Hunnenstraße 14 besaß eine 2,2 kg wiegende Bronzeglocke, die er am 15. Oktober für 5,50 M ablieferte, die im Abschlussbericht nicht auftauchte, da sie nicht unter die Beschlagnahme fiel.[158]

X *Transportschwierigkeiten*

Die Glocken von St. Nikolai waren die letzten, die in Greifswald abgeliefert wurden und für sie gab es die Anforderung des Magistrates auf Transportkapazität an die Königliche Eisenbahn-Direktion Abt. Wagenbüro vom 20. November 1917:

> »Wir ersuchen ergebenst um Gestellung eines geschlossenen Waggons zur Versendung von Kriegsmetall nach Hamburg. Die Sendung ist durch das Kriegsamt angeordnet und gehört unter die Gruppe 8 der Dringlichkeitsliste des Kriegsamtes vom 15. Oktober 1917, weil sie im dringendsten Heeresinteresse benötigt und zu bevorzugen ist. Gestellung des Waggons sofort auf der Station Greifswald.«[159]

Doch so einfach ließ sich der Abtransport nicht bewerkstelligen, denn die Prüfstelle des Wagenbüros teilte am 23. November 1917 mit, dass der Antrag abgelehnt werde, »da der Wasserweg benutzt werden kann.«[160] Daraufhin wandte sich der Greifswalder Magistrat an die Kriegsmetall-Aktiengesellschaft und teilte mit, »dass eine Schiffahrsverbindung von hier nach Hamburg nicht besteht.«[161] Nun ging Zeit ins Land und der Krieg weiter, denn erst am 11. Dezember schlug die Kriegsmetall-Aktiengesellschaft in Berlin vor, die Bronze als Stückgut nach Hamburg transportieren zu lassen. Sollten die Glocken allerdings zerschlagen sein, müssten die »Glocken-

156 StAG, Rep. 5, 1056, Blätter 40 Rückseite und 42.
157 StAG, Rep. 5, 1056, Blatt 78.
158 StAG, Rep. 5, 1056, Blatt 167.
159 StAG, Rep. 5, 1056, Blatt 140.
160 StAG, Rep. 5, 1056, Blatt 141.
161 StAG, Rep. 5, 1056, Blatt 141 Rückseite.

trümmer« in Kisten verpackt werden und sollten diese nicht zur Verfügung stehen, so könnte die Geschäftsstelle die benötigte Anzahl liefern.[162] Damit war die Sache aber noch nicht erledigt, denn der Magistrat antwortete am 14. Dezember 1917, dass die zerschlagenen Stücke zwei bis drei Zentner wögen und nicht verpackt werden könnten. Diese noch zu zerschlagen würde viel Arbeit und neue Kosten verursachen. Daher bat man, entweder doch einen Waggon zu stellen oder die Bronze mit Schiff nach Stettin zu befördern von wo das Material dann nach Hamburg gebracht werden könne.[163] Der Abtransport erfolgte erst Ende des Jahres, denn eine Versandanzeige vom 22. Dezember 1917 besagte, dass 5.850 kg zerschlagene Glockenbronze in geschlossenem Waggon an das Kupferwerk Ilsenburg am Harz transportiert wurden.[164] Dieses Ziel ist erstaunlich, denn die Vordrucke der Frachtbriefe waren an den »Spediteur-Verein Herrmann & Theilnehmer für die Kriegsmetall Akt. Ges., Hamburg 8, Dovenfleth 20«, mit der Bestimmungsaktion Hamburg-Süd, Auguste Viktoria-Kai Schuppen« gerichtet.[165] Damit war der Abtransport der Glocken aus Greifswald beendet.

XI Verwendung der Entschädigungen

Im Mai 1917 wurde, zumindest von St. Jacobi, geplant, den Erlös aus der Abgabe der Glockenbronze für die Anschaffung von drei neuen Glocken – »vielleicht aus Stahl« zu verwenden.[166]

Später legten die drei evangelischen Gemeinden den Erlös der Entschädigungen in Kriegsanleihen an. Für St. Nikolai wurde ein Glockenfonds von 8.500 M der 7. Kriegsanleihe gebildet.[167] Die Gemeinden hielten dies für eine »vaterländische Ehrenpflicht« und fassten entsprechende Beschlüsse: »Die hiesigen Gemeindekirchenräte haben beschlossen, alle verfügbaren Gelder, u. a. den Erlös für die zu Kriegszwecken abgegebenen Orgelpfeifen und Glocken, in Kriegsanleihen anzulegen.«[168] Es gab im halbjährlichen Abstand insgesamt neun Kriegsanleihen mit einer Verzinsung von 5% mit insgesamt 98 Mrd. Mark Kapital.[169] Die Rückzahlung sollte vom besiegten Kriegsgegner vorgenommen werden.

Die Kirchen legten nicht nur Geld an, sondern beteiligten sich auch kräftig an der Werbung zur Zeichnung der Anleihen. So waren an den Kirchen Bekanntma-

162 StAG, Rep. 5, 1056, Blatt 142.
163 StAG, Rep. 5, 1056, Blatt 142 Rückseite.
164 StAG, Rep. 5, 1056, Blatt 172.
165 StAG, Rep. 5, 1056, Blatt 139 (Blattnummer kaum lesbar).
166 Greifswalder Tageblatt, 25.5.1917.
167 Greifswalder Kirchenblatt, 1918, Nr. 1, S. 3.
168 Ein längerer Artikel hierzu in der Greifswalder Zeitung vom 26.9.1917.
169 Deutsche Nationalbibliothek: https://erster-weltkrieg.dnb.de/WKI/Web/DE/Navigation/Propaganda-und-Zensur/Kriegsanleihezeichungen-in-der-Propaganda/kriegsanleihezeichungen-in-der-propaganda.html (Zugriff am 14.4.2019)

chungen angebracht und die Kirchenbesucher wurden zur Zeichnung aufgefordert. Die Werbung war auch Thema im Gottesdienst:

»Von den Kanzeln wird sonntäglich daran erinnert. In St. Nikolai predigte am letzten Sonntage Superintendent Pfeiffer über die Beteiligung an der Kriegsanleihe als eine religiös-sittliche Pflicht des evangelischen Christen, indem er auf Grund des Herrenwortes Matth. 22,21: ›Gebet dem Kaiser, was des Kaisers ist, und Gottes, was Gottes ist!‹ die Frage behandelte, wie wir als Kinder der Reformation uns zu Vaterland und Obrigkeit zu stellen haben […]«[170]

Zum guten Ergebnis dieser 7. Kriegsanleihe wurden in ganz Pommern am 23. Oktober 1917 die Fahnen gehisst.[171]

XII Die Beschlagnahmungen im Spiegel der Presse

Die Akten bilden sachlich das verwaltungsmäßige Bild ab, aber spiegeln natürlich nur selten die Stimmung in den Gemeinden wider. Ganz anders im »Greifswalder Kirchenblatt«, da vor allem in den Gemeindeberichten das Denken der Pfarrer deutlich zutage tritt. Aber auch in manchen Texten im Blatt, besonders bei Gedichten, war die Kriegsunterstützung deutlich.

Das »Greifswalder Kirchenblatt«, das auf Beschluss des Geistlichen Ministeriums [Greifswalder Pfarrer] und des Kreissynodalvorstandes seit Weihnachten 1916 monatlich mit einer Auflage von 3.000 Exemplaren erschien, war ein ganz neues Printprodukt.[172] Zum Titel gehörte auch der Schriftzug »Ein feste Burg ist unser Gott«. Gründe für die Herausgabe war der Kontakt mit den Soldaten im Felde, um »ein Band der Glaubensgemeinschaft zwischen ihnen und der Heimat«[173] zu flechten. Die gelesenen Exemplare sollten ihnen von ihren Greifswalder Familien geschickt werden. Sodann sollte das neue Produkt auch dazu dienen, »das kirchliche Gemeinschaftsgefühl in unserer Mitte zu wecken und zu stärken«. Aus St. Nikolai waren 700 bis 800 junge Männer im Feld, gab Superintendent Pfeiffer in der Septemberausgabe 1917 an und vor allem für sie wurden in jeder Nummer Gemeindeberichte gedruckt. Und nicht zuletzt sollte das Blatt für die »Darbietung religiöser Erbauung« nützlich sein.[174]

Wie das aussah, zeigt der Gemeindebericht von St. Nikolai in der Januarausgabe 1917, wobei es um das Siegesgeläut ging:

---

170 Greifswalder Zeitung, 26.9.1917.
171 Greifswalder Zeitung, 24.10.1917.
172 Die letzte Nummer erschien vermutlich im März 1919, zumindest ist sie in der Universitätsbibliothek Greifswald die letzte vorhandene Ausgabe.
173 Greifswalder Kirchenblatt, 1. Jg, Weihnachtsausgabe [Nr. 1] 1916. Die neue Jahrgangszählung beginnt jeweils im Dezember.
174 Ebd.

»Argesul am 4. und dann Bukarest am 7. Dezember. Beide Male sammelt sich während des Geläutes eine feiernde Gemeinde in unserer Kirche, um in Lied und Wort aus frohem Herzen dem Lenker der Schlachten frohen Dank zu bringen.«[175]

Glocken hatten damals wie heute einen besonderen emotionalen Wert und so erschien im Greifswalder Kirchenblatt im Juni 1917 ein vierstrophiges Gedicht des hessischen Oberpfarrers Hermann Knodt. Die dritte Strophe lautete:

»Da wollt auch ihr Glocken droben im Turm / Zurück nicht bleiben beim letzten Sturm, / Gott mit euch, ihr heiligen Boten! / So läutet denn donnernd im blutigen Krieg, / Im Granatengebrüll zum endlichen Sieg, / Zu rächen die Toten, die Toten!«[176]

Auch das Greifswalder Tageblatt stimmte zur Zeit der Glockenzerschlagung auf dem Turm der Nikolaikirche Ende Oktober 1917 in diesen Tenor ein und brachte ein Gedicht von Karin Wilde: »Unsere Glocken« zum Abdruck:

»Ein Werberuf weht durch das deutsche Land / wie von schwingender, bebender Geisterhand, / ein Brausen so mächtig, ein Klingen so rein, / das müssen all Deutschland's Glocken sein. / All Deutschland's Glocken, dem Frieden geweiht, / dem göttlichen Werk und der Heiligkeit, / uns jubelnd umtönend, wenn Freude uns sang, / uns tröstend begleitend den letzten Gesang. / Ihr alten Glocken voll Abschied und Schmerz, / die Seele des Volkes, ertönt Euer Erz. / Wir alle opfern das heiligste Gut, / wir geben das innerste Lebensblut. – / Und leise verhallen sie noch einmal, / und grüßen die Berge und segnen das Tal, / und rufen zur Hoffnung und ewigen Leben: / Wer alles einst gab, dem wird alles gegeben. / Ihr Menschenkinder, einst wird es Euch werden, / der Sieg und ein heiliger Friede auf Erden!«[177]

XIII Nach der Beschlagnahmung ist vor der Beschlagnahme

Zumeist in den 20er Jahren wurden die Geläute wieder ergänzt, doch die Freude am vollen Klang sollte nicht lange währen. Die nächste Beschlagnahmungsaktion für Glocken wurde am 15. März 1940 vom Beauftragen für den Vierjahresplan Hermann Göring herausgegeben und wieder hieß es: »Die Glocken aus Bronze sind anzumelden und abzuliefern.«[178] Dazu veröffentlichte der Geistliche Vertrauensrat der Evangelischen Kirche am 26. April 1940 einen Aufruf:

»Wir wissen, daß es unsere Gemeinden mit Stolz erfüllt, dieses Opfer für den Führer und das Vaterland bringen zu dürfen […] Darum fällt uns der Abschied von ihnen schwer wie der Abschied von guten Freunden. Aber der wahre Wert eines Opfers besteht in der Freudigkeit mit der es gebracht wird.«

Am Ende des Schreibens wurde sogar angeregt vor der Abgabe eine »Glocken-Opferfeier« zu veranstalten, »die unserer freudigen Einsatzbereitschaft für das

175 Greifswalder Kirchenblatt, Januar 1917, S. 4. Bericht von Sup. J. Pfeiffer.
176 Greifswalder Kirchenblatt, Juni 1917, S. 24.
177 Greifswalder Tageblatt, 24.10.1917. Karin Wilde steht nicht im Greifswalder Adreßbuch.
178 Archiv St. Nikolai Greifswald, XX,4.

Vaterland und unserer gläubigen Siegeszuversicht Ausdruck gibt.«[179] Das Evangelische Konsistorium der Provinz Pommern ordnete diese Glockenopferfeier für den Trinitatistag, den 19. Mai 1940 zentral an. Die Feier war für das Ende des Gottesdienstes vorgesehen und dabei sollte eine dreiminütige Stille zum Hören auf die Glocken eintreten.

Reichlings weisen auf die den Orgelpfeifen angedrohte Vernichtungsaktion hin:

> »Die Anordnung M 66 der Reichsstelle Eisen und Metalle über ›Beschlagnahme und Ablieferung von Orgelpfeifen und Windleitungen‹ vom 14. März 1944 folgte dem Muster von 1917. Es lief eine gewaltige Fragebogen-Aktion im gesamten ›Großdeutschland‹ an, dazu die Überprüfung mit Einteilung in vier Gruppen. Die Durchführung wurde aber im September 1944 durch eine Bekanntmachung von lakonischer Kürze ohne Abgabe eines Grundes abgesagt.«[180]

Eine weitere Zerstörung der Orgeln fand also nicht mehr statt.

XIV Zusammenfassung

Während für Orgelpfeifen und Glocken Zwangsmaßnahmen vorgenommen wurden, liefen weiterhin freiwillige Aufrufe zur Abgabe von Metallen. Aber dies brachte, wie das II. Armeekorps am 20. Dezember 1917 dem Greifswalder Magistrat mitteilte, nicht das gewünschte Ergebnis. Daher wurde 1917 sogar ein Werbefilm mit dem Titel »Bezwungen« hergestellt und gebeten,

> »mit dem ergebenen Ersuchen, die weitere Vorführung […] zu veranlassen.« Allerdings wurde ersucht, »den Titel ›letzter Termin der freiwilligen Ablieferung 31. Oktober 1917‹ herauszuschneiden, da die Enteignung der Metalle vorläufig hinausgeschoben werden musste.«[181]

Die Abgabe der Orgelprospektpfeifen in Greifswald geschah auf Seiten der Gemeinden ohne Widerspruch oder verzögerndes Verhalten, wie es auch Jaehn aus dem Mecklenburgischen nachweist: »Im konservativen Mecklenburg hat keine Spur von Widerstand, nicht einmal in Widerworten, gegen die Beschlagnahme schriftlichen Widerstand stattgefunden.«[182] Das preußische Greifswald verhielt sich nicht anders. Der Widerstand war vermutlich auch deshalb so gering, da die Instrumente spielbar blieben und die Gemeinde dies, wie bei St. Nikolai in Greifswald, kaum bemerkte:

> »Wenn nicht das leere Prospektgehäuse das Geschehene verriete, würden die meisten Kirchenbesucher bei dem meisterhaften Spiel unseres Organisten das Fehlen der Pfeifen kaum bemerkt haben.«[183]

---

179 Archiv St. Nikolai Greifswald, XX,4.

180 Reichling; Reichling: Die Requirierung … (wie Anm. 13), 386.

181 StAG, Rep. 5 Nr. 1001, Blatt 153 und Rückseite.

182 Jaehn: Orgelpfeifen … (wie Anm. 12), S. 345.

183 Greifswalder Kirchenblatt, Oktober 1917.

Ganz anders verlief die Abgabe von Glocken – aus Greifswald wurden neun Kirchenglocken mit einem Gesamtgewicht von 5.936 kg abgeliefert,[184] – denn es war öffentlich und deutlich zu hören, wenn, wie bei der katholischen Kirche St. Joseph, statt drei nur noch die kleinste Glocke erklang. Bei der Glockenabgabe gab es zudem Verzögerungsmöglichkeiten, die durch die Glockeneinordnung bedingt waren. Doch war letztlich die gleiche Hingabebereitschaft wie bei den Orgeln zu finden, wie die Gemeindeberichte gezeigt haben. Von Widerstand war öffentlich nicht die Rede, da der vaterländische Kontext keine abweichenden Meinungen hochkommen ließ. Wenn Trauer ausgedrückt wurde, dann wurde sie sogleich verwandelt als Notwendigkeit für die Unterstützung des Überlebenskampfes gegen einen Gegner, dem alle Rohstoffe der Welt zugänglich waren.

Die Abgaben von Orgelpfeifen und Glocken sind in den städtischen und gemeindlichen Akten sehr nüchtern und verwaltungsmäßig dokumentiert. Sie sind aber eingebettet in die Kriegs- und Durchhalterhetorik der Zeitungen und in besonderer Weise auch des Greifswalder Kirchenblattes, wo die vaterländische Gesinnung in den Berichten der handelnden Pastoren und Gemeindekirchenräte sehr deutlich zutage trat. Vermutlich war der Schmerz leichter zu ertragen, wenn er patriotisch überhöht wurde.

Letztlich, trotz allem bürokratischen Aufwand auf staatlicher Seite und dem Schmerz der Gemeinden, zeigten die Rohstoffaktionen keine Wirkung, wie Kurt Wiedenfeld im Jahre 1936 resümierte:

> »Eine so heiß umfochtene und so gewaltig Mißstimmung hervorrufende Maßnahme wie die ›Mobilmachung‹ der Kirchenglocken z. B. hat sich später als unnötig und unergiebig erwiesen, weil der Krieg eher aufhörte, als man die Glocken wieder in Zinn und Kupfer auflösen konnte; und doch mußte sie so frühzeitig getroffen werden, weil man von der Herausnahme der Glocke bis zur Herstellung des Kanonenrohrs mit einem Zeitraum von zwei Jahren zu rechnen hatte.«[185]

Ein ähnliches Gefühl der Nutzlosigkeit der ganzen Aktion hatte wohl auch der Organist an St. Nikolai, Musikdirektor Ewald Zingel. Am Ostersonntag 1922 wurden die neuen Zinkpfeifen im Gottesdienst eingeweiht. Dazu erschien am 16. April 1922 ein Artikel von Zingel, worin man lesen konnte:

> »Ich glaube zwar nicht, daß unsere Zinnpfeifen auch schon eingeschmolzen sind – nein, nein – so weit wars noch nicht; sie werden irgendwo auf einem Haufen liegen, oder – sie sind längst ›verschoben‹ ins Ausland – welch schrecklicher Gedanke.«[186]

184 StAG, Rep. 5, 1056, Blatt 191 f mit Übersicht vom 16.9.1919.
185 Wiedenfeld: Die Organisation ..., 26 (wie Anm. 5).
186 Greifswalder Zeitung, 16.4.1922.

»Alles um die Gemeinde!« – Oskar Zuckschwerdt (1883-1965)

Vom Seemannspastor zum ersten Propst von Magdeburg[1]

Von Matthias Sens

Als ich 1997 als Propst des Propstsprengels Magdeburg-Halberstadt in der Evangelischen Kirche der Kirchenprovinz Sachsen eingeführt wurde, erhielt ich ein Propstkreuz, auf dessen Rückseite der Name Oskar Zuckschwerdt und die Jahreszahlen 1946-58 eingraviert waren. Oskar Zuckschwerdt war der erste Propst des Propstsprengels Magdeburg. Das Propstamt war 1946 in der Kirchenprovinz Sachsen, einer früheren Provinz der altpreußischen Landeskirche, neu geschaffen worden. In ihm wurden seelsorgerliche und kirchenleitende Aufgaben verbunden. Regionalbischof würde man heute sagen. Ich war der fünfte Träger dieses Kreuzes, und während ich alle anderen Magdeburger Pröpste[2] lebendig vor mir hatte, wusste ich fast nichts über Oskar Zuckschwerdt und das, was ihn bewegte.[3] Soviel freilich war klar: Er gehörte mit Bischof Ludolf Müller, Präses Lothar Kreyssig und Pröpsten wie Julius Schniewind, Johannes Jänicke und Wolfgang Staemmler zu jener ersten Generation kirchenleitender Persönlichkeiten mit BK-Vergangenheit nach dem Krieg, die das Werden der Evangelischen Kirche der Kirchenprovinz Sachsen entscheidend geprägt haben.[4]

Oskar Emil Theodor Friedrich Felix Zuckschwerdt war 62 Jahre alt, als er Propst wurde.[5] Er wurde am 19. Juni 1883 in Gandersheim als Sohn eines Rechtsanwalts

1 Dieser Beitrag geht zurück auf einen Vortrag, der am 21. Oktober 2015 bei der Eröffnung einer Ausstellung im Archiv der Kirchenprovinz Sachsen anlässlich des 50. Todestages von Oskar Zuckschwerdt gehalten wurde.

2 1958-1978 Heinz Fleischhack, 1978-1986 Christoph Hinz, 1986-1996 Hannes Urmoneit.

3 Dabei hat der Verfasser ihn als Dreizehnjähriger in seinem letzten Dienstjahr sogar noch persönlich kennengelernt. Er kam im November 1957 nach Ampfurth im Kirchenkreis Wanzleben, um einen Gottesdienst der Mutter des Verfassers abzunehmen, die Helferin im Predigtamt werden sollte.

4 Die folgende Darstellung stützt sich im Wesentlichen auf die im Archiv der Kirchenprovinz Sachsen (AKPS) in Magdeburg vorhandenen Materialien. Das ist neben den Akten des Konsistoriums, der Kirchenleitung, der Magdeburger Pröpste und Superintendenten auch der persönliche Nachlass von Oskar Zuckschwerdt, der von seinem Sohn Ernst geordnet und dem Archiv übergeben wurde (Rep. N 8: Nachlass Propst Zuckschwerdt). Persönliche Angaben sind in der Regel ohne Einzelnachweise den Eintragungen von Oskar Zuckschwerdt in der Chronik der Familie Zuckschwerdt entnommen, die er bis 1953 eigenhändig vorgenommen hat: AKPS, Rep. N 8, Nr. 1: Biographische Unterlagen (1883-1970).

5 Vgl. Margit Müller: Oskar Zuckschwerdt. In: Magdeburger Biographisches Lexikon: 19. und 20. Jahrhundert: biographisches Lexikon für die Landeshauptstadt Magdeburg und die Landkreise Bördekreis, Jerichower Land, Ohrekreis und Schönebeck/ hrsg. von Guido Heinrich und Gunter Schandera. Magdeburg 2002, 834 f.

geboren und besuchte nach dem frühen Tod des Vaters in Braunschweig das Herzogliche Gymnasium Martino-Katharineum. Er studierte Theologie in Göttingen, Straßburg (bei Albert Schweitzer, Heinrich Julius Holtzmann, Friedrich Spitta, Johannes Ficker), und Marburg (bei Wilhelm Herrmann). Nach dem Ersten Examen arbeitete er ein halbes Jahr in den Betheler Anstalten und danach als Hauslehrer, u. a. von Gerd und Henning von Tresckow in Wartenberg, die später durch ihre Beteiligung am 20. Juli 1944 bekannt wurden. Weil Zuckschwerdt als Seemannspastor nach Liverpool gehen wollte, seine Braunschweigische Kirche ihn dafür aber nicht freistellte, wechselte er in die altpreußische Landeskirche.[6] Von 1909 bis 1914 war er in Liverpool und Glasgow, dann Militärgeistlicher in Berlin, in Kurland und an der Westfront, seit 1916 auch Pfarrer in Groß Salze (heute Schönebeck bei Magdeburg) und dann von 1922 bis 1945 Pfarrer an der Kirche St. Ulrich und Levin in Magdeburg. 1945 übernahm er das Superintendentenamt in Magdeburg, das er auch neben dem Propstamt bis 1949 beibehielt.[7]

Während der Weimarer Republik arbeitete er übergemeindlich im Evangelischen Preßverband im Bereich Schule und Religionsunterricht und im Deutschen Evangelischen Gemeindetag (DEG) mit. Im Dritten Reich gehörte er in Magdeburg zu den maßgeblichen Vertretern der Bekennenden Kirche, war 1937 im Rahmen der Auseinandersetzungen um die Kollekten zweimal inhaftiert und gehörte später auch zum Provinzialbruderrat. 1935 und 1936 war er starken Anfeindungen durch die nationalsozialistischen Blätter »Der Stürmer« und »Nordland« ausgesetzt, weil er den Juden Alfred Hirschland getauft hatte, der wenig später wegen »sittlicher Vergehen« verhaftet und verurteilt wurde.

Das ist eine Biographie, an der die Geschichte unserer Kirche in der ersten Hälfte des 20. Jahrhunderts lebendig und anschaulich wird. Im Folgenden kann davon nur einiges näher beleuchtet werden. Bis in die 30er Jahre hinein war Zuckschwerdt in erheblichem Umfang auch publizistisch tätig. Schon vom Titel her sind eine Reihe der zumeist kleineren Schriften interessant: »Sammlung freiwilliger Mitarbeiter am Aufbau der Kirche um den Pfarrer«,[8] oder: »Der Religionsunterricht der Schule und seine Bedeutung für den Aufbau der Gemeinde«,[9] oder: »Kirche

---

6 Vgl. die Personalakte: AKPS, Rep. A, Spec. P, Z 117, Brief vom 5. März 1909.

7 AKPS, Rep. A, Spec. K, Nr. 5469. Die Personalunion von Superintendenten- und Propstamt war einzig in der Geschichte der Kirchenprovinz Sachsen. Propst Zuckschwerdt wartete die Heimkehr seines Wunschkandidaten, des Magdeburger Pfarrers Wilhelm Hülsen, aus sowjetischer Kriegsgefangenenschaft ab, um das Superintendentenamt am 1. Januar 1949 an diesen zu übergeben: AKPS, Rep. H 44, Nr. 148: St. Katharinen Magdeburg (1948-1957).

8 Oskar Zuckschwerdt: Sammlung freiwilliger Mitarbeiter am Aufbau der Kirche um den Pfarrer (Volkskirchliche Hefte; 9). Magdeburg 1919.

9 Oskar Zuckschwerdt: Der Religionsunterricht der Schule und seine Bedeutung für den Aufbau der Gemeinde (Flugschriften des Deutschen Evangelischen Gemeindetages; 26). Breslau 1925.

und Konfirmandenunterricht«[10] und »Wie feiern wir den Schulgottesdienst am Reformationsfest?«[11] – alles durchaus noch immer aktuelle Themen. Mit ihnen deutet sich ein roter Faden an, der sich durch die ganze Wirksamkeit von Oskar Zuckschwerdt hindurch zieht und dem deshalb im Folgenden besonders nachgegangen werden soll. Er ist in der Überschrift angedeutet: »Alles um die Gemeinde!«

I England und der Gemeindetag als prägende Erfahrungen

»Alles um die Gemeinde!« Diese etwas merkwürdige Formulierung ist der Titel eines kleinen Artikels im Magdeburger Kirchenblatt[12] vom 1. Dezember 1935, ein wohl fiktiver Brief an einen ehemaligen Kollegen aus der Auslandsarbeit. Da findet sich dann der Satz: »Es geht ja dem, der einmal deutsches Gemeindeleben im Auslande kennengelernt hat, alles um die Gemeinde.«[13]

Hier klingt Zweierlei an: zum einen, wie prägend die Jahre in England und Schottland gewesen sind. Zuckschwerdt war zunächst von 1909 an für das Seemannsheim in Liverpool zuständig und, als zweiter Pfarrer der deutschen Gemeinde, für einen ausgedehnten Bezirk südlich von Liverpool. Anschaulich schildert er noch 20 Jahre später immer wieder die soziale Arbeit an den Seeleuten, z. B. beim Umgang mit Geld, oder die Weihnachtsfeiern und andere Angebote, bei denen natürlich die christliche Botschaft immer mit deutscher heimatlicher Tradition verbunden wurde.[14] In der Gemeinde erlebte er den Zusammenhalt im Gottesdienst und in regelmäßigen Gemeindeveranstaltungen. Er sah, wie Gemeindeglieder in vielen Bereichen Verantwortung in der Gemeinde wahrnahmen und bei dem häufigen Wechsel der Pfarrer das eigentliche Kontinuum in der Gemeindeleitung darstellten. Etwas verklärend schrieb Zuckschwerdt 1935, dass da »doch ein Hauch urchristlicher Brüderlichkeit in ihnen« erlebbar war.[15] Liest man einen Nachruf von 1933 auf einen schottischen Freund aus der kurzen Zeit in Glasgow 1913/14,[16] dann merkt man, dass hier auch das Erleben von Gemeinde in der reformierten (und wohl auch in der anglikanischen)

10 Oskar ZUCKSCHWERDT: Kirche und Konfirmandenunterricht (Flugschriften des Deutschen Evangelischen Gemeindetages; 27). Breslau 1925.

11 Oskar ZUCKSCHWERDT: Wie feiern wir den Schulgottesdienst am Reformationsfest? (Beiträge zur evangelischen Erziehung/ hrsg. vom Evangelischen Preßverband für Deutschland; 1). Berlin 1931.

12 Das »Magdeburger Kirchenblatt« wurde seit 1924 vom Kirchenkreis Magdeburg herausgegeben und konnte bis 1941 erscheinen. Ein fast vollständiger Satz findet sich in der Stadtbibliothek Magdeburg.

13 Oskar ZUCKSCHWERDT: Alles um die Gemeinde!. Magdeburger Kirchenblatt 12 (1935) Nr. 23, 2.

14 Z. B.: Oskar ZUCKSCHWERDT: Weihnachten in der Fremde. Magdeburger Kirchenblatt 12 (1935) Nr. 24, 3 f.

15 Zuckschwerdt: Alles um die Gemeinde (wie Anm. 13), 2.

16 Oskar ZUCKSCHWERDT: Mein schottischer Freund. Magdeburger Kirchenblatt 10 (1933) Nr. 6, 4 f.

Kirche hineinspielte mit ihrer Gemeindestruktur, die ganz stark auf ehrenamtliche Mitarbeit setzte, wie wir heute sagen würden. Diese Erfahrungen »waren auch Schuld daran, wenn ich mich, als der Krieg mich nach Deutschland zurücktrieb, mit Haut und Haaren der Gemeindebewegung verschrieb.«[17]

Da haben wir das Zweite, das in dem eingangs zitierten Satz und vor allem in der Überschrift »Alles um die Gemeinde!« anklingt. »Schuld daran« waren sicher nicht nur die Erfahrungen in Großbritannien, sondern auch der Schwiegervater, D. Julius August Stock, den Zuckschwerdt seit seiner Braunschweiger Gymnasialzeit kannte. Stock hatte seit 1910 als Pfarrer in Braunschweig und später in Berlin-Lichterfelde zusammen mit Generalsuperintendent Martin Schian aus Breslau und anderen eine »Konferenz für evangelische Gemeindearbeit« vorbereitet und geleitet, aus der später der »Deutsche Evangelische Gemeindetag« entstand, dessen Vorsitzend Stock bis zu seinem Tode 1924 innehatte. Das waren sowohl große gesamtdeutsche Kongresse als auch regionale Tagungen, wo über Ziele und Möglichkeiten praktischer Gemeindearbeit diskutiert wurde. Sie führten Anregungen aus der Gemeindebewegung weiter, die der Dresdener und Chemnitzer Pfarrer Emil Sulze Ende des 19. Jahrhunderts entwickelt hatte. Es ging u. a. darum, in den städtischen Massengemeinden überschaubare Seelsorgebezirke zu bilden. Zudem sollten Gemeindehäuser zur Entfaltung des Gemeindelebens außerhalb der Gottesdienste errichtet werden. Um den Pfarrer sollten freiwillige Mitarbeiter gesammelt werden für die verschiedenen Bereiche der Gemeindearbeit, aber auch zur Beratung in den Seelsorgebezirken. Die Gemeinde sollte bewusst organisiert werden, um sie lebendig zu erhalten. Für Zuckschwerdt und seine Mitstreiter war eine Erneuerung und Erhaltung der Volkskirche nach dem Ende des Staatskirchentums nur über eine von der Gemeinde ausgehende Kirchenreform vorstellbar.[18]

Von 1915 an verfasste Zuckschwerdt über Jahre hinweg regelmäßig Beiträge für die Schriftenreihe und für das Mitteilungsblatt des Gemeindetages. Schon im zweiten Kriegsjahr nutzte er seine Tätigkeit als Lazarettpfarrer in Berlin für eine Umfrage unter den Soldaten über die Beziehungen zu ihren heimatlichen Kirchengemeinden. Nach der Auswertung von 294 Fragebögen resümierte er,

> »dass Kirche und Pfarrer neben der Pflege des neuerwachten religiösen Lebens durch Predigten, Vorträge und Amtshandlungen noch nicht die Aufgabe klar erkannt haben, die persönliche Beziehung des einzelnen zu seiner Gemeinde bewusst und planvoll zu pflegen.«[19]

17 Zuckschwerdt: Alles um die Gemeinde (wie Anm. 13), 2.

18 Siehe August Stock: Was will der Deutsche Evangelische Gemeindetag? (Flugschriften des Deutschen Evangelischen Gemeindetags; 1). Darmstadt 1916. Vgl. auch Eberhard Winkler: Deutscher Evangelischer Gemeindetag. RGG⁴ 3, 630 sowie Christian Möller: Lehre vom Gemeindeaufbau, Bd. 1: Konzepte – Programme – Wege. 3. Aufl. Göttingen 1991, 138 ff.

19 Oskar Zuckschwerdt: Unsere Feldgrauen und ihre heimatlichen Kirchengemeinden. SonderdruckD aus »Mitteilungen an die Mitglieder der Konferenz für evangelische Gemeindearbeit«, Nr. 10. Darmstadt 1915, 6.

1919, nunmehr Pastor in Groß Salze, schrieb Zuckschwerdt über die »Sammlung freiwilliger Mitarbeiter am Aufbau der Kirche um den Pfarrer«.[20] Aus der Umbruchsituation nach dem Ende der Staatskirche folgerte Zuckschwerdt: »Eine Volkskirche ist heute nur noch denkbar, wenn die Gemeinden dafür gewonnen werden, den Ausbau ihres Gemeinschaftslebens selbsttätig zu fördern.«[21] Die Erfahrungen, die Zuckschwerdt in der Kleinstadt Groß Salze machte, wertete er 1922 aus. Die kleine oder mittlere Stadt bot nach seiner Einschätzung einerseits den Vorteil, dass hier noch »ein Band heimatlicher, nachbarlicher Gemeinschaft [vorhanden ist], das in großen Städten vergebens gesucht wird, das uns aber in der Gemeindearbeit unentbehrlich ist.«[22] Andererseits galt ihm auch hier: »Die Stadtgemeinde ist nicht mehr die Kirchengemeinde und wird es nie wieder sein.«[23] Deshalb müsste auch in diesen Städten Gemeinde ganz neu entwickelt werden. Innerhalb der Parochien gelte es, Seelsorgebezirke zu schaffen, in denen sich Gemeindearbeit entfalten könne in enger Bindung an den zuständigen Pfarrer: Vortragsabende, Frauen-, Männer- und Jugendkreise, die nicht auf die Gottesdienstgemeinde beschränkt sind, Sammlung eines »Gemeindekerns« für diese Aufgaben, Hineinnahme der Amtshandlungen in den Gottesdienst durch Abkündigung und Fürbitte, und anderes. Gleichzeitig strebte er die »Abstreifung alles Vereinsmäßigen« an, weil hier wirklich »die Gemeinde ins Leben treten soll.«[24]

Von einem neuen persönlichen Erfahrungshorizont aus konstatierte Zuckschwerdt dann: »Der neuzeitliche Gemeindegedanke ist unzweifelhaft auf großstädtischem Boden neu erwachsen.«[25] 1922 war Zuckschwerdt einer Anregung von Superintendent Heinrich Danneil, einem führenden Mitglied des Gemeindetages in der Provinz Sachsen, gefolgt und hatte sich erfolgreich auf die zweite Pfarrstelle der Kirchengemeinde St. Ulrich und Levin in Magdeburg beworben.[26] Gemeinsam mit Danneil gestaltete er die Arbeit in der Ulrichsgemeinde nach den Grundsätzen des Gemeindetages, wobei die Gemeindeabende, bei denen sich Bibelarbeiten und Themenabende abwechselten, gemeinsam verantwortet wurden. Hierher gehört auch die erste Goldene Konfirmation in Magdeburg, die 1930 in der Ulrichskirchengemeinde gefeiert wurde. Die Kirchengemeinde sollte Heimat sein, das war ein wichtiges

---

20 Zuckschwerdt: Sammlung freiwilliger Mitarbeiter … (wie Anm. 8).

21 Ebd, 5.

22 Oskar Zuckschwerdt: Die Durchführung des Gemeindegedankens in den Gemeinden mittlerer und kleinerer Städte: Vortrag auf den Gemeindetagen zu Nordhausen und Oranienburg (Flugschriften des Deutschen Evangelischen Gemeindetages; 17). Darmstadt 1922, 2.

23 Ebd, 10.

24 Ebd, 7.

25 Ebd, 4.

26 In seiner Bewerbung nahm Zuckschwerdt auf die Arbeit des Gemeindetages Bezug und verwies auch auf seinen Vortrag (ebd). Siehe seinen Lebenslauf in: AKPS, Rep. J 6 (Ulrichsgemeinde Magdeburg), Nr. 296: Besetzung der 1. und 2. Predigerstelle (1914-1922).

Anliegen der Gemeindebewegung.[27] 1927 fand dann die deutschlandweite Tagung des DEG in Magdeburg statt.[28] Später wurde Zuckschwerdt selbst Vorsitzender der Landesgruppe Provinz Sachsen und Anhalt und war als solcher 1938 Gastgeber für eine Arbeitstagung des DEG in Magdeburg.[29]

Der Pfarrsprengel von St. Ulrich Magdeburg vor 1945
(AKPS, Rep. N 8, Nr. 2, Foto: Luftbildverlag Beck/Stuttgart)

---

27 Oskar Zuckschwerdt: Goldene Konfirmation in St. Ulrich: ein Wagnis und ein Erlebnis. Magdeburger Kirchenblatt 8 (1930) Nr. 7, 6 f.

28 Heinrich Danneil: Der deutsch-evangelische Gemeindetag in Magdeburg (mit Tagesordnung). Magdeburger Gemeindeblatt 4 (1927) Nr. 5. Das Heft Nr. 6 erschien als Festnummer zum Gemeindetag und enthielt u. a. Beiträge von Danneil (Der Gemeindetag und Sachsen-Anhalt) und Zuckschwerdt (Erziehung zur Gemeinschaft durch Erziehung zur Gemeinde).

29 Oskar Zuckschwerdt: Tagung des Deutschen Evangelischen Gemeindetages in Magdeburg. Magdeburger Kirchenblatt 15 (1938), Nr. 19.

II Schule – Religionsunterricht – Gemeinde

Hand in Hand mit seiner Mitarbeit in der Gemeindebewegung ging Zuckschwerdts Engagement in den Fragen von Schule und Religionsunterricht. Man muss sich dazu vergegenwärtigen, dass es nach der Novemberrevolution 1918 starke Bestrebungen gab, den Religionsunterricht in den Schulen abzuschaffen und damit den Schulen ihre konfessionelle Prägung zu nehmen. Auch Preußen – Bildung war schon damals Ländersache – wollte in diese Richtung gehen. Dagegen gab es im Frühjahr 1919 eine Unterschriftenaktion, bei der über sieben Millionen Unterschriften für den Erhalt des Religionsunterrichtes gesammelt wurden. Auch die sich bildende Gemeinschaft der deutschen Landeskirchen kämpfte für die Konfessionsschulen. Die Deutschen Evangelischen Kirchentage (»Synoden«) 1919 in Dresden und 1921 in Stuttgart forderten einen »christlichen Charakter der öffentlichen Schulen« bzw. Bekenntnisschulen, »in denen das ganze Schulleben von einem einheitlichen Geist durchdrungen ist.«[30] Gleichzeitig galt es, die christlichen Eltern auf die Mitarbeit in den neu zu bildenden Elternbeiräten vorzubereiten. Zu all diesen Fragen bildeten sich rasch verschiedene Elternbünde, die schließlich im Januar 1922 in Berlin in einem »Reichsverband Evangelischer Eltern- und Volksbünde« (Reichselternbund) vereinigt wurden. Zuckschwerdt war von Mai 1922 an für einige Monate zur Mitarbeit in der Geschäftsstelle des Reichselternbundes beurlaubt, beim Evangelischen Pressverband in Berlin. Er war dort in der Aufbauphase amtierender Geschäftsführer, bis die Stelle dann auf Dauer besetzt werden konnte. Zuckschwerdt ist dem Reichselternbund bis in die 30er Jahre hinein eng verbunden geblieben, sowohl in leitenden Funktionen auf verschiedenen Ebenen als auch publizistisch. So stammen verschiedene Hefte des Schulpolitischen ABC, das der Pressverband anonym herausgab, aus seiner Feder.[31]

Und natürlich war er am Magdeburger Schulkampf Ende der 20er Jahre beteiligt, als sich der Kirchenkreis gegen die vermeintliche oder tatsächliche Bevorzugung der wenigen bekenntnisfreien Schulen durch das »rote Magdeburg« zu wehren versuchte. In den Artikeln im Magdeburger Kirchenblatt, etwa im Zusammenhang mit dem Entwurf zum Reichsschulgesetz 1927/28, führte Zuckschwerdt eine durchaus kämpferische Feder. »Auf die Schanzen!« rief er im »Werben für die evangelische Schule« der evangelischen Elternschaft zu.[32] Schulpolitik und Gemeindebewegung verknüpfte Zuckschwerdt in einem Vortrag auf dem DEG 1925 über die Beziehung

30 Siehe: ELTERNBÜNDE: Werden und Wachsen, Aufgaben und Einrichtung/ hrsg. vom Evangelischen Preßverband für Deutschland (Schulpolitisches ABC; 8). Berlin 1931, 17f (ohne Verfasserangabe). Das Exemplar im Nachlass Zuckschwerdts enthält auf der Titelseite die Widmung »Meiner lieben Mutter! D. Vf.« (AKPS, Rep. N 8, Nr. 7). Zur Sache vgl. auch Martin H. JUNG: Der Protestantismus in Deutschland von 1870 bis 1945 (Kirchengeschichte in Einzeldarstellungen; III/5). Leipzig 2002, 119f.

31 Dies gilt u. a. auch für: DIE WELTLICHE SCHULE (Schulpolitisches ABC; 4). Berlin 1928.

32 Oskar ZUCKSCHWERDT: Auf die Schanzen! Magdeburger Kirchenblatt 4 (1927) Nr. 9, 1f.

von Religionsunterricht und Kirchengemeinde. Schon die dem Vortrag vorangestellten Leitsätze lassen Nähe und Ferne des damaligen Nachdenkens zu uns heute erkennen:

»1. Auf allgemein-geistigem Gebiet wie im kirchlichen Leben und in der pädagogischen Arbeit ringt in der Gegenwart ein vertiefter Gemeinschaftsgedanke um Geltung. Gleichzeitig vollzieht sich eine Wendung vom intellektualistischen Individualismus zu einer den Willen fordernden Wertphilosophie.

2. Diese Wendung bedeutet den Beginn einer Überwindung der bisherigen Fremdheit zwischen dem Religionsunterricht der Staatsschule und der inneren Aufbauarbeit der Kirchengemeinde. […]

3. Ein Religionsunterricht im Sinne evangelischer Pädagogik dient dem inneren Aufbau der Kirchengemeinde:

er erzieht zum Verständnis des Wertes religiöser Gemeinschaft;

er arbeitet mit an der Weckung kirchlichen Selbstbewusstseins;

er erleichtert den Gewissensdruck der kirchlichen Überlieferung durch die Anbahnung freier Aussprache im gegenseitigen Vertrauen;

er erzieht zu kirchlichem Pflichtgefühl.

4. Eine Gemeinde, die dem Idealbild evangelischen Gemeindelebens nachstrebt, bietet dem Religionsunterricht und dem Religionslehrer inneren Rückhalt:

sie stärkt seine Gewissheit und hilft durch religiöse Energie die Spannung überwinden, in die ihn sein Fach und die Aufgabe der religiösen Erziehung mit der Kulturerziehung der Schule hineinführt;

sie bietet dem Zögling eine Stätte lebensvoller Gemeinschaft, auf der ihm der radikale Jugendwille vertieft wird zum Ringen um Gott und er ihn verbinden lernt mit der dankbaren Pietät gegen das Erbe der Väter;

sie behütet durch lebensvolle Darbietung des Evangeliums den Religionsunterricht vor rationalistischer Verkürzung der entscheidenden Grundwahrheiten;

sie bietet dem um Gestaltung des religiösen Erlebnisses ringenden Lehrer und Zögling, die im Leben der Gemeinde bewährte Form.«[33]

Was die »Zöglinge« in der Gemeinde erleben konnten, war zum Beispiel der Kindergottesdienst. Zuckschwerdt hat sich sehr um diesen bemüht, sowohl in der Ulrichsgemeinde, wie auch übergemeindlich. Im Rahmen des Reichselternbundes hatte er offenbar eine besondere Beauftragung für Kindergottesdienstarbeit. 1924 hielt er auf der Norddeutschen Konferenz für Kindergottesdienst zu Braunschweig einen Vortrag über »Das Alltagsleben des Kindes«. Auf einem Lehrgang des provinzialsächsischen Verbandes für Kindergottesdienst referierte er 1927 in Oschersleben/Bode über »Moderne Kinderseelenkunde und Kindergottesdienst«. Beide Vorträge wurden später publiziert.[34]

---

33 Oskar ZUCKSCHWERDT: Der Religionsunterricht der Schule und seine Bedeutung für den Aufbau der Gemeinde. In: Verhandlungen des zehnten Evangelischen Gemeindetages in Offenbach vom 19.-22. April 1925. (Flugschriften des Deutschen Evangelischen Gemeindetages; 26), hier 11 f.

34 Oskar ZUCKSCHWERDT: Das Alltagsleben des Kindes (Bausteine zur Arbeit im Kindergottesdienst. Sonderhefte der Monatsschrift »Der Kindergottesdienst«; 6). Gütersloh 1926. Und in derselben Reihe: Oskar ZUCKSCHWERDT: Moderne Kinderseelenkunde und Kindergot-

Auch in der Jugendarbeit engagierte sich Zuckschwerdt, sowohl in der Gemeinde und als auch im Kirchenkreis. So warb er im Magdeburger Kirchenblatt sogar für das »Jugendzelt« des Verbandes für entschiedenes Christentum, also eine Zeltmission, die 1927 in Magdeburg aufgebaut wurde.[35] Außerdem war er selbst mit den Evangelischen Jugendvereinen volksmissionarisch unterwegs, z. B. mit einer christlichen Bücherbude auf dem Magdeburger Weihnachtsmarkt.[36]

III Gemeindebewegung und Bekennende Kirche

Eberhard Winkler urteilte über die Gemeindebewegung:

> »Der Kerngedanke, die Kirchenreform als Gemeindeerneuerung zu beginnen und dabei dem allgemeinen Priestertum Raum zu geben, wurde ab 1933 besonders von der Bekennenden Kirche aufgenommen und zieht sich bis heute durch die Programme des Gemeindeaufbaus.«[37]

Bei Zuckschwerdt bestätigt sich dieses Urteil durchaus. So beschrieb er die Lage 1934 beim Abschied für Superintendent Danneil mit dessen eigenen Worten: »Die Sache des Gemeindetages war noch nie so aktuell wie heute.«[38] Was er damit meinte, ist in dem Text »Alles um die Gemeinde!« von 1935 nachzulesen:

> »Man kann auf protestantischem Boden keine Kirche bauen, indem man die Gemeinde entrechtet. Und man mag uns nennen, wie man will, es bleibt doch wahr: Was wären wir Pfarrer ohne unsere Gemeinde! Kein Amtsbegriff, und sei er noch so hochgeschraubt, kein Führerprinzip, aus anderem Raum geborgt, kann das ersetzen, was ›der Anfang von Gemeinde‹, den wir haben, uns schenkt.«

Und Zuckschwerdt fügte hinzu: »Ich hab's wahrlich in diesem Sommer erlebt und kann aus Erfahrung sprechen.«[39]

In diesem letzten Satz spielte Zuckschwerdt auf die öffentlichen Anfeindungen an, denen er 1935/36 ausgesetzt war, weil er den Juden Alfred Hirschland getauft hatte. Weder das Konsistorium noch Bischof Peter noch die Magdeburger Pfarrerschaft rührten zunächst einen Finger für Zuckschwerdt, nur die Bekennende Kirche[40] und der Gemeindekirchenrat seiner Ulrichsgemeinde stellten sich eindeutig und klar hinter ihn.

---

tesdienst (Bausteine zur Arbeit im Kindergottesdienst. Sonderhefte der Monatsschrift »Der Kindergottesdienst«; 12). Gütersloh 1928.

35 Oskar ZUCKSCHWERDT: Das Jugendzelt. Magdeburger Kirchenblatt 4 (1927) Nr. 4.

36 Oskar ZUCKSCHWERDT: Die Bücherbude. Magdeburger Kirchenblatt 2 (1925) Nr. 3.

37 Winkler: Deutscher Evangelischer Gemeindetag ... (wie Anm. 18), 630.

38 Oskar ZUCKSCHWERDT: Ein Wort zum Abschied. Magdeburger Kirchenblatt 11 (1934), Nr. 11, 5.

39 Zuckschwerdt: Alles um die Gemeinde (wie Anm. 13), 2.

40 Siehe: EVANGELIUM UND TAUFE!: Bericht zu den Angriffen gegen Pfarrer Zuckschwerdt-Magdeburg. Beilage in: Bekennende Kirche Sachsen-Anhalt. Gemeindebrief Nr. 6 vom 5. September 1935, AKPS, Rep. O 3 (Sammlung Bekennende Kirche), Nr. 243: Verschiedenes (1934-1936).

Seitens des Gemeindekirchenrats wäre das wenige Monate zuvor allerdings wohl auch kaum so geschehen, denn da hatte es auch in der Gemeindevertretung St. Ulrich heftige Auseinandersetzungen zwischen den an Bibel und Bekenntnis orientierten Mitgliedern und den Deutschen Christen gegeben. Die Fraktion der Deutschen Christen hatte Zuckschwerdt im Dezember 1934 sogar zum Rücktritt aufgefordert.[41] Sie konnte sich aber nicht durchsetzen und trat deshalb ihrerseits im März 1935 geschlossen aus dem Gemeindekirchenrat und der Gemeindevertretung aus. Zuckschwerdt hatte nun eine bekenntnisgebundene Mehrheit hinter sich. Sie bot ihm Rückhalt auch bei den Kampagnen des »Stürmer« 1935[42] und des NS-Kampfblattes »Nordland« 1936[43] im Rahmen der Hirschland-Affäre und dann, als er 1937 im Zuge des Vorgehens gegen die Bekennende Kirche wegen der Kollekten und wegen der Abkündigung von Fürbittinformationen zweimal verhaftet wurde.[44]

Während des Kirchenkampfes 1934 war Zuckschwerdt Einberufer einer Gruppe Magdeburger Pfarrer, die im November 1934 Reichsbischof Müller zum Rücktritt aufforderte und dazu eine Erklärung mit ausführlicher Denkschrift herausgab: »Wie kommt die Kirche zum Frieden?«[45] Aus ihr geht deutlich hervor, worum es ihm und natürlich der Bekennenden Kirche im ganzen ging: dass die Kirche Gemeinde unter dem Wort sein und bleiben kann.

Dieses Anliegen vertrat sehr klar auch eine Kundgebung des Gemeindetages zu den vorgesehenen Kirchenwahlen 1937, die Zuckschwerdt als Mitglied des Hauptvorstandes mit unterzeichnet hatte:

> »Das Evangelium von Jesus Christus ist die unaufgebbare Grundlage alles evangelischen Gemeindelebens.
>
> Die evangelische Kirche kann nur bestehen, wenn sie die uneingeschränkte Freiheit hat, dieses Evangelium zu verkündigen.
>
> Die evangelischen Kirchengemeinden müssen in ihrer Arbeit des Glaubens, der Liebe und der Zucht ungehemmt sein.

41 Das Original der Rücktrittsforderung in AKPS, Rep. N 8, Nr. 1.

42 AKPS, Rep. O 3, Nr. 286. Zu der Kampagne des »Stürmer«: Eberhard RÖHM; Jörg THIERFELDER: Juden, Christen, Deutsche 1933-1945. Bd. 2: 1935-1938, Teil 2. Stuttgart 1992, 45-49.

43 Das in Magdeburg erscheindende Organ »Nordland« hatte gemutmaßt, dass Zuckschwerdt selber Jude sei, und hatte heftig gegen Kirche, Bibel und Taufe polemisiert. Das rief schließlich auch die Magdeburger Pfarrerschaft und das Konsistorium auf den Plan. Ein Wort »An unsere Gemeinden!« wurde von fast allen, auch den DC-Pfarrern unterschrieben. Darin heißt es u. a.: »Wir verwahren uns gegen die Schmähung des Alten Testaments, das in unlöslichem Zusammenhang mit dem Neuen Testament der gesamten christlichen Kirche Urkunde der Offenbarung Gottes in Christus ist und bleiben wird.« Und der Taufbefehl (Mt 28) gelte allen Völkern. AKPS, Rep. A, Spec. G, Nr. A 800: St. Ulrich und Levin Magdeburg (1935-1937).

44 Bericht über die Verhaftung Zuckschwerdts im Gemeindekirchenrat von St. Ulrich am 13. November 1937: AKPS, Rep. J 6, Nr. 418: Protokollbuch der Ulrichsgemeinde (1921-1944).

45 AKPS, Rep. H 44, Nr. 331: Formen der Liturgie in den Gemeinden (1933-1945).

Auch bei einer Neuordnung der Kirchenverfassung müssen diese Grundsätze unbedingt und rückhaltlos durchgeführt werden.«[46]

IV Gemeinde unter dem Wort: Zuckschwerdt als Prediger

Von Zuckschwerdt sind viele Predigten erhalten, einige gedruckt, einige hektographiert, viele im Schreibmaschinenskript, viele auch nur handschriftlich. Es sind in aller Regel theologisch anspruchsvolle Predigten, Lehrpredigten bisweilen, aber je nach Anlass auch einfach und zupackend, die ganz bibelbezogen, die Auslegung des Wortes in den Mittelpunkt stellen. Luther wird gern zitiert. Die Auseinandersetzung mit den geistigen Strömungen der Zeit ist immer wieder präsent. Der Weg der Kirche aber auch der Weg des Volkes werden immer wieder erkennbar angesprochen. Da liest man manches noch heute mit großer Sympathie, manches ist einem gerade wegen des Zeitbezuges eher fern, und manches kann man nur mit kopfschüttelndem Erstaunen zur Kenntnis nehmen. Und das folgte nicht etwa in größerem zeitlichen Abstand, sondern dicht aufeinander.

So zum Beispiel im Jahr 1936. Am 2. Februar predigte Zuckschwerdt über die Sturmstillung nach Matthäus und legt diesen Text ganz auf die aktuelle Situation der Kirche hin aus.

> »Wo der Herr mit den Seinen zusammen fährt, da wird immer Gefahr und Not hereinbrechen. […] Wo das Evangelium wirklich ist, da fängt die Welt an zu toben, da bricht der Unverstand, die Bosheit, die Niedertracht hervor und versucht, das schwache Schifflein – Kirche genannt – zum Untergang zu bringen. Und je mehr die Kirche wirklich Kirche ist, je mehr in ihr das Evangelium, d. h. der Herr mit seinem heiligen Wort regiert, desto mehr lehnt sich die Welt in ihrem Grimm dagegen auf.« »Gegen eine Kirche, die nur ein Stück der Welt ist, die nur ein Institut zur persönlichen Pflege des Christenlebens, nur eine Einrichtung für Kultur und Bildung wäre, nur eine Filiale des Staates, wie sollte gegen eine solche Kirche sich je ein Sturm erheben können?! Und das war ja die Kirche in den vergangenen Jahrzehnten. Deshalb war es so friedlich in und um die Kirche, und deshalb ist jetzt Sturm und wird noch mehr Sturm werden, weil die Kirche anfängt Kirche, echte Kirche zu werden.«

Nur fünf Wochen später hielt Zuckschwerdt zum »Heldengedenktag« eine vaterländische Predigt über Jesaja 28 »Wer glaubt, der flieht nicht.« Sie klingt in Teilen martialisch, mit Reverenz vor dem Führer, in der neben vielem Seelsorgerlichen eben auch die ganze Soldatentod-Opfer-Theologie zum Tragen kommt. Und dabei hatte doch 1928 Günter Dehn gerade in der Ulrichskirche einen Vortrag zum Thema »Kirche und Völkerversöhnung« gehalten, in dem er kritisch hinterfragt hatte, ob man Johannes 15,13 – »Niemand hat größere Liebe als die, dass er sein Leben lässt für seine Freunde« – auch auf den Soldatentod anwenden dürfe.[47] Ausgerechnet diese Predigt

46 Magdeburger Kirchenblatt 14 (1937) Nr. 11, 8.

47 Der Vortrag löste eine heftige öffentliche Kontroverse aus. Ob und wie sich Zuckschwerdt, der politisch der Deutschen Volkspartei nahestand, daran beteiligte, ist nicht bekannt.

Zuckschwerdts zum Heldengedenktag wird dann »auf Wunsch in Druck gegeben«.[48] Überhaupt ist in den Jahren bis 1936 durchaus eine Zustimmung zu vielem, was Hitler angestoßen hatte und was im Volk in Bewegung gekommen war, zu spüren.

Zu Pfingsten 1936 (31. Mai) sprach er dann wieder mit einer ganz anderen Offenheit: »Gott hat uns nicht gegeben den Geist der Furcht, sondern der Kraft, der Liebe und der Zucht« (2. Timotheus 1,7) ist der Text.

> »Ihr müsst nicht glauben, dass mir dieser Geist der Furcht etwa fremd wäre. […] O nein, ich kenne ihn sehr gut. Ich stehe seit etwa einem Jahre jedesmal, wenn ich auf die Kanzel steige, unter einem solchen Druck. Ich weiß, [….] dass unter der Schar der Getreuen […] immer auch der eine oder der andere sitzt, der hierher gekommen ist mit dem Plan, wie es im Evangelium einmal heißt, ›wie sie ihn fingen in seiner Rede‹. Ihr fühlt mit mir, wie einem Menschen, dem Offenheit und Klarheit Lebensnotwendigkeiten sind, das Wissen um solches Hören ein Druck ist. Aber wenn ich dann hier oben stand, dann ging es mir durchs Herz«, […] »(ich darf dem Volk Gottes in dieser Stadt) Gottes Wort verkündigen, ich darf es sogar verkündigen denen, die hierher gekommen sind um Menschenwort zu hören und weiterzumelden; so habe ich auf dieser Kanzel gestanden und so stehe ich heute hier, frei von allen Menschen und Mächten dieser Welt, allein gebunden an Gottes Gebot und Auftrag. So bekenne ich freudig, dass diese Kanzel mir eine wahre Freistatt des Herzens geworden ist und dass mir aus diesem meinem Dienst am Wort alle Kraft geworden ist, die ich brauchte in diesem letzten schweren Jahr.«[49]

Im August 1936 verlas Zuckschwerdt im Abendgottesdienst die Kanzelabkündigung der Bekennenden Kirche, die die Protesterklärung aufnimmt, mit der sich die Kirche im Juli 1936 an Hitler gewandt hatte gegen die »Wucht und Planmäßigkeit ohnegleichen«, mit der »das Evangelium heute bei uns bekämpft« wird. Anschließend predigte er über Hebräer 12: »Lasst uns laufen mit Geduld in dem Kampf, der uns verordnet ist.«[50]

Ein Jahrzehnt später verfasste Zuckschwerdt 1947 eine Handreichung zum Sonntag Reminiscere, dem Gedenktag für die Gefallenen, wie es nun hieß, und meinte darin wohl auch sich selbst, wenn er schrieb:

> »Es ist gut, dass uns Gott all die Gedanken zerschlagen hat, mit denen wir sonst dieses quälende Rätsel zu deuten suchten. Weder die leichtherzige Heroisierung […] noch der Gedanke des Opfers für das Vaterland helfen uns vorwärts. Gott ist wirklich der deus absconditus, von dem Luther in seinem Buch ›De servo arbitrio‹ so ernst geredet hat. [….] Ja, die politische Erfolglosigkeit dieses Todesopfers demonstriert deutlicher als alles andere, wie hilflos menschliches Denken wird, wenn es mit verweltlich(t)en Begriffen dem Rätsel des verborgenen Gottes naht.«[51]

---

48 Oskar ZUCKSCHWERDT: Wer glaubt, der flieht nicht: Gottesdienst am Heldengedenktag in der Kirche St. Ulrich und Levin zu Magdeburg, 8. März 1936. Magdeburg 1936, in: AKPS, Rep. N 8, Nr. 3: Predigten und geistliche Ansprachen (1915-1950).

49 Masch. (AKPS, Rep. N 8, Nr. 3).

50 Ebd.

51 Reminiscere. Hektographierte Umdruckverfügung des Ev. Konsistoriums vom 15. Januar 1947. In: AKPS, Rep. N 8, Nr. 8: Aufsätze und Dokumente (1931-1963).

V Gemeinde bauen, Volkskirche bewahren – die Arbeit als Propst

In einem persönlichen Bericht über die konstituierende Tagung der Vorläufigen Kirchenleitung der Kirchenprovinz Sachsen am 10./11. Januar 1946, bei der Zuckschwerdt zum Propst berufen wurde,[52] schrieb er: »Es ist mir ja auch eigentlich fast verwunderlich, dass ich alter Gemeindetagsmann so auf die episkopale Linie gedrängt bin und ich sehe meine besondere Aufgabe darin, dass die verantwortlichen Träger des Amtes hin und her im Lande die regsamen Kräfte innerhalb der Gemeinden an die Arbeit rufen, so zum Beispiel in Sachen des Religionsunterrichtes, der ja Sache der Kirche geworden ist.«[53] Dem Pfarrer Walter Lemke gab er bei dessen Einführung zum Superintendenten in Wanzleben (Juni 1946) zum Schluss das Lebensmotto von Schwiegervater Stock mit auf den Weg: »Arbeiten und nicht müde werden!« Und er fügte hinzu: »Gott schenke dir die Kraft des Zeugnisses, […] dass auch in den Gemeinden dieses Kirchenkreises wachse, wonach unser Volk im Innersten verlangt: Gemeinschaft aus Glauben.«[54]

Pfarrer Oskar Zuckschwerdt vor der Magdeburger Ulrichskirche, die am 16. Januar 1945 schwer beschädigt und schließlich 1956 gesprengt wurde (AKPS, Rep. N 8, Nr. 1, 30. Juli 1944)

Arbeiten und nicht müde werden – das galt auch für Zuckschwerdt selbst. Wie oft er Gemeinden und Pfarrer besuchte, an Konventen, Kreissynoden und Kreiskirchentagen teilnahm in seinen außer Magdeburg noch zwölf weiteren Kirchenkreisen, ist bei den damaligen Verkehrsverhältnissen bewundernswert. Er leitete regelmäßig Akademietagungen, verfasste Thesenpapiere für die Kirchenleitung und den Propstkonvent und hielt in der Kirchenleitung etwa vierteljährlich Kurzvorträge zu aktuellen Themen aus Theologie und Kirche, Politik und Kultur.[55] Als er am 1. August 1958 nach Vollendung des 75. Lebensjahres endlich in den Ruhestand

52 AKPS, Rep. A, Generalia, Nr. 2927: Vorläufige Geistliche Leitung der Kirchenprovinz Sachsen (1945).

53 Konstituierende Tagung der Kirchenleitung der Kirchenprovinz Sachsen in Magdeburg am 10. und 11. Januar 1946 (AKPS, Rep. N 8, Nr. 8, masch., undatiert). Es handelt sich offenbar um einen Bericht für Familie und Freunde.

54 AKPS, Rep. N 8, Nr. 3, masch.

55 Gesammelt in: AKPS, Rep. N 8, Nr. 6: Kurzberichte für die Kirchenleitung (1949-1958).

gehen wollte, bat er noch einmal um zweimonatigen Aufschub, weil er im Juli noch einmal den Bischof vertreten musste, wie schon so oft vorher, und keine Zeit zur ordnungsgemäßen Übergabe der Geschäfte hatte.[56]

Propst Oskar Zuckschwerdt bei der Verlesung des Kirchenleitungsberichtes auf der Provinzialsynode in Quedlinburg im Mai 1951 (AKPS, Rep. N 8, Nr. 1, Foto: Kittel/Quedlinburg)

1953 legte Zuckschwerdt in der Ephorenkonferenz im Auftrag der Kirchenleitung ein Thesenpapier vor, das den Titel trug: »Alle Kraft gehört der Gemeinde.« In den Literaturhinweisen werden zuerst die »Schriften des Deutschen Evangelischen Gemeindetages« genannt.[57] Ausgangspunkt ist die Frage nach dem Verhältnis von Kirche und Gemeinde und speziell die Rolle der gesamtkirchlichen Werke und Einrichtungen. Es handelt sich um ein ziemlich radikales Papier, denn es beurteilt die Arbeit der Werke konsequent danach, welche Rolle sie für das Leben und die Arbeit der Gemeinden spielen. »Was nicht der Gemeinde dient, das hat keinen Wert« lautet ein vorbereitendes Thesenpapier Zuckschwerdts von 1952.[58]

56 Was ihn und andere seiner Generation in diesen Jahren auch motiviert hat, kommt am Anfang des Berichts über die Kirchenleitung 1946 zum Ausdruck: »So kann ich nur dem Dank Ausdruck geben, dass mir dieses geschenkt worden ist in der unerhört neuen Situation, dass man nach schweren Jahren des Druckes, des Misstrauens auf einmal steil in die Höhe hinauf geführt wird zu einer Erfüllung in meinem Beruf, die will's Gott ganz in der Linie meiner bisherigen Arbeit liegt und noch eine neue Aufgabe stellt wie ich sie überhaupt nicht im Träume erwartet habe.« (AKPS, Rep. N 8, Nr. 8).

57 »Alle Kraft gehört der Gemeinde. Notwendige Erkenntnisse und Folgerungen«, hektographiert, AKPS, Rep. H 44, Nr. 391: Pfarrkonvent (1945–1955), 4.

58 AKPS, Rep. N 8, Nr. 8, masch.

Der Gottesdienst sollte natürlich die Mitte der Gemeindearbeit bilden. Neben den Konventen waren dafür Predigtarbeitskreise angedacht. Direkt neben dem Gottesdienst stand für den Pfarrer die Einzelseelsorge im Gemeindebesuch auf dem Plan. Und schließlich »müssen die Schichten und Stände innerhalb der Gemeinde in regelmäßigen, um die Bibelarbeit sich ordnenden Zusammenkünften in das Leben der Kirche und Gemeinde eingegliedert werden.« Hier kommen dann auch die Werke und Einrichtungen zum Zuge. Aber »alles sollte ganz gemeindemäßig und zugleich gesamtkirchlich ausgerichtet sein.« Natürlich könne »diese Arbeit ohne Mitarbeit der Laienkräfte nicht gründlich geleistet werden.« Dabei gehe es auch darum, dass »die zentrale Aufgabe des Pfarrers, seine Zurüstung für den Gottesdienst und die Einzelseelsorge nicht Schaden leidet.«[59] In den Kreisen solle der Pfarrer »nur insoweit mitarbeiten, dass ihre Glieder zur Mitverantwortung für die Gesamtgemeinde gewonnen werden.« Aufgabe des Pfarrers in diesem Feld war vor allem die Gewinnung und Heranbildung von Mitarbeitern. Alles andere würde »zu einer Überforderung des Pfarrers (führen), die auf Dauer einen Raubbau an seiner Kraft darstellt.« Zu Tagungen der Werke und Einrichtungen sollten die Pfarrer nur fahren, »wenn die Teilnahme Frucht für die Gemeindearbeit verspricht. Das bloße Interesse genügt nicht.«[60]

Hier ist bereits sehr viel von dem enthalten, was die Suche nach tragfähigen Konzeptionen für die Gemeindearbeit in den folgenden Jahren und Jahrzehnten bestimmen sollte. Freilich mit einer Einschränkung: Ziel war die Bewahrung der Volkskirche und die Bildung lebendiger Gemeinden als deren Kern. Hoffnung machte dabei, dass um 1950 etwa 70 % der Kinder durch die Christenlehre erreicht werden. Auch im Kampf um die Magdeburger Innenstadtkirchen bis zur Sprengung der Ruine der Ulrichskirche 1956 konnte Zuckschwerdt mit den damals noch vorhandenen großen Gemeindegliederzahlen argumentieren.[61] Die Minorisierung und die »Kirche in der Diaspora« war noch nicht in Sicht. Die Vorgänge um die Sprengung der Ulrichskirche und die Anfänge der Kampagnen für die Jugendweihe zeigten freilich Tendenzen auf, die zu neuen Rahmenbedingungen für jede Gemeindeaufbaukonzeption führen mussten.[62] Die ganze Schärfe dieses Problems hat Zuckschwerdt aber in seiner Amtszeit nicht mehr erfahren, sondern höchstens aus der Ferne im Ruhestand in Göttingen wahrgenommen.

---

59 AKPS Rep. H 44, Nr. 391, 3.

60 Ebd, 4.

61 »Die vereinigte Altstadtgemeinde: die Frage ihrer gottesdienstlichen Versorgung«, masch., Oktober 1955 in: AKPS, Rep. F 10, Nr. 62: Bauplanung der Innenstadt Magdeburg (1952-1957); vgl. Rep. A, Spec. A, Nr. 795: Bauten von St. Ulrich und Levin Magdeburg (1934-1956).

62 Frau Zuckschwerdt hatte wohl eine Ahnung davon, als sie 1956 im Zusammenhang mit der Sprengung der Ulrichskirche an ihre Kinder schrieb: »Die Tendenzen sind klar, und werden es immer mehr in der Jugendweihefrage.« Handschriftlich, 6. April 1956, AKPS, Rep. N 8, Nr. 2: Schicksal der Kirche St. Ulrich und ihrer Pfarrhäuser (1929-1959).

Zum Schluss noch einmal zurück ins Jahr 1946. 1946 war Lutherjahr. In einer »Predigt- und Vortragshilfe für (das) Gedenken an Luthers Tod vor 400 Jahren« lud Zuckschwerdt dazu ein, »Luthers ›Theologie des Kreuzes‹ in der Stunde letzter und höchster Bewährung« zum Inhalt des Gedenkens zu machen.[63] In seinem eigenen Vortrag zum Luthergedenken hieß es dann:

> »Wir sind Gerettete. Während andere dahin sanken, [….] draußen im Toben der Schlachten und daheim im Feuersturm der Bombennächte, sind wir gerettet aus unbegreiflicher Gnade ohn all unser Verdienst und Würdigkeit. […] Wir sind […] gerettet, um in der Frist des Lebens, die uns noch gegeben ist, das eine zu lernen, auf das alles ankommt: dass wir mutiger bekennen, treuer beten, fröhlicher glauben und brennender lieben lernen als bisher.«[64]

Luthers Theologie und das Stuttgarter Schuldbekenntnis von 1944 – das ist zeitbezogene, lebendige Theologie im Dienste der Gemeinde. Wir sind hier ganz nah bei dem, was Oskar Zuckschwerdt in den letzten Jahrzehnten seines Lebens und Dienstes getragen, bewegt und angetrieben hat.

Propst Oskar Zuckschwerdt predigt in der Magdeburger Schifferkirche – ein Boot auf der Elbe (AKPS, Rep. N 8, Nr. 1, Foto: H. Dieck, Magdeburg)

63 Hektographiertes Rundschreiben des Ev. Konsistoriums, 24. Januar 1946 in: AKPS, Rep. N 8, Nr. 8.

64 Ebd, 17. Februar 1946, masch.

Alfred Otto Meyer (1886 Taubenpreskeln – 1965 Seelitz)

Ein sächsischer Superintendent in drei politischen Systemen[1]

Von Markus Hein

In der Kirchenzeitung »Der Sonntag« erschien zum Sonntag Judika 1955 erschien ein kleiner Artikel, überschrieben mit »30 Jahre Superintendent«. Darin wird des drei Jahrzehnte zurückliegenden Amtsjubiläums des Rochlitzer Superintendenten Alfred Otto Meyer gedacht. Am Sonntag Jubilate 1925 war er hier in seine dritte Gemeindepfarrstelle und damit auch in das Rochlitzer Superintendentenamt eingewiesen worden und hatte seitdem fast ohne Unterbrechung in diesem gewirkt – auf die Unterbrechung wird weiter unten zurückzukommen sein.

Auffällig ist, dass seiner eher mit dürren, allgemein gehaltenen Worten gedacht wurde und sich auch keine Erwähnung einer Feier oder gar einer Jubelschrift finden lässt. Fünf Jahre zuvor, zum 25-jährigen Jubiläum war dies nicht anderes gewesen, was sicher auch den Nachkriegsjahren geschuldet gewesen war. Sein Kirchenbezirk hatte ihm aber damals ein würdiges Jubiläum gestaltet und einen dicken Fotoband mit den einzelnen Gemeinden und den Pfarrern seiner Ephorie überreicht, der mit viel Liebe und Mühe gestaltet war.[2] Nun, 1955, hieß es lediglich:

> »Bei der Feier des 25jährigen Ephorenjubiläums hat er große Dankbarkeit seines Kirchenbezirks erfahren; heute [zum 30jährigen; MH] wünschen seine Freunde ihm alle Gottes Segen, daß er noch ferner in Gesundheit sein Amt führen könne.«[3]

Meyer, damals 70 Jahre alt, sollte noch einmal fast fünf Jahre amtieren, ehe er am 1. März 1960 in den Ruhestand verabschiedet wurde. Für diesen Zeitpunkt nun lässt sich an keiner öffentlichen Stelle – weder im Amtsblatt noch im »Sonntag« o. ä. – mehr eine Würdigung oder ein Hinweis auf ihn finden, ebensowenig wie zu seinem Heimgang am 9. Oktober 1965. Die Zeit scheint über ihn hinweggegangen zu sein.

35 Jahre Superintendent, in drei politischen Systemen, da müsste doch eine Persönlichkeit dahinterstecken, über der es sich lohnt, den Schleier der Vergessenheit zu lüften, zumal er Zeuge von Umbrüchen war, die uns bis heute beschäftigen! Nimmt man den Beginn seiner Pfarrtätigkeit hinzu, so sind es sogar vier politische Systeme, in denen er als Geistlicher Verantwortung für Gemeinde und Kirche hatte und – soviel lässt sich auf jeden Fall sagen, auch wahrgenommen hat:

- im Deutschen Kaiserreich, respektive Königreich Sachsen,
- in der Weimarer Republik

---

1 Überarbeiteter Vortrag, gehalten auf der Tagung der Arbeitsgemeinschaft für sächsische Kirchengeschichte 2012 in Rochlitz.

2 SA Rochlitz, Bildband Ephorie Rochlitz.

3 Der Sonntag (1955) Nr. 18 vom Sonntag Judika, dem 27. März.

- im sog. »Dritten Reich«
- und in der Deutschen Demokratischen Republik.

Vor Jahren hat sich der Verfasser schon einmal kurz mit Meyer beschäftigt, als es um die Aufarbeitung der nationalsozialistischen Vergangenheit der einzelnen Superintendenturen, ihren Zustand und ihre personale Besetzung 1945 sowie die Verstrickung der Superintendenten im »Dritten Reich« ging. Im Gegensatz zu anderen Superintendenten sind dabei zu Meyer nur wenige Zeilen zu lesen und deren Tenor ist: solider Arbeiter, keine Skandale, aufrecht im »Dritten Reich«, ansonsten wird er mit erwähnt, aber meist nicht extra verhandelt.[4]

Ist es tatsächlich sinnvoll, Meyer in den Mittelpunkt eines Beitrages zu rücken, oder wird hier Bedeutung gesucht, wo keine ist? Ist die Länge seines Wirkens schon das herausragende Merkmal desselben? Tatsächlich war es nicht ganz einfach, zu Meyer und seinem Wirken Unterlagen zu finden. Seine 35 Jahre als Ephorus in Rochlitz haben sich nicht in dicken Ordnern oder Aktenstößen niedergeschlagen.

Allerdings wird an Meyer sichtbar, dass »normale« Menschen – hier in der mittleren Ebene der Kirche als Superintendent – zu Format gelangen, wenn die Zeit dafür reif ist. Dies war bei Meyer spätestens 1935 der Fall, als er – praktisch als ›U-Boot‹ und mit einer Stunde Bedenkzeit – zum Vorsitzenden des sächsischen Pfarrervereins gewählt wurde und damit diesen von einer ›deutsch-christlichen Schlagseite‹ befreite.[5] Darüber hinaus – und das ist vielleicht die größere Erkenntnis der Beschäftigung mit ihm, ist Meyer ein typischer Vertreter seiner Zeit, geprägt von seiner Jugend im Kaiserreich, in der die Kirche und ihre Amtsinhaber selbstverständlich zur Öffentlichkeit, zum Staate gehörten, und der erst in Schwierigkeiten geriet und aufstand, als der Staat und seine Vertreter diese Symbiose auch auf kleinster Flamme nicht mehr mittragen wollten – immer bereit, nicht den Helden abzugeben, sondern den Arbeiter an der Sache, im Weinberg des Herrn.

I Herkunft und erste Amtsjahre

Meyer stammte aus dem zu Sachsen-Altenburg gehörenden kleinen Dorf Taubenpreskeln, seit der Reformation Filiale von Liebschwitz – heute beide zu Gera gehörig.[6] Sein Vater Franz war wie sein Großvater Adolph Zigarrenfabrikant (Meyer und Sohn) und verstarb zeitig. In der Familie seiner Mutter Lina soll es einige Pfarrer gegeben haben.

---

4 Markus HEIN: Die sächsische Landeskirche Sachsens nach dem Ende des Zweiten Weltkrieges (1945-1948): Neubildung der Kirchenleitung und Selbstreinigung der Pfarrerschaft. Leipzig 2002, 241.

5 Vgl. dazu unten S. 227.

6 Vgl. zum Folgenden auch seinen unpaginiert angehängten handgeschriebenen Lebenslauf in Alfred Otto MEYER: Luthers Stellung zur Ehe 1519 bis zu seiner Verheiratung 1525. Leipzig, Univl., Diss., 1921, 217 Bl. (UB Leipzig: Phil. Ms. Meyer,Alfred,1921).

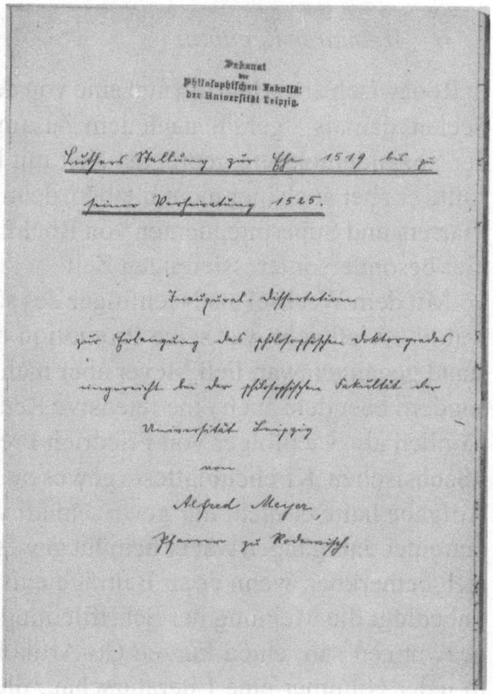
Dekanat der Philosophischen Fakultät der Universität Leipzig.

Luthers Stellung zur Ehe 1519 bis zu seiner Verheiratung 1525.

Inaugural-Dissertation
zur Erlangung des philosophischen Doktorgrades
eingereicht bei der philosophischen Fakultät der
Universität Leipzig
von
Alfred Meyer,
Pfarrer zu Rodewisch.

Meyer, geboren am 6. Januar 1886, besuchte zunächst die Volksschule in Liebschwitz und nach dem Realgymnasium noch das »richtige« Gymnasium in Gera. Nach seinem Dienst als Einjährigfreiwilliger im 16. Infanterieregiment in Leipzig bis Ostern 1906 blieb er gleich dort und begann sein Studium, zunächst der Theologie und Geschichte. Ab dem Wintersemester 1907 studierte er mit dem Wechsel nach Bonn nur noch Theologie. Im Sommersemester 1908 war er, gemeinsam mit seinem auch aus Sachsen stammenden fast gleichaltrigen Kommilitonen Alfred Römer[7] für ein Semester in Zürich eingeschrieben.[8] Nach dem Abschluss des Studiums im Frühjahr 1909 war er vom 1. April 1909 an für zwei Jahre Mitglied des Leipziger Predigerkollegs St. Pauli.

Nach bestandenem Kandidatenexamen im Juli 1909 in Leipzig und bestandener Wahlfähigkeitsprüfung im November 1911 erhielt er 1912 seine erste Pfarrstelle in dem kleinen Dörfchen Dobra in der Ephorie Großenhain. Hier lernte er in der Bauerngemeinde noch die »gute alte Zeit« der Pfarrer kennen, wie man später sagen wird. Unterbrochen von vier Jahren Gouvernementspfarrer in Brüssel von 1915 bis 1918 blieb er in Dobra bis 1920. Er nutzte die Zeit neben seinem Pfarramt für eine akademische Arbeit und reichte im Oktober 1920 an der Philosophischen Fakultät Leipzig seine Dissertation ein: eine 217 handschriftliche Blätter umfassende, aus den Quellen gearbeitete Auseinandersetzung über »Luthers Stellung zur Ehe 1519 bis zu seiner Verheiratung 1525«.[9] Ausführlich und gründlich arbeitete er das Thema ab. Diese Frucht seines Studiums und der Arbeitsmöglichkeiten seines Dorfpfarramtes sollte das einzige wissenschaftliche Werk von ihm bleiben – bis heute ungedruckt.

Eingereicht hatte er seine Arbeit allerdings schon von seiner neuen Stelle in Rodewisch im Vogtland. 1920 war er dort in die Pfarramtsleitung gewählt worden, und damit änderte sich seine Arbeit völlig.

7 Alfred Römer, geb. 1886, stammte aus Elsterberg im Vogtland.

8 Vgl. die Matrikeleinträge 18008 (https://www.matrikel.uzh.ch/active/static/14524.htm) und 18016 (https://www.matrikel.uzh.ch/active/static/17893.htm) der Universität Zürich; abger. 31.03.2019)

9 Meyer: Luthers Stellung … (wie Anm. 6) – Titelblatt siehe Abb. oben.

II Weimarer Republik

In Rodewisch erwartete ihn nun eine von der Industrie geprägte Gemeinde mit 9.500 Seelen, damals – gerade nach dem Zusammenbruch des Kaiserreichs – in der von der Sozialdemokratie geprägten Zeit mit besonderen Herausforderungen.[10] Lange sollte er aber auch hier nicht bleiben, denn seine Bewerbung auf das Amt des ersten Pfarrers und Superintendenten von Rochlitz war 1925 erfolgreich – der Beginn der hier besonders interessierenden Zeit.

Mit dem Wechsel als Nachfolger des sächsischen Lutherforschers Georg Buchwald[11] – vielleicht war seine Promotion dabei hilfreich –, der 1923 in den Ruhestand gegangen war, ließ Meyer aber nicht nur das ›gemeine‹ Pfarramt hinter sich, sondern beendete auch eine intensive Redaktionstätigkeit. Seit Januar 1923 war er nämlich als Nachfolger von Friedrich Prehn, Dresden-Klotzsche, Schriftleiter des »Sächsischen Kirchenblattes« gewesen. (siehe gegenüberliegende Seite) Diese Aufgabe hatte er nicht nur gewissenhaft wahrgenommen, sondern in den von ihm betreuten Jahrgängen war er bemüht gewesen, ausgleichend zu wirken. Dies machte sich bemerkbar, wenn er an Beiträge eine kurze Sequenz anschloss, dass sie nicht unbedingt die Meinung der Schriftleitung wiedergeben würden, oder wenn er sich gezwungen sah, einen kurzen Co-Artikel zu schreiben. Einhergehend damit war in jeder Nummer eine Literaturschau, die er zu großen Teilen selbst bestritt. Mit seinem Wechsel nach Rochlitz gab er auch die Schriftleitung ab. Die Bandbreite der von ihm behandelten Themen und Beiträge allerdings zeigt, dass er sich besonders für die Belange der Pfarrer und ihre Stellung interessierte und stark machte – ein Umstand, auf den Jahre später noch einmal zurückgegriffen werden sollte.

Der Pfarrerstand in diesen Jahren zu Beginn der Weimarer Republik war alles andere als ein gesicherter. Nicht wenige mussten nach der nun vollzogenen Trennung von Staat und Kirche Nebenerwerbe suchen, bis hin zu Industriearbeit, weil die bisher vom Staat kommende Bezahlung ausfiel und die Gemeinden und die Landeskirchen sich so schnell nicht umstellen konnten. Es sollte bis in die zweite Hälfte der 1920erJahre dauern, bis die finanziellen und Verwaltungsgrundlagen der sächsischen Landeskirche wieder einigermaßen gesichert waren.

Mit der sächsischen Kirchenverfassung vom 29. Mai 1922 kam ein Prozess für Sachsen zum Abschluss, der seinen endgültigen Schub mit der Abdankung des wettinischen Herrscherhauses 1918 erhalten hatte. Auch die sächsische Landeskir-

10 Siehe dazu unten S. 219 f.

11 Noch immer gibt es keine Biographie von Georg Apollo Buchwald (1859 Großenhain – 1947 Rochlitz), und wer sich für ihn interessiert, muss auf kurze Lexikoneinträge wie den von Franz Lau in NDB 2 (1955), 710 f, zurückgreifen. Buchwald – vor allem für seine Quellenarbeiten bekannt – war auch 60 Jahre lang Mitarbeiter an der Weimarer Lutherausgabe. Daneben gab er, zusammen mit anderen, selbst eine allgemeine Ausgabe der Schriften Luthers heraus: Luthers Werke für das christliche Haus. 8 Bde./ hrsg. von Georg Buchwald u. a. Braunschweig 1889-1892.

Sächsisches Kirchenblatt

Die Wahrheit in Liebe! Die Liebe in Wahrheit!

Nr. 1/2 – 74. Jahrgang 11. Januar 1924

Zum neuen Jahr 1924.

Das alte Jahr ist versunken. Voll Dank gegen Gott den Herrn schauen wir darauf zurück. Wohl war es an Mühe und Arbeit, an Sorgen und Überlegen, Fragen und Bedenken überreich — aber wir freuen uns, daß dennoch allen Anfeindungen zum Trotz unsre Kirche noch feststeht und ihre Arbeit an unserm Volke noch tun kann, wennschon diese Arbeit, vornehmlich in den Großstädten, durch die wirtschaftlichen Nöte der Kirchgemeinden oft sehr behindert war.

Wir wissen nicht, ob die Gesamtlage im neuen Jahre sich günstiger gestalten wird wie bisher; vorerst sind wir geneigt, darauf zu hoffen. Der Geist der Kirchenfeindschaft scheint etwas abzuebben, die Abmeldungen vom Religionsunterricht nehmen ab, der Kirchenbesuch, vielerorts auch die Teilnahme am heiligen Abendmahl hat sich gebessert. In der Schulfrage ist ja gesetzgeberisch eine Lösung bisher nicht erzielt worden; der Bildungsausschuß hat, um die sonstigen, das Leben des Reiches bedrohenden Schwierigkeiten nicht noch zu steigern, seine Arbeit einstweilen vertagt. Immerhin ist erkennbar, daß man in immer weiteren Kreisen die Bedeutung der Religion für die Erziehung des Volkes einsehen lernte. In Würzburg blieben die sächsischen Lehrer mit ihren radikalen Forderungen gegenüber der von Tews geführten gemäßigteren Richtung stark in der Minderheit. Bedeutsam sind auch die Erklärungen des preußischen Kultusministers Boelitz, der ganz klar und offen ausspricht: „Der Staat kann die religiösen Kräfte nicht entbehren; sie schaffen die höchsten Gefühle der Pflichten und Verantwortung, die stärksten Willensimpulse für sittliches Handeln, die sozial unentbehrlichen Motive für Gemeinschaft, ohne die der Staat nicht leben, die er aber von sich aus nicht schaffen kann. Er muß diese religiösen Kräfte sich frei auswirken lassen, wo immer sie sich zeigen." Wir hoffen gewiß, auch in Sachsen die Zeiten wiederkehren zu sehen, wo die regierenden Stellen der Selbständigkeit und Eigenart religiösen Lebens Rechnung zu tragen wissen werden.

Schwere Unruhe brachte der Kirche die Zwangspensionierung der beiden Konsistorialpräsidenten durch den Staat. Eine endgültige Lösung des Streitfalles steht ja noch aus. Wir freuen uns aber, daß das Kirchenregimentskollegium wie auch die Landessynode entschieden die Rechte der Kirche vertreten haben. Unser Blatt ist ja von Anfang an in der gleichen Richtung nach Kräften tätig gewesen. Wie auch die Reichsgerichtsentscheidung ausfallen mag — eins hat der Verlauf des Streitfalls auch dem blödesten Auge deutlich gemacht, daß eine größere Freiheit der Kirche in ihren eigenen Angelegenheiten dringend erstrebt werden muß.*)

*) Die Entscheidung ist, wie wir eben erfahren, zugunsten der [illegible] gefällt worden.

Inzwischen ist die Frage, wieweit der Staat zur Zwangspensionierung von kirchlichen Beamten berechtigt ist, erneut aufgerollt worden, insofern in der mit Jahreswende erschienenen Notverordnung über den Beamtenabbau in Sachsen vorgesehen ist, daß die Verordnung auch auf das Landeskonsistorium und die Superintendenten Anwendung finden solle. Nun ist ja offenkundig, daß, wenn auf allen Gebieten auf Abbau und Einschränkung gesonnen wird, man auch innerhalb der Kirche an solchen Erwägungen nicht wird vorübergehen können. Uns stehen statistische Unterlagen nicht zur Verfügung ... immerhin haben wir den Eindruck, daß, aufs Ganze unsrer Landeskirche gesehen, an Stellen von Geistlichen, Kirchenbeamten, Kirchenmusikern, Jugendpflegern, Friedhofsarbeitern u. a. seit 1914*) schon mehr als 25% abgebaut worden ist, wenn man in Betracht zieht, wieviel Stellen unbesetzt geblieben sind oder infolge von Nebenarbeit nur dürftig und mangelhaft bedient werden konnten. An gezahlten Gehältern sind jedenfalls viel mehr als 25% des zu zahlenden Solls im letzten Jahre ausgefallen. Mich dünkt, wir müßten der Losung des Abbaus die Losung entgegensetzen: Beseitigung aller Nebenarbeit, Herausziehung der kirchlichen Kräfte aus dem Erwerbsleben, angemessene Bezahlung aller Dienstuenden; soweit aber ein Abbau nötig werden sollte, diesen nicht schematisch vornehmen, sondern dabei auf die örtlichen Besonderheiten weitgehend Rücksicht nehmen!

Die Frage der Finanzierung des kirchlichen Wesens, die uns im letzten Jahre so übermäßig viel beschäftigte, wird uns ja auch im neuen Jahre noch viel zu schaffen machen. Im Ganzen wirkt sich die eingetretene Stabilisierung schon jetzt wohltätig aus; es fällt viel Arbeit aller kirchlichen Organe, vom Pfarrer und Kirchrechnungsführer bis hinauf zum Konsistorialpräsidenten, die oft nur für die nächste Woche, ja zuweilen nur für die nächsten Tage getan werden mußte, hinweg. Die Reichszuschüsse im Dezember 1923 bedeuteten eine wirkliche Hilfe, während sie vorher kaum die Verrechnungsspesen überwogen. Immerhin muß mit baldiger Verringerung und schließlich gänzlichem Wegfall dieser Zuschüsse gerechnet werden. Überhaupt aber wird es gut sein, auch im neuen Jahre der Selbsttätigkeit der Gemeinden bei der Bemessung der neuen Kirchensteuern hinreichenden Spielraum zu lassen. Solange wir noch Reichs- oder Staatszuschüsse brauchen, bleiben wir der weltlichen Gewalt gegenüber über Gebühr gebunden.

Das kommende Jahr wird wohl auch zu einiger Klärung der finanziellen Lage der Gemeinden führen. Heute weiß niemand, wieviel die ausgeliehenen Hypotheken, Kriegsan-

*) Dieses allein kann als Glücksjahr für die Kirche in Frage kommen. Wir haben die Aufblähung des Beamtenapparates, wie bei der Reichsverwaltung, nicht gehabt, haben vielmehr schon seit vielen Jahren abgebaut.

che war nun gezwungen, sich auf eigene, vom neuen, demokratischen Staat unabhängige Füße zu stellen. Ein Bischofsamt wurde neu gegründet, in dem die Stelle des Oberhofpredigers aufging. Erster Landesbischof Sachsens wurde der Leipziger Professor für Systematische Theologie, Geheimrat Ludwig Ihmels[12] als Nachfolger von Oberhofprediger Franz Dibelius.

Neben der Integration der geistlichen Leitung in das Landeskonsistorium musste auch eine völlig eigenständige Verwaltung aufgebaut werden. Bezirkskirchenämter wurden gebildet. Die sich lange hinziehenden Verhandlungen um die Staatsleistungen[13] und die Inflation brachten für so manche Pfarrstelle den finanziellen Zusammenbruch. Private Initiativen sprangen ein,[14] und nicht selten übten Pfarrer ihren Beruf nur noch als Zweitberuf aus und arbeiteten in Betrieben.

Die sozialdemokratisch dominierte sächsische Volkskammer nahm 1920 die neue sächsische Landesverfassung an und gerierte sich in ihr besonders kirchenfeindlich. Dies stellte die Landeskirche vor besondere Probleme: genannt sei hier nur das sog. Kirchenaustrittsgesetz von 1919,[15] das ab dem 14. Lebensjahr einen unbürokratischen kostenfreien Austritt aus der Kirche ermöglichte. Aufgrund der

12 Formal hatte Ihmels bis zum Inkrafttreten der neuen Kirchenverfassung 1926 die Oberhofpredigerstelle inne mit der neuen Bezeichnung »Landesbischof«; erst danach gab es in Sachsen die Stelle eines Landesbischofs.

13 Hintergrund dieser Situation war die finanzielle Unselbständigkeit der Gemeinden, die bisherige finanzielle Abhängigkeit vom Staat.

14 Arndt von Kirchbach z. B. berichtet in seinen Lebenserinnerungen, dass die Kirchgemeinde Roßwein das Gehalt für ihn als Vikar nicht aufbringen konnte und er statt dessen reihum zum Mittagessen eingeladen wurde. Arndt von KIRCHBACH: Pietate et armis: Erinnerungen aus dem Leben von Arndt von Kirchbach. MS 1987, Teil 3, S. 307 f.

15 Kirchenaustrittsgesetz (vom 4. August 1919) im Gesetz- und Verordnungsblatt, 1919, 205-206, in dem es unter § 2 heißt »Abs. 1. Der Austretende hat den Austritt vor dem Standesbeamten seines Wohnsitzes, oder, wenn er keinen Wohnsitz hat, vor dem Standesbeamten seines Aufenthaltsortes zu Protokoll zu erklären. Mit der Beurkundung dieser Erklärung gilt der Austritt als bewirkt. […] Abs. 3. Das Verfahren ist kosten- und gebührenfrei. …«

Dr. Meyer, Superintendent von Rochlitz.

Abb. aus: Amtskalender für evangelisch-lutherische Geistliche in Sachsen 1926, 103

D. Buchwald, Superintendent von Rochlitz.

Abb. aus: Amtskalender für evangelisch-lutherische Geistliche in Sachsen 1915, 93

Versäumnisse der Kirche in den letzten Jahrzehnten gerade im Hinblick auf die jüngere Generation hatte dies einen weiteren Mitgliederschwund zur Folge.[16] Darüber hinaus gab es aber eine ganze Reihe von Gesetzen auf den Gebieten der Volksbildung, des Kirchenwesens und der inneren Verwaltung mit der gleichen antikirchlichen Stoßrichtung. Sie bildeten den Hintergrund für die kirchliche Arbeit. Besonders die kirchlichen Mittelbehörden mussten sich in der neuen Situation erst eine Arbeitsgrundlage schaffen – so auch Superintendent Alfred Meyer in Rochlitz.

Wo ordnet sich hier aber nun Meyer ein, der sich in diesen Jahren weniger mit dem politischen System auseinandersetzte, als vielmehr die konkreten Bedingungen sowohl seiner Gemeinde als auch seiner Pfarrer im Allgemeinen im Blick hatte. Dass er dabei kein Freund vieler Worte war und mit welch großem Elan und Be-

16 Zu den Zahlen vgl. Jahr des Herrn (JdH) 9 (1935), 62. Siehe auch Markus HEIN: Zur Geschichte der sächsischen Landeskirche in der ersten Hälfte des 20. Jahrhunderts. In: Von der babylonischen Gefangenschaft der Kirche im Nationalen: Regionalstudien zu Protestantismus, Nationalsozialismus und Nachkriegsgeschichte 1930 bis 2000/ hrsg. von Manfred Gailus und Wolfgang Krogel. Berlin 2006, 360-382.
Die 10. Landessynode der sächsischen Landeskirche 1919 protestierte gegen dieses Gesetz; sie wies auf den öffentlichen Protest hin, der sich in Zeitschriften aber auch in Massenveranstaltungen und sehr erfolgreichen Unterschriftssammlungen niederschlug. Vgl. den Antrag Nr. 48 des Verfassungsausschusses in: AKTEN DER 10. ORDENTLICHEN EVANGELISCH-LUTHERISCHEN LANDESSYNODE ZU DRESDEN VOM JAHRE 1919. Erste Abteilung: Die Vorlagen des Evangelisch-lutherischen Landeskonsistoriums an die Landessynode enthaltend. Dresden 1919, 91 f.

wusstsein er für seine Kirche und deren Fortbestand eintrat, soll an einem kurzen, nicht alltäglichen Beispiel gezeigt werden.

Im März 1925 war er nach Rochlitz gekommen. Schon im Dezember desselben Jahres wurde in der letzten Diözesanversammlung (Bezirkssynode), ein »Stipendium der Ephorie Rochlitz zur Förderung des Studiums der Theologie« beschlossen. Deren Satzung wurde schließlich am 5. Mai 1927 festgeschrieben, Meyer als Superintendent zeichnete verantwortlich. Die Kirche musste in ihrer neuen Unabhängigkeit vom Staat auch neue Wege gehen, das zog neue Verantwortlichkeiten nach sich – Meyer nahm sie wahr.

Darüber hinaus wurde er bereits 1926 als Mitglied in das Kirchliche Obergericht Dresden berufen, das u. a. über Disziplinarbelange bei Pfarrern zu entscheiden hatte. Diese Berufung sollte nach 1932 ein durchaus wichtiges und weiterreichendes Amt werden.

Auch für Meyer war die Zeit in der Weimarer Republik geprägt von Gemeindekonsolidierung einerseits und Öffnung für die neuen Aufbrüche andererseits, womit nicht nur die Nationalsozialisten gemeint sind, sondern ebenso die volksmissionarischen Bewegungen und Aktivitäten. Mit »Volksmission« wollte man die Mehrheit der Deutschen wieder erreichen. Die bestehende Regierung wurde u. a. als Folge der zu geringen kirchlichen Bemühungen um die »Masse des Volkes« angesehen. Dazu dienten auch Großveranstaltungen und Evangelisationen. Letztere fanden auch in Rochlitz statt, auch hier war man in der Lage, Kirchenferne anzusprechen. Die Ephorie gehörte mit ihren deutlich über 50 Kirchspielen und Gemeinden zu den eher größeren der Landeskirche – zu den ältesten sowieso.

Bis zur Machtergreifung der NSDAP 1933 waren die Sozialdemokraten stärkste Partei im sächsischen Landtag und stellten auch von Januar 1919 bis Juni 1929 (bis auf drei Tage nach der Absetzung Erich Zeigners 1923) die Ministerpräsidenten. Unter den beschriebenen Umständen war es kein Wunder, dass auch hier die Akzeptanz der Republik bei den Pfarrern und in der Kirche nicht besonders groß war. 1934 lautete die Einschätzung:

> »Der Staat von Weimar hat sich für die Entfaltung evangelischen kirchlichen Lebens nicht als günstiger Boden erwiesen. […] Die Neutralität des Staates hat sich als Unwahrhaftigkeit, hinter der sich eine kirchenfeindliche Haltung verbarg, oder in sich selbst als Unmöglichkeit erwiesen.«[17]

Volksschulgesetzgebung und Kirchenaustrittsgesetz zeigten der Kirche aber auch, wo bei ihr Defizite lagen. Hatte man in den letzten Jahren schon begonnen, sich der sog. »sozialen Frage« zuzuwenden, so kam nun verstärkt die jüngere Generation in den Blick. Dieser musste, wollte man sie nicht auf längere Sicht verlieren, sehr viel mehr Aufmerksamkeit gewidmet werden.

17 JdH 8 (1934), 94.

Die volksmissionarischen Intentionen führten schließlich auch in Sachsen zu einer Begegnung mit der und einer Annäherung an die NSDAP und mit ihr den Deutschen Christen.[18]

III »Drittes Reich«

Am Bußtag, dem 22. November 1933, wurde eine scharfe Erklärung gegen die sog. »Berliner Sportpalastkundgebung«, bei der die ganze Kirchenferne der besonders mit der NSDAP zusammenarbeitenden Deutschen Christen deutlich geworden war, von vielen Kanzeln in Sachsen verlesen. Fünf Tage später rief der Dresdner Pfarrer und Superintendent von Dresden Land, Hugo Hahn,[19] gemeinsam mit zehn Amtsbrüdern[20] die sächsischen Pfarrer auf, dem »PfarrerNotbund«[21] beizutreten – einer Vereinigung, die sich gegen die Einführung des Arierparagraphen in der Kirche wehrte. 15 Superintendenten und 400 Pfarrer folgten dem Aufruf, darunter auch Superintendent Alfred Meyer. Aber nicht nur Pfarrer, sondern auch ganze Gemeindegruppen der »Bekennenden Kirche« stellten sich gegen die deutschchristliche Irrlehre.[22]

Zwei Wochen später beschloss die Tagung dieses Pfarrernotbundes Sachsen in der Zionskirche in Dresden, den Deutschen Christen Friedrich Coch nicht als Bischof, als geistlichen Führer, anzuerkennen. Auf Betreiben des sächsischen Innenministers Karl Fritsch war er seit dem Tod Ludwig Ihmels im Juni 1933 kommissarischer Landesbischof. Am 2. Advent schließlich führte sich Coch dann selbst in der Dresdner Frauenkirche als Landesbischof ein. Am gleichen Tag billigte die »braune Synode« (alle Synodale waren im Braunhemd erschienen) auf einer außerordentlichen Sitzung die »28 Thesen der sächsischen Volkskirche zum inneren Aufbau der deutschen

18 Der damalige Leiter des kirchlichen Amtes für Pressearbeit in Leipzig, Pfarrer Gerhard Richter, schrieb über sein Aufgabengebiet: »Von entscheidender und grundlegender Wichtigkeit ist dagegen die Volksmission, genauer der Weltanschauungskampf, die Apologetik im modernen Sinne des Wortes.« JdH 6 (1930), 77.

19 Zu ihm vgl. u. a. KÄMPFER WIDER WILLEN: Erinnerungen des Landesbischofs von Sachsen D. Hugo Hahn aus dem Kirchenkampf 1933-1945. Bearb. von Georg Prater. Metzingen 1969, 109-162; Zum Kichenkampf in Sachsen vgl. neben den Abschnitten bei Kurt MEIER: Der evangelische Kirchenkampf. Bd. 1-3. Halle (Saale) 1976-1984 auch Joachim FISCHER: Die sächsische Landeskirche im Kirchenkampf 1933-1937. Göttingen 1972; Hermann KLEMM: Im Dienst der Bekennenden Kirche: das Leben des sächsischen Pfarrers Karl Fischer 1896-1941. Göttingen 1986.

20 Johannes Nicolai, Ernst Rietschel, sowie die Dresdner Pfarrer Hans Auenmüller, Karl Fischer, Arndt von Kirchbach, Theodor Lieschke, Ernst Luthardt, Georg Prater, Ringulf Siegmund und Oskar Stephan.

21 Hierzu Kurt MEIER: Kirchenkampf. Bd. 1: Der Kampf um die »Reichskirche«. Göttingen 1996, 119-123. 561 f; Karl KUPISCH: Zur Genese des Pfarrernotbundes. ThLZ 91 (1966), 721-723.

22 Trotzdem konnte Meyer später in einem Brief an seine Brüder der Bekennenden Kirche vom 23. Juli 1939 ausführlich dafür plädieren, der Empfehlung an die Pfarrer, dem Nachweis der nichtarischen Abstammung nicht abzuliefern, nicht zu folgen, da die Kirche als öffentlichrechtliche Einrichtung (hier) den staatlichen Vorgaben zu folgen habe (SA Rochlitz, 1933-1945).

evangelischen Kirche« einstimmig.[23] In diesen Thesen »bekennt sich die Volkskirche zu Blut und Rasse« (These 3) und stellt fest: » Das Alte Testament hat nicht den gleichen Wert [wie das Neue; MH]. Die spezifisch jüdische Volkssittlichkeit und Volksreligion ist überwunden« (These 12).[24]

Zu den im Gegensatz dazu stehenden Pfarrern und Superintendenten gehörte von Anfang an auch Alfred Meyer. Die Bekennende Kirche auf der einen und die Deutschen Christen auf der anderen Seite, waren eher Minderheiten unter der sächsischen Pfarrerschaft. Sie standen sich unversöhnlich gegenüber und bestimmten oft das nach außen getragene Bild der Landeskirche.

Als im Frühjahr 1935 das Landeskirchenamt die Inhaftierung von Pfarrern, die sich öffentlich gegen die »Deutsche Glaubensbewegung« und das Neuheidentum ausgesprochen hatten, begrüßte, eskalierten die Auseinandersetzungen in Sachsen so stark, dass der sächsische Kirchenkampf von Berlin aus befriedet werden musste.[25] Das Ergebnis war ein vom Reichskirchenminister Hanns Kerrl[26] eingesetzter Landeskirchenausschuss, dem sowohl Vertreter der Deutschen Christen und der Bekennenden Kirche, als auch der »Mitte« angehörten.[27] Die Folge war eine kirchenpolitische Beruhigung: Cochs Funktion wurde auf die des geistlichen Leiters beschränkt, d. h. gegenstandslos, da eine Umfrage unter allen sächsischen Pfarrern schon im Herbst 1934 gezeigt hatte, dass die meisten ihn als Bischof ablehnten.[28] Dies änderte sich auch bis zum Ende des »Dritten Reiches« nicht mehr.

Allerdings führten in der Folge Spannungen zwischen dem Reichsminister und dem sächsischen Innnenminister dazu, dass der Kirchenausschuss im August 1937 wieder

---

23 Der als Vertreter der Leipziger Theologischen Fakultät in die Synode berufene Professor für Systematische Theologie Horst Stephan war gegen die Annahme der Thesen en bloc. Er wollte wenigstens einzelne Punkte zur Diskussion stellen, um den politischen Charakter der Thesen abzuschwächen; nach längerem vergeblichen Mühen um eine Aussprache darüber, nahm er, trotz Anwesenheit, ausdrücklich nicht an der Abstimmung teil. Nicht anwesend waren darüber hinaus 13 weitere Synodale. Die Abstimmung erfolgte namentlich, jeder gab für seine Person die Zustimmung. Im Anschluss spottete Vizepräsident Hermann Harbauer noch über das Ansinnen einer »wissenschaftlichen Aussprache«. Beendet wurde diese Sitzung durch das gemeinsame Singen der ersten Strophe des Horst-Wessel-Liedes; alle waren aufgestanden und hatten die Hand mit Sieg Heil zum »deutschen Gruß« erhoben. Vgl. Verhandlungen der 16. evangelisch-lutherischen Landessynode. Dresden 1933, 20-23.

24 Die 28 Thesen sind abgedruckt in: Die Bekenntnisse und grundsätzlichen Äusserungen zur Kirchenfrage des Jahres 1933/ hrsg. von Kurt Dietrich Schmidt. Göttingen 1934, 98-102.

25 Vgl. Kurt Meier: Der evangelische Kirchenkampf. Bd. 2: Gescheiterte Neuordnungsversuche im Zeichen staatlicher »Rechtshilfe«. Halle (Saale) 1976, 350-352.

26 Hanns Kerrl war seit 1935 Minister für kirchliche Angelegenheiten in Berlin.

27 Vgl. hierzu und zum Folgenden: Kämpfer wider Willen (wie Anm. 18), 109-162 und Fischer: Die sächsische Landeskirche … (wie Anm. 18), 45-57. Zur Mitte siehe auch Mandy Rabe: Zwischen den Fronten: die »Mitte« als kirchenpolitische Gruppierung in Sachsen während der Zeit des Nationalsozialismus (AKThG; 48). Leipzig 2017.

28 Meier: Der evangelische Kirchenkampf 2 (wie Anm. 22), 349.

Oberkirchenrat Klotsche.

Abb. aus: Amtskalender für evangelisch-lutherische Geistliche in Sachsen 1934, 134

aus dem Landeskirchenamt vertrieben wurde und das »Kirchenregiment Klotsche« installiert. OKR Johannes Klotsche,[29] Mitarbeiter im Landeskirchenamt, übernahm in einem Handstreich die Leitung des Landeskirchenamtes und damit der sächsischen Landeskirche.

Auch spätere erneute Versuche, die kirchenpolitischen Gruppierungen an der sächsischen Kirchenleitung teilhaben zu lassen, konnten die tiefen Gräben bis Kriegsende nicht wieder schließen. Der beginnende Krieg mit seinen Einschränkungen und Folgen dominierte schließlich die Geschehnisse.[30] Der Kirchenkampf verlagerte sich nun nahzu komplett von Kirchenleitungsebene auf die Gemeindeebene vor Ort, wo die Pfarrer als Vertreter der einen oder anderen Gruppierung auftraten, zumal sich die Bedingungen für die kirchliche Arbeit verschärften. Seit 1940 gab es faktisch keinen Religionsunterricht mehr. Kirchliche Kindergärten und Horte mussten 1941 geschlossen werden. Nur der Krieg und seine Folgen verhinderten eine erneute Eskalation.

Ins Zentrum des landeskirchlichen Interesses rückte Meyer spätestens Mitte der 1930er Jahre. Schon sehr zeitig hatte er sich der Bekennenden Kirche angeschlossen und sich klar von deutsch-christlichem Wollen distanziert.

Von Beginn der nationalsozialistischen Zeit an musste Meyer sich positionieren und scheute sich auch nicht davor. Er war bei den Beratungen in Leipzig dabei, die nach der Beerdigung Ihmels' im Juli 1933 stattfanden, als es um die Frage eines neuen Bischofs ging.[31] Wie viele andere war er vor den Kopf gestoßen, als die Zusammensetzung einer nationalsozialistischen Kirchenleitung bekanntgegeben wurde, von der die eigentlich Verantwortlichen gar nichts wussten. Am 30. Juli 1933 hatte der Innenminister Karl Fritsch

> »eine Verordnung erlassen, durch die dem Gaufachberater für kirchliche Angelegenheiten bei der NSDAP und Führer der NS-Pfarrer in Sachsen, Friedrich Coch, die Rechte und Befugnisse sämtlicher kirchenleitenden Organe (Landesbischof, Landeskonsistorium, ständiger Synodalausschuß), also diktatorische Vollmachten, übertragen wurden.«[32]

---

29 Johannes Karl Klotsche, seit 1925 im Amtsgericht Dresden angestellt, später Stadtrat, war 1933 als Adjutant Cochs ins Landeskirchenamt gekommen. Seit 1938 dann Präsident des Landeskirchenamtes musste er 1945 seinen Dienst quittieren und wurde später Gemeinschaftsprediger in Mecklenburg.

30 1942 waren ca. 550 Pfarrer eingezogen.

31 SA Rochlitz 1933-1945: Von Meyer angefertigter handschriftlicher »Bericht über den Kirchenkampf in der Ephorie Rochlitz« (nur eine Seite vorhanden).

32 Kämpfer wider Willen (wie Anm. 18), 22.

Ohnmächtig musste auch er zuschauen, als eine Reihe von Pfarrern und Superintendenten suspendiert wurden. Meyer war aber nicht darunter – noch nicht. Er wurde nun lediglich seines Amtes im Kirchlichen Obergericht enthoben. Es war nur eine Frage der Zeit, wann es auch ihn treffen würde, stand er doch ganz auf Seiten der Bekennenden Kirche, ja zählte sich sogar zu dem strengeren Dahlemer Flügel, der jegliche Zusammenarbeit mit den Deutschen Christen ablehnte. Der nun folgende Kirchenstreit zerstörte allerdings auch sein bis dahin gutes Verhältnis zu seiner eigenen Kirchgemeindevertretung.

Es ging nun Schritt für Schritt: Am 10. April 1934 wurde ihm die Amt des Superintendenten entzogen.[33] Mit der »kommissarischen Führung der Superintendentengeschäfte« wurde der Mittweidaer Pfarrer Rudolf Schubert, zugleich Kirchenbeauftragter der NSDAP in der Ephorie, beauftragt.[34] Am 10. November 1934 verlor Meyer die Pfarramtsleitung,[35] am 29. Januar 1935 den Vorsitz im Kirchenvorstand und in der Kirchgemeindevertretung und ein viertel Jahr später beantragte am 8. April 1935 seine eigene Kirchgemeindevertretung seine Versetzung in ein anderes Pfarramt. Grund: sein unbeirrtes Festhalten an der Richtung der Bekennenden Kirche.

> »Hieraus ergibt sich, daß Herr Dr. Meyer nach wie vor auf dem Boden der Bekenntnisgemeinde steht, dem Herrn Landesbischof den Gehorsam verweigert und ihm u. a. bekenntniswidriges Handeln vorwirft, …«[36]

Vier der acht Unterzeichnenden dieser Beantragung waren dann bis 1940 aus der Kirche ausgetreten und weitere zwei aus der Kirchgemeindevertretung.

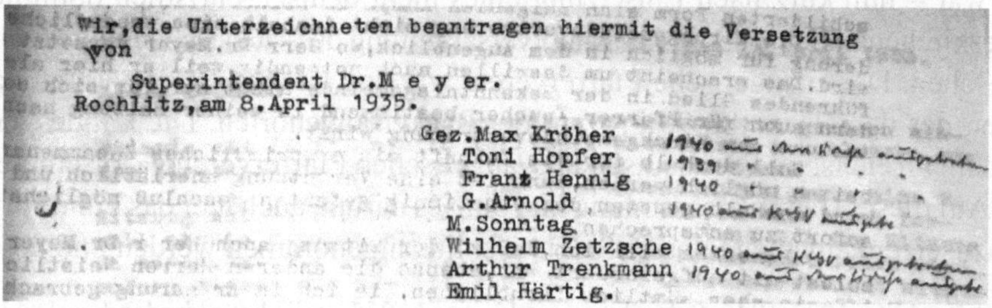
Wir, die Unterzeichneten beantragen hiermit die Versetzung von

Superintendent Dr. M e y er.

Rochlitz, am 8. April 1935.

Gez. Max Kröher
Toni Hopfer
Frant Hennig
G. Arnold
M. Sonntag
Wilhelm Zetzsche
Arthur Trenkmann
Emil Härtig.

33 Vgl. SA Rochlitz, 1933-1945: Schreiben Meyers an Landesbischof Marahrens vom 13. April 1935 sowie Schreiben des Landeskirchenamtes vom 4. Dezember 1935 betreffs der Rücknahme dieser Verordnung.

34 Gotthilf Rudolf Schubert (*23. Januar 1897 in Stockheim, † 21. Dezember 1945). Vgl. zu ihm kurz Hein: Die sächsische Landeskirche … (wie Anm. 4), 241, Anm. 293.

35 SA Rochlitz, 1933-1945: Aktennotitz vom 11. November 1934 von Meyer, nachdem früh 8.45 Uhr OLKR Adolf Müller erschienen war und ihm das Predigen verboten hatte. Meyer war in Begleitung seiner Familie und Amtsbruders Georg Taucher nach Hause gegangen, während Müller den Gottesdienst hielt. Meyer weigerte sich, die Pfarramtsleitung zu übergeben.

36 SA Rochlitz, 1933-1945: Brief des Vorsitzenden der Kirchgemeindevertretung, des Rechtsanwalts [G. Arnold] aus Rochlitz, an das LKA vom 16. April 1935. Arnold war auch Vorsitzender der Ortsgruppe der Deutschen Christen. Vgl. auch Meyer an seine Brüder in der Bekennenden Kirche vom 14. April 1935, in der er ihnen das berichtet.

Dies war der Punkt, an dem Meyer aufzugeben schien. Er schrieb nach Bayern, Hannover und Württemberg und bat gleichlautend um Übernahme in den dortigen Dienst.[37] Hintergrund war die Weigerung der Bekennenden Kirche, das Dresdner Landeskirchenamt und den Landesbischof als rechtmäßige Kirchenleitung anzuerkennen, womit Meyer auch einer evtl. Versetzung durch diese Behörde nicht zustimmen konnte und wollte. Zudem hatte er eine Familie mit drei noch in der Ausbildung stehenden Kindern zu ernähren (17-21 Jahre alt). In seinem Schreiben wies er ausdrücklich darauf hin, dass er bisher keinerlei Schwierigkeiten mit der NSDAP hatte, d. h. es war tatsächlich ein innerkirchlicher Konflikt und wird auch als solcher gesehen. In seinem langen Brief vom 14. April 1935 erläuterte er dies auch den Brüdern in der sächsischen Bekenntnisgemeinschaft.

Inzwischen war aber der Kirchenkampf in Sachsen eskaliert und es wurden – angeordnet aus Berlin – Kirchausschüsse gebildet, die eine Befriedung der Verhältnisse bringen sollten.[38] Im Zuge dessen war der Spuk für Meyer dann am 4. Dezember 1935 zunächst vorbei. Sowohl in das Amt des Superintendenten als auch des Pfarramtsleiters und Vorsitzenden des Kirchenvorstandes und der Kirchgemeindevertretung wurde er wieder eingesetzt.[39] Bitter in der ganzen Angelegenheit war vor allem, dass es der Mittweidaer Pfarrer Rudolf Schubert war, ein den Thüringer Deutschen Christen angehörender strikter Gegner der Bekennenden Kirche, der als kommissarischer Superintendent eingesetzt worden war.

Nun war der Zeitpunkt gekommen, an dem Meyer über seine eigene Position und Ephorie hinaus Bedeutung für die Landeskirche bekommen sollte.[40] Für Ende 1935 war – nun kurz nach Einsetzung eines nicht deutsch-christlich dominierten Landeskirchenausschusses – eine Hauptversammlung des sächsischen Pfarrervereins vorgesehen. Der evangelische Pfarrerverein war und ist die Standesvertretung der Pfarrer, der damals ca. 80-90 Prozent der Pfarrer angehörten. Die Landesvereine waren im »Reichsbund der deutschen evangelischen Pfarrervereine« zusammengefasst. Auf dieser Hauptversammlung nun ging es darum, auch hier das Führerprinzip durchzusetzen, eine neugefasste Satzung sollte angenommen werden und der Vor-

37 SA Rochlitz, 1933-1945: Schreiben vom 13. April 1935 an die betreffenden Landeskirchen sowie das Schreiben Meyers an seine Brüder der sächsischen Bekennenden Kirche vom 14. April 1935.

38 Vgl. oben S. 223 f. In einem Schreiben vom 23. Oktober 1935 teilt Friedrich Coch dies Meyer mit, seinen Brief einleitend: »Der Herr Reichsminister für die kirchlichen Angelegenheiten hat eine radikale Befriedung ohne Sieger und Besiegte im Kirchenstreite gewünscht.« SA Rochlitz, 1933-1945: Einschreiben des Landesbischofs an den Herrn Superintendenten Dr. Meyer vom 23. Oktober 1935.

39 Siehe die Eilbriefe in SA Rochlitz, 1933-1945: Das Landeskirchenamt an Herrn Superintendenten Dr. Meyer vom 4. Dezember 1935.

40 Vgl. zum Folgenden den Durchschlag des Berichts von Meyer an das Landeskirchenamt über die »Rolle des Pfarrervereins für Sachsen im Kirchenkampf« vom 29. September 1960 (SA Rochlitz, 1933-1945). Über die Wahl siehe auch Klemm: Im Dienste … (wie Anm. 20), 260.

sitzende neu gewählt. Vorangetrieben hatte dies der bisherige Vorsitzende, Pfarrer Gerhard Schulze aus Mölbis, der den Pfarrerbund deutsch-christlich ausrichten wollte. Dr. Alfred Meyer – gerade erst in alle Würden wieder eingesetzt – wurde mit den Stimmen der Bekennenden Kirche und der Mehrheit der sich zur Mitte zählenden Pfarrer zum neuen Vorsitzenden gewählt. Dies geschah in einer – wie wir heute sagen würden – konzertierten Aktion. Hugo Hahn hatte Meyer erst eine Stunde vorher gefragt, ob er kandidieren würde. Auch wenn die Überraschung groß war, so gelang es Meyer doch, die Spannungen innerhalb des Pfarrervereins auszuhalten und nicht zum Spaltungsgrund werden zu lassen. Im Vorstand wechselte er als »Führer« nun nahezu alle DC-Leute aus (lediglich ein gemäßigter blieb Kassierer) und berief zu den schon vorhandenen Mitgliedern der Bekennden Kirche weitere und solche der Mitte hinzu. Nur wenige Deutsche Christen traten daraufhin aus, u. a. der Landesbischof Coch und Oberlandeskirchenrat Heinrich Seck aus dem Landeskirchenamt.

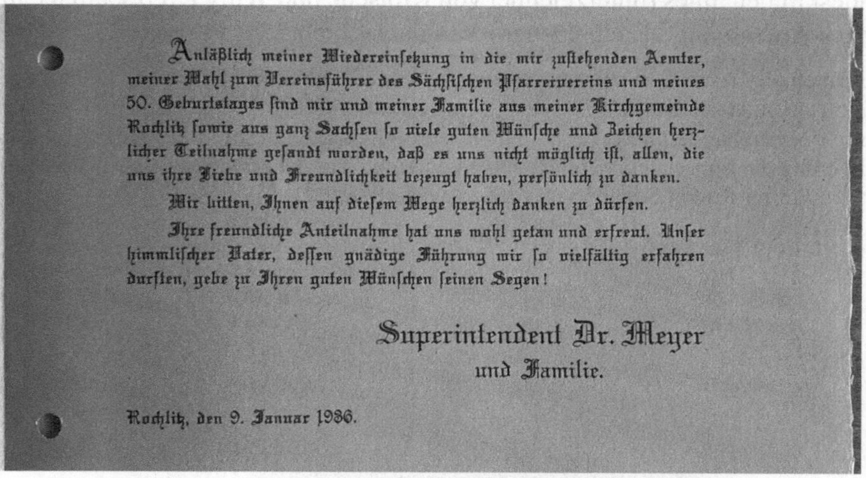

Anläßlich meiner Wiedereinsetzung in die mir zustehenden Aemter, meiner Wahl zum Vereinsführer des Sächsischen Pfarrervereins und meines 50. Geburtstages sind mir und meiner Familie aus meiner Kirchgemeinde Rochlitz sowie aus ganz Sachsen so viele guten Wünsche und Zeichen herzlicher Teilnahme gesandt worden, daß es uns nicht möglich ist, allen, die uns ihre Liebe und Freundlichkeit bezeugt haben, persönlich zu danken.

Wir bitten, Ihnen auf diesem Wege herzlich danken zu dürfen.

Ihre freundliche Anteilnahme hat uns wohl getan und erfreut. Unser himmlischer Vater, dessen gnädige Führung wir so vielfältig erfahren durften, gebe zu Ihren guten Wünschen seinen Segen!

Superintendent Dr. Meyer
und Familie.

Rochlitz, den 9. Januar 1936.

Dankkarte Meyers anlässlich seiner Rehabilitierung (SA Rochlitz, 1933-1945)

Zwar war Meyer nicht mehr im Kirchlichen Obergericht tätig, doch konnte er in seiner neuen Position mit ihren weit über Sachsen hinausreichenden Vernetzungen wirksam für die Rechte der z. T. Willkürlichkeiten ausgesetzten Pfarrer seiner Landeskirche eintreten. Er scheute sich auch nicht, dem Landesbischof gegenüberzutreten und Rechenschaft zu fordern, wenn dieser z. B. durch Lüge andere Pfarrer diffamierte. Mancher in Schutzhaft gekommene Pfarrer verdankte seine Freilassung Meyers Engagement, der sowohl gegenüber der Gestapo als auch der SS für seine Pfarrer und seine Kirche einzutrat. Dabei nutzte er seine Verbindungen nach Berlin, um auch das Landeskirchenamt und die Staatskanzlei in Dresden zum Einlenken zu bewegen.

Die Tatsache, dass er im Zuge der Befriedung am 1. Dezember 1936 noch zum Oberkirchenrat ernannt wurde, erleichterte sicher auch einiges und zeigt, dass die Bemühungen um eine Befriedung und Konsensfindung wirklich ernsthaft waren.[41]

Diese befriedete Zeit fand schon im August 1937 ein jähes Ende, als der Mitarbeiter des Landeskirchenamtes, Johannes Klotsche, mit vorgehaltener Pistole auf Erlass des Staatssekretärs des Reichs- und Preußischen Ministers für Kirchliche Angelegenheiten, Hermann Muhs, den Landeskirchenausschuss quasi aus dem Landeskirchenamt trieb. Was folgte, war das deutsch-christliche »Kirchenregiment Klotsche«, das sofort versuchte, wieder harte Bandagen anzulegen (vgl. oben S. 223 f). Dienststrafverfahren, gezielte Versetzungen und Suspendierungen setzten ein. Meyer versuchte, die Folgen in seiner Ephorie so gering wie möglich zu halten, ignorierte z. T. die Dienstanweisungen aus Dresden, ließ Pfarrer, die suspendiert waren, wie z. B. den Geithainer Bekenntnispfarrer Gerhard Pfeiffer weiter predigen und vieles mehr. Das Ergebnis war am 11. November 1937 ein Schreiben des Landeskirchenamtes (unterzeichnet von Klotsche und Willy Kretzschmar), in dem es nach Aufzählung verschiedener »Vergehen« heißt:

> »Durch die Gesamtheit vorstehenden Verhaltens haben Sie sich [nicht] nur unfähig, sondern vor allem auch unwürdig gezeigt, ein verwaltungs- und Aufsichtsamt im Raume der sächsischen Landeskirche zu führen. Sie werden deshalb mit sofortiger Wirkung von der Führung der Superintendentur Rochlitz beurlaubt. Mit der kommissarischen Vertretung wird Pfarrer Rudolf Schubert – Mittweida beauftragt.«[42]

– ein déja vu.

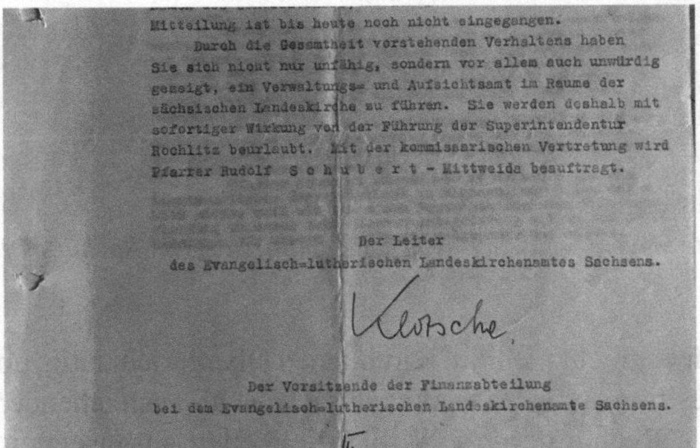
Mitteilung ist bis heute noch nicht eingegangen.
Durch die Gesamtheit vorstehenden Verhaltens haben Sie sich nicht nur unfähig, sondern vor allem auch unwürdig gezeigt, ein Verwaltungs= und Aufsichtsamt im Raume der sächsischen Landeskirche zu führen. Sie werden deshalb mit sofortiger Wirkung von der Führung der Superintendentur Rochlitz beurlaubt. Mit der kommissarischen Vertretung wird Pfarrer Rudolf S c h u b e r t - Mittweida beauftragt.

Der Leiter
des Evangelisch=lutherischen Landeskirchenamtes Sachsens.

Klotsche

Der Vorsitzende der Finanzabteilung
bei dem Evangelisch=lutherischen Landeskirchenamte Sachsens.

41 SA Rochlitz, 1933-1945: Urkunde vom 1. Dezember 1936 über die Ernennung Meyers zum Oberkirchenrat mit den Unterschriften von Johannes Ficker (Bekennende Kirche) und Horst Fichtner (Deutsche Christen) sowie dem Siegel des Landeskirchenausschusses.

42 SA Rochlitz, 1933-1945: Schreiben des Landeskirchenamtes an Meyer vom 11. November 1937.

Jetzt war Meyers Stellung aber schon eine andere. Drei Tage später geht ein Schreiben aus der Ephorie an den Reichsminister für die kirchlichen Angelegenheiten, Kerrl, in dem sämtliche Pfarrer und Vikare der Ephorie (ausgenommen Meyer und fünf Pfarrer sowie drei Vikare) sich gegen diese Maßnahme, die sie als »ein neues Beispiel kirchenzerstörenden Handelns« des eigenen Landeskirchenamtes erkennen und um Rückgängigmachung von Berlin aus bitten.[43] Nur einige der Pfarrer gehören der Bekennenden Kirche an, aber alle knapp 40 Pfarrer versichern:

> »Pfarrer Schubert können wir in keiner Weise als kommissarischen Superintendent anerkennen, vor allem deshalb nicht, weil wir von einem Deutschen Christen Thüringer Richtung um unseres lutherischen Amtsgelübdes willen keinerlei Weisungen für unsere Amtsführung entgegennehmen.«[44]

Die Zahl der Attacken auf Meyer und das Hin und Her, auch der Briefe nach und von Berlin ist zu groß, um sie hier alle aufzuführen. Eine Kanzelverlesung am 13. Februar 1938, die den Gemeinden detailliert das gemeindezerstörerische Vorgehen der Landeskirchenleitung vor Augen führte, brachte vielen – nicht nur Meyer – ein Dienststrafverfahren mit empfindlicher Ordnungsstrafe ein.[45]

Ende Juli 1939 aber erhielt Meyer die förmliche Ankündigung seiner Versetzung aus dienstlichen Gründen, mit der formal vorgesehenen Bitte um schriftliche Äußerung, unterschrieben von Klotsche aus dem Landeskirchenamt. Meyer setzte nun die ihm zur Verfügung stehenden Hebel in Bewegung. Zum einen schrieb er – auch die Superintendenten Otto Krömer in Ölsnitz und Friedrich Winter in Marienberg einbeziehend, denen das gleiche drohte – an Marahrens in Hannover und zum anderen an die Leitung der Deutschen Evangelischen Kirchenkanzlei in Berlin. Er bat, auf Klotsche einzuwirken, da sein Vorhaben, mit Versetzungen zu disziplinieren, dem Wunsch und Bestreben des Reichsministers nach Befriedung direkt entgegenstehe. Klotsche wurde schließlich nach Berlin zitiert und Meyer blieb vorerst in Rochlitz.

Ob diese Intervention zum Erfolg führte oder noch ein weiterer Brief das entscheidende war, lässt sich nicht sagen. Aber Meyer hatte noch an einen alten Freund und Weggefährten geschrieben, dem Führer des Reichsbundes der Pfarrervereine, Fritz Klingler. Dieser verließ sofort seinen Urlaubsort Borkum, um nach Berlin zu reisen. Dort sprach er im Reichsministerium, in der Kirchenkanzlei, bei Oberkon-

---

43 SA Rochlitz, 1933-1945: Durchschlag des Schreibens an Reichminister Kerrl vom 14. November 1937.

44 Ebd.

45 Mit Datum vom 13. Februar 1938 hatte Meyer den Herrn »Reichs- und Preußischen Minister für die kirchlichen Angelegenheiten« von der Verlesung und dem Wortlaut dieser Abkündigung in Kenntnis gesetzt und erläuternd hinzugefügt: »Bei der Abgabe der Erklärung leitete mich nicht irgendwelche Gegensätzlichkeit gegen den Staat, sondern lediglich die Verpflichtung, die sich für mich aus meinem Ordinationsgelübde ergibt. Dabei wußte ich mich im Einklang mit dem Wort des Herrn Reichsministers, daß den Pfarrern die Möglichkeit gegeben werden soll, ihrer eigenen religiösen Auffassung zu folgen.« SA Rochlitz, 1933-1945: Durchschlag des Schreibens vom 13. Februar 1938 an Reichminister Kerrl.

sitorialrat Heinz Brunotte vor und erlebte ein Telefonat, in dessen Folge schließlich Klotsche nach Berlin zitiert wurde. Klinglers Worte an Meyer: »Du brauchst keine Sorge mehr haben.«[46]

Im September 1939 keimte die Hoffnung, einen neuen sächsischen Landesbischof bekommen zu können; und Meyer war es, der sich intensiv um einen solchen bemühte.[47] Es schien, dass Reichskirchenminister Hanns Kerrl einen Leiter der sächsischen Landeskirche akzeptieren würde, der auch von der Mehrheit der Pfarrer getragen würde. Und so war es Meyer, der zusammen mit Heinrich Bornkamm zu Paul Althaus fuhr, um mit ihm darüber zu verhandeln. Althaus war grundsätzlich bereit, sächsischer Bischof zu werden – wenn alle Gruppen ihn akzeptierten. Die Verhandlungen Meyers mit dem deutsch-christlichen Leiter der »Deutschen Pfarrgemeinde Sachsen«, Superintendent Ernst Schneider[48] aus Bautzen allerdings führten dann in eine Sackgasse. Auf die Frage Schneiders, ob Althaus kameradschaftlich mit ihnen handeln werde, antwortete er, Althaus komme als Bischof und erwarte Gehorsam. »Damit war die Sache gescheitert.« Schließlich schaltete sich der sächsische Reichsstatthalter Martin Mutschmann ein und der Versuch war beendet.

Dies scheint der Höhepunkt der Auseinandersetzungen zu sein, in die Meyer mit dem sächsischen Landeskirchenamt geraten ist. Mit dem Beginn des Zweiten Weltkriegs verlagerten sich auch die Schwerpunkte wieder. Zunehmend wurden Pfarrer eingezogen, gehen z.T. freiwillig, pragmatische Fragen gewinnen die Oberhand. Auch Klotsche wurde eingezogen. Alles blieb erst einmal beim alten, Meyer konnte wohnen bleiben und mit Wirkung vom 1. September 1940 wurde er auch wieder in alle Ämter eingesetzt.[49]

Wie eingangs erwähnt, gibt es wenige schriftliche Äußerungen Meyers, von seinen Zeitschriftenbeiträgen abgesehen. Nun zu Beginn des Krieges allerdings konnte man noch einmal etwas lesen, was auch nahezu in jedem sächsischen Pfarrhaus wahrgenommen wurde und die ganze Ambivalenz seiner Person noch einmal aufzeigte: Im Vorwort zum »Ehrenbuch des sächsischen Pfarrhauses« für den Weltkrieg 1914/18, das der Sächsische Pfarrerverein 1939 herausgab und in dem die Weltkriegstoten der sächsischen Pfarrhäuser, Pfarrer, Pfarrfrauen, -söhne und -töchter, aufgeführt sind, schreibt Meyer:

> »… Das Buch geht aus zu einer Zeit, in der unser Führer unser Volk für des Reiches Bestand, für unsers Volkes Freiheit und Ehre wieder zu den Waffen rufen mußte. Dem deutschen evangelischen Pfarrhaus von 1939 wird es innerstes Anliegen sein, in Treue,

46 SA Rochlitz 1933-1945: Schreiben Klinglers an Meyer vom 11. August 1939.

47 SA Rochlitz 1933-1945: Durchschlag des Berichts von Meyer an das Landeskirchenamt über die »Rolle des Pfarrervereins für Sachsen im Kirchenkampf« vom 29. September 1960.

48 Vgl. zu Schneider und seiner Nähe zu den Deutschen Christen kurz Hein: Die sächsische Landeskirche … (wie Anm. 4), 196-198.

49 SA Rochlitz 1933-1945: Schreiben des Landeskirchenamtes (Kretzschmar) vom 30. August 1940.

Dienst und Opferbereitschaft nicht hinter dem Pfarrhaus des Weltkrieges zurückzustehen. Rochlitz (Sa.), Oktober 1939. Pfarrerverein für Sachsen. Dr. Meyer«[50]

Ähnlich wie Franz Lau,[51] hielt Meyer seine uneingeschränkte Mitgliedschaft in der Bekennenden Kirche nicht bis zum Ende des »Dritten Reiches« aufrecht, obwohl er, anders als Lau, sich zum strengeren Flügel der Dahlemiten zählte. Mehrere Male hatte es schon Differenzen zwischen ihm und den Notbund gegeben. Die Anlässe waren verschieden, der Hintergrund immer der gleiche: sein Verantwortungsbewusstsein gegenüber den Pfarrern der verschiedenen Richtungen, für die er sich als Vorsitzender des Pfarrervereins verantwortlich wusste. Diese eigenständige Haltung war ihm durchaus bewusst. So erwähnt er sie indirekt in einem seiner Schreiben 1939 an den Reichskirchenminister:

»Ich gehöre dem Pfarrernotbund an. Doch habe ich volle Freiheit mir gewahrt und in wichtigen Fragen (Eidfrage, Stellung zu den ›Arbeitskreisen‹ des Herrn Reichskirchenministers, Einreichung der Formblätter über die arische Abstammung gemäß dem deutschen Beamtengesetz) in Abweichung von der Mehrheit der sächsischen Notbundpfarrer gehandelt. So habe ich mich ernstlich bemüht, rein gewissensmäßig zu handeln. Meine Stellungnahme hat auch auf andere sächsische Notbundpfarrer vielfach im Sinne der Mäßigung und des Ausgleichs gewirkt.«[52]

Keine der erwähnten Fragen führte zu einem Bruch. Erst am 5. Oktober 1940 erklärte er seinen Austritt aus dem sächsischen Pfarrernotbund,[53] der seinen Schritt, bis zu einem gewissen Grade wieder mit dem Landeskirchenamt zusammenzuarbeiten, das jetzt nicht mehr rein deutsch-christlich geprägt war, nicht akzeptieren wollte. Ebenso wie Lau, löste er sich aber nicht von seinen bekenntnismäßigen Grundsätzen. Auch er meinte, der Pragmatik der Versorgung der Kirchgemeinden und des Ganzen der Landeskirche den Vorzug vor einer in seinen Augen starren Abwehrhaltung der BK geben zu müssen. Die Kriegssituation vereinfachte in dieser Hinsicht in den folgenden Jahren einiges.

---

50 Das Ehrenbuch des sächsischen Pfarrhauses: das sächsische Pfarrhaus im Weltkriege 1914-18/ im Auftrag des Pfarrervereins für Sachsen zsgest. von Paul Schulze. Dresden 1939, 6.

51 Siehe zu ihm Hein: Die sächsische Landeskirche … (wie Anm. 4), 88-101; ders.: Franz Lau und seine sächsische Landeskirche. In: Franz Lau (1907-1973): Pfarrer, Landessuperintendent und Kirchenhistoriker. Kolloquium zu Leben und Werk am 22. Juni 2007 in der Sächsischen Akademie der Wissenschaften zu Leipzig/ hrsg. von Markus Hein und Helmar Junghans† (HCh Sonderbd.; 17). Leipzig 2011, 27-38.

52 SA Rochlitz 1933-1945: Schreiben Meyers vom 7. August 1939 an Herrn Reichs- und Preußischen Minister für die kirchlichen Angelegenheiten, Berlin.

53 Siehe das Antwortschreiben des Landesbruderrates der sächsischen Bekennenden Kirche (Karl Fischer) vom 8. Oktober 1940, das mit dem Satz endet: »… darum hüten wir uns vor allem Opportunismus, bei dem das [deutsch-christliche; MH] Landeskirchenamt in seiner derzeitigen Gestalt doch siegen muß.« (SA Rochlitz, 1933-1945).

IV Nach dem Krieg – in der DDR

Als das Landeskirchenamt, Franz Lau als Landessuperintendent und Erich Kotte als Leiter des Landeskirchenamtes nach dem Zusammenbruch 1945 Feststellungsausschüsse zusammenstellten, die das Verhalten der Pfarrer im »Dritten Reich« untersuchen sollten, wurde ganz selbstverständlich auch Alfred Meyer, immer noch amtierender Vorsitzender des Pfarrervereins und über jegliche deutsch-christliche Kritik erhaben, in solch ein Gremium berufen. Die Feststellungsausschüsse befanden über die Situation und Weiterbeschäftigung der Pfarrer, die als belastet galten und deren Haltung im »Dritten Reich« jetzt kein problemloses Weiteramtieren nach sich ziehen konnte.[54]

Mit dem Ende dieser Feststellungskreise, der Rückkehr des Leiters der sächsischen Bekennenden Kirche, Hugo Hahn, aus dem württembergischen Exil und seiner Übernahme des Bischofsamtes 1948 scheint auch die über seine Ephorie hinausreichende Wirksamkeit Meyers zu Ende gewesen zu sein.

1949 waren es fast nur noch die Pfarrer der eigenen Ephorie, die ihm zum 25jährigen Amtsjubiläum gratulierten. Fünf Jahre später gab es lediglich den eingangs zitierten kleiner Artikel im »Sonntag«, der auf das 30-jährige Jubiläum hinwies. Als um 1960 im Landeskirchenamt eine Kommission zur Erforschung des Kirchenkampfes etabliert wurde, gedachte man auch seiner und bat ihn um Zuarbeit. Der Widerhall in den daraus resultierenden Veröffentlichungen ist recht gering. Der Schwerpunkt lag damals wohl mehr auf eindeutigen Helden und weniger auf so eher ambivalenten Figuren wie Meyer. Meyer starb am 9. Oktober 1965 in Seelitz, einem seiner ehemaligen Pfarrorte bei Rochlitz. Begraben liegt er in Rochlitz.

Fazit

Es ist deutlich, eine Beschäftigung mit der auf den ersten Blick nicht herausragenden Gestalt des langjährigen Rochlitzer Superintendenten – vor allem vor dem Hintergrund seiner Zeit – lohnt sich durchaus. Eine ganze Reihe von Fragen und Problemen tauchen auf, die durchaus nicht einmalig sind und uns auch heute beschäftigen:

Wie weit kann oder muss man sich auf ein System einlassen, um einer übertragenen Verantwortung gerecht zu werden? Wo sind die Grenzen der Zumutbarkeit? Wie geht mn pragmatisch mit Entscheidungssituationen um?

Es gibt viele Punkte, an denen weitergearbeitet werden könnte: Sei es der Pfarrerverein und seine offensichtlich integrierende Funktion, sei es das Geschehen in den einzelnen Gemeinden, bei dem nicht immer nur die Teile der Bekennenden Kirche in der bittenden Rolle standen, sei es die Arbeit der einzelnen Superintendenten und deren Auswirkung auf die Geschehnisse in der jeweiligen Ephorie und manches mehr.

---

54 Vgl. zur Arbeit dieser Ausschüsse Hein: Die sächsiche Landeskirche … (wie Anm 4).

Dr. Alfred Meyer
Oberkirchenrat
1886-1965
(Grabstein Meyers auf dem Friedhof in Rochlitz)

Abschließend soll noch einmal Meyer zu Wort kommen, der seinen kurzen Bericht über den Pfarrerverein im »Dritten Reich« mit folgenden Worten beschließt, die sich auch direkt auf seine Person beziehen lassen:

»… Nach außen hin gesehen hat der Pfarrerverein in den Jahren 1935-1945 viel vergebliche Arbeit geleistet. Nach innen gesehen hat er die durch große Gegensätze gespaltene Pfarrerschaft mit zusammengehalten, die Gegensätze sehr gemildert, wesentlich zur Erschütterung der DC- und NS-Herrschaft in der Kirche beigetragen und so die Neuordnung der kirchlichen Verhältnisse mit Erfolg mit vorbereitet.«[55]

Das ist viel und merkenswert!

55 SA Rochlitz: 1933-1945: Durchschlag des Berichts von Meyer an das Landeskirchenamt über die »Rolle des Pfarrervereins für Sachsen im Kirchenkampf« vom 29. September 1960.

»Entnazifizierung« und »Aufarbeitung«

Eine Analyse der Publikation von Walter Weispfenning »Die Entnazifizierung der Thüringer Ev. Pfarrerschaft nach 1945 gemäß dem Reinigungsgesetz«

Von Veronika Albrecht-Birkner

1 Autor, Herausgeber, äußere Daten und Gegenstand der Publikation

Vorzustellen ist ein Buch,[1] das keine Veröffentlichung im üblichen Sinn darstellt, denn es handelt sich nicht um ein mit ISBN-Nummer im deutschen Buchhandel erwerbbares Buch, sondern um ein im Auftrag des Thüringer Pfarrvereins in der Druckerei »Augustana« in Bielsko-Biała im schlesisch-kleinpolnischen Grenzgebiet gedrucktes Manuskript. Käuflich ist es, wie auf der Rückseite des Covers ausgewiesen ist, für 14,80 € oder 60 PLN nur beim Pfarrverein selbst. Dies erklärt, weshalb es auch in deutschen Bibliotheken außer im Archiv der Bayerischen Landeskirche und in der Bibliothek des Evangelisch-Lutherischen Kirchenamtes in Hannover bislang nicht zu haben ist. Der aus Frankfurt/Main stammende Verfasser (im Folgenden: Vf.) ist Jurist und war von 1991 bis 2002 Rechtsdezernent der Thüringischen Kirche. Der Impuls zur Abfassung des Buches entstand, so der Vf., nachdem er 1997 bereits zum »Umgang mit MfS-Belastungen kirchlicher Mitarbeiter« in der Thüringer Kirche in deren Auftrag publiziert hatte (9). Sein Anliegen sei das einer objektiven Untersuchung »ohne vorgefaßte Schuldvermutung zu Lasten der Thüringer Kirche« gewesen, weil dies »über 75 Jahre nach dem Ende des 2. Weltkriegs auch angebracht sein dürfte« (ebd). Einen kirchlichen Auftrag hierzu erwähnt er nicht.

Das Buch ist erschienen als Band 1 der Reihe »Schriften des Thüringer Pfarrvereins«. Dies überrascht insofern, als sich der Thüringer Pfarrverein auf den 1921 gegründeten »Thüringer ev. Pfarrerverein« zurückführt. Seine Gründung geschah durch den Zusammenschluss der seit dem 19. Jahrhundert bestehenden Pfarrervereine der sieben Landeskirchen in den ehemaligen thüringischen Kleinstaaten. 1951 wurde diesem Pfarrerverein durch staatliche Maßnahmen der DDR die Weiterarbeit in der bisherigen Form unmöglich gemacht. Bis zum Ende der DDR konnte der ehemalige Verein seine Arbeit nur als »Standesvertretung der Pfarrerschaft« unter dem Dach der Thüringer Landeskirche fortsetzen. Nach der Wiedervereinigung Deutschlands wurde der Thüringer Pfarrverein Anfang der 1990er Jahre in der Rechtsform des Vereins neu gegründet. Für die Publikation des zu besprechenden Buches ist die Schriftenreihe des Pfarrvereins also erst eröffnet worden, was

1 Walter WEISPFENNING: Die Entnazifizierung der Thüringer Ev. Pfarrerschaft nach 1945 gemäß dem Reinigungsgesetz (Schriften des Thüringer Pfarrvereins; 1). Quedlinburg: Thüringer Pfarrverein e.V., 2018. VIII, 354 S., Bildbeilage.

dafür spricht, dass sie für denselben von großer Bedeutung ist. Da der Thüringer Pfarrverein laut Satzung inzwischen aber der »Berufsverband der Pfarrerschaft der Ev. Kirche in Mitteldeutschland« ist, – was die hier nicht zu diskutierende Frage aufwirft, warum er dann weiterhin »Thüringer« Pfarrverein heißt, – sprechen diese äußeren Daten dafür, dass das Buch die Funktion einer spezifisch Thüringischen Selbstverständigung innerhalb der Evangelischen Kirche in Mitteldeutschland (EKM) erfüllt. Angesichts des 80. Jahrestags der Gründung des Eisenacher »Instituts zur Erforschung und Beseitigung des jüdischen Einflusses auf das deutsche kirchliche Leben« und der in der EKM vor diesem Hintergrund intensivst geführten Diskussionen um Kontinuitäten und Diskontinuitäten nicht nur in Bezug auf Walter Grundmann, sondern in der Thüringer Kirche überhaupt, mag der Zeitpunkt des Erscheinens dieses Bandes auch nicht zufällig gewählt sein.

Das Bild auf dem Cover führt mitten in das Thema des Buches. Es zeigt eine Standartenweihefeier des Nationalsozialistischen Kraftfahrkorps unter Mitwirkung eines evangelischen Pfarrers. Laut Bildnachweis (350) handelt es sich allerdings nicht um eine Szene in Thüringen mit einem Thüringer Pfarrer, sondern um eine Aufnahme aus dem Berliner Grunewald mit dem bekannten deutschchristlichen Pfarrer Walter Hoff (350). Man fragt sich an dieser Stelle, ob dergleichen Bilder in Thüringen nicht überliefert sind, so dass man auf dieses zurückgreifen musste. In einem als Beilage angefügten Bildanhang finden sich dagegen Fotos aus Thüringen, und zwar 16 Porträtaufnahmen von Pfarrern und einer Theologin. Optisch dominiert wird diese Zusammenstellung durch die auf den ersten drei Seiten des Doppelblattes (351-353) abgebildeten »Nicht belastete[n] Personen« sowie von drei weiteren Personen, die dem Reinigungsverfahren der Thüringer Kirche unterzogen wurden, gegen die aber keine Maßnahme ausgesprochen wurde. Erst auf der Rückseite des Doppelblattes (254) finden sich – deutlich kleiner – sechs Fotos von »Nach dem ReiG [Reinigungsgesetz] belastete[n] Personen«. Man kann sich des Eindrucks nicht erwehren, dass diese Anordnung der Porträts durchaus eine Botschaft vermitteln soll. Zu beachten ist hier und bei der Lektüre des Buches überhaupt, dass der Terminus »belastet« bzw. »Belastung« eigentlich nur für (in juristischem Sinn) »schuldig« stehen soll – analog zu dem in den Entnazifizierungsprozessen in Deutschland generellen, sonst auch juristisch aber nicht üblichen, Sprachgebrauch.

Die Lektüre des Buches selbst stellt aufgrund der Tatsache, dass es keinen Drucksatz aufweist und auch als Manuskript nicht stringent formatiert ist (hierzu gehören auch verrutschte Überschriften und Seitenangaben), zahlreiche Schreibfehler aufweist und der Inhalt zudem auf engstmöglichen Raum zusammengezogen ist, für potentielle Leserinnen und Leser durchaus eine Herausforderung dar.

2 Beobachtungen zur Struktur des Hauptteils (Teil II)

Den Hauptteil und Kern des Buches bildet der zweite Teil, überschrieben mit »Die einzelnen Entscheidungen« (115-346), in dem insgesamt 177 Entnazifizierungsfälle vorgestellt werden. Dieser teilt sich wiederum in die Abschnitte »A) Darstellung der Fälle nach Gruppierungen« (115-267) und »B) Darstellung der übrigen Fälle« (267-346). In Abschnitt A werden insgesamt 79 Einzelfälle vorgestellt, und zwar unter den Rubriken »Mitglieder des Landeskirchenrats«, »Deutsche Christen mit besonderer Verantwortung«, »Superintendenten«, »Alte Kämpfer«, »Schulungsleiter im Volksdienst und aus anderen Berufen gekommene Theologen« sowie »Unterschiedliche Gewichtung politischer Gesichtspunkte«. Die zahlenmäßig größte Gruppe hierunter ist mit 24 Fällen die der »Alten Kämpfer«, also derjenigen, die bereits vor 1933 der NSDAP beigetreten waren, gefolgt von 21 Superintendenten, was bereits auf bestimmte Schwerpunkte in den Entnazifizierungsmaßnahmen der Thüringer Kirche hinweist. Unter der Rubrik B werden die Fälle von 98 Pfarrern vorgestellt, die im Wesentlichen nach Art und Umfang ihres nationalsozialistisch-deutschchristlichen Engagements rubriziert sind: »Pfarrer, die entlassen worden sind, weil sie wegen ihres NSDAP/DC-Engagements vom deutsch-christlichen Landeskirchenrat übernommen worden waren und in der Thür. ev. Kirche kaum Dienst getan hatten«, »Thüringer Pfarrer, die das Gebiet der Thür. ev. Kirche verlassen haben«, »Pfarrer, die Mitglied der SS waren«, »Pfarrer, die Mitglied in der NSDAP und bei den Deutschen Christen waren«, »Pfarrer, die Mitglied nur in der NSDAP waren«, »Pfarrer, die Mitglied nur bei den Deutschen Christen waren« sowie »Besondere Fallgestaltungen«.

Die Problematik dieser Struktur liegt auf der Hand – nicht nur wegen der unspezifischen Überschriften zu den Abschnitten A und B: In den Rubriken A 1, 3 und 5 erfolgt die Kategorisierung nach kirchlichen Leitungsebenen bzw. Berufsgruppen, in den Rubriken A 2, 4 und 6 sowie im gesamten Teil B hingegen nach dem – davon offensichtlich getrennt gedachten – nationalsozialistisch-deutschchristlichen Engagement. In allen Rubriken geht es aber eben um der Überprüfung unterzogene Personen, die – und sei es nominell, wie in Rubrik A 5, – in der Thüringer Kirche als Pfarrer geführt wurden. Das bedeutet, dass es zwischen den Kategorien faktisch Überschneidungen gibt: So waren z. B. Mitglieder des Landeskirchenrates (LKR), Superintendenten oder im Volksdienst tätige Pfarrer in der Regel auch DC, vielfach eben auch mit »besonderer Verantwortung«, und nicht selten Mitglied der NSDAP. »Alte Kämpfer« finden sich mehrfach auch in anderen Rubriken, SS-Mitgliedschaften sind nicht nur bei den unter Rubrik B 3 gelisteten Pfarrern aufgeführt (vgl. 208. 239. 267) usw. Generell sind die gebotenen Daten hinsichtlich Tätigkeiten, Mitgliedschaften und dazugehörigen Zeitspannen zu den einzelnen Pfarrern unterschiedlich dicht, so dass nicht klar ist, was im Einzelfall überhaupt wie genau erfasst wurde.

Faktisch scheint es so zu sein, dass die Personen auf die Kategorien aufgeteilt wurden entsprechend dem Kriterium, das bei der Beurteilung ihres Falles jeweils im Vordergrund stand, so dass eine logische Stringenz der Kategorien gar nicht angestrebt wurde. Was man hier allerdings vollständig vermisst, ist eine methodische Erläuterung zu diesem Vorgehen: Sind es ganz oder teilweise Kategorisierungen, die die für die Entnazifizierung in der Thüringer Kirche zuständigen Gremien selbst entwickelt haben? Stammt auch die Zuordnung der einzelnen Fälle zu den Kategorien bereits von diesen, so dass sich hier möglicherweise auch die Aktenführung abbildet, oder sind es stärker vom Vf. selbst entwickelte Kategorien und vorgenommene Zuordnungen? Dies wären für eine sachgemäße Interpretation bereits wichtige strukturelle Informationen.

Innerhalb der insgesamt 13 verschiedenen Rubriken sind die Einzelfälle wiederum nach deren jeweiligem Ausgang kategorisiert, wobei die gängigsten Kategorien lauten: »Endgültig entlassen«, »Entlassen und Erteilung eines kommissarischen Auftrags« (in B 4 mit weiterer Unterkategorisierung nach Dauer des Auftrags), »Andere Maßregelung« und »Ohne Maßnahme«. Dies trifft nicht zu in A 1 (LKR), A 5.1 (Schulungsleiter im Volksdienst) und B 3 (SS-Mitglieder) sowie bei den Kategorien, die die Entlassung per se einschlossen (B 1 und B 2). In B 4, B 5 und B 6 werden diejenigen Pfarrer in zusätzlichen Unterkategorien erfasst, die die DC bzw. die NSDAP während der NS-Zeit wieder verlassen hatten. Hinzu kommen die unter B 7 notierten Fälle, bei denen kein Verfahren eingeleitet wurde (hier sind auch zwei nach dem Ende der Entnazifizierung zurückgekehrte Pfarrer gelistet), was auch einen Einzelfall unter A 4.5 betrifft. Innerhalb der Unterrubriken sind die Einzelfälle (außer in B 3) alphabetisch abgehandelt.

Die Einträge zu den einzelnen Pfarrern, zu denen man sich ebenfalls eine kurze methodische Einleitung gewünscht hätte, enthalten zunächst eine Kopfzeile, die außer Namen sowie Geburtstag und -ort Mitgliedszeiten und ggfls. Leitungstätigkeiten in der NSDAP, bei den DC sowie in verschiedensten nationalsozialistischen Organisationen erfasst. Es folgt ein Biogramm, das Auskunft zu vor allem den beruflichen Stationen (einschließlich ggfls. Auswirkungen der Entnazifizierung), darüber hinaus ggfls. zu anderen Tätigkeiten, Haftzeiten sowie Todesjahr und -ort gibt, wobei die Angaben unterschiedlich vollständig und nicht immer eindeutig sind. Hier wären Abgleiche mit und Querverweise insbesondere zum Thüringer Pfarrerbuch, aber etwa auch zum umfangreichen Biogramme-Anhang in der Edition der Tagebücher von Marie Begas (Böhlau 2016) sinnvoll und hilfreich gewesen (der Abdruck eines Wikipedia-Eintrags wie in Anm. 786, dazu ohne Abrufdatum, gehört dagegen nicht in eine Publikation mit wissenschaftlichem Anspruch).

Den biographischen Daten folgt – nicht immer – eine Zusammenfassung zum Fall (mitunter auch eine umfangreichere Analyse, verbunden mit Sacherläuterungen, z. B. 255 oder 296 f), einschließlich ggfls. einer Gesamteinschätzung der Rolle der Person in der NS-Zeit, wobei nur gelegentlich auf relevante Forschungsliteratur verwiesen wird. Den quantitativ größten Teil der Präsentation der einzelnen Fallentscheidungen bildet der Abdruck von aus der Sicht des Vf.s relevanten Quellenauszügen aus den Unterlagen der Spruchstelle und des LKR als beteiligten kirchlichen Gremien sowie aus ggfls. folgenden Einsprüchen, Stellungnahmen, Zeugenaussagen usw. und erneuten Antworten der Gremien in chronologischer Reihenfolge. Manchmal folgt am Ende einer Falldarstellung auch ein explizites »Resümee« (z. B. 254) oder eine rechtliche »Wertung« oder »Reflexion«, teils ebenfalls mit grundsätzlicheren Sacherläuterungen (z. B. 328. 335 f. 341). Das heißt, der Vf. als Jurist wertet die historischen Vorgänge unter (heutigen?) juristischen Gesichtspunkten hinsichtlich ihrer Plausibilität und kann z. B. auch feststellen, dass eine Entscheidung dem damaligen »Gerechtigkeitsempfinden am ehesten entsprochen haben« dürfte (341) oder »aus kirchlicher Sicht vertretbar« gewesen sei (254), etc.

Dieser wertende Zugriff betrifft nicht nur Passagen, die explizit als »Wertung« ausgewiesen sind, sondern ebenso die genannten einleitenden Zusammenfassungen und die Quellenpräsentationen selbst, insofern diese vielfach mit Einfügungen des Vf.s durchsetzt sind, die eine wertende Tendenz aufweisen. Darüber hinaus werden in Teil I, der unspezifisch mit »Allgemeiner Teil« überschrieben ist, umfangreiche Kommentare zu den in Teil II vorgestellten Fällen geboten, die ebenfalls nicht nur interpretieren, sondern auch werten, und zwar unter folgenden Aspekten: »Die Maßnahmen nach dem ReiG« (Kap. 2), »Die Entscheidungen nach dem ReiG in Zahlen« (Kap. 3), »Gesichtspunkte für Entscheidungen von Spruchstelle und Landeskirchenrat« (Kap. 5), »Die Spruchpraxis am Beispiel ausgewählter Gruppierungen« (Kap. 6) sowie »Wirkungen der Entnazifizierung in Thüringen« (Kap. 8). Dabei kommt es sowohl innerhalb von Teil I als auch zwischen Teil I und Teil II (verschiedene Querverweise werden geboten) zu etlichen Redundanzen.

3 *Methodische Problemanzeigen*

Nun ist das Hauptanliegen der Veröffentlichung die »Aufbereitung des Materials, das im Zusammenhang mit der Entnazifizierung der Thür.ev.Kirche nach 1945 im landeskirchlichen Archiv in Eisenach zu finden ist«, »damit Leser die Möglichkeit haben, vom Vf. vorgenommene Wertungen zu überprüfen und sich ein eigenes Urteil zu bilden« (97; vgl. auch S. 68 die Bemerkung, Kirchenhistoriker hätten »die Freiheit, Sachverhalte darzustellen, ohne dies sogleich mit einer Wertung zu verbinden«). Eben dies ist anhand der vorgelegten Materialsammlung und Darstellung aber nur bedingt möglich. Das hat mit methodischen Problemen zu tun, die das Grundhandwerk wissenschaftlichen Publizierens und Edierens betreffen. So fehlen bei den in Teil II gebotenen umfangreichen Quellenauszügen fast durchgängig die konkreten Quellennachweise (Archivsignaturen, Blattangaben), was aber eine Grundanforderung an eine Edition darstellt. Auch ein Verzeichnis der herangezogenen archivalischen Quellen sucht man vergeblich. Dadurch ist nicht zuletzt auch ein Wiederauffinden der Quellen erschwert, was wiederum notwendig wäre, um nachvollziehen zu können, für welche Quellenauszüge sich der Vf. bei seiner Auswahledition zu den Einzelfällen entschieden hat, denn es wird nicht erklärt, welchen Regeln diese folgt. Mitunter sind lediglich Quellenpartikel zusammengestellt (vgl. z. B. zu Walter Krauß S. 248) oder Widersprüche in Aussagen benannt, die nur partiell belegt werden (z. B. zu Max Heinz Poppe S. 239).

Darüber hinaus wäre ein eigener Blick in die Quellen auch notwendig, weil der Vf. weitestgehend auf eine Kennzeichnung von Zitaten durch Anführungszeichen verzichtet. Nur manchmal werden Zitate durch Kursivierung vom eigenen Text des Vf.s abgesetzt. Dadurch aber ist nicht selten tatsächlich unklar, wann der Vf. spricht und wann Quellentext geboten wird, obwohl andererseits Ergänzungen des Vf.s teils mit runden Klammern gekennzeichnet sind und teils, als solche auch gekennzeichnet, in den Fußnoten erscheinen. Man ahnt, dass immer dann, wenn Punkte Auslassungen markieren, zitiert wird – weiß aber nicht, wie groß die Auslassungen sind (möglicherweise sollen besonders viele Punkte eine größere Auslassung markieren und weniger eine kleinere, denn die unterschiedliche Handhabung fällt auf – das wird aber nirgendwo erklärt). Allerdings tauchen Auslassungszeichen auch in Textpassagen im Konjunktiv auf, die ganz offensichtlich nicht Zitat, sondern Quellenparaphrasierung des Vf.s sind (vgl. z. B. S. 247, Absatz 3). Es sind diese handwerklichen Probleme, die sich offensichtlich hinter der »Anmerkung der Redaktion« verbergen, dass außer der Rechtschreibung auch die »Zitationsweise« »nicht immer den neuesten Standards« folgen würde, was »im Interesse einer möglichst baldigen Veröffentlichung« aber nicht habe überarbeitet werden können (350). Das ist bedauerlich und das Argument der Eile angesichts einer so wichtigen quellenbasierten Forschungsarbeit auch nicht nachvollziehbar.

Was die Arbeit mit dem Buch zusätzlich erheblich erschwert, ist die Tatsache, dass es kein Personenregister enthält. Die dadurch gegebene Unübersichtlichkeit hinsichtlich gebotener Informationen zu konkreten Personen wird dadurch verstärkt, dass Namensnennungen in beiden Teilen des Buches in aller Regel ohne Vornamen erfolgen (abgesehen von den Personen, deren Fall gerade vorgestellt wird). Laut »Anmerkung der Redaktion« habe man diese Praxis gewählt in der Annahme, dass »klar sein« dürfte, »um wen es sich jeweils handelt« (350). Das mag nun bei Thüringen-Insidern der Fall sein – auf alle anderen Nutzer trifft es aber nicht zu. Ihnen wird die Nutzung des Buchs dadurch unnötig erschwert, und zudem können leicht Missverständnisse aufkommen. Ebenfalls vermisst man ein Abkürzungsverzeichnis (warum z. B. ist bei den Mitgliedschaften manchmal von »NSDAP« und manchmal von »NS« die Rede? Soll das einen Unterschied markieren?). Das Literaturverzeichnis weist neben Schwächen in den Formalien (dazu gehören Inkonsequenzen zwischen den hier angegebenen Kurztiteln und deren tatsächlicher Verwendung im Buch) auch Fehler auf (so wird auf S. 348 – in offensichtlicher Verwechslung mit dem früheren Thüringer Kultusminister – aus Christoph Markschies »Matschies, Christoph«).

Strukturell schwierig ist, dass Hinweise auf die Quellenbasis der Untersuchung in quantitativer Hinsicht erst in Kapitel 3 gegeben werden und auch noch klarer hätten ausfallen können. In der Einleitung, wo konkrete Informationen zur Quellenbasis zu finden sein sollten (einschließlich einer Erläuterung, was unter den dann vielfach auftauchenden Begriffen »P-Akten« und »Restakten« zu verstehen ist), heißt es lediglich, dass der Vf. »alle noch vorhandenen Verfahrens- und Personalakten ausgewertet« habe (10). In Kapitel 3 erfährt man dann, dass laut Abschlussbericht des LKR an die Entnazifizierungskommission des Landes vom 12. Februar 1948 in der Thüringer Kirche Verfahren gegen insgesamt 315 Pfarrer eingeleitet worden seien (55), was ca. der Hälfte der nach dem Krieg amtierenden Pfarrerschaft entsprach (109). Da der Vf. 177 Fälle quellenbasiert vorstellt, könnte man hieraus also schließen, dass 56% der ursprünglich angelegten Akten zu diesen Einzelfällen in aussagekräftigem Umfang überliefert sind und ausgewertet wurden. Laut Angaben des Vf.s konnte er 116 der insgesamt 202 im Bericht genannten »belastenden Entscheidungen […] anhand der aufgefundenen Personalakten und zugehörigen ReiG-Unterlagen« auswerten (56 f), was bedeuten würde, dass er 61 Fälle untersuchen konnte, in denen keine belastende Entscheidung getroffen wurde. Zu der Frage, warum ca. 40% der Akten zu den belastenden Entscheidungen nicht ausgewertet werden konnten, werden verschiedene Gründe angegeben (56 f, Anm. 211). Da es dabei immerhin um fast einhundert Fälle geht, wären freilich genauere Informationen darüber interessant, wie sich die angegebenen Gründe prozentual auf diese Fälle verteilen. Dies betrifft nicht zuletzt die unter b) genannten, in Eisenach nicht mehr auffindbaren Akten oder Aktenteile, denn es fragt sich hier ja, welches Ausmaß diese Aktenausdünnung hat. Das wiederum hätte auch Auswirkungen auf die qualitative Interpretation, insofern sich hier Fragen nach gezielter Ausdünnung anschließen würden (Kriegsverluste kommen seit 1945 ja nicht mehr in Frage). Sehr hilfreich sind die quellenkritischen Überlegungen des Vf.s zu dem Aspekt, welche Auskünfte die Spruchstelle selbst für ihre Entscheidungen überhaupt herangezogen hat und welche nicht – insbesondere weil er hier klarstellt, dass aufgrund der sich daraus ergebenden Quellenlage »keine Schlüsse darauf gezogen werden« können, wie sich die NS- und DC-Ideologie […] in den Kirchengemeinden konkret ausgewirkt hat« (11).

Angesichts der Tatsache, dass Entnazifizierungszahlen in der Argumentation des Vfs. in Teil I eine zentrale Rolle spielen, ist methodenkritisch weiterhin anzumerken, dass die summarischen Angaben, mit denen er dabei arbeitet, seinen eigenen Untersuchungsergebnissen widersprechen: Im Zweifelsfall, insbesondere im argumentativ zentralen Kapitel 4 (»Die Entnazifizierung in den anderen evangelischen Kirchen der SBZ«), rekurriert er immer wieder auf die quantitativen Angaben im Abschlussbericht des LKR (z. B. 67), in dem von 81 endgültig Entlassenen die Rede ist (vgl. 55), und verteidigt diese als zuverlässig (56), obwohl er diese Statistik an anderen Stellen als »Rechtfertigungs-Statistik« der Kirche gegenüber dem Land deutlich kritisch hinterfragt (57, vgl. auch 62 und 67 f). Zahlenmäßig stellt er selbst klar, dass in den von ihm untersuchten 51 Fällen der als »endgültig entlassen« klassifizierten Pfarrer 25 »wieder eine Anstellung in einem pfarramtlichen Dienst erhalten haben« (48) und sechs faktisch weiter von der Thüringer Kirche versorgt wurden, so dass bei lediglich zehn Personen tatsächlich von einem Ausscheiden und somit von »endgültig entlassen« die Rede sein könne (50) – hochgerechnet auf die insgesamt 81 Fälle könnte man analog also von ca. 16 tatsächlich Entlassenen ausgehen. Im kommentierenden Abschnitt zu den Superintendenten (84-89) ist von drei tatsächlich »uneingeschränkt entlassenen« (88 f) die Rede – obwohl in demselben Abschnitt erläutert wird und auch aus den Einzelfallschilderungen ablesbar ist, dass keiner von diesen tatsächlich ohne jegliche Versorgung blieb. Ergänzend sei hinzugefügt, dass auch die Kategorie »Entlassen und Erteilung eines kommissarischen Auftrags« natürlich nur temporär relevant war, weil die von dieser Maßnahme betroffenen Pfarrer nach spätestens drei Jahren wieder regulär ein Pfarramt verwalteten. Auch unter »Andere Maßregelung« geführte Personen kamen in aller Regel wieder ins Pfarramt. Bei den vorübergehend reglementierten Pfarrern sind zudem teils weitergehende Leistungen von der Landeskirche sowie Zuwendungen des Pfarrvereins zu berücksichtigen, auf die J. Jürgen Seidel hingewiesen hat (Aus den Trümmern. Göttingen 1996, 427).

Die strukturell komplexen Vorgänge und die Vielzahl an untersuchten Einzelfällen hätten es unbedingt nahegelegt, diese in tabellarischen Übersichten zu erfassen, die eben gerade die faktischen Unterschiede zwischen der Kategorisierung durch die Spruchstelle und den sich dahinter tatsächlich verbergenden Vorgängen unmittelbar erhellen. Denn es ist ja ein Glücksfall, eine Datenbasis zu haben, auf der solche Übersichten überhaupt erstellbar sind. Besonders vorteilhaft wäre dabei zum einen die Einbeziehung der Fälle (mit belastender wie auch nicht belastender Entscheidung) gewesen, die nicht in die Untersuchung einbezogen werden konnten, kategorisiert nach den vom Vf. eruierten Gründen (56 f, Anm. 211). In eine Gesamtübersicht zur Entnazifizierung wären, soweit das unter Heranziehung der schon vorliegenden Literatur möglich ist, auch die nationalsozialistisch-deutschchristlich engagierten Pfarrer aufzunehmen, gegen die gar kein Verfahren eröffnet wurde. Auf zumindest quantitative Angaben, die dem zugrundegelegt werden könnten, weist der Vf. an verschiedenen Stellen hin (S. 11, Anm. 8; 40, Anm. 143).

In der Publikation finden sich statistische Übersichten zur Spruchpraxis im Blick auf »Thüringer und Nicht-Thüringer Pfarrer« (59-62), die aufschlussreich im Blick auf den Umgang der Spruchstelle mit Landeskirchenwechslern in die Thüringer Landeskirche in der NS-Zeit sind (wobei die tabellarische Darstellung unter 3.4.2.1 graphisch verunglückt ist und die Auswertung hier eher dahin gehen müsste, dass unter den dauerhaft Entlassenen über zwei Drittel Nicht-Thüringer waren, von denen man sich mindestens z.T. deshalb trennen konnte, weil sie eben nicht tatsächlich als Thüringer Pfarrer anerkannt wurden, vgl. v.a. Rubrik B 1). Von großem Interesse wäre ein tabellarischer Gesamtüberblick über im Zuge der Entnazifizierung erfolgte Landeskirchenwechsel von und nach Thüringen – nicht zuletzt deshalb, weil der Fokus dann zusätzlich auf den EKD-weiten Zusammenhang gerichtet werden würde, der bei diesen Vorgängen von hoher Relevanz war, bislang aber nicht zusammenhängend untersucht worden ist. Hier ergäben sich Anschlussmöglichkeiten für entsprechende Untersuchungen zu anderen Landeskirchen. Welche Rolle spielte es praktisch – nicht nur in prominenten Fällen wie Hugo Rönck (vgl. 116-130) oder Siegfried Leffler (vgl. 153-158), sondern in der Breite, – dass, wie der Vf. zutreffend feststellt, »die Bereitschaft, stark NS- und DC-belastete Personen wieder in den kirchlichen Dienst zu übernehmen, in der EKD bereits im Laufe des Jahres 1946 erkennbar wurde« (120), für den Pfarrer- (und Lehrer-) Transfer zwischen den Landeskirchen (insbesondere zwischen Ost und West), während die betreffenden Personen in ihren Herkunftslandeskirchen unter der Rubrik »Endgültig entlassen« Erfolgsstatistiken der Entnazifizierung füllten?

4 Einblicke in Praxen, Akteursprofile und Motivlagen der Thüringer kirchlichen Entnazifizierungsmaßnahmen

Ungeachtet der benannten strukturellen und methodischen Probleme bietet die auf einer immensen Primärquellenarbeit fußende Studie eine Fülle strukturell interessanter Einblicke in die und Reflexionen zur Praxis der Entnazifizierung in der Thüringer Kirche. Dies impliziert auch weitergehende Forschungsoptionen. Aufschlussreich sind dabei zunächst die breiten Ausführungen zu den »Grundlagen der Entnazifizierung« (Kap. 1), in denen auf der Basis von Informationen zur Entnazifizierung in Deutschland allgemein das spezifische Profil der entsprechenden Maßnahmen in der Thüringer Kirche erläutert wird, wobei hier ergänzende Informationen aus anderen Kapiteln hinzuzuziehen sind. Im Folgenden sollen beispielhaft einige Aspekte dieses kirchenhistorisch relevanten Ertrags der Studie benannt werden.

Ein zentraler Aspekt ist die Frage, was genau Entnazifizierung nach Auffassung der Thüringer kirchlichen Akteure meinen sollte, und was sich anhand des vorliegenden Materials, auch in Verbindung mit den bereits vorliegenden einschlägigen Publikationen zu diesem Thema, darüber sagen lässt, was im Zuge der Reinigungsverfahren tatsächlich geschehen ist. Offensichtlich war das Bestreben der meisten der beteiligten Akteure, sich ganz auf die Wiederherstellung der äußeren Ordnung zu fokussieren und nicht so etwas wie eine »geistige Entnazifizierung« oder gar Schuldeingeständnisse anzustreben. Der Vf. stellt fest, dass auf der Basis der Quellen erkennbar ist, dass dies auch der Einstellung des »Großteil[s] der Pfarrerschaft« entsprochen habe: Man habe »einen Schlußstrich unter die vergangene Ära ziehen« wollen – »ohne Aufarbeitung der schuldbeladenen Vergangenheit«, was allerdings eine »für die evangelische Kirche in Deutschland nicht untypische Sichtweise« sei (40). In diesem Sinne sei der »einflußreiche Vorsitzende des Thüringer Pfarrervereins [und Mitglied der Spruchstelle, VAB], Paul Dahinten, […] zwar bereit [gewesen] zu akzeptieren, daß eine Entnazifizierung der Pfarrerschaft nötig war, aber er legte Wert darauf, daß daraus keine Gewissensprüfung werde« (40 f). Dies implizierte ein dezidiertes Plädoyer von Seiten des Pfarrvereins für »vergeben, beten, hoffen« anstelle von »schalten [sic!] und richten«, »verachten und verdammen«, was dem Bestreben des LKR entsprach, »jedem wieder eine Chance zu geben« (16, Anm. 36; 30). Das statistisch bereits deutlich gewordene Vorgehen von Spruchstelle und LKR belegt, dass diese Maximen in der Praxis offenbar tatsächlich maßgeblich wurden – was nicht ausschloss, dass es zwischen den Mitgliedern der Spruchstelle auch Kontroversen gab, auf die sich in der Studie vielfältige Hinweise finden (vgl. z. B. 311 f). Im Blick auf die Superintendenten reflektiert der Vf. ausführlich mögliche »Gründe des generell wohlwollenden Umgangs« mit diesen (88). Zugleich verteidigt er diese Grundstrategie der Thüringer Kirche als »erfolgreich« und rekurriert dabei auf das entsprechende Votum von Moritz Mitzenheim aus dem Jahr 1963 (109). Für Mitzenheim werden mehrere Äußerungen belegt, die deutlich die deutschchristliche Vergangenheit zu relativieren versuchten – so etwa 1951 zum Fall Rudolf Grabs (301), den der Vf. selbst deutlich kritischer einschätzt (297).

Die Fokussierung der kirchlichen Entnazifizierungsverfahren auf äußere Ordnungsfragen bedeutet nicht, dass Aspekte einer geistig-theologischen Entnazifizierung in denselben überhaupt keine Rolle gespielt hätten – vielmehr wird an vielen Stellen erkennbar, dass solche Aspekte doch einbezogen und eben auch protokolliert wurden, so dass weitergehende Studien dazu möglich wären (wobei wegen der selektiven Quellenwiedergabe durch den Vf. auf die Originalakten zurückgegriffen werden müsste). So wurde z. B. protokolliert, dass der vormalige Mitarbeiter des Entjudungsinstituts Hans Ermisch im Kontext der Verteidigung des Instituts äußerte: »Die heute bestehende Neigung zur Aufnahme alter liturgischer Formen (Kyrie) gegenüber moderner Psychologisierung und Erweichung (Bußwort) scheint mir von einem richtigen Gefühl geleitet zu sein.« (290) Am Fall des ehem. DC- und NSDAP-Mitgliedes Hans-Albert Erdmann stellt der Vf. das Modell einer »Aufarbeitung […] der DC-Vergangenheit unter Anleitung eines westfälischen Pfarrers« vor, bei der die »Thüringer Herkunft« des Betreffenden »berücksichtigt worden« und in deren Ergebnis Erdmann bescheinigt worden sei, dass er »[m]it radikaler Ehrlichkeit und scharfer Selbstkritik […] die fundamentalen DC-Irrtümer seiner theologischen und kirchlichen Vergangenheit erkannt und abgetan« habe (288 f). Der Vf. erwähnt in diesem Zusammenhang, dass »Pfarrer Behr, Marienstift« sich ein »Modell in dieser Richtung« für die gesamte Thüringer Kirche gewünscht habe (288, unter Verweis auf 330 f).

Die in der Pfarrerschaft laut Vf. verbreitetere Ansicht war allerdings, dass der als notwendig akzeptierte Verzicht auf »deutsch-christliche Formen« nach 1945 nicht implizierte, dass man »deutsch-christliches Engagement vor 1945« zugleich als illegitim eingestuft habe (292; vgl. entsprechende Voten in den Protokollen u.a. ebd und 308). Es sei, so der Kommentar des Vf.s hierzu, nicht gesehen worden, dass »das Deutsche Christentum ein verhängnisvoller Wegbereiter des Nationalsozialismus« gewesen sei (ebd). Sein Resümee zu den Möglichkeiten einer tatsächlichen Entnazifizierung »bei einer derartigen Fülle belasteter Pfarrer« (110) fällt letztlich ambivalent aus: Er betont einerseits, »daß die ehemaligen NS- und DC-Pfarrer weitgehend in die Thüringer Pfarrerschaft integriert worden sind und der früher starke NS-/DC-Geist in der Thüringer Kirche nach 1945 keinen prägenden Einfluß mehr gehabt hat«, und spricht gleichzeitig davon, dass es auch nach 1945 »unter den Thüringer Pfarrern noch so viele NS-/DC-Geprägte« gegeben habe, »daß die Übernahme weiterer Pfarrer mit dieser Vergangenheit für die Pfarrerschaft eine Belastung gewesen wäre« (114). Es wäre interessant, die verschiedenen Hinweise auf weitergehende deutschchristliche Aktivitäten und Netzwerke zusammenzuführen und auszuwerten (vgl. z.B. 99, Anm. 365; S. 109 die entsprechende Bemerkung Mitzenheims 1963; Seidel 1996, 428).

Das unbedingte Interesse an der Weiterbeschäftigung auch nationalsozialistisch-deutschchristlich geprägter Pfarrer hatte, so lässt sich erkennen, aber auch praktische und rechtliche Gründe, die zugleich mit der Kirchenauffassung korrespondierten. So wurde vielfach mit dem Pfarrermangel argumentiert (35). Eine wichtige Rolle spielte zudem die hierarchische Kirchenauffassung, der gemäß das (Fehl-) Verhalten von Pfarrern nicht diesen selbst, sondern der Kirchenleitung anzulasten war, so dass mit der Einsetzung des neuen LKR, was allerdings noch auf der Basis eines Gesetzes von 1943 geschehen war (vgl. hierzu 11-14), die wesentliche Arbeit für getan erklärt und dieser Zusammenhang auch als entlastende Begründung in konkreten Fällen herangezogen werden konnte (vgl. z.B. 332f zum Fall Konrad Bähring). Diese Sicht entsprach strukturell der (staatlich geforderten) Umsetzung des »Austauschs der Eliten« (106-108) – sieht man davon ab, dass dies theoretisch durchaus auch einen »Elitenwechsel auf Gemeindeebene«, also bei den Pfarrern, die gemäß der damaligen Verfassung ja »eine wichtige Leitungsebene« bildeten (108), bedeutet hätte. Der Vf. berichtet aber auch, dass Mitzenheim sich vergeblich bemüht habe, »20 junge unbelastete Pfarrer aus dem Westen zu übernehmen« (114; vgl. hierzu Seidel 1996, 428f).

Die Studie gibt zahlreiche Hinweise darauf, dass die Fokussierung auf äußere Ordnungsfragen bei den Entnazifizierungsmaßnahmen der Thüringer Kirche in verschiedenen Dimensionen offensichtlich im Kontext von deren rechtlichen Prämissen, denen theologische Parameter eher nachgeordnet waren, zu interpretieren ist. So habe eine entscheidende Rolle gespielt, dass die Thüringer Kirchenverfassung kein Lehrzuchtverfahren vorsah, was bedeutete, dass von den Bekenntnisgrundlagen abweichende theologische Positionen nicht zu Amtsenthebungen führen konnten (35-41). In den Verfahren sei, so der Vf., nicht das »skandalöse Verhalten

Hitler-begeisterter DC-Pfarrer sanktioniert« worden, »sondern die Förderung des Nationalsozialismus durch aktives Handeln«; »fast ängstlich« sei »darauf geachtet worden, daß nur aktives Handeln und nicht dahinter stehendes theologisches Denken geahndet wurde« (39; vgl. auch 70). So habe nach 1945 zwar niemand mehr deutsch-christliche Thesen vertreten, die Theologen des LKR hätten »beim Hören der Predigten« teils aber schon noch »deutsch-christliches Gedankengut wahrgenommen«, was aufgrund des öffentlich-rechtlichen Dienstverhältnisses der Pfarrer aber nicht sanktionierbar gewesen sei (54). Kirchenrat Wolfgang Schanze, in der NS-Zeit Mitglied des Landesbruderrats der Lutherischen Bekenntnisgemeinschaft (LBG), habe dies »am kritischsten« gesehen (ebd). Von kirchenleitender Seite sei letztlich aber darauf vertraut worden, »daß die nachwachsende Generation und die Zeit diese Wunden heilen würden« (ebd). Faktisch seien aufgrund der Tatsache, dass Pfarrer »nur unter großen Schwierigkeiten zu belangen« waren, wenn sie »auf Lebenszeit angestellt waren«, »innerlich rückwärtsgewandt eingestellt blieben und dies auch bei der Ausübung ihres Dienstes zum Ausdruck kam, ohne daß sie sich gegen die geltenden Ordnungen auflehnten«, generell »keine Aussagen über Pfarrer« machbar, »die äußerlich die neue Ordnung angewandt haben, aber den inneren Schritt zur Bejahung dieser Ordnung nicht gegangen sind« (111).

Eine Dominanz juristischer Parameter sieht der Vf. auch im Duktus von Begründungsschreiben zu den Einzelentscheidungen. Diese seien teils »nur von dem Ziel geleitet« gewesen, »das Ergebnis zu tragen, auch wenn dabei dem zugrunde liegenden kirchlichen Lebenssachverhalt nicht angemessen Rechnung getragen« worden sei (328). Dies wiederum bringt der Vf. mit einer Personalie in Zusammenhang: »Die Stellung von Dr. Lotz als leitendem Juristen im Landeskirchenamt war so stark, daß die Begründung Sache des Juristen war.« (ebd, Anm. 813). Dies erkläre, dass die Theologen (insbesondere auch Mitzenheim) mitgetragen hätten, was Lotz schrieb (ebd). Diese innerkirchlichen Gegebenheiten korrespondierten mit der unmittelbaren Anlehnung der kirchlichen Maßnahmen an die staatlichen Vorgaben, wofür die Tatsache, dass die innerkirchlichen Maßnahmen auf dem »Gesetz über die Reinigung der öffentlichen Verwaltung von Nazi-Elementen« des Landes Thüringen vom 23. Juli 1945 und nicht auf den Richtlinien des Rates der EKD für Verordnungen zur »Wiederherstellung eines bekenntnisgebundenen Pfarrerstandes« fußten (66), weichenstellend war. Wohl weil sich das kirchliche Gesetz »formal und inhaltlich an die Vorgaben des Thüringer Reinigungsgesetzes anlehnte« (65), so vermutet der Vf., habe es von Seiten des Thüringer Landes auch keine Eingriffe in die kirchlichen Entnazifizierungsmaßnahmen gegeben, sondern es sei hier eine vergleichsweise »großzügige Haltung« festzustellen (65).

Faktisch gibt die Studie zahlreiche Hinweise darauf, dass diese formale Anlehnung des kirchlichen Reinigungsgesetzes an die staatliche Gesetzgebung allein die Zurückhaltung der staatlichen Seite keineswegs schon erklärt. Vielmehr galt es, in den Verfahren laufend die tatsächliche Ausrichtung an den staatlichen Kriterien unter Beweis zu stellen – und auch an dieser Stelle erscheint der Jurist Lotz als die maßgebliche Schlüsselfigur. Lotz war derjenige, der peinlichst darauf achtete und auch durchsetzte, dass man in den Entscheidungen nicht zu offensichtlich von den staatlichen Vorgaben abwich, indem die Spruchstelle beispielsweise »in einer Sitzung eine größere Zahl belasteter Pfarrer freispreche« (32; entsprechend wies der LKR gegenüber »Betroffenen und deren Fürsprechern« auch auf die im Zweifelsfall härteren Entscheidungen staatlicher Organe hin, um »die Akzeptanz der kirchlichen Entscheidungen« zu fördern, vgl. S. 34). Lotz' Auffassung, dass die Kirche bei ihren Entnazifizierungsmaßnahmen »im Grundsatz die staatlich vorgegebenen Kriterien umzusetzen habe«, was eine »stärkere Ausrichtung auf staatliche Wünsche, als es der eigenen kirchlichen Einsicht entsprach« (104), implizierte, spielte insbesondere unmittelbar nach der Wiederaufnahme seiner Tätigkeit im Landeskirchenamt (Februar 1946) in Gestalt eines strengeren Umgangs mit den »Alten Kämpfern« eine Rolle (78-80, Zitat 80; vgl. 104 f). In den Kontext dieser Ausrichtung von Lotz an den staatlichen Erwartungen mit dem Ziel der Vermeidung eines kirchenpolitischen Eklats ordnete sich auch dessen vehementer und zunächst erfolgreicher Kampf gegen Mitzenheims Neigungen, Walter Grundmann ein Pfarramt in Thüringen zu übertragen, ein (vgl. hierzu Christine Koch-Hallas: Die Evangelisch-Lutherische Kirche in Thüringen in der SBZ und Frühzeit der DDR [1945-1961]. Leipzig 2009. 108-110; Thomas A. Seidel: Die Entnazifizierungsakte Grundmann. In: Walter Grundmann: ein Neutestamentler im Dritten Reich/ hrsg. von Roland Deines [u.a.]. Leipzig 2007, 349-369; hier 356 f. 364. 367).

Interessant wäre eine systematische Auswertung der Angaben, wie in den einzelnen Verfahren mit welchen konkreten »Belastungen« umgegangen und wie in welchen Fällen entlastend argumentiert wurde. Denn das »Gesetz zur Überprüfung der Pfarrerschaft und der Verwaltung der Thüringer Evangelischen Kirche (Reinigungsgesetz)« vom 12. Dezember 1945, das den kirchlichen Entnazifizierungsmaßnahmen zugrunde lag (24; vom Vf. unter »Handbücher und Gesetze« merkwürdiger Weise nicht gelistet, vgl. S. 350), ließ faktisch einen breiten Interpretationsspielraum, indem es nicht die Mitgliedschaft in der NSDAP oder den DC an sich unter Strafe stellte, sondern nur »ein politisches oder kirchenpolitisches Verhalten«, durch das »Amtspflichten gröblichst verletzt und der Kirche geschadet« worden sei, und generell – auch bei Eintritt in die NSDAP oder die DC vor 1933 sowie der Wahrnehmung hoher Ämter in nationalsozialistischen Organisationen, die an sich besonders streng beurteilt werden sollten – eine Einzelfallprüfung vorsah (28 f, Zitat 29). In der Dokumentation der Einzelfälle ist tatsächlich nicht selten der Verweis darauf, dass jemand als DC »keinen Schaden angerichtet« habe, als entlastendes Argument zu finden (vgl. u.a. S. 312 f. 316; die vom Vf. auf S. 29 gebotene gegenteilige Interpretation der Gesetzesformulierung hinsichtlich ihrer praktischen Anwendung im Sinne einer Ausdehnung des Vorwurfsprofils auf »jegliche Förderung des Nationalsozialismus« ist m.E. unzutreffend; vgl. hierzu vielmehr Seidel 1996, 425 f), was nicht zuletzt deshalb verwundert, weil, wie der Vf.

aufgezeigt, die Auswirkungen nationalsozialistisch-deutschchristlichen Engagements von Pfarrern auf die »konkrete Gemeindesituation« gar nicht systematisch abgefragt wurden (11). In der Dokumentation der Einzelfälle findet sich darüber hinaus eine breite Varianz an Gründen, die deutschchristliches Engagement relativieren konnte, wozu z. B. die Einordnung als Vertreter einer »gemäßigten Linie«, innere Abkehr von deutschchristlichem Gedankengut oder die Einordnung als »Mitläufer« gehörten. Analog galt NSDAP-Mitgliedschaft an sich, ohne dass leitende Ämter bekleidet wurden, in der Regel als nicht relevant, sondern wurde vielfach als lediglich »nominell« eingestuft, was auch den späteren Bischof Ingo Braecklein betraf (vgl. 315). Der Vf. stellt fest, dass die Spruchstelle das »Programm der nationalkirchlichen Einigung mit seinem vorbehaltlosen Bekenntnis zur nationalsozialistischen Weltanschauung und zur Totalität des deutschen Lebens« als Argument für eine Gefährdung der Kirche durch die DC inkonsequent heranzog, und weist zudem darauf hin, dass »die Mehrzahl der ehemaligen Deutschen Christen« sich darauf berufen hätte, »daß das Programm ihnen nicht bekannt sei, sie ihm zumindest keine Bedeutung beigemessen hätten«, was sich aus der Sicht des Vf.s »nur durch Verdrängung erklären« lasse (335 f, Zitat 335; vgl. das Argument der »Verdrängung« auch S. 97).

Der Jurist Lotz habe, so der Vf., da die Kirche mit ihren Entnazifizierungsmaßnahmen lediglich den Vorgaben von staatlicher Seite folgte, »im Regelfall gar kein[en] Anlaß« gesehen, »Deutsche Christen zur Rechenschaft zu ziehen«, und es auch »bei aktivistischen Deutschen Christen« »zumindest nicht [für] geboten« erachtet, dass »generell Anlaß zur Prüfung nach dem ReiG« bestand (38). In konkreten Fällen hat er zur Untermauerung entsprechender Entlastungen auch mit dem Vorwurf des verkappten Lehrzuchtverfahrens argumentiert (vgl. 252 f). An dieser Stelle wäre sicher die Frage zu reflektieren, was diese Position auch mit Lotz' offenbar eigener DC-Mitgliedschaft bis zum Kriegsende (vgl. Seidel 1996, 350; bei Weispfenning S. 32, Anm. 118, dagegen die Auskunft, dass Lotz nicht Mitglied der DC gewesen sei) zu tun gehabt haben könnte. Faktisch erklären diese Ausführungen, weshalb aktive DC wie Gerhard Phieler gar nicht in den Fokus der Thüringer Entnazifizierungsmaßnahmen kamen (vgl. Seidel 2007, 357, mit Hinweis auf die Berufung eines weiteren ehem. DC in den LKR auf Initiative von Lotz).

Hinsichtlich der Haltung von Lotz und dessen Einfluss auf die kirchlichen Entnazifizierungsmaßnahmen erläutert der Vf. zudem: »Und angesichts seines Staats- und Gesellschaftsverständnisses wollte er nicht, daß ein Mitglied einer Blockpartei, das der NSDAP nicht angehört hatte, aus dem Pfarrdienst endgültig entlassen werde.« (38). Die nicht leicht verständliche Aussage weist auf den Umstand hin, dass in den Entnazifizierungsverfahren zusätzlich der Nachweis von Engagement in einer der inzwischen in der SBZ gegründeten »antifaschistischen Parteien« oder Organisationen oder eine Unbedenklichkeitsbescheinigung derselben entlastend wirkte und nach Lotz' Auffassung insbesondere bei Personen wirken sollte, die »nur« deutschchristlich engagiert gewesen waren, nicht aber NSDAP-Mitglied. Für Lotz, der seit deren Gründung im Juni 1945 selbst der Ost-CDU angehörte und bald auch Mitglied im Bezirksvorstand war, sei, so der Vf., analog zur staatlichen Auffassung »eine antifaschistische Tätigkeit nach 1945 stets ein Entlastungsgrund« (33) im Sinne der Nachsicht im Umgang mit »Jugendsünden« (328) gewesen. Dies habe allerdings nicht der Auffassung aller an den Entnazifizierungsmaßnahmen beteiligten kirchlichen Gremien entsprochen: So sei die Spruchstelle »gegenüber sog. Wendehälsen« »kritisch« »eingestellt« gewesen, »denen sie unterstellte, daß sie sich nach dem Zeitgeist richteten, aber keine eigene Überzeugung verträten« – der LKR hingegen »urteilte genau anders: Wer nach 1945 »antifaschistisch« anerkannt war [auf staatlicher Seite, VAB], hat damit seine Loslösung von früher eingenommenen NS-Positionen dargetan« (77; zum Prozedere des Verfahrens und den Rollen von Spruchstelle und LKR grundsätzlich vgl. S. 29-33). Der Blick in die dokumentierten Einzelfälle bestätigt, dass »antifaschistisches Engagement« oder ein gutes Zeugnis von einer der Blockparteien oder vom Antifa-Block für den Verfahrensverlauf nicht selten ausschlaggebend waren (vgl. u.a. 77 f. 102. 255. 292. 306. 312. 321). Eine systematische Untersuchung der Relevanz dieser Vorgänge wäre für eine Gesamteinordnung der kirchlichen Entnazifizierungsmaßnahmen von großem Interesse.

Die Schlüsselrolle von Lotz bei den kirchlichen Entnazifizierungsmaßnahmen, insbesondere hinsichtlich der Ausrichtung an staatlichen Vorgaben und damit auch der Anpassung an das sich etablierende Masternarrativ des »Antifaschismus« als Instrument politischer Repression, die die Studie verdeutlicht, zeigt sich auch in der Tatsache, dass er gemeinsam mit Mitzenheim die maßgeblichen Verhandlungen mit der Landesregierung darüber führte, wie mit dem Ziel der Vermeidung des »Eklat[s] einer öffentlichen Entnazifizierungsverhandlung« die kirchliche Entnazifizierung erfolgreich abgeschlossen werden könne (26). Dies betraf auch die Vorbereitung des Abschlussberichts im Frühjahr 1948. Vor allem sei es dem Einfluss von Lotz zuzuschreiben, dass die kirchlichen mit dem Ende der staatlichen Entnazifizierungsmaßnahmen ebenfalls beendet worden seien, ohne das kirchliche Reinigungsgesetz aufzuheben. Dadurch habe, so der Vf., der LKR dem mit dem Erlass des kirchlichen Reinigungsgesetzes erhobenen »Anspruch, die Reinigung in einem eigenen, vom Staat unabhängigen Verfahren durchzuführen, […] selbst nicht mehr entsprochen« (27 f, Zitat 27). Die dabei »unterstellte Abhängigkeit kirchlichen Rechts von staatlichen Entscheidungen« habe »auf eine Abhängigkeit von staatlichen Vorgaben« hingedeutet, »die für eine nach eigenem Recht verfaßte Kirche gerade nicht« gelte (28). Eine solche »Vorgehensweise« habe es in »keiner anderen Landeskirche« gegeben – sonst sei überall »gesehen« worden, »daß eine kirchliche Rechtsgrundlage nur von einer kirchlichen Instanz aufgehoben werden« könne (ebd). Freilich kann man hier hinzufügen, dass die Einstellung der kirchlichen Entnazifizierungsmaßnahmen unmittelbar mit der Einstellung der staatlichen insofern ihre Logik hatte, als jene nur aufgrund staatlichen Drucks und nach den staatlichen Vorgaben eben auch eingeführt worden waren.

Jenseits der Relevanz von persönlichen Einstellungen des Juristen Lotz für die enge Anlehnung an staatliche Vorgaben als Merkmal der Thüringer kirchlichen Entnazifizierung bietet der Vf. an dieser Stelle auch deutlich weiter gehende Interpretationen. So spricht er in diesem Zusammenhang etwa von der »Wahrung« der »kirchlichen Spezifika« der Thüringer Kirche (66) und konstatiert auch eine »bleibende kirchenpolitische Bedeutung«, insofern der LKR hier »das erste Mal eine Richtung eingeschlagen« habe, die »in Richtung Thüringer Weg wies« (105; vgl. 28, Anm. 104). Diesen bringt der Vf. mit einer Relativierung von »Eigenständigkeit und Unabhängigkeit der Kirche bei der Vergabe von Ämtern zugunsten staatlicher Erwartungen« und somit mit einem »Abweichen von Artikel 3 der Barmer Erklärung« in Verbindung (105). Die Absicht, »bestehende Gesetze in ihrem formalen Gehalt strikt einzuhalten«, habe, so heißt es an anderer Stelle, »Thüringer Denken« entsprochen – ein »Grundsatz«, an den sich »die deutsch-christliche Kirchenleitung gehalten« habe; »entsprechend« habe »auch der neue Landeskirchenrat die kirchlich und politisch gebotene Neuausrichtung der Kirche im Rahmen der bestehenden Gesetze durchführen und Konfrontationen vermeiden« wollen, »die seine frisch erworbene Autorität hätten in Frage stellen können« (15). Wenn es eine solche kollektive Thüringer kirchliche Identität tatsächlich geben sollte – was m. E. allerdings keine unproblematische These darstellt –, würden die Fragen freilich erst anfangen: Wo wären dann die Ursachen dafür zu suchen? Wäre es tatsächlich die neulutherische Interpretation der Zwei-Reiche-Lehre, die hier wirksam wird, oder liegen eher politische Optionen vor den theologischen?

5 *Apologetischer Grundduktus im Blick auf die historischen Vorgänge*

Die bereits angedeutete wertende Tendenz der Darstellung, die der Vf. damit begründet, dass »die Interpretation von Geschehenem und das Aufzeigen von Zusammenhängen immer mit persönlichen Einschätzungen verbunden ist« (10), folgt weitgehend einem hinsichtlich der Thüringer kirchlichen Entnazifizierungsmaßnahmen apologetischen Grundduktus. Das führt, wie anhand aufgezeigter Spannungen zwischen Quellenbefunden und Interpretationen ebenfalls teils bereits deutlich wurde, dazu, dass der Vf. differenzierte Erkenntnisse seiner Studie nicht selten durch plakative Bemerkungen selbst wieder »einebnet« und dadurch durchaus auch zu widersprüchlichen Aussagen kommt. Teils kommt es zu sachlichen Unschärfen und Fehlern. Dies kann hier nur beispielhaft belegt werden.

So stellt der Vf. etwa die Tatsache, dass die Thüringer Kirche ihre Entnazifizierungsmaßnahmen lediglich auf staatlichen Druck hin einleitete, nebulös als bewusste Entscheidung des LKR dar, »in der Solidargemeinschaft des Volkes« zu bleiben (23). Die Praxis, den Fokus auf »die kirchliche Perspektive« zu legen und weniger »die Verantwortung der Täter in den staatlichen Raum hinein« zu berücksichtigen, wird damit verteidigt, dass NS-Verbrecher von der SMAD ohnehin flächendeckend zur Rechenschaft gezogen worden seien, so dass die Kirche sich hierum nicht habe kümmern müssen (35; mit Hinweis auf die vier Thüringer Pfarrer, die dies betroffen hatte, in Anm. 125). Eine solche Sicht erklärt freilich die unter dem Label »Entnazifizierung« geübte, als wesentlicher Baustein der Errichtung der SED-Diktatur einzuordnende juristische Praxis der SMAD (vgl. hierzu Seidel, Grundmann 2007, 351, einschließlich Literaturhinweisen in Anm. 351) zu einem legitimen Bestandteil der auch im kirchlichen Raum angestrebten Entnazifizierung. Zur Verteidigung der in der Studie belegten und deutlich benannten Tatsache, dass es kaum zu einem Austausch belasteter gegen unbelastete Pfarrer gekommen ist, greift der Vf. z. B. auf ekklesiologische Argumente zurück, indem er betont, dass sich die Pfarrerschaft »angesichts der in der evangelischen Kirche erwünschten Vielfalt aller Gaben und Schichten […] nicht als ein Organ« darstelle, »das nach bestimmten Kriterien ausgerichtet werden könnte« (108; vgl. S. 73 die Argumentation mit »evangelischer Freiheit«). An anderer Stelle wird speziell auf die gerade der evangelischen Kirche entsprechende theologische Pluralität verwiesen, der gemäß diese die »Aufgabe« habe, »die Spannung zwischen unterschiedlichen theologischen Prägungen und Denkweisen nicht vorschnell aufzulösen« – und zwar als Argument, um die Illegitimität der Kritik von Johannes Hertel als einzigem Mitglied der LBG in der Spruchstelle und dessen Forderung nach konsequenterer Entnazifizierung zu begründen (114).

Solche – hinsichtlich der in der NS-Zeit entstandenen gravierenden Unterschiede zwischen theologischen und damit verbundenen politisch-ethischen Positionen unsachgemäß simplifizierende – Aussagen korrespondieren in der Studie mit einer zu wenig reflektierten historischen Klassifikation kirchlicher Akteursgruppen in der NS-Zeit. Dies betrifft insbesondere die pauschale Gleichsetzung des Wittenberger Bundes, der durchaus als gemäßigt deutschchristlich eingeordnet werden kann (sog. »Mitte«), mit dem LBG als gleichermaßen »bekenntnisorientierten Gruppen« (15), im Zuge derer der Vf. zu einer die Zeitebenen vor und nach 1945 teils auch vermischenden Apologie der »vermittelnden« und auf »Versöhnung« setzenden Position des Pfarrervereins als in genuin bekenntniskirchlicher Tradition stehend kommt (vgl. z. B. 10 f). Auch hat diese Konstruktion eine wichtige Funktion zur Apologie von Neubesetzungen vor allem von Superintendenturen mit »mit kirchlich und politisch« vermeintlich »unbelasteten Personen« (15). Für eine sachgemäße Interpretation der historischen Situation hätten die bereits erwähnten Thüringer kritischen Stimmen zur kirchlichen Entnazifizierungspraxis als solche in die Analyse einbezogen werden müssen – einschließlich der des LBG-Mitglieds Herbert Werner, »daß alle Thüringer Pfarrer, die wirklich gelitten hätten«, aufgrund von Zwangspensionierungen etc. während der NS-Zeit 1945 gar »nicht mehr in Thüringen gewesen seien« und deshalb auch nicht an der Neuordnung der Thüringer Kirche hätten partizipieren können (99, Anm. 366).

In inhaltlicher Spannung zu der vom Vf. herausgearbeiteten Fokussierung der kirchlichen Entnazifizierungsmaßnahmen auf Aspekte der äußeren Ordnung anstatt auf

Lehrinhalte oder gar Bußerklärungen steht seine Aussage, dass Amtsenthebungen und Entlassungen zwar möglich gewesen seien bei schwerwiegendem Versagen und »Verrat« von »Grundprinzipien der christlichen Botschaft«, dass aber »die Möglichkeit, nach Umkehr und Buße wieder Dienst zu tun, [...] immer mitgedacht« werden müsse und »nicht prinzipiell ausgeschlossen werden« dürfe (108). In solchen Formulierungen klingt zugleich ein vom historischen Gegenstand losgelöster normativer Anspruch des Vf.s an, der in der Studie nicht selten anzutreffen ist. Den faktischen Verzicht auf Schuldeingeständnisse als Teil von Entnazifizierung begründet er u.a. damit, dass es »in Thüringen [...] damals Vorbehalte gegen laute, in der Öffentlichkeit abgegebene Schuldeingeständnisse und Bußerklärungen« gegeben habe (102). Maßgeblich ist für den Vf. letztlich das Narrativ des »Erfolgs« der »Integration der kommissarisch angestellten Pfarrer«, »die in den Pfarrkonventen und Gemeinden weithin geschätzt« worden seien, wobei er dieses erfolgreiche Konzept auch als den »von Spruchstelle und Landeskirchenrat eingeschlagene[n] Weg der Aufarbeitung« bezeichnet (109), der – im Gegensatz zu dem Versuch, »stärker auf Einsicht und Bußfertigkeit der Betroffenen« zu achten, – »eine ehrliche Lösung gewesen« sei (101). Dass es die historisch richtige Lösung gewesen sei, zeige sich auch daran, dass die »strengere Position der Amerikaner in den Westzonen« »in der Bevölkerung weitgehend abgelehnt worden« sei »und eine Aufarbeitung eher erschwert als gefördert« habe, woraus der Vf. normativ ableitet, »daß Strenge für sich genommen weder für die Opfer ein angemessener Ausgleich ist noch zu einer besseren Aufarbeitung beiträgt« (100).

Es bleibt unklar, warum und in welchem Sinn der Vf. hier den Begriff »Aufarbeitung« verwendet – nicht nur angesichts des beschriebenen Profils der Thüringer kirchlichen Entnazifizierungsmaßnahmen, sondern auch weil er andererseits klarstellt, dass »[n]ach unserer heutigen Erkenntnis [...] ein weitgehender Verzicht auf eine angemessene Bestrafung«, wovon hier eben durchaus die Rede sein kann, »eine intensive Aufarbeitung des rechtswidrigen Geschehens der Vergangenheit unter aktiver Beteiligung der Opfer, aber auch der Täter« voraussetzt, was »in der erforderlichen umfassenden Weise in keiner Kirche, ebenso wenig wie im staatlichen Bereich« geschehen sei (43). Die kirchliche Entnazifizierung sei überhaupt ein »politisch gesehen zwar nötiges, aber nur vorübergehend eingesetztes und nicht auf Nachhaltigkeit angelegtes Mittel gewesen« (101). Wenn zur »Einordnung der Kritik von Johannes Hertel« zudem die (nicht belegte) Erinnerung von Altbischof Werner Leich, dass diesem als Vikar nichts »von Spannungen zwischen ehemaligen DC- und BK-Pfarrern in ihren Pfarrkonventen [...] bekannt geworden« sei, als Beleg für eine »insgesamt gelungene[n] Integration« ehemaliger DC-Pfarrer angeführt wird (112), fragt man sich, inwieweit der Vf. über einen sachgemäßen Umgang mit Zeitzeugenaussagen informiert ist. Denn die Aussage ist in erster Linie ja als Hinweis darauf zu verstehen, dass eine offene Thematisierung solcher »Spannungen« angesichts des antifaschistischen Masternarrativs in der DDR bei Androhung schwerster politischer Sanktionen eben ein absolutes »no go« war.

Zum apologetischen Duktus der Studie im Blick auf die damaligen Vorgänge gehört die Fortschreibung zeitgenössischer entlastender Muster, die die Perspektive auf die NS-Zeit weg von der Verantwortung Einzelner hin zu einem schicksalhaften Ergehen lenken, der gemäß ideologische und praktische Unterstützer des Nationalsozialismus als »Betroffene« und somit quasi als Opfer (und in diesem Sinne »Belastete«) erscheinen. Hierzu gehört die vielfach anzutreffende Argumentation mit dem »NS/DC-Geist« oder auch dem »nationalsozialistischen und deutschchristlichen Ungeist« (100), der sich in Gestalt von »Verblendung« (35) der Menschen quasi bemächtigt hätte und nun durch einen »neuen Geist« abgelöst worden sei (markant S. 114 f). Dem korrespondiert ein Sprachgebrauch, der die NS-Zeit als Zeit unverständlicher »Abirrungen in Nationalsozialismus und Deutsches Christentum« (16) oder auch des »Abgleiten[s] von Deutschland in den Nationalsozialismus« (100) letztlich abspaltet und gegen jegliche Aufarbeitung isoliert (vgl. analog 1948 Mitzenheims Verwendung der Begriffe »Episode« und »Wirrnis«, s. Seidel 1996, 427 f, Zitate 427). Dies verbindet sich mit Narrativen wie dem des – nicht nur während der NS-Zeit, sondern auch nach 1945 – Nicht-Haben-Wissen-Könnens (z. B. 91; markant auch 297, Anm. 775, zugleich verbunden mit der Behauptung der Erfindung des NS durch Hitler), die längst in die Mottenkiste der Geschichtsschreibung gehören.

Höchst problematisch wird es m.E. dort, wo dieser Zugang in apologetischer Absicht und unter normativem Anspruch kombiniert wird mit anthropologisch- und geschichts-theologischen Deutungen. So wird etwa die Tatsache, dass Pfarrer im Gegensatz zu anderen Berufsgruppen häufiger nicht amtsenthoben wurden, damit »als gesellschaftlich vertretbar« verteidigt, dass »in dem christlichen Bekenntnis und der Lehre der Kirche […] eine Kraft« liege, »die sich als offen für alle Menschen erweist« und es den zuvor von »Verblendung« betroffenen Pfarrern (besser als anderen Menschen?) ermöglichen konnte, »den schrecklichen Ungeist zu überwinden« und »sich am Wiederaufbau von Kirche und Gesellschaft zu beteiligen« (35). Die Tatsache, dass der Thüringer LKR eine Entnazifizierung in der Kirche zunächst gar nicht erwogen habe, wird vom Vf. auf der Basis damaliger Deutungen geschichtstheologisch so qualifiziert: Aufgrund ihrer »Erfahrung, daß das über Deutschland in den letzten Kriegsjahren und der Nachkriegszeit hereingebrochene Gericht Gottes die dämonische Anziehungskraft nationalsozialistischer und deutschchristlicher Heilslehren zerstört habe«, hätten »die Mitglieder des Landeskirchenrats zu Beginn ihrer Amtszeit mit der Pfarrerschaft als Ganzer die Erfahrung machen« wollen, »daß Gottes Heil in rechter Predigt und Sakramentsverwaltung erfahrbar sei« (16; vgl. auch S. 110). Dabei scheut er sich nicht, in der Geschichte des deutschen Volkes und auch der Thüringer Kirche unmittelbar das Handeln Gottes auszumachen, und kommt etwa im Zusammenhang mit der Apologie der Tatsache, dass sich die neue Thüringer Kirchenleitung auf der Basis eines Gesetzes von 1943 konstituiert hatte, was bei Vertretern der LBG Kritik hervorrief, zu der Aussage: »So setzte sich Gottes Willen durch, und es kam zur Bildung eines neuen bekenntnistreuen Landeskirchenrates.« (13; er begründet dies in Anm. 19 mit dem Verweis auf eine Erklärung der VELKD aus dem Jahr 1959 im Zusammenhang mit den Diskussionen um die Anerkennung der DDR als Obrigkeit, die laut Koch-Hallas 2009, 301, Mitzenheims Position entsprochen habe).

Innerhalb des apologetischen Gesamtduktus spielt das vierte Kapitel eine herausgehobene Rolle, insofern hier anhand zusammenfassender und mit den anderen Landeskirchen der SBZ vergleichender statistischer Angaben letztlich die Qualität der Entnazifizierung in Thüringen bewiesen werden soll. Oben wurde bereits auf markante Widersprüche innerhalb dieses Kapitels hingewiesen (s. unter 3). Auf der einen Seite bietet der Vf. hier ganz realistische Einschätzungen wie die, dass aufgrund fehlender Untersuchungen hinsichtlich Vergleichen mit den anderen Landeskirchen »Zurückhaltung geboten« sei (63) oder dass gemäß den Angaben im Abschlussbericht zur Entnazifizierung der Thüringer Kirche die »zahlenmäßige Feststellung«, dass die Thüringer Kirche »deutlich mehr NS- und DC-belastete Pfarrer entlassen« habe als die anderen östlichen Landeskirchen, der Interpretation bedürfe – insbesondere wegen der in absoluten Zahlen vergleichsweise höheren Verstrickung in NS und DC in der Thüringer Pfarrerschaft und aufgrund einer möglicherweise verzerrten Darstellung der Kirche gegenüber dem Land aufgrund des Charakters einer »Rechtfertigungsstatistik« (67 f). Auf der anderen Seite relativiert er diese Überlegungen unmittelbar – u. a. mit dem syllogistischen, dem historischen Befund direkt entgegenstehenden Argument, dass die Thüringer Kirche »strenger entnazifiziert« haben müsse »als die übrigen Kirche[n]«, weil dies den »Normen« entsprochen habe und von einem zuständigen Juristen – in diesem Falle also Gerhard Lotz – »erwartet werden« könne, dass er »die in den Rechtsvorschriften zum Ausdruck gebrachten Wertungen« beachte (68). An anderer Stelle behauptet der Vf. enstprechend klar, dass die Zahlen im Abschlussbericht »zuverlässig sein« dürften, weil »anhand der Personalakten eingehend« über »den Inhalt des Berichts gesprochen« worden sei und die Kirche auch gar nicht »das Risiko« habe »eingehen« können, »mit falschen Zahlen zu arbeiten« (56). Es ist bedauerlich, dass der Vf. seine eigenen differenzierten Untersuchungsergebnisse zum historischen Gegenstand durch solche plakativen Behauptungen immer wieder selbst nivelliert.

Neben dem vierten spielt das siebente Kapitel eine besondere Rolle für das apologetische Anliegen der Publikation, was bereits anhand der Überschrift »Stellungnahme zu kritischen Anfragen an die Entnazifizierung in der Thür.Ev.Kirche« deutlich wird (97-106). Weit entfernt von den rekonstruierten historischen Vorgängen versteigt sich der Vf. hier in verschiedene verteidigende Konstruktionen wie z. B. die Behauptung einer eigenen Prämissen folgenden kirchlichen Entnazifizierung jenseits der den politisch-ideologischen Hauptinteressen des Staates folgenden staatlichen Entnazifizierung, was, wie die Ergebnisse der Studie gezeigt haben, in jeglicher Hinsicht als ahistorisch zu bezeichnen ist. Sein Versuch, sogar einen impliziten Einfluss der Barmer Theologischen Erklärung auf die Entnazifizierung in Thüringen nachzuweisen (103-105), ist wohl der Intention einer theoretischen Untermauerung der behaupteten genuin bekenntniskirchlichen Tradition der seit April 1945 tätigen Thüringer Kirchenleitung geschuldet. Im Blick auf die Stuttgarter Schulderklärung stellt der Vf. dagegen fest, dass es »ein künstlicher Versuch« wäre, die Thüringer kirchlichen Entnazifizierungsmaßnahmen »an den Aussagen dieser Erklärung messen zu wollen« (106) – wobei der Ausdruck »messen« noch einmal auf den Punkt bringt, worum es ihm in diesem Kapitel geht.

6 Apologetisches Anliegen im Blick auf den »Thüringer Weg« und die Thüringer Kirche generell

Wer die Publikation als Ganze in den Blick nimmt, begreift bald, dass deren eigentliches Anliegen nicht die Verteidigung der Thüringer kirchlichen Entnazifizierungsmaßnahmen als »erfolgreich« an sich ist, sondern die Absicht, einer »ohne Notwendigkeit einer weiteren Begründung« erfolgenden »Diskreditierung« des »Thüringer Weges« entgegenzuwirken, wie es gleich eingangs in der Einleitung heißt (9), wobei der Vf. hinzufügt, dass »[d]ieser Hinweis […] den ›Thüringer Weg‹ nicht rechtfertigen« solle (ebd, Anm. 3; vgl. hierzu auch die pointierte Vortragsfassung der Studie in den Mitteilungen des Thüringer Pfarrvereins 7 [2017] Nr. 4, 21-40). Es ist sogar von einer »verbreiteten thüringenkritischen Sicht« die Rede, der es zu begegnen gelte (10; vgl. die Erläuterungen zur weiterhin bestehenden Virulenz des Themas »Thüringer Weg« auf S. 102 f, Anm. 376). Der Zusammenhang ergibt sich, so der Vf., aus der »Herleitung des ›Thüringer Weges‹ aus einer nicht sachgerechten Entnazifizierung«, die »bislang nicht solide begründet worden« sei (9, Anm. 3). Es handle sich bei der aus seiner Sicht falschen Einschätzung der Entnazifizierung als »besonders milde« (der Vf. bezieht sich dabei in erster Linie auf Seidel 1996 und Thomas A. Seidel: Im Übergang der Diktaturen. Stuttgart 2003 [das Erscheinungsjahr auf S. 10 fälschlich »1951«]) letztlich aber andersherum um »Rückwirkungen« aus der »kritische[n] Beurteilung« der Thüringer Kirche »in der Gemeinschaft der evangelischen Kirchen in der DDR wegen ihres Thüringer Weges« (98; vgl. auch 100 f und 67, Anm. 254).

Derartige apologetische Aussagen stehen freilich in deutlicher inhaltlicher Spannung zu den vom Vf. auf der Basis seiner Untersuchung vorgelegten differenzierten Überlegungen zu Tendenzen in Richtung »Thüringer Weg« seit 1946 im Kontext weitergehender Reflexionen zu »Thüringer Spezifika« (vgl. unter 4). In den apologetischen Passagen beruft er sich vor allem auf die Studie von Koch-Hallas, die »keinen Hinweis darauf« enthalte, »daß der Thüringer Weg vornehmlich von ehemaligen NS- und DC-Mitgliedern, die noch immer von diesem Gedankengut beeinflußt gewesen seien, durchgesetzt worden« sei (9, Anm. 3). Die Frage nach solchen Zusammenhängen ist aber nicht der Gegenstand des von ihm als Beleg hierfür angegebenen Kapitels bei Koch-Hallas – abgesehen von der weder theologisch noch historisch zutreffenden Konstruktion einer »Wandlung Mitzenheims vom oppositionellen [!] Bekenntniskirchler zum staatsloyalen Landesbischof«, worauf Martin Greschat 2010 hingewiesen hat (vgl. seine Rezension in Sehepunkte 10 [2010] Nr. 11) – und der Vf. übergeht, dass die Autorin durchaus solche Zusammenhänge andeutet (vgl. Koch-Hallas 2009, 287-347, hier 335 und 345 f; das Zitat 324).

Die Missverständnisse resultieren zweifellos aus der Tatsache, dass der Vf. hinsichtlich der Frage nach personellen Zusammenhängen zwischen der NS-/DC-Belastung und dem staatsnahen Weg der Thüringer Kirche ab dem Ende der 1950er Jahre ganz im Rahmen dessen bleibt, was und wer in der zweiten Hälfte der 1940er Jahre aufgrund von staatlichem Druck in den Fokus der Thüringer kirchlichen Entnazifizierungsmaßnahmen gekommen ist. Dabei bleibt auch seine Perspektive eine – sich mit der Arbeit von Spruchstelle und LKR gewissermaßen identifizierende – immanente. Wie mehrere Studien gezeigt haben (vgl. außer Seidel 2003 und 2007 v.a. Lukas Bormann: Walter Grundmann und das Ministerium für Staatssicherheit: Chronik einer Zusammenarbeit aus Überzeugung, 1956–1969, in: KZG 22 [2009], 595-632; Christian Dietrich: Der Weimarer Arbeitskreis, die Ost-CDU und der Thüringer Weg der evangelischen Landeskirche, in: epd-Dokumentation 20 [2012], 38-52), reicht diese Perspektive aber nicht aus, um die Zusammenhänge zwischen der NS- und der Zeit danach zu sehen, und zwar aus mehreren Gründen.

Zum einen werden die Relevanz der Wiedereinstellungen ab den späten 1940er Jahren und die damit gegebene Option einer Kontinuität deutschchristlicher Einstellungen insgesamt zu stark marginalisiert. Zum anderen kommen bei dieser Fokussierung Neueinstellungen von Pfarrern ab 1945 gar nicht in den Blick, so dass für diese Zusammenhänge maßgebliche Personen wie Walter Grundmann, Heinz Erich Eisenhuth oder Herbert von Hintzenstern vollständig ausgeblendet bleiben. Drittens werden hinsichtlich der Frage, ob jemand als deutschchristlich-nationalsozialistisch geprägt einzuschätzen sei oder nicht, die auf höchstmögliche Entlastung zielenden damaligen Kriterien von Spruchstelle und LKR quasi übernommen, so dass z. B. Ingo Braecklein oder Gerhard Phieler ebenfalls nicht als Träger von Kontinuitäten wahrgenommen werden können. Viertens beschränkt sich die vom Vf. vorgelegte Untersuchung eben auf die Entnazifizierung von Pfarrern, was bedeutet, dass andere Mitarbeiter nicht berücksichtigt wurden. Damit kommen z. B. wichtige Mitarbeiter des Entjudungsinstituts, die auch nach 1945 tragende Rollen in der Thüringer Landeskirche – und nicht nur dort (vgl. Dirk Schuster: Die Lehre vom »arischen« Christentum. Göttingen 2017, 253-269) – spielten, wie etwa Erhard Mauersberger, nicht in den Blick. Dass der selbst nicht unbelastete Jurist Gerhard Lotz den Verlauf der Entnazifizierungsmaßnahmen maßgeblichst beinflusst hat, hat der Vf. allerdings überzeugend herausgearbeitet – dass Lotz zugleich eine Schlüsselfigur für den »Thüringer Weg« war, dürfte inzwischen außer Frage stehen. Von weitergehendem kirchengeschichtlichem Interesse wäre die Frage nach Kontinuitäten von Netzwerken, die sich im Weimarer Arbeitskreis als entscheidendem Gremium bei der Etablierung des »Thüringer Weges« (neu) konstituierten.

Wenn nach dem Ende der DDR nicht selten der Eindruck entstanden ist, westliche Wissenschaftler würden »den Osten« und namentlich auch die östlichen protestantischen Kirchen »schlecht machen«, und zwar auf der Basis historischer Forschung, so ist das vorliegende Buch dazu ein Gegenbeispiel. Der Vf. fungiert, gerade weil er »aus dem Westen kommt«, gewissermaßen als »unverdächtiger Zeuge« für eine die Vergangenheit erfolgreich bewältigt habende Thüringer Kirche. Zur Untermauerung dessen berichtet er auch von seinen Erfahrungen als Zeitzeuge der unmittelbaren Nachwendezeit in Eisenach: »Grabenkämpfe aus der Vergangenheit« hätten »keine Rolle« gespielt, vielmehr sei er »beeindruckt« gewesen »von der Frömmigkeit und Zuversicht, die bei den Verantwortlichen die Bereitschaft förderten, dem Herrn der Kirche auf seinem Ruf in die neue Zeit zu folgen« (9). Mehr noch: Er stellt der Thüringer Kirche das Zeugnis aus, dass hier seit der NS-Zeit »unendlich viel evangeliumsgemäße Arbeit getan worden war« und letztlich »nicht weniger segensreich gearbeitet worden ist als in anderen Kirchen« (ebd).

Es wird allerdings auch deutlich, dass die Perspektive des Vf.s auf die Thüringer Kirche nicht zuletzt durch seine eigenen Erfahrungen und Lebenswelten geprägt ist, die er in die Thüringer Geschichte gewissermaßen einträgt. So behauptet er etwa, dass »[e]inzelne Kritiker«, die auch nach 1990 »noch aus der starken NS-/DC-Prägung der Kirche vor 1945 folgerten, daß sich die unselige NS-/DC-Belastung in dieser Kirche noch in der Gegenwart auswirke«, »wohl von dem im Westen schon abgeebbten Protest der 68er Generation beeinflusst« gewesen seien (9). Erläuternd fügt der Vf. plakativ hinzu, dass »kirchliche Vertreter der 68er Generation« – nach den BK-Pfarrern in den 1940er Jahren, die sich nicht hätten durchsetzen können – diejenigen gewesen seien, »die in Aufnahme marxistischen Gedankenguts analysierten, daß ehemalige Nazis immer Nazis geblieben seien« (10). Dass er im Blick auf die »notwendige[n] Bewältigung der Vergangenheit« schließlich auf den auf westliche Kontexte bezogenen Artikel von Roman Herzog über »Nationalsozialismus« im Evangelischen Staatslexikon von 1987 (der Text stammt aus der ersten Auflage von 1966) zurückgreift, um die »junge Generation« vor »Bewertungen« von ihr nicht erlebter Situationen zu warnen (101), überrascht dann kaum. Es liegt in der Logik derartiger Übertragungen westdeutscher Konfliktlinien auf die Thüringer Situation, dass der Vf. letztlich die in den 1940er Jahren von Johannes Hertel geäußerte Kritik an den Entnazifizierungsmaßnahmen und dessen Forderung nach konsequenterer Entnazifizierung »einordnet« als »Sehnsucht« und »Traum«, deren »Umsetzung [...] die Thüringer Kirche in eine Überwachungskirche verwandelt hätte« (114) – abgesehen davon, dass sie auch »in Widerspruch zu dem in der EKD geltenden Kirchenrecht« gestanden habe (113).

Dem Buch sind zwei Vorworte vorangestellt, die mit etwas unterschiedlichen Akzenten beide ganz die apologetische Perspektive im Blick auf die Geschichte der Thüringer Kirche fokussieren, so dass die Absicht des Herausgebers offensichtlich ist, dass die Leser das Buch in eben dieser Perspektive und keiner anderen rezipieren sollen. Das erste und längere Vorwort stammt vom Vorsitzenden des Thüringer Pfarrvereins Martin Michaelis und macht zum einen deutlich, dass die »bekannten« »Vorwürfe gegen die Thüringer Landeskirche wegen ihrer zu großen Staatsnähe« (V), die auf den Entwicklungen in der NS-Zeit basierten, zugleich grundsätzlicher »in Verbindung mit einer dem Lutherischen zugeschriebenen konservativen Haltung oder hierarchischen Strukturen gebracht« werden würden, was »sowohl sachlich als auch historisch falsch« sei (II). Mit großer Vehemenz wird eine aus diesen Vorwürfen resultierende grundsätzliche »Abqualifikation« der Thüringer Kirche beklagt (V). Zum anderen und in unmittelbarem Zusammenhang mit diesen Klagen benennt das Vorwort die Fusion der Thüringer Kirche mit der Kirchenprovinz Sachsen zur EKM als »Sitz im Leben« der Publikation (II). Dabei werden auch Konflikte um deren Veröffentlichung selbst thematisiert: Diese sei von der Thüringer Kirchenleitung vorgesehen gewesen, »später« aber nicht mehr verfolgt worden, weil »das Aufflammen einer innerkirchlichen Kontroverse befürchtet« worden sei, »bei der die alten Gegensätze zwischen einer zukunftsgewandten Evangelischen Kirche der Kirchenprovinz Sachsen und einer angeblich von altem DC-Einfluss geprägten Thüringer Kirche eine Rolle spielen könnten« (V). Dem folgt die eher kryptische Bemerkung, dass von der Kirchenleitung der EKM »schließlich kein Signal mehr für eine Unterstützung zur ungefilterten Herausgabe des Buches« gekommen sei, weshalb sich der Pfarrverein der Sache angenommen habe, damit die »Ergebnisse« der Studie »nicht totgeschwiegen« würden (ebd). Das Vorwort gibt auch Hinweise auf im Vorfeld der Veröffentlichung geäußerte Kritik an der Studie, die aus der Sicht von Michaelis anzeige, »dass das behandelte Thema auch heute noch virulent« sei (ebd). Mit sachlich und teils wörtlich mit den Erklärungsmustern des Vf.s übereinstimmenden Formulierungen weist er diese Kritik scharf zurück (V. VI).

Das zweite Vorwort stammt von der Arnstädter Pfarrerin Beate Schreier, geb. Phieler, die 1985 in Halle mit einer Arbeit zur Kirchengeschichte Thüringens in den Jahren 1918 bis 1933 promoviert worden ist, wie als Information zu ihrer Unterschrift angegeben ist (VIII; das Jahr hier fälschlich »1983«). Damit steht sie hier für den kirchenhistorisch-wissenschaftlichen Zugang und für die Generation der nach dem Krieg geborenen Pfarrer*innen. Dem korrespondiert, dass ihr Vorwort schwerpunktmäßig der Abwehr von »Gerüchten und Verdächtigungen« sowie »Mutmaßungen« als »pauschal und geschichtsvergessen« gewidmet ist, die sich auf Behauptungen von bis in die Gegenwart virulenten Kontinuitäten seit »einer mangelnden Entnazifizierung« über den »Thüringer Weg« in der DDR-Zeit, den sie zugleich mit der Formel »Kirche im Sozialismus« gleichsetzt, beziehen (VII). Dabei verteidigt sie den »Thüringer Weg« selbst als Versuch, »ein gewisses Gegengewicht zum zentralistischen Machtapparat der DDR in dem Bemühen um einen bekenntnismäßigen Lebensraum für die Kirche« zu schaffen (VIII). Auch wenn dieser in erster Linie von Mitzenheim »verantwortete lavierende Pragmatismus mit ideologischen Zugeständnissen an den sozialistischen Staat erkauft« worden sei, komme die Idee, dieses Vorgehen mit dem DC-Bischofsamt »in Verbindung bringen zu wollen«, dem Versuch gleich, »Äpfel mit Birnen zu vergleichen« (ebd). All dies belege die vorliegende Studie.

7 *»Entnazifizierung« und »Aufarbeitung« – eine Schlussbemerkung*

Wer geglaubt hat, nur die Aufarbeitung der DDR-Kirchengeschichte sei gegenwärtig erneut hochvirulent, kann an diesem Buch lernen, in welchem Maße das zugleich und in explizitem Zusammenhang mit der DDR-Geschichte auch die NS-Zeit betrifft. Die Narrative werden neu verhandelt und in den größeren zeitgeschichtlichen Kontext der Diktaturen des 20. Jahrhunderts gestellt. Dabei kommt es zu überraschend klaren Konstruktionen von Kontinuitäten und Diskontinuitäten, die ein Thema letztlich der EKD und nicht nur der EKM oder der Thüringer Kirche in der EKM sind.

Das vorliegende Buch kann, wie deutlich geworden sein dürfte, sehr unterschiedlich rezipiert werden, weil es tatsächlich sehr unterschiedliche Botschaften enthält. Ich sehe die Gefahr, dass die innerkirchlich polarisierenden Potentiale dabei gesprächsfördernde dominieren könnten, wenn Rezipienten aus der Thüringer Kirche das Buch nur als Apologie der eigenen Kirche lesen – wie es die Vorworte ja auch eindringlichst nahelegen –, aber nicht nach dem wesentlich differenzierteren Ertrag fragen, der freilich auch nicht so leicht zu erheben ist, weil schon der Vf. selbst ihn apologetisch überformt. Liest man etwa den in der Thüringer Kirchenzeitung und in den Mitteilungen des Thüringer Pfarrvereins erschienenen Leserbrief des Thüringer Altbischofs Roland Hoffmann, dem zu entnehmen ist, dass Pfarrer im Ergebnis der Entnazifizierung »oft lebenslang nur kommissarisch ohne Bewerbungsrecht« tätig sein konnten und dass »der neue Landeskirchenrat mithilfe des Reinigungsgesetzes jeden Einzelnen in seiner Überzeugung und Lebensweise ›überprüft‹« habe (zitiert nach Abdruck in den Mitteilungen 9 [2019] Nr. 1, 4 f), so kann man nur konstatieren, dass mit beiden Behauptungen genau das beschrieben ist, was Spruchstelle und LKR eben gerade nicht anstrebten und auch nicht praktiziert haben. Wo aber nimmt der Verfasser des Leserbriefs diese Behauptungen her – und was wird daraus, wenn sie in dieser Form verbreitet werden?

Eine auf Verständigung zielende Kommunikation müsste m. E. bei der Frage ansetzen, was eigentlich gemeint ist, wenn von »Entnazifizierung« die Rede ist. Denn es ist evident, dass hier eine entscheidende Quelle von Missverständnissen liegt. Der Vf. beschreibt die juristischen Entnazifizierungsmaßnahmen der Thüringer Kirche »gemäß dem Reinigungsgesetz«, das mitnichten auf ein theologisches Umdenken, eine »geistige Reinigung« oder eine Umprägung von Mentalitäten zielte, wofür nicht zuletzt der Thüringer Pfarrverein gesorgt hat. Beate Schreier z. B. nennt die Thüringer Entnazifizierungsmaßnahmen ganz im Gegenteil aber eine »innerkirchliche Reinigung von deutsch-christlichem und nationalsozialistischem Gedankengut« (VII). Vielleicht ist es der Begriff »Reinigung« in dem aus dem staatlichen Bereich übernommenen Terminus »Reinigungsgesetz«, der eine solche Gleichsetzung von juristisch-dienstrechtlichen Maßnahmen mit einer Art »innerer Wandlung« suggeriert. Dass eine solche mit den dienstrechtlichen Maßnahmen quasi automatisch ebenfalls erfolgen würde, ist aber eine irrige Annahme – ebenso wie die Vorstellung, deutschchristlich-nationalsozialistische Einstellungen seien schlicht »gegenstandslos« geworden, »als die machtpolitische Basis dieser Ideologie zerfallen war« und die Auseinandersetzung mit der entstehenden nächsten Diktatur anstand (VII). Der historische Befund zeigt, dass der politische Druck des neuen Systems unter dem Masternarrativ »Antifaschismus« die notwendige Auseinandersetzung mit NS-Belastungen verhinderte, zu deren Verdrängung beitrug und die Bereitschaft förderte, (erneut) politische »Kompromisse« einzugehen. Freilich ist auch zu bedenken, dass ausschließlich auf Pfarrer und Kirchenleitungsmitglieder fokussierte Überlegungen zur Entnazifizierung einem Elitedenken verpflichtet bleiben, mit dem allein nicht Kontinuitäten und Diskontinuitäten in den Einstellungen einer Landeskirche erfasst werden können. Vielmehr wäre dezidiert auch die in den Thüringer kirchlichen Entnazifizierungsmaßnahmen ausgeblendete Gemeindeperspektive einzubeziehen (vgl. zu diesem Aspekt IV. VII und 68 f).

Martin Michaelis entnimmt dem Buch, dass es über »Schuld und anschließende Aufarbeitung« der Thüringer Pfarrerschaft berichte (IV). Auch das ist ein Missverständnis, weil es in den Verfahren nach dem ReiG dezidiert nicht um Schuldanerkenntnis und Buße und auch nicht um Aufarbeitung ging (auf den changierenden Begriff von »Aufarbeitung« des Vf.s selbst ist hingewiesen worden, s. unter 5). Michaelis thematisiert Fragen der Aufarbeitung aber ausführlich (v.a. II. III) und plädiert in diesem Zusammenhang für ein »Mitgefühl mit den Schuldig-Gewordenen« – unter der »Voraussetzung« des »Eingeständnis[ses] von Tat und Schuld« und mit dem »Ziel«, »den Zugang zu eigener Verstrickung und Schuld zu erleichtern« (III). Wenn man hier noch die Opferperspektive ergänzen könnte, wäre seinen Vorschlägen m.E. nichts hinzuzufügen und es könnten sich vielleicht neue Optionen ergeben im Umgang mit der Tatsache, dass der Thüringer Landeskirchenrat sich ganz offensichtlich geirrt hat, als er in den späten 1940er Jahren davon ausging, »daß die nachwachsende Generation und die Zeit« die »Wunden heilen würden« (54).

Von der Notwendigkeit, Verantwortung zu übernehmen

Die Studientage des Thüringer Predigerseminars 1994 – 2006

Von Michael Dorsch, bearbeitet von Susanne Böhm

Am 6. Mai 1939 ist auf der Wartburg bei Eisenach das »Institut zur Erforschung und Beseitigung des jüdischen Einflusses auf das deutsche kirchliche Leben« offiziell eröffnet worden. Die Gründung des Institutes war von den deutsch-christlich dominierten Landeskirchen und ihren Theologen länger geplant gewesen.[1] Die Anstrengungen, nach den »jüdischen« Einflüssen im »deutschen kirchlichen Leben« zu fragen und sie zu beseitigen, verstanden seine Gründer als einen Kampf um die Kirche, ihre Macht und ihre zeitförmige Gestalt. Der Antisemitismus war dabei Wurzel und Wirklichkeit. Dazu kam ein unschätzbares Maß an Opportunismus und Angst um Geltungsverlust.

Erster Standort des Institutes war die Bornstraße 11 in Eisenach, Sitz des Predigerseminars der Thüringer evangelischen Kirche. Das Haus wurde 1908 als »Haushaltungs- und Gewerbeschule für Mädchen mit Lehrerinnenbildungsanstalt. Berufsoberschule« gebaut. Am 17. März 1930 hatte der Landeskirchenrat der Thüringer evangelischen Kirche einen Mietvertrag abgeschlossen und am 22. April 1932 das Gebäude schließlich gekauft.[2] Bis 1999 diente es, mit Unterbrechungen, als Ausbildungsstätte für angehende Pfarrer und Pfarrerinnen. Am 30. November 1998 wurde es schließlich von der Landeskirche verkauft und ist nun ein Mehrfamilienhaus in erhabener Eisenacher Wohnlage: Die Wartburg grüßt von Gegenüber, das Burschenschaftsdenkmal liegt im Rücken, das alte Gebäude der ehemaligen Thüringer Kirchenleitung, der Pflugensberg, ist auf schmalen Waldwegen über den Berg zu erreichen. Wer von der Johann-Sebastian-Bach-Straße abzweigend die Bornstraße hinaufsteigt, findet heute ein lichtes Haus in leuchtendem Gelb.

Dass das Haus zugleich als Lernort für die Ausbildung künftiger Pfarrer der Landeskirche diente und 1939 Arbeitsort eben des Institutes wurde,[3] welches inmitten des staatlich und gesellschaftlich sanktionierten Mordes an den Juden eine

1 Vgl. Oliver ARNHOLD: »Entjudung« – Kirche im Abgrund: die Thüringer Kirchenbewegung Deutsche Christen 1928-1939 und das »Institut zur Erforschung und Beseitigung des jüdischen Einflusses auf das deutsche kirchliche Leben« 1939-1945 (Studien zu Kirche und Israel; 25/1 + 2). Berlin 2010.

2 Hermann LINS: Das Thüringer Predigerseminar in Eisenach 1922-1934 unter seinem ersten Rektor Kirchenrat S. Martin Saupe. Eisenach 1982, 19, Anm. 57a.

3 Vgl. auch Thomas A. Seidel zu den Mitarbeitern des Institutes, die noch nach dem Kriege in der Bornstraße wohnten und herausgeklagt werden mußten: Thomas A. SEIDEL: Im Übergang der Diktaturen: eine Untersuchung zur kirchlichen Neuordnung in Thüringen 1945-1951. Stuttgart 2003, 209, Anm. 251.

Das Wohnhaus in der Bornstraße 11 im Jahr 2018, ehemaliges Predigerseminar der Thüringer evangelischen Kirche (Foto: Michael Dorsch)

kirchliche antisemitische Mithilfe bereitstellte, ist ein bedrückendes Problem! Um hier Erkenntnisse zu gewinnen und zu vertiefen und Erinnerung zu schaffen für die Abstürze christlicher Theologie wurden die Studientage des Predigerseminars nach der friedlichen Revolution eingeführt.[4] Hier wurden Initiativen und Erkenntnisse aus den 1980er Jahren aufgegriffen. Erich Stegmann hatte in seiner Veröffentlichung schon 1984 auf die Gründung des Institutes aufmerksam gemacht,[5] und die Synode der Thüringer Landeskirche mahnte in ihrem Beschluß 1988 eine Aufarbeitung an.[6] Seit 1986 existierte die »Arbeitsgemeinschaft Kirche und Judentum in Thüringen«, in der Pfarrer Ricklef Münnich den Dialog mit vielfältigen Begegnungen und Veranstaltungen bis heute aktiv vorantreibt. 1989 gab Gisela Müller im Auftrag der Arbeitsgemeinschaft nach einem Besuch von Schalom Ben-Chorin das Buch »Von Antlitz zu Antlitz« heraus.[7]

Günter Reese und die Einführung der Studientage in Eisenach

55 Jahre nach Gründung des sogenannten Entjudungs-Institutes erging die Einladung zu einem ersten Studientag unter der Überschrift: »Wir sind in die Irre gegangen«. Zu dieser Zeit war Dr. Günter Reese Rektor des Predigerseminars. Reese, auf dessen Inspiration die Studientage zurückgehen, gehörte zur Generation der 1968iger, die, auch in der Auseinandersetzung mit der jüngsten deutschen Vergangenheit,

4 Der Geist deutsch-christlichen Denkens lebte lange: Kirchliche Amtsträger trugen ihn weiter, oft ohne Unrechtsbewußtsein. Man denke hier z. B. an den ehemaligen Superintendenten Hermann Leidenfrost in Jena und seine Abschiedsrede im Gemeindekirchenrat. »Er [Leidenfrost, M. D.] bereue keinen Augenblick, der Nationalkirchlichen Einigung angehört zu haben. Er bedaure auch nicht und schäme sich auch nicht etwa, ein Deutscher Christ gewesen zu sein. Er sei es mit gutem Gewissen gewesen, und was man mit gutem Gewissen gewesen sei, das brauche man niemals zu bereuen oder gar zu bedauern, noch weniger brauche man sich dessen zu schämen.« Stadtkirchenarchiv Jena, Akte GKR Jena, Protokolle, Protokoll vom 22. Juni 1945, unpag.

5 Erich Stegmann: Der Kirchenkampf in der Thüringer evangelischen Kirche 1933-1945: ein Kapitel Thüringer Kirchengeschichte. Berlin 1984, 70.

6 Erklärung der Synode der Evangelisch-Lutherischen Kirche in Thüringen auf ihrer Tagung vom 3. bis 6. November 1988 in Eisenach, Amtsblatt der Ev.-Luth. Kirche in Thüringen 42 (1989), Nr. 6, 55.

7 Schalom Ben Chorin: Von Antlitz zu Antlitz: Beiträge zum Gespräch zwischen Judentum und Christentum. Berlin 1989; 2. überarb. Auflage Weimar 2000.

bekanntlich auf die Straße gegangen war, Schweigekartelle der Adenauer-Zeit zu überwinden und Tore zur Wahrnehmung der Verantwortung für die Zeit des Nationalsozialismus in der Nachkriegsgesellschaft aufzustoßen. Er verantwortete die ersten drei Studientage von 1994, 1995 und 1996.

Günter Reese wurde in Daubitz, Oberlausitz, im Kirchenkreis Görlitz-Weinhübel, geboren. Er ging im Oktober 1950 nach Westberlin in das »Evangelische Gymnasium« und von dort 1958 zum Studium der evangelischen Theologie nach Heidelberg. Seine Motivation für den Beruf des Pfarrers wuchs, so schreibt er in seinem Lebenslauf, am väterlichen Vorbild und in »oft nächtelangen Auseinandersetzungen« mit »zwei überzeugten Marxisten«.[8] Dass er sich in seinem Theologiestudium besonders globalen und gesellschaftspolitischen Horizonten zuwandte, mag von daher beeinflußt sein.

In Heidelberg fand er zur Evangelischen Studentengemeinde (ESG). Wohl zusätzlich inspiriert durch eine dreimonatige Reise in die Türkei, nach Palästina und Ägypten, engagierte er sich in der Ausländerarbeit. In der Zeit von 1964 bis 1967 schrieb er eine Dissertation im Alten Testament bei Gerhard von Rad zum Thema »Die Sicht der Geschichte Israels in den spätjüdischen Geschichtssummarien«.[9]

Von 1966 bis 1968 arbeitete er als Studentenpfarrer in der zweiten Pfarrstelle der ESG Heidelberg. Hier wurde ihm deutlich, »daß die entscheidende Auseinandersetzung, die die Kirche heute über ihren Auftrag zu führen hat, in der ›normalen‹ Ortsgemeinde stattfinden muß.«[10] Für ihn gründete der Auftrag der Kirche zudem in der wesentlichen Verbundenheit mit dem Volk Israel. Bis 1979 war er Auslandspfarrer in Honkong und Manila. Von 1980 bis 1991 wirkte er als Pfarrer der evangelischen Kirchengemeinde Mayen/Maifeld und wurde 1991 als Rektor des Thüringer Predigerseminars berufen.

Bei den Studientagen des Eisenacher Predigerseminars fragte er danach, welches praktische und geistliche Gewicht das Verhältnis zu Israel haben kann – nicht abstrakt und intellektuell, sondern in der Lebensgestaltung der christlichen Gemeinde, also in der Beschäftigung mit der Bibel, in der Predigt, in den Lesungen, in den Gebeten, der Liturgie usw. Zudem ging es in der Auseinandersetzung mit dem Antisemitismus des sogenannten Entjudungs-Institutes besonders darum, wie weit die alte Judenfeindschaft im Bewußtsein und im Handeln der christlichen Gemeinde verwurzelt sein und sich epidemisch ausbreiten konnte.

In der Einladung zum ersten Studientag am 14. Mai 1994 heißt es:

---

8 Landeskirchenarchiv Eisenach (LKAE), Personal-Akte Reese, Personalregister G 3745, Bd. 1, unpag.

9 Die Arbeit wurde später veröffentlicht unter dem Titel: Die Geschichte Israels in der Auffassung des frühen Judentums: eine Untersuchung der Tiervision und der Zehnwochenapokalypse des äthiopischen Henochbuches, der Geschichtsdarstellung der Assumptio Mosis und der des 4. Esrabuches (Bonner biblische Beiträge; 123). Bodenheim b. Mainz; Berlin 1999.

10 LKAE, G 3745, Bd. 1, unpag.

»Das Institut ist ein trauriges Symbol für die vielen unfassbaren Verirrungen, die Kirche und Theologie im Laufe ihrer Geschichte sich gegenüber dem Judentum haben zu Schulden kommen lassen. Mit seiner Arbeit hat das Institut auf seine Weise an der Vernichtung des europäischen Judentums mitgewirkt. Übrig bleibt das Erschrecken darüber, wie Theologen und Kirchenmänner sich immer wieder haben instrumentalisieren[11] lassen, den Wünschen, Zwecken und Plänen der herrschenden Kräfte in Staat und Gesellschaft zuzuarbeiten. Das Institut ist ein Beispiel, wie diese Anpassung unweigerlich zur theologischen und praktischen Distanzierung von den Opfern führte. […] Wir wollen uns dieser Erblast stellen und aus der Verirrung der Vergangenheit lernen.«[12]

Die Studientage konnten damals Forschende in und außerhalb der Theologischen Fakultäten gewinnen. Zum ersten Studientag wurde Dr. Leonore Siegele-Wenschkewitz eingeladen.[13] Sie war damals Privatdozentin für Historische Theologie an der Universität Frankfurt/Main und Studienleiterin an der Evangelischen Akademie Arnoldshain. Sie hatte die Erforschung des Verhältnisses von Nationalsozialismus und Evangelischer Theologie wesentlich mit angestoßen.[14] In einem Interview, das sie zu ihrer Forschungsarbeit 1995 unter der Überschrift »Wie Jesus Arier werden sollte« gegeben hatte, sprach Siegele-Wenschkewitz davon, wie stark und nachhaltig

11 Freilich ist hier zu bemerken, dass es wahrlich nicht nur um »Instrumentalisierung« durch die »herrschenden Kräfte in Staat und Gesellschaft« gegangen ist. Es handelte sich auch um Beteiligte, verantwortliche Täter, die aus dem Antrieb der eigenen Überzeugung handelten, sich vermischend mit dem breiten Strom der Antisemiten.

12 Privatarchiv Dorsch. In bewußter Anlehnung an das Darmstädter Wort von 1947 ist das »Wir« übernommen, um auch deutlich zu machen, dass es darum geht, mit den Studientagen Verantwortung zu übernehmen. Hannah Arendt schreibt 1967 zum Verhältnis von Schuld und Verantwortung an eine Freiburger Studentin: »Eine geistige Auseinandersetzung mit der Vergangenheit ist immer notwendig und in Deutschland ganz besonders nötig. Dabei sollten sie sich aber hüten, die sog. Schuldfrage persönlich zu nehmen. Sie sind viel zu jung, um an irgendetwas schuld gewesen zu sein. Kein Mensch kann sich schuldig fühlen für Dinge, die er nicht getan hat. Versuchen Sie es nicht, es führt zu Verlogenheiten. Natürlich ist es barer Unsinn zu sagen, dass es nach Auschwitz unmöglich sei, jemals wieder ein Gedicht zu schreiben, genauso wie es barer Unsinn ist zu meinen, dass man nach Auschwitz nicht mehr an Gott glauben könne - und Ähnliches mehr. Das sind hysterische Reaktionen, die man wohl verstehen kann, die aber jeder wirklichen Auseinandersetzung nur hinderlich sein können. Dafür braucht man vor allen Dingen einen klaren Kopf und den guten Willen, auch Wahrheiten anzuerkennen, wenn sie einem nicht ins Konzept passen.« Brief von Hanna Arendt an Veronika Demohn vom 10.9.1967, Kopie, Privatarchiv Dorsch.

13 Leonore Siegele-Wenschkewitz gehörte seit 1987 der Arbeitsgemeinschaft »Juden und Christen« beim Deutschen Evangelischen Kirchentag und von 1980 bis 1997 der EKD-Kommission »Kirche und Judentum« an.

14 Vgl. ihr erstes Buch zu dem Thema: Leonore SIEGELE-WENSCHKEWITZ: Nationalsozialismus und Kirchen: Religionspolitik von Partei und Staat bis 1935. Düsseldorf 1974 sowie: DIES.:Neutestamentliche Wissenschaft vor der Judenfrage: Gerhard Kittels theologische Arbeit im Wandel deutscher Geschichte. München 1980. Grundlegend und richtungsweisend war die von ihr herausgegebene Aufsatzsammlung: CHRISTLICHER ANTIJUDAISMUS UND ANTISEMITISMUS: theologische und kirchliche Programme deutscher Christen. Frankfurt/M. 1994.

damals noch die Versuche des Verschweigens an den Theologischen Fakultäten verliefen.[15] Siegele-Wenschkewitz erfuhr Verdächtigungen und Widerstände bei ihren Bemühungen, eine »reinigende« Auseinandersetzung mit der nationalsozialistischen Vergangenheit voranzubringen.

Der erste Studientag hatte folgendes Vortragsprogramm:

1. Birgit Jerke:[16] »Aus der Arbeit des Eisenacher Institutes – Volkstestament und Gesangbuch«
2. Dr. Leonore Siegele-Wenschkewitz: »Neutestamentliche Wissenschaft vor der Judenfrage« und
3. Ricklef Münnich:[17] »Und in keinem anderen ist das Heil (Apg 4, 12) – die Frage nach dem christlichen Selbstverständnis als Schlüssel zu kirchlicher Judenverachtung und Israelvergessenheit.«

Der Studientag kreiste vor allem um den Neutestamentler Walter Grundmann. Hatte er doch mit seiner deutsch-christlichen Orientierung am Rassismus der Nationalsozialisten durch die Forschung nach »Jesus, dem Galiäer« entscheidende Spuren gelegt. Als wissenschaftlicher Leiter des Instituts und späterer Leiter des Katechetenseminars in Eisenach hatte er ganze Generationen von Katecheten und Katechetinnen geprägt. Seine Kommentare zum Neuen Testament erfreuten sich weiter Verbreitung – wegen ihres erschwinglichen Preises auch in westdeutschen Pfarrbibliotheken.

Der 2. Studientag am 20. Mai 1995 verband historische Fragen noch deutlicher mit gegenwärtiger Theologie. Sein Thema war »Die ›Judenfrage‹ von gestern als Christenfrage von heute«. Prof. Dr. Stefan Schreiner[18] aus Tübingen, stellte mit seinem Vortrag »Zum gegenwärtigen Stand der Diskussion um den Antijudaismus

15 Thüringer Allgemeine vom 27.5.1995, Teil Geschichte und Gesellschaft, 4. Das Interview führte Ulrike Greim. In diesem Interview hatte sie sich auch kritisch zur Situation in Tübingen geäußert: »Ich will es Ihnen ganz ehrlich sagen: Mit meiner Arbeit über die enge Beziehung zwischen Kirche und NS-Staat war ich faktisch draußen aus einer akademischen Karriere. Mir wurde gesagt, wenn ich aufhören würde, über dieses Thema zu arbeiten, würden meine Chancen wesentlich besser stehen [...] da wird ganz formal gesagt: Ich würde die Schranken meiner Disziplin – der Kirchengeschichte – verlassen, indem ich nicht nur sage, was war, sondern auch Konsequenzen für die heutige Theologie ziehen [...] Da ist der Wunsch zu sagen, es seien ein paar Irre gewesen, die nicht repräsentativ für den Protestantismus waren. Und indem man heute so etwas ›hervorzerrt‹ diskreditiere man Kirche und Theologie. Sie können nicht verstehen, daß in der Aufarbeitung etwas Reinigendes, etwas Erneuerndes liegt.«

16 Birgit Jerke, verh. Gregor, war damals Mitarbeiterin am Centrum Judaicum in Berlin. Vgl. Birgit Jerke: Wie wurde das Neue Testament zu einem sogenannten Volkstestament ›entjudet‹? In: Christlicher Antijudaismus und Antisemitismus … (wie Anm. 14), 201-234.

17 Ricklef Münnich war damals Studentenpfarrer in Weimar, später Landesjugendpfarrer in Eisenach, Gemeindepfarrer in Erfurt und Sprecher der Arbeitsgemeinschaft »Kirche und Judentum in Thüringen« sowie Vorsitzender des »Fördervereins für jüdisch-israelische Kultur in Thüringen«.

18 Er war seit 1992 Professor für Religionswissenschaft und Judaistik und bis zu seiner Emeritierung Direktor des Institutum Judaicum an der Universität Tübingen.

in Theologie und Kirche« grundsätzlich in Frage, ob eine Unterscheidung zwischen Antisemitismus und traditionellem theologischen Antijudaismus legitim und akzeptabel sei. Mit solcher Differenzierung schien doch gemeinhin der traditionelle kirchliche Antijudaismus als eine »rein theologische«, gewaltlos-geistige Gegnerschaft im Dienste historischer Wahrheit möglich zu werden, getragen von den feierlichen Gesängen »des Volkes der Juden« in unzähligen Passionsmusiken. Doch hat die Bearbeitung der deutsch-christlichen Geschichte auch solche kulturelle Sublimierung als mögliches klassisches Versteck für Antisemitismus ans Licht gebracht.[19]

Es erwies sich als Konsequenz aus den Erkenntnissen des Studientages von 1995, dass die weiterführenden Überlegungen »nicht die überkommenen Unterscheidungen alt/neu, strafender/liebender Gott, partikular/universal zwischen Juden und Christen stehen«[20] verfestigen, sondern die Person Jesu und ihre Bedeutung ins Zentrum stellen sollten. Die Bereitschaft zum anderen Denken bedeutete Umkehr, Kritik an bisher probat erscheinenden theologischen Überzeugungen, bedeutete auch Einschnitt in eine gewohnte Mentalität, eine gewaltige Abkehr von heimatlich gewordenen Glaubenserklärungen.

Der 3. Studientag am 11. Mai 1996 hatte also zum Thema: »Jesus zwischen Juden und Christen«. Als Referent war Prof. Dr. Berthold Klappert aus Berlin eingeladen.[21]

Drei Arbeitseinheiten befaßten sich mit der christologischen Frage, Frage nach dem Messias:

1. Ein grundlegendes Einführungsreferat von Berthold Klappert: »Wie hat der jüdisch-christliche Dialog das christliche Nachdenken über Jesus verändert?«
2. Textverarbeitung und Gespräch zum Thema »Jesus von der messianischen Hoffnung Israels her verstehen«
3. Thesen und Diskussion: »Jesus von der Thora Israels her verstehen«.

Die Frage nach einem Paradigmenwechsel in Theologie und Kirche beantwortete Klappert mit einem »leider nur teilweise«, weil die Verpflichtung auf das ekklesiozentrisch-christologische Fundament vorherrschend geblieben sei. Der von ihm eingeforderte Paradigmenwechsel meinte »die unzweideutige Absage an das traditionelle heidenchristliche Konzept der ›Judenmission‹ auch in ihrer eschatologischen Variante und die positive Erkenntnis, dass Israel und die Kirche, je in ihrer Berufung Zeugen Gottes vor der Welt und voreinander sind.« Es meinte die Abkehr von allem dogmatischen Denken, das »das Judentum im Rahmen der

19 Vgl. Johann Michael SCHMIDT: Die Matthäuspassion von Johann Sebastian Bach – die »größte christliche Musik« – mit judenfeindlichen Tönen? Pastoraltheologie 109 (2020), 134-148.

20 So im Einladungstext für den Studientag 1996. Privatarchiv Dorsch.

21 Berthold Klappert war von 1974 bis 2004 Professor für Systematische Theologie an der Kirchlichen Hochschule in Wuppertal. Seine Forschungsschwerpunkte umfassen u. a. die Theologie der Reformatoren und der Theologen der Bekennenden Kirche. Er engagiert sich im christlich-jüdischen(-muslimischen) Dialog und ist Herausgeber der Schriften des jüdischen Theologen und Rabbiners Leo Baeck.

Ekklesiologie, der Soteriologie oder der Ökumene christlich einordnet und damit das Alte Testament und das Judentum als das allem vorgeordnete erste extra nos des Glaubens (Kraus) überspringt«.[22]

Die Fortsetzung der Eisenacher Studientage

Nach dem Ausscheiden von Günter Reese aus dem Dienst 1997 gab es eine zweijährige Unterbrechung der Studientage, geschuldet den neuen Aufgaben nach dem Wechsel im Predigerseminar-Team.

Der 4. Studientag des Thüringer Predigerseminars am 12. Juni 1999 lud ein zum Nachdenken über »Zeitgeist und Evangelium«. Der Wiederbeginn 1999 mutet wie ein »Innehalten« an, um nochmals nach den entscheidenden Motiven und Umständen 60 Jahre nach der Gründung des »Entjudungs-Institutes« im Jahre 1939 zu fragen: Welche Gründe und Ursachen gab es für die Einrichtung des Institutes? Wie kam eigentlich alles zustande? Er war wieder so konzipiert, dass sowohl die Zerstörung von Kirche in der Zeit des Nationalsozialismus als auch die aktuellen Herausforderungen bedacht wurden. Es war der letzte Studientag in Eisenach, im Hause der Bornstraße 11. Für die Beiträge konnten Prof. Dr. Ernst Koch[23], Prof. Dr. Susannah Heschel[24] und noch einmal Pfarrer Ricklef Münnich gewonnen werden.

---

22 Klapperts Position zum Thema des Studientages findet sich zusammengefasst in seinem späteren Aufsatz: Berthold KLAPPERT: Hat infolge des Christlich-Jüdischen Dialogs ein Paradigmenwechsel in Kirche und Theologie stattgefunden? In: Der ›jüdisch-christliche Dialog‹ veränderte die Theologie/ hrsg. von Edith Petschnigg und Irmtraud Fischer. Wien; Köln 2016, 173-201; Zitat ebd, 191.

23 Koch wirkte von 1969 bis 1976 selbst als Rektor des Predigerseminars der Ev.-Luth. Kirche in Thüringen, bevor er 1976 Dozent am Theologischen Seminar Leipzig wurde. 2000 wurde er als Honorarprofessor an die Friedrich-Schiller Universität Jena berufen. Er ist ein ausgewiesener Kenner der regionalen Kirchengeschichte auch in der Zeit des Nationalsozialismus. Vgl. z. B. Ernst KOCH: Thüringer Wege im ›Dritten Reich‹: Aktionsschwierigkeiten in Landeskirchenrat, Landesregierung und deutsch-christlicher Bewegung nach 1933. In: Thüringer Gratwanderungen: Beiträge zur fünfundsiebzigjährigen Geschichte der evangelischen Landeskirche Thüringens/ hrsg. von Thomas A. Seidel. Leipzig 1998, 80-93; DERS.: Nationalsozialismus in Thüringen in Staat und Kirche. In: Walter Grundmann: ein Neutestamentler im Dritten Reich/ hrsg. von Roland Deines, Volker Leppin und Karl-Wilhelm Niebuhr. Leipzig 2007, 149-166; DERS.: Der Anschluss der evangelisch-lutherischen Landeskirche in Reuß älterer Linie an die Thüringer evangelische Kirche im Jahre 1934. In: Hessen und Thüringen: Festschrift für Jochen Lengemann zum 75. Geburtstag/ hrsg. von Jens Beger. Jena 2013, 257-298.

24 Susannah Heschel, Professorin für Jüdische Studien am Dartmouth College in New Hampshire, USA. Zum Thema des Eisenacher Instituts durch maßgebliche Arbeiten bekannt geworden, u. a. mit: Theologen für Hitler: Walter Grundmann und das ›Institut zur Erforschung und Beseitigung des jüdischen Einflusses auf das deutsche kirchliche Leben‹. In: Christlicher Antijudaismus … (wie Anm. 14), 125-170; zuletzt: DIES.: Die zwei Karrieren des Theologen Walter Grundmann: Der Neutestamentler als Nazi-Propagandist und Stasi-Informant. In: Täter und Komplizen in Theologie und Kirchen 1933-1945/ hrsg. von Manfred Gailus. Göttingen 2015, 171-196.

Ernst Koch beleuchtete die Motive und Hintergründe der Instituts-Gründer. Auf dem Wege »biografischer Erkundungen« stellte er die tiefgreifende Erschütterung der Theologengeneration des Ersten Weltkrieges fest. Diese Generation verstand sich als das »Geschlecht der Geopferten« und verband dies mit der Passion Christi. So fanden die gewalttätigen Darstellungen des nationalen Selbstbewußtseins als »Auferstehung« aus den Gräbern des Krieges Eingang in das theologisch-mystische Denken mit der Apotheose der Nation. Die Deutschen Christen verstanden sich als konservativ-nationale Protestbewegung gegen romanische und katholische Einflüsse. Die Überzeugung der Deutschen Christen war also, kurz gesagt, verbunden und verwandt mit den antidemokratischen und anti-intellektuellen Strömungen gegen die Impulse der Französischen Revolution seit 1789. Sie verstand sich als politische Religion des Nationalsozialismus.

Susannah Heschel referierte anschaulich unter dem Titel »Volksmission und Holocaust – theologische Traditionen des Antijudaismus und ihre ›deutsch-christliche‹ Radikalisierung im Protestantismus der NS-Zeit« über die Theologie der Deutschen Christen. Im theologischen System der Deutschen Christen nahm der Antisemitismus einen zentralen Platz ein. Sie vertraten einen »Erlösungsantisemitismus« (Saul Friedländer). »Erlösung« bedeutete Befreiung vom Judentum. Im Kern handelte es sich um die grundlegende Voraussetzung des Rassismus: es ging um die »Reinheit« des Christentums, die Überwindung der »Mischidentität«. In diesem Sinne propagierten die Deutschen Christen ihren Weg als einen Weg der Reformation. Sie schloß mit der deprimierenden Einschätzung, »daß es innerhalb der christlichen Theologie keinen Mechanismus gab, der in der Lage war, die Nazi-Exzesse als unchristlich auszuschließen«.[25]

Ricklef Münnich leitete die Bibelarbeit zu Joh. 2, 13-22 (die Tempelreinigung). Dieser Bibeltext bot lange und leicht Stoff für eine Klassifizierung »der Juden« als »Geldwechsler und Händler«. Das anschließende Predigtgespräch gab Impulse für die Verkündigung am 10. Sonntag nach Trinitatis, damals am 8. August 1999.

Die Studientage in Neudietendorf

Die praktisch-theologischer Blickrichtung gewann in den Studientagen weiter an Gewicht. Der 5. Studientag fand am 17. Juni 2000 erstmals im neuen Standort des Predigerseminars, im Zinzendorfhaus Neudietendorf, unter dem Thema »Mose und Christus auf der Kanzel – Israel im christlichen Gottesdienst« statt. In der Einladung zum Studientag wurde der »Pfad« bezeichnet. Dort hieß es:

---

25 Vgl. Susannah HESCHEL: Deutsche Theologen für Hitler. In: Das mißbrauchte Evangelium: Studien zu Theologie und Praxis der Thüringer Deutschen Christen/ hrsg. von Peter von der Osten-Sacken. Berlin 2002, 90. Auch die Bekennende Kirche hatte kein eindeutiges und einmütiges Wort gegen die Verfolgung der Juden gefunden.

> »Wir wenden uns in diesem Jahr der Frage zu, wie wir in Israels Gegenwart lernen können, zu predigen und Gottesdienst zu feiern. Viel zu lange haben wir Christen die beiden Teile der Bibel mit bestimmten Brillen gelesen und unterschieden: Gesetz und Evangelium / Verheißung und Erfüllung / Alt und Neu. Diese Brillen spiegeln sich bis heute in der Auswahl der Texte der verschiedenen Perikopenreihen und in den Gebeten in unseren Gottesdiensten. Wie können wir über Texte aus dem AT christlich predigen, ohne ihnen Gewalt anzutun? Und was leistet das neue Gottesdienstbuch in diesen Fragen?«

Eingeladen waren dazu Prof. Dr. Martin Stöhr[26] und Superintendent i. R. Gustav Roth[27].

In seinem Vortrag »Christus predigen heißt den Gott Israels predigen« erläuterte Martin Stöhr: »Eine heutige Aneignung der Hebräischen Bibel ohne Bezug zum jüdischen Volk führt zu einer Spiritualisierung und Verjenseitigung des christlichen Glaubens.« Die bewegte und auch widersprüchliche Geschichte Gottes mit Israel müßte erzählt werden als die Geschichte,

> »in der Gott sein Volk anspricht und befreit, leitet und kritisiert, tröstet und hoffen lehrt, orientiert und prüft. Nur wenn diese eigene Stimme eigenständig im christlichen Gottesdienst (im Gebet der Psalmen oder der Schriftlesung) hörbar bleibt, wird die Stimme Gottes als universale Stimme verständlich – nicht gegen, sondern aus Israel [...]. Wenn die Bibel Quelle und Richtschnur des Lebens ist, dann ist das AT vollgültiger und gleichberechtigter Teil für die christliche Predigt. Sie weist sich nicht daran aus, dass Jesus Christus in jeder Predigt über AT-liche Texte erwähnt werden muss. Dann ist nicht nur bei der Evangelienlesung aufzustehen oder Halleluja zu singen, sondern auch bei einer Lesung aus Mose und den Profeten [...] Die Kenntnis und das Respektieren der Geschichte Israels zersetzt den Absolutheitsanspruch des Christentums, weil nur Gott absolut ist.«[28]

Wie wird dieser Respekt in Leben und Feier der Kirche erfahrbar? Dieser Frage ging Gustav Roth nach unter dem Titel »Israelgemäßheit der der liturgischen Sprache des Gottesdienstbuches«. Roth erläuterte das 7.[29] der »maßgebliche Kriterien« für

---

26 Der Theologe Martin Stöhr arbeitete von 1969 bis 1986 als Direktor der Evangelischen Akademie Arnoldshain und von 1986 bis 1997 als Professor für Ökumene und interreligiösen Dialog in Siegen. Er war von 1965 Vorsitzender des Deutschen Koordinierungsrates der Gesellschaft für christlich-jüdische Zusammenarbeit und von 1990 bis 1998 Präsident des International Council of Christians and Jews (ICCJ), bis zu seinem Tod dessen Ehrenpräsident.

27 Gustav Roth hat auch nach seiner Verabschiedung aus dem Amt des Superintendenten von Berlin-Kreuzberg in den Ruhestand bei der Erarbeitung des Evangelischen Gottesdienstbuches mitgewirkt.

28 Thesen Martin Stöhrs zum Vortrag am 17.6.2000, maschinenschriftlich. Privatarchiv Dorsch.

29 »Die Christenheit ist bleibend mit Israel als dem erstberufenen Gottesvolk verbunden.« Vgl. EVANGELISCHES GOTTESDIENSTBUCH: Agende für die Evangelische Kirche der Union und für die Vereinigte Evangelisch-Lutherische Kirche Deutschland. Berlin; Bielefeld; Hannover 2000, 16.

die Erarbeitung einer neuen Gottesdienstagende.[30] Er forderte Sorgfalt im Umgang mit Psalmenlesungen und warnte vor willkürlichen Kürzungen und Zerstückelungen. Das forderte heraus, gegen altgewohnte, vielleicht auch zeitsparende Routine.

Gustav Roth sprach auch über die Formulierungen in Gerhard Bauers Glaubenslied mit der 2. Strophe »Wir glauben: Gott hat ihn erwählt, den Juden Jesus für die Welt ...«[31] und über das Glaubensbekenntnis des gleichen Autors: »Ich glaube, dass der Jude Jesus, Josephs Sohn aus Nazareth, in Wahrheit Gottes Ebenbild und Sohn, von seiner jüdischen Mutter Maria in diese Welt hineingeboren ein wahrer Mensch, mein Bruder, von Gott mit seinem Geist gesalbt, Macht hat über mich.«[32] Nicht, dass mit den neuen Formulierungen der Weg zu einer »fehlerlosen« Gottesdienstgestaltung gebahnt wäre. Er mahnte vielmehr eine veränderte mentale Herangehensweise an, die weiter reiche als eine rational und formal vorgenommene Reinigung hin zu einer korrekten Sprachform. Die veränderte Haltung forderte er von Gottesdienstteilnehmern, Predigern, Betern und Sängern ein.

Am Nachmittag fanden sich zwei Workshop-Gruppen zusammen, und zwar die Arbeitsgruppe »Predigt« zum Text des Israelsonntags 2000 und die Arbeitsgruppe »Liturgische Gestaltung«.

Der 6. Studientag am 18. Mai 2001 kreiste im ersten Teil wieder um Walter Grundmann als entscheidende Gestalt, akzentuiert durch den Referenten Prof. Dr. Peter von der Osten-Sacken[33] als einem engagierten Kenner und Beobachter. Insbesondere hatte er seine Nachkriegs-Werke analysiert und kam zu dem Urteil:

> »Grundmanns Hermeneutik der diametralen religiösen Entgegensetzung von Kirche und Judentum ist auch in seinen nach 1945 veröffentlichten Schriften bestimmend geblieben. […] Grundmann hat […] so viel an Negativaussagen über das Judentum in seine Bücher nach 1945 übernommen, daß man sich ständig auf bereits bekannten Wegen wähnt.«[34]

30 Maschinenschriftlicher Text »Merkposten zum 7. Kriterium des Evangelischen Gottesdienstbuches«. Vgl. hierzu auch die Vorschläge zur »Gottesdienstlichen Begehung des Holocaust-Gedenkens«. In: Ergänzungsband zum Evangelischen Gottesdienstbuch für die Evangelische Kirche der Union und für die Vereinigte Evangelisch-Lutherische Kirche Deutschlands. Berlin 2002, 127-149.

31 Vgl. »Wir glauben: Gott ist in der Welt.« In: Durch Hohes und Tiefes: Gesangbuch der Evangelischen Studierendengemeinde in Deutschland/ hrsg. von Eigen Eckert, Friedrich Kramer und Uwe-Karsten Plisch. München 2008, Nr. 100.

32 Roth: Merkposten … (wie Anm. 30).

33 Peter von der Osten-Sacken leitete als Professor für Neues Testament und Christlich-Jüdische Studien an der Humboldt-Universität Berlin bis 2007 das Institut »Kirche und Judentum« in Berlin.

34 Peter VON DER OSTEN-SACKEN: Walter Grundmann – Nationalsozialist, Kirchenmann und Theologe. In: Das mißbrauchte Evangelium: Studien zu Theologie und Praxis der Thüringer Deutschen Christen/ hrsg. von Peter von der Osten-Sacken. Berlin 2002, 304.

Eine Abkehr von antijudaistischem und antisemitischem Denken nach dem Krieg konnte er bei Walter Grundmann nicht erkennen.[35] Auf diese Weise konnten der verschleierte Antisemitismus und gewöhnliche Antijudaismus weiterwirken.[36]

Der zweite Teil des Studientages widmete sich dem Gebet unter der Anleitung Jesu: »So sollt ihr beten« (Mt 6, 9). Er bot eine Doppelauslegung von Mt 6, 7-13 aus jüdischer Sicht durch Dr. Susanne Plietzsch aus Leipzig und aus christlicher Sicht. Der Vergleich des Vaterunsers mit Gebetstexten aus der jüdischen Tradition, wie dem Achtzehnbittengebet, machte die jüdische Verwurzelung des Herrengebets bewußt.

Peter von der Osten-Sacken stellte am 7. Studientag, am 14. Juni 2002, unter dem Thema »Das mißbrauchte Evangelium« den von ihm herausgegebenen Sammelband unter dem gleichlautenden Titel vor.[37]

Die Fokussierung auf Walter Grundmann als einem der tonangebenden Theologen der Thüringer Deutschen Christen[38] und die Diskussion zu seinen Einflüssen und Nachwirkungen setzte sich also fort. Das war notwendig wie symptomatisch für die Auseinandersetzung Thüringer Protestanten mit ihrer Geschichte,[39] wenn der Buchtitel auch das unzutreffende Faktum zu suggerieren schien, als sei die Einrichtung des Institutes nur eine Angelegenheit der Thüringer Deutschen Christen gewesen.[40]

---

35 Aufschlußreich zu den antijudaistischen Stereotypen Walter Grundmanns ist auch Torsten LATTKI: Das Bundesvolk kommt um im Gericht: der wenig verhüllte theologische Antijudaismus Walter Grundmanns in der DDR. In: Lothar Kreyssig und Walter Grundmann: zwei kirchenpolitische Protagonisten des 20. Jahrhunderts in Mitteldeutschland/ hrsg. von Hans-Joachim Döring und Michael Haspel. Weimar 2014, 78-92.

36 Vgl. zur Frage einer Umkehr im theologischen Denken Walter Grundmanns Thomas A. SEIDEL: Die ›Entnazifizierungs-Akte Grundmann‹: Anmerkungen zur Karriere eines vormals führenden DC-Theologen. In: Walter Grundmann: Ein Neutestamentler im Dritten Reich … (wie Anm. 23), 349-369. Dazu auch die vorsichtige Einschätzung aus persönlicher Schülerzeit von Hans MIKOSCH: Das Theologische Proseminar im Katechetenseminar der Evang.-Luth. Kirche in Thüringen. Ebd, 371-375.

37 Siehe Anm. 34.

38 Vgl. auch Gerhard LINDEMANN: Walter Grundmann: »Chefideologe« der sächsischen Deutschen Christen. In: Braune Karrieren: NS-Protagonisten in Sachsen am Beispiel Dresdens/ hrsg. von Christine Pieper. Dresden 2012, 214-219.

39 In die Konfrontation mit den hard-facts des deutsch-christlichen Lebens und Denkens brachen oft persönliche Erinnerungen und Wertschätzungen ein. So haben bisweilen auch Pfarrer und Katecheten, Schülerinnen und Schüler Walter Grundmanns an den Studientagen teilgenommen, die ihn als Lehrer erlebt hatten und durch die fundamentale Kritik erheblich irritiert wurden. Sie sahen den Verdacht wachsen, es würde ein verdienstvoller Gelehrter und Lehrer der Theologie polemisch herabgewürdigt und in eine allseits probate Schuld-Schublade gesteckt.

40 Susanne Böhm weist in einer Rezension zum Buch in Glaube und Heimat, 17.11.2002, darauf hin. Vgl. dazu: Johannes WALLMANN: Ein Vermächtnis Kaiser Wilhelms II.: was hat Walter Grundmanns Eisenacher »Entjudungsinstitut« mit Martin Luther zu tun?: ZThK 114 (2017), 289-314. Wallmann freilich hebt den letzten Endes dominierenden Anteil der Thüringer DC hervor, 309-311.

Dr. Christian Wiese[41] ermöglichte es mit seinem Beitrag unter dem Titel »Unheilsspuren. Die Wirkungsgeschichte der Judenfeindschaft Martin Luthers im 19. und 20. Jahrhundert im Spiegel jüdischer Reaktionen«[42], die Thüringer Deutschen Christen im Zusammenhang eines weit verbreiteten Antisemitismus im modernen Protestantismus einzuordnen.

Die Bibelarbeit im christlich-jüdischen Kontext zu Hesekiel 18, dem Predigttext des 16. Juni 2002, gestaltete Dr. Evelina Volkmann[43]. In der Bibelauslegung wurden die alten zähen, vorurteilsgesättigten Denkschemata und ihre Revidierung diskutiert. Zwei Arbeitsgruppen tagten zu den Praxisfeldern »Unterricht« mit Annette Ströhlein[44] und »Verkündigung« mit Evelina Volkmann. Die Bibelgespräche öffneten Augen und führten zu einer fortwährenden behutsamen Annäherung an die kostbaren evangelischen Botschaften des Alten Testaments.

Zum 23. Oktober 2003 luden das Predigerseminar der Ev.-Luth. Kirche in Thüringen, die Evangelische Akademie Thüringen, die Gesellschaft für Thüringische Kirchengeschichte e. V., die Arbeitsgemeinschaft Kirche und Judentum in Thüringen und die Landesstelle für Jugendarbeit der Ev.-Luth. Kirche in Thüringen zum 8. Studientag nach Neudietendorf ein. Schwerpunkt war: »Du sollst den Feiertag heiligen! Ein jüdisch-christliches Gespräch über Sabbat und Sonntag«.

Den thematischen Hauptvortrag am Vormittag hielt Frau Dr. Edna Brocke[45]. Gerade in den Gesprächen mit Edna Brocke wurde berührend deutlich, wie wesentlich politisch existentielle Exegese ist.[46] So erheischt das Bekenntnis von der bleibenden Verbundenheit mit Israel zwingend und grundsätzlich eine politische Dimension.

Edna Brocke erzählte, dass sich ihre Generation als die Generation der »el-Alamein« Kinder bezeichnete. Nach dem Sieg der Engländer über die Truppen des

41 Christian Wiese studierte Theologie und Judaistik und arbeitete seit 1999 als Wissenschaftlicher Assistent am Lehrstuhl für Judaistik in Erfurt.

42 Christian WIESE: »Unheilsspuren«: zur Rezeption von Martin Luthers »Judenschriften« im Kontext antisemitischen Denkens in den Jahrzehnten vor der Schoah. In: Das mißbrauchte Evangelium … (wie Anm. 34), 91-135.

43 Evelina Volkmann ist heute Studienleiterin für Prädikantenaus- und Fortbildung im Evangelischen Bildungszentrum Württemberg Stuttgart-Birkach. Wichtig für die Studientage war ihre Dissertation. Vgl. Evelina VOLKMANN: Vom Judensonntag zum Israelsonntag: Predigtarbeit im Horizont des christlich-jüdischen Gesprächs. Stuttgart 2002.

44 Annette Ströhlein, Katechetin und Religionslehrerin aus Greiz.

45 Edna Brocke, geb. 1943 in Jerusalem, Großnichte von Hannah Arendt. Sie hat diese 1961 im Prozeß gegen Adolf Eichmann in Jerusalem begleitet. Sie lebt seit 1968 in Deutschland und war Lehrbeauftragte für Judentum/Judaistik an der Universität Bochum. Sie engagierte sich in der »Arbeitsgemeinschaft Juden und Christen« beim Deutschen Evangelischen Kirchentag, im »Gesprächskreis Juden und Christen« beim Zentralkomitee der deutschen Katholiken. 2002 war sie Trägerin der Buber-Rosenzweig-Medaille. Von 1988 bis 2011 leitete sie die »Alte Synagoge« Essen.

46 Vgl. zur Diskussion der Politik des Staates Israel Ricklef MÜNNICH: Was tun gegen Antisemitismus und Judenfeindschaft? Überlegungen für den Bereich der christlichen Gemeinden. In: epd-Dokumentation 4/2008, 26-29.

Generals Erwin Rommel im Jahre 1943 vor el-Alamein, durch die der Vormarsch auf Palästina und die Eroberung des Gebietes, in dem viele Juden schon Zuflucht gefunden hatten, nicht mehr drohten, wurden viele jüdische Kinder mehr als sonst geboren.

Am Nachmittag dieses Studientages kamen Arbeitsgruppen zu einem Text aus Markus 2, 23-28 zusammen. Die Arbeitsgruppen gliederten sich in zwei Praxisfelder: eine zur Predigt mit Ricklef Münnich und zum Unterricht mit Klaus Ziller.[47] Die Diskussion kreiste um die Fragen: Bedeutet die Aussage Jesu eine Relativierung des jüdischen Sabbatgebotes oder seine existentiell-individuelle Verengung? Wie verhält es sich in Beziehung dazu mit dem christlichen Sonntag?

Der 9. Studientag am 23. September 2004, galt der Beschäftigung mit einem zentralen Thema, ja gewissermaßen der Mutter der Konflikte zwischen Juden und Christen: »Israel – das erwählte Volk. Biblisch-rabbinische Begründungen und politische Konfliktlinien«.

Im Einladungstext zum Studientag ist zu lesen:

> »In den vergangenen 25 Jahren haben die Synoden vieler evangelischer Landeskirchen Erklärungen zum christlich-jüdischen Verhältnis verabschiedet, in denen die ›bleibende Erwählung Israels‹ bekannt und bezeugt wird. Inzwischen wird kirchlicherseits von Israels Erwählung jedoch auch zunehmend kritisch im Kontext des Nahostkonfliktes gesprochen.«

Diese Feststellung signalisiert die virulenten Konfliktlinien und die bequemen aktuellen Instrumentalisierungen des Themas.

Der Vortrag von Dr. Timotheus Arndt[48] bildete am Vormittag den Anfang: »Erwählung und Berufung Israels. Biblisch-rabbinische Aussagen«. Es sollte am Nachmittag eine konfliktträchtige Zuspitzung geben mit dem Thema: »Biblische Erwählung als Grundlage politischen Handelns? Zum Verhältnis von Politik und Religion in Israel« mit Elena Reichardt.[49] Die Auseinandersetzungen um den israelisch-palästinensischen Konflikt haben die Diskussionen am Studientag hitzig gemacht.

47 Klaus Ziller arbeitete von 1996 bis 2004 als Studienleiter am Pädagogisch-theologischen Zentrum der Ev. Luth. Kirche in Thüringen, bevor er Referatsleiter im Landeskirchenamt der Ev.-Luth. Kirche in Thüringen bzw. der EKM wurde.

48 Timotheus Arndt ist Wissenschaftlicher Mitarbeiter in der Forschungsstelle Judentum der Theologischen Fakultät Leipzig und Ansprechpartner der Jüdisch-Christlichen Arbeitsgemeinschaft in Leipzig.

49 Elena Reichardt konzipierte Schul- und Jugendprojekte gegen Rassismusund Ausländerfeindlichkeit in Erfurt und war Vorsitzende der Deutsch-Israelischen Gesellschaft in Erfurt.

Der letzte Studientag des Predigerseminars 2006

Als in den 1990iger Jahren die Bemühungen um einen Zusammenschluß der Evangelischen Kirche der Kirchenprovinz Sachsen und der Evangelisch-Lutherischen Kirche in Thüringen begannen, hatte dies auch Einfluß auf die Planungen der Studientage. Die Thüringer Verhandlungspartner empfanden eine Verantwortung zur Aufarbeitung im Blick auf ihr Predigerseminar als erstem Standort des »Entjudungs-Institutes«. Diese Erfahrungen sollten im Selbstverständnis der zukünftigen vereinigten Kirche berücksichtigt werden.

So stand der 10. und letzte Studientag am 30. Juni 2006 unter dem Motto: »Bleibend mit Israel als Gottesvolk verbunden. Offene Fragen und Merkposten«.

Das Anliegen, eine Verfassung der zukünftigen Evangelischen Kirche in Mitteldeutschland zu gestalten, in der die »bleibende Verbundenheit mit Israel als dem erstberufenen Gottesvolk« als Grundlage der Kirche erkennbar wird, wurde hier mitgetragen.

Für den Tag konnten mit Dr. Edna Brocke und Oberkirchenrat Dr. Hans-Peter Hübner[50] zwei hervorragende Referenten gewonnen werden. Darüber hinaus hatte auch Landesbischof Prof. Dr. Christoph Kähler seine Teilnahme zugesagt.

Dialogisch konzipiert war die erste Gesprächseinheit zum Stand des christlich-jüdischen Verhältnisses aus christlicher Sicht (Michael Dorsch) und aus jüdischer Sicht (Edna Brocke). Beide Beiträge zielten auf Perspektiven und offene Fragen. Edna Brocke war eine nüchterne, klärende und ermutigende Gesprächspartnerin. Über alle verständliche Freude über entdeckte Gemeinsamkeiten nach dem Rauch der nationalsozialistischen und deutsch-christlichen Jahre hinaus stellte Edna Brocke den »Dialog« auf seine rational erkenn- und verantwortbaren Fundamente und forderte, »Mechanismen zu entwickeln, die für beide Seiten ein Aushalten der unveränderbaren Grundpositionen möglich macht«.[51] Sie widersprach einem in christlichen Kreisen anzutreffenden Gefühl, man habe nun seine »Hausaufgaben gemacht, jetzt sind die Juden am Zug«.[52]

Neben der Bilanzierung der Studientage ging der Wunsch einher, in einer Kirchenverfassung Grundsätzliches zum jüdisch-christlichen Verhältnis fixiert zu sehen. Eine Gesprächsrunde zur Verfassung suchte zu bestimmen, wie das Verhältnis zu den Juden nicht nur im Glauben und in der Verantwortung einzelner, sondern auch im Bekenntnis der ganzen Kirche kirchenrechtlich formuliert werden kann. Zur Frage

50 Hans-Peter Hübner war von 2002 bis 2006 Rechtsdezernent und stellvertretender Vorsitzender des Landeskirchenrates der Ev.-Luth. Kirche in Thüringen.

51 So formuliert Edna Brocke am 22.10.2006 »Grundsätzliche Vorbehalte im theologischen Dialog mit Christen« im Gesprächskreis »Christen und Juden« beim Zentralkomitee der deutschen Katholiken. Vgl. Edna Brocke: Das christlich-jüdische Verhältnis aus der Sicht einer Jüdin: Perspektiven und offene Fragen. In: epd-Dokumentation, Nr. 4, 22.1.2008, 9-13.

52 Ebd.

der Kirchenverfassung hat Dr. Hans-Peter Hübner als Rechtsdezernent der Thüringer Landeskirche in seinem Vortrag »Das Verhältnis zu Israel als Thema einer evangelischen Kirchenverfassung – Bestandsaufnahme und kirchenrechtliche Standortbestimmung« nach einem Vergleich der Aussagen zum Thema in den Verfassungen der evangelischen Landeskirchen – die grundlegenden Aussagen zusammengefaßt.[53] Die bleibende Verbundenheit der evangelischen Kirchen mit dem jüdischen Volk und die bleibende Erwählung Israels wurde in allen Verfassungsformulierungen bekräftigt, die Absage an den Antisemitismus ist eingeschlossen.

Die Bemühungen des Tages wurden exemplarisch im Lernen einer jungen Generation mittels eines Projektes deutlich. Schülerinnen und Schüler des Martin-Luther-Gymnasiums Eisenach fragten mit ihrer Religionslehrerin Pastorin Barbara-Sophia Reichert nach Walter Grundmann und seinen Wirkungen nach 1945. Diese »Wirkungen« zeigten die Jugendlichen in Lebensbildern sowie mit charakteristischen Aussagen und Denkweisen von Christen im Nationalsozialismus.[54]

Schlussbemerkungen

Den Dialog zwischen Juden und Christen neu zu bedenken, war nach der Zeit des Nationalsozialismus eine hohe Notwendigkeit. Er entwickelte sich nach dem Krieg nur zögerlich, zeitlich versetzt zwischen West und Ost. So stand der Anschluß an die kirchengeschichtliche Diskussion, eine »Modernisierung«, besonders auch in Thüringen, lange an.

Die Studientage des Predigerseminars von 1994 bis 2006 haben der Erforschung und der theologische Reflexion der deutsch-christlichen Vergangenheit wenige Jahre nach der Wiedervereinigung in der Thüringer Kirche vorangeholfen. Neben der historisch-wissenschaftlichen Erforschung stand das Bemühen, in Kirche und Gemeinden ein Umdenken anzustoßen. Sie haben auf diese Weise auch für die Ausbildung im Vikariat ein Zeichen gesetzt. Ebensolche Reflexionen erfolgten z. B. in den Studentengemeinden und in der Gesellschaft für Thüringische Kirchengeschichte e. V. Danach differenzierte sich kirchenhistorische Erforschung und christlich-jüdischer Dialog in Thüringen weiter aus.

---

53 Vgl. epd-Dokumentation, 22. Januar 2008, Nr. 4, 14-25. Aufgeführt sind die Verfassungen der Evangelisch-reformierten Kirche (1988), Evangelische Kirche in Hessen und Nassau (1991), Evangelische Kirche der Pfalz (1995), Evangelische Kirche im Rheinland (1996), Evangelische Kirche von Berlin-Brandenburg (1996), Pommersche Evangelische Kirche (1997), Lippische Landeskirche (1998), Evangelisch-Lutherische Kirche in Oldenburg (2001), die Evangelische Landeskirche in Baden (2001), die Nordelbische Evangelisch-Lutherische Kirche (2002), Evangelisch-Lutherische Landeskirche in Braunschweig (2004) und Evangelische Kirche von Westfalen (2005).

54 Die erste Schüler-Ausstellung des Gymnasiums »Gratwanderungen« eröffnete 2006 in Eisenach. In überarbeiteter Form war sie 2013 im Thüringer Landtag und im Lutherhaus Eisenach zu sehen.

Die Evangelische Akademie Thüringen veranstaltete eine wegweisende kirchengeschichtliche Tagung unter dem Titel »Gratwanderungen« am 8. und 9. November 1996 zum 75jährigen Jubiläum der Thüringer Landeskirche. Zwei Jahre später lud die Theologische Fakultät Jena zu einer Ringvorlesung zur Praktischen Theologie im Dritten Reich ein, in der auch die liturgischen und religionspädagogischen Aktivitäten der Thüringer Deutschen Christen eine Rolle spielten.[55] Im Sommer 2005 veranstaltete die Fakultät eine Sozietät zu Walter Grundmann. Das Lutherhaus in Eisenach zeigt seit 2015 in der Dauerausstellung »Luther und die Bibel« das deutschchristliche »Volkstestament«, »Die Botschaft Gottes«. Schließlich wurde 2019 die Aufarbeitung rund um das Entjudungs-Institut in Eisenach öffentlichkeitswirksam über Thüringen hinaus präsentiert.[56]

Das jüdisch-christliche Gespräch wird auf Gemeinde- und Landeskirchenebene fortgeführt. Es existiert ein Beirat für den christlich-jüdischen Dialog und mittlerweile viele Kontakte zu jüdischen Gemeinden auf dem Gebiet der Evangelischen Kirche in Mitteldeutschland. Auch in der Aus- und Weiterbildung sind Inhalte des christlich-jüdischen Gesprächs verankert. Zum Beispiel findet jährlich ein Tora-Lerntag zum Thema der Bibelwoche statt und führt die Impulse der Studientage fort.

55 Zwischen Volk und Bekenntnis: Praktische Theologie im Dritten Reich/ hrsg. von Klaus Raschzok. Leipzig 2000, 342 S.

56 Vgl. die Aufstellung einer Erinnerungstafel im Mai 2019 in Eisenach und die Eröffnung der Sonderausstellung »Erforschung und Beseitigung. Das kirchliche ›Entjudungsinstitut‹ 1939-1945« im September 2019 im Lutherhaus Eisenach sowie die wissenschaftliche Tagung »Das Eisenacher ›Entjudungsinstitut‹. Kirche und Antisemitismus in der NS-Zeit« vom 18. bis 20. September 2019 im Wartburghotel Eisenach.

Berichte aus den Arbeitsgemeinschaften und Vereinen für Kirchengeschichte

Arbeitsgemeinschaft für pommersche Kirchengeschichte e.V. (AG) Jahresberichte 2017 und 2018

I Veranstaltungen, Tagungen, Exkursionen

Am 8. und 9. Dezember 2017 fand in Kulice / Külz eine Tagung der Stettiner Universität und der Historischen Kommission für Pommern über »Reformation in Pommern« statt, an der die Arbeitsgemeinschaft als Kooperationspartner beteiligt war und mitwirkte. Über 20 Vorträge in zwei Tagen stellten die Teilnehmer vor gewisse Herausforderungen.

Eine Exkursion der Arbeitsgemeinschaft fand am 22. März 2018 nach Gützkow statt, wo zum Reformationsjubiläum eine bemerkenswerte Ausstellung mit vielen Exponaten präsentiert wurde, die ein Gützkower Gemeindeglied in jahrzehntelanger Sammlertätigkeit erworben hat. Nach der Besichtigung gab es ein interessantes Gespräch mit dem Schulleiter der Regionalschule über den Ertrag des Reformationsjubiläums für die schulische Arbeit.

Vom 13. bis zum 17. September 2018 führte die diesjährige Studienfahrt nach Großpolen. Die Fahrt wurde geleitet von Dr. Malgorzata Grzywacz. Gemeinsam mit Prof. Dr. Werner Buchholz hatte sie ein instruktives Materialheft zur Vorbereitung zusammengestellt. Die Gruppe hat in Gnesen / Gniesno gewohnt und von dort aus verschiedene historisch bedeutsame Orte besucht. In Posen / Poznan wurden die Denkmäler der mittelalterlichen und der »kaiserlichen« Zeit besichtigt, aber auch die jüngere Kirchengeschichte der Zwischenkriegszeit mit den innerprotestantischen Spannungen zwischen der neu aufgebauten polnischen evangelischen Kirche und der Kirche der altpreußischen Union wurde dargestellt und erörtert. Ein Höhepunkt war die Besichtigung von Fraustadt / Wschowo, einer kleinen Stadt an der Grenze zu Niederschlesien, in der Böhmische Brüder im 16. Jahrhundert Asyl gefunden hatten und eine eigene Kirche, das »Kripplein Jesu« bauten, die jetzt auf Förderer einer Rekonstruktion wartet und auf ein neues Konzept für die künftige Nutzung. Die Studienfahrt führte eindrucksvoll vor Augen, wie stark und ungebrochen auch in der preußischen Zeit die polnische Prägung des Gebietes gewesen ist, wobei auch die eigenständige protestantische Tradition Polens lebendig blieb.

Am 16. November 2018 fand der sechste Studientag der Arbeitsgemeinschaft in Greifswald statt. Er stand unter dem Thema »›Pomerania non cantat?‹ – Kirchenmusik und geistliches Leben in Pommern im 19. Jahrhundert«. Referate hielten Carl

Ehrig-Eggert: »Pommersche Choralbücher des 19. Jahrhunderts – bibliographische Erfassung und ausgewählte Beispiele«, Andra Bock: »›O Jesu, süßes Licht‹ – Der Gemeindegesang in Pommern und seine Entwicklung im Zuge der Union« sowie Prof. Dr. Matthias Schneider: »Carl Loewe: Lebensbild unter besonderer Berücksichtigung seiner Verbindungen nach Greifswald« und »Carl Loewes ›Musikalischer Gottesdienst‹: gottesdienstliches Orgelspiel, Chor- und Gemeindegesang in der zweiten Hälfte des 19. Jahrhunderts«. Zum Abschluss fand eine musikalische Soiree mit Liedern und Balladen von Carl Loewe statt, dargeboten von Lars Grünwoldt (Bariton) und Matthias Schneider am Flügel.

Auf eine Reihe weiterer Tagungen soll hingewiesen werden, an denen Mitglieder des Vorstands mitgewirkt haben:

Dr. Jana Olschewski hat ein Referat auf der Tagung »Gebaute Religion« des Vereins für schlesische Kirchengeschichte und des Arbeitskreises für kirchengeschichtliche Forschung der EKU-Stiftung über »Kirchenbau in Pommern im 19. Jahrhundert« gehalten.

Prof. Dr. Volker Gummelt hat im Rahmen eines Seminars des dänischen Bistums Haderslev einen Vortrag über »Johannes Bugenhagen und die Reformation in Dänemark« gehalten sowie auf der Tagung der AG Prämonstratensia in Zinnowitz referiert über »Spuren der Tätigkeit von Johannes Bugenhagen in Treptow und Belbuck«.

Der Berichterstatter schließlich hat am 30. Oktober an einer Konferenz des Historischen Instituts in St. Petersburg zum Beginn des 30jährigen Krieges vor 400 Jahren teilgenommen und ein Referat über neue Forschungen zum Wirken von Hugo Grotius im 30jährigen Krieg gehalten. Es ist erfreulich, dass die Zusammenarbeit mit den Petersburger Historikern sich sehr gut entwickelt und dass die Arbeitsgemeinschaft für Kirchengeschichte hier durchaus eigene Akzente setzen und zugleich neue Erkenntnisse aus der Arbeit der russischen Wissenschaftler und den Schätzen der dortigen Archive und Handschriftensammlungen gewinnen kann.

II Publikationen

Seit der Veröffentlichung der Stralsunder Kirchenordnung im Oktober 2017 hat es keine weitere Veröffentlichung in der Reihe der Beiträge zur pommerschen Landes-, Kultur- und Kirchengeschichte gegeben. Die Fertigstellung eines geplanten Bandes mit Aufsätzen unter dem Titel »Bugenhagens Erbe«, der der Erinnerung an Rudolf von Thadden, Ehrenmitglied der Arbeitsgemeinschaft, gewidmet sein soll, hat sich aus verschiedenen Gründen bisher nicht realisieren lassen. Erschienen ist die Studie von Friedrich Bartels »Züllchow. Die Wiege der pommerschen Inneren Mission und Diakonie«. Veröffentlicht ist ebenfalls das Buch »Auf den zweiten Blick. Persönlichkeiten der Nordkirche«, an dem sich als Autoren aus dem Kreis der Arbeitsgemeinschaft Friedrich Bartels, Dr. Irmfried Garbe, Prof. Dr. Volker Gummelt und Dr. Wolfgang Nixdorf beteiligt haben. In den »Herbergen der Christenheit« ist der von Jürgen Geiß-Wunderlich und Volker Gummelt herausgegebene Sonderband über Johannes Block erschienen. In der gleichen Reihe werden die Studie von Rainer Neumann über das Reformationsjubiläum in Greifswald im Jahr 1917 und die Arbeit von Friedrich Bartels über die Wieker Konferenzen erscheinen. Die Vorträge von Dr. Malgorzata Grzywacz, Prof. Dr. Werner Buchholz und dem Berichterstatter auf der gemeinsamen reformationsgeschichtlichen Tagung des Petersburger Historischen Instituts und der Arbeitsgemeinschaft im Oktober 2017, über die im letzten Jahresbericht ausführlich informiert wurde, sind inzwischen im »Proslogion«, der wissenschaftlichen Buchreihe des Petersburger Instituts publiziert worden.

Druckkostenzuschüsse und Förderungen hat die Arbeitsgemeinschaft bereit- bzw. in Aussicht gestellt für die Publikation der Ergebnisse der eingangs erwähnten Tagung in Külz / Kulice, für einen zweiten Band der Untersuchungen zur Geschichte der Kirchen in Grimmen und Umgebung, für die Drucklegung eines Katalogs der Ausstellung »Reformation in Neustettin« sowie schließlich für Archivrecherchen zu den historischen Ausstattungen der Dorfkirchen von Brandshagen, Reinberg und Gristow.

III Beratungen zur Zukunft der kirchengeschichtlichen Arbeit in Pommern

Auf der ersten Sitzung des Vorstands nach der letzten Mitgliederversammlung am 23. Januar 2018 fand ein ausführliches Gespräch mit Dr. Wilfried Hornburg, dem neu gewählten Vorsitzenden der Gesellschaft für pommersche Geschichte, Altertumskunde und Kunst statt, in dem eine Intensivierung der Zusammenarbeit beschlossen wurde.

Wiederholt wurde auf Vorstandssitzungen das Problem des landeskirchlichen Archivs und der pommerschen Archivlandschaft insgesamt beraten. Der Schatzmeister der Arbeitsgemeinschaft Matthias Bartels arbeitet in der Arbeitsgruppe der Kirchenleitung der Nordkirche mit, die eine Lösung des schwierigen Problems vorbereiten soll.

Beschäftigt hat sich der Vorstand wiederholt mit der Zukunft der Zeitschrift »Pommern« nach der Insolvenz ihres bisherigen Trägers. Großer Dank gebührt dem Pommerschen Greif e.V. dafür, dass er übergangsweise die Trägerschaft übernommen hat, ebenso den beiden ehrenamtlich tätigen Redakteuren der Zeitschrift Dr. Heiko Wartenberg und Dr. Jana Olschewski, der stellvertretenden Vorsitzenden der Arbeitsgemeinschaft. Wie die Trägerschaft dauerhaft geregelt werden kann, ist gegenwärtig noch eine offene Frage. Der Vorstand vertritt die Position, dass das Pommersche Landesmuseum hier eine Verpflichtung hat, der es sich nicht entziehen kann. Für die inhaltliche Arbeit der Zeitschrift ist auf Initiative des Vorsitzenden der Historischen Kommission für Pommern Dr. Haik Thomas Porada ein Beirat gebildet worden, der zugleich auch für die Fortsetzung der Demminer Kolloquien zuständig sein soll. Vertreter des Vorstands in diesem Gremium ist Dr. Michael Lissok.

Kurz vor dem Abschluss steht die gemeinsame Internetpräsenz der nordkirchlichen Kirchengeschichtsvereine, an der der Kurator der Arbeitsgemeinschaft Rainer Neumann maßgeblich mitgearbeitet hat.

Hinzuweisen ist abschließend darauf, dass der Vorstand aus gegebenem Anlass eine Datenschutzordnung für den Verein beschlossen und in Kraft gesetzt hat

IV Neuwahl des Vorstands am 16. November 2018

Ein Thema hat den Vorstand immer wieder beschäftigt: Wie kann es gelingen, neue und jüngere Mitglieder zu gewinnen und die jüngere Generation für die pommersche Kirchengeschichte zu interessieren? Einen wichtigen Beitrag dazu leistet die enge Verbindung zur Theologischen Fakultät der Greifswalder Universität und zu den Studierenden, die Prof. Dr. Thomas K. Kuhn als stellvertretender Vorsitzender der Arbeitsgemeinschaft gewährleistet und gestaltet. Die Überlegungen zu dieser Frage bildeten einen Hintergrund für die Vorschläge zur Neuwahl des Vorstands, die auf der Mitgliederversammlung der Arbeitsgemeinschaft am 16. November 2018 erfolgt ist.

Dr. Norbert Buske hat um Verständnis dafür gebeten, dass er aus Altersgründen nicht weiter im Vorstand mitarbeiten kann. Ebenso hat der Berichterstatter als bisheriger Vorsitzender nicht für eine Wiederwahl kandidiert, wird aber als Beisitzer weiterhin im Vorstand mitarbeiten. Als neuer Vorsitzender wurde Dr. Irmfried Garbe gewählt, der als jüngerer und ausgewiesener Kirchengeschichtler neue Impulse in die Tätigkeit der Arbeitsgemeinschaft einbringen wird.

Ausgeschieden aus dem Vorstand bzw. als Kurator sind Prof. Dr. Werner Buchholz und Rainer Neumann. Beide sind aber bereit, bestimmte Aufgaben für die Arbeitsgemeinschaft auch künftig zu übernehmen. Die vereinsrechtlichen Aufgaben der Geschäftsführung zu verantworten hat sich dankenswerterweise der Schatzmeister Matthias Bartels bereit erklärt.

Als neue Beisitzerinnen im Vorstand wurden gewählt die pommersche Vikarin Andra Bock, eine Schülerin von Thomas K. Kuhn, sowie Dr. Malgorzata Grzywacz, die als polnische Germanistin und Kulturwissenschaftlerin an der Adam-Mickiewicz-Universität Posen / Poznan und als Synodale der Diözese Pomorze-Wielkopolska der Evangelisch- Lutherischen Kirche AB Polens der Arbeitsgemeinschaft seit langem mit großem Einsatz verbunden ist. Mit ihrer Wahl wird dem Schwerpunkt Ausdruck gegeben, den die Arbeitsgemeinschaft auf die deutsch-polnische Zusammenarbeit legt, für die als Kurator Dr. Pawel Gut auch weiterhin zur Verfügung steht. Insgesamt hat die Arbeitsgemeinschaft gegenwärtig 147 Mitglieder.

Greifswald — Christoph Ehricht

Arbeitsgemeinschaft für pommersche Kirchengeschichte e.V. (AG) Jahresbericht 2019

I Veranstaltungen und Kooperationen

Der neue Vorstand der Arbeitsgemeinschaft verständigte sich auf seiner konstituierenden Sitzung am 5. Februar 2019 auf die Planung des siebten Studientages für Ende November 2019 zum Thema »Schlüsseljahre der territorialkirchlichen Zeitgeschichte: 1949 – 1959 – 1969«. Über die Durchführung und Ergebnisse dieses Studientages wird der nächstjährige Bericht Auskunft geben.

Angesichts des überaus veranstaltungsreichen Erinnerungsjahres 2019 verständigte sich der neue Vorstand darauf, die nächste Exkursion der Arbeitsgemeinschaft für den 15.-17. Mai 2020 zu konzipieren. Sie wird Orte der Oderregion in den Blick nehmen. Besondere Aufmerksamkeit werden die in Mescherin, Greifenhagen/Gryfino, Rosow und Brüssow zu entdeckenden Erinnerungsmale der jüngeren und jüngsten Zeitgeschichte beanspruchen.

Am 2. November 2019 erinnerte eine Delegation der Kirchenleitung der Evangelisch-Lutherischen Kirche in Norddeutschland mit der Aufstellung eines Friedenspfahles auf dem deutsch-polnischen Grenzstreifen bei Neu Rosow und einem anschließenden deutsch-polnischen Gedenkgottesdienst in der evangelischen Trinitatiskirche zu Szczecin an den 1999 geschlossenen Partnerschaftsvertrag zwischen der Pommerschen Evangelischen Kirche und der Evangelisch-Augsburgischen Kirche Polens. Mitglieder der AG nahmen daran teil.

Im Laufe des Jahres 2019 fanden in Kooperation mit der Arbeitsgemeinschaft als solcher bzw. mit einzelnen Mitgliedern wieder eine Anzahl von Tagungen statt.

a) Am 25. Januar 2019 widmete sich im Alfried Krupp Wissenschaftskolleg Greifswald ein interdisziplinär besetzter Studientag dem Gedenken des Greifswalder katholischen Theologen, Seelsorgers und Glaubenszeugen Alfons Maria Wachsmann (1896-1944). Das tagesfüllende Programm endete mit einem öffentlichen Abendvortrag, den unser Vorstandsmitglied Thomas K. Kuhn zum Thema »Alfons Maria Wachsmann – eine historisch-theologische Einordnung« hielt.

b) Am 10. Januar 2019 war der Vorsitzende gebeten über »Ernst Moritz Arndt als evangelischer Christ« in der Kirchengemeinde Berlin-Zehlendorf vorzutragen. Sein Vortrag reihte sich ein in eine vierteilige Vortragsfolge aus Anlaß der wiederholten Kontroverse über die 1935 in Zehlendorf entstandene Ernst-Moritz-Arndt-Kirche. Erweiterte bzw. speziell fokussierte Fassungen dieses Arndt-Vortrags wurden im Rahmen des Altenkirchener Sommerprogramms am 3. September 2019 im Kosegartenhaus und am 7. November 2019 im Kirchsaal der Stralsunder Bonhoeffer-Gemeinde gehalten.

c) Volker Gummelt referierte am 9. März 2019 über »Elisabeth Cruciger geb. von Meseritz in Pommern und Wittenberg« im Rahmen der XIII. Wittenberger Frühjahrsfachtagung, die dem Thema »Die Crucigers in ihrer Bedeutung für die

Wittenberger Reformation« gewidmet war. Der Tagungsband wird 2020 erscheinen.

d) Am 21. Juni 2019 trug Volker Gummelt anläßlich des 750jährigen Jubiläums des Klosters Verchen in der frisch restaurierten Klosterkirche über »Stationen der Geschichte des Klosters Verchen« vor.

e) Am 22. Juni 2019 fand der erste pommersche Landesgeschichtstag (35. Demminer Kolloquium) im gut besuchten Demminer Rathaus zum Thema »Pommern in der Weimarer Republik« statt. Programm und Organisation teilten sich die Gesellschaft für pommersche Geschichte, Altertumskunde und Kunst e.V., die Historische Kommission für Pommern, der Pommersche Greif e.V – Verein für pommersche Familien- und Ortsgeschichte und unsere Arbeitsgemeinschaft. Der Berichterstatter durfte diese Tagung im Namen aller vier Vereine eröffnen. Die von ihm in seiner Einleitung geäußerten Monita im Bezug auf die personelle Unterversorgung der pommerschen Archivlandschaft fanden Aufnahme in der Regionalpresse. Der durchweg große Zuspruch des ersten Landesgeschichtstages wurde zum Ansporn für eine Verstetigung dieses Veranstaltungsformates. Der nächste Landesgeschichtstag soll sich neuesten Ergebnissen der Landesarchäologie widmen.

f) Zahlreiche Mitglieder der AG besuchten vom 6. bis 8. September 2019 das Festwochenende anlässlich des 750-jährigen Bestehens der Marienkirche zu Stoltenhagen, dessen inhaltsreiches Programm von Haik Thomas Porada geplant, moderiert und mitgestaltet wurde.

g) Aus Anlaß des 250. Geburtstages von Ernst Moritz Arndt fand in Trägerschaft der Historischen Kommission für Pommern im Pommerschen Landesmuseum Greifswald die internationale Tagung »Ernst Moritz Arndt in seiner Zeit: Pommern vor, während und nach der napoleonischen Besetzung« vom 19. bis 21. September 2019 statt. Der Berichterstatter war als Mitglied der Historischen Kommission in die Planung und Organisation der II. Sektion (Arndts Œvre) einbezogen und konnte zum Thema »Ernst Moritz Arndt – Beobachtungen zu seinem theologischen und kirchenkritischen Einlassungen« vortragen. Der Tagungsband wird 2020 erscheinen.

h) Unser Poznaner Mitglied Małgorzata Grzywacz referierte am 4. Oktober 2019 in Byczyna (Oppeln) zum Thema »Pomorze Zachodnie (Westpommern) und sein evangelisches Erbe nach 1945«.

i) Auf Initiative unseres Mitgliedes Roland Springborn wurde in der Stettiner Staatsbibliothek die Ausstellung »Lobt Gott in seinem Heiligtum (Ps. 150,1) – 110 Jahre Bugenhagenkirche in Stettin« vom 4. Oktober bis zum 15. November 2019 gezeigt und mit einem ökumenischen Gottesdienst durch Vertreter von drei Konfessionen in der heutigen St. Adalbertkirche eröffnet. Die von den Mitarbeitern der Pommerschen Bibliothek vorzüglich gestaltete Ausstellung informiert und visualisiert insbesondere die Entstehungszeit der 1906 gegründeten und 1909 eingeweihten Bugenhagenkirche.

j) Die Zusammenarbeit der Arbeitsgemeinschaft mit dem Historischen Institut der Staatlichen Universität St. Petersburg konnte im Berichtsjahr fortgesetzt werden.

Unser Vorstand wurde beim »1. Petersburger Internationalen Historischen Forum« vom 29. Oktober bis zum 3. November 2019 durch Christoph Ehricht vertreten, der sich mit einem Vortrag über »Neue Geschichtsbilder in der Reformationszeit und der Epoche der Romantik in Deutschland« beteiligte. Sein Petersburger Vortrag über »Hugo Grotius und der Krieg« vom vergangenen Jahr wird in der Zeitschrift des Petersburger Historischen Instituts und in den »Danziger Theologischen Jahrbüchern« veröffentlicht.

k) Gemeinsamen mit dem pommerschen Arbeitskreis Kirche & Judentum und der Hanse- und Universitätsstadt Greifswald würdigte die Arbeitsgemeinschaft am 8. November 2019 den 200. Geburtstag des pommerschen Juden Salomon Neumann als Begründer der Sozialmedizin und modernen Gesundheitsfürsorge im Deutschen Kaiserreich. Auch Vertreter aus der Geburtsstadt Neumanns, dem heutigen polnischen Pyrzyce, nahmen an der Gedenkveranstaltung teil. Das Neumann-Gedenken soll dort im nächsten Jahr wiederholt werden.

l) Am 9. November 2019 fand im Greifswalder Dom St. Nikolai ein Erinnerungsforum aus Anlaß der Maueröffnung vor 30 Jahren statt.

m) Anläßlich der Buchvorstellung zum erinnerungskulturellen Projekt des mecklenburgischen Kirchenkreises »Biografien politisch Verfolgter und Diskriminierter in Mecklenburg 1945 bis 1990« überreichten die Vorsitzenden der drei kirchengeschichtlichen Partner-Vereine Nordelbiens, Mecklenburgs und Pommerns am 5. November 2019 in der Rostocker Nikolaikirche der Landesbischöfin Kristina Kühnbaum-Schmidt ein Grußschreiben und die gemeinsam erarbeitete Publikation »Auf den zweiten Blick. Frauen und Männer der Nordkirche vom Mittelalter bis zur Gegenwart« (2018).

II Publikationen

1) Im Berichtszeitraum erschienen folgende von der Arbeitsgemeinschaft geförderte Studienbände:

a) die Dokumentation der Külzer Tagung von 2017 zur pommerschen Reformationsgeschichte als Heft 4/2018 der Stettiner Universitäts-Zeitschrift Przegląd Zachodniopomorzki mit zehn deutschen und fünf polnischen Beiträgen u.a. von unseren Mitgliedern Dirk Schleinert, Joachim Krüger und Haik Thomas Porada.

b) Der vorzüglich gestaltete und inhaltsreiche Studien- und Bildband: Kirchliches Leben zwischen Trebel und Strelasund: Beiträge zur Geschichte des Kirchspiels und der Synode Grimmen/ hrsg. von Haik Thomas Porada und Wolfgang Schmidt. Kiel: Ludwig Verlag, 2019. 846 S., mit 37 Beiträgen u.a. von unseren Mitgliedern Hans-Jürgen Abromeit, Joachim Krüger, Michael Lissok, Rainer Neumann, Haik Thomas Porada, Dirk Schleinert und Detlef Witt.

2) Weitere Publikationen wurden von Mitgliedern der Arbeitsgemeinschaft als Autoren vorgelegt bzw. als Mitautoren bereichert. Besonders hingewiesen sei auf folgende Bände:

a) Małgorzata Grzywacz: Z dziejów ewangeliczymu na Pomorzu Zachodnim do 1945 roku: Ludzie – miejsca – konteksty. Poznan 2018. 258 S. (Zur evangelischen Geschichte Westpommerns nach 1945: Menschen – Orte – Kontexte, mit engl. Zusammenfassung).

b) Ernst Lohmeyer: Beiträge zu Leben und Werk/ hrsg. von Christfried Böttrich (Greifswalder Theologische Forschungen; 28). Leipzig 2018, darin die umfassende Studie von Thomas K. Kuhn: »Es ist unheimlich still um ihn...«: der Weg zur Rehabilitation Ernst Lohmeyers 1945-1996.

3) Weitere Mitglieder der Arbeitsgemeinschaft engagieren sich seit Jahren in den Redaktionen von Fachzeitschriften, die u.a. Aspekte der pommerschen Kirchengeschichte vertiefen. Ganz besonderer Dank gilt hier Jana Olschewski in der Redaktion »Pommern. Zeitschrift für Kultur und Geschichte« sowie Dirk Schleinert in der Redaktion der »Baltischen Studien«. Der Berichtserstatter ist Mitglied in der Redaktion »Zeitgeschichte regional. Mitteilungen aus Mecklenburg-Vorpommern«.

III Projekte

a) Die Überlegungen, wie die kulturhistorische Zeitschrift »Pommern« durch Regelung einer neuen Trägerschaft fortgesetzt werden kann, beschäftigte eine Arbeitsgruppe aus mehreren Geschichtsvereinen auf Initiative vom Hans-Dieter Kohrt vom Pommerschen Greif e.V., Prof. Hans-Jürgen Kohler von der Gesellschaft für pommersche Geschichte e.V. und Haik-Thomas Porada von der Historischen Kommission für Pommern. Der Berichterstatter war mit Vertretern weiterer Gruppen zu drei Beratungstreffen eingeladen und beratend tätig. Übergangsweise hat der Pommersche Greif e.V. die Trägerschaft der Zeitschrift übernommen. Entwickelt wurde in den Beratungstreffen die Idee, mit Hilfe von fünf Geschichtsvereinen – einschließlich unserer AG – und weiteren natürlichen Personen einen rechtlich eigenständigen Förderverein »POMMERN-Forschung« zu gründen, in dessen Trägerschaft die Herausgabe der Zeitschrift »Pommern« spätestens 2021 und dann dauerhaft übergehen soll. Gleichzeitig soll dieser Förderverein für die weitere Zukunft die Möglichkeit offen halten, für die an ihm beteiligten Vereine Serviceleistungen zu übernehmen. Ein elaborierter Satzungsentwurf liegt vor. Eine abschließende Klärung, wie unsere Arbeitsgemeinschaft sich dazu verhalten möchte, steht auf der nächsten Vorstandssitzung an. Die Historische Kommission, die Gesellschaft für pommersche Geschichte und der Pommerscher Greif e.V. haben ihre Gründungsteilnahme am Förderverein »POMMERN-Forschung« bereits beschlossen.

b) In Verbindung mit den benachbarten Landeskirchengeschichtsvereinen von Mecklenburg und Schleswig-Holstein entstand im Berichtszeitraum unter tatkräftiger technischer und inhaltlicher Mitarbeit unseres Mitgliedes Rainer Neumann eine neue gemeinsame Internet-Informationsseite im Rahmen der Nordkirchen-Homepage unter der URL-Adresse http//www.forumgeschichte-nordkirche.de/ Die Freischaltung erfolgte am 21. November 2019 im Rahmen einer Begegnung der Initiatoren und von Vertretern der drei beteiligten Vereine in der Hamburger Bischofskanzlei.

c) Der Berichterstatter regte auf der Februar-Vorstandssitzung an, mittelfristig einen Studienband zur gesamten pommerschen Kirchengeschichte vorzubereiten, der wichtige Spezialaufsätze der zurückliegenden Jahrzehnte aus wenig bekannten oder nur schwer greifbaren Druckorten zusammenträgt.

d) Der Bedarf eines Pfarrerbuches für das theologische Personal der Pommerschen Evangelischen Kirche während ihres Bestehens von 1945 bis 2012 hatte die Arbeitsgemeinschaft schon mehrfach festgestellt. Brigitte Metz (†) und Rainer Neumann legten Vorplanungen an. Die Bearbeiterfrage blieb bisher offen. Im Sommer 2019 wurde unser Mitglied Gunnar Fischer von der pommerschen Kirchenkreisleitung mit der Erstellung des pommerschen Pfarrerbuches 1945-2012 betraut. Es soll aus den öffentlich zugänglichen Daten erstellt werden. Abschluß und Publikation des Pfarrerbuches ist für 2022 in Aussicht genommen.

e) Die Synode des Pommerschen Evangelischen Kirchenkreises beschloss auf ihrer Tagung im März 2019 die Vergabe eines Forschungsauftrages an den Berichterstatter zur Erstellung einer »Geschichte der Evangelischen Landeskirche Greifswald 1970-1990«. Die Landeskirchenleitung unterstützt diesen Beschluß des PEK und berief Irmfried Garbe in das finanziell von Kirchenkreis und Landeskirche paritätisch ausgestattete Forschungsprojekt für die Zeit vom 1. November 2019 bis zum 31. Oktober 2022. Der Berichterstatter verließ daraufhin die Pfarrstelle der Kirchengemeinden Dersekow-Levenhagen und Görmin und wohnt jetzt in Wackerow. Das Projekt erhält einen Fachbeirat zur Konsultation und Begleitung der Forschungsarbeit. Die Ergebnisse werden in eine Publikation münden, die für 2022 erwartet wird.

IV Sachstände und Sorgen

Mit Erleichterung hat der Vorstand zur Kenntnis genommen, daß die Erste Landeskirchenleitung nach langwierigen Abstimmungsverhandlungen im September 2019 für die Archivgutbestände der früheren Pommerschen Evangelischen Kirche die Realisierung einer Archivkooperation am Standort Greifswald mit dem schon im Bau befindlichen Stadtarchiv Greifswald und Pommerschen Landesarchiv grundsätzlich befürwortet und der Landessynode nahelegen wird, dafür erweiterte Haushaltsmittel einzuplanen. Nach derzeitigem Stand muß mit einem Bauvolumen von 1,1 Mio. Euro gerechnet werden; als Unterstützung wurden 200.000 Euro der Landeskirche vom Land Mecklenburg-Vorpommern zugesagt und weitere Strategiemittel in Aussicht gestellt. Nicht entschieden hat die Erste Landeskirchenleitung jedoch wie die künftige Gesamtstruktur landeskirchlicher Archivstandorte aussehen wird. Unsere Arbeitsgemeinschaft hofft, daß diese Frage sachlogisch und damit zugleich entsprechend des verbindlichen Fusionsgesetzes der Nordkirche von der neuen Landeskirchenleitung entschieden wird.

Der Vorstand der Arbeitsgemeinschaft sieht mit Sorge, dass es in den letzten Jahren kaum gelungen ist, neue Mitglieder zu gewinnen. Dieser den Verein strukturell berührende Punkt muß weiter behandelt werden. Alle Mitglieder sind gebeten, jede sich bietende Möglichkeit zu nutzen und mit aktiv zu werden. Es liegt im Interesse aller, gerade jüngere Interessenten der Territorialkirchengeschichte zu entdecken und anzusprechen.

Die Arbeitsgemeinschaft hatte mit Stand vom 8. November 2019 138 Mitglieder.

Wackerow Irmfried Garbe

Verein für Berlin-Brandenburgische Kirchengeschichte
Bericht des Vorstands von der 10. Mitgliederversammlung des Vereins am 15. November 2018

1) Wir können heute ein kleines Jubiläum feiern. Es ist die zehnte Mitgliederversammlung des 2008 neu gegründeten Vereins. Wir können also das zehnjährige Vereinsjubiläum feiern. Das ist für den Zeitraum, den die Berlin-Brandenburgische Kirchengeschichte umfasst, eine sehr kleine Spanne. Dennoch ist es ein Grund, mit Dankbarkeit daran zu erinnern, dass sich der Verein in diesen Jahren gut entwickelt hat und, so finde ich, mit seinen Veranstaltungen und Publikationen einen wichtigen Beitrag für die Landeskirche und für die Kirchengeschichtsforschung geleistet hat. Pünktlich zum Jubiläum hat sich auch die Zahl unserer Mitglieder in den dreistelligen Bereich bewegt. Wir haben derzeit 102 Mitglieder. 100. Mitglied wurde ein Kirchenkreis Neukölln. Ich danke namens des Vorstandes allen Mitgliedern, die den Verein in den zehn Jahren mit ihren Mitgliedsbeiträgen getragen haben, für ihr Interesse an der Arbeit des Vereins. Nicht vergessen dürfen wir, dass zwar der neu gegründete Verein zehn Jahre alt wird, dass die Arbeit aber in anderen Rechtsformen schon sehr viel älter ist. Sie besteht seit dem Jahr 2002, damals gegründet übrigens auch in der Rechtsform des Vereins. Der erste Vorsitzende war Generalsuperintendent Dryander. An dieser Stelle möchte ich an meinen Vorgänger und unser Vereinsmitglied Dr. Ulrich Schröter erinnern. Er ist nach einer schweren Lungenerkrankung in diesem Jahr im Alter von 78 Jahren gestorben. Er war von 2000 bis 2005 Vorsitzender der Arbeitsgemeinschaft für Berlin-Brandenburgische Kirchengeschichte und hat in jenen Jahren das Zusammenwachsen der bis 1989 getrennten Arbeitsgemeinschaft in Ost und West mit seiner freundlich-zugewandten Art begleitet und gefördert. Als Experte in Sachen MfS hat er mehrfach wichtige Beiträge veröffentlicht, auch in unserem Jahrbuch.

2) Die intensive Arbeit, die unser Verein in der Vorbereitung des Reformationsjubiläums geleistet hat, hat mit dem Jubiläum im vergangenen Jahr ihren Abschluss gefunden. Ich hatte darüber bereits vor einem Jahr berichtet, und Dr. Andreas Stegmann hat im Jahrbuch, das Ende 2017 erschien, über unsere vielfältigen Aktivitäten

berichtet. Nach wie vor findet man auch im Internet die Seite http://reformation-mark-brandenburg.de mit Informationen zur Reformation in Brandenburg. Für die nächsten Jahre haben wir uns ein neues Schwerpunktthema vorgenommen, das zeitlich an das bisherige anknüpft: Mehrkonfessionelles Brandenburg im 17. und 18. Jahrhundert. Prof. Dr. Neitmann, der bei diesem Projekt der Spiritus rector sein wird, hat es heute schon vorgestellt. Er selber wird, wie Sie unserem Jahresprogramm entnehmen konnten, am 14. Februar referieren über »Dynastische und staatliche Mehrkonfessionalität in den politischen Testamenten der Hohenzollern von Kurfürst Joachim II. bis König Friedrich Wilhelm I.«. Wie auch bei unserem vorigen Projekt bedeutet diese Schwerpunktsetzung nicht, dass wir nicht auch weiterhin Beiträge zu anderen Epochen und zur Zeitgeschichte anbieten werden. In diesem Jahr haben wir uns ja bereits mit einem Vortrag über »Schleiermacher und das kirchliche Singen« an den Aktivitäten zum Schleiermacherjahr beteiligt; im nächsten Monat wird uns mit dem Vortrag »Evangelischen Studentengemeinden während der Studentenbewegung von 1968. Der Streit der ESG mit dem Gemeindekirchenrat der Kaiser-Wilhelm-Gedächtniskirche« ein zeitgeschichtliches Thema beschäftigen. Und im kommenden Jahr wollen wir auch die Erinnerungsdaten 1919 (Neuanfang in der Weimarer Republik) und 1989 (Friedliche Revolution) zum Thema machen.

3) Die Vortragsreihe zur Geschichte des Domstifts Brandenburg zwischen 1810 und 1948, bei der wir Kooperationspartner des Domstifts Brandenburg sind, hat reges Interesse gefunden. Auch aus Berlin sind dazu immer wieder Vereinsmitglieder angereist. Den nächsten Vortrag werde ich dort am Donnerstag, 8. November halten: »Der Neuanfang des Domstifts als kirchliche Einrichtung nach 1945«. Flyer liegen am Ausgang bereit.

4) Das nächste Jahrbuch wird in der ersten Hälfte des kommenden Jahres erscheinen und auch die Vorträge zur Geschichte des Domstifts enthalten. Im Herausgeberkreis hat es nach dem Tod von Professor Kurze Veränderungen gegeben: Dr. Andreas Stegmann und Prof. Dr. Klaus Neitmann sind in den Herausgeberkreis eingetreten.

5) Die jährliche Exkursion führte uns in diesem Jahr in die Niederlausitz nach Vetschau, Dissen und Cottbus. (Dank an Frau Prof. Strohmaier-Wiederanders) Ein besonderer Schwerpunkt lag dabei auf der Begegnung mit der sorbischen Tradition und Geschichte. Die Exkursion im Juni kommenden Jahres wird uns im Fontane-Jahr auf den Spuren Fontanes durch Brandenburg führen.

6) Die neue Datenschutzverordnung hat auch uns beschäftigt. Ich kann Ihnen versichern, dass wir Ihre Adressdaten ausschließlich für die Einladungen zu den Veranstaltungen unseres Vereins und der mit uns verbundenen historischen Vereine und Arbeitsge-meinschaften nutzen. Es ist schön, dass die Mitglieder dem auf unsere Anfrage hin ausdrücklich zugestimmt haben.

7) Über den Stand der Finanzen wird Herr Schäfer berichten. Er hat seine Arbeit als Kassenwart wieder sorgfältig erledigt. Ich danke ihm herzlich für sein Engage-

ment. Ebenso danke ich Dr. Krogel, dem Geschäftsführer, und Frau Kretlow, seiner Assistentin, die sich zuverlässig und sorgfältig auch um unsere Vereinsangelegenheiten kümmert. Den Herren Günter Peters und Dr. Sören Schuppan danke ich für die Mühen der Rechnungsprüfung.

Berlin Karl-Heinrich Lütcke

Verein für Kirchengeschichte der Kirchenprovinz Sachsen

Bericht über das Jahr 2018

Im Jahre 2018 wurde der Vorstand am 2. November 2018 in Magdeburg neu gewählt.
Vorsitzender: Axel Noack, 06118 Halle/Saale, Willi-Dolgner-Str.7
Geschäftsführerin: Dr. Marianne Schröter, Collegienstr. 62, 06886 Lutherstadt Wittenberg
Internet: http://www.kirchengeschichtsverein-kps.de/

Die Veranstaltungen des Vereins bestanden im Berichtszeitraum wieder je aus einer Jahrestagung (zweitägig) und mehreren Einzelveranstaltungen. Der Größe der alten Kirchenprovinz Sachsen ist es geschuldet, dass unsere Veranstaltungen an wechselnden Orten stattfinden.

Zur inhaltlichen Arbeit:

I Jahrestagung

Vom 4. bis 6. Mai 2018 fand die Jahrestagung 2018 in Neudietendorf (in Kooperation mit der Thüringischen Gesellschaft für Kirchengeschichte) statt unter dem Titel: »1918 und das Ende der Ehe von Thron und Altar: kirchengeschichtliche Erkundungen in Mitteldeutschland zwischen dem 16. und dem 20. Jahrhundert«.

II Tagesveranstaltungen 2017

– Am 18. August 2018: Exkursion des Vereins nach Halberstadt. Schwerpunkte waren: Das Gleimhaus und die Martini-Liebfrauenkirche. Vortrag: »Das Pantheismusgespräch zwischen Lessing und Jacoby«
– Am 25. August 2018: Tagung zur Geschichte der Predigerseminare der beiden Teilkirchen der EKM, veranstaltet vom Predigerseminar der UEK in der Lutherstadt Wittenberg. Führung durch das Schloss und die neue reformationsgeschichtliche Bibliothek.
– Am 2. November 2018 : Mitgliederversammlung (mit Neuwahl des Vorstandes); thematischer Teil: Kirche und Freimaurerei

III Ausblick auf 2019

– Exkursion: Glockentag in Stendal
– Exkursion: Besichtigung Pfarrhausstellung in Blüthen

– Jahrestagung: Zur Weimarer Reichsverfassung
– Exkursion nach Leipzig: Die Leipziger Disputation 1519
– Mitgliederversammlung: 30 Jahre friedliche Revolution

Magdeburg Axel Noack

Arbeitsgemeinschaft für Sächsische Kirchengeschichte

70. Tagung für sächsische Kirchengeschichte vom 31. Mai bis zum 2. Juni 2018 in Wurzen

Über 50 Teilnehmer konnten im Jahr 2018 zur 70. Tagung für sächsische Kirchengeschichte in der Kirche St. Wenceslai in Wurzen begrüßt werden. Der Tagungsort führte mit einer beeindruckenden Ausstellung zu Bischof Johann von Salhausen (1444–1518) und der Bischofsresidenz Wurzen in die Tagung ein. Die Schwerpunkte des folgenden vielseitigen Vortragsprogramms lagen zum einen auf der lokalen Stadt- und Kirchengeschichte von der urkundlichen Ersterwähnung Wurzens im Jahr 961 bis zur Neuzeit. Verbunden war damit eine detailreiche Führung durch den Dom St. Marien durch Pfarrer Alexander Wieckowski (Wurzen). Zum anderen wandten sich die Referate Personen zu, für welche im Jahr 2018 ein Jahrestag begangen werden konnte – Kurfürst Johann dem Beständigen (550. Geburtstag) und dem Theologen Albert Hauck (100. Todestag) – und erinnerten an die Einführung der Kirchenvorstands- und Synodalordnung für die evangelisch-lutherische Kirche des Königreiches Sachsen im Jahre 1868.

Vortragsprogramm:
- Prof. Dr. Wolfgang Huschner (Leipzig): Die Gründung des Erzbistums Magdeburg (967/68) und die urkundliche Ersterwähnung Wurzens
- Wolfgang Ebert (Wurzener Stadtchronist): Streifzüge durch die über 1000jährige Geschichte Wurzens
- PD Dr. Stefan Michel (Leipzig/Gera): Kurfürst Johann (der Beständige) von Sachsen und die von Wittenberg ausgehende Reformation – neue Beobachtungen zur Fürstenreformation
- OKR Dr. Martin Teubner (Dresden): Zur Theorie einer Kirchengeschichtsschreibung im Zeitalter des Historismus – Albert Hauck (1845 bis 1918)
- Dr. Markus Hein (Leipzig): Die Entstehung der ersten »Kirchenvorstands- und Synodalordnung« Sachsens von 1868 und die Frage der Gemeindebeteiligung an der Leitung der Kirche
- OLKR Klaus Schurig (Dresden): Die Kirchenvorstands- und Synodalordnung für die evangelisch-lutherische Kirche des Königreiches Sachsen vom 30. März 1868 – kirchenrechtliche Entwicklungen bis ins 21. Jahrhundert

Die traditionelle Exkursion der Tagung für sächsische Kirchengeschichte führte in diesem Jahr durch das Wurzener Land in die Dorfkirchen von Röcknitz, Wasewitz, Burkartshain und Sachsendorf.

Leipzig Christian Winter

Gesellschaft für Thüringische Kirchengeschichte e.V.

Jahresbericht 2018

Im Jahr 2018 veranstaltete die Gesellschaft für Thüringische Kirchengeschichte e.V. eine Tagung und einen Studientag.

Die *Tagung*, gemeinsam bestritten mit dem Verein für die Kirchengeschichte der Kirchenprovinz Sachsen e.V., fand vom 4. bis 6. Mai 2018 in Neudietendorf statt. In Blick auf das Ende des Landesherrlichen Kirchenregiments vor 100 Jahren widmete sie sich unter dem Titel »1918 und das Ende der Ehe von Thron und Altar« dem Umbruch nach dem Ersten Weltkrieg und die Neuorganisation in den Mitteldeutschen Kirchen.

Die historischen Linien von Kirchenleitung zeichnete Prof. Dr. Ernst Koch (Leipzig) nach. Das gleiche Thema aus rechtlicher Sicht referierte Prof. Dr. Michael Germann (Halle) unter den Stichworten von »Modell« und »Gegenmodell«. Dabei beschrieb er das Verhältnis zwischen Staat und Kirchen spannungsvoll bis kooperativ-pragmatisch. Die »Ehe von Thron und Altar endete mit dem November 1918, aber nur, weil es keinen Thron mehr gab«.

Dr. Marianne Schröter beleuchtete die lange Wirkung von Schleiermachers Theorie des Kirchenregiments zwischen Aufsicht, Konfliktmanagement und Gemeindedienst.

Der Systemzusammenbruch 1918/19 war für die katholischen Bistümer in Mitteldeutschland weniger einschneidend. Dies konnte Prof. Dr. Josef Pilvousek (Gotha) eindrucksvoll belegen.

An ausgewählten Beispielen wurden dann regionale »Tiefenbohrungen« durchgeführt. Der ehemalige Leiter des Thüringer Predigerseminars, Michael Dorsch (Jena), beschrieb die Stationen der Predigerseminarsgeschichte unter den (kirchen-)rechtlichen Rahmenbedingungen von vier verschiedenen Gesellschaftssystemen, die insbesondere von Erwartungen und Entscheidungen der jeweiligen Thüringer Kirchenleitung geprägt waren. Der Entwicklung der preußischen Kirche unter SPD/USPD-Regierung ging Prof. Axel Noack (Halle) nach. Die kleine Herrschaft Stollberg wurde von Dr. Hans Seehase (Magdeburg) beleuchtet. Da Dr. Justus H. Ulbricht (Dresden) erkrankt war, sprang Dr. Thomas Seidel (Weimar) ein und berichtete von seinen Erfahrungen vom staatlichen und kirchlichen Zusammenspiel während der Reformationsdekade.

In einer öffentlichen Abendveranstaltung stellte Hans-Rüdiger Mai (Berlin) seine bei der Evangelischen Verlagsanstalt Leipzig erschienene Streitschrift »Geht der Kirche der Glaube aus?« vor.

Die gemeinsame Tagung endete am Sonntag mit einem Abendmahlsgottesdienst in der Johanneskirche Neudietendorf.

Der *Studientag* führte am 13. Oktober 2018 nach Arnstadt. Er hatte zwei Schwerpunkte: Neue Forschungen in der Reformationsgeschichte und die Pfarrbibliotheken in Thüringen.

Zwei Doktoranden stellten ihre schon abgeschlossenen Arbeiten vor. Dr. Andreas Dietmann (Jena) zeigte seine regionalen Erhebungen zu Schulbesuch, Alphabetisierung und Gelehrsamkeit im Jahrhundert der Reformation. Julia Mandry (Jena) widmete sich »Armenfürsorge und Bettelmilieu in Thüringen« im Spätmittelalter und Reformationsjahrhundert.

Werkstattberichten kamen die Einblicke in die neue Erschließung von Pfarr- und Kirchenbibliotheken bzw. -archiven gleich. Wilhelm Lindner (Erfurt) informierte über ein Erschließungsprojekt in Nordthüringer Kirchenbibliotheken, das von der Friedrich-Christian-Lesser-Stiftung gefördert wird und Dr. Wolfram Theilemann (Großenehrich) unter dem Titel »Kirche bleibt im Dorf« von den Entdeckungen in (und Bergung von) Pfarrarchiven im Kirchenkreis Bad-Frankenhausen-Sondershausen. Dr. Wolfgang Runschke (Gotha) konnte auf 140 Kleinschriften-Neufunde bei der digitalen Erschließung der Arnstädter Oberkirchenbibliothek verweisen. Auch wurden dabei frühneuzeitliche Handschriften gefunden.

Die Führung durch die Arnstädter Oberkirche mit Martin Sladeczek (Erfurt) widmete sich den archäologischen Grabungen während der Sanierung der Kirche.

Zum Abschluss der Tagung fand die jährliche Mitgliederversammlung statt, bei der der Vorstand neu gewählt wurde.

Apolda Susanne Böhm

Buchbesprechungen

Mecklenburgisches Klosterbuch: Handbuch der Klöster, Stifte, Kommenden und Prioreien (10./11.-16. Jahrhundert)/ hrsg. von Wolfgang Huschner, Ernst Münch, Cornelia Neustadt und Wolfgang Eric Wagner. Rostock: Hinstorff Verlag, 2016. 2 Bde. 1482 S.

Klosterbücher einzelner Landschaften haben im letzten Vierteljahrhundert eine erhebliche Konjunktur erlebt. Ausgehend vom Westfälischen Klosterbuch, das 1992-1994 zunächst in zwei Bänden erschien, ist in der Folge eine stattliche Reihe von Nachschlagewerken über geistliche Gemeinschaften entstanden oder zumindest in Angriff genommen worden. Ein ordensübergreifendes und zumindest die Zeit bis zur Reformation umfassendes Klosterbuch gehört inzwischen zur kirchen- und landesgeschichtlichen »Grundausstattung« einer historischen Landschaft. Nach dem in vielerlei Hinsicht einfach gehaltenen westfälischen Projekt setzte das 2006 erschienene Brandenburgische Klosterbuch hinsichtlich der kartographischen Ausstattung und Siegelabbildungen neue Maßstäbe. Einfacher aufgemacht sind das 2012 in vier Bänden veröffentlichte Niedersächsische Klosterbuch sowie das Nordrheinische Klosterbuch, von dem 2009 und 2012 zwei Bände (von fünf) erschienen sind. Dagegen gehört das kurz vor der Vollendung stehende fünfbändige Pfälzische Klosterlexikon, das sich in mancherlei Hinsicht an Brandenburg orientiert, wieder zu den opulenteren Werken.

In diese Reihe ist auch das hier zu besprechende, in zwei Bänden erschienene Mecklenburgische Klosterbuch zu stellen. Ähnlich wie im Fall Brandenburgs wurde das Bearbeitungsgebiet durch historische Grenzen definiert. Das Mecklenburgische Klosterbuch behandelt die Klöster, Stifte und Kommenden innerhalb der Grenzen des Herzogtums Mecklenburg um 1500. Es schließt also die vorpommerschen Teile des heutigen Landes Mecklenburg-Vorpommern aus und fügt sich an den Bearbeitungsraum des Brandenburgischen Klosterbuchs an, dem die räumliche Ausdehnung der Mark Brandenburg und der Niederlausitz ebenfalls um 1500 zugrunde gelegt wurde. Zum Bearbeitungsgebiet gehört im äußersten Westen auch das Ratzeburger Domstift, obwohl der Dombezirk seit 1937 politisch zu Schleswig-Holstein zählt. Nicht ganz konsequent ist die Aufnahme der Johanniterpriorei in Lychen, die um 1500 nicht (mehr) zu Mecklenburg gehörte. Da die Niederlassung jedoch im Brandenburgischen Klosterbuch nicht behandelt wurde, ist das Ausgreifen über den eigentlichen Bearbeitungsraum verständlich.

Inhaltlich erfasst wurden alle Niederlassungen geistlicher Gemeinschaften vom Domkapitel bis hinunter zur Johanniterpriorei. Nicht aufgenommen wurden – wie im Brandenburgischen Klosterbuch und im Unterschied zum Pfälzischen Klosterlexikon – semireligiöse Einrichtungen, in erster Linie die Beginenhäuser. Dagegen werden – ebenfalls in Anlehnung an Brandenburg – Höfe und sonstige Besitzungen auswärtiger Klöster in Mecklenburg im Anschluss an die eigentlichen Klosterartikel in zwei umfangreicheren Beiträgen mit kurzen Unterabschnitten behandelt (S. 1269-1314). Unter den in Mecklenburg begüterten Institutionen befanden sich vor allem Klöster und Stifte aus Holstein und Pommern, aber auch aus der Mark Brandenburg und dem Fürstentum Lüneburg sowie aus dem Deutschordensland Livland. Der Bearbeitungszeitraum endet mit der Einführung der Reformation. Die neuzeitliche Geschichte der sogenannten Landesklöster Dobbertin, Malchow und Ribnitz sowie der evangelischen Klöster Heilig Kreuz in Rostock und Rühn findet sich lediglich in stark gerafffter Form in den einzelnen Artikeln.

Das Handbuch umfasst nach einigen einleitenden Bemerkungen zu Aufbau und Nutzung zunächst vier einleitende Aufsätze. Ernst Münch befasst sich auf wenigen Seiten mit dem historischen Raum Mecklenburgs im Mittelalter (S. 17-20), gibt also einen äußerst gerafften Abriss der mittelalterlichen Landesgeschichte. Deutlich umfangreicher ist der Beitrag von Wolfgang Huschner, der die Entwicklung der Klosterlandschaft, gegliedert nach zeitlichen Epochen und einzelnen Orden, zum Inhalt hat (S. 21-57). Charakteristisch ist für Mecklenburg wie für alle Neusiedelgebiete das weitgehende Fehlen von Benediktinerniederlassungen sowie die starke Stellung der Frauenklöster. Damit ähnelt die Klosterlandschaft Mecklenburgs derjenigen in Brandenburg, Pommern oder Schleswig-Holstein, doch kann Huschner auch einige Besonderheiten herausarbeiten, wie etwa die ungewöhnliche Stellung des Klarissenklosters Ribnitz. Wie in Schleswig-Holstein und Pommern lassen sich Einflüsse aus Schweden und Dänemark auf die Klosterlandschaft konstatieren. Über sein eigentliches Thema hinaus bietet der Aufsatz Huschners auch eine zusammengefasste Geschichte der Christianisierung Mecklenburgs. Schließlich werden Geschichte und Charakteristika der einzelnen Orden im Allgemeinen vorgestellt, bevor der Autor die Ansiedlungen in Mecklenburg in die Ordens- wie die Landesgeschichte einordnet. Den Beitrag beschließen Ausführungen zu den Beziehungen mecklenburgischer Stifte und Klöster zur Universität Rostock sowie zur Ausstrahlung der Niederlassungen auf andere Gebiete des Ostseeraums, wobei nicht nur Filiationen des Zisterzienserklosters Doberan, sondern auch überregionale Funktionen mecklenburgischer Bettelordensklöster oder der Aufbau von Termineibezirken des Augustiner-Eremitenklosters Sternberg in Dänemark behandelt werden.

Einen gerafften Überblick über die mittelalterliche Bau- und Kunstgeschichte der Niederlassungen geben Ernst Badstübner und Dirk Schumann (S. 58-74) und zeigen dabei, dass sich die spätmittelalterliche mecklenburgische Ordensbaukunst durchaus auf der Höhe der Zeit befand und innovative Entwicklungen aus den Hansestädten aufgenommen wurden. Nur kurz angerissen werden von Frank Nikulka »Mecklenburgische Klöster, Stifte, Kommenden und Prioreien aus archäologischer Perspektive« (S. 75 f), wobei vor allem auf das Erkenntnispotential der Klosterarchäologie hingewiesen wird.

Den Hauptteil des Klosterbuches machen naturgemäß die Artikel zu den insgesamt 43 Klöstern, Stiften, Kommenden und Prioreien aus (S. 79-1266), für die insgesamt 63 Autoren gewonnen werden konnten – nicht nur in Mecklenburg, sondern auch in den benachbarten Gebieten, insbesondere aber auch im Umkreis der Herausgeber Wolfgang Huschner und Cornelia Neustadt in Leipzig. Die Gliederung der Artikel orientiert sich am westfälischen und brandenburgischen Vorbild und umfasst zehn Hauptpunkte, die größtenteils noch einmal in Unterpunkte, gelegentlich auch bis in die dritte Ebene untergliedert sind. Behandelt werden nach einigen allgemeinen Überblicksangaben (1), die Geschichte der Institution (2), die Verfassungsordnung (3), »Besitzgeschichte und Wirtschaftsordnung« (4) sowie »Religiöses und spirituelles Wirken« (5). Gegenüber den Vorbildern neu aufgenommen wurde das Kapitel »Administratives, diplomatisches, rechtliches und politisches Wirken außerhalb der eigenen Institution und des eigenen Ordens« (6). Es folgen die Bau- und Kunstgeschichte (7), Siegel (8), »Archivalien, Dokumentationen und gedruckte Quellen« (9) sowie Literatur (10). Auffällig ist, dass ein eigener Abschnitt »Institutsvorstände« fehlt. Wie schon im Pfälzischen Klosterlexikon wurden die Personallisten in das Kapitel »Verfassungsordnung« integriert, was eine gewisse Doppelung verhindert, aber weniger benutzerfreundlich ist. Positiv gegenüber Westfalen und Brandenburg zu vermerken ist, dass die vorgegebene Kleinteiligkeit in der Gliederung der Unterkapitel auf der dritten Ebene, die gerade bei schwächer überlieferten Institutionen den Nutzer eher verwirrt hat, weitgehend vermieden wurde. Stattdessen bestand die Möglichkeit, im Fall von umfangreichen Informationen individuelle Zwischenüberschriften aufzunehmen, was insgesamt zu einer guten Übersichtlichkeit der Artikel führt.

Im Gegensatz zu älteren Klosterbüchern, deren wissenschaftliche Nutzbarkeit durch das Fehlen von Einzelbelegen stark eingeschränkt war, sind die Artikel des Mecklenburgischen Klosterbuchs durchweg mit Fußnoten versehen, die verdeutlichen, dass hier nicht nur der bisherige Forschungsstand handbuchartig zusammengefasst, sondern in vielen Fällen umfangreiche Grundlagenarbeit an den Quellen geleistet wurde. Nahezu für jedes Kloster ergibt sich hierdurch ein neuer Forschungsstand. Freilich ist auch das Bemühen erkennbar, den Anmerkungsapparat schlank zu halten. So werden etwa die Listen der Amtsträger nicht durchgängig mit Belegen ausgestattet, so dass hier weiterhin von Fall zu Fall noch ein Nachrecherchieren erforderlich sein wird. Hilfreich hierbei sind die umfangreichen Quellen- und Literaturverzeichnisse am Ende eines jeden Artikels, die sich als Standard jedes Klosterbuchs durchgesetzt haben. Wie schon im Brandenburgischen oder Niedersächsischen Klosterbuch verweisen hierbei Kurzzitate auf ein gemeinsames Literaturverzeichnis am Ende des Bandes, was platzsparend ist, den Nutzer aber oft zum Hantieren mit beiden schwergewichtigen Bänden nötigt.

Die Schwerpunkte der meisten Artikel liegen eindeutig auf der allgemeinen Geschichte der Institution, auf Verfassungsordnung und Grundbesitz sowie auf der Bau- und Kunstgeschichte der Klöster und Stifte. Für letzteren Punkt konnten im Regelfall Spezialisten gewonnen werden, so dass gerade diese Abschnitte – unterstützt durch Abbildungen, Pläne und Dokumentationszeichnungen – besonders ergiebig sind. Dagegen treten die Abschnitte zum geistlichen Leben deutlich zurück. Dies ist zum einen ein Produkt der Quellenlage, zeigt zum anderen aber auch auf, wo bisher Forschungsschwerpunkte liegen. Bedauerlich ist, dass wir wenig zur Bibliotheksgeschichte der einzelnen Institutionen erfahren. Häufig wird dies mit Überlieferungslücken begründet (so etwa zum Benediktinerinnenkloster Eldena: »Eine Kl.bibliothek ist nicht überliefert«, S. 309; ähnlich zum Kloster Malchow, S. 470). Für das Domstift Ratzeburg sind immerhin fünf Handschriften bekannt, doch stützt sich der Artikel hier auf die Literatur der 1980er Jahre (S. 706 f). Selbst Forschungen in der heutigen Dombibliothek sind nach Auskunft des Verfassers noch nicht vorgenommen worden (S. 707). Aus dem Kloster Ribnitz sind zwei Chroniken des frühen 16. Jahrhunderts bekannt, die aus der Feder des Lesemeisters der Nonnen, Lambert Slaggert, stammen und im Artikel angemessene Erwähnung finden (S. 823). Größere Erkenntnisse sind noch zu erwarten über die Bibliothek des Dominikanerklosters Rostock, während der Artikel zum Franziskanerkloster die Bibliotheksgeschichte u. a. mit einer Liste der erhaltenen Inkunabeln würdigt. Von beiden Bibliotheken sind umfangreiche Reste in der Universitätsbibliothek Rostock überliefert (S. 869. 879-881. 894 f). Der Buchbestand des Zisterzienserinnenklosters Zum Heiligen Kreuz in Rostock ist durch verschiedene Inventare des 16. Jahrhunderts gut bekannt (1584: 1266 Bücher), doch harren die vorhandenen Quellen noch einer Auswertung (S. 957). Ob durch die Heranziehung von speziell qualifizierten Autoren im Rahmen des Klosterbuchs noch neue bibliotheksgeschichtliche Erkenntnisse hätten gewonnen werden können, muss hier dahingestellt bleiben. In jedem Fall besteht stellenweise noch Bedarf an weiteren Forschungen, der in einzelnen Artikeln auch formuliert wird.

Reichhaltiger als in vielen anderen Klosterbüchern ist die Ausstattung des Mecklenburgischen Klosterbuchs mit Fotos, Karten, Grundrissen und Archivalienabbildungen. Jeder Artikel beginnt mit einem ganzseitigen stimmungsvollen Foto zu den Gebäuden des jeweiligen Klosters, soweit jedenfalls solche noch bestehen. Zum Standard gehören weiterhin (historische) Grundrisse der Orte, in denen die jeweilige Einrichtung eingezeichnet ist, bzw. Grundrisse der Klosteranlagen. Ferner findet sich für jede Einrichtung zwei von Gyula Pápay gezeichnete Karten zur Besitzentwicklung sowie zu den Rechtsverhältnissen und zur Besitzstruktur. Die Abschnitte zur Bau- und

Kunstgeschichte sind reichhaltig mit Grund- und Aufrissen der Gebäude (auch mit Einzeichnung der Bauphasen) und mit Fotos bis hin zu Detailfotos einzelner Architekturbestandteile, Ausstattungsstücke oder Wandmalereien ausgestattet. Auch die bekannten Siegel der Institutionen sind in guter Qualität abgebildet. Weniger dem praktischen Nutzen als vielmehr zur Erfreuung von hilfswissenschaftlich Interessierten dienen die zahlreichen teils großformatigen Farbabbildungen von Urkunden, die in den meisten Fällen gut lesbar sind.

Mit dem Mecklenburgischen Klosterbuch ist ein Werk entstanden, das seine Vorbilder nicht nur erreicht, sondern in Teilen noch übertrifft. Die durchweg sorgfältig gearbeiteten Artikel bieten einen solide Grundlage für jede weitere Beschäftigung mit den jeweiligen geistlichen Institutionen. Einzelbelege stehen für eine volle wissenschaftliche Nutzbarkeit der Beiträge. Die äußere Form der Bände lässt kaum Wünsche offen. Freilich sollte auch angemerkt werden, dass der mit dem Mecklenburgischen Klosterbuch erreichte Grad an Perfektion für ein solches Handbuch nicht überall erreicht werden kann. So kam dem Projekt zugute, dass die Anzahl von Klöstern, Stiften, Kommenden und Prioreien im mittelalterlichen Mecklenburg eben überschaubar ist. In Landschaften mit größerer Klösterdichte könnte ein Unternehmen mit derartigem Niveau den Rahmen eines überschaubaren Projektes sprengen, so dass auch einfachere Formen von Klosterbüchern ihr Recht behalten werden.

Genthin Michael Scholz

Bischof Otto von Bamberg in Pommern: historische und archäologische Forschungen zu Mission und Kulturverhältnissen des 12. Jahrhunderts im Südwesten der Ostsee (Studien zur Archäologie Europas; 30)/ hrsg. von Felix Biermann und Fred Ruchhöft. Bonn: Verlag Dr. Rudolf Habelt GmbH, 2017. 240 S., zahlr. (teilweise farb.) Abb.

Aus Anlass des 875. Todestages von Bischof Otto von Bamberg fand im Juni 2014 in Greifswald eine Tagung mit dem Ziel statt, das Wirken des Pommernmissionars vor allem auf seinen beiden Reisen in den Jahren 1124/25 und 1128 durch das Land beiderseits der Odermündung im Lichte neuer historischer und archäologischer Forschungen zu betrachten. Die Beiträge dieser Konferenz, an der sowohl deutsche als auch polnische Wissenschaftlicher teilnahmen, sind in diesem Band veröffentlicht.

Zunächst stellt Helmut Flachenecker anhand einer kritischen Untersuchung der drei Otto-Viten aus der Mitte des 12. Jahrhunderts die Person des Bischofs vor. Dieselben Quellen analysiert Stanisław Rosik hinsichtlich der Missionsstrategie und -praxis Ottos in Pommern und zeigt dabei überzeugende Gründe für deren Erfolg auf. Den Blick weiten die Studie von Christian Lübke, die allgemeine Überlegungen zu den Rahmenbedingungen der Missionstätigkeit Ottos enthält, der Aufsatz Michael Linders, der die Situation im südlich von Pommern gelegenen Lutizenland in der ersten Hälfte des 12. Jahrhunderts darstellt, sowie der Beitrag von Oliver Auge, der nach den politischen Handlungsspielräumen der Pommernherzöge zur Zeit Ottos fragt. Ferner betrachtet Fred Ruchhöft den historischen Hintergrund des Wirkens des Missionars im Hinblick auf das Gebiet von Vorpommern im 12. Jahrhundert, ergänzt durch neuere archäologische Forschungsergebnisse. In einer vergleichsweise sehr umfangreichen Studie bringt Felix Biermann die unterschiedlichsten Informationen, welche die Otto-Viten hinsichtlich seiner zweiten Missionsreise 1128 in Vorpommern etwa zu Siedlungs-, Sozial-, Herrschafts- und Glaubensverhältnissen liefern, mit archäologischen Funden aus dieser Gegend in Verbindung. Dabei kommt Biermann zu dem interessanten Fazit, dass sich die Angaben in den mittelalterlichen Lebensbeschreibungen und die archäologischen Zeugnisse nicht widersprechen, sondern vielmehr in ihren Aussagen ergänzen. Neue archäologische Erkenntnisse von den Orten der ersten Missionsreise Ottos 1124/25, die sich allesamt im heute polnischen Pommern befinden, stellt Marian Rębkowski detailliert vor. Von den Ausgrabungen auf dem Schlossberg in Stettin (Szczecin), bei denen vermutlich Reste der einst von Bischof Otto geweihten Adalbertkirche gefunden wurden, berichtet Marek Dworaczyk. Felix Biermann und Dominik Forler stellen zudem ihre archäologischen Untersuchungen zur Burgstadt Usedom vor, dem Ort, der dem Missionar während seiner Reise 1128 als eine Art Standquartier diente.

Die beiden letzten Beiträge betrachten Ottos Wirken je in einem größeren Zusammenhang. Norbert Buske führt unterschiedlichste Zeugnisse der Erinnerungskultur an den Bischof seit dem Mittelalter bis zur Gegenwart auf. Ulrich Müller setzt die Vorgänge von Mission und Institutionalisierung des Christentums in Pommern in Beziehung zu denen in der Region des östlichen Holsteins in der Zeit vom 10. bis 13. Jahrhundert.

Somit bietet dieser Tagungsband nicht nur viele neue wissenschaftliche Erkenntnisse zu Otto von Bamberg, sondern auch ein äußerst umfassendes Bild von dieser Persönlichkeit, das zugleich in die Kultur-, Religions- und Herrschaftsgeschichte des 12. Jahrhunderts im südlichen Ostseeraum eingeordnet wird.

Neuenkirchen b. Greifswald Volker Gummelt

MELANCHTHON IN GOTHA: eine Sammlungs- und Forschungsgeschichte (=Veröffentlichung der Forschungsbibliothek Gotha; 53)/ hrsg. von Daniel Gehrt und Kathrin Paasch. Gotha: Universität Erfurt, 2016. 111 S.

Im Hinblick auf die großangelegten modernen Editionen von Werken und Briefen aus der Reformationszeit – von Bucer und Bullinger über Osiander und Julius Pflug bis hin zu Zwingli – hat der niederländische Kirchenhistoriker Cornelis Augustijn Anfang der 1990er Jahre im Rahmen einer Rezension eine bemerkenswerte Einsicht formuliert: »Alle diese Unternehmen fordern langen Atem und ein nicht allzu großes Team begeisterter Spezialisten, die töricht genug sein müssen, um ein derartiges Werk anzugehen« (NAKG 72 [1992], 202). Der hier anzuzeigende, wundervoll illustrierte Band aus der Forschungsbibliothek Gotha erzählt am Beispiel ihrer Melanchthoniana die Geschichte solch begeisterter Sammler, Bibliothekare und (Edi)Toren, von denen einer, Karl Gottlieb Bretschneider, der in Gotha wirkende Herausgeber des *Corpus Reformatorum*, seine eigene editorische Torheit rückblickend so umschrieb: »Das Verdienst dieser Herausgabe kann nur von denen begriffen werden, die Aehnliches versucht haben. Hätte ich die unendlichen Schwierigkeiten dieser Sache vorher gehörig gekannt, so würde ich sie nicht unternommen und, wäre ich nicht in einmal angefangenen Arbeiten so beharrlich, sie nicht vollendet haben« (zitiert nach S. 70).

Das Herzstück des großformatigen Bandes mit seinen 36 hochwertigen und überwiegend ganzseitigen farbigen Abbildungen ist die von Daniel Gehrt verfasste, titelgebende Sammlungs- und Forschungsgeschichte (S. 9-79), welche – innerhalb einer Grobgliederung nach Jahrhunderten – mit einer Vielzahl von Themen und Gesichtspunkten aufwartet: Melanchthons Leben und Wirken; seine besondere Beziehung zu Gotha; seine »Briefe als Medium der Memorialkultur«; sein im figuralen Schmuck des barocken Schlosses Friedenstein fast vollständiges Verschwinden hinter Luther; der in der dortigen Forschungsbibliothek aufbewahrte Nachlass von Melanchthons Sekretär und Nachfolger Paul Eber – und anderes mehr. Wie die Bibliotheksleiterin Kathrin Paasch in ihrem Vorwort (S. 7) betont, ist Daniel Gehrt der beste Kenner der reformationsgeschichtlichen Sammlung der Gothaer Bibliothek, deren Besonderheiten und Schätze er im Buch eindrücklich in Szene zu setzen weiß und mit weiteren in Gotha befindlichen Darstellungen Melanchthons ergänzt, darunter die in die Sammlungen des Schlosses gelangte originale Kupferstichplatte von Albrecht Dürers Melanchthon-Porträt von 1526 (vgl. die Abb. auf S. 57, dazu S. 64-66). Gehrts Ausführungen zeugen von stupender Detailkenntnis und sind ebenso erhellend und anregend wie unterhaltsam; ein paar kleine Unschärfen finden sich in den Ausführungen zum jungen Melanchthon, wenn es heißt, der spätere Reformator sei im Februar 1497 »im schwäbischen [!] Bretten« zur Welt gekommen (S. 11) und »der 20jährige« Magister habe [im Sommer 1518] den Griechischlehrstuhl in Wittenberg erhalten (S. 12).

Ein willkommener Beitrag zum Reformationsjubiläum 2017 war und ist der Band auch dadurch, dass er mehrfach auf die forschungsgeschichtliche Bedeutung derartiger Jubiläen verweist. Wie Gehrt auf der Grundlage zahlreicher gedruckter und ungedruckter Quellen kundig ausführt, wurden im Vorfeld des Jubiläums von 1717 (zur 200. Wiederkehr von Luthers Thesenanschlag) gleich zwei großangelegte Briefausgaben in Angriff genommen: in Helmstedt eine Ausgabe der Briefe Luthers und in Gotha eine Ausgabe der Briefe Melanchthons, die zwar beide nicht zum Abschluss kamen, aber zu einer intensiven Sammlungstätigkeit und einer ersten kritischen Sichtung und Aufbereitung der zahlreich überlieferten Handschriften und Drucke führten (S. 52-64). Dabei konnten der Wittenberger Universitätsbibliothekar Samuel Cnauth (1665-1735), dessen private Melanchthoniana-Sammlung 1717 in die Herzogliche Bibliothek nach Gotha gelangte, und der dortige Bibliotheksdirektor Ernst Salomon Cyprian (1673-1745) die von den Gothaer Herzögen bereits im 16. und 17. Jahrhundert ererbten oder anders erworbenen Melanchthon-Handschriften und -Drucke eindrucksvoll erweitern und ergänzen; einige diesbezüglich zentrale Aufzeichnungen Samuel Cnauths stellt Gehrt in mehreren Faksimiles (Abb. 22, 23 und 29) und in einer kommentierten Transkription (S. 103-105) näher vor.

Der 1816 als Generalsuperintendent nach Gotha berufene Karl Gottlieb Bretschneider (1776-1848, sein Porträt findet sich auf S. 65) konnte hundert Jahre später auf diesen Vorarbeiten aufbauen, als er das *Corpus Reformatorum* (CR) konzipierte, in welchem »die Schriften der Gründungsväter beider protestantischen Konfessionen [...] in ›unum corpus‹ vereint werden« sollten (S. 68). Da ihm Melanchthon als Vermittler zwischen Lutheranern und Reformierten galt, stellte er die Briefe und Schriften des »Praeceptor Germaniae« ganz an den Anfang dieses monumentalen, für die moderne Reformationsforschung richtungsweisenden Editionsprojekts, das noch lange über Bretschneiders Tod hinaus verfolgt wurde, aber 1842 – wie Gehrt zu Recht betont – mit der Edition des zehnten CR-Bandes »den ersten Meilenstein« (S. 72) erreichte: Um die Texte von mehr als 2.000 erstmalig gedruckten Briefen ergänzt, standen nunmehr alle damals bekannten Briefe aus Melanchthons Korrespondenz der Fachwelt in einer zeitgemäß aufbereiteten Form zur Verfügung; die Gesamtzahl der Texte belief sich auf 7.134 Nummern.

Um das Jahr 1960 herum wurden dann im Gedenken an den 400. Todestags Melanchthons zwei weitere große Projekte ins Leben gerufen, die Gehrt am Ende seiner Forschungsgeschichte beschreibt (S. 75-79) und von denen eines bis heute in Heidelberg verfolgt wird, während das andere vor wenigen Jahren in Gotha glücklich zum Abschluss kam. Gemeint sind die von Heinz Scheible konzipierte und unter der Ägide der Heidelberger Akademie der Wissenschaften erarbeitete historisch-kritische Gesamtausgabe von *Melanchthons Briefwechsel* (MBW), in der dieses für die Reformationsgeschichte zentrale Briefcorpus nochmals auf jetzt rund 9.750 Stücke erweitert werden konnte, und die 2014 in vier umfangreichen Bänden erschienene Melanchthon-Bibliographie des ehemaligen Gothaer Bibliotheksdirektors Helmut Claus.

Gehrts facettenreicher historischer Rückblick wird im vorliegenden Band, den die Herausgeber Helmut Claus gewidmet haben (S. 7), in ansprechender Weise durch drei Reden ergänzt, die am 5. Dezember 2014 anlässlich der Präsentation seiner Melanchthon-Bibliographie im Leibniz-Institut für Europäische Geschichte in Mainz von der dortigen Professorin und Institutsdirektorin Irene Dingel (S. 81-83), dem Laudator Heinz Scheible (S. 85-91) und der Verlagslektorin Tanja Scheifele (S. 93-95) gehalten wurden. Der Claus geistesverwandte Editor und Laudator Scheible hat dabei die Lebensleistung des Bibliographen besonders eindrucksvoll in Worte gefasst: »Der junge Gothaer Bibliothekar Helmut Claus bekam 1966 ein kaum lebensfähiges Findelkind in den Schoß gelegt. Er hat es angenommen, ausprobiert, wie es am Leben erhalten werden könne, es allmählich lieb gewonnen, 48 Jahre lang ernährt und nun als Erwachsenen in die Welt entlassen, ein stattliches Produkt seiner Lebenskunst und Wissenschaft. Nach 50 Jahren Adoleszenz prophezeie ich ihm eine Lebensdauer von 500 Jahren. Wir sind dem Nährvater zutiefst dankbar« (S. 91). Claus selbst konnte an jener Buchpräsentation krankheitsbedingt schon ebensowenig teilnehmen wie gut zwei Jahre später an der feierlichen Überreichung des Brettener Melanchthonpreises, der ihm am 17. Februar 2018 als Würdigung seiner bibliographischen Meisterleistung in Melanchthons Geburtsstadt verliehen worden ist, wo sich der Preisträger durch Daniel Gehrt vertreten ließ, während Heinz Scheible abermals die Laudatio übernahm.

Doch zurück zu der hier zu besprechenden gedruckten Sammlungs- und Forschungsgeschichte: Ein wertvoller Anhang rundet den Band ab; darin zwei jeweils chronologisch geordnete Verzeichnisse der 74 in der Forschungsbibliothek Gotha aufbewahrten Melanchthon-Autographen (S. 96-100) sowie der Gothaer Sammlung von 23 an den Reformator ausgefertigten Originalbriefen und vier an ihn adressierten Briefkonzepten (S. 101-102); dazu ein Verzeichnis der Melanchthoniana-Sammlung von Samuel Cnauth (S.103-105), zu der einige bedeutende Abschriftensammlungen von Briefen Melanchthons gehören, darunter die bereits Mitte des 16. Jahrhunderts angelegten Handschriftenbände Chart. A 401 und Chart. B 190; den Abschluss bilden ein Abkürzungs- und Sigelverzeichnis (S. 106) sowie das Personenregister (S. 107-111).

Um am Ende ein Fazit zu ziehen: Daniel Gehrt und den übrigen Beiträgern ist mit dem Band *Melanchthon in Gotha* ein lebendig geschriebenes Kabinettstück zur deutschen Wissenschaftsgeschichte gelungen, das die Forschungsbibliothek in Schloss Friedenstein über den Dächern Gothas als einen echten Sehnsuchtsort für Theologen, Reformationshistoriker und Frühneuzeitforscher erscheinen lässt. Und mehr noch: Gehrt und Scheible geben den Lesern gleich noch ein paar sehr konkrete Anregungen, in welche Richtungen man in Gotha – und ggf. auch anderswo – unbedingt weiterforschen sollte: Warum verwendete Melanchthon, der seine Briefe seit ca. 1519 mit einem Siegel zu verschließen pflegte, das (neben den Initialen »P« und »M«) in Gestalt der am Kreuz erhöhten Schlange ein Christussymbol enthält, ab etwa 1531 ein neues Siegel mit einer Darstellung des griechischen Gottes Hermes und dann ab den frühen 1540er Jahren bis zu seinem Tod – unter erneutem Rückgriff auf die griechische Mythologie – ein weiteres »heidnisches« Siegel mit der geflügelten Siegesgöttin Nike? Gehrt bemerkt zu dieser Frage: »Auch die Wahl dieses vielfältig zu deutenden Motivs bedarf einer eingehenden Studie« (S. 16, vgl. ebd. Anm. 40 und S. 18 mit Abb. 7-8). An anderer Stelle (S. 79) weist er auf das »immense Potential« eines in der Forschung bisher noch zu wenig genutzten Gothaer Quellenbestandes hin: des Nachlasses von Melanchthons Wittenberger Nachfolger Paul Eber (1511-1569), dessen eigener Briefwechsel im Hinblick auf die moderne Netzwerkforschung geradezu ein Editionsdesiderat zu bilden scheint. Und schließlich regt Scheible angesichts dessen, dass die Bibliographie von Helmut Claus trotz der großen Zahl von rund 3.850 dort verzeichneten Titeln gleichwohl »nur« bis in Melanchthons Todesjahr 1560 reicht, ein über dieses Jahr hinausgehendes Kurztitelverzeichnis an, das die auch weiterhin prägende Wirkung und enorme Verbreitung der Werke des »Praeceptor Germaniae« aufschlüsselt und vielleicht »in nicht sehr langer Zeit erstellt werden« könnte (S. 91). Durch die von Gehrt und Scheible zuvor detailliert beschriebenen editorischen und bibliographischen Großprojekte mit ihrer jeweils sehr langen Geschichte dürfte der interessierte Leser – bei allem Optimismus – jedoch vorsichtig geworden sein. Am besten, er wendet sich als Forschender zunächst einmal dem Geheimnis von Melanchthons Siegeln zu, die – anders als Ebers Briefe und die nach 1560 erschienenen Melanchthon-Ausgaben – wenigstens ein leicht zu überblickendes Korpus bilden.

Heidelberg Matthias Dall'Asta

MELANCHTHON, DER PAPST UND DIE ÖKUMENE: Beiträge zum 3. Thüringer Melanchthon-Tag am 8. bis 9. Mai 2015 in Schmalkalden/ hrsg. von Thomas A. Seidel, Weimar: Wartburg, 2016, 100 S.

Die Melanchthonforschung bleibt in Gang. Nicht zuletzt der Freistaat Thüringen scheint an dem gebürtig-kurpfälzischen Reformator Gefallen zu finden, eine nicht selbstverständliche Entwicklung. Steht der Freistaat doch am ehesten in der historischen Nachfolge des ernestinischen Luthertums und der gnesiolutherischen Universität Jena. Doch gehört zum politischen Thüringen nun doch auch das (kirchlich) hessische Schmalkalden, Namensgeber des protestantischen Bündnisses, eines für eben diesen Bund verlorenen Krieges, aber eben auch der scharfen Artikel Luthers vom Dezember 1536, die nun aber wieder Melanchthon mit einem Zusatz zu seiner Unterschrift versehen hat, die – allgemein gesprochen – dem Papsttum einen gewissen Raum, eine gewisse Rolle, eine gewisse Bedeutung auch für das ökumenische Gespräch heute zumisst. So kommt Melanchthon nach Schmalkalden, so kommt auch eine Tagung in die Stadt und so kommt auch die ökumenische Fragestellung aufs Tapet.

Andreas Lindner (Luther, der Papst, das Konzil und das Werden der Reformation) entfaltet im Grunde einen breiten Abriss der Reformationsgeschichte mit besonderem Schwerpunkt auf der Papst- bzw. Konzilsfrage.

Günther Frank (Melanchthon und das Konzil von Trient) kann thematisch konzentrierter verfahren. Zum einen ist Melanchthon und eben nicht (mehr) Luther der maßgebliche Reformator, der die beiden ersten Konzilsperioden tatsächlich erlebt und begleitet hat. Zum andern gibt es eine Linie bei Melanchthon, die Patristik und Ekklesiologie miteinander verbindet, was einen klaren Unterschied zu Luther impliziert. Frank geht selbstverständlich auch auf die »Unterschrift« Melanchthons unter die Schmalkaldischen Artikel ein und interpretiert sie im Sinne einer nicht ausgeführten These zum Papsttum, zu der quasi nur die Antithese des Tractatus de potestate et primatu papae (Ablehnung des ius divinum, der Zwei-Schwerter-Theorie und der Heilsnotwendigkeit) entfaltet wird.

Hier (nicht bei Frank, sondern in der gesamten Tagung) scheint mir ein Manko deutlich zu werden: An keiner Stelle ist das Adscriptum Melanchthons nach allen Richtungen hin ausgelegt. Eine klassische Exegese wäre doch wohl angesagt gewesen: was meint eigentlich Melanchthon, wenn er von einem »von uns zuzulassen (und zu geben) sei«. Eine interimistische Duldung oder gar Akzeptanz, oder liegt hier eine dogmatische Setzung vor, die ökumenisch belastbar ist (wenn ein Amt bischöflicher Superiorität überhaupt zu den ökumenischen Agenda zu zählen sein sollte).

Franks weitere Ausführungen folgen dem historischen Verlauf. Einen Höhepunkt wird die Abfassung der Confessio Saxonica 1551 bilden. Dem Melanchthonkenner wird freilich schon damit deutlich, dass die CS (Melanchthon gelangte wegen des Fürstenkrieges ja nie nach Trient) für die ökumenische Diskussion nie eine Rolle gespielt hat; vielmehr rückt diese in das komplexe Problem der Hermeneutik von Bekenntnis- bzw. Lehrbildung und legitimiertem Mandat in der Kirche (Konzil, Synodus usf.) ein, mit dem Melanchthon bis zu seinem Ende gerungen hat. Die ihm noch erfahrbare Gestalt und Praxis einer »reformierten« katholischen Kirche, wie sie ihm in der bayerischen entgegentrat, hat er in seiner Antwort (155/58) vehement zurückgewiesen.

Die folgenden vier Beiträge sind jeweils als Teil von Doppelvorträgen zu verstehen: zunächst »Die Reformation, die Gemeinschaft der Kirchen und das Petrusamt – Ein evangelischer Beitrag für ein ökumenisches Gespräch«, den der kurhessen-waldecksche Bischof Martin Hein beisteuert. Hein bietet eine Übersicht zur gegenwärtigen protestantischen Ekklesiologie, z. T. angereichert mit – eher allgemeinen – Überzeugungen, die freilich mit Person und Theologie Melanchthons wenig oder nichts zu tun haben (z. B. Kirche als Auslegungsgemeinschaft [Chr. Schwöbel]). Somit rächt sich auch das bereits oben monierte: Ist Melanchthons Adscriptum als ein

Beitrag zu dem, was man heute das (mögliche) Petrusamt (des Papstes) nennt? Ich meine nicht. Weder historisch für Melanchthon, der mit einer synodal-konziliaren Einbettung von Lehrfragen erhebliche Probleme hatte, noch systematisch als Klärung ökumenischer Leitungsstrukturen zur Stärkung der »sichtbaren Kirche«. Auch wäre zu prüfen, ob PapstTUM (historisch) und PapstAMT (systematisch) semantisch deckungsgleiche Größen darstellen.

Die katholische Bearbeitung des Themas durch Myriam Wiljens verfährt signifikant anders. Vor dem Hintergrund lutherischer Klage über die Provinzialität und nationale Orientierung des Luthertums – eine Voraussetzung, die man historisch durchaus schärfer umreißen müsste (stehen die Lutherischen für die Evangelischen [im Alten Reich?, heute?], was wäre über Reformierte zu sagen, was über Unierte und die ökumenische Frage des Uniting?) – wird das Papstamt als universales Einheitsamt apostrophiert und als solches theologisch und juristisch betrachtet. Die Ausführungen sind zu begrüßen als Reflexion der ökumenisch belasteten Fragen, die in ihrer dogmatischen Bestimmung Melanchthon noch gar nicht bekannt waren. So stellt sich trotz der methodisch grundverschiedenen Annäherung der beiden Vorträge letztendlich dieselbe Frage. Was ist systematisch zu erkennen und zu tun, und inwieweit gibt es dazu eine substantiell-historische Rückbindung an Melanchthon.

Das Problem perpetuiert sich, wie der Beitrag von Johanna Rahner »Katholische Erfahrungen, Erwartungen und Fragen« innerhalb des Duos zu »Melanchthon, der Papst und die Ökumene« zeigt. Rahner ist hoch anzurechnen, dass sie Melanchthon zunächst einmal aus seiner Rolle des platten Ökumenikers befreit und ein zutreffendes, d.h. differenziertes Bild liefert. Dass freilich der doch mittlerweile geklärte Begriff »des Leisetreters« doch immer wieder auftaucht, ist ob seiner suggestiven Wirkkraft zu bedauern. Das größere sachliche Problem scheint mir indes die (nicht neue) historisch-systematische Methode zu sein, die hier Anwendung findet: Die (im Tractatus) vorgetragene Sicht des Papsttums bezieht sich auf eine historische Entwicklungsstufe des Papsttums, die – ich fasse das vom Folgenden her so zusammen – im Grunde durch die Theologie des II. Vatikanums überholt ist.

Nun wird niemand bestreiten, dass das heutige Erscheinungsbild des Papsttums sich von dem des 15. und 16. Jahrhunderts unterscheidet. Doch ist die m.E. zu rasche Wahrnehmung zwingend, »dass die Zeit irgendwie an der Brisanz dieser Vorwürfe [scil. ius divinum, Zwei-Schwerter-Theorie und Heilsnotwendigkeit; s.o.] vorübergegangen ist«(75)? Innerhalb der Würdigung Melanchthons in diesem Kontext wäre dann methodisch wohl nur der Schluss zu ziehen, dass Melanchthon in der ökumenischen Debatte gar keine Rolle mehr spielen muss/kann. Oder es bleibt bei der (historischen) Affirmation einer Sonderrolle des Papstes durch Melanchthon, die auf tönernen Füßen steht, an denen (spätestens seit 1962) die Zeit nagt. Der unklare Kompromiss, der hier angelegt scheint, wäre dann: Ohne Melanchthon (1537 Tractatus), aber doch irgendwie mit Melanchthon (1536 Adscriptum) und dem II. Vatikanum hin zu einem offenen Katholizismus. Nun wird man Johanna Rahner keine Plattitüden unterstellen dürfen. Vielleicht ist es die klarste Aussage des gesamten Bandes, dass auch und gerade Melanchthon zeigt, wie offen die ökumenische Frage ist – und dass sie doch und immer noch mit der Struktur des Papsttums zusammenhängt. Daran ist zu arbeiten.

Der evangelische (lutherische) Beitrag zum Thema stammt von Theodor Dieter. Dieter stellt fest, dass (gegen Rahner) »die Einwände Melanchthons die heutige katholische Lehre vom Papsttum in höherem Maße treffen als zu seiner Zeit« (83). Zugleich trifft Dieter sich mit Rahner in der Überzeugung, dass das II. Vatikanum das Problem in ein neues Licht gestellt habe. Die Lektüre der außerordentlich gründlichen und lehrreichen historischen Ausführungen kann nur empfohlen werden, zumal sie hier nicht wiedergegeben werden können. Dieter nun wendet (gut protestantisch) das Problem in durchaus ökumenischer Absicht auf die selbstkritische Frage der Erkenntnis der Schrift und deren Implementierung, womit er sich sogar mit Papst Benedikt XVI. trifft. Damit kann aber der Protestantismus weder naiv noch selbstsicher sich auf die Schrift gegen den Papst berufen, das wäre ein die Komplexität der Frage unterbestimmendes Verfahren, das Dieter auch im Tractatus Melanchthons diagnostiziert und kritisiert. So bleibt also das offene Ergebnis des Gesamtbandes die Frage: Welchen Stellenwert hat die Schriftgemäßheit kirchlichen Handelns und welchen Stellenwert haben kirchliche Strukturen, die der Plausibilisierung der biblischen Wahrheit dienen? Damit ist der Band aber tatsächlich bei der Grundfrage angelangt, die durchaus verdient, auch weiterhin ökumenisch betrachtet zu werden.

Der wohlfeile Band beinhaltet sechs der sieben in Schmalkalden vorgetragenen Beiträge. Der siebte zum Kirchenbegriff wird von der Themenstellung her nicht nur vom Herausgeber stark vermisst. Das Büchlein ist einfach, aber liebevoll gestaltet. Weniger die klassischen Abbildungen (Frontispiz: Luther, Papst) sind dabei auffällig als die einer (den meisten wohl gänzlich unbekannten) Melanchthonskulptur (S. 2, 10) aus dem Schmalkaldener Westendpark (dort mit Luther und Elisabeth von Thüringen).

Heidelberg Johannes Ehmann

Georg Spalatin: Steuermann der Reformation. Begleitband zur Ausstellung in Residenzschloss und Stadtkirche St. Bartholomäi Altenburg vom 18. Mai bis 2. November 2014/ hrsg. von Armin Kohnle, Christina Meckelnborg und Uwe Schirmer. Halle (Saale): Mitteldeutscher Verlag, 2014. 400 S.

Das Themenjahr der Lutherdekade 2014 lautete »Reformation und Politik«. Diese Verbindung nahmen die Stadt Altenburg und der Freistaat Thüringen zum Anlass, um an einen der bedeutendsten Pfarrer der Stadt, Georg Spalatin, zu erinnern. Realisiert wurde eine Ausstellung im Residenzschloss und in der Stadtkirche St. Bartholomäi, die sich in acht Themenräumen u.a. den politischen, gesellschaftlichen und wirtschaftlichen Hintergründen der Reformation widmete, die Lebensstationen Spalatins zeigte, Altenburg in der ersten Hälfte des 16. Jahrhunderts thematisierte, die Freundschaft Luthers und Spalatins verlebendigte und Spalatins Wirken als Historiograph pointierte. Der Titel dieser vom 18. Mai bis zum 2. November 2014 präsentierten Ausstellung lautete »Georg Spalatin. Steuermann der Reformation«. Fortgesetzt wurde sie in etwas veränderter Gestalt vom 3. Mai 2015 bis 26. November 2017 unter dem Titel »Georg Spalatin: Martin Luthers Weggefährte in Altenburg«.

Flankiert wurde die Ausstellung durch einen Begleitband, den Armin Kohnle, Christina Meckelnborg und Uwe Schirmer – allesamt Mitglieder des Wissenschaftlichen Ausstellungsbeirates – herausgaben. Dieses im Mitteldeutschen Verlag Halle erschienene Buch folgt wie mancher im Rahmen der »Lutherdekade« erschienene Ausstellungsband zwei Zielen: Zum einen will es durch wissenschaftliche Beiträge den aktuellen Forschungsstand präsentieren, zum anderen einen Eindruck von möglichst vielen Ausstellungsexponaten der breiten Öffentlichkeit vermitteln. Diese in der Präsentation widerstreitenden Ausrichtungen werden in dem zu besprechenden Werk erfreulich erfrischend zusammengebunden, wobei der Schwerpunkt nicht auf dem Ausstellungskatalog, sondern auf den wissenschaftlichen Beiträgen liegt.

Nach Grußworten von Thüringens (ehemaliger) Ministerpräsidentin Christine Lieberknecht, Landesbischöfin Ilse Junkermann und Altenburgs Oberbürgermeister Michael Wolf erörtern die Herausgeber in ihrem Vorwort Absicht und Aufbau des Bandes. Ziel sei es, »möglichst viele Aspekte der Wirksamkeit Georg Spalatins in seiner Vor-Wittenberger, Wittenberger und Altenburger Phase in wissenschaftlichen Beiträgen zu behandeln und damit ein neues Gesamtbild dieses Mannes zu entwerfen« (S. 13). In vier Kapiteln, deren römische Ziffern im Inhaltsverzeichnis (S. 6 f) zumindest eine Überschrift verdient hätten, wird sodann Leben und Werk Spalatins dargestellt und durch aussagekräftige Exponate visualisiert.

Das erste Kapitel widmet sich anhand von sieben allesamt lesenswerten Aufsätzen der biographischen Seite. So spürt Andreas Lindner den »frühen Lebensstationen Spalatins« nach (S. 15-24), Gerrit Deutschländer beschreibt »Spalatin als Prinzenerzieher« (S. 25-31), Bernd Stephan handelt über »Spalatin als Sekretär Friedrichs des Weisen« (S. 32-44) und Armin Kohnle charakterisiert das Verhältnis »Spalatin und Luther« treffend mit dem Ausdruck »eine Männerfreundschaft« (S. 45-56). Mit der Zeit seit 1525, jenem entscheidenden Einschnittsjahr in Spalatins Leben, befassen sich drei Beiträge. Doreen von Oertzen Becker untersucht »Spalatin im Dienst des Kurfürsten Johann und Johann Friedrich« (S. 57-69), Christiane Schulz widmet sich »Spalatin als Pfarrer und Superintendent in Altenburg« (S. 70-89) und Björn Schmalz erforscht »Spalatin und die Altenburger Klöster« (S. 90-101), wobei der letzte Beitrag besser ins dritte Kapitel des Buches gepasst hätte.

Das zweite Kapitel bietet in acht Aufsätzen verschiedene thematische Facetten rund um Spalatin. Mit »Spalatin als Historiograph Sachsens und der sächsischen Kurfürsten« (S. 103-125) befasst sich Christina Meckelnborg in ihrem luziden und reich bebilderten Beitrag und Daniel Gehrt akzentuiert »Spalatin als Historiograph der Reformation« (S. 126-136). Hendrikje Carius geht »Spalatin als Büchersammler« (S. 137-143) nach und Evelyn Hanisch erforscht »Spalatin und seine Drucker« (S. 147–163), wobei die als Anhang gebotene »Bibliographie der Druckwerke Spalatins auf der Grundlage der Bibliographie von Hans Volz (1958) mit Ergänzungen aus der VD16-Datenbank« (S. 155-160) eine wertvolle Aufstellung bildet. Christine Weide mahnt in ihrem informativen Aufsatz »Die Spalatin-Korrespondenz« (S. 164-168) die Notwendigkeit einer kritischen Edition der Spalatinkorrespondenz an. Welche Rolle »Spalatin in Veit Ludwig von Seckendorffs Reformationsgeschichte« (S. 169-177) spielt, zeichnet Solveig Strauch nach. Schließlich befasst sich Nadine Willing-Stritzke mit »Spalatin im Porträt« Lucas Cranachs (S. 178-191). Während diese Aufsätze allesamt profunde Beiträge zur Spalatinforschung bieten, wirkt der knappe, äußerst holzschnittartige und Spalatin nicht einmal erwähnende Beitrag von Christoph Türcke zur Gutenbergschen »Schönschreibmaschine« (S. 144-146) wie ein Fremdkörper.

Die allesamt höchst informativen Aufsätze des dritten Kapitels sind dem vorreformatorischen und reformatorischen Altenburg gewidmet. Uwe Schirmer orientiert über »Altenburg als markgräflich-kursächsische Residenz (1328-1554)« (S. 193-202) und Hans Joachim Kessler über »Altenburg zur Zeit Spalatins (1511–1545)« (S. 203-224). Das »Altenburger Schulwesen bis zur Reformationszeit« (S. 225-236) analysiert Enno Bünz. Markus Anhalt befasst sich mit dem »St.-Georgen-Stift und Spalatin« (S. 237-247), Matthias Donath mit den »Grabplatten in der Schlosskirche St. Georg zu Altenburg« (S. 248-258), Bert Meister mit den »Bruderschaften in Altenburg vor der Reformation« (259-271) und Ernst Koch mit dem »Schweißtuch der heiligen Veronika« (S. 272-281).

Das vierte Kapitel enthält einen »Auswahlkatalog« (S. 283-390), in dem einzelne Ausstellungsexponate präsentiert werden. Dass z.B. das »Bildnis Georg Spalatin, 1509« im Band ebenso mehrfach abgebildet ist (Cover, S. 179 [Aufsatzteil], S. 285) wie »Georg Spalatin, 1537« (Cover, S. 185 [Aufsatz], S. 287), mag der Bedeutung dieser Portraits geschuldet sein. Uneinheitlich – auch in der Textgröße – ist hingegen der Umgang mit der Dokumentenbeschreibung. Mal werden Erklärungen geboten (so z. B. S. 312 »Die Edelsteine der Apokalypse«), mal nur das Nötigste mitgeteilt (so z. B. S. 308 »Hostienbehälter« usw.). Ohne erkennbares System werden bei wenigen Briefen Übersetzungen ins Deutsche angefügt (2 Briefe Luthers an Spalatin: S. 310 f; Brief Dürers an Spalatin: S. 317). Die »Virtuelle Rekonstruktion« von Spalatins Anwesen in der Altenburger Johannisgasse (S. 368 f) ist hingegen gelungen. Orientierende Texte – auch über die acht Ausstellungsräume – fehlen leider gänzlich.

Eine Zusammenstellung von Spalatins »Stationen seines Lebens« (S. 391-393) rundet einen in 22 (besser 21) Aufsätzen die Spalatinforschung resümierenden und befördernden Aufsatzband ab, der etwas bescheiden als Begleitband zur Ausstellung »Spalatin als Steuermann der Reformation« daherkommt. Warum allerdings die aus der Seefahrt entlehnte Metapher des Steuermanns auf Spalatin übertragen wurde, will nicht wirklich überzeugen. Einerseits kann diese Metapher nur für die Zeit bis 1525 – Spalatins Wirken unter Friedrich dem Weisen mitsamt der »Lutherschutzpolitik« – in Anspruch genommen werden (so auch die Herausgeber S. 13), andererseits trifft diese Beschreibung des viele Tätigkeiten ausübenden Spalatins nur auf die Wittenberger oder kursächsische Reformation zu. Den Wert des Bandes mindert dieses Problem aber in keiner Weise!

Jena Christopher Spehr

WANDEL & BESTÄNDIGKEIT: Die Reformation in Arnstadt und Umgebung/ im Auftrag des Kirchenkreises Arnstadt-Ilmenau und des Schloßmuseums Arnstadt hrsg. von Martin Sladeczek. Petersberg: Michael Imhof Verlag, 2017. 176 S.

Vom November 2017 bis zum April 2018 war im Schlossmuseum Arnstadt eine überaus interessante Ausstellung zu sehen, die sich mit der Reformation in der schwarzburgischen Residenzstadt befasste. Die Ausstellung selbst wird durch einen handlichen und reich bebilderten Katalog dokumentiert, der bisher kaum bekannten Ausstellungsstücke einem größeren Leserkreis zugänglich macht.

Martin Sladeczek, der mit Antje Vanhoefen und Janny Dittrich für die Ausstellung verantwortlich war, eröffnet den Katalog mit einer anschaulichen Einführung unter der Überschrift »Kirchliches Leben und kirchliche Strukturen in Stadt und Land im 15. und 16. Jahrhundert« (S. 11-31). Er schöpft für diesen Überblick aus den reichen Quellen, die seit dem ausgehenden 15. Jahrhundert die kirchlichen Verhältnisse in Arnstadt dokumentieren. Als »Formen des gelebten Glaubens vor der Reformation« kommen beispielsweise Stiftungen oder das reiche Leben in sieben Bruderschaften Arnstadts in den Blick (S. 12-17). Sladeczek beleuchtet auch das Verhältnis von »Stadt und Kirche in Arnstadt« (S. 17-22) sowie von »Dorf und Kirche« (22 f) näher. »Die frühe Reformation« fand rasch in Arnstadt Anhänger (S. 23-25), zumal hier beispielsweise 1522 Luthers Ordensbruder Caspar Güttel predigte. Zur Einführung der Reformation kam es jedoch erst nach 1531 unter Graf Heinrich XXXII. von Schwarzburg, der 1533 eine Visitation anordnete, die Johannes Lang aus Erfurt leitete (S. 25-28). Abschließend fragt Sladeczek nach der neuen evangelischen Frömmigkeit (S. 28-31).

Der Katalog ist wie die Ausstellung in sechs Rubriken eingeteilt. Alle Ausstellungsstücke werden von Sladeczek, Vanhoefen und Dittrich beschrieben. Am Beginn steht »Arnstadt und die Grafen von Schwarzburg in der Reformationszeit« (S. 35-51). Sieben Exponate führen in historische Hintergründe der Stadt Arnstadt ein. Das vielleicht herausragendste Ausstellungsstück in dieser Abteilung ist die Gebetstafel Graf Günthers XXXIX. aus dem Jahr 1517 (S. 40 f). Das Gebet richtet sich vor allem an die heilige Anna, von der Schutz erhofft wird. Die von Günther selbst geschriebene Tafel stand wohl auf dem Hauptaltar der Liebfrauenkirche.

Die zweite Abteilung ist mit »Leben und Frömmigkeit um 1500« überschrieben (S. 53-71). Bruderschaftsrechnungen, ein Fronleichnamsgebet, eine hölzerne Monstranz, gestiftete spätgotische Kelche, die Urkunde über eine Vikariestiftung von 1487, eine Plastik eines auferstandenen Christus, eine gestiftete Prozession, eine Prozessionsstation, eine Stableuchte und ein Reliquienschrein werden hier gezeigt und beschrieben. Es ist erstaunlich, wie viele vorreformatorische Ausstattungsstücke erhalten geblieben sind und hier vorgestellt werden können. Dies macht eine Stärke der Ausstellung aus.

Die dritte Abteilung »Heiligenverehrung und Andachtsformen vor der Reformation« geht den eingeschlagenen Weg weiter (S. 73-86).

Hier werden eine Bildtafel und sechs Plastiken gezeigt, die die spätmittelalterliche Frömmigkeit im Hinblick auf die Heiligenverehrung anschaulich werden lassen.

Den »Verlauf der Reformation in der Region« im Hinblick auf den »Wandel im Kirchenraum« illustrieren elf Stücke auf Papier und Pergament – Urkunden, Briefe, Rechnungen, eine Zeichnung – sowie Zeichnungen und Bilder, darunter Emporenbilder aus der Arnstädter Oberkirche (S. 89-113). Hier wird unter anderem ein Brief Kurfürst Johanns von Sachsen, genannt der Beständige, an Günther XXXIX. gezeigt. Johann wollte vergeblich in Arnstadt einen evangelischen Prediger einsetzen, um die Reformation zu fördern.

Den »Wandel im Totengedenken« und die »Beständigkeit in der Passionsfrömmigkeit« versucht die vorletzte Abteilung darzustellen (S. 115-155), wozu auch je ein Testament eines Priesters von 1471 und eines Malers von 1560 besprochen werden. Es folgen Stiftungsurkunden, Leichenpredigten, Grabdenkmäler, Epitaphien und Grabsteine. In der Rubrik der Passionsfrömmigkeit sind ein Christus in der Rast von 1500, ein Fragment einer Kreuzigung um 1500, ein Fragment eines Kruzifixes um 1300 und eine restaurierte Pieta vielleicht aus dem 17. Jahrhundert zu sehen. Allerdings ist im Hinblick auf die Passionsfrömmigkeit höchstens von einer formalen Beständigkeit zu reden. Inhaltlich sind auf diesem Gebiet im Vergleich zum Spätmittelalter erhebliche Wandlungen durch die Reformation zu verzeichnen.

Abschließend gehen die Ausstellungsmacher der »Ausstattung der Altäre vor und nach der Reformation« unter dem Gesichtspunkt »Beständigkeit im Wandel« nach (S. 157-171). Liturgische Geräte werden gezeigt, zu denen auch zwei Weihrauchgefäße gehören. Das eine stammt aus dem Jahr 1779 und illustriert, wie lang auch in lutherischen Gottesdiensten Weihrauch eingesetzt wurde. Erst die Aufklärung beendete diesen liturgischen Brauch.

Der Katalog kann allen an christlicher Kunst und der Reformation Interessierten vorbehaltlos empfohlen werden. Weithin unbekannte Quellen aus einem von der Reformationsgeschichtsschreibung wenig beachteten Territorium Thüringens vervollständigen das historiographische Bild des Übergangs vom Spätmittelalter zur Frühen Neuzeit. Dass Reformation nicht nur auf die 1520er Jahre reduziert wird, ist eine weitere Stärke dieser Ausstellung und des vorliegenden Kataloges. Die lange Zeitspanne zwischen Mitte des 15. und Mitte des 16. Jahrhunderts erlaubt es, den durch die Reformation hervorgerufenen kulturellen Wandel nachzuvollziehen.

Leipzig Stefan Michel

Die Stralsunder Kirchen- und Schulordnung von 1525. Mit Beiträgen von Norbert Buske, Heiner Lück und Dirk Schleinert (Beiträge zur Kirchen-, Kunst- und Landesgeschichte Pommerns; 20). Schwerin: Thomas Helms Verlag, 2017. 135 S.; 19 Abb.

Auf Anregung der Arbeitsgemeinschaft für pommersche Kirchengeschichte erschien dieser Band zum Reformationsgedenken im Jahr 2017. Da die Stralsunder Kirchen- und Schulordnung von 1525 als eine der frühesten evangelischen Ordnungen dieser Art gilt, zählt sie zu den wertvollen Zeugnissen nicht nur der pommerschen Territorialkirchengeschichte, sondern auch der Reformationsgeschichte insgesamt.

Im Zentrum des Bandes steht die Wiedergabe der Kirchenordnung. Zunächst wird diese als Faksimile des 1525 vom Stralsunder Stadtschreiber Johannes Sengestacke angefertigten Manuskriptes (S. 75-92) geboten, das heute im Stadtarchiv Stralsund aufbewahrt wird. Dem folgt eine von Dirk Schleinert erstellte Transkription des niederdeutschen Textes (S. 93-102). Desweiteren entschied man sich für den Wiederabdruck einer neuhochdeutschen Übersetzung der Ordnung (S. 103-110), die Carl Ferdinand Fabricius bereits im Jahre 1835 nach einer Ausgabe von 1823 ediert hatte. Als ein die Stralsunder Ordnung ergänzendes Dokument ist zudem die Beschlussfassung der geistlichen Vertreter der Hansestädte Lübeck, Bremen, Hamburg, Rostock, Stralsund und Lüneburg auf dem sog. Hamburger Konvent vom 15. April 1535 (S. 111-116) wiedergegeben. Dieser ursprünglich in Latein verfasste Text wurde gemäß der deutschen Übertragung aus Daniel Cramers »Pommerschen Kirchen Chronica« von 1603 abgedruckt.

Der Edition vorangestellt sind zwei einführende Studien, welche die Stralsunder Ordnung in ihrem historischen und kirchenrechtlichen Zusammenhang betrachten. Unter der Überschrift »Zur Geschichte des eigenständigen evangelischen Kirchenrechts in Stralsund – Stichworte und Hinweise« (S. 13-57) gibt Norbert Buske einen ausführlichen Einblick in die Kirchengeschichte Stralsunds vom Spätmittelalter bis zur Eingliederung des Kirchwesens der Stadt in die preußische Landeskirche zu Anfang des 19. Jahrhunderts. Bei den Ausführungen, die Buske als profunden Kenner der pommerschen Kirchengeschichte ausweisen, bezieht er sich bedauerlicherweise nicht auf die Publikationen, die zu seinem Thema in den letzten zwei Jahrzehnten erschienen sind. Diese sind jedoch dem zweiten Beitrag, der kirchenrechtlichen Einführung zur Stralsunder Ordnung von Heiner Lück (S. 59-73) zu entnehmen. Hier erfährt man auch Genaueres über den Lebensweg des Verfassers der Ordnung Johannes Aepinus, dem einstigen Stralsunder Schulrektor und späteren ersten Superintendenten Hamburgs. Sehr informativ ist zudem die von Lück gegebene detaillierte inhaltliche Analyse der 51 Abschnitte der Ordnung.

Im Anhang (S. 119-132) finden sich ein umfangreiches Literaturverzeichnis sowie ein leider unvollständiges Personen- und Ortsregister.

Den Autoren, Herausgebern und zahlreichen Förderern ist zu danken, dass sie mit dieser Publikation die Stralsunder Kirchen- und Schulordnung von 1525 einer breiteren Öffentlichkeit erneut zugänglich gemacht haben.

Neuenkirchen b. Greifswald Volker Gummelt

Jens Bulisch: Das Bistum Meißen in der Reformationszeit. Mit einem Geleitwort von Joachim Reinelt. Leipzig: Benno, [2016]. 219 S.: Ill., Kt.

Mit dieser reformationsgeschichtlichen Bistumsgeschichte liegt ein ausgesprochen gut gegliedertes, informationsdichtes Buch vor, das reich und instruktiv illustriert ist. Der Begriff »Bistum« steht in diesem Fall als Sammelbegriff für die beiden Bestandteile dieses geistlich/weltlichen Instituts, das im hohen Mittelalter auf dem Boden des begrifflich erst später fassbaren Heiligen Römischen Reichs Deutscher Nation als Suffraganbistum des Erzbistums Magdeburg begründet wurde und Teil des ottonischen Reichskirchensystems war. Der Begriff »Bistum« umfasst zum einen das geistliche Aufgabengebiet des Bischofs, die in diesem Fall geographisch sehr umfangreiche Diözese mit ihrer Unterteilung in Archidiakonate, Sedes und Kirchspiele, zu der auch weitere (Kollegiat-)Stifter und Klöster gehörten. Zum anderen bezeichnet der Begriff das weltliche Territorium des Bistums, das im östlich der Saale gelegenen Neusiedelland relativ klein war und sich – im Fall Meißen – eher wie ein umfangreicher Streubesitz ausnimmt: als Hochstift Meißen, Domstift Wurzen sowie als Mügelner, Stolpener und Oberlausitzer Gebiet, dessen Verwaltung die Dom- bzw. Stiftskapitel und der Bischof gemeinsam und nicht immer konfliktfrei wahrnahmen. Diese selbst für Fachleute komplizierten Sachverhalte werden den Lesern durch instruktive Texte und Karten im ersten Kapitel: »Aufbau Ost«: das Bistum Meißen im Mittelalter (S. 14. 25 f. 41. 45), gut nahegebracht.

Dass es sich bei diesem Buch aus röm.-kath. Perspektive um eine notwendige Bistumsgeschichte handelt, wird in der Einleitung damit begründet, dass »gewissermaßen schon die geschichtliche Entwicklung« in den der Reformation zugefallenen Gebieten »entscheidende Impulse« für die traditionelle Reformationsgeschichte geliefert habe, d. h. als eine Geschichte der Sieger. Außerdem wird in Frage gestellt, dass »die Reformation scheinbar [gemeint ist ›anscheinend‹] die einzige Antwort auf die Kirchen- und Gesellschaftskrise an der Schwelle zur Neuzeit« gewesen sei (S. 7). Man kann eine solche Argumentation natürlich als Möglichkeit akzeptieren, sollte aber sehen, dass sie auf nichts weniger als ein »Was wäre gewesen, wenn …« hinausläuft und sich damit letztlich in sog. »alternativen Fakten« verliert, deren Beliebtheit und Gefährlichkeit heute deutlich am Tage sind und als echtes gesellschaftliches Problem empfunden werden. Eine analoge Argumentation ist übrigens auch bei Interpreten der sog. radikalen Reformation und ihrer Protagonisten anzutreffen. Letzteren wird zuweilen wegen ihres als positiv beurteilten sozialen Engagements trotz ihrer teilweise mörderischen Tendenzen eine alternative Zukunft eingeräumt, deren Realisierung man lieber nicht miterleben möchte. Im Grunde sind mit solchen alternativen Geschichtsbetrachtungen lediglich die alten Kampflinien der lutherischen Reformation neu markiert und mit Hilfe der wissenschaftlichen historischen Methode relativiert. Das Anliegen, auf diese Weise auch dem in der Folge der Reformation Überwundenen, und zwar nicht nur den bekannten Gestalten, innerhalb eines großen Historiengemäldes gerecht zu werden, ist nachvollziehbar und sollte wirklich aufgenommen werden. Nur sollten dann auch Ross und Reiter benannt werden, d.h. auf welche Weise kann eine gemeinsame Kirchengeschichte der Reformationszeit jenseits von bloßer Institutionen- bzw. Verwaltungs- oder auch Gewinn- bzw. Verlustgeschichte geschrieben werden? Inhaltliche Kriterien für eine solche Darstellung wären eigentlich nur aus einer gemeinsam vertretenen Ekklesiologie zu erheben, aber die liegt wohl in weiter Ferne, jedenfalls solange das Papsttum als politischer Akteur innerhalb einer ansonsten gänzlich relativierten Geschichtsdarstellung in jedem Fall historisch gesetzt bleibt. Wenn diese grundsätzlichen Dinge erst einmal auf dem Tisch liegen und die Gefahr einer vordergründigen Vereinnahmung relativiert ist, kann man die einzelnen Kapitel der Darstellung mit Gewinn zur Kenntnis nehmen.

Das zweite Kapitel: »Veränderungsdruck und Ruhebedürfnis«: die letzten Bischöfe von Meißen (S. 47-103), listet, beginnend mit Dietrich von Schönberg (1463-1476) und Johann V. von Weißenbach (1476-1487) insgesamt sieben Bischöfe auf, von denen Johann VI. von Salhausen (1487-1518), Johann VII. von Schleinitz (1518-1537), Johann VIII. von Maltitz (1537-1549), Nikolaus II. von Carlowitz (1550-1555) und Johann IX. von Haugwitz (1555-1581, †1595) eigens beschrieben werden. Mit Ausnahme des letzteren, der lutherisch wurde, 1581 die bischöflich-meißnischen Territorien endgültig in die Hände des sächsischen Kurfürsten übereignete und deshalb als eine Art Betriebsunfall bewertet wird, erfahren seine vier Vorgänger eine durchgängig positive Bewertung. Genügend Stoff bieten allerdings nur Johann VI., Johann VII. und Johann VIII., die ganz oder teilweise vor 1539, dem Reformationsjahr im albertinischen Sachsen, als Bischöfe im Amt waren. Johann VI., der noch die Anfänge der Reformation erlebte, ist vor allem durch seine rege Bautätigkeit im Wurzener Ländchen und den anderen größeren Territorialbesitzteilen bekannt. Diese und seine Bemühungen um die wirtschaftliche Konsolidierung des weitverstreuten Meißnischen Territorialbesitzes (liber Salhusii) hatten, wie Bulisch breit ausführt, auch darin ihre Ursache, dass sich der Bischof gegen Herzog Georg und dessen weitreichenden kirchenreformerischen Absichten als selbständiger fürstlicher Herr behaupten wollte. Gerade der Ausbau Wurzens zur Residenz des Bischofs ist hierfür ein Indiz. Die Versuche seines Nachfolgers, Johanns VII., der z. B. 1522 durch eine Visitationsreise (Karte, S. 69) die auch in seiner Diözese um sich greifende evangelische Bewegung aufhalten wollte, waren aufgrund der Unterstützung durch Herzog Georg äußerlich durchaus erfolgreich. Sie korrespondierten ähnlich gelagerten Bemühungen seines Merseburger Kollegen Adolf von Anhalt, der freilich in den Gebieten seiner Diözese, die unter den Ernestinern standen, keinen Erfolg hatten.

Bulischs drittes Kapitel ist überschrieben mit Georg »der Bärtige« und Luther »der Hussit«: ein Herzog als Theologe (S. 104-144). Es stellt – sowohl optisch als auch inhaltlich – das Herzstück des Buches dar. Das erscheint angemessen, erstreckte sich doch die Auseinandersetzung zwischen dem theologisch versierten Fürsten und dem Wittenberger Reformator, die teilweise äußerst heftige Formen annahm, über zwei Jahrzehnte. Sie begann 1519 auf der Leipziger Disputation, als es Johann Eck gelang, Luther zu der Bemerkung zu verleiten, dass nicht alle Artikel des Jan Hus ketzerisch gewesen wären. Darüber war Georg schwer erbost. Aber es habe ihn nicht davon abgehalten, solange weiter Kontakt mit Luther zu pflegen, bis dieser für Georg offenkundig mit den Böhmen sympathisierte. Nicht erwähnt wird, dass Luther sich und seine Anhänger erst im Anschluss an die Leipziger Disputation und seine erst jetzt einsetzende Hus-Lektüre in rhetorischer Übersteigerung selbst als »Hussiten« bezeichnete und in späteren Jahren in Wittenberg den Beginn einer evangelischen Hus-Memoria einleitete. Bulisch widmet sich ausführlich den möglichen Gründen für Georgs harte Haltung gegenüber Luther und hält mit der Forschung das besondere Verhältnis Georgs zu seiner Mutter, einer Tochter des im päpstlichen Bann verstorbenen utraquistischen Böhmenkönigs Georg Podiebrad, für einen gewichtigen Grund. Nimmt man hinzu, dass die Existenz des römischen Papsttums für Georg – wie er in einem von Bulisch nur kurz gestreiften Gespräch mit Luther bemerkte – eine ganz und gar nicht zu vernachlässigende politische Tatsache mit Heilsnotwendigkeit war, ist es durchaus vorstellbar, dass Georg einerseits bewusst kirchenreformerisch gesonnen sein konnte und gleichzeitig insbesondere gegenüber »seinen« Bischöfen in Merseburg und Meißen als Landesfürst sehr offensiv agierte. Ihre Diözesanrechte sollten sie stärker im Sinn einer Kirchenreform nutzen, ohne dabei ihre territorialen Ansprüche in den Vordergrund zu stellen.

Das Georg-Kapitel lebt vom Konflikt zwischen Georg und Luther und der daran beteiligen Akteure, breitet aber darüber hinaus eine Menge Material aus, das – wie übrigens auch in den anderen Kapiteln – mittels Illustrationen auf den breiten Seitenrändern bzw. am unteren Rand neben dem Fließtext oder auch in farblich unterlegten Textabschnitten beigegeben ist. Hingewiesen sei z. B. auf die Gegenüberstellung von Passagen aus Luthers Neuem Testament und seiner »feindlichen Übernahme« (Hervorhebung des Rez.) durch Hieronymus Emser (S. 128), der es bis auf seine an der Vulgata orientierten Rück-Korrekturen gänzlich übernahm. Emsers ungewolltes Verdienst besteht darin, eine Entwicklung eingeleitet zu haben, an deren Ende eine für die deutsche Zunge konfessionsübergreifende, einheitliche deutsche Bibelübersetzung, die Lutherübersetzung, stand, der aufgrund ihrer andauernden Rezeption durch alle Schichten große Bedeutung für das gegenseitige Verstehen beigemessen werden muss. Aufs Ganze gesehen glückt dem Autor ein ausgewogenes Zeitbild, in dem Georg und Luther als einander in Vielem ähnliche Protagonisten in nicht immer gegenläufigen Aktionen inmitten einer epochalen Auseinandersetzung hervortreten.

Das vierte Kapitel lässt unter dem Titel Die ungewollte Reform: Bischof Johann VIII. und sein Katechismus (S. 145-159) den wichtigen Aspekt des erasmianisch geprägten Reformkatholizismus innerhalb der Reformationsgeschichte lebendig werden. Diese Bewegung konnte sich freilich zwischen beiden Lagern nicht durchsetzen, hinterließ aber ihre Spuren in den Reformanstrengungen und Beschlüssen des Trienter Konzils, die ihrerseits die Reformbedürftigkeit der ein halbes Jahrhundert zuvor zuerst durch Luther hinterfragten Theologie und kirchlichen Praxis belegen. Konkret wird an der durch Luther und die Wittenberger verstärkt aufgenommenen Katechismusarbeit im Dienst der Glaubensunterweisung der Gemeinden, die sich Johann VIII. in großen Teilen zu eigen machte (S. 155. 157) ein auch heute noch mögliches ökumenisch-sachorientiertes Aufgabenfeld aufgewiesen.

Das fünfte Kapitel: Bewahrende Erneuerung: Johann Leisentrit und der Lausitzer Sonderweg, beschreibt Leben und Lebensleistung eines Mannes, dem es zu verdanken ist, dass sich im Bereich des Bautzener Kollegiatkapitels – es lag in der Oberlausitz und damit im böhmischen Herrschaftsgebiet der Habsburger (siehe die Karte S. 174) – neben den der Reformation anhängenden Gemeinden auch solche, die dem alten Glauben anhingen, erhalten und verstetigen konnten. Leisentrit war als apostolischer Administrator gewissermaßen für beide Glaubensrichtungen als kirchliche Autorität zuständig und hat diese Aufgabe ernsthaft wahrgenommen. Bei den von ihm herausgegebenen liturgischen Texten und seinem berühmten Gesangbuch stand wiederum die auf diesen Gebieten in Wittenberg geleistete Arbeit Pate. Leisentrits Bemühungen stabilisierten die römische Kirche in der Oberlausitz so weit, dass sie, auch als diese im Dreißigjährigen Krieg an Kursachsen kam, dort weiterbestehen und die Keimzelle für das erst Anfang des 20. Jahrhunderts neu begründete Bistum Dresden-Meißen (Karte, S. 45) werden konnte.

Die opulente Ausgestaltung des Bandes ist bereits hervorgehoben worden. Beigegeben ist ein Orts- und ein Personenregister. Der Anmerkungsteil ist sehr kurzgehalten und weist bei weitem nicht alle Quellen und Literatur nach, die der Autor allerdings sehr gut kennen muss, um ein auf weite Strecken detailreiches Buch zu verfassen. Dass sich dabei auch kleine Fehler einschleichen, ist nicht ungewöhnlich. So war z. B. der in der Leipziger Matrikel eingetragene Johann Salhausen Spross einer wohlhabenden Oschatzer Bürgerfamilie (S. 52). Der spätere Bischof Johann studierte allerdings in Erfurt und schrieb sich unter dem Namen „Iohanes Salhawßen prepositus in Wurtzen" in die dortige Matrikel ein. Die Salhausische Grablege wurde nicht erst 1513 (S. 58: Bildunterschrift, oberes Bild), sondern bereits 1503 als Westchor des Wurzener Domes erbaut (worauf allerdings S. 55, Bildunterschrift, in etwa verwiesen ist). Österreich ist nicht die Heimat (S. 89) Kaiser Karls V., der aus Gent stammte und sich öfter in Spanien und auf auswärtigen Kriegszügen als im Reich selbst aufhielt. Petrus Mosellanus war kein Leipziger Theologe (S. 73), sondern als Graezist an der Artistenfakultät angestellt. Und die Pariser Sorbonne verurteilte Luther nicht wegen seiner ablass- und papstkritischen Äußerungen während der Leipziger Disputation (S. 119), sondern wegen seiner 1520 ausgeführten Sakramentstheologie.

Nicht zuletzt wegen der anfangs geäußerten methodischen Bedenken in Bezug auf die vom Autor ins Auge gefassten Möglichkeiten, die die Geschichte der Reformationszeit hätte bieten können, legt man das Buch mit zwiespältigem Gefühl aus der Hand. Wegen seines Detailreichtums, seiner hervorragenden Bebilderung und vieler Denkanstöße wird man es gern wieder in die Hand nehmen.

Versöhnlicher Ausblick: Für eine überkonfessionelle, gemeinsam verantwortete Kirchengeschichte – m. E. wäre sie angesichts der Ergebnisse einer kulturwissenschaftlich dominierten und theorieüberlastigen allgemeinen Geschichtswissenschaft sowie einer auch mit Hass auf alles Kirchliche verbundenen, medial vermittelten allgemeinen Kirchenkritik bitter nötig – könnte möglicherweise an Melanchthons Vorstellung von der Geschichte als Magistra vitae, der Lehrmeisterin für das Leben, neu angeknüpft werden. Gemeinsam gelebte, erlittene und sooft negativ wie positiv beeinflusste Geschichte der Kirche der Reformation und darüber hinaus in einer neuen Großerzählung gemeinsam, selbstkritisch und vergebungsbereit zu bezeugen, das wäre ein gutes Ziel und käme den theologischen Bedeutungsgehalten der Kirchengeschichtsschreibung zugute.

Schönbach/Colditz Michael Beyer

STEFAN MICHEL: Die Kanonisierung der Werke Martin Luthers im 16. Jahrhundert (Spätmittelalter, Humanismus, Reformation; 92). Tübingen: Mohr Siebeck, 2016. 386 S.

Mit der Normierung und normierenden Wirkung der Werke Luthers beschäftigt sich Stefan Michel in seiner 2016 erschienenen Habilitationsschrift. Im Fokus stehen dabei die Lutherbibel, die Werkausgaben des 16. Jahrhunderts sowie die Bekenntnisschriften der Lutherischen Kirche. Grundlage für die Arbeit Michels ist die Feststellung, dass sich nach Ansicht der Luthernachfolger in seinem Schriftgut Lösungsmodelle für die eigene Gegenwartsbewältigung finden würden (S. 5).

Obwohl die Entstehung und Verbreitung der Lutherbibel keineswegs als eine eigenständige Leistung Luthers gewertet werden kann, konstatiert der Autor zu Beginn ein überbordendes Gewicht Luthers – besonders hinsichtlich der theologischen Deutungen, welche die Lutherbibel bietet (S. 39). Vor allem im Hinblick auf die Ansicht Luthers zur

Dignität seines Werkes führt Michel aus, dass Luther »selbst [...] die Kanonisierung seiner Bibelübersetzung an[schob], indem er seinen Mitreformatoren einen Bewahrungsauftrag erteilte.« (S. 22). Die Ausbildung einer »Marke Lutherbibel« bereits zu Lebzeiten Luthers und parallel zum Wirken der Wittenberger Übersetzergruppe ist somit als selbstgewollt zu begreifen (S. 30). Die Identifikation von Luther, seiner Bibel und ihrer vermeintlichen Garantiewirkung für eine wahrhaft lutherische Theologie führte in Folge des Konkordienwerks zu einer Textstabilität, welche bis ins 19. Jahrhundert reichte (S. 107 f). Dass der Rezeptionsprozess damit gerade nicht die Ausgabe »letzter Hand« zur Wirkung brachte, illustriert Michel deutlich.

Nach der Erarbeitung der vorhergehenden Sammlungsinitiativen, in denen Michel bereits das Ziel einer »Bewahrung der Reden Luthers, die Verteidigung der Wittenberger Theologie gegen Angriffe von außen und [...] die Erstellung einer Werkausgabe.« (S. 126 f) erkennt, beschäftigt sich der Autor im zweiten Teil vor allem mit den beiden Werkausgaben der Lutherschriften. Die Wittenberger Lutherausgabe charakterisiert sich nach Michel als eine systematische Zusammenstellung, die gerade nicht Wert auf Buchstabentreue legte, sondern den Sinn des Reformationswerks zu verdeutlichen suchte, welches Eingriffe zur Präzision und Aktualisierung legitimierte. Vor allem in den deutschen Bänden erkennt Michel den Zweck, eine erbaulichen Lektüre für die Predigtvorbereitung zu ermöglichen (S. 163). Im Gegensatz zur Wittenberger sieht Michel in der Jenaer Ausgabe den Versuch einer historisch einsichtigen Zugänglichmachung der theologischen Entwicklung Luthers. Im Streit zwischen beiden Ausgaben sieht der Autor die Frage verhandelt, »was Luthers reformatorisches Erbe überhaupt war und wie es am besten bewahrt werden sollte.« (S. 193). In der Folge dienten die Werkausgaben v.a. als »Steinbruch für Argumente in den aktuellen theologischen Debatten« (S. 216) und wurden gerade in der pfarramtlichen Praxis vermehrt Auswahlausgaben gebraucht. Diese werden jedoch insgesamt schmal betrachtet, ihr Einfluss etwa auf das Konkordienprojekt wird nicht untersucht (S. 224). Offen bleibt auch, ob die Jenaer Ausgabe tatsächlich die Wittenberger verdrängen konnte oder ob dies nur Anspruch der ernestinischen Politik blieb. Dass z.B. die zur Zeit Polykarp Leysers von Kurfürst August genutzte Ausgabe diejenige aus Wittenberg gewesen sein soll, bleibt dann wenig überzeugend, wenn sich die Jenaer Werkausgabe als antiphilippistische, luthertreue Ausgabe viel stärker durchsetzen haben soll (S. 234).

Zum Schluss untersucht Michel die Normierung Luthers durch das Konkordienprojekt. Wurden gerade in den innerlutherischen Streitigkeiten die Schriften Luthers als Norm theologischer Wahrheitsfindung wahrgenommen (S. 235), so zeigt Michel diese normierende Kraft des Textkorpus Luthers auch in Bezug auf die Bekenntnisschriften: Mit dem »angestrebten Nachweis, dass die Lehre der Konkordienformel im Einklang mit der Lehre der Alten Kirche und somit der gesamten christlichen Kirche« stehe, werde »zugleich eine Legitimation der Theologie Luthers forciert« (S. 291). Nach Luthers Tod konnten die Bekenntnisse nach Ansicht Michels seine Lehrautorität in ihrer Knappheit und Überschaubarkeit besser sichern (S. 294). Insofern komme dem Konkordienbuch entscheidende Bedeutung für die Ausbildung einer lutherischen Identität im 17. Jahrhundert zu (S. 293), womit die kirchliche Rezeption Luthers wiederum eine erneuerte Gruppenidentität Wittenberger Theologie etablieren konnte (S. 297). Im Anhang bildet Michel schließlich die von Georg Rörer für die Jenaer Lutherausgabe verwendeten Bände ab. Ein Personen- und Ortsregister runden den Band ab.

Alles in allem überzeugt die von Michel getroffene Auswahl der Kanonisierungsmarker für Luthers Werk. Während der Autor die Wirkmacht der Werkausgaben bis zur Weimarer Ausgabe verdeutlichen kann, hat gerade das Jahr 2017 die legitimierende Kraft Luthers für die führende Bibelübersetzung der Kirchen der EKD deutlich vor Augen geführt. Die wechselseitigen Zusammenhänge und Abhängigkeiten zwischen Übersetzung, Schriftwerk und Bekenntnissen bilden so den einsichtigen Rahmen der Kanonisierung. Damit dient das vorgelegte Werk vor allem dem besseren Verständnis theologischer Autoritätsbildung in der lutherischen Konfessionskultur der frühen Neuzeit, wirft aber auch Licht auf die Frage nach dem Verhältnis von Luther und dem lutherischen Bekenntnis.

Leipzig Tilman Pfuch

Die schweizerische Reformation: ein Handbuch/ hrsg. von Amy Nelson Burnett und Emidio Campi. Deutsche Ausgabe im Auftrag des Schweizerischen Evangelischen Kirchenbundes bearb. und hrsg. von Martin Ernst Hirzel und Frank Mathwig. Zürich: Theologischer Verlag, 2017. 740 S., 80 Abb., 10 Karten.

Seit 1979 war Gottfried Lochers (1911-1996) Buch »Die Zwinglische Reformation im Rahmen der europäischen Kirchengeschichte« das Standartwerk, wenn man sich zur Schweizer Reformationsgeschichte informieren wollte. Nun hat ein internationales und interdisziplinär zusammengesetztes Autorenteam ein neues »Handbuch« zur schweizerischen Reformation vorgelegt. Die englischsprachige Ausgabe erschien bereits 2016 in Leiden unter dem Titel »A companion to the Swiss Reformation«. Ziel des Handbuchs ist es, die Reformation, »eines der ganz grossen Ereignisse der schweizerischen Geschichte« (S. 17), in ihrer kulturprägenden Perspektive darzustellen, indem ein sowohl zeitlich als auch geographisch umfassender Bereich beleuchtet wird. Durch den größeren Fokus weitet sich der Blick des Handbuches über Zwingli und seine Wirkungsgeschichte hinaus und trägt damit neueren Ansätzen in der Reformationsgeschichtsforschung Rechnung.

Das Buch zerfällt in drei große Teile: Am Beginn werden »Hintergründe« behandelt. Hier findet nicht nur die Einführung von Amy Nelson Burnett und Emidio Campi (S. 17-26), die das Konzept des Buches vorstellt, sondern auch der profunde Überblick von Regula Schmid über »Die Schweizer Eidgenossenschaft vor der Reformation« ihren Platz (S. 27-68). Aspekte der Geographie, Wirtschaftsgeschichte und politischen Welt kommen hier vom späten Mittelalter bis in die Reformationszeit zur Sprache.

Der zweite Teil »Die Reformation« ist nach historischen Zentren gegliedert (S. 69-446). Selbstverständlich steht ein Abschnitt zur Reformation in Zürich, verfasst von Emidio Campi, am Beginn dieses Teils (S. 71-133). Neben Zwingli und Bullinger wird der Bogen bis zur Ausstrahlung der Zürcher Reformation gespannt. Ein Ausblick zur »Festigung der Zürcher Kirche vom Zweiten Helvetischen Bekenntnis zur Synode von Dordrecht« rundet diesen Abschnitt ab (S. 128-133).

Martin Sallmann führt in »Die Reformation in Bern« ein (S. 135-177), so wie dies Amy Nelson Burnett für Basel (S. 179-224), Erich Bryner für Schaffhausen (S. 225-244), St. Gallen und Appenzell (S. 245-269), Jan-Andrea Bernhard für Graubünden (S. 301-365) leisten. Dass sich aber die Reformation nicht überall durchsetzen konnte, sondern auch scheiterte – wie in Luzern, Zug, Freiburg oder Solothurn – stellt der Überblick von Sundar Henny eindrücklich und differenziert dar (S. 271-299). Michael W. Bruening lenkt den Blick auf »Die verbündeten französischen Gebiete der Eidgenossenschaft« (S. 367-394), also vor allem Genf und Lausanne und nimmt so die Reformatoren Guillaume Farel, Johannes Calvin und Theodor Beza mit in die Darstellung hinein.

Der zweite Teil des Handbuchs wird durch einen Überblick über »Das Schweizer Täufertum« von Andrea Strübind abgeschlossen (S. 395-446). Auch wenn dieser Abschnitt aus der Disposition des Bandes etwas herauszufallen scheint, trägt er doch gerade neueren Forschungsansätzen Rechnung. Durch die Einbeziehung der Täuferbewegung in die Darstellung, wird ihr »Urspung […] in der Zürcher Reformation« deutlich (S. 397). Strübinds pointierter Ansatz verfolgt eine Abkehr von der sozialhistorisch dominierten Täuferforschung, indem sie stärker täuferische Theologien herausarbeitet.

Der dritte Teil des Handbuchs geht den Wirkungen der Schweizer Reformation nach

(S. 447-623). Diese lassen sich in den Bereichen der Theologie – mit einem Akzent auf Zwingli und Bullinger dargestellt von Emidio Campi (S. 449-493) –, des Gottesdienstes, der Schulpolitik und der Kirchenzucht – dargestellt von Bruce Gordon (495-525) –, des Schul- und Bildungswesens – zwischen 1500 und 1600 dargestellt von Karin Maag (S. 527-548) – bis hin zur Transformation gesellschaftlicher Strukturen im Hinblick auf Familie, Geschlecht und Armenführsorge – dargestellt von Kaspar von Greyerz (S. 549-572) – verzeichnen. Auf der Grundlage neuerer Forschungen stellt Irena Backus die Frage nach einer spezifischen »Reformationskultur« der von Zürich ausgehenden Reformation (S. 573-594). Gab es also eine besondere »theologische Kultur, die einige typische Vorgehensweisen der Reformatoren erklärbar macht« (S. 573 f)? Wie wirkte sich dies auf das Alltagsleben, auf Kunst und Kultur aus? Sie sieht vor allem in der Prophetie, der täglichen Auslegung der Bibel, eine Besonderheit. Zugleich stellte die Zürcher Reformation »ein Patchwork verschiedenster Elemente und Aspekte in progress« dar (S. 594). Thomas Maissen führt schließlich als Folge der Reformation das Problem von politischen Allianzen »in der Eidgenossenschaft von 1531 bis 1618« aus (S. 595-623). Alle Autoren dieses Teils verfolgen ihr Thema bis zum frühen 17. Jahrhundert.

Ein Anhang bietet Verzeichnisse der Abbildungen und Karten sowie der Literatur und Autoren (S. 625-699). Ausführliche Register zu Orten, Personen und Sachen erleichtern das Nachschlagen in diesem Handbuch (S. 701-740).

Der Band ist durchgehend reich mit farbigen Abbildungen und Karten ausgestattet. Seine Benutzung bereitet durchweg reines Vergnügen, weil durch viele einzelne Aspekte der Reformationsprozess als ein Weg hin zur Kirchwerdung beschrieben wird. Zweifelsohne wurde hier ein Standartwerk geschaffen, das vorbehaltlos zur Lektüre empfohlen werden kann.

Leipzig Stefan Michel

PHILIPP WALTER: Universität und Landtag (1500-1700): akademische Landstandschaft im Spannungsfeld von reformatorischer Lehre, landesherrlicher Instrumentalisierung und ständischer Solidarität (Quellen und Forschungen zu Thüringen im Zeitalter der Reformation; 8). Köln; Weimar; Wien: Böhlau, 2018. 1093 S.

Das gewichtige Buch stellt die leicht überarbeitete Fassung einer Dissertationsschrift dar, die im Sommersemester 2018 von der Philosophischen Fakultät der Friedrich-Schiller-Universität Jena angenommen wurde. Sie entstand im Kontext des Forschungsprojektes »Thüringen im Jahrhundert der Reformation«, aus dem jüngst mehrere Veröffentlichungen zum Armen-, Sozial- und Schulwesen sowie zu den wettinischen Landesherren hervorgingen. Die hier anzuzeigende Arbeit des Historikers Philipp Walter zur akademischen Landstandschaft tangiert zahlreiche Bereiche der Universitäts-, Stände-, Verfassungs-, Rechts-, Wirtschafts- und Landesgeschichte und stellt einen beachtlichen Beitrag zu einem Thema dar, das sowohl innerhalb der Universitätsforschung gern vernachlässigt wird als auch aus der Perspektive der Erforschung der Landstände in den Territorien des Alten Reiches als Randphänomen eine untergeordnete Rolle spielt. Im Laufe der Frühen Neuzeit erhielten einige Universitäten Sitz und Stimme auf Landtagen, neben den Prälaten, ggf. Grafen und Herren, der Ritterschaft und den Städten des jeweiligen Landes.

Das erkenntnisleitende Interesse der Arbeit besteht in der Erfassung, Beschreibung und Erklärung der Gründe, welche der deutschen Universitäten über landständische Rechte verfügten und ab welchem Zeitpunkt sie kontinuierlich zu den Ständeversammlungen ihrer jeweiligen oder auch benachbarten Territorien einberufen wurden. Zudem soll der Charakter landständischer Repräsentation und Partizipation der Universitäten aufgezeigt werden. Für die breit angelegte Herleitung und Darstellung wählte der Vf. den langen Untersuchungszeitraum vom 14. bis zum 18. Jahrhundert. Im Zentrum der Arbeit stehen die drei mitteldeutschen

Universitäten Leipzig, Wittenberg und Jena, deren Stifter, Universitäts- und Landesherren aus der Dynastie der Wettiner stammten. Sie zählen zu den letztlich nur acht Hohen Schulen des Reiches, für die eine akademische Landstandschaft im Sinne der kontinuierlichen Landtagsberufung nachzuweisen ist.

Die klar strukturierte und damit trotz ihres Umfangs übersichtliche Arbeit besteht aus fünf Hauptteilen. Die Einleitung (Kap. I, S. 17-54) informiert über Thema und Forschungsstand und bietet Definitionen der für die Arbeit zentralen Begriffe Fundierung, Landstandschaft, Landstände und Landtag.

Die Kap. II und V/Anhang (S. 55-343, 759-985) bieten die Forschungsergebnisse zu den Anfängen der Landstandschaft der drei wettinischen Universitäten bis in die 1550er und 1560er Jahre sowie zur Entwicklung und Praxis ihrer landständischen Präsenz bis 1660. Für die 1502 gegründete Universität in Wittenberg sind bereits 1511 und 1518 Landtagsberufungen nachzuweisen – eine Praxis, die nicht fortgeführt wurde. Allerdings besteht für die Beantwortung der Frage, ob die Hohe Schule auf den Landtagen präsent war, das methodische Problem der institutionellen und personellen Verknüpfung zwischen der Universität und dem Allerheiligenstift, das im Prälatenstand auf den Landtagen vertreten war. Der Vf. setzt den auf der Basis von Quellen belegten Beginn der kontinuierlichen Landstandschaft der Universität Wittenberg letztlich erst mit dem Torgauer Landtag 1561 an, elf Jahre nach Leipzig (gegr. 1409), dessen Universitätsvertreter seit 1550 die Landtage besuchten. Die erste Berufung der Jenaer Hohen Schule (gegr. 1548/58) fand 1567 statt. Innerhalb des Ständekorpus wurden die Universitäten in die erste Kurie »Prälaten« eingeordnet, was nicht unumstritten war. Einen Gewinn für die weitere Forschung stellen die quellenbasierten Abschnitte zur Landtagspräsenz und -praxis dar, die hervorragend als Nachschlagewerk genutzt werden können. Übersichtlich, nicht zuletzt durch mehrere Tabellen verstärkt, werden die einzelnen kursächsischen Landesversammlungen mit Datum und Ort sowie mit Verhandlungsthemen und -ergebnissen, die universitäre Relevanz aufweisen, aufgeführt. Zudem bietet der Vf. Biogramme zu 75 Deputierten und bevollmächtigten Vertretern der drei mitteldeutschen Universitäten, vor allem Juristen. Welches Potential für die weitere Forschung die gebotenen Informationen zu den Ständeversammlungen bieten, verdeutlicht der Vf. selbst in sechs Fallbeispielen, die er ausführlicher vorstellt. Der Vf. thematisiert die Reaktion der anderen Landstände auf die neue Position der Universitäten sowie die Rechte, Möglichkeiten und Grenzen universitärer Einflussnahme auf politische Entscheidungen.

Im Kap. III (S. 345-737) werden zugunsten der Komparatistik und Makroanalyse weitere 27 Universitäten auf Basis der Literatur untersucht. Mit einigen Ausnahmen, wie den eidgenössischen, reichsstädtischen und habsburgischen Universitäten, überprüft der Vf. damit alle Hohen Schulen des Reiches, die bis Ende des 17. Jahrhunderts gegründet wurden, auf die Frage, ob sie über landständische Rechte verfügten. Für jede der Institutionen werden die bereits für die wettinischen Universitäten angelegten sechs Untersuchungskategorien in einzelnen Abschnitten behandelt: 1) Universitätsgründung, 2) geographische und politische Charakterisierung des Territoriums, 3) Konfessionelle Entwicklung des Territoriums, 4) Universitätsökonomie, 5) Entwicklung der Landstände im Territorium sowie 6) die universitäre Landstandschaft. Letztere kann nur für fünf Universitäten belegt werden, für Ingolstadt (katholisch), Helmstedt (lutherisch), Marburg (lutherisch/reformiert im Wechsel), Gießen (lutherisch) und Kassel (reformiert). Die Beantwortung der Frage, warum die restlichen 22 Hohen Schulen über keine landständischen Vertretungsrechte verfügten, ist zwar als Vergleichsbasis interessant, allerdings drängt sich bei der Lektüre doch die Frage auf, ob der Arbeitsaufwand und die Ausführlichkeit der Darstellung immer in allen Kategorien gerechtfertigt sind, wenn – wie bspw. im Falle des Erzbistums Mainz – gar keine Ständestruktur im Territorium existierte.

Die Zusammenfassung (S. 731-737) und das gelungene Schlusskap. IV (S. 739-

758) bündeln die Untersuchungsergebnisse und machen noch einmal das grundlegende Problem der Arbeit deutlich. So wie sich die Territorien des Alten Reiches und ihre landständischen Verfassungen durch eine starke Mannigfaltigkeit auszeichneten, bereitet auch die Typologisierung der landständischen und nichtlandständischen Universitäten erhebliche Schwierigkeiten und wird letztlich vom Vf. abgelehnt. Mit Blick auf den Ständestatus konnte weder in Bezug auf die Anfänge und Gründe der akademischen Landständigkeit noch auf die Ausstattungsverhältnisse einer Hohen Schule oder auf die konfessionelle Zugehörigkeit ein einheitliches Ergebnis herausgearbeitet werden. Das große Verdienst der Arbeit besteht darin, dass verschiedene Forschungsthesen auf den Prüfstand gestellt wurden. Insbesondere die in der Forschung vorherrschende Meinung, dass die Verfügungsgewalt über grund- und gerichtsherrliche Rechte der ausschlaggebende Faktor für die akademische Landstandschaft war, ist zu korrigieren. Nur für Ingolstadt, Helmstädt und z. T. Jena ist dies zutreffend. Für Wittenberg, Leipzig, z.T. Jena, sowie für die drei hessischen Universitäten Marburg, Gießen und Kassel bietet der Vf. alternative Erklärungsansätze und charakterisiert sie als »bemerkenswerten Sonderfall der frühneuzeitlichen Universitäts- und Ständegeschichte« (S. 751). Für die drei wettinischen Universitäten sieht der Vf. die Gründe für die 1550 einsetzende Landstandschaft in den Folgen des Schmalkaldischen Krieges und im landesherrlichen Willen. Der Landesherr bzw. seine Räte entschieden, auch in anderen Fällen (z. B. Tübingen), ausschlaggebend darüber, ob die Universität des Landes auf dem Landtag vertreten sein sollte und damit an der politischen Partizipation beteiligt wurde oder nicht.

Abgerundet wird die Arbeit durch ein umfangreiches Quellen- und Literaturverzeichnis, ein Abkürzungsverzeichnis sowie ein Personenregister. Insbesondere die Zusammenstellung der ungedruckten Quellen zeigt deutlich die enorme Rechercheleistung des Vf. in den mitteldeutschen Archiven zu seinem Kernthema der Landstandschaft der Universitäten Wittenberg, Leipzig und Jena. Sowohl das Quellenmaterial als auch die aufgeworfenen Fragestellungen und die Untersuchungsergebnisse sind ein deutlicher Gewinn für die Universitäts- und Ständeforschung.

Leipzig Beate Kusche

Katalog der Handschriften aus den Nachlässen der Theologen Johann Gerhard (1582-1637) und Johann Ernst Gerhard (1621-1668): aus den Sammlungen der Herzog Ernst von Sachsen-Coburg und Gotha'schen Stiftung für Kunst und Wissenschaft. Beschrieben von Daniel Gehrt unter Mitarbeit von Hendrikje Carius (Die Handschriften der Forschungsbibliothek Gotha; 3). Wiesbaden: Harrassowitz Verlag, 2016. 687 S.

Nachdem im Jahr 2015 der Katalog der Reformationshandschriften der Forschungsbibliothek Gotha in zwei Bänden – beschrieben von Daniel Gehrt – erschienen ist, liegt nun in schneller Folge eine weiterer Band der Reihe vor, der den Nachlass zweier international bedeutender thüringischer Theologen vorstellt. Er hilft, diese Nachlässe zweier aufeinander folgenden Generationen erstmals zu erschließen. Johann Gerhard ist in letzter Zeit u. a. auf dem Weg von Reprintveröffentlichungen und kritischen Editionen samt einer Primärbibliographie und ihrer Ergänzung vor allem durch Aktivitäten von Johann Anselm Steiger erneut in das Blickfeld der Forschung getreten. Bereits 1968 hatte Helmut Claus auf die Bedeutung des Überlieferungsbestands aufmerksam gemacht. Johann Gerhard galt bereits seit dem 19. Jahrhundert als Prototyp der in der Wittenberger Reformation wurzelnden Theologen des 17. Jahrhunderts, wobei allerdings der Hauptakzent auf ihm als Musterbeispiel für die Epoche der so genannten lutherischen Orthodoxie in ihrer systematisch-theologischen Gestalt galt und teilweise bis heute gilt. Die Beschäftigung mit seinem dem dogmatischen Bereich gewidmeten Werk schien lange die Kenntnisnahme seiner Veröffentlichungen zu verstellen, die der Betrachtungs- und Seelsorgeliteratur wie auch dem Studium der Theologie und der Schriftauslegung galten. So lag der Eindruck nahe, dass es sich bei dem letztgenannten Arbeitsfeld Gerhards um eine andere Welt handelte, die seine als verhärtet empfundene systematisch-theologische Arbeit sozusagen entschuldigen konnte, um ihn als Theologen gegenüber anderen Theologen des 17. Jahrhundert neuzeitlichem Bewusstsein erträglich erscheinen zu lassen. Mag dieser Eindruck inzwischen modifiziert sein, so blieb doch die zeitgenössische Verwurzelung der Arbeit des Theologen weithin verborgen. Dies gilt auch für den Sohn Johann Gerhards, dessen Würdigung als Theologen freilich noch aussteht.

Es bedeutet einen Glücksfall, dass nun durch die Erschließung der Nachlässe beider Theologen ein Zuwachs von Einsichten zu erwarten ist, die das Verständnis von Vater und Sohn Gerhard zu vertiefen helfen. Die Forschungsbibliographie, die dem Katalog beigegeben ist, weist auf, dass Einzelaspekte der Arbeit von Johann Gerhard bereits unter Benutzung seines Nachlasses erhoben worden sind.

Der Katalog enthält eine hilfreiche und vorzüglich differenzierte Einleitung des Bearbeiters, die auf die Fülle der gebotenen Aspekte hinweist, auf Briefwechsel, Vorlesungsmanuskripte und -mitschriften, Aufzeichnungen aus der Studienzeit beider Theologen, Schriftgut aus eigener akademischer und kirchenleitender Arbeit und Teilnachlässen der Gerhard-Vorfahren (S. IX-XXX). Bei dem bis in Einzelheiten beschriebenen Gesamtbestand (S. 13-520) handelt es sich um insgesamt 209 Handschriftenbände unterschiedlichen Umfangs. Der überlieferte Briefwechsel amtlichen Charakters betrifft Kontakte mit Adligen, Stadträten und Konsistorien neben weiteren Einzelpersonen und bietet Einblicke auch in wichtige Vorgänge in Theologie und Kirchenpolitik vor allem der ersten Hälfte des 17. Jahrhunderts, schärft aber auch den Blick für Hintergründe bekannter Problembereiche dieser Zeit. Aus Johann Ernst Gerhards Briefwechsel erhalten sind 14 Handschriftenbände mit etwa 2.200 Briefen. Das Verzeichnis des Briefwechsels, der in den Nachlässen enthalten ist, erinnert gleichzeitig an das Desiderat der Erstellung eines Gesamtverzeichnisses des Briefwechsels der beiden Theologen.

Andererseits ist der in den Gothaer Beständen mikrohistorisch dokumentierte Werdegang beider Theologen geeignet, auf die weitgespannten Horizonte frühbarocker Wissenschaften aufmerksam zu machen, die sich ihnen in ihrer Studienzeit eröffneten, denen sie sich widmeten und die sie in ihre künftige akademische Tätigkeit einbringen konnten. Zu diesen Quellen gehören angefangen mit den Schulheften Johann Gerhards aus seiner Jugend in Quedlinburg über Vorlesungs- und Disputationsnachschriften aus mehreren Wissenschaftszweigen in Wittenberg, Marburg und Jena und von seinem Sohn aus Jena, Altdorf und Wittenberg bis hin zu Tagebuchaufzeichnungen von Bildungsreisen Johann Ernst Gerhards 1642 durch Deutschland und durch Westeuropa und die Schweiz in den Jahren 1650/51.

Für die eigene akademische bzw. gottesdienstliche Tätigkeit einschlägige Quellen sind, Gerhard den Älteren betreffend, mehr als 650 Predigtmanuskripte bzw. -dispositionen, eine Fülle von Aufzeichnungen von Argumenten, die für Opponenten bestimmt waren, die zu Disputationsabläufen bestellt waren, sowie eine erhebliche Anzahl von unveröffentlichten Kommentaren zu biblischen Büchern zu erwähnen. Hinzu kommen Akten aus der Tätigkeit des Theologen als Rektor und Dekan. Johann Ernst Gerhard betreffend ist auf seine Spezifik als Orientalist hinzuweisen, die er während seiner Tätigkeit als Adjunkt der Philosophischen Fakultät in Jena zwischen 1646 und 1650 anzuwenden und auch in seiner theologischen Arbeit anzuwenden verstand. Das bestätigt den Eindruck, dass eine der Quellen für die neuzeitliche Orientalistik in theologischen Interessen des 17. Jahrhundert zu suchen ist. Daraus folgt für den vorliegenden Katalog, dass einige Beschreibungen von Texten aus dem Nachlass des Jenaer Theologen nicht ohne Passagen in arabischer Sprache auskommen.

Hinzuweisen ist auf zwei weitere Aspekte der Erschließung der Gothaer Bestände. In den in den Gothaer Beständen enthaltenen Teilnachlässen aus dem Besitz von Vorfahren der beiden Theologen sind Quellen enthalten, die man auf den ersten Blick nicht in Gotha suchen würde. Dazu gehören elf Handschriftenbände aus dem Nachlass des Leipziger Superintendenten Georg Weinrich (1554-1617) und seiner Nachkommen, darunter kursächsische Visitationsakten aus der Zeit zwischen 1577 und 1603 wie auch 13 Bände mit Disputationsunterlagen und Vorlesungsmitschriften, die aus Jesuitenkollegien in Paris, Verdun, Pont-á-Mousson und Mainz zwischen 1577 und 1588 stammen.

Weitere Überraschungen bringen Quellen aus dem 16. Jahrhundert, die man eher unter den Reformationshandschriften suchen würde. Wer würde beispielsweise in den Nachlässen von Johann Gerhard und seinem Sohn Mitschriften von Psalmenauslegungen vermuten, die von Andreas Poach zwischen 1566 und 1572 in Erfurt vorgetragen worden sind? Zu diesem Bereich gehören auch Texte von David Voit (Jena 1577/78), Paul Crell und Johann Crato. Alle diese Materialien lassen sich in den Registern finden, die getrennt voneinander Personen, Schriften und Sachbegriffe verzeichnen, Orte nur dann, wenn sie mit dem Sitz einer Institution verbunden sind. Ein eigenes Register verzeichnet die Auflösung von Namensinitialen.

Zu vermerken ist auch, dass die besprochenen Nachlässe einschließlich der Nennung von Orten inzwischen über die Datenbank Allegro (HANS) und die Datenbank Kalliope zu erreichen sind.

Die Leiterin der Forschungsbibliothek Gotha Dr. Kathrin Paasch bemerkt in der Einleitung zu dem vorliegenden Katalog: »Daniel Gehrts Arbeit verdankt die Forschungsbibliothek viel« (S. VII). Dem ist nur hinzuzufügen: Das Gleiche gilt – einschränkungslos – für die, die sich künftig der weiteren Erforschung von Leben und Werk der beiden Theologen des 17. Jahrhunderts widmen werden.

Leipzig — Ernst Koch

Pietismus in Thüringen – Pietismus aus Thüringen: religiöse Reform im Mitteldeutschland des 17. und 18. Jahrhunderts/ hrsg. von Veronika Albrecht-Birkner und Alexander Schunka (Gothaer Forschungen zur Frühen Neuzeit; 13). Stuttgart: Franz Steiner Verlag, 2018. 327 S.

Der vorliegende Band dokumentiert die Ergebnisse einer Tagung, die im März 2015 in Verbindung von Forschungsbibliothek Gotha, Forschungszentrum Gotha und den Franckeschen Stiftungen zu Halle stattfand. Dabei weist Alexander Schunka in der Einleitung (S. 9-19) zurecht darauf hin, dass das behandelte Thema bisher kaum bearbeitet wurde, obwohl der thüringische Raum als ein Ausgangspunkt vor allem des Halleschen Pietismus angesehen werden muss. Deshalb ist der Tagungsband als »Sondierung eines bislang nicht ausreichend erschlossenen Forschungsfelds in kulturwissenschaftlich-kommunikationsorientierter Perspektive« zu verstehen (S. 11). Ob alle Beiträge tatsächlich Forschungslücken sichtbar machen, wie intendiert, oder diese vielmehr zu schließen versuchen, kann angesichts der durchgehend hohen Qualität der Beiträge unbeachtet bleiben.

Veronika Albrecht-Birkner stellt den eigentlichen Tagungsbeiträgen einen höchst anregenden »historiographischen Problemaufriss« voran, der nach den Übergängen von »Reformation des Lebens« im Bereich des frühneuzeitlichen Luthertums hin zum »Pietismus« fragt (S. 21-47). Der Gedanke der Reform gehörte tatsächlich zum frühneuzeitlichen Protestantismus hinzu. Albrecht-Birkner möchte die Perspektiven dieser Reformmaßnahmen näher betrachten, die sie in einem Top-down- und Bottom-up-Modell unterscheidet. Ihre Beobachtungen tragen zu einer stärker kulturwissenschaftlich verorteten Einordnung des Pietismus bei.

Die Beiträge des Bandes selbst sind in vier Sektionen geordnet: Im ersten Teil werden drei Beiträge unter der Überschrift »Ursprünge: Politik und Frömmigkeit im Herzogtum Sachsen-Gotha« geboten. Terence McIntosh fragt danach, ob »das ›Werck der christlichen Disciplin‹ Herzog Ernsts des Frommen« eine

Anregung für die Kirchenzucht war, die August Hermann Francke in Glaucha übte (S. 51-69). Das 1663 publizierte Buch »Christliche Vorstellung der hohen geistlichen Anfechtung« des Gothaer Hofpredigers Christoph Brunchorst (1604-1665) untersucht Mary Noll Venables (S. 71-84), weil ihm vorgeworfen wurde »neue Geister« aufgebracht zu haben. Schließlich betrachtet Jonathan Strom Johann Hieronymus Wieglebs (1664-1730) Überlegungen zur Bekehrung (S. 85-97). Auch Wiegleb wirkte zunächst in Gotha bevor er ab 1701 Diakon in Halle wurde.

Die zweite Sektion »Etablierung und Konsolidierung: Pietismus in der thüringischen Frömmigkeitslandschaft« setzt mit einem Beitrag von Douglas H. Shantz über den Rudolstädter Kanzler Ahasverus Fritsch ein (S. 101-112.). Darin stellt er Überlegungen zur christlich begründeten Gesellschaftsreform von Fritsch vor und vergleicht sie mit Speners »Pia Desideria«. Ein wichtiger Multiplikator des Pietismus in Pößneck war der Theologiestudent Johann Andreas Schilling (1665-1750), der seinen Vater für diese Bewegung gewann. Matthias Müller verfolgt die »Pößneckschen Händel« in den 1690er Jahren (S. 113-128), die durch Altenburger Konsistorialakten gut dokumentiert sind. Den Fall, dass ein pietistischer Jurist in Waldeck und Reuß älterer Linie gewirkt hat, stellt Wolfgang Breul mit Otto Heinrich Becker (1667-1723) vor (S. 129-148). Gerade diese vergleichende Perspektive erweitert das bisherige Wissen um das Wirken des Obergreizer Kanzlers deutlich. Die auf S. 138 in Anmerkung 52 erwähnte Ausgabe des Wahren Christentums von Johann Arndt erschien 1716 in Greiz bei Martin »auf Befehl und Kosten einer hohen Person«. Beschlossen wird diese Sektion durch einen Beitrag von Ernst Koch, der unbestritten einen Höhepunkt des Bandes darstellt. Koch untersucht anhand reicher archivalischer Quellen das Wirken des Jenaer Theologen und Weimarer Geistlichen Johann Ernst Stolle (1672-1719), das auch für die Frühgeschichte des Pietismus an der Universität Jena wichtig ist (S. 149-181).

Die dritte Sektion »Interaktionen: Reformprojekte zwischen Thüringen und dem mitteldeutschen Raum« wird durch einen instruktiven Beitrag von Wolfgang Miersemann über Tanzkritik eröffnet (S. 185-208). Dafür untersucht er einen Gothaer Traktat aus dem Jahr 1697. Das Entstehen von Waisenhäusern im thüringischen Raum seit der Mitte des 17. Jahrhunderts stellt Antje Schloms dar (S. 209-222). Holger Trauzettel stellt ein Reisetagebuch Heinrichs XIII. Reuß-Lobenstein aus dem Jahr 1715 vor und vergleicht die Berichte über das höfische Leben mit denen aus dem Tagebuch August Hermann Franckes von 1718 (S. 223-240).

Eine letzte Sektion »Kontaktaufnahmen: Thüringischer Pietismus in grenzüberschreitender Perspektive« versucht Wirkungen über den engeren Raum des Tagungsbandes hinaus aufzuzeigen. Zunächst stellt Alexander Schunka Beobachtungen zu »thüringischen Einflüssen, Personen und Kontakten im Hinblick auf die Etablierung pietistischer Gemeinden in London und Moskau, ergänzt um einen kurzen Blick auf den Mittelmeerraum« vor (S. 243-263). Er bemüht dazu das Bild des Pflanzgartens. Dass es in Thüringen auch Unterstützer für das Hallesche Institutum Judaicum zwischen 1728 und 1742 gegeben hat, stellt Christoph Rymatzki dar (S. 265-287). Er durchmustert dafür die einzelnen Herrschaftsgebiete. Schließlich weist Rüdiger Kröger auf Angehörige der Herrnhuter Brüdergemeine in den ernestinischen Territorien und Erfurt hin (S. 289-302). Ein Personen- (S. 311-321) und ein Ortsregister (S. 323-327) erleichtern die Erschließung der Inhalte des Bandes.

Der Tagungsband bereichert das Bild des Pietismus in Thüringen deutlich. Freilich könnten manche Beobachtungen vertieft werden, auch sind die gelegentlich anklingenden Forschungsüberblicke keineswegs vollständig. Gerade zu den reußischen Herrschaften liegen weitere Arbeiten vor, die den Herausgebern entgangen sind. Ungeachtet weitergehender Wünsche füllt der vorliegende Band eine Lücke in der Forschung, macht auf weiterführende Fragestellungen und auf unbekannte Entwicklungen aufmerksam. Dadurch gerät eine für die Entwicklung des Pietismus bisher zu wenig beachtete Landschaft in den Blick, die nicht nur eine Durchgangsstation für August Hermann Francke war, sondern in der auch eigene Akzente pietistischer Gedanken und Lebensweisen gesetzt wurden. Auf eine Fortsetzung der Erforschung des Pietismus in Thüringen, die hoffentlich durch dieses Buch angeregt wird, darf man gespannt sein.

Leipzig Stefan Michel

RÜDIGER OTTO: Religion und Stadt: Kirchengeschichte Leipzigs von 1650 bis 1815. Beucha; Markkleeberg: Sax-Verlag, 2016. 125 S.: Ill. (Schriften des Leipziger Geschichtsvereins. NF; 2)

Zwar sind auf Leipzigs Büchertischen inzwischen mehrfach Veröffentlichungen zu den kirchlichen Gebäuden der Stadt zu finden, aber es fehlt noch immer an jüngsten Darstellungen, die sich mit der Geschichte des dazugehörigen kirchlichen Lebens befassen. Hier wird durch den Verfasser mit seinem Bericht zum Zeitraum von 1650 bis 1815 eine deutliche Lücke sehr gelungen ausgefüllt. Lebte man bisher bei der eigenen Orientierung zu dieser Epoche häufig von lediglich einschlägigen Aufsätzen und damit oft genug von Informationen aus zweiter Hand, so ist nunmehr vom Verfasser eine Arbeit vorgelegt, die in einer ungewöhnlichen Dichte unmittelbar aus den Quellen, gewissermaßen ab ovo, referiert. Am besten zeigt das der Blick in die beigefügten 439 Anmerkungen, die nicht allein wiederholt die unterschiedlichsten Archive Leipzigs und darüber hinaus nennen, sondern die außer den dort erreichbaren Vorgängen auch autobiographische Aufzeichnungen, Reiseberichte, Briefe, zeitgenössische Zeitschriften, Verordnungen u. a. als Beleg erwähnen.

Leicht irritierend setzt die Darstellung nach einer kurzen Einleitung (S. 5-7) nicht etwa mit dem 1650 erfolgten Abzug der Schweden, sondern 1697 mit dem Beginn des Katholizismus (S. 8-17) und 1702 der reformierten Gemeinde (S. 17-31) ein. Das erweist sich aber bald als einleuchtend, weil dann später nicht des Öfteren mit Einschüben in den eigentlichen Block der Darstellung (S. 32-117), betitelt »Die lutherische Stadt«, gearbeitet werden muss.

In diesem Hauptteil geht es als erstes um die unterschiedliche Wahrnehmung einer erfahrbaren Führung Gottes im damaligen Geschehen (S 32-36). Im Anschluss daran wird zweitens, den Rahmen für die folgenden Erörterungen absteckend, auf die verschiedenen Predigtstätten Leipzigs, schließlich sieben, sowie auf die große Zahl der dort gehaltenen Predigten, mindestens 22 wöchentlich, hingewiesen (S.36-38).

Drittens sind in neun Unterpunkten die städtischen Eliten und kirchlichen Amtsträger Gegenstand der Darstellung (S. 38-72). Zur Sprache kommen dabei als Sachverhalte: die städtische Verantwortlichkeit für die Kirche und die kirchliche Autonomie; Magistrat und Pfarrerwahl; die Herkunft der Pfarrer und ihre Karrierewege; theologische Positionen; das Profil von Theologischer Fakultät, Universität und Stadt, auch unter dem Einfluss der Aufklärung; Amtshandlungen, die Bedeutung der Predigt und Predigtweisen; Pfarramt und Sozialdisziplinierung; Auskünfte zur individuellen Seelsorge; die Stellung des Pfarrers in der Gesellschaft.

Viertens wird als sachliche Entsprechung zum Vorangestellten nun nach der religiösen Praxis seitens der Stadtbevölkerung gefragt (S. 73-103). Sie ist ebenfalls sehr detailreich erfasst, und benannt sind als Themenfelder: Unterricht im Glauben und religiöse Sozialisation; Frömmigkeit in Familie und Haus; Gottesdienstbesuch; soziale Unterschiede im kirchlichen Alltag; Beichte und Abendmahl; Spenden als Ausdruck von Religiosität; Pietismus und Stadtbevölkerung.

Fünftens wird, zugleich als einsetzende Zäsur, die Ära unter Superintendent Rosenmüller 1785-1815 beschrieben (S. 103-117). Sie brachte im kirchlichen Leben erhebliche Neuerungsmaßnahmen, ließ aber auch das Ende der bisherigen Einheit von Christen- und Bürgergemeinde in der Stadt erkennen.

Insgesamt sorgt der angebotene Materialreichtum dafür, dass es zu einer erstaunlich nahen Begegnung mit einer vergangenen Epoche kommen kann. Die eingeflochtenen statistischen Ermittlungen sowie die vielerlei Auskünfte zu Personen und Sachen veranlassen zu mehr Anregungen und Kommentierungen, als dass man sie jetzt hier aufzählen könnte. Der Verfasser selbst fordert zu weiteren Forschungen auf, u. a. S. 72. Einen ergänzenden Zugang ergibt das ausführliche Personenverzeichnis (mit Lebensdaten). Zur angefügten Literaturliste ist zu bemerken, dass in ihr nur die mehr als einmal zitierten Titel aufgeführt sind. Eine Fülle von älteren, abgelegenen oder inzwischen vergessenen Veröffentlichungen, aber ebenso von neuen und neuesten findet man dagegen zusätzlich jeweils in den Anmerkungen. Beigefügt sind der Darstellung außerdem 25 teilweise farbige Abbildungen, unter ihnen auch lesbare Faksimiles von Archivalien. – Nachzutragen ist, dass der vorliegend angezeigte Text unterdessen 2016 verkürzt in den 2. Band der neuen Leipziger Stadtgeschichte aufgenommen wurde. Gerade dadurch behält aber seine ausführlichere Form einen speziellen Wert.

Leipzig Gerhard Graf

Das Ende der Monarchie in den deutschen Kleinstaaten: Vorgeschichte, Ereignis und Nachwirkungen in Politik und Staatsrecht 1914-1939/ hrsg. von Stefan Gerber (Veröffentlichungen der Historischen Kommission Thüringen, Kleine Reihe; 54). Wien; Köln; Weimar: Vandenhoek & Ruprecht, 2018. 354 S.

Der zu besprechende Band dokumentiert eine Tagung, die die Forschungsstelle für Neuere Regionalgeschichte Thüringens an der Friedrich-Schiller-Universität Jena am 13. und 14. Oktober 2016 veranstaltet hat.

Die Gliederung des Tagungsbandes ergibt sich aus den drei Forschungskontexten und Fragestellungen: Nach einer eigenen thematischen Einleitung des Herausgebers folgen 1) die Frage nach der Stabilität oder dem Legitimitätsverfall. Zur Endphase der kleinstaatlichen Monarchien sind es zwei Aufsätze. 2) die Frage nach Revolution oder konstitutioneller Transformation. Der Sturz der Monarchien in den Kleinstaaten 1918 bildet den Hauptteil mit neun Aufsätzen. Eine weitere Differenzierung ergibt sich daraus, dass sieben Aufsätze von den weltlichen und zwei Aufsätze von den kirchlichen Folgen handeln. 3) Teil 3 ist ein nach meiner Kenntnis wenig beleuchteter Sachverhalt, der im direkten Zusammenhang mit der Demission der Monarchen steht und auch in unserer Zeit wieder aktuell ist – die Frage nach Enteignung oder Entschädigung der Fürstenhäuser. Es geht um die vermögensrechtliche Auseinandersetzung mit kleinstaatlichen Fürstenhäusern. Dazu gehört die wichtige und oft wenig beachtete Definition des »Domanium«, ferner die generelle Frage der Trennung von dynastischen und staatlichen Vermögensteilen. Dazu sind drei Einzelfälle dargestellt.

Der Band, der gut ein Jahr nach der Tagung erschienen ist, ist ein gelungenes Kompendium und zeigt bei vielen unvergleichbaren Facetten sehr gut, wie viele Gemeinsamkeiten es bis 1918 unter den kleineren Bundesstaaten gegeben hat.

Stefan Gerber führt mit einer sehr umfangreichen Einleitung, die ein eigener Sachbeitrag ist, in das Thema ein. Dabei stellt er eingehend die Forschungen zur Geschichte des Föderalismus dar und beleuchtet neue Ansätze der wissenschaftlichen Beschäftigung mit dem Thema Kleinstaaten. Wissenschaftsgeschichtlich bemerkenswert ist, dass hier bisher wenig Systematisierung betrieben worden ist, zu der so eine Tagung wie die dargestellte ein wichtiger Baustein ist. Die Fragestellung, der angesichts der identitätsstiftenden Funktion der Monarchien in den Bundesstaaten des Deutschen Reiches nachzugehen war, war die nach dem Legitimitätsverfall der kleinstaatlichen Verwaltung angesichts der Herausforderungen im Weltkrieg. Und weiter ging es um die zentrale Bedeutung des Begriffes »Revolution«, wenn in zahlreichen Kleinstaaten der Übergang zur Republik eher geordnet verlief.

Der erste Sachaufsatz von Hagen Rüster widmet sich unter dem Titel »Der Fürst als Skandal« dem Fürstentum Reuß ältere Linie im Spiegel der politischen Presse 1867-1902. Beschrieben wird die publizistische Auseinandersetzung um Fürst Heinrich XXII., die auch zu gerichtlichen Verfahren geführt hat. Dabei hätte der Leser gerne erfahren, welches preußische Gericht im Prozeß um eine Majestätsbeleidigung zu einem Freispruch gelangt ist (S. 55). Insgesamt beeindruckt, welche Kapriolen der letzte Fürst der älteren Linie Reuß in den Zeitungen und Karikaturblättern hinterlassen hat.

Der Beitrag von Oliver Riegg »Die Lebensmittelversorgung in den thüringischen Staaten im Ersten Weltkrieg« beschäftigt sich mit der schon in der Einleitung von Stefan Gerber aufgeworfenen Frage, ob die monarchisch-kleinstaatliche Verwaltung angesichts der Daseinsfürsorge im Weltkrieg an ihre Grenzen stieß. Riegg schildet die Entwicklung zunächst zu Kriegsbeginn in Folge von Hamsterkäufen, die aber bald abebbten. Später wirkte sich neben der alliierten Seeblockade die Verschlechterung der landwirtschaftlichen Produktion aus. Ab der Mitte des Jahres 1916 wuchs die allgemeine Protestbereitschaft der Bevölkerung, ausgehend von Gera am 6. April 1916. Verantwortlich für die Mängelverwaltung sei, so Riegg, die Tatsache, dass die Bundesstaaten kaum realistische Vorstellungen von der Versorgung der Bevölkerung im Kriege gehabt hätten. Bei aller Behelfsmäßigkeit der Gegenmaßnahmen wie der Schaffung eines »Ernährungsamtes der thüringischen Staaten« 1917 aus mehreren einzelnen Dienststellen, das auch nach Kriegsende noch weiterarbeitete, ließe sich allein daraus kein Legitimitätsverfall der fürstlichen Verwaltungen konstatieren.

Im zweiten Abschnitt beginnt Martin Otto mit dem Aufsatz »Revolution auf Raten« und lässt diese schon 1876 mit der gesetzlichen Auflösung des Herzogtums Lauenburg beginnen. Im Weiteren deduziert er die Gliederungsprinzipien, von denen die reichsrechtliche Gerichtsverfassung und bundesstaatliche Gerichtsorganisation ab 1877 am wenigsten Rücksicht auf dynastische Gegebenheiten nahm. Otto skizziert die monastischen Krisenmomente, in denen einige Bundesstaaten nach 1900 wegen der Thronfolgeregelungen steckten. Bemerkenswert ist dabei die Tatsache, dass der Selbstmord des Großherzogs von Mecklenburg – Strelitz am 23. Februar 1918 – die Vereinigung mit Mecklenburg-Schwerin verhindert hat, weil der Verlust des Landesherren in Mecklenburg-Strelitz den Selbstbehauptungswillen aktiviert hat. Am Ende seines Aufsatzes stellt Otto aussagekräftige Thesen auf: »Der politische Prozess des Endes der deutschen Kleinstaaten beginnt bereits mit der Reichsgründung am 18. Januar 1871, mit der teilweise gegen den Verfassungstext und die ursprünglichen Intentionen, ein unumkehrbarer Prozess der Verreichlichung einsetzte. Dass das Erbe der kleinstaatlichen Monarchien in einigen Bereichen (in den evangelischen Landeskirchen teilweise bis heute!) sogar noch Hitler und den II. Weltkrieg überdauerte, ist eine echte historische Ironie.«

Der nächste Aufsatz von Karl Murk »Lasst uns bitten Gott, den Herrn, dass nicht verlösche der waldecksche Stern – der lange Abschied von der Monarchie in Waldeck-Pyrmont« beschreibt den historischen Wert einer verbliebenen Monarchie, die am 18. Juli 1867 mittels eines Akzessionsvertrages weitestgehend Hoheitsrechte an Preußen abtrat. Ob nun Waldeck-Pyrmont der Einzelfall war, in dem es gerechtfertigt wäre, die Monarchie zu bewahren, lässt sich vermutlich nicht archivalisch aufklären. Die Absetzung des Fürsten durch den Arbeiter- und Soldatenrat aus Kassel am 13. November 1918 traf das Land zur Unzeit. Die Integrationswirkung verblieb dem Fürsten Friedrich auch danach in seinen sozialen Funktionen. Nach der Auseinandersetzung mit dem Fürstenhaus durch einen mühsam errungenen Vergleich vom 26. August 1921 hatten die Landesteile darüber zu befinden, ob sie ihre Scheinselbständigkeit weiter bewahren könnten. Am Ende entschieden sie sich beide für ein Aufgehen in den preußischen Provinzen Hannover – so Pyrmont 1922 – und Hessen-Nassau – so Waldeck 1929.

Die Betrachtung von Wilfried Reininghaus »Die Revolution 1918/1919 in Lippe und Heinrich Drake« dreht sich um die Bedeutung des für Lippe wichtigsten Politikers des 20. Jahrhunderts, dem später nach dem Zweiten Weltkrieg auch die Integration des Landes Lippe in Nordrhein-Westfalen zukam. Die Ereignisse im Vorfeld der Diskussion um die Wahlrechtsreform im Reich schildert Reininghaus in mehreren Ebenen bis zum Thronverzicht von Fürst Leopold IV. am 12. November 1918. Zeitgleich wurde auch in Lippe darüber diskutiert, ob man die eigene Bundesland-Qualität werde in einen Föderalstaat Deutschland einbringen können. Bemerkenswert ist eine Initiative von Hugo Preuß, der Staatssekretär im Berliner Ministerium des Innern war, für eine Verbindung des nördlichen Westfalen mit beiden Staaten Lippe. Diese Dimension kehrte nach 1945 wieder, doch haben die Briten Schaumburg-Lippe zu Niedersachsen gelegt.

Das kleinere Fürstentum Schaumburg-Lippe ist Gegenstand des Aufsatzes von Karl Heinz Schneider »1918 im Kleinstaat – Vorgeschichte und Folgen in Schaumburg-Lippe«. Dabei wird gleich zu Beginn konstatiert, dass Schaumburg-Lippe der Annexion 1866/1867 nur durch eine enge Abhängigkeit von Preußen entgangen ist. Auffallend ist auch, dass die Stimmung im November 1918 fast so zu sein schien, als wolle sich der Arbeiter- und Soldatenrat nicht gegen Fürst Adolf II., sondern vor ihn stellen! Die Auseinandersetzungen nach dem Thronverzicht waren die üblichen, allerdings mit der Besonderheit, dass das Fürstenhaus erst einmal im April 1919 eine Finanzspritze von einer Million Reichsmark überwies, um den Landeshaushalt liquide zu halten! Die zugespitzte Frage blieb: a) sollte das Land Preußen angeschlossen werden oder b) nach der Entscheidung einer Vermögensauseinandersetzung selbständig bleiben? Im Ergebnis eines Volksentscheids vom 6. Juni 1926, in dem 53, 3 % gegen einen Anschluss an Preußen votierten, blieb Schaumburg-Lippe selbständig, wohl auch, weil so die SPD die meisten Gestaltungsmöglichkeiten sah.

Ralf Regener blickt unter dem Titel »Und jetzt fiel die alte, morsche Eiche – das Ende der askanischen Herrschaft in Anhalt« auf das Herzogtum, in dem Prinzregent Aribert am 12. November 1918 in aller geordneter Ruhe das Feld räumte, nachdem am 8./9. November 1918 ein moderater Forderungskatalog mit vierzehn Punkten zwischen dem Arbeiter- und Soldatenrat unter dem Vorsitz des liberalen Bürgermeisters von Dessau Hesse und der Stadt ausgehandelt war.

Manuel Schwarz beleuchtet die Zeitenwende in den Thüringer Fürstentümern zwischen 1900 und 1918 unter dem Titel »Die Throne brachen, und Dynastien […] sind vom Schauplatz ihres Daseins verschwunden.« Er beschreibt die Ausgangslage unter sechs Monarchen für acht Staaten, in denen nach Verlust weitgehender Souveränität so viel Landespolitik übrig blieb, dass sie den Staaten eine Existenzberechtigung lieferte. Ein Durchgang durch die Herzogtümer und Fürstentümer lässt deutlich werden, worin die jeweilige Besonderheit lag. Nach der jeweiligen Schilderung des Rücktritts, der sich zum Teil ausdrücklich auf die Regierung und die Landesherrschaft bezog, bleibt beachtlich, dass die beiden Fürstentümer Schwarzburg einen parlamentarischen Umschwung praktizierten, indem Fürst Günther Victor am 22. November 1918 noch ein Übergangsgesetz im Landtag vorlegte. Somit war er am 23. November 1918 der letzte der zurücktretenden Monarchen, für Schwarzburg-Sondershausen erst am 25. November 1918. Herzog Carl Eduard von Sachsen-Coburg und Gotha hat nur auf die Regierung, nicht auf den Thron verzichtet.

Stefan Gerber widmet sich in einem eindrucksvollen Bericht unter der Überschrift »Hort des Radikalismus?« der Revolution 1918/1919 in Sachsen-Gotha, das mit Coburg seit 1852 eine Realunion bildete, aus der sich bekanntlich der Landesteil Coburg 1920 in Richtung des Freistaates Bayern verabschiedete. Gerber geht den Entwicklungslinien der Gothaer SPD-Familien nach und zeichnet ein differenziertes Bild von den radikalen Bewegungen, die auch in DDR-Zeiten gut untersucht wurden. Ausgehend von einer starken USPD-Mehrheit war man in Gotha bestrebt, ein Rätesystem zu etablieren, während im Reich die Revolution verrechtlicht wurde. Ob dies ein Einzelfall war oder ob es zu dem ebenfalls unter USPD-Mehrheit regierten Gebiet Reuß Vergleichslinien gab, müsste noch untersucht werden.

Nach diesen Ausführungen folgen die beiden Abhandlungen über die landeskirchlichen Implikationen.

Den Anfang bestreitet Helge Klassohn mit »Das Ende des landesherrlichen Kirchenregimentes in Anhalt und die Verhandlungen zur Bildung einer eigenständigen evangelischen Landeskirche in den Jahren 1918-1920«. Er zeichnet ein kirchengeschichtliches Bild des Gebietes, das bis 1863 zu einem Herzogtum zusammengewachsen war und das sich seit 1878 entsprechend der Präambel der Synodalordnung als »Landeskirchengemeinde« verstand. Am Anfang stand die Konstituierung eines Landeskirchenrates aus dem Herzoglichen Konsistorium, dem Landessynodalvorstand und fünf zu wählenden Mitgliedern. Unter dem Pfarrer an St. Marien in Dessau, der seit 1. Februar 1918 Generalsuperintendent und Vorsitzender des Konsistoriums war, Franz Hoffmann, vollzog sich der Wandel zu einer theologisch und politisch liberalkonservativen Kirche. Das Herzogliche Konsistorium wurde als Staatsbehörde zum 30. Juni 1920 aufgelöst und danach zur Kirchenbehörde, die aber in der Kirchenverfassung vom 14. August 1920 nicht mehr vorkam. Die Trennung vom Staat fiel finanziell unbefriedigend aus, nach einer Klage und einem Vergleich vor dem Einzelrichter des Oberlandesgerichts Naumburg am 3. Februar 1930 ließ sich nur eine Lösung für den Moment erreichen.

Das zweite Beispiel schildert Frank Oliver Klute mit der Lippischen Landeskirche unter dem Titel »Reaktion in der Revolution – die Lippische Landeskirche nach dem Ersten Weltkrieg« mit der Maßgabe, dass dort schon vor 1919 über eine Trennung von Staat und Kirche nachgedacht worden war. Diese Trennung war aber unterblieben, weil die finanzielle Versorgung aus dem Landeshaushalt bequem und auskömmlich war. Wie in allen Kirchen fehlte eine rechtliche Regelung für den Wegfall des summus episcopus als Institution, die Schaffung eines Landeskirchenrates konnte die Lücke nur mühsam schließen. Die Notmaßnahme ist dann auch kurze Zeit später zurückgenommen worden, die Rücknahme ist aber nie förmlich über das Gesetz- und Verordnungsblatt bekanntgemacht worden. Erst nach dem Tod des langjährigen Generalsuperintendenten und Hofpredigers Dr. August Wessel 1930 konnte die Lippische Landeskirche daran gehen, sich eine zeitgemäße Verfassung zu geben.

Die dritte Abteilung des Tagungsbandes beginn mit dem Aufsatz von Cajetan von Aretin »Was ist die Domänenfrage und worin bestand ihr Problem?«, der sich gründlich der Ausgangslage widmet. Es geht um die staatsrechtliche Dogmatik des 19. Jahrhunderts und die Staatsauffassung eines rechtsfähigen Gemeinwesens, auf den das Eigentum an den Domänen zu übertragen war. Nach dem vorherrschenden »monarchischen Prinzip« ist diese Übertragung zunächst unterblieben, sie wurde aber wiederholt gefordert. Nach 1919 haben die Staaten einige Anläufe unternommen, die Frage mit den Fürstenentschädigungen zu verbinden. Dies gelang in den meisten Fällen durch Auseinandersetzungsgesetze, so in Baden am 25. März 1919 zugunsten des Hauses Baden, in Bayern durch einen »Wittelsbacher Ausgleichsfonds« nach einem Gesetz vom 9. März 1923. Damit endete die Vermögensauseinandersetzung allerdings nicht, es gab auch noch nach 2000 aktuelle Beschwerden bis hin zu Verwaltungsgerichtsurteilen.

Burkhard Schmidt befasst sich mit »Die Vermögensauseinandersetzung zwischen dem welfischen Herzogshaus und dem Freistaat im Lande Braunschweig«, in der das Kammergut = Domanium die Hauptrolle spielte. Dabei handelte es sich um die in § 162 der Neuen Landschaftsordnung spezifizierten Vermögensbestandteile, die als das Familienstammgut aufgefasst wurden. Nach langwierigen Verhandlungen beschritt das Herzogshaus den Gerichtsweg, auf dem die klagende Seite mit ihren Ansprüchen auf Inventarteile obsiegte, während die Zahlungsanträge abgewiesen wurden. Da das Teilurteil des Landgerichts beide Seiten unbefriedigt ließ, gingen beide Teile in Berufung. Vor dem Oberlandesgericht Braunschweig einigten sich die Parteien am Ende am 23. Juni 1925 vertraglich, womit dem Herzogshaus und seinen Forderungen im Wesentlichen entsprochen wurde. Am Ende des Aufsatzes steht ein bemerkenswerter Satz: »Die Revolutionäre konnten nicht damit rechnen, dass an ihrer Stelle die Gerichte die Revolution zu Ende brachten.«

Ronald Hoffmann kehrt dann noch einmal nach Thüringen zurück und beleuchtet »die vermögensrechtlichen Auseinandersetzungen zwischen dem Freistaat Thüringen und dem Fürstlichen Haus Schwarzburg nach dem Ersten Weltkrieg«. In den Fürstentümern war der Umgang mit dem Domänenvermögen unterschiedlich geregelt. Demzufolge kam es 1918/1919 zu unterschiedlichen Regelungen: In Schwarzburg-Rudolstadt erging ein Gesetz vom 22. November 1918 und in Schwarzburg-Sondershausen folgte auf den Vertrag vom 5./20. Dezember 1918 das Kammergutsgesetz vom 7. Januar 1919. Die gerichtlichen Auseinandersetzungen entsprangen der besonderen dynastischen Entwicklung und der Unzufriedenheit des Fürsten von Schwarzburg-Rudolstadt mit den Rentenabfindungen, für die das Oberlandesgericht Jena einen Ausgleichvergleich entworfen hatte. Der letzte Fürst von Schwarzburg, der am 16. April 1925 starb, hat diesen Vergleich nicht mehr erlebt. Bis zu einem Vertrag vom 6. Juli 1928 gingen die Streitigkeiten um die erwartete Aufwertung der Geldforderungen weiter. Am Ende hat das Land Thüringen den Bestand der Vereinbarungen von 1918 bewahrt, dafür allerdings einen hohen finanziellen Preis gezahlt.

Der Tagungsband erlaubt einen breiten Ausblick auf einige deutsche Kleinstaaten und ihren Abschied von der monarchischen Staatsform und bildet so einen soliden Grundstock für weitere regionale Forschungen. Die Frage nach der Vermögensauseinandersetzung mit früheren Fürstenhäusern ist dabei noch nicht ausgestanden, wobei die Differenzen nach dem Entschädigungs-Ausgleichs-Leistungsgesetz auch noch die nächste Generation von Beteiligten beschäftigen werden. Nach der Enteignung der ehemals regierenden monarchischen Familien durch die Sowjetische Besatzungszonenverwaltung stehen noch einige Forderungen aus, aktuell die des Hauses Hohenzollern.

Magdeburg — Hans Seehase

Reformation in Bewegung: Erfurt zwischen 1517 und 2017/ hrsg. vom Ev. Kirchenkreis Erfurt zum Gedenkjahr der Reformation 2017. Leipzig: Evang. Verlagsanstalt, 2017. 335 S.

Anzuzeigen ist hier ein Lesebuch, für das der Erfurter Senior Matthias Rein in seinem Vorwort die folgenden thematischen Schwerpunkte nennt: »Unser Blick heute auf Martin Luther als Person und Theologe, die spezifische Rolle der Stadt Erfurt in der Reformationsbewegung, Wege der Luther-Rezeption, die Geschichte der Evangelischen Kirche in Erfurt vom Ende des 19. Jahrhunderts bis heute und das aktuelle ökumenische Gespräch. [...] Besonderes Augenmerk fiel [...] auf die Geschichte der evangelischen Kirchgemeinden in Erfurt zur Zeit der Herrschaft des Nationalsozialismus und während der Herrschaft des SED-Regimes in der DDR.« (S. 5).

Das Lesebuch enthält folgende Beiträge: Michael Lindner: Die Bedeutung der Stadt Erfurt für die reformatorische Bewegung in Mitteldeutschland im 16. Jahrhundert. (S. 13-37). Michael Ludscheidt: Schatzkammer, Wissensspeicher, Gedächtnisort. Die Bibliothek des Evangelischen Ministeriums in Erfurt. (S. 38-60). Michael Friese: Eine »Ehrens- und Herzenssache der evangelischen Bürger Erfurts«. Das Erfurter Lutherdenkmal. (S. 61-85). Andreas Lindner: Das 400-jährige Reformationsjubiläum am Beispiel des »Erfurter Lutherbuch(s)«. (S. 86-100). Josef Pilvousek: Die Reformation in Erfurt im Bann der Thüringer Lutherforschung? (S. 101-127). Wolfgang Roschka: Vom Erfurter Motettenchor zu den Thüringer Sängerknaben. Die Geschichte einer singenden Gemeinschaft von 1923-1950. (S. 128-153). Martin Borowsky / Sebastian Nickel: Haken am Kreuz? Nationalsozialistische Begeisterung und religiöser Eigensinn. Der Evangelische Kirchenkreis Erfurt im Dritten Reich – zwei Werkstattberichte. (S. 154-188). Aribert Rothe: Johannes Mebus (1897-1979). Bekennender Christ und Kirchenmann in zwei Diktaturen. (S. 189-215). Karl-Eckhard Hahn: Johannes Mebus. Ein Erfurter evangelischer Pfarrer als Abgeordneter des Thüringer Landtages (1946-1950). (S. 216-244). Aribert Rothe: Zur Freiheit befreit. Exemplarische sozialethische Arbeitsfelder des Evangelischen Kirchenkreises Erfurt in den 80er Jahren. (S. 245-269). Matthias Rein: Begegnung, Unterstützung, Dialog. Stationen des jüdisch-christlichen Dialogs in Erfurt und Thüringen vom Anfang der siebziger Jahre bis 1989. (S. 270-281). Irene Mildenberger: Das Augustinerkloster als Ort gelebter Ökumene. (S. 281-301). Jürgen Reifarth: Licht auf Luther. Die Themen des Erfurter Kirchentages auf dem Weg 25.-28.5.2017. (S. 302-312). Martin Rein: Bibel – Christus – Glaube und … Musik. Erfurt als bedeutender Ort der Reformation der christlichen Kirche damals und heute. (S. 313-315). Andreas Fincke: Kirche und Konfessionslosigkeit in Ostdeutschland. Aktuelle Probleme und Chancen. (S. 316-329). Komplettiert wird der Band durch die Biogramme der Autoren im Beiträgerverzeichnis (S. 330-335).

Dieses Lesebuch bietet viele Informationen, die den interessierten Leser zu weiterer Lektüre, Quellenstudium oder gar Forschung anregen. Erstaunlich jedoch ist, daß eine umfassende theologie- und kirchengeschichtliche Gesamtdarstellung des Reformationsjahrhunderts in Erfurt bisher fehlt (Pilvousek S. 127). Diese zu schreiben bleibt eine Aufgabe für die Zukunft.

Erfurt Johann-Friedrich Enke

Personenregister